전쟁과 평화:

6.25전쟁과 정전체제의 탄생

"그들은 평화를 덜 사랑하는 것이 아니라 자신들의 평화를 더 사랑하는 것이다."

아우구스티누스 (354–430)

김명섭

연세대 정치외교학과 교수. 한국정치외교사학회 제19대 회장. Paris I Panthéon-Sorbonne 대학 박사. 국제학술지 *Geopolitics* 편집위원. 저역서: 『해방전후사의 인식』(공저, 1989), 『대서양문명사』(2001), 『동아시아의 전쟁과 평화』(공저, 연세대 출판부, 2006), *Northeast Asia and the Two Koreas*(공저, Yonsei Univ. Press, 2008), 『거대한 체스판』(번역해제, 2000) 등.

서강학술총서
078

전쟁과 평화

6.25전쟁과 정전체제의 탄생

김명섭 지음

서강대학교출판부

서강학술총서 078

전쟁과 평화: 6.25전쟁과 정전체제의 탄생

초판 발행 | 2015년 12월 8일 1쇄
2025년 2월 28일 5쇄
지 은 이 | 김명섭
발 행 인 | 심종혁
편 집 인 | 하상웅
발 행 처 | 서강대학교출판부
등록번호 | 제2002-000170호

주 소 | 서울특별시 마포구 백범로 35(신수동)
전 화 | (02) 705-8212
팩 스 | (02) 705-8612

ISBN 978-89-7273-277-8 94340
ISBN 978-89-7273-139-9(세트)

값 36,000원

* '서강학술총서'는 SK SUPEX 기금의 후원으로 제작됩니다.

책머리에

인간이 믿는 신의 계명(covenant)은 1개의 판본만이 존재한다. 그러나 인간들이 평화를 약속하는 계약(contract)은 2개 이상의 판본이 존재한다. '믿음'의 대상인 신과 달리 믿을 수 없는 인간들끼리는 각자가 소지한 계약문을 대조해 보아야 하기 때문이다. 전쟁을 끝내기 위한 계약문들 중 2개 이상의 판본이 모두 현존하는 것으로서 가장 오래된 것은 기원전 1259년경 힛타이트제국과 이집트(미스르)제국 간에 체결된 평화조약이다. 이에 앞서 기원전 약 3100년에 메소포타미아의 도시국가 라가쉬와 움마 사이에 평화조약이 체결되었다는 기념비가 남아 있으나 두 개의 판본이 현전하지는 않고 있다.

현전하는 힛타이트제국과 이집트제국 간의 평화조약문은 기원전 1275년경에 발발한 카데시전투 이후 양국 간의 전쟁상태를 종결했기 때문에 카데시평화조약문이라고 불린다. 양국은 각각 상형문자와 쐐기문자로 쓰여진 평화조약문을 소지했다. 이 중 쐐기문자로 된 판본의 복제본은 인류평화의 열망을 담아 뉴욕에 있는 국제연합 본부에 전시되고 있다. 쌍방이 소지한 카데시평화조약문에는 전쟁을 끝내기 위한 근대적 국제조약에서 발견되는 종전선언, 신병인도, 조약의 상호 준수를 위한 보장책, 그리고 제3의 적에 대한 공동대응책 등이 포함되어 있다. 각각의 국가를 '최고선'이라고 보면서 전쟁을 정당화했던 고대국가들이 서로의 존재를 인정하고, 문자로 전쟁을 끝냈다는 점에서 카데시평화조약은 큰 문명사적 의미를 지닌다.

1950년 6월 25일 코리아에서 시작된 전쟁은 1953년 7월 27일 체결된 정전협정에 따라 정지되었다. 기원전 1259년경에 체결된 카데시평화조약과 같은 평화조약 또는 평화협정은 아직 체결되지 않고 있다. 정전협정과 한미상호방위조약으로 구성되는 정전체제 아래 한(조선)반도에는 약 7천 5백만 명의 사람들이 살아가고 있다. 이러한 상태는 "평화조약 없이 가장 오래 지속되고 있는 정화(停火)상태"(the longest ceasefire without a peace treaty)로 기네스세계기록에 등재되어 있기도 하다. 정전협정과 한미상호방위조약에 기초한 정전체제에는 국제연합과 미합중국, 그리고 중화인민공화국 등이 직접 연결되어 있으며, 러시아와 일본이 간접적으로 연루되어 있다. 학계의 일각에서는 이러한 정전체제를 평화협정에 기초한 평화체제로 대체하고자 한다. 학계의 다른 일각에서는 정전체제 자체를 '상대적 평화'로 보기도 한다.

"싸움은 말리고 흥정은 붙이라"는 말이 있다. "화평케 하는 자는 복이 있나니 저희가 하나님의 아들이라 일컬음을 받을 것"이라는 성서의 구절도 있다. 이와 같은 보편율에도 불구하고 인류의 역사는 전쟁을 하고 있거나, 전쟁을 준비하고 있거나, 전쟁을 끝내고 있는 시간들의 연속이었다. 21세기 초 남수단, 시리아, 그리고 우크라이나와 같은 국제적 사례들을 보더라도 전쟁세계(world of war)를 말(word)로 정지시키는 것은 결코 쉬운 일이 아님을 알 수 있다. 그것은 단지 서로의 언어가 다르기 때문이 아니다. 보다 근본적인 이유는 같은 언어를 쓰더라도 서로 다른 뜻으로 말하기 때문이다. 궁극적으로 평화를 희구했지만, 그 의미는 서로 달랐고, 정전을 추구했지만 정전의 의미는 서로 달랐다. 조-중인민군 정전협상 대표단은 공산주의이론에 입각해서 국제연합 정전협상 대표단을 지속적으로 침략을 추구하는 "제국주의의 주구"로 규정했다. 반면에 6.25전쟁을 통해 기습 공격을 당했던 입장에서는 공산군이 정전기간을 활용하여 군사력을 증강한 후 다시 침략할 것을 우려했다.

전쟁의 광기를 요술램프 속에 집어넣기 위한 정전협상 본 협상은 혈전이 지속되던 1951년 7월 10일에 시작되었다. 한국 국방부에서 공간된 『6.25전쟁사』는 정전협상이 시작된 시간을 1951년 7월 10일 오전 11시였다고 기록하고 있다. 이에 비해 중화인민공화국에서는 같은 날 오전 10시에 정전담판이 시작되었다고 기록하고 있다. 왜 이런 기억의 차이가 존재하는 것일까? 정전협상 회의록이 그 해답을 제공해 준다. 유네스코 세계기록유산에 등재될 가치가 있는 이 기록에 따르면 쌍방은 약속시간을 정하면서, "우리들 시간"(our time)인가, 아니면 "당신들 시간"(your time)인가를 확인해야 했다. 한국군과 국제연합군은 서머타임(일광절약시간제)을 시행하고 있었던 것이다.

이처럼 조선전쟁 또는 한국전쟁이라고도 불리는 6.25전쟁은 정치적 이념은 물론 서로 다른 시간적 표준을 가진 두 권역(圈域)들 간의 충돌이기도 했다. 서머타임이라는 생소한 제도로 인해 서울과 평양 사이에 존재하게 된 서로의 시차(時差) 이상으로 전쟁과 평화에 대한 시차(視差, parallax)가 존재했다. 과거에 이루어진 6.25전쟁의 정전을 현재의 시점에서 객관적으로 인식하여 미래에 전달하기 위해서는 당시의 인간들이 다른 인간들을 전쟁에 동원하기 위해 '절대선'(絕對善)으로 내세웠던 정치적 구호들에서 벗어나 6.25전쟁의 정전에 앞서 죽어갔던 한 사람, 한 사람의 인간(군인이든, 민간인이든)의 눈에 비친 "있던 그대로의 과거"(wie es eigentlich gewesen)를 보려는 랑케(L. Ranke)의 노력이 필요하다.

"있던 그대로의 과거"를 보려는 노력은 " … 을 위한 역사"라고 표현되는 현시(現時)적 대의(大義)에서 벗어나 과거의 인간과 사건을 비판지정학(critical geopolitics)적 관점에서 성찰해 볼 것을 요구한다. 설사 그것이 보편윤리적 선(善)의 외양을 가지고 있다 하더라도 특정한 대의를 위한 역사란 개인적 신념에 따라 역사를 과장하거나 곡해할 위험성이 크다. 이것은 마치 역사의 흐름이 신국(神國)을 향해 '진보'하고 있다고 믿고, 역사를 그러한 대의에 종속시켰던 중세유럽의 목적사관(teleological interpretation of history)을 연상시킨다.

비록 6.25전쟁의 정전과정이 아직까지 현재를 규정하고 있지만, 과거(過去, passé)를 현재의 관점에서 판단함으로 인해 발생하는 오류를 방지하기 위해서는 카(E. H. Carr)가 말한 "현재와 과거의 끝없는 대화"(an unending dialogue between the present and the past)로서의 역사뿐만 아니라 과거와 전과거(前過去, passé antérieur)의 끝없는 대화로서의 역사가 필요하다. 현재와 과거의 대화는 물론 정확한 과거를 알기 위해 그 과거를 낳았던 전과거를 보기 위한 노력이 병행되어야 현재의 서울, 평양, 도쿄, 베이징, 그리고 워싱턴이 내세우는 '숭고한 대의'에 역사를 종속시키지 않을 수 있다.

6.25전쟁은 '조선민주주의인민공화국'으로의 통일을 목적으로 김일성이 주도하고, 스탈린이 허가한 전쟁이었고, 마오쩌둥이 적극 후원한 후, 직접 파병까지 했던 전쟁이었다. 전쟁의 근저에는 국가의 경계를 뛰어넘어 연대하던 관념연쇄(觀念連鎖, idea chains), 그리고 그 관념연쇄들 간의 충돌이 있었다. 관념의 상이성은 1917년 러시아 공산주의자들이 케렌스키혁명정부를 무너뜨리고 권력을 장악한 이래로 제2차 세계대전을 겪으

면서 확대된 것이었다. 그러나 보다 장기적으로 보면 관념의 상이성은 문명의 상이성으로부터도 기인하는 것으로서 6.25전쟁은 문명충돌적 성격도 가진 전쟁이었다.

계급, 민족, 문명 등을 단위로 한 거시적 분석은 개별 인간에 대한 미시적 분석을 통해 보완될 필요가 있다. 거시적 분석에만 의존하면 마치 평균 신장 170센티미터인 병사들을 향해 강의 수심이 평균 150센티미터밖에 안 되니 도보로 건너 돌진하라고 명령하는 지휘관과 같은 오류를 범할 수 있다. 문명이 모래시계와 같이 모래알과 같은 인간들을 구속하기도 하지만 인간은 결코 모래알이 아니라 모래시계를 깨고 나올 수도 있는 존재들이다. 이것이 이 책에서 구조를 보려는 노력과 함께 전쟁과 평화를 만든 인간 개개인에 주목해 보고자 하는 이유이다.

정전협정 체결 당시 외무장관이었던 변영태는 "정전협정은 자유세계가 공산세계에 써 바친 항참서(降參書)다. 가장 수치스러운 문서다"라고 회고했다. 1919년 미국에서 광복운동을 벌일 때부터 이승만의 충실한 대변인으로 활동했던 헨리 정(정한경)은 정전협정을 1938년 영국의 챔벌린과 히틀러가 체결했던 뮌헨평화협정에 비유하여 "극동의 뮌헨"(the Far Eastern Munich)이었다고 혹평했다. 정전협정 체결 직후인 1953년 8월 11일자 『동아일보』 석간에는 "휴전비관자살"(休戰悲觀自殺)이라는 기사가 게재될 정도로 '통일 없는 정전'에 반대하는 한국 내 여론이 어떻게 비화될지 예측하기 어려운 상황이었다. 정전협정 체결 후에도 평양은 무력에 의한 통일노선을 포기하지 않았고, 한국 대통령 이승만도 "북진통일" 주장을 거듭 천명했다.

그런가 하면 마크 클라크 사령관의 조인식 현장(문산)에 임석했던 한국군 대표 최덕신은 1961년부터 1963년까지 대한민국 9대 외무부장관을 지낸 후 월북하여 평양 애국열사능에 묻힘으로써 한국사회에서 잊혀졌다. 대한민국 외무부 홈페이지 역대 외교부장관 소개란에 그의 사진은 없다. 정전협상의 처음부터 끝까지 통역장교로서 중요한 역할을 맡았던 이수영은 프랑스 대사로 있던 1972년 파리의 대사관저에서 변사체로 발견되었다. 정전협정의 탄생은 환영받지 못했고, 제대로 기억되지 못했다. 그것은 오늘날까지 평화협정으로 전환되지 못한 채 남아있는 냉전의 유물처럼 홀대당하기도 한다.

1953년 7월 27일 정전협정 체결 직후인 1953년 8월 8일 한미상호방위조약 가조인이 이루어진 것은 1951년 9월 8일 샌프란시스코평화조약 체결 직후 미일안보조약이 체결되었던 것과 흡사했다. 정전협정이 정전체제를 구성하는 이상주의적 기제였다면, 한미상호방위조약은 현실주의적 기제였다. 정전협정과 한미상호방위조약이 결합된 한반도 정전체제는 1차적으로 공산진영에 의한 전쟁의 재발가능성을 봉쇄하기 위한 것이었다. 2차적으로는 방어전을 통해 비대해진 한국군의 돌발적 군사행동을 방지하기 위한 미국의 의도, 그리고 3차적으로는 미국의 지원을 받아 부활하고 있는 일본을 견제하기 위한 한국의 의도가 결합되어 있었다. 이런 의미에서 6.25전쟁을 마감하면서 탄생했던 정전체제는 3중적 봉쇄체제였다.

6.25전쟁 이후 한(조선)반도의 인간과 시공간을 규정해 온 정전체제의 탄생에 대한 역사정치학적 분석에 있어서 인문(人文 또는 人紋)적 성찰은 필수적이다. 한반도 정전체제는 NLL, DMZ, 미귀환 국군포로, 실향사민(displaced civilians)이라고 불린 피랍자 / 피난민 / 이산가족, 유해 반환, 한국군의 정전협정 당사자성과 기속성, 작전통제권 환수 이후 한국군과 정전협정 간의 관계, 한미상호방위조약의 민주적 운용과 지속성, 국제연합군 사령부의 평화적 역할, 그리고 평화협정으로의 전환 등 무수한 정치적 쟁점들과 연결되어 있다.

6.25전쟁을 처음 연구주제로 삼았던 것은 1980년대 민주화운동의 열기가 가득했던 신촌에서 정치학 석사학위과정을 밟고 있을 때였다. 이화여대, 서강대, 연세대 3개 대학원 학점인정제도가 실시되어 3개 대학 캠퍼스를 자유롭게 오가며 "분단구조화의 과정에서 본 한국전쟁의 의미"라는 제목의 석사학위논문을 썼다. 이 논문의 일부는 1980년대 한국현대사에 대한 새로운 관심을 반영했던 『해방전후사의 인식』 시리즈에 수록되었다. 당시 혈기왕성했던 대학원생에게는 맹목적 반공주의에 의해 가려진 진실을 밝혀내고, 억울하게 죽어서 말할 수 없게 된 원혼의 목소리까지 대변하는 한편, 워싱턴과 서울의 표준에 따라 쓰여진 역사와 평양과 모스크바의 표준에 따라 쓰여진 역사를 하나로 아우를 수 있는 "통일지향적" 현대사를 써보겠다는 과욕이 앞섰다. 지금도 역사인식의 통일이 공간의 통일에 우선해야 한다는 생각에는 변함이 없다. 다만 정치적 화해를 위해 역사적 진실을 덮을 것이 아니라 역사적 진실에 입각한 정치적 화해가 이루어져야 할 것이다.

돌이켜 보면 한국현대사의 진실을 은폐했던 반공주의적 도그마에 대한 반발은 반(反)-반공주의적 도그마의 함정으로부터 자유롭지 못했다. 반공주의적 폭력에 대한 냉철한 비판이 필요하지만 그것이 반(反)-반공주의적 도그마가 되어 버리면 역사적으로 실재(實在)했던 공산주의의 문명파괴적 폭력성은 은폐되고 그것이 표방했던 대의, 특히 제국주의에 맞섰던 측면만이 일방적으로 미화될 수 있다.

소련이 사라진 오늘날, 아직 소련이 존재했던 냉전체제 하에서 평양과 서울을 중심으로 전개된 현대사에 대한 균형적 이해를 위해서는 1917년 이후 유라시아대륙을 휩쓸었던 공산주의, 그리고 그에 맞섰던 '사상으로서의 반공'을 균형 있게 보아야 한다. '사상으로서의 반공'에는 프랑스 사회당을 포함한 유럽의 '반공좌파'의 사상도 포함된다. 폭력혁명노선을 포기한 공산당과는 과거 반공노선을 명확히 했던 프랑스사회당이 현재까지도 프랑스공산당과 공존하듯이 공존할 수 있을 것이다. 그러나 공산당이 폭력혁명노선을 표방하던 시대의 진실은 있었던 그대로 직시하고 기록해야 한다. 그래야만 공동선을 추구하는 '착한' 열정이 '나쁜' 폭력에 악용되는 것을 막을 수 있다.

1917년에 기원을 두고 있는 냉전의 세계사는 마치 두 마리의 코끼리가 충돌하는 거대한 결투(great duel)에 비유할 수 있다. 코끼리의 꼬리만을 보면서 전체를 뱀과 같다고 보는 인식론적 틀을 벗어나 '전면적 진실'을 보려는 노력이 필요하다. 이 책에서 다루는 6.25전쟁의 정전과정과 정전체제의 탄생은 두 마리의 코끼리가 충돌하는 거대한 결투와도 같았던 냉전의 축소판(microcosm)이다. 전체적 측면을 한 눈에 보기 위해 졸보기안경을 써야 할 필요도 있고, 미세한 측면을 자세히 들여다보기 위해 돋보기안경을 사용해야 할 필요도 있다.

1990년 아직 소련(Soviet Union)이 사라지기 전, 유럽 유학은 미소냉전하의 6.25전쟁을 좀 더 객관적으로 분석할 수 있게 해주었다. 외롭지만 자유로운 제철장학회 유학생 신분으로 파리 14구 시떼 유니베르시테 도서관, 케 도르세이(Quai d'Orsay) 문서고, 벵센느의 SHAT(프랑스 국방부 문서고), 낭떼르의 BDIC, 영국의 공문서보관소(Public Record Office)를 비롯하여, 미국의 트루먼대통령 도서관(Harry S. Truman Presidential Library), 아이젠하워대통령 도서관(Dwight D. Eisenhower Presidential Library), 미국 국립문서기록보관청(National Archives Records Administration), 그리고 미국 의회도서관 등에서 연구할 수 있었던 것은 이 책을 쓰는 밑거름이 되었다. 2009년 가을부터 2010년 봄까지 일리노이대학에 머물면서 콜린 플린트(Colin Flint) 교수와 나눈 비판지정학적 사유도 이 책에 반영되어 있다. 대한민국 국가기록원, 국방부 군사편찬연구소, 대한민국역사박물관 소장 자료와 이승만 대통령 유족이 기증한 연세대 이승만연구원 소장 자료도 큰 도움이 되었다.

20세기 말 유럽에 유학하면서 히틀러는 물론 스탈린에 대해서도 반대했던 '반공좌파'에 주목할 수 있었던 것은 20세기 세계현대사의 관점에서 한국현대사를 재조명할 수 있게 해주었다. 세계냉전이 1917년 러시아 2월 혁명의 결과 수립된 케렌스키 혁명정부를 다시 군사정변적 방법으로 전복하고 탄생했던 볼셰비키 공산정권의 수립을 빼놓고 설명될 수 없듯이 6.25전쟁의 배후에도 유라시아대륙에서 전개되었던 관념연쇄들 간의 충돌이 존재했다.

스탈린에게 있어서 1950년 6월 25일 평양시각 오전 4시(서울서머타임 오전 5시)는 1941년 6월 22일 오전 4시(독소불가침조약을 무시한 히틀러의 기습공격작전 개시시각)의 리메이크(remake)였다. 그것은 또한 1939년 9월과 11월에 있었던 소련의 폴란드침략이나 핀란드침략의 리메이크이기도 했다. 20세기 초 유럽에서 스탈린과 히틀러로 대표되는 광폭(狂暴)적 관념이 서로 충돌했다면, 동북아에서는 히로히토와 마오쩌둥으로 대표되는 광폭적 관념이 서로 충돌했다. 서유럽에서는 1945년 5월 8일, 러시아에서는 1945년 5월 9일에 끝난 제2차 세계대전이 1945년 8월 15일 종료된 동유라시아에서는 두 개의 서로 다른 관념연쇄가 충돌하면서 세계사적 소용돌이(vortex)를 일으켰다. 이러한 관념충돌은 문명충돌을 반영하는 것이기도 했다.

저자가 2000년 번역, 출간했던 『거대한 체스판: 21세기 미국의 세계전략과 유라시아』, 2001년 출간했던 『대서양문명사: 팽창, 침탈, 헤게모니』 등은 1980년대 공저자로 참여했던 『해방전후사의 인식』의 한정되었던 시각을 세계적으로 확대해 보고자 했던 시도였다. 문명의 이면에 있는 전쟁의 역사는 문명충돌의 과정을 통해 조선이 한국으로 변화된 역사를 보게 해주었다.

6.25전쟁은 유라시아대륙을 석권하고 있던 공산주의 대 대서양문명을 기반으로 했던 민주주의 간의 충돌이었다. 그것은 또한 '조선민족주의'와 '한국민족주의' 간의 충돌이었다. 김일성은 박헌영 등과 함께 38선 이북에 '조선민족'이 세운 인민민주주의공화국 안으로 38선 이남을 통합시킨다는 '정의의 전쟁'으로서 6.25전쟁을 일으켰다. 그것은 16세기 프랑스, 그리고 17세기 중부유럽의 종교전쟁에서 '정의의 전쟁'을 확신했던 인간들의 모습을 연상시킨다. '정의의 전쟁'이라고 확신했던 쌍방의 정전협상 역시 관념충돌의 연속이었다. 그들은 평화를 덜 사랑한 것이 아니라 자신들의 평화를 더 사랑했다.

1951년 7월 10일 첫날부터 사용된 조선인민군 정전협상 대표이자 소련국적을 보유했던 남일의 애용어(pet phrase)는 "전 세계 평화애호 인민들"(all peace-loving people of the world)이었다. 클라우제비츠(Carl von Clausewitz)의 말처럼 "전쟁이 다른 수단에 의한 정치의 연속"이라면, 정전협상은 다른 수단에 의한 전쟁의 연속이었다. 정전기간을 통해 군사력을 증강한 개전(開戰)진영이 다시 개전하는 것을 막기 위해서는 정전협정과 함께 한미상호방위조약으로 구성된 정전체제가 필요했다.

서로 다른 관념들을 가진 인간들이 벌인 혈전 속의 설전(舌戰), 그 배후의 정치적 동학, 그리고 그 정치적 유산으로서의 정전체제를 분석하고 있는 이 책은 새로 집필되었지만, 일부 내용은 참고자료 목록에 수록된 저자의 선행 연구들에 기초하여 수정, 발전된 것이다. 그리고 1980년대 신촌 3개 대학에서 정치외교사를 담당하던 교수님들의 가르침을 반영한 것이다. 그분들과 더불어 국내외 학회에서 많은 가르침과 도움을 주신 여러 선생님들, 파리 8대학과 1대학, 서울대 지역종

합연구소, 한신대, 일리노이대, 연세대 등에서 학연을 맺은 여러 선생님들, 그리고 익명의 심사자들을 포함한 서강대학교출판부에 감사드린다. 아직도 살아계신 듯한 어머니를 비롯하여 3대에 걸친 가족의 사랑과 인내에 머리 숙인다.

1980년대 한국현대사를 연구하면서 죽어서 말할 수 없게 된 사람들의 목소리에 귀 기울이려고 했듯이, 이 책을 쓰면서 특히 많이 떠올랐던 눈(目)은 미처 정전체제의 탄생을 보지 못하고 죽어갔던 이들의 눈이었다. 어쩌면 아직까지도 감겨지지 않았을 그 눈들을 감기고, 조선/한국 정전체제의 양기(揚棄, aufheben)를 통해 이룩되어야 할 코리아와 동유라시아의 영구평화(pax perpetua)를 향한 소망을 핑계로 부족한 책을 세상에 내놓는다.

2015년 정전 62주년 가을

신촌(新村)에서

김명섭

목차

제4장. 공간: 군사분계선을 어떻게 획정할 것인가?

제5장. 시간: 정화 및 정전을 어떻게 실현하고 지속할 것인가?

제6장. 인간: 포로와 실향사민들을 어떻게 송환할 것인가?

제7장. 전쟁 중의 정치

제1장
서론

제1장
서론

1. 문제 제기 및 용어 설명

1) 문제 제기

1950년 6월 25일 새벽이 밝아오던 오전 5시(평양시각 오전 4시)에 시작되어 1953년 7월 27일 오후 10시에 정지된 6.25전쟁은 그 이전까지 북위 38도선(이하 38선) 부근에서 계속되던 무장충돌과는 차원이 다른 국제적 전면전(all-out war)이었다. 그것은 양란(임진왜란과 병자호란) 이후 조선반도 또는 한반도라고 불리는 공간에서 벌어진 가장 참혹한 전쟁이기도 했다. 그런데 6.25전쟁이 발발하던 시각 브라질에서는 "세계인들의 축제"가 열리고 있었다. 1938년 프랑스 월드컵 이후 처음 개최되는 제4회 월드컵대회 개막식이 열린 리오데자네이루의 마라카낭경기장에서 브라질 대 멕시코 간 개막전을 보며 8만여 관중은 열광하고 있었다. 제2차 세계대전 종전 이후 세계인들이 누린 평화의 축제였다. 1950년 6월 25일 세계시간과 한국시간은 그렇게 엇갈렸다.

1945년 온 세계는 약 5천만 명 이상의 생명을 앗아간 제2차 세계대전의 고통을 공유하고 있었다. 제2차 세계대전은 약 1천 5백만 명 이상의 목숨을 앗아간 제1차 세계대전(1914-1918)과 함께 '20세기의 30년 전쟁'이라고도 불린다. 1648년 웨스트팔리아평화체제로 귀결되었던 17세기의 30년 전쟁(1618-1648)에 빗댄 표현이다.[1] 그것은 약 30년간 간헐적으로 이어진 지긋지긋한 전쟁이라는 점에서 유사했다. 더욱 큰 유사점은 17세기의 30년 전쟁이 가톨릭과 개신교 간의 관념충돌을 빼놓고 설명될 수 없듯이, '20세기 30년 전쟁' 또한 식민주의 대 반식민주의, 자본주의 대 공산주의, 민주주의 대 전체주의 간의 관념충돌을 빼놓고 설명될 수 없다는 점이었다. 6.25전쟁은 인도차이나전쟁[2]과 함께 '20세기 30년 전쟁'의 끄트머리전쟁, 끝인 동시에 머리가 되는 전쟁이었다. 6.25전쟁은 20세기 중반 이후 한국현대사의 머리가 되는 사건이요, 세계사적으로는 제2차 세계대전의 꼬리와 같은 사건이었다. 정전협상의 막전막후에 있었던 많은 인간들은 6.25전쟁에 앞서 제2차 세계대전의 경험을 공유하고 있었다.

6.25전쟁을 직시하기 위해서는 일제강점기의 조선과 대한민국 임시정부를 연결시켜 보려는 노력과 더불어 20세기 초반의 세계사와 연결시켜 볼 필요가 있다. 6.25전쟁 발발 당시 제2차 세계대전 패전국들이었던 독일이나 일본과의 평화조약은 아직 체결되지 않은 상태였다. 일본과의 평

1 관념충돌과 전쟁, 그리고 국제질서의 상관성에 관해서는 Myongsob Kim, "Why No Westphalia-like Peace Order after the Toyotomi Hideyoshi War in Korea(1592-98)?" *Korea Observer,* vol. 45 no. 1 (Spring 2014).

2 제1차 인도차이나전쟁은 프랑스가 인도차이나반도에서 싸웠던 전쟁, 제2차 인도차이나전쟁은 미국이 인도차이나반도에서 싸웠던 전쟁, 제3차 인도차이나전쟁은 중화인민공화국과 베트남 간의 전쟁을 의미한다. 김명섭, 최정호, "1979년 중국-베트남 전쟁의 원인에 관한 재고찰," 『세계지역연구논총』 제26집 1호 (2008년 4월).

화조약은 한반도에서 정전협상이 잠시 중단되었던 1951년 9월에 체결되었지만, 독일과의 평화조약은 끝내 체결되지 않았다. 현재 인류는 제2차 세계대전 이후 일본과의 평화조약이 체결되었던 아시아-태평양지역보다 평화조약이 체결되지 않았던 유럽지역이 더 평화로운 공간이 된 '평화조약의 역설'을 경험하고 있다.

6.25전쟁에서는 얼마나 많은 인간이 죽었을까? 전사(戰死, war death)는 전투 중 사망(battle death)과 비전투 중 사망(non-battle death)을 포함한다. 6.25전쟁 당시 전투 중 사망자는 약 1백 25만 명으로 추산된다.[3]

---

3 전투 중 피격으로 인한 민간인사망자는 전투 중 사망자에 포함되지만, 납치된 이후 학살된 경우와 같이 일방적 폭력으로 인한 사망자, 일반범죄로 인한 사망자, 질병과 같은 비폭력적 요인에 의한 사망자는 비전투 중 사망자(non-battle death)에 포함된다. 6.25전쟁 중 전투 중 사망한 한국군은 137,899명, 실종자는 24,495명, 전투 중 사망한 미군은 33,686명, 실종자는 3,737명으로 집계되고 있다. 미군을 제외하고 전투 중 사망한 국제연합군은 영국군 1,078명, 터키군 966명, 캐나다군 516명 등을 포함해서 4,216명으로 집계된다. 한국 민간인 사망자는 244,663명, 피학살자는 128,936명, 피랍자 84,532명, 행방불명자 303,212명 등으로 집계된다. 그런데 1998년 4월 한국 국방부는 생사가 확인되지 않아 행방불명으로 처리된 국군 포로들을 '전사'로 처리(사망시점은 1953년 정전협정 이전의 실종시점)함으로써 정확한 의미의 전투 중 사망자와는 차이가 있다. 정전 직후인 1954년 1월 미 육군 태평양 사령부는 전투 중 사망자 수를 미국 민간인 4명, 한국해병대 1,634명, 미 해병대 3,700명, 미 육군 19,597명, 한국 육군 56,200명, 한국 민간인 142,651명 등으로 집계한 바 있다. 이 통계에서 최종 집계된 한국 민간인 사망자 수는 356,625명이었는데, 이 수치는 작전 또는 전투로 직접 사망한 민간인 142,651명에 더해 비전투 중 사망한 민간인 213,974명을 합한 것이다(이 수치에는 조선인민군이나 그 관할 하에 있던 민간인은 포함되지 않았다). 1955년 한국 내무부 통계국에서 집계한 바에 따르면 민간인사망자는 사망 244,663명과 학살 128,936명을 포함(납치 84,532명, 행방불명 303,212명 제외)해서 총 373,599명으로 국제연합군 통계수치보다 16,974명이 많다. 한편, 조선인민군 사망자는 전투사망자 522,000명에 비전투손실 177,000명을 더한 699,000명, 중국인민지원군은 전투사망자 116,000명에 비전투손실 25,000명을 더한 141,000명, 소련군 사망자는 전투사망자 282명에 부상 후 사망자 12명과 병사자 21명을 포함 315명으로 집계되고 있다. Bethany Lacina and Nils Petter Gleditsch, "Monitoring Trends in Global Combat: A New Dataset of Battle Deaths," *European Journal of Population* 21 (2005), 145-66; 미 태평양군 문서군, 국립중앙도서관, 『NARA기록으로 보는 6.25』 (서울: 국립중앙도서관, 2010); 국방부 군사편찬연구소, 『통계로 본 6.25전쟁』, 박동찬 편, (서울: 국방부 군사편찬연구소, 2014), 30, 200, 283, 265, 449, 474, 484; 內務部統計局 編, 『大韓民國統計年鑑, 1953』 (서울: 內務部 統計局, 檀紀4288 [1955]),

한 명의 인간이 죽더라도 후대에 남기는 영향은 작지 않다. 하물며 전투 사망자만도 약 1백 25만 명에 달하고, 비전투사망자까지 포함한 전사자의 수는 그보다 훨씬 많았던 6.25전쟁은 이후 한국현대사는 물론 세계현대사에도 큰 영향을 미쳤다. 모든 역사가 그렇지만 특히, 6.25전쟁사는 살아남은 자들의 관점에서뿐만 아니라 죽어서 말할 수 없게 된 자들의 관점에서도 기록되어야 한다. 그래야 과거를 명확히 규명할 수 있고, 현재와 미래에 대한 정확한 판단이 가능해진다.

1950년 6월 25일 시작된 전쟁은 1953년 7월 27일 정지되었다. 1951년 7월 10일 정전협상이 시작될 당시에는 그토록 오래 정전협상이 지속될 것이라고 예상하지 못했다. 6.25전쟁을 취재하고 있던 서방기자들은 길어야 6주 정도가 필요하리라고 보았다.[4] 초여름에 시작된 정전협상을 위해 개성으로 간 중국인민지원군 정전협상대표들은 겨울 이전에 협상이 끝날 것으로 보고 여름옷만 지참했다.[5] 예상과 달리 정전협상은 두 번의 겨울을 더 보내고 새로운 여름을 맞이한 1953년 7월 27일까지 계속되었다.

미군 사상자 통계를 보면 약 45퍼센트가 정전협상 시기에 발생했다.[6] 이들의 관점에서 조기 정전되지 못하고 지연된 전쟁은 어떤 의미가 있었을까? 1951년 11월 27일에 합의된 잠정적 군사분계선은 1953년 7월 27일에 확정된 군사분계선과 큰 차이가 없었다. 그렇다면 이 잠정적 군

212-13.

4 종군기자였던 포츠(Rutherford Poats)의 예측. Robert Leckie, *Conflict: The History of the Korean War* (New York: Da Capo Press, 1995 [Putnam, 1962]), 299에서 재인용.

5 Jian Chen, *Mao's China and the Cold War* (Chapel Hill: University of North Carolina Press, 2001), 100.

6 Rosemary Foot, *A Substitute for Victory: The Politics of Peace Making at the Korean Armistice Talks* (Ithaca and London: Cornell University Press, 1990), ix.

사분계선 상에서 일단 서로의 화공을 정지(정화, cease-fire)한 후, 정전(armistice)을 위한 협상을 시작할 수는 없었을까?

그러기에는 서로 믿지 못했다. 서로의 시간부터가 달랐다. 1951년 7월 10일 화요일 양측이 개성에서 처음 만난 시점은 날짜는 서로 같았다. 그러나 양측은 약속시간을 정하면서, "우리들 시간"(our time)인가, 아니면 "당신들 시간"(your time)인가를 확인해야 했다.[7] 7월 8일 예비회담에 이어 양측 대표단이 만난 시각은 1948년부터 서머타임(일광절약시간제)이 적용되고 있던 서울시간으로는 오전 11시, 이전은 물론 이후에도 서머타임을 적용한 적이 없는 평양시간으로는 오전 10시였다. 평양과 베이징에서는 정전협상이 개시된 시각을 1951년 7월 10일 오전 10시로 기념하고 있고, 한국과 미국 등에서는 1951년 7월 10일 오전 11시로 기록하고 있다.[8]

조선인민군 대표단장 남일과 국제연합군 대표단장 찰스 터너 조이(C. Turner Joy, 1895-1956), 그리고 한국군 대표 백선엽이 개성에서 서로 다른 시각에 만나는 장면은 한국근현대사를 관통하고 있는 '비동시성의 동시성'(die Gleichzeitigkeit des Ungleichzeitigen)을 극명하게 보여주는 풍경이다.[9] 교전쌍방은 관념상으로 서로 동일한 '현재'에 존재하지

---

7 Meetings on the Armistice Proposal in Korea: Record of Event - 10 July 1951 Proceedings.

8 Meetings on the Armistice Proposal in Korea: Record of Event - 10 July 1951 Proceedings; 국방부 군사편찬연구소, 『6.25전쟁사9: 휴전회담 개막과 고지쟁탈전』 (서울: 국방부 군사편찬연구소, 2012), 132; 『探索发现』不能忘却的伟大胜利第十集边打边谈, CCTV, 2013년 11월 3일. http://tv.cntv.cn/video/C20110/f5422d0b134e4397b571ab210b2122d7 (검색일 2015년 2월 26일); "1951年 7月 10日 上午10时, 朝鲜停战谈判在开城来风庄正式开始." 刘炳峰, "毛泽东与板门店停战谈判," http://www.mzdbl.com.cn/gushi/gushi2/tingzhantanpan.html (검색일 2015년 2월 26일).

9 에른스트 블로흐가 말한 '비동시성의 동시성'(die Gleichzeitigkeit des Ungleichzeitigen)은 영어로 "the synchronicity of the non-synchronous," "the simultaneity of the non-simultaneous," 또는 "the contemporaneity of the non-contemporaneous" 등으로 번역되는데, 세 번째 번역어가 특히

않았고, 현재의 시점에서 보면 동일한 과거에 존재하지도 않았다. 마찬가지로 1950년 6월 25일 조선인민군이 전면전을 개시했던 오전 4시는 38선 이남에서는 오전 5시였다. 교전쌍방은 당연히 같은 시각에 충돌했지만, 양측의 전쟁사는 서로 다른 시각부터 시작된다.

정전협상을 통해 정화(停火)시간을 정할 때는 어떻게 했을까? 교전쌍방이 1953년 7월 27일 22시를 기해 포화를 멈추기로 했을 때는 1951년 정전협상을 시작할 때처럼 "우리들 시간"(our time)과 "당신들 시간"(your time)을 맞춰볼 필요가 없었다. 1952년부터 도쿄의 국제연합군사령부와 한국군이 서머타임제도를 시행하지 않게 되면서 서울시간과 평양시간이 다시 같아졌기 때문이다. 1952년부터 도쿄의 국제연합군사령부와 한국군이 서머타임제도를 시행하지 않게 된 계기는 1951년 9월에 체결된 샌프란시스코평화조약이 1952년 4월부터 발효되면서 일본이 주권을 회복하게 된 것과 밀접한 관련이 있다. 주권을 회복한 일본이 서머타임제도를 폐지하자 도쿄 주재 국제연합군 사령부는 그에 따랐고, 한국도 그 영향을 받게 되었다.[10]

역사학에서 많이 사용되는 것은 현대사를 의미하는 contemporary history라는 용어가 동시대(contempo)의 역사라는 의미를 내포하는 것과 무관하지 않다. 이 개념을 한국근현대사에 적용한 선행연구들로는 강정인, 『한국현대정치사상과 박정희』(서울: 아카넷, 2014); 임혁백, 『비동시성의 동시성: 한국 근대정치의 다중적 시간』(서울: 고려대학교출판부, 2014). '비동시성의 동시성'이라는 개념을 활용하지는 않았지만, 필자의 다음과 같은 선행연구도 문명권에 따른 관념의 차이에 주목하고 있다. Myongsob Kim and Horace Jeffery Hodges, "Korea as a Clashpoint of Civilizations," *Korea Observer*. vol. 37 no. 3 (2006).

10 한국은 1952년부터 1954년까지 3년 동안 서머타임제도를 중지했다가 1955년부터 다시 서머타임제도를 시행했다. 이후 1960년에 폐지했고, 88서울올림픽에 즈음하여 1987년과 1988년 두 해 동안 시행했다. 6.25전쟁 기간 중 국제연합 참전국들이 서머타임제도를 실시했던 것과는 대조적으로 평양, 베이징, 모스크바는 서머타임제도를 실시하지 않았다. 일본에서는 제2차 세계대전 후 석탄사정, 전력부족의 심각성에서, GHQ의 지시에 의해 1948년도(1948년 5월 1일)부터 서머타임제도가 도입되었다. 그러나 샌프란시스코조약이 조인된 1951년 9월 이후, 서머타임제도를 계속할 것인가 아닌가의 검토가 실시되어, 1952년 서머타임제도를 폐지

"인간들의 사랑과 미움에 관한 문제는 국가적인 차원에서는 전쟁과 평화의 문제로서 제기"[11]되듯이, 인간의 관념은 전쟁에서 중요한 역할을 담당한다. 6.25전쟁이 시작될 당시나 정전협상이 시작될 당시 쌍방이 서로 다른 시간적 표준을 가지고 있었던 차이는 배후의 관념충돌보다는 작은 것이었지만, 그것과 무관하지 않았다. 공산주의와 민주주의의 변형적 접합인 인민민주주의는 일본 제국주의의 폭력에 맞서기 위한 폭력을 동원하는 데 있어서 민족주의와 화학적으로 결합할 수 있는 가능성이 높았다. 조선인민군의 관념적 토대가 '조선민족' 개념과 결합한 인민민주주의였듯이 중국인민지원군의 관념적 토대는 '중화민족' 개념에 입각한 인민민주주의였다. 조선인민군과 중국인민지원군은 인민민주주의라는 공통의 관념적 토대 위에서 협조했다. 그렇지만 양자의 관계에 있어서 조선민족 개념에 입각한 민족주의와 중화민족개념에 입각한 민족주의는 서로 갈등을 빚기도 했다. 중조(中朝)연합사령부 설립과정에서 빚어진 갈등이 대표적이다.[12]

조선민족 개념과 달리 한국민족 개념은 자본주의와 결합한 민주주의 개념과 더불어 발전했다. 대한민국 초대 국무총리 겸 국방장관이었던 철기 이범석(李範奭, 1900-1972)은 국무원 고시를 통해 '조선'이라는 명칭 대신 '한국'이라는 명칭을 사용하도록 최종 확정했다. 청산리전투의 영웅 이범석은 유라시아대륙의 "그 사나운 바람과 눈보라 곁에서 나는 증오(憎惡)의 철학을 익혔다. 그것은 철두철미 조국을 괴롭힌 일본 제국주의에

하기로 했다. 이동식, "6.25전쟁사 연구에서 잊혀진 1시간: '노근리사건조사'를 중심으로," 『군사연구』 제134집 (2012), 37-71.

11 하영선, 『한반도의 전쟁과 평화: 군사적 긴장의 구조』 (서울: 청계연구소, 1989), i.

12 중조연합사령부 설립과정에 관해서는 서상문, "'中朝聯合司令部' 再論: 설립배경과 과정," 『軍史』 제95호 (2015년 6월), 1-54.

대한 증오였다"고 회고했다.[13] 대한제국을 강점한 일본 제국주의에 대한 '증오의 철학'으로 무장했던 독립운동가들에게 있어서 '인민대중의 폭력을 통한 역사의 진보'를 옹호하는 인민민주주의는 소련공산당의 후원 속에 일본 제국주의와 맞설 수 있는 매력적 대안이었다. 그러나 이범석은 톰스크에서의 8개월을 포함한 직접 체험을 통해 반공사상을 확고히 했다. 당시 모든 독립 운동가들이 이범석과 같은 직접적 체험이나 지성적 성찰의 기회를 가질 수 있었던 것은 아니었다.[14]

1950년 6월 25일 이후 전선에서의 혈전(血戰)이 관념충돌에 의해서 빚어진 것이었듯이, 전쟁을 멈추기 위한 설전(舌戰) 또한 서로 다른 관념이 충돌하면서 2년 넘게 지속되었다. 본격적인 정전협상은 1951년 7월 10일부터 시작되었지만, 정전을 위한 정치적 노력은 6.25전쟁의 첫 번째 시기인 전면전쟁기부터 이미 시작되었다. 따라서 6.25전쟁의 정전과 정전체제의 탄생은 크게 개전 직후의 정전 모색, 정전협상을 통한 정전협정의 체결과정, 정전협정 체결 이후 전쟁 재발을 막기 위한 정전체제의 수립이라는 세 가지 시기로 나누어 볼 수 있다.

(1) 전면전쟁기(全面戰爭期, 1950. 6. 25 – 1951. 7. 10): 전선이 아코디언처럼 급격히 요동쳤던 시기

① 제1국면(조선인민군 공세국면, 1950. 6. 25 - 1950. 9. 15): 1950년 6월 25일 조선인민군의 전면남침부터 1950년 9월 15일 국제연합군의 인천상륙작전까지.

② 제2국면(국제연합군과 한국군의 반격국면, 1950. 9. 15 - 1950. 10. 25): 국제연합군의 인천상륙작전 성공 이후 1950년 10월 25일 국

13 李範奭, 『우둥불』 (서울: 思想史, 1971), 492.

14 李範奭, 『우둥불』, 257-33 6.

제연합군과 한국군이 중국인민지원군과 최초 교전할 때까지.

③ 제3국면(중-조인민군의 공세국면, 1950. 10. 25 - 1951. 3. 15): 중국인민지원군과 국제연합군의 최초 교전 이후 공산군 측의 공세가 이어지다가 1월 4일 상실했던 서울을 국제연합군과 한국군이 다시 수복할 때까지.

④ 제4국면(국제연합군과 한국군의 재반격과 교착 국면, 1951. 3.15 - 1951. 7. 10): 동부전선에서 한국군과 국제연합군이 다시 38선을 넘어 북진한 이후 38선 부근에서 전선이 교착되고 1951년 7월 10일 정전협상 본회의가 시작될 때까지.

(2) 화전양면기(和戰兩面期, 1951. 7. 10 – 1953. 7. 27): 정전협상 개시 이후 정전협정 체결까지

① 제1국면(1951. 7. 10 - 1951. 11. 27): 정전협상 개시 이후 잠정적 군사분계선에 합의할 때까지.

② 제2국면(1951. 11. 27 - 1952. 4. 28): 잠정적 군사분계선 합의 이후 중립국 문제, 비행장 문제, 포로문제를 포함한 국제연합군의 일괄타결안이 제시될 때까지.

③ 제3국면(1952. 4. 28 - 1953. 3. 5): 국제연합군의 일괄타결안이 제시된 이후 협상이 교착되었다가 스탈린이 사망할 때까지.

④ 제4국면(1953. 3. 5 - 1953. 7. 27): 스탈린 사망 이후 병상포로 교환이 이루어지고 1953년 7월 27일 정전협정이 체결될 때까지.

(3) 정전체제수립기(停戰體制 樹立期, 1953. 7. 27 – 1954. 11. 18): 정전협정 체결 이후 제네바정치회의가 개최되고 한미상호방위조약이 발효될 때까지

① 제1국면(1953. 7. 27 - 1954. 4. 26): 정전협정 체결 직후인 1953년 8

월 8일 한미상호방위조약이 가조인되고, 송환불원포로들에 대한 의사확인이 이루어진 후, 제네바정치회의가 개최될 때까지.

② 제2국면(1954. 4. 26 - 1954. 7. 21): 제네바정치회의의 개회 이후 폐회까지.

③ 제3국면(1954. 7. 21 - 1954. 11. 18): 제네바정치회의의 폐회 이후 한미상호방위조약 발효 때까지.

6.25전쟁의 첫 번째 시기인 전면전쟁기부터 국제적 정전노력이 시작되었지만, 쌍방은 세 번에 걸쳐서 다음과 같은 주요한 정전기회들을 놓쳤다. (1) 1950년 6월 25일 전면남침했던 조선인민군이 국제연합의 결의에 따라 전쟁을 정지할 수 있었던 기회, (2) 1950년 9월 15일 인천상륙작전 성공에 따라 전세를 역전시켰던 국제연합군과 한국군이 38선을 넘지 않고 전쟁을 정지할 수 있었던 기회, (3) 중국인민지원군의 파병에 따라 전세를 재역전시킨 조-중인민군이 국제연합의 권고에 따라 38선을 넘어 남하하지 않고 정전할 수 있었던 기회 등이다. 교전쌍방은 이 세 번의 정전(停戰)기회 대신, 전쟁을 통한 완승을 추구했다. 혈전(血戰)은 지속되었고, 1951년 7월부터 혈전과 설전(舌戰)이 병행되는 화전양면기가 시작되어 1953년 7월 27일 정전협정이 체결될 때까지 지속되었다.

1953년 7월 27일 22시에 발효된 정전협정은 동등한 지위를 갖는다고 규정된 3개의 언어, 즉 한국문, 영문, 그리고 중국문으로 쓰여졌다. 정전협정의 영문본 명칭은 "Agreement between the Commander-in-Chief, United Nations Command, on the one hand, and the Supreme Commander of the Korean People's Army and the Commander of the Chinese People's volunteers, on the other hand, concerning a military armistice in Korea"이다.

1953년 7월 27일 오전 10시 협상대표들 간의 예비서명이 이루어진 후에도 협정발효시점인 22시까지 쌍방의 포격은 계속되었다. 중국인민지원군의 막바지 금성(金城)공세를 당했던 국제연합군 측 공군기들은 교전선 이북의 진지들과 병참선, 강계, 중강진 등지의 비행장, 원산, 그리고 평양 등지를 폭격했다.[15] 한국공군도 강릉기지에서 연일 최대 출격을 계속했다.[16] 지상군도 남은 포탄들을 쏟아부었다.[17] 1953년 7월 27일 22시 정전협정의 발효와 함께 이루어진 정화는 서울보다 전쟁을 시작했던 평양에서 더 생생하게 느껴졌다.

정전협정이 체결된 직후인 1953년 8월 8일 한미상호방위조약이 가조인되었다. 이어서 송환불원포로들에 대한 설득과 송환이 이루어졌고, 정전협정에 규정된 바에 따라 제네바정치회의가 개최되었다. 정전협상의 실질적 종료는 협상의 막후에 있던 인물들이 회동했던 1954년 4월 제네바정치회의에서 이루어졌다. 제네바정치회의는 성과 없이 끝났고, 정전협정 체결과 거의 동시에 가조인되었던 한미상호방위조약이 1954년 11월 18일에 발효되어 정전체제가 가동되기 시작했다. 이것은 바로 전날인 1954년 11월 17일 서울에서 변영태 외무장관과 브릭스 주한 미국 대사가 서명한 "한국에 대한 군사 및 경제원조에 관한 대한민국과 미 합중국간의 합의의사록"(Agreed Minutes relating to continued cooperation in economic and military matters)이 탄생한 직후였다.

왜 6.25전쟁의 정전을 위한 협상은 2년 이상이나 지속되었는가? 1953년 조선/한국 정전체제는 어떻게 수립되었고, 왜 현재까지 전쟁과 평화 사이

15 NA, RG550, United Nations Command, Armistice Affairs Division, General Subject Files, 1951-59, compiled by Military History Section, "History of the Korean Conflict: Korean Armistice Negotiations, May 1952 - July 1953," 673-74.

16 윤응렬, 『6.25참전에세이: 상처투성이의 영광』 (서울: 황금알, 2010), 206.

17 T. R. Fehrenbach, *This Kind of War* (Washington, D.C.: Brassey's, 2000[1963]), 448.

에서 지속되고 있는가? 이 책은 정전협상의 막전막후에 존재했던 인간들의 관념적 차이에 주목하면서, 그러한 관념적 차이가 정전협상의 지연과 정전체제의 탄생에 미친 영향을 분석한다. 그동안 학계의 성과들은 6.25 전쟁 개전에 김일성(金日成, 1912-1994)과 박헌영(1900-1955?)의 발의와 스탈린(Иосиф Сталин, 1878-1953)의 승인과 지휘, 그리고 마오쩌둥(毛泽东, 1893-1976)의 연대와 후원 등이 있었음을 입증했다. 그렇다면 전쟁에 참여했던 보통사람들은 무슨 생각을 가지고 복무했던 것일까? 불과 2년 전인 1948년에 수립된 국가의 명령체계에 따른 최고결정자의 명령만으로 목숨을 건 전쟁에의 투신을 온전히 설명할 수 있을까? 당시 양측의 보통사람들이 직접적 이익에 대한 관념을 포함해서 공유하고 있던 관념이 없었다면 전선의 양쪽에서 그토록 헌신할 수 있었을까?

화전양면기 정전협상을 통해 드러난 쌍방의 관념적 차이는 서로가 주고받는 말을 통해 더욱 확연하게 드러났다. 우선 생각을 담는 그릇인 언어가 서로 달랐다. 정전협상은 세 개의 언어, 즉 조선어/한국어, 영어, 중국어로 통역되고 번역되면서 진행되었다. 이처럼 언어도 달랐지만, 언어로 표현하고자 했던 서로의 관념이 달랐다. 그것은 비단 공산주의 대 자본주의, 평등 대 자유의 대결이었을 뿐만 아니라 '조선' 대(對) '한국', 그리고 중국문명 대(對) 서구문명 간 대결의 성격을 가지고 있었다. '조선' 대(對) '한국'이라는 관념의 대결은 1897년 대한제국이 조선을 부정할 때까지로 거슬러 올라간다.[18]

'평화'에 대한 관념도 달랐다. 정전협상에서 조-중인민군 대표단이 사용한 '평화'는 다음과 같은 의미를 지닌 것이었다.

---

18 이에 관한 보다 자세한 분석은 김명섭, "대한제국의 역사적 종점에 관한 재고찰," 『한국정치외교사논총』, 제32집 2호 (2011), 5-30.

> 진정한 평화는 오직 략탈전쟁과 노예의 평화를 강요하는 사회제도를 뒤집어엎을 때에만 이룩될 수 있다. 전쟁의 근원이며 평화의 파괴자인 제국주의가 지구상에 존재하는 한 평화의 절대적 담보란 없으며 항구적 평화란 있을 수 없다. 평화의 절대적 담보를 이룩하기 위해서는 제국주의를 종국적으로 때려부시고 세계혁명을 완수하여야 한다. 지구 우에 아직 제국주의가 남아 있는 한 평화에 대한 환상을 품거나 전쟁방지의 가능성을 일면적으로 과장하는 것은 반맑스-레닌주의적이며 반혁명적인 립장이다.[19]

제2차 세계대전을 거치면서 유라시아대륙의 신흥강국으로 떠오른 소련은 1945년 8월 9일 일본제국에 대해 선전포고를 했다. 소련군은 '8월의 폭풍작전'을 개시하여 먼저 일본이 청제국의 마지막 황제 푸이를 내세워서 만들었던 위성국 만주국을 점령했다. 소련군은 곧이어 요동반도를 남하하여 러일전쟁 당시 러시아가 일본에 빼앗겼던 뤼순을 점령했다. 그리고 일본제국의 지배하에 있던 조선으로 진격했다. 아직 오키나와 부근에 머물고 있던 미군은 소련군과 38선을 경계로 일본제국의 무장해제를 분담하기로 합의했다. 38선은 1919년 수립된 베르사유평화체제에서 일본제국으로 인정되었던 공간을 분할하는 선이었다. 38선 이북의 '조선'과 만주에서 친소련정권의 수립을 후원했던 인물은 공산진영의 영수이자 제2차 세계대전의 영웅으로 떠올랐던 소련의 스탈린이었다. 소련은 1905년 러일전쟁 이전부터 러시아가 축적했던 조선과 대한제국에 대한 지정학적 지식을 계승, 발전시켜 놓고 있었다.[20]

---

19 조선민주주의인민공화국 사회과학원 철학연구소, 『철학사전』 (평양: 사회과학출판사, 1970), 633-34.

20 심헌용 편역, 『한러군사관계 사료집II: 러시아와 일본의 전쟁 그리고 한반도』 (서울: 국방부 군사편찬연구소, 2012).

1945년 미국과 소련이 합의한 38선은 일본제국에 강제병합되기 전에 국제적으로 공인된 바 있던 대한제국의 공간을 두 개로 나누는 결과를 초래했다. 1945년 광복 직후 38선 이남에서는 여운형 등의 주도로 '조선인민공화국'의 수립이 선포되었고, 다른 한편에서는 대한민국 임시정부를 계승해야 한다는 주장이 개진되었다. 이미 38선 이북의 '조선'에서 소련의 후원을 받는 인민민주주의정권의 수립에 반대하던 사람들 중 일부는 38선 이남으로 월남했다. 서로 다른 사상연쇄에 속하게 된 사람들 간의 무력충돌은 38선 이남에서뿐만 아니라 38선 부근에서도 간헐적으로 지속되었다.

1948년 38선을 따라 서로의 국가성을 부정했지만, 각각 자유세계와 공산세계의 인정을 받은 두 개의 다른 사실상의 국가, 즉 대한민국과 '조선민주주의인민공화국'이 수립되었다. 하나의 원형적 민족공동체를 기반으로 조선민족주의를 기반으로 하는 인민민주주의국가와 한국민족주의를 기반으로 하는 민주주의 국가가 분립된 것이다. 38선 이남에 수립된 대한민국은 "기미 삼일운동으로 대한민국을 건립하여 세계에 선포한 위대한 독립정신을 계승하여 이제 민주독립국가를 재건"한다고 제헌헌법 전문에 명기했다. 1919년에 수립된 대한민국 임시정부를 계승한다는 점을 명확히 한 것이다. 1919년 대한민국 임시정부는 대한제국의 계승을 표방하지는 않았지만, 대한제국 황실의 봉대를 선언한 바 있었다.

이에 비해 38선 이북에 수립된 조선민주주의인민공화국은 일제강점하의 조선과 과거 이성계가 명황제로부터 낙점 받았던 '조선'이라는 명칭을 계승했다. 대한제국이라는 근대국가의 국민들이었다가 일제강점 하의 조선민으로 격하되었던 사람들은 광복이후 두 개의 축을 중심으로 재편되기 시작했다. 대한제국에서 대한민국 임시정부, 그리고 다시 대한민국으로 이어진 역사적 흐름은 대서양헌장에 기초하여 설립된 국제연합 제3차

총회에서 국제적 승인을 받았다. 비록 국제연합이 승인한 대한민국 정부의 관할구역(jurisdiction)은 38선 이남으로 한정되었지만, 대한민국은 웨스트팔리아국제질서의 연장선 위에 있던 국제연합의 승인을 받음으로써 국제사회의 일원이 되었다.

이에 비해 38선 이북에서 '조선'을 계승한 '조선민주주의인민공화국'은 소련을 종주국으로 중국공산당은 물론 동유럽 공산국가들까지 이어지는 유라시아 공산블럭 내에서 국제적 승인을 받았다. 소련과 더불어 체코슬로바키아, 폴란드, 루마니아, 헝가리, 유고슬라비아, 그리고 몽골인민공화국 등이 평양정부를 승인했다.[21] 박헌영은 1948년 9월 7일 "우리나라가 부하고 강한 조선민주주의인민공화국으로서 통일을 달성하여 발전되기 위한 외교는 자유와 평화를 애호하는 세계 제민족의 절대 지지를 받을 것을 확신"한다고 연설했다.[22]

대한민국 일반대중의 관념 속에서 '한'이라는 명칭이 '조선'이라는 명칭을 결정적으로 대체한 것은 청산리항일전투의 영웅으로 한국광복군 참모장을 지낸 이범석 국무총리가 1950년 1월 발표했던 국무원고시 제7호에 의해서였다. 이 고시는 "우리나라의 정식 국호는 '대한민국'이나 사용의 편의상 '대한' 또는 '한국'이란 약칭을 쓸 수 있되, 북한 괴뢰정권과의 확연한 구별을 짓기 위하여 '조선'은 사용하지 못 한다"고 규정했다. 38선 이북에서는 단군이 세운 조선과 이성계가 세운 조선, 그리고 일제강점기의 조선을 조선민주주의인민공화국이 계승하고 있다는 '조선민족' 관념이 우세했다. 이러한 교육에 의해 '단군조선'부터의 '조선' 계승사관을 가진 이들에게 '한민족'이란 '조선민족'에서 갈라져 나온 곁가지에

21 『민주조선』, 1948년 8월 20일, 9월 12일; 김일성, "신년사," 1949년 1월 1일.

22 박헌영, "조선최고인민회의 제1차 회의," (1948년 9월 7일), 『노력인민』 1948년 10월 14일.

불과한 것처럼 인식될 수 있었다. 단군이 나라를 세울 때는 한자가 전래되기 이전이므로 '단군조선'이라는 명칭도 나중에 만들어졌을 것이라는 점은 제대로 교육되지 않았다.

이범석도 '조선'이라는 용어의 사용을 금지하기 전인 1946년 그를 따르던 청년들을 모아 단체를 만들었을 때는 '조선민족청년단'이라는 명칭을 사용했었다. 1948년 대한민국 수립에 앞서 런던올림픽에 파견되었던 선수단의 깃발에도 '조선올림픽대표단'이라는 명칭이 사용되고 있었다. 이범석 국방장관은 국방정책의 일환으로서 "국군을 자유민주주의에 입각한 정신무장을 확고히 하여 공산주의와 사상대결을 해야 한다"고 하여 국방부에 우선 정훈국을 창설하여 그 기능을 강화시킨 바 있다.[23] 이러한 정신교육은 '조선인'의 한국인으로의 재탄생을 촉진시켰다.

6.25전쟁의 결과로 탄생한 군사분계선은 문명충돌의 단층선(fault line)이기도 했다. 단기적으로 보면 이 선은 1950년 6월 25일 이후 아코디언처럼 요동쳤던 전선(戰線)이 고착된 선이다. 그러나 지정학적 장기지속(longue durée)의 관점에서 보면 이 선은 몽골의 고려침략, 임진왜란, 병자호란, 1689년 네르친스크조약으로 봉인된 러-청제국의 충돌, 1861년 러시아 해군의 대마도 침략, 1866년 병인양요와 1871년 신미양요(미국에서 the Korean War라고 불린), 청일전쟁, 러일전쟁, 그리고 일제의 대한제국 강점 등으로 이어졌던 코리아 인접세력들 간의 밀당(밀고 당기기)이 임시적으로 고착된 선이기도 하다.

1945년 미군은 항복을 앞둔 일본제국에 대한 작전을 수행함에 있어서 소련군과의 분할선을 북위 38도선으로 정했다. 이 분할선은 당시 국제사

23 육본 인사국장 대령 강영훈 증언. 1981년 1월 28일. 장소 외무부 외교연구원. 대담: 국방부 전사편찬위원회 이인영, 전수철, 이종판 편, 『6.25전쟁 참전자 증언록 1: 북한의 남침과 서전기』(서울: 국방부 군사편찬연구소, 2003), 31-36.

회에서 일본제국의 위성국으로 간주되고 있던 만주국에 더해서 일본제국의 일부로 간주되고 있던 코리아의 북부를 소련군의 관할구역으로 인정했다. 대신 일본열도와 코리아의 남부를 미군의 관할구역이 되게 했다. 이러한 지정학적 구도 속에서 1945년 8월 14일 장개석(蔣介石, 中正, 1887-1975)이 이끌던 중화민국은 중소우호동맹조약(中苏友好同盟条约)을 통해 소련이 국공합작에서 중립을 지키는 대가로 몽골인민공화국의 독립을 승인했다. 그러나 만주국은 소련점령을 거쳐 중화민국, 그리고 중화인민공화국으로 흡수되었다. 1949년 10월 1일 중화인민공화국이 수립된 이후 6.25전쟁 기간 내내 국제연합은 중화민국(中華民國, 나중에 대만)만을 국가로 인정하고 있었다.

국공내전이 중국공산당의 승리로 기울고 있을 무렵인 1949년 6월 주한미군이 철수했고, 1949년 8월 29일에는 소련이 카자흐스탄에서 핵폭탄실험에 성공했다. 당시 공산주의자들의 궁극적 승리에 대한 확신은 1917년 이후 그들이 그토록 박멸하고자 했던 '종교', 그것도 중세의 폭압적 종교와 가까운 확신이었다. 20세기 동북아에서 코리아문제와 함께 최대 지정학적 쟁점이었던 만주문제는 공산주의적 형제애에 기초해서 1950년 2월 14일 체결된 중소우호동맹호조조약에 의해 중화인민공화국으로 편입되는 것으로 일단락되었다. 실질적인 만주편입은 6.25전쟁 중이던 1952년 완료되었다. 스탈린은 6.25전쟁의 개전 당시부터 마오쩌둥을 끌어들였고, 정전협상이 진행되는 과정에서도 마오쩌둥이 계속 싸울 것을 독려했다. 1951년 2월 1일 중화인민공화국은 국제연합의 정전 제안을 거부한 결과, 침략자(aggressor)로 규정되었다. 역으로 중국공산당은 국제연합을 제국주의적 '침략의 도구'라고 규정했다. 당시 마오쩌둥과 저우언라이는 '조선'에서의 속전과 정전을 대만, 만주, 티벳은 물론 인도차이나반도까지를 포함하는 중화인민공화국의 지정학적 구도와 연결된 문제로 인식하고 있었다.

38선 이북에서 공산주의적 관념 연대에 기초한 전쟁계획은 1950년 4월 모스크바에서 개최된 스탈린-김일성-박헌영 회담에서 통과되었다. 미국의 개입에 대한 두려움은 1949년 소련의 핵실험 성공과 중화인민공화국 수립에 의해 완화되어 있었다. 전통적으로 공산주의자들은 '전쟁'을 자본주의적 경쟁의 결과라고 보았고, 전쟁보다는 '전복'(顚覆)에 의한 권력 장악을 선호했다. 물론 이러한 전통은 1939년 소련의 폴란드침략과 핀란드침략에 의해 이미 부정된 바 있었다.

박헌영은 전쟁과 함께 전복이 배합될 것이라고 주장했다. 그는 일단 전쟁을 개시하게 되면 약 20만 명의 남로당원들이 후방에서 대중봉기를 일으키게 될 것이라고 스탈린을 설득했다. 결국 스탈린은 '전복' 노선에서 '전쟁'노선으로의 전환을 승인했지만, 마오쩌둥과의 공산주의적 연대를 분명히 해두고자 했다. 스탈린의 의도대로 1950년 5월 베이징에서 개최된 마오쩌둥-김일성 회담에서 마오쩌둥은 미국의 개입 가능성에도 불구하고 김일성에 대한 지원을 보장했다. 선즈화가 서술했듯이 "마오쩌둥이 동의를 함으로써 서울로 향하는 마지막 장애물이 사라졌다."[24] 당시 공산진영의 '교황'과도 같았던 스탈린은 6.25전쟁의 "출발신호자(starter)이자 연출자이면서 감독"이었다. 그는 "달리기 선수를 훈련시켰을 뿐만 아니라 제1주자, 즉 김일성의 바통을 이어받을 제2주자인 마오쩌둥까지

24 선즈화(沈志華), 김동길 역, 『조선전쟁의 재탐구: 중국, 소련, 조선의 협력과 갈등』 (서울: 선인, 2014), 329-346; 시모토마이 노부오(下斗米 伸夫), 이종국 역, 『모스크바와 김일성』 (서울: 논형, 2012), 101-106; A. V. 토르쿠노프, 구종서 옮김, 『한국전쟁의 진실과 수수께끼: 김일성, 스탈린, 모택동 기밀문서』 (서울: 에디터, 2003), 122-32; 데이빗 쑤이(徐澤榮), 『中國의 6.25戰爭 參戰』, 한국전략문제연구소 역 (서울: 한국전략문제연구소, 2011), 67-81. 데이빗 쑤이는 3자 간의 연합작품(the joint manoeuvres)이 가능했던 "첫 번째 주된 원인"을 "마오쩌둥과 스탈린 모두 중화인민공화국과 소비에트 연방 사이의 연대감을 높이는 동일한 이념을 가지고 있었다"는 점에서 찾고 있다. 데이빗 쑤이(徐澤榮), 『中國의 6.25戰爭 參戰』, 82.

마련해 둔 것"이다.[25]

6.25전쟁 당시 소련 총군사고문의 통역으로 활동했고 소련군 퇴역 대령이었던 게오르기 플로트니코프도 마오쩌둥이 그렇게 확실하게 김일성의 6.25전쟁 개전을 지원했던 이유를 1950년 2월 소련과 체결한 중소우호동맹호조조약에서 찾는다. 마오쩌둥은 이 조약이 있는 한 모스크바와 베이징이 함께 할 것이라고 보았다. "더 나아가 조선 공산주의자들의 남한 점령이 곧 자신의 세력 범위 확대라는 식으로 생각했"다.[26]

국가이익적 고려에 따른 3자 간의 연대와 갈등이 모두 존재했지만, 6.25전쟁의 개전을 합작함에 있어서는 3자 간의 관념적 연쇄가 토대가 되었다. 즈다노프연설을 통해 표현된 스탈린주의,[27] 마오쩌둥이 가지고 있었던 군사적 낭만주의 등은 김일성 및 박헌영의 관념과 연쇄되어 있었다.[28] 블레이니는 전쟁결정자들에게서 일반적으로 발견되는 관념적 특성

---

25 데이빗 쑤이(徐澤榮), 『中國의 6.25戰爭 參戰』, 109.

26 가브릴 코로트코프, 『스탈린과 김일성』, 어건주 역(서울: 東亞日報社, 1992), II: 14.

27 스탈린의 지휘체계 아래 있었던 볼코고노프가 보기에 6.25전쟁은 "일면에서는 미소간 냉전의 반영이며 또 다른 측면에서는 스탈린의 '코민테른'식 사고방식의 결과였다. 1941-1945년 간의 태평양 전쟁이 끝난 당시를, 스탈린은 제국주의를 공격하여 공산주의가 세계를 지배할 수 있는 적기로 보았다." 드미트리 볼코고노프, 『스탈린』, 한국전략문제연구소 역 (서울: 세경사, 1992), 6. 냉전의 한기(寒氣)가 강화되면서 독일과 일본에 맞서 함께 싸웠던 "어제의 친구들이 소총 가늠자의 조준선을 통해 서로를 노려보고 있었다. 스탈린은 당시의 미국이 소련보다 강하고 실제로 공격하기 어려운 상대라는 것을 알고 있었다. 때문에 그는 궁극적으로 전 세계를 적화하기 위하여 모든 힘을 기울인다는 코민테른 사상을 염두에 두면서도 우선 反식민주의와 反제국주의를 다양한 방법으로 선동한다는 신중한 방책을 택하였다." 볼코고노프, 『스탈린』, 364.

28 "중국의 지도부는 그야말로 조선의 동지에 대한 의리와 미국과의 숙명적인 승부가 불가피하다는 인식 때문에 참전한 것이다. 그런 의미에서도 조선전쟁은 중국혁명의 귀결이었다." 와다 하루끼, 서동만 역, 『한국전쟁』 (서울: 돌베개, 1999), 52. 마오는 세계공산화를 확신하면서 물질적 열세를 정신적으로 역전시킬 수 있다는 일종의 군사적 낭만주의를 가지고 있었다. Shu Guang Zhang, *Mao's Military Romanticism: China and the Korean War, 1950-1953* (Lawrence: University Press of Kansas, 1995).

으로 '극단적 낙관주의'(extreme optimism)를 지적한 바 있는데, 마오쩌둥과 김일성은 모두 '극단적 낙관주의자'들이었다.[29]

1950년 6월 25일 조선인민군이 무력으로 한국군을 궤멸시키고, '조선반도'의 공산화를 지향했던 6.25전쟁은 조선민족 관념과 결합한 공산주의 국제연대에 의해 추동된 전쟁이었다. 그 반대편에서는 한국민족 관념과 결합한 민주주의가 성장하고 있었다. 6.25전쟁을 "두 분단국가 간의 민족의 통일을 위한 전쟁"[30]이라고 규정하게 되면 국제적으로 연계되어 있던 심층적 관념충돌 구도를 간과하게 된다. 김일성은 스스로가 일으킨 전쟁을 이승만 정부가 "북벌을 준비하는 과정에서 미 제국주의자의 지시에 의해 우리의 극악한 적인 일본군국주의자와 손을 잡는 것조차 주저하지" 않았기 때문에 일어난 전쟁이라고 주장했다. 그리고 김일성전쟁이라고도 불릴 수 있는 이 전쟁을 "조국의 통일과 독립, 자유와 민주주의를 위한 정의의 전쟁"이라고 선전했다.[31]

김일성은 레닌의 반제공산주의적 전쟁관을 계승하는 동시에 조선민족 통일론을 결합시켰다. 세계공산화를 추구하는 전자의 논리와 조선민족의 통일을 추구하는 후자의 논리는 외견상으로는 모순되어 보이지만 내

29 Geoffrey Blainey, *The Causes of War* (New York: The Free Press, 1988), 120-24.

30 박명림, 『한국전쟁의 발발과 기원』 II (서울: 나남, 2012[1996]), 895. 1950년 8월과 9월 중국의 『新華月報』는 소련의 『이즈베스치야』 사설과 그로미코의 성명을 발췌하여 "만일 미국이 미국의 남부와 북부를 통일할 권리가 있다면 (중략) 조선인들 역시 하나의 민족국가로서 한반도를 통일할 권리가 있다"는 주장을 개진했다. 데이빗 쑤이(徐澤榮), 『中國의 6.25戰爭 參戰』, 48에서 재인용. 공산진영은 이승만정부에 의해 전쟁이 시작되었다는 허위선전과 함께 사실은 평양에 의해 시작된 전쟁을 '통일'이라는 명분으로 정당화하고 있었다.

31 사사키 하루타카(佐佐木春隆), 강창구 편역, 『한국전비사: 하권 반격과 휴전』 (서울: 병학사, 1977), 14-15. 2013년 6월 28일 평양의 관영매체 『조선중앙통신』은 1950년 6월 28일의 서울 '해방'작전 승리를 찬양하면서 이 전쟁은 미국이 일으킨 전쟁에 대한 "반격전"이라고 주장했다.

면적으로는 잘 결합되어 있었다. 김일성은 만주에서 자신이 이끌던 유격대가 "맑스-레닌주의적 군대"였으며, "자산계급의 민족주의적인 군대와는 달리 근로 인민의 혁명 군대로서 위대한 쏘련 인민과 중국 인민과의 국제주의적 단결을 강화하면서 특히 쏘련과의 긴밀한 련계" 밑에 투쟁했다고 회고했었다.[32] 김일성은 "11월 7일(볼셰비키 집권)"이 없었다면 8월 15일(조선민족해방)도 없었다고 보았다.[33]

공산주의 국제연대의 정점에서 마치 가톨릭교도들에게 미치는 교황의 영향력에 비견되는 영향력을 가졌던 인물은 스탈린이었다. 스탈린은 전투적 무신론자였다는 점에서 가톨릭의 교황과는 대척점에 있었지만 당시의 공산주의자들에게 미치고 있던 그의 영향력은 종교적이라고 할 만큼 강력했다. 그는 김일성의 요청에 따라 마오쩌둥과 함께 김일성의 전쟁을 국제적으로 공모했지만 김일성의 전쟁을 '내전'으로 호도하면서, 미국과 국제연합의 개입을 차단하고자 했다. 6.25전쟁의 배후에 존재했던 이러한 관념충돌은 정전협상 내내 이어졌고, 정전협정이 체결된 이후까지 계속되었다. 정전협상에서 조-중인민군 대표단이 소련을 중립국으로 간주해야 한다고 주장하면서 정전협상을 지연시켰던 것, 송환불원포로들의 송환에 집착했던 것, 그리고 외국군의 철수를 끈질기게 요구했던 것도 그러한 관념충돌을 반영하고 있었다.

조-중인민군 정전협상 대표들 중 한 명이었던 이상조는 냉전이 끝나가던 1989년 9월 12일 서울 프레스센터에서 기자회견을 가졌다. 망명지였던 소련에서 한국을 방문한 길이었다. 이상조는 소련 주재 대사로 있던

32 김일성, "조선인민군은 항일무장투쟁의 계승자이다(1958. 2. 8)," 서대숙 편, 『북한문헌연구: 문헌과 해제』 (서울: 경남대 극동문제연구소), 4: 411.

33 『평양민보』 1945년 11월 10일자, 김학준, 『북한의 역사 제1권: 강대국권력정치 아래서의 한반도분할과 소련의 북한군정개시』 (서울: 서울대학교출판부, 2008), 867에서 재인용.

1956년 6월 김일성의 개인숭배 조짐에 대한 우려를 소련 측에 전달했었다.[34] 정전협상 당시 이상조는 백선엽 한국군 대표의 면전에서 "제국주의의 주구(走狗)는 상갓집 개만도 못하다"는 글을 쓴 바 있었다. 한국에 온 74세의 이상조는 복잡한 심경을 여러 번 표명했지만, 다음과 같이 말하면서 의외로 당당한 모습을 보이기도 했다. "나는 어렸을 때 어른들이 공산주의에 대해 이야기하는 것을 듣고 심정적으로 공산주의가 좋다고 느꼈다. 이것이 공산주의자가 된 출발점이다. … 다 같이 잘 살고 평화롭게 살자는 공산주의를 위한 직업혁명가로서의 나의 신념은 죽을 때까지 변하지 않을 것이다." 그는 한국의 청중을 의식한 듯 "자본주의를 반드시 나쁘게만 보지 않는다"라는 말을 덧붙이기는 했지만, 냉전 말기 서울 한복판에서 공산주의에 대한 자신의 신념을 확인했다.[35]

망명객 이상조의 의연한 모습은 1950년대 초 혈전의 와중에서 그가 대표단의 일원으로 참가했던 정전협상의 배후에 존재했던 관념충돌의 강도를 짐작하게 해준다. 이 책에서는 그러한 관념충돌을 장기 지속(longue durée)의 관점에서 바라보면서 어떻게 1953년 7월 27일 정전협정이 체결될 수 있었고, 세계역사상 가장 오래 지속된 정전체제가 탄생했는지를 살펴볼 것이다.

2) 용어 설명

6.25전쟁과 정전협상의 배후에 존재했던 관념충돌은 용어의 상이성에

34 "Memorandum of a Conversation with DPRK Ambassador to the USSR Ri Sang-jo on 16 June 1956," June 21, 1956, History and Public Policy Program Digital Archive, RGANI, Fond 5, Opis 28, Delo 412, Listy 238-241, Obtained for NKIDP by Nobuo Shimotomai and translated for NKIDP by Gary Goldberg. http://digitalarchive.wilsoncenter.org/document/114133.

35 이상조, 『증언』, 이기봉 편 (서울: 원일정보, 1989), 21.

서 드러난다. 정전협상과정은 조선어/한국어의 발전에도 영향을 미쳤다. 치열한 정전협상장에서 사용되던 영문 및 중국문과 대조하여 "단어 하나 하나의 뜻을 짚고 넘어가야 했다."[36] 40-50페이지 정도의 작은 단어사전이 제작, 활용되기도 했다.[37] 정전협정문 안에 있는 많은 단어들은 그렇게 탄생한 것들이었고, 이후 군사용어를 중심으로 조선어/한국어의 발전에 영향을 미쳤다. 더 큰 문제는 동일한 언어를 전혀 다른 뜻으로 사용하는 경우였다. 이 책에서도 먼저 용어의 의미를 분명히 해둘 필요가 있다. 정치인 또는 학자 개인이 어떤 용어를 사용하는가 하는 것은 정치적 자유와 학문적 자유에 속하는 문제이다. 다만 서로가 사용하고 있는 용어의 합의를 명확히 하는 것이 정치발전이나 학문발전에 도움이 될 것이다.

(1) 한국, 북한, 남한, 조선

1882년 조선이 최초로 체결한 조약(1876년 일본과 체결한 것은 조일수호조규)인 조미수호통상조약에서는 한문이 사용되었고, 조선의 새로운 운명을 결정지은 청일전쟁을 마감한 시모노세키평화조약(1895)도 한문과 일본문으로 되어 있었다. 대한제국의 운명을 결정지은 러일전쟁 이후 포츠머스평화조약(1905)은 영문과 불문(프랑스어)으로 되어 있었다. 이에 비해 6.25전쟁을 정지시킨 7.27정전협정은 한글을 국제적으로 동등한 효력을 가진 언어로 인정했다.

정전협정은 조선인민군에 의해 시작된 전쟁을 정지하는 것에 조선인민군사령관, 중국인민지원군사령관, 그리고 국제연합군사령관이 합의한

36 H. G. 언더우드, 『한국전쟁, 혁명 그리고 평화[*Korea in War, Revolution and Peace*]』, Michael J. Devine 편, 주장돈 역 (서울: 연세대학교 출판부, 2002[2001]), 194.

37 언더우드, *Korea in War, Revolution and Peace*, 주장돈 역, 195.

것이었다. 국제연합군사령관은 국제연합 참전국의 사령관들은 물론 한국군사령관을 대표했다. 그런데 학계의 일각에서는 한국이 정전협정에 서명하지 않았기 때문에 정전협정 당사자가 아니라는 주장이 꾸준히 제기되어 왔다.[38]

소련을 중립국으로 지명해야 한다는 조-중인민군 대표단의 주장으로 협상이 공전될 무렵 국제연합군 측 대표들은 참모장교들이 동원되어 약 2개월간에 걸쳐 작성한 정전협정문 초안을 조-중인민군 대표단에 수교(手交)했다. 이때 Korea를 '한국'으로 번역할 것인지, '조선'으로 번역할 것인지를 놓고 설전이 벌어지기도 했다.[39]

1952년 8월 4일 소련 극동 1과장 페도렌코가 비신스키 외상에게 보낸 "한국" 국호에 관한 보고서에 따르면 "조, 중 양측은 한국이란 국호를 반대하고 조선을 사용하자고 주장하였다"고 하면서, 이들이 "한국은 일본 제국주의자들이 대한(大韓)으로 사용하도록 했기 때문에 조선 민족에겐 모욕적인 국호라고 반대하고 조선은 고대부터 조선이라고 호칭했다고 하면서 반동 이승만 도당이 한국으로 개명하려고 하고 있다"고 기록했다.[40]

'대한' 또는 '한국'이란 약칭은 광무황제 스스로 '조선'이라는 명칭을 버리고 마한, 진한, 변한을 계승했다고 했던 대한제국, 1919년 수립된 대한민국 임시정부, 그리고 1948년 국제적 승인을 받은 대한민국을 관통하

38 金明基, 『한반도 평화조약의 체결: 휴전협정의 평화조약으로의 대체를 위하여』 (서울: 국제법출판사, 1994), 56.

39 당시 한국군 협상대표 유재흥과 통역장교 이수영은 뜻밖에도 '조선'도 무방하다는 견해를 밝히기도 했는데, 이는 어떠한 문제가 발생했을 때 한국이 그 책임을 지지 않을 수도 있다는 "한번 장난삼아 해보자는 견해"였다. 그만큼 조선과 한국의 차이는 분명히 인식되고 있었다. 鄭成觀, 『板門店의 秘史』 (서울: 平文社, 檀紀4286[1953]), 102.

40 朴鍾孝 편역, 『러시아 연방 외무성 대한정책 자료』 I (서울: 선인, 2010), 622.

는 용어였다.[41] 그러나 1897년 광무황제가 '조선'이라는 명칭을 버리고 대한제국을 선포한 이후에도 일반적인 조선인들 중 다수는 '조선'이라는 이름만을 알고 있었거나(문맹의 경우 '조선'이라는 이름도 몰랐거나) 조선에서 대한제국으로의 국호 변경에 관심이 없었을 가능성이 크다. 1897년 조선에서 대한제국으로 변화된 진보성과 1898년 만민공동회와 독립협회를 강제해산하고 전제권력을 강화시킨 퇴행성은 분리해서 보아야 한다. 독립협회가 주창했던 의회의 비준이 필요 없어진 상황에서 전제군주와 조약을 체결했다고 주장하던 일제는 대한제국을 강제병합하면서 한국(대한제국)이라는 명칭 대신 '남해도'나 '고려'와 같은 명칭도 고려했지만 결국 초대총독이 되는 데라우치 마사타케의 주장에 따라 '조선'이라는 옛날 명칭을 되살렸다.[42] 이러한 명칭은 청제국 하의 '조선'에서 일본제국 하의 '조선'으로 바뀌었을 뿐이라는 일제의 정치적 선전을 용이하게 하는 것이었다.

---

41 양승태, 『대한민국이란 무엇인가』 (서울: 이화여자대학교출판부, 2010); 김명섭, "대한제국의 역사적 종점에 관한 재고찰," 5-30. 이범석의 국무원고시 제7호에 따라 『조선일보』의 제호도 위험에 빠졌다. 6·25전쟁이 일어난 후인 1950년 8월 전시내각의 공보처장에 임명된 김활란 이화여대 총장은 "『조선일보』의 '조선'이라는 제호는 북이 쓰는 국호이니 이를 바꿔야 한다"고 주장했다. 국무회의에서 이 문제를 놓고 격론이 벌어졌고, 결국 이승만 대통령에게 결정을 요청하게 되었다. 이승만 대통령은 "『조선일보』는 일제 때부터 사용한 고유명사인데 '조선'이면 어떻고 '한국'이면 어떠냐"고 말해 『조선일보』라는 신문제호는 살아남게 되었다. 이선민, 『'대한민국' 국호의 탄생』 (서울: 대한민국역사박물관, 2013), 45-46. 만일 이승만 대통령이 김활란 공보처장의 주장을 따랐다면 『조선일보』는 『한국일보』가 되었을 수도 있었고, 그렇게 되었다면 1954년 장기영이 『태양일보』를 인수하여 창간했던 『한국일보』는 다른 제호를 가지게 되었을 것이다.

42 국칭 변경은 병합준비위원회에서 논의되어 1910년 일본내각에서 결정된 『한국병합시 처리법안대요』의 1번 '國稱의 件'에 포함되었다. 이후 대일본제국 명치 43년 8월 29일 칙령 제318호에서 "한국의 국호는 개하여 지금부터 조선이라 칭한다"라고 하였다. 윤대원, 『데라우치 마사다케통감의 강제병합공작과 '한국병합'의 불법성』 (서울: 소명출판, 2011), 82-3; 윤병석, 『대한과 조선의 위상』 (서울: 선인, 2011), 25, 135.

1919년 대한민국 임시정부가 수립된 이후에도 '조선'이라는 명칭은 널리 사용되었다. 그러나 국외에서는 대한민국 임시정부를 포함해서 대한 또는 한국이라는 명칭을 사용하는 경우가 적지 않았다.[43] 국내에서도 1927년 3월 민족단일당 성격을 가지고 창립된 신간회(新幹會)는 원래 그 명칭을 신한회(新韓會)로 하려고 했다. 그러나 신한(新韓)이라는 글자를 쓰게 되면 일제의 탄압은 물론 해산명령까지 내려질 것을 우려하여 새로운 한국은 새 줄기(幹) 또는 새 뿌리를 길러야 한다는 뜻을 담은 신간회라고 이름 짓게 되었다.[44]

1945년 광복 이후 조선인민공화국과 대한민국 임시정부, 조선공산당/조선로동당과 한국민주당, 한국독립당, 대한독립촉성국민회 등의 용례에서 보여지는 바와 같이 조선이라는 관념과 한국이라는 관념은 서로 경쟁했다. 1948년 대한민국 수립 이전 런던올림픽에 파견되었던 선수단 깃발은 '조선올림픽대표단'이라는 명칭을 사용했다. 38선 이남에서 '한국'이라는 관념과 '조선'이라는 관념의 분리가 명확해진 것은 앞에서 언급한 바와 같이 1950년 1월 이범석 국무총리가 발표했던 국무원고시 제7호에 의해서였다. 이에 따라 조선반도 대신 한반도, 동조선만(灣) 대신 동한만과 같은 용어들이 38선 이남에서 보편적 용어로 정착되었다.

그 이전에는 국무원고시를 반포한 이범석 자신도 1946년 청년단체를

43 일제강점기에서 광복 후에 이르기까지 대한과 조선의 명칭분화가 가지는 정치적 의미에 주목한 선행연구로는 임대식, "일제시기 · 해방 후 나라이름에 반영된 좌우갈등: 右'대한' · 左'조선'과 南'대한' · 北'조선'의 대립과 통일," 『역사비평』 (1993년 여름), 35-50. 1920년대 이후에는 임대식이 지적하고 있는 바와 같이 좌파에서 '한'을 사용한 경우는 거의 없다. 그러나 그 이전에 존재했던 상해파와 이르쿠츠크파 고려공산당의 모체인 한인사회당의 경우에는 '한'이라는 명칭을 사용했었다. 한인사회당이 고려공산당으로 이름을 바꾼 것은 레닌이 내린 사회당에서 공산당으로의 개명지침과 맥을 같이 하는 것이다. 요컨대 사회당은 '한'과 결합했지만, 공산당은 '고려,' 그리고 이어서는 '조선'과 결합했다.

44 趙炳玉, 『나의 回顧錄』, 95-96.

만들면서 그 단체의 명칭을 '한민족청년단'이나 '한국민족청년단'이 아니라 '조선민족청년단'이라고 했었다. 1948년 8월 15일 대한민국 수립 이후인 1949년 38선 이남에서 발행된 화폐에도 조선은행권(한자로 우측에서 좌측으로 券行銀鮮朝라고 표기)이라는 글자가 새겨져 있었다. 1950년 2월 4일 한국은행법안이 정부에 제출되었고, 1950년 5월 5일 국회의 동의를 얻어 법률 제103조로 공포되었다. 원래 한국은행은 1909년 7월 대한제국 정부가 일본통감부와 '한국 중앙은행 설립에 관한 협정'을 체결함과 동시에 공포한 '한국은행조례'에 따라 설립된 바 있었다. 1950년 6월 12일 대한민국의 중앙은행으로서 한국은행이 설립되었고, 6.25전쟁 발발 후, 조선인민군이 한국은행 본점을 점거한 뒤 일부 지금은(地金銀)과 미발행 조선은행권을 불법으로 남발하여 경제를 교란시키던 1950년 8월 17일 최초의 한국은행권(1000원 권, 100원 권)이 발행되었다. 이후 8월 26일 긴급명령 제10호인 "조선은행권의 유통 및 교환에 관한 건"이 발표되어 '조선은행권'의 유통이 금지되고 교전선 이남에서 화폐 교환이 이루어졌다.[45]

1948년 9월 9일 38선 이북에 '조선민주주의인민공화국'이라는 명칭의 국가체제가 수립된 이후, '조선민주주의인민공화국'에 익숙해진 사람들의 뇌리에는 단군조선이 세웠다는 조선, 그리고 콜럼버스가 대서양을 횡단하기 100년 전인 1392년 이성계가 세운 조선, 그리고 일제강점기의 조선으로 이어지는 '조선'의 정통성을 '조선민주주의인민공화국'이 계승한다는 조선민족주의적 관념이 인민민주주의적 관념과 맞물려 재생산되었다. 김일성은 "북조선이 걸어 온 길은 조국발전의 유일한 길이다, 남북조

---

45 조선인민군이 서울을 점령하여 발행했던 조선은행권 48(A)호 중 일부도 1951년 7월 1일부터 한국은행 신권으로 교환되었다. 『대구매일신문』 1951년 7월 7일.

선 전체 인민의 진정한 총의를 대표하는 최고인민회의에 의거한 통일적 중앙정부이며, 조선인민이 가지는 유일한 합법적 조선 중앙정부"라는 인식을 가지고 있었다.[46] 김일성은 6.25전쟁의 목표로 '조선민족의 해방'을 표방했다.

2014년 10월 인천에서 아시안게임이 열렸을 때, 주최 측의 선의(善意)로 "환영 북한 선수단 인천아시안게임 참가"라고 쓴 현수막이 내걸렸다. 그러나 정작 환영을 받은 쪽에서는 현수막을 철거해 줄 것을 강력히 요구했다. 결국 이 환영 현수막은 철거되었다. '북한'을 인정하면서 평화를 모색하자는 사람들도 정작 '북한' 사람들이 원하는 대로 그들을 불러주고 있지 않다. '북한'이라는 용어는 대한민국에서만 다수가 사용하고 있을 뿐, 인근 일본이나 중국에서는 다수가 사용하는 용어가 아니다. 동북아 전체를 놓고 볼 때, '한' 또는 '한국'이라는 명칭은 '조선'이라는 명칭과 여전히 대립하고 있다. 인구만을 고려하면 '조선반도'(朝鮮半島)라는 용어를 사용하고 있는 사람들의 숫자가 '한반도'(韓半島)라는 용어를 사용하고 있는 사람들의 숫자보다 많을 것이다. 외교는 상대방의 이름을 정확히 호명하는 데서부터 시작된다. 아울러 스스로의 이름도 명확히 해야 한다. '조선민주주의인민공화국'에 대한 국가승인의 문제와는 별도로 그들이 원하지 않는 '북한'이라는 명칭, 그리고 한국이 스스로를 '남한'이라고 부르는 명칭은 적어도 학술적 차원에서는 재고될 필요가 있다.

1950년 6월 25일 38선을 넘어 대한민국의 절멸을 기도했던 군대의 명칭 역시 '북한군'이 아니라 '조선인민군'이었다. 한국에서는 과거 '북괴군'이라고 호칭하다가 남북화해의 분위기에 맞추어 '북한군'으로 바꾸었다. 외국에서 사용하는 North Korean Army를 '북한군'으로 기계적으로

46 『민주조선』, 1948년 8월 20일, 9월 12일; 김일성, "신년사," 1949년 1월 1일.

번역한 영향이기도 했다. 그런데 북한군이라는 명칭은 '북쪽의 한국군'이라는 뜻도 되므로 6.25전쟁 당시 한국군과 상호절멸의 결전을 벌였던 상대방을 호칭하기에는 혼란스러운 명칭이다. 1950년 6월 25일 대한민국의 소멸을 위해 한국군과 싸웠던 군대의 당시 명칭은 '북한군'이 아니라 '조선인민군'이었다. 조선인민군은 김일성과 박헌영의 결정에 따라 스탈린과 마오쩌둥의 도움을 받아 한국의 시간, 공간, 인간을 인민민주주의를 채택한 '조선'으로 흡수하고자 하는 관념에 입각해서 전쟁을 벌였다. 전쟁목표는 거의 달성될 뻔 했지만, '한국' 민군의 저항과 미국을 포함한 국제연합의 개입으로 저지되었다. "있었던 그대로의 역사"를 드러내기 위해서는 가능한 당대에 사용되었던 용어를 그대로 표기할 필요가 있다.

(2) 국군, 인민군

국민군(national army)에 어원을 두고 있는 국군의 개념과 인민군(people's army)의 개념적 분화는 1789년 프랑스대혁명 이후 서서히 이루어졌다.[47] 1789년 프랑스대혁명은 군주주권에 기초한 국가주권의 시대(1648년 웨스트팔리아조약으로 상징)가 국민주권에 기초한 국가주권의 시대로 넘어가는 분수령이었다. 프랑스혁명정신에 불안감을 느낀 인접국 군주들의 용병에 맞서서 프랑스국민군은 군주주권보다 국민주권을 앞세우는 프랑스혁명정신에 입각해서 싸웠다. 나중에는 스스로 군주가 되는 자기모순에 빠져 버렸지만, 나폴레옹은 원래 프랑스혁명정신의 수호자라는 시대정신의 체현자였다. 이처럼 국민군에서 유래한 국군이라

47 金洪喆, 『戰爭과 平和의 硏究: 現代戰爭類型의 理論과 實際』 (서울: 博英社, 1987[1977]), 3-28, 156.

는 용어는 용병(傭兵, mercenary)을 동원한 군주들 간의 전쟁(war among monarchs)이라는 개념과 대립되는 국민국가들 간의 전쟁(war among nations)이라는 개념에 기초하여 등장했다. 청년 나폴레옹이 국민주권의 수호자로서 국민군의 지도자로 떠올랐듯이 나폴레옹군대에 맞서 싸웠던 국가들에서도 점차 용병의 개념이 퇴화되고 국민주권 개념에 기초해서 영토 및 국경을 지키는 국민군을 의미하는 국군의 개념이 발전했다.[48]

1897년 대한제국이 수립되고, 이듬해인 1898년 육군무관학교가 삼청동에 설립되었다. 1881(고종18)년에 설치되었던 별기군(別技軍)의 전통을 계승한 이 무관학교는 18세 이상 23세까지의 남성을 선발했고, 수업 연한은 6년이었는데, 육군유년학교 졸업생은 3년 만에 졸업할 수 있었다. 일본인 교관(대위)과 조교(하사)가 있었고, 한국인 교관이 각과에 있었다. 학과는 주로 국어, 수학, 역사, 지리 등이고, 일본어를 매일 가르쳤다. 한국인 교관들은 주로 일본육사에서 교육을 받았다.[49] 대한제국 육군무관학교는 1907년 8월 1일 대한제국 군대가 일제에 의해 강제 해산된 후에도 명맥을 유지하다가 1909년 7월 3일 폐교되었는데, 그때까지 630여 명의 무관을 양성했다.[50]

대한제국 군대의 해산 이후, 일본제국의 강점을 피해 북행하는 사람들도 있었고, 일본육사로 유학을 갔다가 독립군에 합류하는 사람들도 있었다. 이미 1904년부터 1905년까지 지속되었던 러일전쟁 당시 러시아 편에서서 일본과 싸운 대한제국 국민들도 있었다. 러일전쟁은 비록 작은 규

---

48 金洪喆, 『戰爭과 平和의 硏究』, 17.

49 육군본부, 『創軍前史』 (서울: 육군본부, 1980), 29; 이기동, 『悲劇의 軍人들』 (서울: 일조각, 1982), 12-13; 한용원, 『대한민국 국군 100년사: 1895-1945 그리고 1945-1995』 (서울: 오름, 2014), 56.

50 김삼웅, "대한제국 육군무관학교와 신흥무관학교," 『신흥무관학교와 항일 무장독립운동』 (신흥무관학교 100주년 기념사업회, 2011), 14; 한용원, 『대한민국 국군 100년사』, 58.

모이기는 했지만 러시아를 지지했던 대한제국 사람들과 일본을 지지했던 대한제국 사람들 간의 전쟁이기도 했다. 러일전쟁 당시 일본의 승리를 "수백년래 행악하던 백인종의 선봉을 북 한 소리로 크게 부수었으니 가히 천고의 희한한 일이며 만방이 기념할 자취"라고 보았던 안중근 의사는 1909년 대한의군 참모중장의 자격으로 일본의 한국 침략을 지휘했던 이토 히로부미를 하얼빈에서 사살했다. 그가 국제법에 따라 전쟁포로로 간주해 달라고 요청했던 것은 비록 대한제국 군대는 일제에 의해 강제 해산되었지만, 스스로를 아직 대의(大義, cause)적으로 존속하고 있던 대한제국 군대의 일원으로 보았기 때문이라고 해석된다.

제1차 세계대전 종전기 시베리아를 횡단하여 블라디보스토크에 도달했던 체코여단으로부터 무기를 인수했던 한국 독립군은 1920년 홍범도, 김좌진, 이범석 등의 주도로 봉오동전투와 청산리전투에서 일본군을 상대로 대승을 거두었다. 이들의 승리는 1919년 4월에 수립된 대한민국 임시정부의 발전과 궤를 같이 하는 것이었다. 1932년 김구 단장이 지휘하던 한인애국단 윤봉길 의사의 홍구공원 의거는 국제적 주목을 받았다. 대한민국 임시정부는 1940년 9월 17일 중경에서 한국광복군 총사령부 성립전례를 거행했다. 총사령은 이청천, 참모장은 이범석이었다.[51]

군주들에게 봉급을 받고 전리품을 나누어 갖는 용병의 개념과 대립하여 발전한 것이 국민군이었다면, 다시 국민군 개념에 맞서서 발전한 것이 인민군 개념이었다. 프랑스대혁명 직후 일반 시민, 노동자, 그리고 농민들은 모두 용병을 앞세운 인근 군주국가들의 개입에 맞서는 국민군의 일원으로서 프랑스혁명정신을 보위하고자 했다. 국민군은 군주주권에 기초한 근대국가(nation moderne)가 아니라 국민주권에 기초한 현대국가

51 윤병석, 『대한과 조선의 위상』, 200-201.

(nation contemporaine)의 산물이었던 동시에 현대국가를 만들어 내는 주체였다. 이러한 국민군에 맞서서 맑스, 엥겔스, 레닌, 마오쩌둥 등은 국민주권이나 국경의 개념보다 전 세계 인민을 위해 싸우는 인민군 개념을 내세웠다. 특히, 엥겔스는 19세기 각종 혁명의 군사적 측면에 주목하여 "1848-49혁명의 군사적 문제", "유격전론", "파리코뮌의 군사문제", "무장한 노동자권력", 그리고 "미래의 시가전" 등을 통해 인민전 개념을 발전시켰다.[52]

이러한 인민전을 위해 종사하는 군대는 국민국가를 위해 종사하는 국군과 구별되는 인민군이었다. 레닌이 1917년 10월 케렌스키사회민주정부를 전복하고 정권을 장악할 수 있었던 주요한 배경들 중 하나는 그가 내세운 전쟁과 평화의 담론이 득세했기 때문이었다. 레닌은 1917년 2월 혁명에 의해 무너졌던 짜르정부, 그리고 짜르정부를 무너뜨린 케렌스키정부까지도 애국적 전쟁으로 몰고 갔던 제1차 세계대전을 제국주의 국가들 간의 전쟁으로 규정하고, 1918년 3월 3일 독일과 브레스트-리토프스크평화조약을 체결했다.

인민군 개념을 더욱 발전시킨 것은 마오쩌둥이었다. 1927년 "권력은 총구에서 나온다"고 말한 마오는 전쟁이란 "영원한 평화를 위해 싸우는 것"이라고 주장하면서, 진보적 전쟁은 정의의 전쟁이며, 진보를 거역하는 전쟁은 부정의의 전쟁이라는 이분법을 구사했다. 진보적 전쟁이란 인민을 위한 전쟁인데, 마오에게 있어서 인민이란 "노동자계급, 농민계급, 소도시 부르주아지 및 민족 부르주아지"를 말한다. 이들 인민이 노동자계급과 공산당의 지도하에 단결하여 지주계급 및 관료부르주아지계급, 그리고 제국주의에 맞서 수행하는 전쟁을 인민전쟁이라

52 金洪喆, 『戰爭과 平和의 硏究』, 136.

고 보았다.[53] 마오쩌둥의 홍군(紅軍)에서 시작되어, 팔로군(八路軍) 및 신사군(新四軍)을 거쳐, 1948년 11월부터 중국인민해방군(中國人民解放軍)이라는 명칭을 갖게 된 무장력은 이러한 인민전쟁 수행의 도구였다.

김일성이 총지휘했던 조선인민군 역시 레닌의 인민민주주의 개념에 입각한 군대였다. 마오쩌둥이 레닌의 인민민주주의개념에 중화민족주의를 버무렸던 것처럼 김일성은 조선민족주의를 접합시켰다.[54] 1945년 10월 21일 소련군사령부의 지원 하에 평민대원(平民隊員)들을 통합하여 창설한 보안대가 1947년 5월 17일 인민집단군사령부로 개편되었다.[55] 1947년 2월 22일 선거를 통해 수립된 사실상의 단독정권인 '북조선인민위원회'에 의해 1948년 2월 8일 창설된 것이 조선인민군이었다.[56] 1977년까지 29년 동안 조선인민군은 이 날을 기념해 왔다. 그러나 1978년 이후 조선인민군의 창설일은 4월 25일로 바뀌었다. 4월 25일은 김일성(1912- 1994)이 1932년 만주 지린(吉林)성 안투(安圖)현에서 항일유격대를 창설했다고 주장되는 날이다. 조선인민군은 김일성정권을 뒷받침해주는 무력수단이었고, 중국인민해방군과 마찬가지로 인민민주주의에 기반한 군대였다.

대한민국 헌법 제1조는 "대한민국의 주권은 국민에게 있다"라고 되어 있다. 대한민국의 군대는 국민의 군대, 즉 국군인 셈이다. 원래 "주권은 인민에게 있다"라는 헌법 초안이 "국민에게 있다"로 바뀐 사정에 대해

---

53 金洪喆, 『戰爭과 平和의 硏究』, 146-56, 167.

54 이 경계의 모호성은 전라남도 광주에서 출생하여 대륙에서 활동하며 팔로군 행진곡(현재 중화인민공화국 인민해방군 공식 군가)을 작곡한 정율성이 조선인민군 행진곡도 작곡했던 사실에서도 드러난다.

55 김광운, 『북한정치사 연구: 건당, 건국, 건군의 역사』 (서울: 선인, 2003), 569, 581-84.

56 한용원, 『대한민국 국군 100년사』, 255; 한용원, 『남북한의 창군: 미-소의 역할을 중심으로』 (서울: 오름, 2008), 267.

유진오(俞鎭午)는 다음과 같이 회고했다.

> 인민이라는 말은 구대한제국 절대군주제하에서도 사용되던 말이고, … 국민은 국가의 구성원으로서의 인민을 의미하므로 국가우월의 냄새를 풍기어, 국가라 할지라도 함부로 침범할 수 없는 자유와 권리의 주체로서의 사람을 표현하기에는 반드시 적절하지 못하다. 결국 우리는 좋은 단어 하나를 공산주의자에게 빼앗긴 셈이다.[57]

이처럼 유진오가 "공산주의자에게 빼앗긴" 좋은 단어라고 생각했던 '인민'이라는 명칭을 사용한 조선인민군과 달리 한국군은 국민군 전통에 입각하여 대한제국 국군 – 대한의군 – 독립군 – 광복군 – 대한민국 국군으로 이어지는 정신사적 전통을 계승했다. 1940년 10월 15일 대한민국 임시정부가 발표한 '광복군성립보고서'는 "1907년 8월 1일 대한제국 국군 해산의 날이 곧 독립전쟁 개시의 날이요 광복군 창립의 날"이라 기록했다. 청산리전투의 영웅이었던 대한민국 초대 국방장관 이범석은 1948년 8월 15일 국방부 본부 편성에 이어 8월 16일 미군정기에 창설된 경비대를 대한민국 국군에 편입시킨다고 선언했다.[58]

한국 국방부의 『건군사』에 따르면 대한제국 이래 한국군의 역사적 흐름은 다음과 같이 압축해 볼 수 있다. "대한제국군 출신이 독립군의 주요 간부로 활약하면서 국군의 정신을 이었고, 이어 독립군 출신이 광복군(光復軍)의 주요 간부로 활약했으며, 이제 광복군 출신이 조선국방경비대(朝鮮國防警備隊)를 거쳐 국군(國軍)의 창설과정에 군의 상징적 존재인 국방부장관, 국방부차관, 그리고 주요 간부로 등장함으로써 광복군은 대한

57 俞鎭午, 『憲法基礎回顧錄』 (서울: 一潮閣, 1980), 65.

58 한용원, 『대한민국 국군 100년사』, 254.

제국 이래 역사적 단절을 극복하고 국권 회복을 위한 자주 독립정신을 계승하여 국군에게 정신적 유산으로 물려주었던 것"이다.[59]

(3) 6.25전쟁, 조선전쟁, 한국전쟁, 코리아전쟁, 김일성전쟁, 조국해방전쟁, 공산주의전쟁

현재 한국의 모든 중고교 교과서들에서는 6.25전쟁이라는 용어를 사용하고 있다.[60] 그렇지만 1950년(혹은 1945년이나 1948년)부터 1953년(혹은 현재)까지 한(조선)반도지역에서의 집단적 무력분쟁을 어떻게 명명할 것인가 하는 학계의 논쟁은 아직 종료되지 않았다.[61] 학계에서는 "6.25전쟁"이라는 용어를 "단세포적인 역사인식"의 소산이라고 보는 주장,[62]

---

59 국방부 군사편찬연구소, 『建軍史』 (서울: 국방부 군사편찬연구소, 2002), 48.

60 김기철, "'6.25전쟁'이냐 '한국전쟁'이냐," 『조선일보』 2010년 6월 21일. 법률적으로는 2008년 3월 28일 제32차 일부 개정된 "국가유공자 등 예우 및 지원에 관한 법률[법률 제9079호])"의 4조에서 "1950년 6월 25일부터 1953년 7월 27일까지의 사이에 국군이나 유엔군에 지원 입대하여 6.25전쟁에 참전하고 제대한 자"라고 하여 6.25사변이라는 용어 대신 6.25전쟁이라는 용어를 법률용어로 채택한 바 있다. 종전까지는 2005년 7월 29일 제25차 일부 개정된 법률 제7649호에서 사용된 "1950年 6月 25日부터 1953年 7月 27日까지의 사이에 國軍 또는 國際聯合軍에 志願 入隊하여 6.25事變에 參戰하고 除隊된 者"라는 규정을 사용했었다. "국가유공자 등 예우 및 지원에 관한 법률" [일부개정 2008.03.28 법률 제9079호]. 국회 법률지식정보시스템 http://likms.assembly.go.kr/law/jsp/main.jsp 한편 "6.25전쟁 납북피해 진상규명 및 납북피해자 명예회복에 관한 법률[시행 2010. 9.27] [법률 제10190호, 2010. 3.26, 제정]" 제2조는 6.25전쟁의 "전시납북자"를 "남한에 거주하고 있던 대한민국 국민(군인을 제외한다)으로서 6.25전쟁 중(1950년 6월 25일부터 1953년 7월 27일 군사정전에 관한 협정 체결 전까지를 말한다) 본인의 의사에 반하여 북한에 의하여 강제로 납북되어 북한에 억류 또는 거주하게 된 자"라고 규정했다.

61 이에 관한 보다 상세한 논의는 김명섭, "전쟁 명명의 정치학: '아시아・태평양 전쟁'과 '6.25 전쟁'," 『한국정치외교사논총』, 제30집 2호 (2009).

62 김동춘, "한국전쟁을 어떻게 기억해야 하는가?" 『살림』, 6월호, 27-29; 전국교직원 노동조합, 『미래지향적인 통일교육의 모색: 분단의 상처를 어떻게 6.15정신에 맞게 교육할 것인가』, 6.15남북공동선언 2주년 기념 통일교육자료집. 2002년 6월 21일.

그리고 "냉전, 증오, 분단의 논리인 6.25기념논리를 지속할 수는 없다"[63]는 주장도 있다. 일각에서는 '6.25전쟁'이라는 명칭은 "냉전수구적"이고, '한국전쟁'이라는 명칭이 학문적이고 보편적이라고 주장하기도 한다.

'한국전쟁'이라는 명칭에 이의를 제기했던 최초의 기록은 국제연합 주재 한국 대사 임병직(林炳稷, Ben C. Limb, 1893-1976)이 1953년 3월 6일 국제연합 정치위원회에서 1시간 동안 행한 다음과 같은 연설에서 찾아볼 수 있다.

> 여러분! 현재 한국에서 전개되고 있는 이 전쟁은 결코 한국전쟁이라고 불리울 수는 없습니다. 이 전쟁의 원인이 한국인에게 있는 것은 아니며 또 그 주요 목표가 한국인들의 목표는 아닙니다. 공산 침략세력과 자유민주주의 동맹세력 사이의 전쟁인 것입니다. 이 전쟁은 한국인민의 구제, 자유, 영토 및 주권을 방위하기 위하여 되고 있습니다. 그러나 이는 사실상 전세계적 집단 안전보장의 방위를 위한 전쟁입니다.[64]

문학평론가 김윤식은 "『우리말 사전』(삼성출판사, 개정재판, 1975)엔 '6.25', '6.25 사변', '6.25 동란'이 실려 있으나 '한국전쟁', '조국해방전쟁' 등은 없다"고 지적한 바 있다.[65] 역시 삼성출판사에서 1989년 제8차 수정증보판을 거쳐 1990년 제4판을 발행한 『새 우리말 큰사전』에도

---

63 박명림, "한국전쟁/6.25를 기억하는 방식," 역사비평 편집위원회 편, 『역사용어 바로쓰기』 (서울: 역사비평사, 2006); 박명림, 『한국 1950: 전쟁과 평화』 (서울: 나남, 2002), 63.

64 林炳稷, 『林炳稷 回顧錄: 近代 韓國外交의 裏面史』 (서울: 女苑社, 1964), 421. 임병직의 이러한 지적은 스툭의 다음과 같은 지적과 상통하고 있다. ""The Korean War" is an imperfect label, since it reflects only the territorial boundaries, not the international dimensions, of the conflict." William Stueck, *Rethinking the Korean War: A New Diplomatic and Strategic History* (Princeton: Princeton University Press, 2013[2002]), 83.

65 김윤식, "6.25문학과 균형감각," 『한겨레』, 2004년 6월 18일.

'육이오,' '육이오동란,' '육이오 사변' 등의 표제어들은 실려 있지만, '한국전쟁'이라는 표제어는 존재하지 않았다.[66]

물론 사전에 실려 있지 않았다고 해서 '한국전'이라는 용어가 사용되지 않았던 것은 아니다. 그러나 그 용례는 주로 the Korean Conflict, the Korean War라는 영어 명칭에 대한 번역어로서 그 사용이 제한되어 있었다. 한국인들이 자국의 국호인 '한국'을 공식적인 전쟁 명칭으로 사용한 것은 아니었다. 한국에서 '한국전쟁'이라는 용어가 널리 사용된 것은 구미권의 the Korean War, la guerre de Corée, Der Koreakrieg 등의 용어들이 한국학계에 번역, 소개되는 과정을 통해서였다.[67] 주로 구미권에서 6.25전쟁 관련 연구를 하고 돌아온 학자들이 이러한 용어의 보급에 크게 기여했다.[68] 최근 중국학계에서 공부한 학자들이 '조선전쟁'이라는 명칭에 친숙할 수밖에 없는 것과 흡사하다.

그런데 '한국전쟁'이라는 용어의 사용은 단순한 번역명칭으로서가 아니라 1950년 6월 25일에 전쟁이 시작된 것이 아니라는 인식을 담고 싶어하는 정치적 동기에 의해 추동된 측면도 있다. 일각에서는 1948년, 또는 1945년에 시작된 전쟁이라는 의미에서 '한국전쟁'이라는 명칭을 사용한다. 이것은 이 전쟁이 1950년 6월 25일 이전에 있었던 38선 충돌에 의해 '형성'된 것이라고 보는 인식에 의해 뒷받침되기도 한다.[69] 2014년 브루

---

66 신기철, 신용철 편저, 『새 우리말 큰 사전』 (서울: 삼성출판사, 1990), 2612, 3633.

67 대표적으로 Bruce Cumings, *The Origins of the Korean War*, vol. 1: *Liberation and the Emergence of Separate Regimes, 1945-1947* (Princeton: Princeton University Press, 1981)을 번역한 브루스 커밍스, 김주환 역, 『한국전쟁의 기원 : 해방과 단정의 수립 1945-1947』, 上, 下 (서울: 靑史, 1986).

68 브루스 커밍스, 『한국 전쟁의 기원』 (서울: 일월서각, 1986); 브루스 커밍스, 『한국전쟁과 한미관계 1943-1953』, 박의경 역 (서울: 청사, 1987); 김학준. 『한국전쟁: 원인, 과정, 휴전, 영향』 (서울: 박영사, 1989).

69 정병준, 『한국전쟁: 38선 충돌과 전쟁의 형성』 (파주: 돌베개, 2006). 전쟁이 일어난 구조가

스 커밍스는 "김일성이 소련에 남한을 공격해 달라고 35번이나 요청했다는 글을 본 적이 있다. 나도 이승만이 미국에 똑같은 요청을 한 사례를 35개 내놓을 수 있을 것이라고 확신한다"고 주장했다.[70] 이승만도 "북진통일"을 말했던 것은 사실이다. 그렇지만 1949년 2월 이승만 대통령의 특사로 필리핀으로 가던 도중 도쿄에서 맥아더를 접견할 기회를 가졌던 변영태는 평양의 전쟁준비와 서울의 "북진통일" 구호가 지닌 본질적 차이에 관해 다음과 같이 말했다.

> '북진통일'하지만 이것은 국내적 사정으로 어쩔 수 없이 하는 말이고 실제 군사행동이야 미국 모르게 할 리는 없으며 미국의 협력을 얻어 북진할 때가 오기까지는 남한을 방수하는 것이 우리나라의 국책으로 되어 있으니, 방수하기에 충족한 무장을 미국이 시켜 주기를 바란다.[71]

이처럼 "방수하기에 충족한 무장"조차 미국이 시켜주기를 바라던 한국이 말하는 '북진통일'이란 평양의 남진준비와는 등가적으로 비교될 수 없는 것이었다. 무엇보다 스탈린에게는 개전을 후원할 의지가 있었고, 트루먼(Harry S Truman, 1884-1972)에게는 개전을 후원할 의사가 없었다. 트루먼정부는 오히려 이승만정부에 대한 군사적 지원을 제한했다. 이승만이 설사 전쟁을 원했다고 하더라도 미국의 지원 없이 전쟁을 할 수 없다는 것을 누구보다 잘 알고 있었다.

이러한 역사적 사실을 무시하고 6.25전쟁 발발 당시 교전쌍방에

아니라 전쟁 자체를 형성된 것으로 보면 전쟁책임은 희석되고, 전쟁결정에 대한 반성의 여지는 없어진다.

70 『동아일보』 2014년 10월 27일.

71 卞榮泰, 『外交餘錄』 (서울: 한국일보사, 단기4292[1959]), 8-9.

대해 동등한 개전책임을 묻는 것은 불합리한 양비론이다. 이러한 양비론은 "누가 코리아전쟁을 일으켰는가? 이 질문은 제기되어서는 안 된다"(Who Started the Korean War? This question should not be asked.)라고 언명하면서 6.25전쟁 개전책임에 대한 문제 제기 자체를 봉쇄하고자 한다.[72]

물론 38선 부근에서의 총격전은 자주 일어났다. 그러나 조선인민군은 탱크를 포함한 소련제 무기 면에서 압도적 우위를 점유하고 있었다.[73] 6.25전쟁을 1950년 이전부터 '형성'된 것으로만 보면, 과거를 향한 무한 환원론에 빠질 우려가 있다. 그렇게 보면 모든 전쟁은 인류의 기원, 인간의 본질로부터 '형성'되어 온 것이 된다.

"전쟁과 평화 사이에는 아무 것도 없다"(There is nothing between war and peace)라는 그로티우스의 명제는 전쟁과 전쟁 이전의 무력충돌을 명확히 구별할 것을 요구한다. 아울러 1933년 2월 6일 소련 외무위원 리트비노프(Maxim Litvinov, 1876-1951)가 국제연맹의 군축 및 군비제한위원회(the League of Nations Conference for the Reduction and Limitation of Armaments)에 제출한 침략자(aggressor) 정의에 비추어 보더라도 1950년 6월 25일 조선인민군의 군사행동은 이에 부합된다. 리트비노프는 국제분쟁에 있어서 다음과 같은 행동들 중 하나라도 먼저 행하는 국

72 Bruce Cumings, *The Origins of the Korean War* 2 (Princeton: Princeton University Press, 1990), 621.

73 6.25전쟁 당시 소련 총군사고문의 통역으로 활동했고 소련군 퇴역 대령이었던 게오르기 플로트니코프도 6.25전쟁 이전의 총격전과 6.25전쟁을 다음과 같이 구별하고 있다. "물론 38도선에서의 총격전은 자주 일어났다. 또 아무리 당시의 남북한 군사력이 거의 백중세였다 하더라도 조선인민군은 무기 면에서 대단한 우위를 점유하고 있었던 것이다. 무엇보다도 그들에게는 탱크가 있었다. 반면에 상대편에는 그것이 전무했다." 코로트코프, 『스탈린과 김일성』, II: 13-14.

가를 침략자라고 규정했다.

(1) 다른 국가에 대해 선전포고하는 경우
(2) 선전포고 없이 무장력으로 다른 국가의 영토를 침략하는 경우
(3) 육해공군으로 다른 국가의 영토를 폭격하거나 다른 국가의 해군이나 공군임을 알면서 공격하는 경우
(4) 다른 국가의 허가 없이 해당 국가의 국경 안에 육해공군을 진입시키거나 주둔기간이나 공간과 관련하여 그러한 허가권을 침해하는 경우
(5) 다른 국가의 연안이나 항구를 봉쇄하는 경우[74]

리트비노프는 또한 상대방 국가의 다음과 같은 내부적 상황을 빌미로 '침략'이 정당화될 수 없다고 했다. (1) 정치적, 경제적, 또는 문화적 후진성, (2) 행정의 불비, (3) 외국민이 당할 수 있는 생명과 재산의 위협, (4) 혁명 또는 반혁명운동, 내전, 무질서, 또는 스트라이크, (5) 다른 국가에서 어떤 형태의 정치, 경제, 사회적 질서의 수립과 유지 등이 침략전쟁을 정당화하는 논거로 사용될 수 없다는 것이다.[75]

같은 공산주의자였던 리트비노프의 이와 같은 견해에 비추어 보더라도 대한민국 내부에서 벌어지고 있던 불안정한 상황(국군 14연대 반란사건 포함)이 조선인민군의 6.25남침을 정당화하는 근거가 될 수는 없다. 따라서 제주4.3사건, 국군 14연대 반란사건, 그리고 6.25전쟁을 하나로

---

74 League of Nations Records of the Conference for the Reduction and Limitation of Armaments, Ser. B. Minutes of the Cen. Com.vol. 1, Geneva, 1932, pp. 237-38. cited in p. 16 dans *Security and Non-aggression, Baltic States and USSR Treaties on Non-aggression de E.Krepp*, edited by Estonian Inforamtion Centre & Latvian National Foundation, Stockholm 1973. http://www.letton.ch/lvx_33sdn.htm (검색일, 2015년 3월 17일).

75 위와 같음.

묶어서 '한국전쟁'이라고 부르면서 공산주의자들의 전쟁책임을 희석시키려고 하는 것은 리트비노프의 견해에 비추어보더라도 성립될 수 없다. 그럼에도 불구하고 1948년 이후 38선 충돌부터 6.25전쟁까지를 '한국전쟁'으로 부르고자 한다면, 1950년 6월 25일 이후의 전쟁이야말로 '한국전쟁'이 아니라 6.25전쟁이라고 불러야 할 것이다.[76]

한국인들이 오래 전부터 사용하던 6.25전쟁이라는 용어는 촌스러운 용어이고, '한국전쟁'이라는 용어는 전 세계적으로 사용되고 있는 학문적이고 객관적인 용어라는 주장도 타당하지 않다. 영어권에서 the Korean War라는 명칭이 많이 사용되고 있는 것이지, 'Hanguk War'라고 부르고 있는 것은 아니다. 영어권에서 사용되는 the Korean War라는 용어는 '한국전쟁'이나 '6.25전쟁'뿐만 아니라 '코리아전쟁', '한반도전쟁' 등으로 번역될 수 있다. 그러나 6.25전쟁을 굳이 '코리아전쟁'이나 '한반도전쟁'으로 바꾸어 부를 필요가 없는 이유는 마치 일본이나 중화인민공화국에서 '조선전쟁'이나 '항미원조전쟁'이라는 용어를 사용하고 있다고 해서 우리가 불러왔던 6.25전쟁이라는 명칭을 변경할 필요가 없는 것과 같은 이치다.

6.25전쟁이라고 하면 전쟁이 6월 25일 하루에만 있었던 것 같기 때문에 6.25전쟁이라는 명칭을 폐기해야 한다는 주장도 있다. 그렇지만 프랑스의 7월 혁명(1830년), 2월 혁명(1848년), 5월 혁명(1968년), 그리고 러시아의 2월 혁명이라는 명칭에서 보여지듯이 발발시점에 따라 특정사건을 명명하는 것은 인류의 오랜 관습이었다. 3.1운동이 1919년 3월 1일 하루 동안만 전개된 만세운동이 아니었지만 3.1운동이라고 쓰고 있는 것

76 김명섭, "분단의 구조화과정과 한국전쟁," 최장집 외, 『解放前後史의 認識』 IV (서울: 한길사, 1989).

과 같은 이치다. 제주4.3사건도 1948년 4월 3일에만 있었던 사건이 아니었음에도 4.3사건이라고 쓰고 있다. 4.19혁명, 5.16군사정변, 그리고 5.18민주화운동 등의 명칭이 모두 그러한 관습을 따른 것이다.

이러한 용어들은 모두 당대의 다수가 공시적으로 체감했던 역사(contemporary history, 즉 현대사) 용어들로 널리 회자되면서 정착된 것들이다. 영어로는 the Korean War, the 1950-53 War in Korea, the Communist War in Korea, 그리고 중국어로는 朝鮮戰爭 등의 명칭이 더 적합할 수도 있다. 그러나 한국인들의 기억이 온축된 6.25전쟁이라는 명칭을 정확하지도 않은 번역명칭으로 굳이 변경할 필요는 없다.

6.25전쟁이라는 용어를 사용하면 수구냉전적이고, 한국전쟁이라는 용어를 쓰면 진보적이라는 이분법도 있다. 그러나 2005년 출범했던 뉴라이트 싱크넷 상임집행위원을 맡았던 역사사회학자 전상인은 '6.25전쟁'이라는 명칭이 아무런 입장도 없는 "중류수"같은 표현이라고 비판한 바 있다.[77] 이와 대조적으로 흔히 '진보정권'이라고 불렸던 노무현정부의 국정원 기조실장을 역임한 서동만은 "한국전쟁은 분명히 잘못된 명칭이기 때문에 더 이상 쓰지 않는 것이 옳다"고 지적한 바 있다. "한국은 대한민국의 약칭이기 때문에, 한반도 전체를 무대로 남북이 모두 당사자인 이 전쟁의 성격을 제대로 설명할 수 없다"는 것이다. "전쟁의 무대, 전장을 기준으로 한다면, '한반도 전쟁'이라고 부르는 편이 적절"하지만, "더 적합한 명칭을 찾을 때까지 잠정적인 것으로서 일부 연구자들이 제안한 대로" 6.25전쟁이라는 명칭을 쓰겠다고 했다.[78]

77 전상인, "'이름 없는' 전쟁 쓸쓸한 50돌," 『문화일보』 2000년 6월 23일; 전상인, "한국전쟁의 사회학: 사회적 변화와 사회적 유산," 『고개 숙인 수정주의: 한국현대사의 역사사회학』 (서울: 전통과 현대, 2001), 164.

78 서동만, 『북조선 사회주의체제 성립사, 1945-1961』 (서울: 선인, 2005), 53.

국사학계에서도 다음과 같은 비판이 나온 바 있다. "[6.25전쟁에 대해 나는] 여러 가지 호칭을 사용하고 있다. 그런데 '한국전쟁'이라는 용어는 사용하지 않는다. 그런 경우의 호칭, 즉 일본전쟁, 중국전쟁, 미국전쟁, 영국전쟁, 프랑스전쟁 등의 호칭이 성립할 수 없는 것과 같기 때문이다."[79] 물론 프렌치전쟁(the French War)이라는 명칭이 존재하지만, 그것은 영미권에서 부여한 명칭이다. 독일인들이 게르만전쟁, 프랑스인들이 프렌치전쟁이라는 작명을 한 것이 아니었다. 정용욱 역시 조동걸과 마찬가지로 '한국전쟁'이라는 용어의 부적절성을 지적하면서, "학계의 공통된 합의에 따라 다른 적당한 용어로 대체되기까지 잠정적으로 '6.25전쟁'이라는 용어를 쓸 수밖에 없다"고 주장했다. 더 나아가서 이 전쟁의 호칭문제는 "분단상황의 해소와 같은 결정적인 사태 변화나 오랜 기간 학계의 논의를 통해서야 해결할 수 있는 문제"라는 것이다.[80]

동북아 차원에서 보면 일본이나 중국에서는 '조선전쟁(朝鮮戰爭)'이라는 명칭을 많이 사용한다. '조선'이 일으킨 전쟁이라는 점에서는 조선전쟁이라는 명칭이 더 타당해 보이고, 조선의 침략을 받아 한국이 새롭게 태어난 전쟁이라는 점에서는 한국전쟁이라는 명칭이 더 타당해보이기도 한다. 그런가 하면 나폴레옹전쟁이나 알렉산더전쟁처럼 전쟁주도자의 이름을 따서 김일성전쟁이라고 부를 수도 있을 것이다. 그러나 김일성전쟁이라고 하면 스탈린과 마오쩌둥, 그리고 박헌영 등의 전쟁책임이 은폐되는 측면도 있다. 김일성, 박헌영, 마오쩌둥, 그리고 스탈린을 하나로 묶어준 관념적 연대는 공산주의였다는 점에서 헨리 정(정한경)의 주장처럼 이 전쟁을 공산주의전쟁(the Communist War)이라고 부를 수도

79 조동걸, 『현대한국사학사』 (서울: 나남출판, 1998), 481.

80 정용욱, "6.25전쟁기 미-중관계," 역사학회 엮음, 『전쟁과 동북아의 국제질서』 (서울: 일조각, 2006), 447.

있을 것이다.[81]

레닌에 의해 공산당과 사회당이 명확히 구분된 이후, 공산주의자들은 전쟁을 자본주의 발전의 최고 단계(the highest stage)인 제국주의들 간의 충돌로서 발생하는 것이라고 믿었다. 공산주의자들은 전쟁보다는 기층 민중에 의한 전복(顚覆, subversion)을 통해서 공산정권을 수립하고자 했었다. 그런데 1950년 6.25전쟁은 전복 대신 전쟁을 선택했다는 점에서 1917년 레닌의 노선보다는 1939년 폴란드와 핀란드를 침공했던 스탈린의 노선을 계승한 것이었다. 평양당국은 1950년 6월 25일 전쟁을 일으켰다는 사실을 인정한 적이 없지만, 현재까지 스스로 사용하고 있는 '조국해방전쟁'이라는 용어 안에는 "제국주의로부터 남조선을 해방시키기 위해 일으킨 전쟁"이라는 뜻이 숨어 있다.

이처럼 1950년(혹은 1945년이나 1948년)부터 1953년(혹은 현재)까지 한(조선)반도지역에서의 집단적 무력분쟁에 대한 명명에는 여러 가지 숨은 정치학이 존재한다. 최종적 전쟁 명칭은 결국 정치적으로 결정될 가능성이 크다. 이 책에서는 지나치게 "증류수적인 표현"[82]이라는 비판을 받고 있지만, 어쩌면 그렇기 때문에 좌우편향 논란을 빗고 있는 한국의 모든 중고교 교과서들에서 공통적으로 사용하고 있는 6.25전쟁이라는 용어를 사용할 것이다. 외국인들이 사용한 the Korean War, the War in Korea, the Communist War in Korea 등의 영어 명칭을 번역해야 할 경우, 그 호명의 맥락을 정확히 표현하고, 대한민국과 '조선민주주의인민공화국'을 포괄할 수 있는 '코리아전쟁'이라는 직역 명칭을 사용할 것이다.

---

81 Henry Chung, *Korea and the United States Through War and Peace, 1943-1960* (Seoul: Yonsei University Press, 2000), 155-250.

82 전상인, "'이름 없는' 전쟁 쓸쓸한 50돌," 『문화일보』 2000년 6월 23일.

(4) 정전, 휴전

1953년 7월 27일 판문점에서 체결된 정전협정은 휴전협정이라고도 불려왔고, 그 연장선에서 휴전체제, 휴전선 등의 용어가 널리 사용되어 왔다.[83] 정전협상 당시 통역 및 번역을 맡았던 언더우드(Horace Grant Underwood, 1917-2004)의 책의 한국어 번역본에서는 "정전"이라는 용어와 "휴전"이라는 용어가 혼용되고 있다.[84]

한국에서 '정전' 대신 '휴전'이라는 용어를 사용한 맥락은 the Korean War를 '한국전쟁'이라고 기계적으로 번역한 것과 유사하다. 라틴어의 arma(무기)와 stitium(정지)에서 유래되어 영어와 프랑스어에서 공통적으로 armistice라고 사용되는 용어가 한국과 일본에서 '休戰(휴전)'이라고 번역되어 소개되었다. 서양의 armistice라는 용어가 한국에 도입된 기록은 제1차 헤이그평화회의(1899)에서 채택된 '육전의 법 및 관습에 관한 협약'과 그 부속서 '육전법 및 관습에 관한 규칙'[85]의 번역문에서 발견된다. 이 협약의 부속서 제5장의 armistices는 휴전으로 번역되어 있다. 당시 일본에서도 1899년 헤이그협약의 armistice를 휴전(休戰)이라고 번역했다.[86] 따라서 1953년 7월 27일 성립된 armistice를 휴전이라고 명명했던 것은 그 이전부터 존재했던 번역어를 답습한 것이었다. 1953년 경무

83 한국정치외교사학회 편, 『한국전쟁과 휴전체제』 (서울: 집문당, 1998).

84 언더우드, *Korea in War, Revolution and Peace*, 주장돈 역. 정전회담, 정전협상, 정전협정 등으로 쓴 용례는 이 책의 211-12쪽, 휴전회담, 휴전협상 등으로 쓴 용례는 192-93쪽에 나온다.

85 이 문건들은 1874년 '전쟁에 관한 법과 규칙'에 관한 브뤼셀선언(1874, 러시아황제 알렉산드르 2세가 주도)으로부터 발전된 것이었다. 대한제국은 1903년 제1차 헤이그평화회의(1899)에서 채택된 이 협약과 부속서에 가입했다. 그리고 대한민국은 1986년 8월 8일 이 협약과 부속서를 다자조약 제886호로 공포했다.

86 헤이그협약을 번역하는 과정에서 전쟁포로(prisoner of war; prisonnier de guerre)는 일문으로는 俘虜, 중문으로는 戰俘로 번역되었다.

대에서 생산한 문서 파일의 명칭도 "휴전협정원문"이라고 명명되었다. 1953년 7월 28일에 발표된 이승만 대통령의 담화문도 "휴전협정"이라는 명칭을 사용했다.

그런데 정전협정문의 제2조 제목은 "정화 및 정전의 구체적 조치"로서 정화(停火, 영문본에서는 cease-fire)와 정전(停戰, 영문본에서는 armistice)이라는 개념을 분명히 구별해서 사용하고 있다. 정전협정문에서 정화와 정전의 정확한 의미를 규정하고 있지는 않으나, cease-fire와 armistice의 차이에 관해서는 정전협상 시작 전부터 의문이 제기되었다. 애치슨 미국 국무장관은 커크(Alan G. Kirk) 모스크바 주재 미국 대사로 하여금 비신스키(Andrey Vyshinsky, 1883-1954)나 그로미코(Andrei A. Gromyko)를 만나 cease-fire와 armistice의 소련식 용법에 관해 확인하라는 전문을 보냈다.[87] 이 전문에 따라 커크 대사는 소련 외무부에 질문했고, 1951년 6월 27일 요양 중이던 비신스키 대신 소련 외무차관 그로미코를 만나 서로가 사용하게 될 cease-fire와 armistice의 개념적 차이를 다음과 같이 정리했다.

그로미코는 커크 대사에게 정화(cease-fire)는 "잠정적 군사정전(interim military armistice)의 일부"이며, "군사정전은 정화를 포함하나 정치적, 영토적 문제를 포함하지 않고 엄격한 군사적 문제들로 제한된다"(limited strictly to military questions and would not involve any political or territorial matter)라고 결론 내렸다. 그로미코는 정전협상의 교전당사자(belligerant parties)란 "통합사령부(Unified Command), 즉 미군과 참전국들에 더해서 한국사령부(plus South Korean Command), 그리

87 Secretary of State(Acheson) to the Embassy in the Soviet Union, 25 June 1951, *FRUS 1951: Korea and China*, 553-54.

고 북조선사령관 및 중국인민지원군 대표들(plus representatives of Chinese volunteer units)"이라는 점을 명확히 했다.[88] 1953년 7월 27일에 체결된 협정문에서도 정화는 쌍방의 무장역량이 적대행위를 정지할 것을 명령하고 또 이를 보장하는 행위의 의미로 사용되었다. 이에 비해 정전은 정화(停火, cease-fire)를 포함한 보다 포괄적인 군사적 의미를 지닌다. 그러나 정치적 의미를 지니는 평화조약은 아니다.

이와 같은 그로미코의 설명과 유사하게 스탈린도 평양과 베이징에서 온 외교사절단에게 자신이 이해하고 있는 개념적 차이를 다음과 같이 설명한 바 있다.

- 무력 사용 중지는 전투 도중에 전선에서 어떠한 이유로 인하여 잠시 무력 사용을 중지하는 것이다(몇 시간 혹은 하루 이틀이며, 시한이 지나면 다시 교전상태로 들어간다).
- 정전은 비교적 긴 시간 동안 군사행동을 중지하는 것이지만 쌍방은 여전히 교전상태 중으로 전쟁은 결코 종결되지 않은 것으로 수시로 다시 전투가 되풀이 될 수 있기 때문에 결코 평화국면이라고는 할 수 없다.
- 강화는 평화회담과 화해로 교전쌍방이 비교적 장기간의 긴장 완화와 일정 정도의 평화 상태를 달성하는 것으로, 협상을 통하여 정전과 긴장 완화상태 혹은 평화를 달성했지만 아직 평화국면이 공고화되지는 못한 것을 말한다.

88 The Ambassador of the Soviet Union to Secretary of State(Acheson), 27 June 1951, *FRUS, 1951*, 560-61. 당시 면담기록은 다음의 소련 문서에서도 확인할 수 있다. 소련 외무성 제1부상 일기(발췌), "조선문제의 평화적인 해결에 대한 UN 주재 소련 대표의 성명과 관련해서 소련 주재 미합중국 대사와의 면담에 대하여," 1951년 6월 27일, V. N. 바르타노프 편, 『자료집: 소련 국방부 중앙문서보관소비밀해제 자료 및 대통령궁 문서보관소 비밀해제 자료 (1997)』, 대한민국 국사편찬위원회 역, 『해외사료총서11: 한국전쟁, 문서와 자료, 1950-53년』 (과천: 국사편찬위원회, 2006), 제9장 한반도에서 휴전의 성립과 소련의 역할.

- 평화협약(평화조약)은 무력 사용 중지와 정전, 타협, 강화 즉 임시적인 화해가 아니라 군사행동을 완전히 중지하고 적대상태를 제거하여 평화공존 상태로 전환하는 것으로, 결국 모든 전쟁의 흔적과 전시의 영향과 상흔을 제거하는 것을 말한다.[89]

요컨대 스탈린은 전투 도중에 전선에서 잠시 무력 사용을 정지하는 것을 정화(cease-fire), 비교적 긴 시간 동안 군사행동을 중지하는 것을 정전(armistice), 임시적인 화해가 아니라 군사행동을 완전히 중지하고 적대상태를 제거하여 평화공존 상태로 전환하는 것을 평화협정(조약)으로 보았다.

영어에서는 armistice와 유사한 명칭으로 truce가 있다. 예를 들어 1914년 12월 24일 제1차 세계대전 당시 서부전선 일부에서 연합군과 독일군이 크리스마스를 맞이하여 일시적으로 전투행위를 잠시 멈추고 함께 크리스마스 캐롤을 불렀던 사건은 크리스마스 정전(Christmas truce, Trêve de Noël)이라고 불린다. 이러한 truce에 비해 1918년 11월 11일 오전 11시를 기해 발효된 제1차 세계대전 당시 독일과의 휴전협정에서는 armistice라는 용어가 사용되었음(convention d'armistice)을 볼 때, armistice는 truce보다 장기적이고 전면적인 군사행동의 중지 상태가 (문서에 의해) 약속된 경우를 의미한다.

이상의 고찰을 통해서 볼 때, 1953년 7월 27일에 체결된 협정은 원문대로 '정전협정'이라고 부르는 것이 타당하다. 쌍방이 전투행위를 잠시 중지하는 행위는 정화(停火, 정전협정문 영문본에서는 cease-fire), 정화를 포함한 전면적이고 장기적인 군사행동의 정지는 정전(停戰, 정전협정문 영문본에서는 armistice)이다.

---

89 師哲, "朝鮮戰爭期間的 中蘇關係," 『在歷史巨人身邊: 師哲回憶錄(修訂本)』 (北京: 中央文獻出版社, 1995), 492-515. 대한민국 행정자치부 정부기록보존소 편, 『韓國戰爭과 中國』 (2002), II: 270.

이와 같이 휴전협정 대신 정전협정이라는 용어를 사용한다면, 1951년 7월 10일 시작되어 1953년 7월 27일 정전협정의 탄생을 가져왔던 쌍방 대표단의 회합은 어떻게 명명하는 것이 합당할까? 현재까지 이에 관해서는 휴전협상, 휴전회담, 정전협상, 정전회담, 정전담판(停戰談判, 停战谈判) 등의 용어들이 혼용되어 왔다. 우선 정전협정을 탄생시킨 대표단들 간의 회합이므로 휴전협상, 휴전회담보다는 정전협상, 정전회담, 정전담판 등이 적합하다. 그렇다면 정전협상이라는 용어와 정전회담이라는 용어 중에서는 어떤 용어가 더 적합한 용어일까? 평양과 베이징에서는 정전담판이라는 용어를 사용해 왔는데, 한국에서는 정전담판보다 정전회담이라는 용어를 사용했다.[90] 아울러 협상 주체였던 국제연합군 대표단이 사용했던 negotiation, talks, pourparler 등의 번역어인 협상이라는 용어도 많이 사용되어 왔다.

정전협정 원문 중에는 "협상"이라는 용어도 없고, "회담" 또는 "담판"이라는 용어도 없기 때문에 이 문제에 대해서는 정전협정 원문에 따른 표준어가 없다. 다만 제2차 세계대전 당시 같은 편에서 공동의 적과 싸웠던 연합국들 간에 우호적 분위기에서 진행되었던 회의를 얄타회담 등으로 부르는 통례에 비추어 6.25전쟁 당시 혈전을 벌이고 있던 교전쌍방 간 회의의 명칭은 좀 더 차별적일 필요가 있다. 한국어로는 국제연합군 측의 일원으로 참여했던 역사를 그대로 드러내고, 당시의 치열했던 설전(舌戰)을 보다 정확하게 담아내기 위해서는 '회담'이나 '담판'보다는 국

---

90 정전협정 조인식에 참석했던 한국군 대표 최덕신은 정전회담이라는 용어를 사용했다. 崔德新, 『第二의 板門店은 어디로』 ([서울] : 淸雲文化社 1968), 26; 국제연합군 측 연락장교로 참석했던 이수영도 1964년에 쓴 회고록에서 정전회담이라는 용어를 사용했다. 李壽榮, "나의 外交官生活 秘話," 『新東亞』 (1964년 9월), 215.

제연합군 측이 사용했던 '협상'이라는 용어가 더 적합할 것이다.

2. 참고 자료

6.25전쟁의 정전을 위해 서로 다른 관념을 가진 인간들이 벌인 설전(舌戰)의 기록과 그 배후의 정치적 동학, 그리고 정전체제의 탄생과정을 분석함에 있어서 가장 기초가 되는 자료는 정전협정문과 정전협상회의록이다. 3개 언어로 통역되며 진행되었던 정전협상회의록(Transcript of Proceedings)의 영어본은 당시 국제연합군 측의 통역 및 번역을 맡았던 언더우드 형제와 케네스 우(Kenneth Wu) 등에 의해 작성되었다. 한국 국사편찬위원회는 이 회의록을 『南北韓關係史料集』 제1-10집으로 묶어 냈고, 한국사데이타베이스를 통해 제공하고 있다.[91] 이 연구는 이러한 자료들과 함께 정전협상장과 워싱턴을 연결하는 협의와 결정의 과정을 분석하기 위해 미국 국무부가 발간한 *Foreign Relations of the United States* [이하 *FRUS*]에 수록된 문서들을 활용하였다. 이 문서는 위스콘신대학 전자도서관을 통해 제공되고 있다.[92] 아울러 미국 CIA의 인터넷사이트를 통해 제공되고 있는 정전협상 당시 CIA문서들을 참고했다.[93] 트루먼

---

91 國史編纂委員會 編, 『南北韓關係史料集』 (과천: 國史編纂委員會, 1994-). 이 자료집의 제11권은 『韓國戰爭時期 韓美政治關係文書, 1950-1954』로서 미국무부 극동국 산하 동북아시아과 문서에 속하는 알렉시스 존슨의 문서철(Alexis Johnson File)이다. 제12권은 『韓國戰爭時期 北韓軍捕虜關係文書, 1950-1954』로서 조선인민군 포로문제를 둘러싼 국제정치관계에 관련된 내용을 영인한 것이다(미국무부 십진분류문서철 695A.0024시리즈). 그 밖에 이 사료집의 제13권과 제14권은 『美國務部政策樹立處 韓國關係文書』, 제15권은 『美中央情報局 平壤放送聽取 日日報告書(1947.12.-1948.2.)』, 제16권부터 제19권은 『大韓民國內政에 관한 美國務部文書』, 제20권은 『北韓內政에 관한 美國務部文書』, 그리고 제21-25권은 『北韓軍捕虜審問報告書』로 되어 있다.

92 http://digicoll.library.wisc.edu/FRUS

93 http://www.foia.cia.gov/historical-collections

대통령 및 아이젠하워 대통령 관련 공개문서들은 직접 방문하여 열람한 바 있는데, 미처 복사해 오거나 참고하지 못했던 문서들은 The American Presidency Project 사이트를 통해서도 열람할 수 있었다.[94]

아울러 미국 국립문서기록관리청(NARA: National Archives and Records Administration)이 소장하고 있는 국제연합군 사령부 정전업무과(United Nations Command, Armistice Affairs Division)에서 생성한 General Subject Files, 1951-59, compiled by Military History Section, “History of the Korean Conflict: Korean Armistice Negotiations”를 활용했다. 한국 국립중앙도서관이 수집하여 사본을 제공하고 있는 이 자료는 정전협상 관련 보고서 및 문서철로서 리지웨이(Mattew B. Ridgway) 국제연합군 사령관의 지시로 1952년 9월 편찬을 시작하여 그의 후임인 클라크(Mark W. Clark) 국제연합군 사령관을 거쳐 1955년 3월에 완성된 것이다. 이 자료는 4부로 구성된 5권(3부가 2권)의 서술과 2권의 부록, 그리고 1권의 지도책으로 구성되어 있다.

제1부의 서술은 회담 배경과 결과, 회담 양측의 입장 및 취약점, 조-중인민군 대표단의 협상술, 회담장 조성 및 운영 등 정전협정 관련 개괄적인 내용을 담고 있고, 제2부의 서술은 1차 회담부터의 진행 상황과 전쟁포로 협상 등 각 협상 의제에 대한 포괄적인 내용, 제3부와 제4부는 회담 전반에 대한 내용이 상세히 기록되어 있다.

당시 활동했던 인사들의 회고록은 1차 문서들을 이해하는 데 많은 도움을 준다. 트루먼회고록에서는 정전협상이 시작되기 앞서 맥아더 장군을 해임했던 사건과 정전협상에 관해 각각 1장씩의 분량을 할애하고 있다.[95] 역사 서적을 즐겨 읽고 편지쓰기를 즐겨했던 트루먼은 ‘당대에 발

94 http://www.presidency.ucsb.edu

송되지 않은 편지들'을 후대에 남겨 줌으로써, 자신이 취한 일련의 정책들에 대한 이면을 밝혀 주고 있는데, 이 편지들이 『극히 사적이고 내밀한』이란 제목의 서한집으로 편집, 출간되었다.96 트루먼에 이어 제34대 미국 대통령을 역임한 아이젠하워도 그의 회고록에서 정전협상을 마무리하는 과정에 대한 증언을 수록해 놓았다.97

트루먼행정부 당시 국무장관을 역임한 애치슨(Dean Acheson[실제로는 애치선에 가깝게 발음되지만 통례에 따라 표기함], 임기 1949년 1월-1953년 1월)은 『창조에의 임재』라는 제목의 회고록을 남겼다. 이 회고록 55장에 정전협상에 관한 그의 증언이 수록되어 있다. 정전협상의 개시와 관련한 회고에서 애치슨은 죠지 케난(George F. Kennan)의 역할이 컸다고 증언했다. 그리고 왜 정전협상에 자신과 같은 외교관이나 정치인들이 참여하지 않고, 군사령관들 간의 협상으로 국한시키고자 했는지에 관해 증언했다.98

아이젠하워행정부 당시 국무장관을 역임한 덜레스(John Foster Dulles, 임기 1953년 1월-1959년 4월)는 『전쟁 또는 평화(*War or Peace*)』라는 회

---

95 Harry S. Truman, *Memoirs* vol. I. *Year of Decisions, 1945,* vol. II, *Years of Trial and Hope, 1946-1952* (Bungay, Suffolk: Hodder and Stoughton, New York: Doubleday and Co., 1955 and 1956). 이 책에서는 영국판을 참고했다. Truman, *Years of Trial and Hope,* 458-92.

96 Harry S. Truman, *Strictly Personal and Confidential: The Letters That Harry Truman Never Mailed* (Boston: Little, Brown, 1982). 트루먼도서관은 미주리 주 인디펜던스(Independence, Missouri)에 있다.

97 Dwight D. Eisenhower, *Mandate for Change: The White House Years, 1953-1956* (New York: Doubleday, 1963). 또한 Dwight D. Eisenhower, *The Eisenhower Diaries.* ed. by Robert H. Ferrell (New York: Norton, 1981). 아이젠하워도서관은 캔사스 주 애빌린(Abilene, Kansas)에 있다.

98 Dean Acheson, *Present at the Creation: My Years in the State Department* (New York: Norton, 1969), 529-538. 6.25전쟁에 관한 애치슨의 회고록으로는 Dean Acheson, *The Korean War* (New York: Norton, 1971).

고록을 남겼다.[99] 케난도 회고록을 남겼으며, 2014년에는 그의 일기가 출판되었다.[100] 국무부 자문관으로서 워싱턴 내의 유력 인사였던 볼렌(Charles Bohlen)도 정전협상에 관한 증언이 담긴 회고록을 남겼다.[101]

정전협상 초기 미국 대사를 지낸 무쵸(John J. Muccio, 1900-1989)는 구술기록을 남겨 놓았다.[102] 전쟁 초기 주한 미 대사관의 노블(Harold Joyce Noble, 1903-53) 서기관이 남긴 책은 평양에서 태어나 미국에서 학문적 훈련을 받은 학자의 손에 의해 쓰여진 귀중한 기록이다.[103] 브릭스(Ellis O. Briggs, 1899-1976) 대사는 정전협상의 최종 국면에서 워싱턴의 국무부와 정전협상팀, 그리고 이승만 대통령을 연결하는 채널의 역할을 수행한 기록을 남겨 놓았다.[104]

미국 육군참모총장을 역임한 콜린스(Joseph Lawton Collins)는 『평화

---

99 John Foster Dulles, *War or Peace* (New York: Macmillan, 1957).

100 George F. Kennan, *Memoirs*. t. 1: *1925-1950* t. 2: *1950-1967* (Boston: Little, Brown and Company, 1967 and 1972); George F. Kennan, Frank Costigliola, ed., *The Kennan Diaries* (New York: Norton, 2014).

101 Charles E. Bohlen, *Witness to History: 1929-1969* (New York: Norton, 1973).

102 Jerry N. Hess, "Ambassador John J. Muccio," Oral History Interview at Washington, D.C. Feb. 10 and Feb. 18, 1971 (Harry S. Truman Library, 1972); U.S. Department of State. Office of the Historian. http://history.state.gov/departmenthistory/people/muccio-john-joseph; Noble, *Embassy at War*, 3-4; 朴實, 『韓國外交秘史』 (서울: 麒麟苑, 1979), 69. 무쵸라는 이름은 멕시코 작곡가 콘수엘라 벨라스케스가 1941년 작곡하고, 트리오 로스 판초스(Trio Los Panchos)가 불러 제2차 세계대전 당시부터 세계적 애창곡이 되었던 '베사메 무쵸'(Besame mucho)라는 노래 제목으로 인해 한국인들에게 더욱 친숙했다. 이 노래는 1950년대에 한국어로 번안된 서양가요 1호인데, 한국어 가사가 Kiss me much라는 뜻의 원문과 달리 '베사메 무쵸'라는 이름의 여인에게 바치는 노래인 것처럼 개작된 것은 무쵸 대사의 명성 때문에 '무쵸'를 인명으로 오인했기 때문이라는 설이 유력하다.

103 Harold Joyce Noble, *Embassy at War* (Seattle: University of Washington Press, 1975), 191-92.

104 Ellis O. Briggs, *Proud Servant: The Memoirs of a Career Ambassador* (Kent, Ohio: The Kent State University Press, 1998). 브릭스는 이 책의 20장(297-329쪽)에서 Korea: The First War We Did Not Win에 관해 회고하고 있다.

시의 전쟁: 코리아의 역사와 교훈』이라는 회고록을 출간했고, 1979년에는 자서전도 출간했다.[105] 정전협상이 개시되기 앞서 해임되었던 맥아더는 자신의 입장을 설명하는 회고록을 남겼다.[106] 정전협상 초기 국제연합군사령관을 지낸 리지웨이는 1956년 회고록을 출간했다.[107] 이어서 코리아전쟁을 다룬 책을 1967년에 출간했는데, 이 책의 7장과 8장에서 정전협상 당시의 경험을 기록했다.[108] 리지웨이의 6.25전쟁에 관한 공식보고서들은 미국참전자협회에서 발간한 책에 수록되어 있다.[109] 리지웨이가 남긴 개인문서들은 미 육군군사연구소(U.S. Army Military History Institute)에 소장되어 있다.[110] 정전협정 체결 당시 국제연합군 사령관이었던 마크 클라크는 1954년 유럽전선에서부터 아시아전선까지 이어졌던 자신의 경험을 『다뉴브강에서 압록강까지(*From the Danube to the Yalu*)』라는 제목의 회고록으로 출판했다.[111] 클라크와 리지웨이의 6.25전쟁에 관한 공식보고서들은 미국참전자협회에서 발간한 책에 수록되어 있다.[112] 그 밖에 많은 미국의 관련 인물들이 구술기록을 포함한 자료들

---

105 J. Lawton Collins, *War in Peacetime: The History and Lessons of Korea* (Boston: Houghton Mifflin, 1969); J. Lawton Collins, *Lightning Joe: An Autobiography* (Baton Rouge: Louisiana State University Press, 1979).

106 Douglas Macarthur, *Reminiscences* (New York: McGrow-Hill, 1964).

107 Matthew B. Ridgway and Harold H. Martin, *Soldier: The Memoirs of Matthew B. Ridgway* (New York: Harper & Brothers, 1956).

108 Matthew B. Ridgway, *The Korean War* (New York: Doubleday & Company, 1967).

109 Veterans of Foreign Wars of the United States. *Pictorial History of the Korean War 1950-1953: Ridgway and Clark Report* (Veterans' Historical Book Services, 1954).

110 6.25전쟁에 참전한 미군과 국제연합군 부대들과 사령부의 공식문서는 미 국립기록관리청(National Archives & Records Administration)에 소장되어 있고, 육군으로 참전한 개인들의 기록물들은 미 육군 군사연구소에 소장되어 있다. 전현수, "미 육군군사연구소 소장 한국전쟁 관련 자료," 『복현사림』 제28집 (2010), 77, 88-90.

111 Mark W. Clark, *From the Danube to the Yalu* (New York: Harper & Brothers, 1954).

을 남겨 놓았는데, 이에 관해서는 후술하겠다.

정전협상에 관해서는 미국 자료가 가장 풍부하고 상대적으로 정확하지만, 협상 당시 반대편에 있었던 구 소련 문서나 중화인민공화국 문서들을 대조해 보는 다국사료교차분석이 필수적이다. 1994년 러시아 정부가 김영삼 정부에 전달한 소련문서는 『한국전쟁(1950. 6. 25) 관련 러시아 문서: 기본 문헌, 1949-1953』, 『한국전쟁(1950. 6. 25) 관련 러시아 문서: 보충 문헌, 1949-1953』 등으로 편찬되어 공개되었다. 바자노프(Evgeniy P. Bajanov)와 바자노바(Natalia Bajanova)의 *The Most Mysterious War of the XXth Century: Korean Conflict 1950-1953 based on Soviet Archives.* [s.l.]: [s.n.] [198-?]는 문서집의 성격이 강하다. 이 책은 한국어로도 번역되었다.[113]

디미트리 볼코고노프(Dimitri Volkogonov)는 1992년 옐친 러시아 대통령의 안보보좌관, 군사(軍史)연구소 소장, 그리고 러시아최고회의 산하 문서보존위원회 위원장 등을 맡고 있었는데, 최초로 소련권력구조 내부의 문서들을 활용한 스탈린 전기를 출간했다.[114] 이 책의 한국어 번역판은 한국어판 서문이 추가되고, 6.25전쟁에 관한 제22장이 추가되는 등 러시아판이나 영어판과는 다르다. 이 책은 전문적인 역사학자의 책은 아니지만, 소련공산당 내부문서들을 활용했다는 점에서 큰 의의가 있다. 볼코고노프는 "수십 년간 충실한 레닌주의자"였다. 그러나 "당문서 서고에

---

112 Veterans of Foreign Wars of the United States. *Pictorial History of the Korean War 1950-1953: Ridgway and Clark Report* (Veterans' Historical Book Services, 1954).

113 예프게니 바자노프, 나딸리아 바자노바, 김광린 역, 『소련의 자료로 본 한국 전쟁의 전말』 (서울: 열림, 1998). 바자노프의 문서집의 가치에 관해서는 Kathryn Weathersby, "'Should We Fear This?' Stalin and the Danger of War with America," *Cold War International History Project Working Paper*, no. 39 (Spring 2002).

114 드미트리 볼코고노프, 『스탈린』, 한국전략문제연구소 역 (서울: 세경사, 1993).

파묻혀 있다가 빛을 보게 된 일련의 사료들에 의해 레닌주의라는 감옥에 갇혀 있던 나의 의식도 해방되었다"고 회고했다.[115] 라진스키도 소련의 비밀문서들을 활용하여 1997년 새로운 스탈린 전기를 썼다.[116]

토르쿠노프(Anatoly Torkunov)는 6.25전쟁의 정전협상과정에 관한 자료들을 포함한 책을 출판했다. 이 책은 2000년 도쿄에서 영문판이 출간되었고, 2003년 한국어로도 번역, 출간되었다.[117] 6.25전쟁 정전협상 시기 평양의 소련 대사 및 소련군사고문단장을 지낸 라주바예프가 편찬한 자료집은 2001년 한국어로 번역, 출간되었다.[118] 러시아연방 국방성 군역사연구소 부소장 V. N. 바르타노프는 1997년 소련 국방부 중앙문서보관소 비밀해제 자료 및 대통령궁 문서보관소 비밀해제 자료를 편찬했는데, 바르타노프자료집은 2006년 대한민국 국사편찬위원회에서 『해외사료총서 11: 한국전쟁, 문서와 자료, 1950-53년』로 완역되었다. 이 책의 제9장에는 정전협상 당시의 소련 측 문서가 번역, 수록되어 있다.[119]

우드로 윌슨센터의 국제냉전사연구기획 인터넷 사이트는 6.25전쟁과 관련하여 최근 발굴된 공산권 사료들을 영어로 번역하여 제공하고 있다.

---

115 코르트코프, 『스탈린과 김일성』, I: 40.

116 Edvard Radzinsky, tr. by H. T. Willets. *Stalin: The First In-depth Biography Based on Explosive New Documents from Russia's Secret Archives* (New York: Anchor Books, 1997). 이 책을 쓰기 앞서 라진스키는 『니콜라스 2세의 삶과 죽음(*The Life and Death of Nicholas II*)』이라는 전기를 출판했는데, 연작을 통해 그는 러시아 최고 지도자들에게서 공통적으로 발견되는 지정학적 연속성을 포착했다.

117 Anatoly Torkunov, *The War in Korea, 1950-1953: Its Origin, Bloodshed and Conclusion* (Tokyo: ICF Publishers, 2000). 구종서 옮김, 『한국전쟁의 진실과 수수께끼: 김일성, 스탈린, 모택동 기밀문서』 (서울: 에디터, 2003).

118 블라지미르 니꼴라예비치 라주바예프, 『6.25전쟁 보고서』 (서울: 국방부 군사편찬연구소, 2001).

119 바르타노프 편, 『자료집: 소련 국방부 중앙문서보관소비밀해제 자료 및 대통령궁 문서보관소 비밀해제 자료 (1997)』, 대한민국 국사편찬위원회 역, 『해외사료총서11』.

2010년 박종효(朴鍾涍)는 2권으로 된 『러시아 연방 외무성 대한정책 자료』를 한국어로 발간했다. 이 자료집에는 앞서 언급된 자료들을 포함하여 6.25전쟁 정전협상 관련문서들이 번역, 수록되어 있다.[120] 안드레이 그로미코(Андрéй Громы́ко, 1909-1989)는 국제연합대표, 소련 외무차관, 주영 대사(1952-53), 그리고 1954년 4월부터 제1외무차관 등으로 있으면서 정전협정 체결과 정전체제 탄생의 과정을 지켜보았다. 1988년 모스크바에서 러시아어로 출간된 그의 회고록은 1989년 헨리 키신저의 서문 및 대담록과 함께 수정된 영문판으로 출판되었다.[121]

6.25전쟁 관련 중화인민공화국 자료들은 전5권으로 된 『中國對朝鮮和韓國政策文件匯編』의 제1, 2권에 수록되어 있다. 6.25전쟁 당시 중화인민공화국의 대외정책은 마오쩌둥에 의해 좌우되었다. 그의 언술을 모아 놓은 『毛泽东选集』은 마오가 공산당에 들어와 직접 쓴 저작들을 1951년 중국공산당 중앙위원회 모택동 선집 출판위원회에서 모아 놓은 것이다. 『毛泽东选集』의 마지막 제4권은 1949년의 "관념론적 역사관의 파산"을 마지막으로 끝나기 때문에 6.25전쟁 정전협상에 관한 마오의 언급은 포함되지 않았다. 이에 비해 제8권까지의 『毛泽东文集』은 1921년부터 1976년까지의 시기를 포함하고 있다.[122] 이 밖에 1949년 9월부터 1976년 7월까지의 마오쩌둥 문서들을 13권으로 편집한 『建国以来毛泽东文稿』, 1937년 7월부터 1974년 5월까지 외교방면 문서들을 편집한 『毛泽东外交文选』, 『毛泽东军事文选』, 그리고 『毛泽东年谱, 1949—1976』 여섯 권

120 朴鍾涍[박종효] 편역, 『러시아 연방 외무성 대한정책 자료』 I, II (서울: 선인, 2010).

121 Andrei Gromyko, *Memoirs* (New York: Doubleday, 1989).

122 이 책은 한국어로 번역되었다. 모택동, 김승일 역, 『모택동 선집』 1-4 (서울: 범우사, 2008). 『毛泽东选集』과 『毛泽东文集』은 모두 중국공산당의 인민망을 통해 원문을 열람할 수 있다. http://cpc.people.com.cn/GB/64184/64186/index.html

이 있다.[123]

정전협상장에 그의 오랜 심복인 리커눙(李克農[农], 1899-1962)을 은밀하게 파견하여 정전협상을 지휘했던 저우언라이 관련 문서집으로는 중국공산당 인민망이 원문을 제공하고 있는 『周恩来选集』, 1925년 6월부터 1974년 2월까지 군사방면 600여 편의 저우언라이 문서들을 모아 놓은 『周恩来军事文选』, 1949년 6월에서 1950년 12월까지의 문서들을 세 권의 책으로 묶은 『建国以来周恩来文稿』, 그리고 『周恩來年譜』 등이 있다.[124] 저우언라이의 회고록으로 『周恩来自述』이 출간된 바 있다.[125] 미국의 우드로 윌슨센터는 『建国以来周恩来文稿』에서 6.25전쟁과 관련된 문건들을 모아 영문으로 제공하고 있다.[126]

중국인민지원군 사령원으로 정전협정에 서명한 펑더화이(彭德懷, 1898-1974)는 『彭德怀自述』이라는 기록물을 남겼다.[127] 이 회고록 중 6.25전쟁 시기에 해당하는 "항미원조" 부분이 대한민국 행정자치부 정부기록보존소에서 발간한 『韓國戰爭과 中國』 II (2002)에 번역, 수록되어 있다. 1986년 장성출판사(長城出版社)에서 『彭德懷元帥』라는 전기가 출판되

---

123 中共中央文献研究室编辑, 『建国以来毛泽东文稿』 1-13 (북경: 中央文献出版社, 1987-1998). 中国人民解放军军事科学院 编, 『毛泽东军事文选』 (总参谋部出版部, 1961). 中华人民共和国外交部、中共中央文献研究室 合作编辑, 『毛泽东外交文选』 (北京: 中央文献出版社, 世界知识出版社, 1994).

124 中共中央文献编辑委员会, 『周恩来选集』 (北京: 中央文献研究室, 1980, 1984) http://cpc.people.com.cn/GB/64184/64185/66625/index.html. 中共中央文獻研究室, 『周恩来军事文选』 全四卷. 北京: 人民出版社, 1997. 『建国以来周恩来文稿』 (中央文献出版社, 2008). 中共中央文献研究室, 『周恩来年谱 (1898-1949)』 (北京: 中央文献出版社. 1998). 이 밖에 『周恩来外交文选』(1990), 『周恩来经济文选』(1993), 『周恩来文化文选』(1998) 등이 있다.

125 周恩来, 『周恩来自述』 (北京: 人民出版社, 2006).

126 Woodrow Wilson Center, "Zhou Enlai and China's Response to the Korean War," NKIDP e-Dossier no. 9 (2012).

127 彭德怀, 『彭德怀自述』 (北京: 人民出版社, 1981).

었고, 『북위38도선: 펑더화이와 조선전쟁』이라는 책도 출간되었다.[128] 부사령관으로서 펑더화이를 보좌했던 홍셰즈(洪學智)는 1991년 베이징의 해방군문예출판사에서 『抗美援朝戰爭回憶』이라는 제목의 회고록을 출간했고, 1992년 한국어로도 번역, 출간되었다.[129] 이 밖에 중국인민해방군 총참모장 대리를 지낸 녜룽전(聶榮臻)의 『聶榮臻回憶錄』도 출간되었다.[130]

정전협상 당시 중국인민지원군 대표들은 모두 펑더화이의 지휘 아래 있었다. 다만 이들 대표들은 펑더화이의 명령보다 리커눙을 거쳐 저우언라이의 명령에 따라 움직였다. 제2선에서 공산 측의 정전협상을 총괄했던 리커눙이 직접 남긴 정전협상의 기록은 전해지지 않고 있다. 그렇지만 중국인민지원군 정전협상 대표단의 일원으로 참가했던 차이청원(柴成文)은 자오융톈(趙勇田)과 함께 1990년 『板門店談判』이라는 책을 출간했다.[131] 차이청원의 회고담은 영문으로도 출간되었다.[132] 개성과 판문점 등지에서 정전협상이 열리는 동안 국제연합에서 중화인민공화국의 입장을 대변했던 인물은 우슈췐(伍修權)이었다. 그의 회고록은 1984년에 이미 한국에 번역, 소개된 바 있다.[133]

대한민국 행정자치부 정부기록보존소가 2002년 12월에 편찬한 자료집 『韓國戰爭과 中國』은 주요 문건들이 (1) 대외용 문서, (2) 국내용 문서,

128 杨凤安, 王天成, 『北纬三十八度线: 彭德怀与朝鲜战争』 (北京: 解放軍出版社, 2000).

129 홍학지(洪學智), 『중국이 본 한국전쟁: 중공군 부사령관 홍학지의 전쟁 회고록』, 홍인표(역) (파주: 한국학술정보, 2008).

130 聶榮臻, 『聶榮臻回憶錄』 (北京: 解放軍出版社, 1984).

131 柴成文 (차이청원), 趙勇田(자오융텐), 『板門店談判』, 尹永茂 역 (서울: 한백사, 1991).

132 Chengwen Chai, "The Korean Truce Negotiations," Xiaobing Li, Allan R. Millett, and Bin Yu, *Mao's Generals Remember Korea* (Lawrence: University Press of Kansas, 2001).

133 우슈췐(伍修權), "伍修權의 회고록(II), 1950.1-1958.10," 『중소연구』 8권 2호 (1984), 253-80.

(3) 전보(電報), (4) 회고록 등으로 분류되어, 한국어로 번역되어 있다. 중화인민공화국의 6.25전쟁 인식을 보여주는 中國 軍事科學院 編著, 『中國人民志願軍 抗美援朝戰史』(軍事科學出版社, 1988)는 한국전략문제연구소에서 1991년 번역, 출간되었다. 中國 軍事科學院 軍史歷史研究部에서 출간한 『抗美援朝戰爭史 1, 2, 3』은 한국 국방부 군사편찬연구소에서 2002년 2005년에 번역, 출간되었다.[134]

평양에서 발간된 자료들로는 연세대학교 동서문제연구원 공산권 자료실에 소장되어 있었던 1차 자료, 고려대학교에서 발간되었던 『北韓研究資料集』 등을 활용했다.[135] 현재 이들 자료들을 포함해서 평양 측 자료들은 국립중앙도서관 북한자료센터에서 열람할 수 있다. 6.25전쟁 당시 노획문서(Records Seized by U.S. Military Forces in Korea)는 미국 국립문서기록관리청(NARA)에 보존되어 있다. 1977년에 처음 공개된 이 자료는 재미 문헌학자 방선주에 의해 처음 검토되고 해제된 이후, 국내의 여러 기관들에 의해 수집, 정리되어 제공되고 있다. 특히, 국립중앙도서관은 제2차 세계대전과 6.25전쟁기 노획문서컬렉션(National Archives Collection of Foreign Records Seized) 중 조선민주주의인민공화국 노획문서를 2014년 말까지 총 2,173,969면을 수집해 놓고 있다.[136]

6.25전쟁 당시 한국의 주요 신문기사와 국내외 공식문서들은 국사편찬

134 軍事科學院 軍事歷史研究所 編著, 『中國人民志願軍 抗美援朝戰史』(軍事科學出版社, 1988), 한국전략문제연구소 역, 『중공군의 한국전쟁사: 항미원조전사』(서울: 세경사, 1991); 中國 軍事科學院 軍史歷史研究部. 『抗美援朝戰爭史1』, 한국 국방부 군사편찬연구소 역, 『중국군의 한국전쟁사』(서울: 국방부 군사편찬연구소, 2002); 中國 軍事科學院 軍史歷史研究部, 『抗美援朝戰爭史2, 3』, 한국 국방부 군사편찬연구소 역, 『중국군의 한국전쟁사』(서울: 국방부 군사편찬연구소, 2005).

135 김준엽 외 공편, 『北韓研究資料集』(서울: 고려대학교 아세아문제연구소, 1969-).

136 국립중앙도서관 해외수집기록물 http://www.nl.go.kr/nl/dataSearch/archives_intro.jsp

위원회가 간행하고, 한국사데이타베이스에 포함시켜 놓은 『자료 대한민국사』에서 열람할 수 있었다. 제1권은 1945년 8월에서 시작되어 제29권은 1952년 4월~7월까지를 망라한다. 국사편찬위원회 한국사데이타베이스 대한민국 편의 『이승만서한철』에서는 이승만관계서한자료집 2(1949-1950), 3(1951), 4(1952), 5(1953), 6(1954) 등에 수록된 자료들이 이 책의 주제와 관련되어 있다. 이승만서한은 연세대학교 이승만연구원에 소장되어 있고, 일부는 자료집으로 발간되었다. 1944년부터 1965년까지의 로버트 올리버 관련 문서들도 영인되어 있다. 올리버는 이승만의 오랜 친구이자, 대통령 이승만의 공보고문을 지냈다. 그가 남긴 문서들은 이승만의 입장을 파악하는 데 도움을 준다. 이승만 대통령 영부인 프란체스카의 개인기록은 그녀의 말년을 함께 했던 며느리 조혜자의 번역으로 출간되었다.[137] 대한민국 공보처는 여러 해에 걸쳐 『大統領李承晩博士談話集』을 발간했다.

이승만이 남긴 자료는 연세대 이승만연구원과 연세대 학술정보원에 소장되어 있다. 이승만의 국한문 저작과 서한, 각종 관련문서들은 『梨花莊所藏 雩南李承晩文書: 東文篇』(전18권)에 수록되었고, 이중에서 서한들은 『李承晩 東文 書翰集』(上・中・下)로 다시 출간되었다. 이승만의 영문 서한은 *The Syngman Rhee Correspondence in English: 1904-1948*에 수록되어 있다. 1948년 이후 서한을 포함한 대통령 재임기 문서들은 연세대 학술정보원에 소장되어 있다. 이승만은 국문 저작으로 『독립정신』(1910), 『한국교회핍박』(1913)을 저술했고, 『청일전긔』(1917)를 번역했다(이 세 가지 문헌은 위의 국한문 자료집에 수록되어 있음). 그의 프린

137 프란체스카 도너 리(Francesca Donner Rhee), 조혜자 역, 『6.25와 이승만: 프란체스카의 난중일기』 (서울: 기파랑, 2010).

스턴대학 박사학위 논문은 *Neutrality as Influenced by the United States*(1912)로 출간되었고, 일본의 진주만기습에 앞서 일본의 전쟁의도를 분석하여 베스트셀러가 된 *Japan Inside Out: The Challenge of Today* (1941)이 있다. 이 두 권의 영문저작은 모두 한국어로 번역・출간되었다.[138]

이승만 대통령에 의해 외무부장관에 임명된 임병직과 변영태는 모두 회고록을 남겼다. 임병직 회고록에는 6.25전쟁 발발 직후 국제연합외교 강화를 위해 미국에 파견되어 주 국제연합대사 직을 겸임하다가 1951년 4월 장관직을 사임하고 정전협상 당시 한국의 국제연합외교를 전담했던 경험이 기록되어 있다.[139] 변영태 회고록에는 외무부장관이자 국제연합 수석대표로서 정전협상을 뒷받침했던 경험과 정전협정에서 규정한 정치회의가 1954년 제네바에서 개최되었을 때, 한국대표로서 행한 연설문들이 수록되어 있다.[140]

정전협상 당시 한국군 대표를 지낸 백선엽, 유재흥, 이형근, 이한림, 최덕신 등도 회고록을 남겼다.[141] 정전협상이 시작될 당시에는 중령이었다

---

138 이승만, 『이승만의 전시중립론: 미국의 영향을 받은 중립』, 정인섭 역 (서울: 나남, 2000); 이승만, 『일본의 가면을 벗긴다』, 류광현 역 (서울: 비봉출판사, 2015).

139 林炳稷, 『林炳稷 回顧錄: 近代 韓國外交의 裏面史』 (서울: 女苑社, 1964).

140 卞榮泰, 『나의 祖國』 (서울: 自由出版社, 1956); 『外交餘錄』 (서울: 한국일보사, 1959). 변영태 회고록의 제목은 1915년에서 1916년까지 일본 외무대신을 지냈고, 1918년 이시이-랜싱협정을 체결했던 이시이 기쿠지로(1866-1945년 5월 25일)가 남긴 회고록의 제목과 같다. 石井菊次郎, 『外交餘錄』 (東京: 岩波書店, 昭和 5[1930]).

141 白善燁, 『軍과 나』 (서울: 대륙연구소 출판부[시대정신], 1989[2009]); Paik, Sun Yup. *From Pusan to Panmunjom: Wartime Memoirs of the Republic of Korea's First Four-Star General.* revised ed. (Sterling, VA: Potomac Books Inc., 2007). 이형근, 『軍番 1번의 외길 人生: 李亨根回顧錄』 (서울: 中央日報社, 1993). 이형근의 책 55쪽에서 57쪽까지에는 "6.25 초기의 10대 불가사의"가 정리되어 있다. 劉載興, 『激動의 歲月』 (서울: 乙酉文化社, 1994). 이한림, 『세기의 격랑: 이한림 회상록』 (서울: 팔복원, 2005). 이한림은 5.16군사정변에 반대했고, 당시 진압군

가 정전협상 중에 대령으로 진급했던 이수영은 월간지 『신동아』의 1964년 9월호에서 12월호(11월호는 결간)까지 "나의 외교관생활 비화"를 연재한 바 있다. 그는 프랑스주재 대사로 근무 중이던 1972년 관저에서 의문사를 당함으로써 후속 회고록을 남겨 놓지 못했다.[142] 정전협상 당시 통역을 맡았던 호러스 그랜트 언더우드도 회고록을 남겼다.[143] 6.25전쟁 발발 직후 한국군 육군 참모총장에 임명된 정일권은 그의 회고록 『6.25 비록: 전쟁과 휴전』의 제10부에서 정전협상에 관해 기록했다.[144]

6.25전쟁기 『국무회의록』, 외교부 발간 『한국전쟁 휴전일지(1953)』 등은 대한민국 국가기록원을 통해 열람이 가능하다. 한국군 자료로는 『한국전란지1-5년』, 『한국전쟁사료』(1985-1996) 등이 유용하다. 『한국전쟁사료』는 국회도서관 홈페이지를 통해 열람할 수 있다. 국회 자료집으로는 『대한민국 국회속기록』이 있다.[145] 『동아일보』, 『자유신문』 등은 국사편찬위원회 한국사데이타베이스 대한민국 편에서 열람할 수 있으며, 『경향신문』은 네이버가 제공하는 뉴스 라이브러리, 『조선일보』, 『중앙일보』 등은 각 신문사의 데이터베이스를 통해 열람이 가능하다.

을 동원할 수 있는 위치에 있었기 때문에 그의 회상록은 더 많은 조명을 받았다. 崔德新, 『내가 겪근 板門店』 (서울: 泰成印刷社, 단기4288[1955]). 崔德新, 『第二의 板門店은 어디로』 ([서울] : 淸雲文化社 1968). 최덕신은 1947년 인도-미얀마 전선에서 일본군과 싸웠던 경험을 담은 회고록도 출간한 바 있다. 최덕신, 『인면항일전기(印緬抗日戰記)』 (서울: 평화도서, 1947).

142 李壽榮, "나의 外交官生活 秘話," 『新東亞』 1964년 9월호-12월호 (11월호는 결간).

143 H. G. 언더우드, 『한국전쟁, 혁명 그리고 평화(*Korea in War, Revolution and Peace*)』, Michael J. Devine 편, 주장돈 역. (서울: 연세대학교 출판부, 2002[2001]).

144 丁一權, 『6.25秘錄: 전쟁과 휴전』 (서울: 東亞日報社 1986), 328-62.

145 김명섭, "한국전쟁연구를 위한 다국사료교차분석법과 그 국내적 기반," 『정신문화연구』 제23권 제2호 (2000년 여름), 3-17; 한모니까, "남북한 자료의 발굴, 정리, 활용 현황," 한국역사연구회 현대사 분과 편, 『역사학의 시선으로 읽는 한국전쟁』 (서울: 휴머니스트, 2010), 703-709.

현대사 자료들은 많이 공개되었을 뿐만 아니라 인터넷으로도 열람이 가능한 경우들이 많아서 자료보다는 시간이 부족하게 되었다. 그러나 중화인민공화국 문서에 대한 접근은 여전히 제한적이고, 구 소련 문서들에 대한 발굴작업도 충분하지 않다. 평양정부가 관할하고 있는 문서들은 보존상태를 알 수 없으며, 접근도 봉쇄되어 있다. 1991년 발표된 '중화인민공화국 국가당안관 28호 문건'은 "국방, 공안, 외교, 국가안전과 관련된 문건과 기타 개방시 국가 이익에 손실을 줄 수 있는 문건의 개방 시한은 50년이며, 그 후에도 계속 연장할 수 있다"고 규정하고 있다. 6.25전쟁 관련 중화인민공화국 기밀문서들은 이 규정에 의해 공개가 제한되고 있다.[146] 이러한 자료접근의 불균형성이 쌍방의 자료들을 균형 있게 보아야 하는 전쟁과 평화에 관한 사실 해석에 대한 불균형으로 이어질 위험성이 상존하고 있다.[147]

3. 선행 연구

6.25전쟁 전반에 관해서는 문헌해제만으로도 한 권 이상의 책이 될 정도로 많은 선행연구들이 있고, 이 연구들 중 상당수가 부분적으로나마 정전협상에 관해 다루고 있다.[148] 정전(停戰)에만 집중한 최초의 한국어

---

146 오규열, "중국자료 공개 현황," 한국역사연구회 현대사 분과 편, 『역사학의 시선으로 읽는 한국전쟁』 (서울: 휴머니스트, 2010), 737.

147 중화인민공화국의 쉬쩌룽(徐澤榮, Xu Zerong)은 1998년 옥스퍼드대학에서 중공의 6.25전쟁 개입에 관한 논문으로 박사학위를 받았는데, 박사학위논문을 작성하는 과정에서 열람금지된 자료들을 복사하여 한국에 제공한 것이 "심각하게 중화인민공화국의 안보를 위협"했다는 이유로 13년 형을 선고받고, 복역 중 2011년 6월 석방되었다. 데이빗 쑤이(徐澤榮), 『中國의 6.25戰爭 參戰』, 한국전략문제연구소 역 (서울: 한국전략문제연구소, 2011). Chak Wing David Tsui, "Chinese Military Intervention in the Korean War," (Oxford: University of Oxford, 1998).

148 맥팔랜드는 1986년 6.25전쟁에 관한 문헌해제집을 출간한 이후, 이를 수정, 보완했다. Keith D. McFarland, *The Korean War: An Annotated Bibliography*. 2nd ed. (New York, NY :

단행본은 1953년 서울신문 판문점특파원 정성관(鄭成觀)이 출간한 『판문점의 비사』였다.[149] 현재까지 공개된 자료들과 대조해 보면 이 책은 적지 않은 오류들을 포함하고 있지만, 당시의 생생한 정보들을 취재하여 기록했다는 의미가 있다.

2년 후인 1955년에는 국제연합군 정전협상 대표단의 초대 수석대표였

Routledge, 2010). 한국에서 나온 문헌해제집으로는 김학준, 『한국전쟁: 원인. 과정. 휴전. 영향』 (서울: 博英社, 2010)이 대표적이다. 또한 다음과 같은 문헌해제들이 있다. Paul M. Edwards, comp., *The Pusan Perimeter, Korea, 1950: An Annotated Bibliography* (Westport: Greenwood[Bibliographies of Battles and Leaders, no.11], 1993); Paul M. Edwards, comp., *The Inchon Landing, Korea, 1950: An Annotated Bibliography* (Westport: Greenwood, 1994); Lester H. Brune, ed., *The Korean War: Handbook of the Literature and Research* (Westport, CT: Greenwood Press, 1996); Paul M. Edwards, *A Guide to Films on the Korean War* (Westport, Conn. : Greenwood Press, 1997). 정토웅, "한국전쟁에 대한 영미 한국학계의 연구동향," 『軍史』 31 (1995. 12), 133-62; 김명섭, "냉전연구의 현황과 전망," 『국가전략』. 3권 2호(1997), 71-107; 김명섭, "냉전의 종식과 연구의 열전," 『탈냉전시대 한국전쟁의 재조명』 (서울: 백산서당, 2000); 김명섭, "한국전쟁연구를 위한 다국사료교차분석법과 그 국내적 기반," 『정신문화연구』. 제23권 제2호 (2000년 여름), 3-17; 우병국, "중국의 한국전쟁 관련 문헌자료 현황과 연구동향 분석," 정현수, 김하영, 우병국, 김면, 전현준, 『해외자료로 본 북한체제의 형성과 발전2』 (서울: 선인, 2006); 정병준, 『한국전쟁: 38선 충돌과 전쟁의 형성』 (서울: 돌베개, 2006), 25-68; 김홍영, 심헌용 외, 『6.25전쟁 연구경향 및 사료해제』 (서울: 대한민국 국방부 군사편찬연구소, 러시아연방 국방부 군사사연구소, 2009); 이완범, "6.25전쟁 연구의 국내적 신경향," 『군사』 제71호 (2009년 6월); Allan R. Millet, *The War for Korea, 1950-1951: They Came from the North* (Lawrence: University Press of Kansas, 2010), 577-610; 박명림, 『역사와 지식과 사회: 한국전쟁 이해와 한국사회』 (서울: 나남, 2011); 손경호, "최근 한국전쟁 연구동향," 『한국근현대사연구』 제56집 (2011), 202-26.

149 鄭成觀, 『板門店의 秘史』 (서울: 平文社, 檀紀4286[1953]). 최남선은 이 책의 서문에서 다음과 같이 썼다. "판문점회담은 이른바 6.25사변의 클라이막스인 동시에 한국섭외사상에 가끔보는 유형적 일비극이다. 韓國은 일찍 壬辰倭亂에 우리 모르게 우리 浮沈을 결정하는 변쟁이 명-왜의 간에 행하는 것을 당하였으며 아-일전후의 강화에서 한국 자신의 참가없이 한국의 운명이 논판되는 쓰라린 경험을 가지기도 하였다. … 이 書가 柳西崖[유서애]의 壬辰懲毖錄[임진징비록]과 羅鷗浦(나구포)의 丙子白登錄(병자백등록)과 함께 重要한 文獻性을 가졌음을 뉘 의심하랴." 鄭成觀, 『板門店의 秘史』, 1-2. 나구포는 나만갑(羅萬甲: 1592-1642)을 말한다. 구포 나만갑은 자신이 겪은 전쟁 경험과 병자호란 전후의 정치 실정을 일기체 형식으로 기록했다. 『병자록(丙子錄)』, 『백등록(白登錄)』, 또는 『병자남한일기(丙子南漢日記)』 등으로 불린다.

던 조이(Charles Turner Joy)가 직접 협상을 담당했던 경험을 토대로 『공산주의자들은 어떻게 협상하는가』(*How Communists Negotiate*)라는 책을 출판했다.[150] 조이가 기록했던 정전협상 일지도 그의 사후인 1978년에 출간되었다.[151]

미국 동부의 엘리트였던 부친에 이어서 저명 언론인이 된 윌리엄 린지 화이트는 1957년 6.25전쟁 당시 포로문제에 관한 선구적 저서를 출간했다.[152] 미국이 아니라 영국이 먼저 코리아에서 포로가 된 영국군에 관한 백서를 발간한 것에 자극을 받아썼다고 밝히고 있는 이 책은 코리아에서의 포로문제를 "마음을 얻기 위한 전투"(the battle for minds)라는 관점에서 분석했다는 점에서 '관념충돌'의 관점에서 전쟁과 정전협상을 보는 이 책의 논지와 상통하는 바가 있다.

1958년에는 정전협상 당시 참모로 근무했었던 뱃처(William H. Vatcher)가 *Panmunjom: the Story of the Korean Military Armistice Negotiations*를 출간했다.[153] 터너 조이의 책과 뱃처의 책은 정전협상 연구의 고전이 되었을 뿐만 아니라 협상사례연구(Negotiation Case Studies)로서도 큰 의미가 있다. 역시 정전협상 당시 국제연합군 대표단의 자문역을 맡았던 골드해머(Herbert Goldhamer)는 1994년에 회고록을 출판했다.[154] 레

---

150 C. Turner Joy, *How Communists Negotiate* (New York: The Macmillan Company, 1955).

151 C. Turner Joy, *Negotiating while Fighting: the Diary of Admiral C. Turner Joy at the Korean Armistice Conference* (Stanford: Hoover Institution Press, 1978).

152 William Lindsay White, *The Captives of Korea: An Unofficial White Paper on the Treatment of War Prisoners; Our Treatment of Theirs, Their Treatment of Ours* (New York: Charles Scribner's Sons, 1957). 이 책은 1979년 Barbara White Walker에 의해 재출간되었다.

153 William H. Vatcher, *Panmunjom: the Story of the Korean Military Armistice Negotiations* (New York: Frederick A. Praeger, 1958).

154 Herbert Goldhamer, *The 1951 Korean Armistice Conference: A Personal Memoir* (Santa Monica: Rand Corporation, 1994).

비(Howard S. Levie)도 정전협상 국제연합군 대표단에서 일했던 경험이 있었는데, 그는 협상과정을 국제법적으로 분석하는 논문을 남겼다.[155]

전쟁 상황과 연결시켜서 보다 체계적으로 정전과정을 다룬 고전적 선행연구는 미 육군 군사(軍史)담당관이었던 허미스(Walter G. Hermes)의 *Truce Tent and Fighting Front*이다. 이 책은 1966년에 초판이 나왔고, 1968년 한국어로도 번역되었다. '코리아전쟁에서의 미육군'(U.S. Army in the Korean War) 시리즈의 일환으로 정전협상이 이루어지고 있던 천막(tent)에서의 진행과정을 당시의 전황(戰況)과 연결시켜 분석한 이 책은 1992년 재판이 출간되었다.[156] 허미스의 책 외에 '코리아전쟁에서의 미육군' 시리즈로는 로이 애플맨, 제임스 슈나벨, 빌리 모스맨 등의 책들이 있다.[157] 한국에서는 국방부 정훈국 전사편찬위원회가 6.25전쟁 도중과 정전 직후에 펴낸 『전란지』에서 정전협상에 관해 다루었다.[158]

한국에서는 1960년 김명회가 뉴욕대학에서 "코리아 정전의 주요 문제로서의 포로"라는 주제로 박사학위를 받았다.[159] 김달중은 1976년 "휴전

155 Howard S. Levie, "The Korean Armistice and Its Aftermath," *Naval Law Review* 41 (1993).

156 Walter G. Hermes, *Truce Tent and Fighting Front* (Washington, D.C.: Center of Military History, United States Army, 1992[1966]), 육군본부 역, 『유엔군전사 제2집: 휴전천막과 싸우는 전선』 (서울: 육군본부, 1968).

157 Roy E. Appleman, *South to the Naktong, North to the Yalu, June-November 1950* (Washington D. C.: Center of Military History United States Army, 1992[1961]); James F. Schnabel, *Policy and Direction, the First Year* (Washington, D.C.: Center of Military History, 1992[1972]); Billy C. Mossman. *Ebb and Flow, November 1950-July 1951* (Washington, D. C.: Center of Military History, United States Army, 1990); Albert E. Cowdrey, *The Medics' War* (Washington, D.C.: Center of Military History, 1987) 등이 있다.

158 大韓民國國防部政訓局戰史編纂會, 『韓國戰亂 二年誌, Korea in War July. 1951-June. 1952』. (1953); 大韓民國國防部政訓局, 『韓國戰亂 三年誌, Korea in War July. 1952-July. 1953』. (1954).

159 Myong Whai Kim, "Prisoners of War as a Major Problem of the Korean Armistice, 1953," Ph. D. Dissertation (New York University, 1960).

당사국 회담 협정 전략”에 관한 논문을 발표했다.[160] 오기평과 이상우는 1977년도 문교부학술연구보고서인 『휴전협정당사국회담전략연구』를 1978년 서강대학교에서 출판한 바 있다.[161] 국제법학자인 김명기는 1980년 정전협정 제60항에 관한 연구를 『대한국제법학회논총』에 게재했고, 그 연장선상에서 정전협정의 평화조약으로의 대체문제를 다룬 『한반도 평화조약의 체결』이라는 책을 1994년에 출간했다.[162]

1982년 이종운은 연세대학교 대학원 정치학과에서 “한국휴전협상과정과 한미관계”라는 제목의 석사학위논문을 제출했다.[163] 같은 해인 1982년 양대현은 독일 뮌헨대학에서 코리아전쟁의 정전과 관련한 주제로 박사학위를 받았다. 그는 1983년 한국국제정치학회의 『국제정치논총』에 “한국휴전회담과 미국의 대한정책: 협상전략을 중심으로”, 1988년 『한국정치학회보』에 “한국휴전협정과 한미관계”라는 논문들을 발표했다.[164] 1983년 김선환은 단국대 행정학과에서 정전협상과정과 군사정전위원회 활동에 관한 논문으로 석사학위를 받았다.[165] 1985년 한국정신문화연구원에서 손희두는 정전협정의 당사자 문제를

160 김달중, “휴전당사국 회담 협정 전략,” 『통일정책』, 2권 3호 (1976년 10월).

161 吳淇坪, 李相禹, 『休戰協定當事國會談戰略硏究』 (서울: 서강대학교, 1978).

162 金明基, “韓國軍事停戰協定 第60項에 관한 硏究,” 『大韓國際法學會論叢』 제25권, 제1・2호 (1980년 12월); 金明基 『한반도 평화조약의 체결: 휴전협정의 평화조약으로의 대체를 위하여』 (서울: 국제법출판사, 1994).

163 李鍾運, “韓國休戰協商過程과 韓美關係.” 연세대학교 대학원 정치학과 석사학위논문 (1982).

164 Dae-Hyun Yang, “Die Waffenstillstandsverhandlungen in Korea 1951-1953: Eine multiperspektivische Konstellationsanalyse,” Ludwig-Maximilians-Universität München, 1982 (Tuduv-Verlagsgesellschaft, 1982); 양대현, “한국휴전회담과 미국의 대한정책: 협상전략을 중심으로,” 『국제정치논총』 23권 (1983); 梁大鉉, “韓國休戰協定과 韓美關係: 協商外交戰略을 中心으로,” 『한국정치학회보』 제22집 (1988. 10).

165 金善煥, “韓國戰爭의 停戰協商 過程과 軍事停戰委員會 活動에 관한 硏究,” 檀國大學校 행정학과 석사학위논문, 1983.

다룬 논문으로 석사학위를 받았다.[166] 1985년 채용기는 서울대학교 정치학과에서 "한국전쟁의 종전에 관한 연구"라는 논문으로 석사학위를 받았고, 이 논문의 일부는 1990년 하영선 편저, 『한국전쟁의 새로운 접근』에 수록되었다.[167] 1986년 국방부 합참정보본부는 『군사정전위원회 편람』 에서 정전협상의 역사에 관해 다루었다.[168] 1989년 서울대 행정대학원의 김영구도 "휴전협상을 위한 미국의 정책결정 연구"라는 논문으로 정책학 석사학위를 받았다.[169]

1989년 김학준은 『한국전쟁: 원인. 과정. 휴전. 영향』의 제6장에서 "한국정전협정의 성립과정"에 관한 연구 성과들을 소개하고 자신의 견해를 추가적으로 제시했다.[170] 이후 이 책은 여러 차례 수정, 보완되어 2010년에도 수정판이 출간되었다.[171] 1980년대를 마감하면서 1990년 한국의 국방부 전사편찬위원회는 『휴전사(休戰史)』를 편찬했다. 이 책은 '휴전'에 관해 "전쟁을 중단시켜 한반도의 잠정적 평화를 보장하고 한반도를 둘러싼 국제 역학관계의 균형을 유지함"과 동시에 "분단의 고착화와 남북한의 대립을 격화시켰다"는 이중적 평가를 내렸다.[172] 이것은 정전협정 체결 이후 존재했던 "한민족에게는 휴전체제야말로 '원하지 않았던, 잘못된 체제'였다"[173]는 부정적 인식이 반영된 결과였다.

---

166 孫熙斗, "韓國休戰協定에 관한 硏究: 當事者 問題를 中心으로," (성남: 韓國精神文化硏究院, 1985).

167 채용기, "한국전쟁의 종전과정," 하영선 편저, 『한국전쟁의 새로운 접근』 (서울: 나남, 1990).

168 국방부 합참정보본부, 『軍事停戰委員會便覽』 (서울: 국방부, 1986).

169 金泳邱, "休戰協商을 위한 美國의 政策決定 硏究," 서울大學校 행정대학원 정책학 석사학위논문 (1989).

170 1980년대 평양에서는 영문으로 된 『판문점』이라는 책이 출간되기도 했다. Chong-gun Yi, *Panmunjom* (Pyongyang: Foreign Languages Pub. House, 1986).

171 김학준, 『한국전쟁: 원인. 과정. 휴전. 영향』 (서울: 博英社, 1989[2010]).

172 國防部 戰史編纂委員會 編, 『休戰史』 (서울: 國防部 戰史編纂委員會, 1989), 머리글.

1991년은 거대한 소련이 지도 위에서 사라진 해였을 뿐만 아니라 6.25전쟁 연구사에 있어서도 새로운 분수령이었다. 1991년 소련해체 이전의 연구들은 소련문서들, 그리고 중화인민공화국 문서들을 참고할 수 없었기 때문에 결정적 한계가 있었다. 1991년 공산주의 종주국 소련(USSR, 소비에트연방)의 해체는 현대사로서의 냉전사에 대한 새로운 인식을 가능하게 해주었다. 무엇보다 소련과 동유럽 공산국가들의 1차 문서들에 대한 접근이 가능해짐으로써 냉전사는 새로운 차원에서 쓰여지게 되었다.

1991년 이전까지 정전협상에 관한 연구의 결정판은 영국학자 푸트(Rosemary Foot)가 코넬대학 안보총서의 하나로 출간한 *A Substitute for Victory*였다.[174] 이 책은 저자가 1985년 출간했던 *The Wrong War*(잘못된 전쟁)[175]의 5장부터 8장까지에서 다룬 6.25전쟁의 정전과정을 냉전시기 미국의 대외정책이라는 큰 틀에서 새롭게 분석했다. 영국은 미국 이외의 국제연합참전국들 중 가장 많은 전사자 수를 기록한 국가였지만, 6.25전쟁 중 미국과 다른 목소리를 많이 피력했는데, 이러한 영국적 관점이 로즈마리 풋의 책에 반영되어 있다. 그러나 로즈마리 풋의 연구는 냉전시기 자유진영 내의 기밀문서들을 활용한 자유진영 내의 비판적 연구였을 뿐, 공산진영 내의 기밀문서들을 활용하여 공산진영까지 포괄하는 비판적 연구는 되지 못했다. 예를 들어 로즈마리 풋은 리커농의 존재를 언급하면서도 그가 처음부터 끝까지 현장에서 조-중인민군 측의 정전

173 허만호, 『휴전체제의 전환과 전시(戰時) 민간인 납북자』 (서울: 한국전쟁납북사건자료원, 2010), 177.

174 Rosemary Foot, *A Substitute for Victory: The Politics of Peace Making at the Korean Armistice Talks* (Ithaca and London: Cornell University Press, 1990).

175 Rosemary Foot, *The Wrong War: American Policy and the Dimensions of the Korean Conflict, 1950-1953* (Ithaca and London: Cornell University Press, 1985).

협상을 총지휘했던 인물이라는 사실에는 주목하지 못했다.[176]

소련 해체 이후 새로 발굴된 문서들에 기초해서 6.25전쟁의 정전과정을 새롭게 조명한 연구들은 웨더스비(Kathryn Weathersby) 등에 의해 선도적으로 발표되었다.[177] 윌리엄 스툭 또한 1995년 저서의 6장부터 마지막 장인 10장까지에서 6.25전쟁의 정전과정을 세계냉전과 연관시켜 분석했다.[178] 냉전 종식 이후 중화인민공화국 학자들 또한 중국공산당이 대외비로 통제해 오던 문서들을 활용하여 새로운 연구들을 내놓았다. 2001년 중국학자 양쿠이숭(楊奎松)은 한국 국방부에서 펴낸 논문집에 "중국군의 정전협상전략"이라는 논문을 게재했다.[179] 선즈화(沈志華)는 냉전 종식 이후 냉전연구를 선도했던 중국학자로서 2014년 자신의 저서를 새롭게 수정하여 출간했는데, 이 책의 맺음말 부분은 "일찍 끝났어야 할 전쟁"이라는 부제 아래 정전과정을 다루고 있다.[180] 중국 군사과학원 군

---

176 리커눙은 중화인민공화국 외교부 제1부부장이었고, 1928년 이후 중국공산당 군사위원회 정보부 책임자였다.

177 Kathryn Weathersby, "New Findings on the Korean War," *Cold War International History Project Bulletin* 3 (Fall 1993); Kathryn Weathersby, "'Should We Fear This?' Stalin and the Danger of War with America," Cold War International History Project Working Paper, no. 39 (Spring 2002); Kathryn Weathersby, "The Soviet Role in the Korean War: The State of Historical Knowledge," in William Stueck, ed., *The Korean War in World History* (Lexington: University Press of Kentucky, 2004); 캐스린 웨더스비, 강규형. "북-중-소 삼각관계가 6.25전쟁 과정과 전후 북한외교 행태에 미친 영향: 기밀해제문서를 중심으로," 『정신문화연구』 33권 3호 (2010년 9월), 117-142; Kathryn Weathersby, "Central European Security and the Decision to Prolong the Korean War: Evidence from Russian and Romanian Archives," presented at International Conference in Commemoration of the 25th Anniversary of the Institute for Russian, East European, and Eurasian Studies (IREEES, SNU), "Korea and Central Europe in the Early- and Mid- 20th Century," Asia Center, Seoul National University, 1 November 2014.

178 William Stueck, *The Korean War: An International History* (Princeton: Princeton University Press, 1995), 204-370.

179 양쿠이숭(楊奎松), "중국군의 정전협상전략," 『6.25전쟁 50주년기념 한국전쟁사의 새로운 연구』 1 (서울: 국방부 군사편찬연구소, 2001).

사역사연구부가 발간한 『항미원조전쟁사』 1, 2, 3권은 한국 국방부 군사편찬연구소에서 2002년과 2005년에 한국어로 번역, 출간되었는데, 후반부에서 정전과정에 관해 다루고 있다.[181]

1992년 경희대 정치학과에서 김성희가 『韓國戰爭의 休戰會談에 관한 연구: 雙方의 協商技法을 중심으로』라는 제목의 논문으로 박사학위를 받았다. 김성희는 협상이론을 적용하여 정전협상(휴전회담)을 분석했고, 이를 "쌍방이 의지의 경쟁에서 승리하려고 하는 또 하나의 전쟁"이라고 보았다. 이 논문은 정전협상의 5개 의제들(의제 선택, 군사분계선, 정전감시, 포로교환, 정치회의)에 관한 쌍방의 제안과 대응제안, 그리고 최종 해결안 등을 검토했다. 그리고 정전협상이 장기간(약 2년 1개월)에 걸쳐 지속된 원인을 쌍방이 "위신과 체면을 걸고 대결"한 것에서 찾았다.[182] 1992년 안용현이 출간한 『혈전과 휴전』이라는 책에서는 6.25전쟁의 정전과정이 개괄적으로 서술되어 있다.[183]

1993년 앞서 언급한 양대현은 『역사의 증언: 휴전회담비사』라는 단행본을 출간했다.[184] 이 책은 정전협상 회의록, 1991년 소련이 해체되면서

180 션즈화(沈志華), 김동길 역, 『조선전쟁의 재탐구: 중국, 소련, 조선의 협력과 갈등』 (서울: 선인, 2014), 607-657.

181 中國 軍事科學院 軍史歷史硏究部, 『抗美援朝戰爭史』 1, 한국 국방부 군사편찬연구소 역, 『중국군의 한국전쟁사』 (서울: 국방부 군사편찬연구소, 2002); 中國 軍事科學院 軍史歷史硏究部, 『抗美援朝戰爭史』 2, 3. 한국 국방부 군사편찬연구소 역, 『중국군의 한국전쟁사』 (서울: 국방부 군사편찬연구소, 2005). 정전협정 당시 중국의 전략과 관련하여 김옥준은 2014년에 "서방측 휴전제의에서 휴전회담 개막전까지"의 짧은 기간을 상세히 분석한 논문을 발표했다. 김옥준, "한국전쟁 휴전의 모색과 중국의 전략," 『大韓政治學會報』. 제22집 제2호 (2014년 5월).

182 金成熙, 『韓國戰爭의 休戰會談에 관한 연구: 雙方의 協商技法을 중심으로』, 慶熙大學校 박사학위논문 (1992).

183 安龍鉉, 『血戰과 休戰: 韓國戰爭秘史4』 (서울: 景仁文化社, 1992).

184 梁大鉉, 『歷史의 證言: 休戰會談秘史』 (서울: 螢雪出版社, 1993). 이 책을 발간하기 한 해 전인

공개된 소련문서, 그리고 중국공산당 비밀문서들을 활용하지는 못했다는 점에서 한계가 있었지만, 당시로서는 드물게 미국 국무부 외교문서인 *FRUS*문서를 활용한 연구사적 의의가 큰 책이었다. 1994년에는 앞서 언급한 바와 같이 정전협정을 평화조약으로 대체하는 문제와 관련한 김명기의 책이 출간되었다.[185] 1998년 한국정치외교사학회는 『한국전쟁과 휴전체제』라는 논문집을 편찬했다.[186] 같은 해 신진과 김년수는 휴전회담을 협상이론적 관점에서 분석한 논문을 발표했다.[187]

1999년 서용선이 국방군사연구소에서 출간한 『한반도 휴전체제 연구』라는 책의 2장은 국방부 전사편찬위원회가 펴낸 『휴전사(休戰史)』, 육군본부에서 번역된 『미국 합동참모본부사』, 그리고 앞에서 언급한 허미스(Walter Hermes)의 책 등에 기초해서 정전협정의 조인, 정전체제의 성립, 그리고 제네바 정치회담까지를 일목요연하게 정리하고 있다. 이 책의 3장에서는 1950년대부터 1990년대까지의 정전체제 변천과정을 다루고, 4장에서는 정전체제의 문제점과 대안을 제시했다.[188] 1990년대 말 홍용표는 6.25전쟁 종전기 이승만의 안보정책에 관한 단행본을 출간했다.[189]

1992년 양대현은 『한국정치학회보』에 동맹이론을 활용하여 정전협정 체결 당시 이승만의 역할과 한미동맹의 성립을 분석한 논문을 게재했는데, 이 논문 역시 이 책에 수록되었다. 비슷한 시기 다음과 같은 연구물도 출간되었다. Herbert Goldhamer, *The 1951 Korean Armistice Conference* (Santa Monica, CA: RAND, 1994).

185 金明基, 『한반도평화조약의 체결: 휴전협정의 평화조약으로의 대체를 위하여』 (서울: 국제법출판사, 1994).

186 한국정치외교사학회 편, 『한국전쟁과 휴전체제』 (서울: 집문당, 1998).

187 신진, 김년수, "남북한 관계에 나타난 협상의 이론과 실제: 휴전회담을 중심으로," 『사회과학연구』 9 (충남대학교 사회과학연구소 1998. 12).

188 徐鏞瑄, 『韓半島 休戰體制 硏究』 (서울: 國防軍史硏究所, 1999).

189 Yong-Pyo Hong, *State Security and Regime Security: President Syngman Rhee and the Insecurity*

2000년에 출판된 김계동의 『한반도의 분단과 전쟁』은 9장과 10장에서 미국과 영국의 1차 자료들을 활용하여 정전과정에 대해 자세히 분석했다.[190] 2002년 국방부 군사편찬연구소도 『韓美 軍事 關係史, 1871-2002』에서 정전협상의 역사를 다루었다.[191] 2002년 김선숙은 "한국전쟁의 휴전협상 과정에 관한 연구"라는 제목의 논문으로 동아대학교에서 박사학위를 받았다.[192] 2003년 전(前) 영남대 교수 이병주(李炳柱)는 정전협상 당시 조-중인민군 대표단의 협상전략을 스탈린과 마오쩌둥의 협상지도와 전략적 목표의 차이점을 중심으로 분석했다.[193] 2004년 이서항은 국제연합을 중심으로 정전협상 과정을 분석했다.[194] 2004년 박명림은 정전(협정)체제에 대한 냉전, 남북관계, 그리고 국내정치라는 세 수준에서의 분석을 시도했다.[195] 2006년 원태재는 "6.25전쟁과 영국의 역할"이라는 제목의 논문을 출간했는데, 이 논문에서는 6.25전쟁 정전과정에서 영국의 역할이 많이 다루어지고 있다.[196]

2008년 김보영은 "한국전쟁 휴전회담 연구"라는 제목의 논문으로 한

Dilemma in South Korea, 1953-60 (London: Macmillan, 1999); 홍용표, "국가안보와 정권안보: 이승만 대통령의 안보정책을 중심으로, 1953-1960," 『국제정치논총』 36집 3호 (1997), 237-62.

190 김계동, 『한반도의 분단과 전쟁』 (서울: 서울대학교출판부, 2000).

191 국방부 군사편찬연구소, 『韓美 軍事 關係史, 1871-2002』 (서울: 국방부 군사편찬연구소, 2002).

192 김선숙, "한국전쟁의 휴전협상 과정에 관한 연구," (부산: 동아대학교 대학원, 2002년 2월).

193 李炳柱, "共産軍側과 韓國戰爭 停戰會談: 스탈린, 모택동의 協商指導와 戰略的 目標의 차이점," 『戰史』 제5호 (2003. 6).

194 이서항, "유엔과 한국전쟁의 휴전과정," 강성학 편, 『유엔과 한국전쟁』 (서울: 리북, 2004), 55-76.

195 박명림, "종전과 '1953년 체제': 냉전, 남북관계, 국내정치의 관계와 동학," 문정인, 김세중 편, 『1950년대 한국사의 재조명』 (서울: 선인, 2004), 235-73.

196 元泰載, "6.25전쟁과 영국의 역할," 『軍史』 제59호 (2006. 6), 271-309.

양대에서 박사학위를 받았다. 김보영의 논문은 "휴전회담을 통해서 한국전쟁을 재조명하는 것"을 목적으로, "양측의 협상전략과 협상주체 및 남북한의 지위문제, 전후 정전체제 구상 등을 중점적으로 검토"했다.[197] 2010년에 출간된 남정옥의 단행본은 미국이 6.25전쟁에 참전하여 "3년 동안 막대한 국방비와 군사력을 투입하고도 그 역사상 최초로 승리 아닌 휴전을 하게 된 배경과 원인을 미국의 국가안보체제와 전쟁수행 과정"을 중심으로 분석했다.[198]

2010년 허만호의 단행본은 전시 민간인 납북자 문제를 중심으로 정전체제를 다루었다.[199] 허만호는 이 단행본 이외에도 이 책의 참고자료 목록에 소개된 여러 편의 관련 논문들을 국문과 영문으로 발표해오고 있다. 한국 국방부는 6.25전쟁 정전 50주년이 되는 2003년부터 공간사적 의미를 갖는『6.25전쟁사』편찬을 시작, 정전 60주년이자 사업 착수 10년 만인 2013년 제11권을 펴내면서 편찬 작업을 마무리했는데, 이 중 9권, 10권, 11권이 정전협상과 정전협정에 관한 내용을 포함하고 있다.[200]

2013년 최북진은 "중국의 6.25전쟁 종결전략 연구"라는 제목의 논문으로 박사학위를 받았다.[201] 한국일보 워싱턴 특파원을 지낸 정

197 김보영, "한국전쟁 휴전회담 연구." 한양대학교 대학원 박사학위논문 (2008), 15.

198 남정옥,『미국은 왜 한국전쟁에서 휴전할 수밖에 없었을까』(파주: 한국학술정보, 2010), 15.

199 허만호,『휴전체제의 전환과 전시(戰時) 민간인 납북자』(서울: 한국전쟁납북사건자료원, 2010).

200 국방부 군사편찬연구소,『6.25전쟁사1-8』(서울: 국방부 군사편찬연구소, 2004-2011); 국방부 군사편찬연구소,『6.25전쟁사9: 휴전회담 개막과 고지쟁탈전』(서울: 국방부 군사편찬연구소, 2012); 국방부 군사편찬연구소,『6.25전쟁사10: 휴전회담 고착과 고지쟁탈전 격화』(서울: 국방부 군사편찬연구소, 2012); 국방부 군사편찬연구소,『6.25전쟁사11: 고지쟁탈전과 정전협정 체결』(서울: 국방부 군사편찬연구소, 2013).

일화는 2014년 『휴전회담과 이승만』이라는 책을 출간했다.[202] 2015년에 출간된 김학재의 『판문점체제의 기원』은 사회학적 이론을 적용하여 정전체제의 성격을 이론적으로 분석하였다.[203]

정전협상의 첫 번째 주요 쟁점인 군사분계선 문제는 38선 문제로부터 비롯되었으므로 우선 김기조의 『38線 分割의 歷史』와 이완범의 『삼팔선 획정의 진실: 1944-1945』를 참고할 필요가 있다.[204] NLL문제를 포함한 군사분계선 합의과정에 관한 선행연구들로는 해군대학 해양전략연구부, 조성훈, 이상철 등의 연구들이 있다.[205] 특히, NLL의 국제법적이고 국제정치적인 성격에 관해서는 박종성, 리영희, 이용중, 이장희, 정태욱, 이재민, 그리고 김명섭 등의 선행연구들이 있다.[206] 또한 군사분계선 및 인근

---

201 최복진, "중국의 6.25전쟁 종결전략 연구," 대전대학교 군사학과 박사학위논문 (2013년 8월).

202 정일화, 『휴전회담과 이승만: 이승만은 협정에 서명하지 않았다』 (서울: 선한약속, 2014).

203 김학재, 『판문점 체제의 기원』 (서울: 후마니타스, 2015).

204 金基兆, 『38線 分割의 歷史』 (서울: 東山出版社, 1994); 이완범, 『삼팔선 획정의 진실: 1944-1945』 (서울: 지식산업사, 2001). 그런데 이 탁월한 두 권의 책은 *America's 38th Parallel Decision in Korea, 1944-1945*라는 이완범 책의 영문 제목이 시사하는 바와 같이 미국과 일본 자료들에 주로 의존하고 있기 때문에 소련의 팽창과 그 배후의도에 관해서는 충분한 다국사료교차분석이 이루어지지 못했다는 한계도 있다. 이완범은 이 책의 내용을 포함해서 임진왜란 시기 토요토미 히데요시의 조선반도 분할안을 포함하여 2013년 다음과 같은 책을 출간했다. 이완범, 『한반도 분할의 역사』 (성남: 한국학중앙연구원, 2013).

205 해군대학 해양전략연구부, 『한국해전사』 (대전: 해군대학, 2007); 조성훈, 『군사분계선과 남북한갈등』 (서울: 국방부 군사편찬연구소, 2011); 이상철, 『NLL북방한계선: 기원, 위기, 사수』 (서울: 선인, 2012).

206 朴鍾聲, 『韓國의 領海』 (서울: 法文社, 1985); 리영희, "'북방한계선'은 합법적 군사분계선인가?-1999년 6월 15일의 서해상 남북 해군 충돌 배경의 종합적 연구," 『통일시론』 통권 제3호 (1999); 李庸中, "서해북방한계선(NLL)에 대한 남북한 주장의 국제법적 비교 분석," 경북대학교 법학연구원 『법학논고』 제32집 (2010); 이장희, "북방한계선의 국제법적 분석과 재해석," 『통일경제』 제56호 (1999); 정태욱, "서해 북방한계선(NLL) 재론: 연평도 포격사건을 계기로," 『민주법학』 제45호 (2011); 이재민, "북방한계선(NLL)과 관련된 국제법적 문제의 재검토," 『서울국제법연구』 제15권 1호. (2008); 김명섭, "한반도 서해 NLL의 기원과 정치적 성격," 『21세기 정치학회보』 제23집 2호 (2013).

도서 문제를 정치지리학적으로 다룬 임덕순과 신복룡의 선행연구들도 있다.[207]

허만호는 2013년 『국제정치논총』에 게재된 논문에서 군사분계선 문제에 관한 정전협상을 분석했다. 이 논문은 협상학적 관점에서 군사분계선 획정과 관련한 정전협상을 다루고 있어서, 초점과 내용은 다르지만 같은 해 『21세기 정치학회보』에 게재된 김명섭의 논문과 연구관심을 공유하고 있다.[208] 이와 관련하여 이 책에서는 정전협상의 막전 인물들뿐만 아니라 막후의 인물들에 주목했으며, 군사분계선에 관한 정전협상이 NLL문제로 남겨진 해양분계선 문제를 포함해서 어떠한 지정학적 맥락 속에서 전개되었는지에 초점을 맞추었다.

6.25전쟁은 1951년 7월 10일부터 전면전쟁기에서 화전양면기로 접어들었고, 화전양면기의 후반은 어떤 전쟁포로를 어떻게 송환할 것인가에 관한 쌍방의 관념이 충돌하면서 '포로전쟁'(War for POWs)과 같은 양상을 띠었다.[209] 실향사민 문제도 다루어져야 했지만 포로문제로 인한 치열한 대치 속에서 실향사민 문제는 제대로 다루어지지 못했다. 포로송환의사를 조사하는 과정에서 국제연합군 포로수용소장이 친공포로들에 의해 포로가 되고, 친공포로와 반공포로가 충돌하는 '포로전쟁'(War among POWs)이 전개되기도 했다. 당시 포로생활을 했던 이들의 회고록들은 이러한 상황에 관해 증언해 주고 있다. 최태환은 1989년 전쟁포로로서 취

207 임덕순, "한국 휴전선에 대한 정치지리학적 연구," 『지리학』 7호 (1972); 신복룡, "한국사에서 서해5도의 정치지리학: 1945-1953," 『외교안보연구』 제7권 제2호 (2011).

208 허만호, "6.25전쟁 휴전회담 분석: 불가역적 적대자 관계에서의 군사분계선 설정," 『국제정치논총』 제53집 4호 (2013); 김명섭, "한반도 서해 NLL의 기원과 정치적 성격," 『21세기 정치학회보』 제23집 2호 (2013).

209 Myong Whai Kim, "Prisoners of War as a Major Problem of the Korean Armistice, 1953," Ph. D. Dissertation (New York University, 1960).

급받지 못하고, 빨치산범죄자로 재판받았던 경험을 기록으로 남겼다.[210] 오세희는 한국의 포로수용소 생활을 기록으로 남겼다.[211] 장쩌스는 선전전에서 활동했던 지식인 출신으로 중국인민지원군 포로가 되었던 희귀한 경험의 기록을 남겨 놓았다.[212]

1950년 전쟁 발발 직후 포로가 되었던 딘(William F. Dean) 소장도 1953년 정전협정 체결 이후 귀환하여 포로생활에 관한 기록을 남겼다.[213] 그에 앞서 메이다는 코리아에서의 포로문제를 국제법적으로 다룬 논문을 미국 국제법저널에 게재했다.[214] 1953년 6.18반공포로석방에 관해서는 송효순이 개인적으로 보관하고 있던 자료에 기초해서 1973년『경향신문』에 연재했던 회고록을 단행본으로 출간한 바 있다. 송효순은 헌병총사령관이었던 원용덕의 밀명을 받고 직접 일선에서 석방작전을 지휘했다.[215]

1994년 43년 만에 극적으로 생환한 조창호는 이북에서의 포로생활을 서울에서 출판했다.[216] 미송환 국군포로에 관한 선행연구로는 한국 국방부 군사편찬연구소가 펴낸『6.25전쟁과 국군포로』가 대표적이다. 이 책자는 "6.25전쟁에서 … 유엔군과 공산군 양측이 각각 포로대우에 관한 제네바협약을 준수하여 수용 중인 포로를 우대하고 전후에 모두 송

210 최태환, 박혜강,『젊은 혁명가의 초상』(서울: 공동체, 1989).

211 오세희,『65포로수용소』(서울: 만인사, 2000).

212 張澤石[장쩌스],『我的朝鲜战争: 一个志愿军战俘的自述』. (時事出版社, 2000),『중국군 포로의 6·25전쟁 참전기』, 손준식 역 (서울: 국방부 군사편찬연구소, 2009). 이 책은 추천사에 나와 있듯이 중화인민공화국에서 "애국주의 교재"라고 칭송되기도 한다.

213 William F. Dean, *General Dean's Story* (New York: The Viking Press, 1954).

214 Jaro Mayda, "The Korean Repatriation Problem and International Law," *The American Journal of International Law* Vol. 47, No. 3 (Jul. 1953).

215 宋孝淳,『大釋放: 實錄 反共捕虜釋放』(서울: 新現實社, 1973), 19.

216 조창호,『돌아온 死者 : 조창호의 북한 생활 사십삼년』(서울: 지호, 1995).

환했더라면, 포로 문제는 이미 해결될 수 있었을 것"[217]이라고 서술하고 있다.

이러한 서술과 필자의 분석이 결정적으로 다른 점은 다음과 같다. 1950년 6월 25일 조선인민군이 전면전을 시작했을 때, 한국군의 숫자가 육, 해, 공군을 망라하여 105,752명 정도였음을 감안할 때, 176,733명의 포로들을 송환하고, 조-중인민군 측이 제시한 11,559명을 돌려받는 포로교환이란 전쟁을 시작했던 측의 군사력을 크게 증대시켜 줄 수 있는 위험성이 있었다. 국제연합군 협상대표단은 그러한 위험성을 차단하고자 했고, 더 나아가서 송환불원포로들의 '자유'를 지켜주는 것이야말로 미군을 비롯한 국제연합군이 참전한 '대의'라고 보았다.

6.25전쟁 포로문제에 관해서는 번스타인의 논문, 김행복의 책과 논문, 미국의 포로정책을 집중적으로 분석한 서주석의 논문, 그리고 민경길, 유숙현, 김보영, 이선우의 논문들이 있다.[218] 탈냉전기에 들어서 미국 정부

---

217 조성훈, "한국전쟁 중 유엔군의 포로정책연구," 한국정신문화연구원 한국학대학원 박사학위논문 (1998); 조성훈, 『한국전쟁과 포로』 (서울: 선인, 2010); 조성훈, 『6.25전쟁과 국군포로』 (서울: 국방부 군사편찬연구소, 2014).

218 Barton J. Bernstein, "The Struggle over the Korean Armistice: Prisoners of Repatriation?" in Bruce Cumings, ed. *Child of Conflict: The Korean-American Relationship, 1943-1953* (Seattle and London: University of Washington Press, 1983), 261-307; 國防軍史研究所, 『韓國戰爭의 捕虜』 (서울: 國防軍史研究所, 1996); 金幸福, "한국전쟁시 捕虜 掌握을 위한 共産軍 및 親共捕虜의 조직과 연결체제," 『軍史』 제34호 (1997); 趙成勳, "韓國戰爭中 民間人抑留者의 처리에 관한 연구," 『軍史』 제32호 (1996); 조성훈, "한국전쟁시 포로교육의 실상," 『軍史』 제30호 (1995); 서주석, "미국의 대북한 포로 및 유해 송환 정책," 『軍史』 제35호 (1997); 민경길, "한국전쟁과 포로송환 문제," 『軍史』 제35호 (1997); 유숙현, "거제도 포로수용소에서 포로의 체험과 송환선택," 연세대 대학원 석사학위논문 (2008); 이선우, "한국전쟁기 중립국 선택 포로의 발생과 그 성격," 정병준 외, 『한국전쟁기 남-북한의 점령정책과 전쟁의 유산』 (서울: 선인, 2014), 471-508; 김보영, "유엔군의 포로정책: '석방'과 '송환'을 중심으로," 정병준 외, 『한국전쟁기 남-북한의 점령정책과 전쟁의 유산』 (서울: 선인, 2014), 427-70; 이선우, "'국민'과 '인민'의 경계에서: 한국전쟁 이후 중립국 선택 포로의 정착과정과 이중적 정체성," 제7차 한국학세계대회(the 7th World Congress of Korean Studies). 2014

는 6.25전쟁을 비롯한 냉전기간 중 전사자(KIA)와 전쟁포로(POW), 그리고 실종자(MIA) 등의 문제에 관해 보다 많은 관심을 기울였고, 1990년대 후반 여러 편의 연구결과들을 내놓았다. 민간연구자들 중에서도 졸리돈(Laurence Jolidon)과 케이시(Charles E. Casey) 등이 이에 관련된 연구결과들을 내놓았다.[219] 포로문제에 관해 영문으로 출간된 최근 연구로 찰스 영(Charles S. Young)의 책이 있다.[220]

김선숙, 조성훈 등은 포로문제와 정전협상을 연결시켜 분석한 논문들

년 9월 30일.

219 United States. Congress. House. Committee on Foreign Affairs. Subcommittee on Asian and Pacific Affairs, *POW/MIA's in Indochina and Korea: Hearing before the Subcommittee on Asian and Pacific Affairs of the Committee on Foreign Affairs*, House of Representatives, 101st Congress, 2nd session, June 28, 1990 (Washington, D.C.: U.S.G.P.O., 1991); United States. Congress. Senate. Select Committee on POW/MIA Affairs. *Hearings on Cold War, Korea, WWII POWS : hearings before the Select Committee on POW/MIA Affairs*, United States Senate, 102nd Congress, 2nd session held November 10 and 11, 1992 (Washington, D.C.: U.S.G.P.O., 1993); Tim Wehrkamp, comp., *Records relating to American Prisoners of War and Missing-In-Action Personnel from the Korean War and during the Cold War Era* (Washington, D.C.: National Archives and Record Administration, 1997); United States. Congress. House. Committee on National Security. Military Personnel Subcommittee. *Accounting for POW/MIA's from the Korean War and the Vietnam War: Hearing before the Military Personnel* Subcommittee of the Committee on National Security, House of Representatives, 104th Congress, 2nd session, hearing held September 17, 1996 (Washington, D.C.: U.S.G.P.O., 1997); United States. Congress. House. Committee on National Security. Military Personnel Subcommittee. *Status of POW/MIA Negotiations with North Korea: Hearing before the Military Personnel Subcommittee of the Committee on National Security*, House of Representatives, 104th Congress, 2nd session, hearing held June 20, 1996 (Washington, D.C.: U.S.G.P.O., 1997). Laurence Jolidon, *Last Seen Alive: The Search for Missing POWs from the Korean War* (Austin, TX: Ink-Slinger Press, 1995); Charles E. Casey, *In Memory-Lest We Forget: Korean War, 1950-1954: KIA, MIA and Others* (Plattsmouth, NE: Potter Offset Print, 1993); Paul M. Cole, *POW/MIA Issues*. vol. 1: *The Korean War* (Santa Monica: RAND, 1994).

220 Charles S. Young, *Name, Rank, and Serial Number: Exploiting Korean War POWs at Home and Abroad* (Oxford: Oxford University Press, 2014).

을 발표한 바 있다.[221] 2014년 유치엔(余季彦, Yu Chi Yen)은 한국학중앙연구원에서 정전을 지연시켰던 중국인민지원군 포로의 대만 선택 문제에 초점을 맞춘 논문으로 박사학위를 받았는데, 특히 연합군 총사령부(SCAP) 산하 민간정보교육국(CIE, Civil Information and Education Section)이 포로의 선택에 영향을 미쳤다는 점에 초점을 맞춰 분석했다.[222] 포로송환문제에 대한 협상이 지연됨에 따라 제대로 다루어지지 못한 것은 '실향사민' 문제로 얼버무려진 납북자 문제였다. 이 문제에 관해서는 김명호, 이미일, 허만호, 이신용 등의 선도적 연구들이 있다.[223]

정전협정을 현실주의적으로 뒷받침했던 한미상호방위조약에 관해서는 헨리 정(정한경), 존 코치, 한표욱 등의 선행연구들이 있다.[224] 유영익, 차상철, 조성훈, 이완범, 이철순 등도 한미상호방위조약의 탄생에 관한

221 김선숙, "6.25 휴전협상과정에 있어 이승만의 협상전술: 포로교환문제를 중심으로," 『국제정치연구』 7권 1호 (2004년 6월).

222 민간정보교육국은 1945년 9월 22일 일반명령 제183호에 의해 미 태평양 육군 총사령부의 참모부 내에 설치되었다. 余季彦(Yu Chi Yen), "6.25전쟁 시기 중국군 포로 연구: 대만 선택 배경을 중심으로," 한국학중앙연구원 박사학위논문 (2014년 2월), 14, 88-116. 6.25전쟁 당시 중국인민지원군에 관한 연구로는 박영실, 『중국인민지원군과 북·중관계』 (서울: 선인, 2012)도 있다.

223 김명호, "6·25전쟁 납북자 실태분석과 정책적 대응방안 모색," 한국사회과학회, 『사회과학연구』 4권 1호 (2004); 이미일, 김미영 외, 『한국전쟁납북사건자료집』 1, 2 (서울: 한국전쟁납북사건자료원, 2006, 2009); 허만호, 『휴전체제의 전환과 전시(戰時) 민간인 납북자』 (서울: 한국전쟁납북사건자료원, 2010); 이신용, "6·25전쟁 시기 북한의 남한민간인 납치동기와 특징에 관한 연구," 『사회과학담론과 정책』 6권 2호 (2013).

224 Henry Chung, *Korea and the United States Through War and Peace, 1943-1960* (Seoul: Yonsei University Press, 2000); John Kotch, "The Origins of the American Security Commitment to Korea," in Bruce Cumings, ed. *Child of Conflict: The Korean-American Relationship, 1943-1953* (Seattle and London: University of Washington Press, 1983), 239-59; 한표욱, 『이승만과 한미외교』 (서울: 중앙일보사, 1996).

후속연구에 기여했다.[225] 김명섭은 한미상호방위조약과 관련한 이승만의 지정학적 인식의 뿌리를 그의 태평양동맹 구상과 연결시킨 바 있고, '독립의 지정학'이라는 관점에서 분석한 바 있다.[226]

정전협정에 따라 개최된 1954년 제네바정치회의에 관해서는 김영식, 홍용표, 베일리, 김보영 등의 선행연구들이 있다. 김보영은 외국군 철수 문제를 중심으로 제네바정치회의를 다루었다.[227] 베일리는 국제연합의 정치적 역할에 관한 연구경험에 기초해서 제네바정치회의에서 연합국 외교의 문제점을 집중적으로 분석했다.[228] 우드로 윌슨센터에서는 제네바정치회의 관련 중화인민공화국 문서와 러시아 문서를 번역하여 출간한 바 있다.[229] 6.25전쟁을 냉전사적 차원에서 자리매김하고 그 의

225 유영익, "한미동맹 성립의 역사적 의의," 『한국사 시민강좌』 36호 (서울: 일조각, 2005); 차상철, "이승만과 1950년대의 한미동맹," 『해방 전후사의 재인식』 1-2 (서울: 책세상, 2006); 조성훈, 『한미군사관계의 형성과 발전』 (서울: 국방부 군사편찬연구소, 2008); 이완범, "이승만 대통령의 한미상호방위조약 추진배경과 협상과정," 김영호(金泳昊) 외, 『이승만과 6.25전쟁』 (서울: 연세대학교 출판문화원, 2012), 23-97; 이철순, "이승만의 대미외교를 통한 국가생존 전략(1895-1953)," 『한국정치연구』 제21집 3호 (2012).

226 Myongsob Kim, "Prologue of the Asia-Pacific Community: Betrayed and Declined Asian Initiatives for Regional Cooperation," *Korea Observer*, vol. XXVII no. 4 (Winter 1996); Myongsob Kim, "Declined Invitation by Empire: The Aborted Pacific Pact and the Unsolved Issue of Regional Governance," Dong-Sung Kim, Ki-Jung Kim, Hahnkyu Park ed. *Fifty Years After the Korean War: From Cold-War Confrontation to Peaceful Co-existence.* (Seoul: KAIS, 2000), 127-54; 김명섭, 김석원, "독립의 지정학: 대한제국(1897-1910) 시기 이승만의 지정학적 인식과 개신교," 『한국정치학회보』, 제42집 4호 (2008).

227 김보영, "1954년 제네바정치회담과 외국군 철수 의제," 『軍史』 제95호 (2015년 6월).

228 Sydney D. Bailey, *The Korean Armistice* (London: MacMillan, 1992).

229 "The Geneva Conference of 1954 New Evidence from the Archives of the Ministry of Foreign Affairs of the People's Republic of China," Introduction by Chen Jian and Shen Zhihua, *Cold War International History Project Bulletin*, no. 16 (Fall 2007/Winter 2008); "Russian Documents on the 1954 Geneva Conference," Introduction by Paul Wingrove, *Cold War International History Project Bulletin*, no. 16 (Fall 2007/Winter 2008).

미를 규명해 보고자 했던 선행연구로는 스툭의 연구가 있다.[230] 김명섭도 6.25전쟁을 세계냉전사적 차원에서 조망하는 선행연구들을 발표한 바 있다.[231]

---

230 William Stueck, *The Korean War: An International History* (Princeton: Princeton University Press, 1995); William Stueck, *Rethinking the Korean War: A New Diplomatic and Strategic History* (Princeton: Princeton University Press, 2013[2002]).

231 Myongsob Kim, "Reexamining Cold War History and the Korean Question," *Korea Journal.* vol. 41 no. 2 (Summer 2001); Myongsob Kim, "The Politics of Troop-Dispatch: Why Did the Europeans Send Their Boys to Korea?" *The Korean Journal of Defense Analysis*. vol. 16 no. 2 (2004); 김명섭, "6.25전쟁의 냉전사적 의미," 하영선, 김영호, 김명섭 공편, 『한국외교사와 국제정치학』 (서울: 성신여자대학교 출판부, 2005).

제2장

전쟁의 발발과 정전의 모색

제2장
전쟁의 발발과 정전의 모색

1. 전면전쟁 시기의 정전 모색

조선인민군의 개전과 서울 점령

1950년 6월 25일 개전을 앞두고 김일성은 조선민주주의인민공화국 내각비상회의에서 다음과 같이 연설했다.

> 매국역적 리승만도당의 괴뢰군대는 오늘 이른 새벽 38선전역에 걸쳐 공화국북반부를 반대하는 불의의 무력침공을 개시하였습니다. 공화국정부는 전쟁이 더 확대되는 것을 방지하기 위하여 적들에게 무모한 무력침공을 즉시중지할 것을 경고하였으며 만일 모험적인 무력침공을 중지하지 않는다면 그로부터 초래되는 후과에 대하여 전적으로 책임지게 되리라는 것을 언명하였습니다. 그러나 오만한 적들은 전쟁의 불길을 더욱 확대하고 있습니다. 적들은 이미 38선이북지역으로 1-2키로메터 침공하였으며 모험적인 '전격전'으로 공화국북반부를 단숨에 삼키려고 시도하고 있습니다. 지금 38선 일대에서 우리의 용감한 공화국경비대는 적들의 침공을 좌절시키기 위하여 치열한 전투를 벌리고 있습니다. 미제의 직접적인 조종 하에 리승만괴뢰도당은 이미 오래전

부터 공화국북반부를 침공하기 위한 준비를 진행하여 왔습니다.[1]

김일성의 연설과 달리 평양시각으로 새벽 4시에 하달된 암호명 '폭풍'에 따라 김일성 휘하의 조선인민군 제1, 2, 3, 4, 5, 6, 12사단과 제105전차여단 등이 11개 지점에서 일제히 38선을 넘어 전면전이 시작되었다. 한국 국방부의 6.25전쟁 공간사도 "1950년 6월 25일 04:00를 전후하여 전 전선에 걸쳐 북한군의 포격이 개시되었다"고 기록하고 있다.[2]

그런데 1950년 6월 25일 38선 이북의 새벽 4시는 38선 이남에서는 같은 날 새벽 5시였다. 평양에서는 6.25전쟁 이전이나 이후 일광절약시간제를 실시한 적이 없지만, 대한민국은 1950년 4월 1일부터 일광절약시간제를 실시하고 있었다.[3] 6월 25일 이선근(李瑄根) 국방부 정훈국장은 "금

---

1 김일성, "결정적인 반공격으로 무력침범자들을 소탕하자," 『김일성저작집6: 1950.6-1951.12)』 (평양: 조선로동당출판사 1980).

2 1950년 6월 25일 당일 한국 육군본부 전투정보과 북한반 선임장교로 전쟁상황을 처음 파악했던 사람들 중 한 명인 김종필(훗날 국무총리)은 "1950년 6월 25일 김일성 군대의 전격적인 남침으로 벌어진 6.25전쟁의 발발 시점은 당일 오전 3시라고 봐야 한다"고 주장했다. 김종필은 "3시 넘어서면서 동두천 방향의 국군 7사단 정보처로부터 '적의 포탄이 마구 쏟아지고 있다'는 등 아군의 피격을 알리는 보고가 쏟아졌다"며 "따라서 남침 시점을 지상군의 38선 침공 시간인 오전 4시로 잡았던 것을 고칠 필요가 있다"고 했다. 그러나 김종필은 당시 38선 이남에서 서머타임제가 실시 중이었던 사실에 관해 언급하지 않고 있다. 『중앙일보』 2011년 6월 25일; 국방부 군사편찬위원회, 『6.25전쟁사2: 북한의 전면남침과 초기 방어전투』 (서울: 국방부 군사편찬위원회, 2005), 55; 이중근, 『6.25전쟁 1129일』 (서울: 우정문고, 2013), 39.

3 당시 신문에는 다음과 같이 공지되었다. "4월 1일부터 例에 의하여 서머타임(일광절약시간)을 실시하기로 되었다 한다. 즉 3월 31일 밤 하오 11시에 시계 바늘을 4월 1일 0시로 맞추어 놓으면 되는 것이다. 따라서 출근시간은 현재와 다름없이 상오 9시이나 실질적으로 한 시간 이르게 되는 것이라 한다." 『상공일보』 1950년 4월 1일. 일광절약시간제는 대서양문명권 국가들에서는 널리 적용되어 왔지만, 냉전시기 소련을 비롯한 공산권에서는 실시하지 않았다. 중화인민공화국의 경우는 일광절약시간제를 실시하지 않는 것은 물론 베이징표준시를 티벳과 신장위구르지역에까지 적용했다. 1950년 6월 25일의 상황을 시간대별로 분석하여 한국군의 옹진반도 선제공격설을 주장하거나 38선 부근에서 계속되던 소규모 무장충돌이 1950년 6월 25일 대규모 내전으로 확대된 것처럼 해석하는 선행연구들에서 일광절약시간제로 인해

25일 早晩[조만] 5시부터 8시 사이에 38선 전역에 걸쳐 이북 괴뢰집단은 大擧[대거]하여 불법남침하고 있다. 즉 옹진 前面[전면]으로부터 개성, 장단, 의정부, 동두천, 춘천, 강릉 등 각지 前面[전면]의 괴뢰집단은 거의 동일한 시각에 행동을 개시하여 남침하여 왔고 船隻[선척]을 이용하여 상륙을 계획하였으므로 目下[목하]전기 각 지역의 우리 국군부대는 이를 요격하여 긴급 적절한 작전을 전개하고 있다"고 발표했다. 오전 5시 전쟁이 발발했다는 이선근 정훈국장의 발표는 당시 여러 신문들에 보도되었다.[4]

따라서 6.25전쟁 개전시간을 당시의 '조선민주주의인민공화국' 시간에 맞춰 오전 4시로 기록할 것인지, 아니면 대한민국 시간에 따라 오전 5시로 기록할 것인지를 확정할 필요가 있다. 원래 오전 5시로 발표되었던 개전시간이 이후 오전 4시로 널리 알려진 것은 노획문서 등에 기초해서 조선인민군의 공격시간에 맞추어 쓰여진 미국의 전쟁사들이 번역, 소개된 영향이 컸다. 어떤 경우든 평양의 노획문서와 서울문서를 대조하여 고찰할 때는 당시 서울과 평양 사이에 존재했던 시차를 참작해서 분석해야 한다.

1950년 6월 25일 오전 5시 한국군은 무비유환(無備有患)의 침략을 당

발생했던 38선 이남 사료와 이북 사료의 시간적 차이를 사료해석에 반영한 연구는 찾아볼 수 없었다. 저자는 1951년 정전협상 회의록에서 쌍방이 약속시간을 정하면서, "우리들 시간"(our time)인가, 아니면 "당신들 시간"(your time)인가를 확인하는 기록을 통해 서머타임 실시에 따른 시간적 차이를 인식하게 되었고, 다음과 같은 선행연구도 참고할 수 있었다. 이동식, "6.25전쟁사 연구에서 잊혀진 1시간: '노근리사건조사'를 중심으로," 『군사연구』 제134집 (2012), 37-71.

4 『동아일보』, 1950년 6월 26일; "傀儡軍 全面南侵企圖(괴뢰군 전면남침기도), 昨日午前五時(작일 오전오시)부터, 全線(전선)서 不法越境(불법월경)," 『경향신문』, 1950년 6월 26일; "38선 全域서 괴뢰군 남침 기도: 작일 오전 5시 일제 침범, 동해 연안에 상륙도 기도, 국군 정예는 용감히 이를 요격 중," 『자유신문』, 1950년 6월 26일.

했다. 미국 군사고문단(KMAG) 단장이었던 로버츠(William L. Roberts) 준장도 새로운 임무를 부여받기 위해 미국으로 가던 도중이었다. 군사고문단 참모장이자 단장 대리였던 라이트(Col. Sterling Wright) 대령은 휴가 차 일본에 있었다.[5] 마치 마술사가 관중의 눈을 속이듯이 평양에 연금되어 있던 민족지도자 고당 조만식을 김삼용, 이주하 등 남로당 거물들과 교환하자는 유화적 제스처 뒤에서 전쟁기획자들의 손은 빠르게 움직였다.[6]

비록 기습을 당했지만 동해안 옥계지구전투, 대한해협전투, 그리고 춘천전투 등에서 한국군은 의미 있는 승리를 거뒀다. 전쟁 초기의 열세 속에서 거둔 이 3대 승전은 한국사적으로나 세계사적으로 큰 의미가 있었다. 춘천전투의 경우 서울을 목표로 남하하던 조선인민군 주력의 일부를 3일간 저지함으로써 한강방어선 구축이 가능했다.[7] 조선인민군 7사단(7월 3일 12사단으로 개편)은 강원도 내평리 근처의 38선을 넘어 인제-춘천 가도를 따라 서쪽으로 선회했다. 조선인민군 2사단 제4, 6연대는 38도선을 넘어 남진, 춘천에서 한국군 6사단을 공격했다. 두 시간 뒤인 오전 7시경 한국군 1사단이 임진강 인근의 교량을 파괴해 조선인민군 6사단의 침략을 둔화시켰다. 한국군의 저항은 국제연합군 참전을 위한 시간 확보에 결정적으로 기여했다. 서울 시각으로 오전 11시, 평양시각으로 오전 10시 평양라디오는 "남조선의 공격을 북조선 인민군이 격퇴했으며, 남조선이 군사 도발을 중단하지 않

---

5 Noble, *Embassy at War,* 10-11.

6 Noble, "Why Didn't We Know?" *Embassy at War,* 219-37

7 김영호(金暎浩), "6.25전쟁의 세계사적 의의와 춘천대첩의 재평가," 강원대, 육군 쌍용부대 공동주최, 『6.25춘천대첩 50주년 기념 학술세미나 자료집』(2000년 6월 16일, 강원대학교 어학교육원 대강당), 3-28, 김명섭 토론문, 29-32.

으면 북조선은 단호한 대응을 할 수밖에 없다"고 방송했다.[8] 1950년 6월 26일 방송에서는 김일성이 직접 '조선민주주의인민공화국 내각수상' 명의로 다음과 같이 연설했다.

> 리승만역도들은 동족살륙전쟁을 통하여 남반부에 존재하고 있는 일제시대와 다름없는 반인민적 반동 통치제도를 공화국 북반부에까지 실시하려 하며 우리 인민들이 쟁취한 민주개혁의 성과들을 빼앗으려고 합니다. 이승만 반동도배들은 공화국 북반부에서 실시된 무상몰수 무상분배의 원칙에 의한 토지개혁의 결과로 토지의 주인으로 된 농민들에게서 토지를 빼앗아서 다시 지주들에게 돌려 주려하며 우리 공화국 북반부에서 조선 인민이 쟁취한 모든 민주주의적 자유와 권리를 박탈하려 합니다. 이승만 역도들은 우리 조국을 미제의 식민지로 만들려고 하며 조선인민을 미제의 노예로 만들려고 합니다. [원문 그대로][9]

이러한 라디오 연설은 당시 38선 이북의 대중에게 적지 않은 영향을 미쳤다. 평양에 거주하며 6.25전쟁에 관여했던 소련 군사-정치 전문가는 당시 38선 이북에 만연했던 관념을 다음과 같이 묘사했다.

> 1950년 여름까지 대다수의 주민들과 조선인민군 병사들은 조선 인민이

---

8 미 태평양군 문서군, 국립중앙도서관, 『NARA기록으로 보는 6.25』 (서울: 국립중앙도서관, 2010). 1950년 6월 18일 김일성은 소련에게 라디오방송국 방송기자재를 급히 요청했었다. "1950년 6월 18일 평양 주재 소련 대사 쉬띄꼬프가 외무성 극동1과장 임시 직무대리 꾸르듀꼬프에게 보낸 문서," 박종효 편역, 『러시아 연방 외무성 대한정책 자료집』 (서울: 선인, 2010), I: 453.

9 "전 조선인민들에게 호소한 조선민주주의 인민공화국 내각수상 김일성장군의 방송연설," 『조선중앙년감, 1951-52』, 13-15.

> 무찔어야 할 가장 큰 적이 38도선 이남에 존재하고 있다는 설을 받아들이고 있었다. 조선인민군 부대에 상주하고 있었던 고문들의 보고서에 따르면 사병들과 장교들 사이에서 '평화와 민주주의, 그리고 사회주의 적(敵)'에 대한 적대감을 확연히 느낄 수 있었다. 부대에는 공격을 해야 한다는 분위기가 고조되고 있었다.[10]

남조선로동당을 이끌다가 평양정권에 참여하여 부수상 겸 외무상이 된 박헌영도 1950년 7월 1일 다음과 같이 허위주장을 했다. "미국으로부터의 군사적 원조와 약속을 받고 리승만 정부는 자기의 미국상전의 지시에 의하여 6월 25일 조선에서 동족상쟁의 내란을 도발했다."[11] 박헌영은 서울이 국제연합군에 의해 수복되던 1950년 9월 28일에 발표한 성명에서도 이러한 허위주장을 되풀이했다.

> 미제국주의자들 및 그들의 앞잡이 리승만 도배들에 의하여 조선에서 도발된 전쟁이 우리 인민에게 가져온 헤아릴 수 없는 불행과 고난에 대한 전적 책임은 미국이 져야 한다. [중략] 노예와 같이 충실하게 미국 상전의 지시에 따라 리승만 정부는 자기가 一九五O년 六월 二十五일에 개시한 북조선에 대한 무력 침공의 준비 사업에 자기의 전 활동을 복종시켰다.[12]

김일성은 이승만정부가 먼저 시작한 전쟁에 대한 반격전이라고 주장하면서도 '조선민족해방전쟁'이라는 모순적 주장을 했다. 김일성의 전쟁

---

10 가브릴 코로트코프(Gavril Korotkov), 『스탈린과 김일성』 1,2, 어건주 역, (서울: 東亞日報社, 1992), II: 15.

11 『로동신문』 1950년 7월 2일.

12 『로동신문』 1950년 9월 29일.

목표는 한국을 '조선'에 편입시키고, 인민민주주의적 통치체제를 '조선반도' 전체에 구축하려는 것이었다. 한국을 침략할 준비가 완료된 평양에서 김일성은 그의 측근과 소련 육군 대장 슈티코프가 참석한 자리에서 "항상 낙원에서 살기를 꿈꾸어 왔다-제주도에서. 이 꿈은 이제 실현될 것"이라고 낙관했다.[13]

'조선반도' 전체를 인민민주주의에 입각한 '민주조선'으로 '통일'하고자 했던 김일성의 전쟁노선은 스탈린뿐만 아니라 마오쩌둥에 의해서도 적극 뒷받침되었다. 베이징의 『인민일보』는 전쟁 발발 직후인 1950년 6월 27일 "조선인민은 범죄적으로 진격한 자들을 격퇴하기 위해 분투하고 있다"는 제하의 사설에서 "조선민주주의인민공화국은 이미 이승만 위군(僞軍)의 대규모 군사공격을 반격하여 격퇴"했다고 보도했다.[14]

마오쩌둥 자신도 1950년 6월 28일 연설에서 "중국 인민의 동정심과 전 세계 인민의 동정심은 모두 침략을 받고 있는 자를 응원하는 방면에 설 것이지 결코 미 제국주의 방면에 설 수는 없는 것"이라고 응원했다. 김일성이 6.25전쟁을 일으킨 사실 자체를 호도하고, 전쟁책임을 한국과 미국에 전가한 것이다.[15] 이처럼 한국이 먼저 전쟁을 일으켰다는 주장은 *China Quarterly* 같은 국제저널에 게재되기도 했다.[16] 이러한 허위주장의 여파는 오랫동안 지속되었다. 왜 그렇게 오랫동안 공산진영은 물론 자유

13 코르트코프, 『스탈린과 김일성』, I: 269.

14 "朝鮮人民爲擊退進犯者而奮鬪," 『人民日報』, 1950년 6월 27일. 여기서 위군(僞軍)은 한국군에 대한 중국공산당 식의 명명으로서, 이는 중국공산당이 만주국 군대를 지칭하던 용어이기도 했다.

15 "毛澤東主席在中央人民政府委員會第八次會議上關于美國侵略臺灣和朝鮮的講和-節錄." 1950년 6월 28일. 대한민국 행정자치부 정부기록보존소 편, 『韓國戰爭과 中國』 (2002), I:7.

16 K. Gupta, "How did the Korean War Begin?," *China Quarterly* (October/December 1972); Gupta's critics in *China Quarterly,* no. 54 (1973), with Gupta's reply.

진영 내에서도 그러한 허위주장이 힘을 발휘할 수 있었을까?[17] 종교를 아편이라고 규정한 좌파 지식인들은 정작 좌파사상이나 민족주의가 종교처럼 될 수 있다는 사실을 알지 못했다.[18]

베이징의 『인민일보』는 "조선의 전면적인 내전은 이미[1950년 6월 25일 이전에] 시작되었다"고 내전설을 유포했다.[19] 6.25전쟁은 원래 '내전'이었고, 영국이 그랬던 것처럼 "모든 나라는 그 나라의 장미전쟁(War of the Roses)를 가질 권리가 있다"는 주장은 지금도 계속되고 있다.[20] 로버트 시몬즈도 비슷한 주장을 했다.

> 미국의 코리아내전 개입은 미국과 코리아반도 모두에게 재앙적 결과를 초래했다. 신속하게 끝날 수 있었고, 상대적으로 피를 덜 흘릴 수 있었던 재통일이 대량학살로 바뀌었다. [중략] 미국인의 관점에서 볼 때, 미국의 불개입이 다음과 같은 더 환영할 만한 결과들을 낳았을 것이다. 첫째, 중국내전은 대만의 해방으로 끝났을 것이다. 워싱턴과 베이징은 중국이 소련과 동맹을 맺는 것을 회피하면서 협력적 관계를 가질 수 있었을 것이다. 둘째, 미국의 코리아내전 개입으로 인해 강화된 공산주의와 민족주의의 동일시를 회피하면서 인도차이나 모험(Indochina adventure)도 예방할 수 있었을 것이다.[21]

---

17 정명환 외, 『프랑스 지식인들과 한국전쟁』 (서울: 민음사, 2004).

18 Raymond Aron, *L'Opium des intellectuels* (Paris: Calman-Lévy, 1955).

19 "朝鮮人民爲擊退進犯者而奮鬪," 『人民日報』, 1950년 6월 27일.

20 Bruce Cumings, *Korea's Place in the Sun: A Modern History* (New York: W.W. Norton, 2005[1997]), 298.

21 Robert R. Simmons, *The Strained Alliance: Peking, Pyongyang, Moscow and the Politics of the Korean Civil War* (New York: The Free Press, 1975), 241-42.

이처럼 "미국인의 관점에서 볼 때, 미국의 불개입이 더 환영할 만한 결과들을 낳았을 것"이라는 시몬즈의 주장은 일부 지식인들에게 큰 영향을 미쳤다. 그러나 2008년 미국 민주당 대통령 후보로서 많은 미국 지식인들의 지지를 받으며 미국 최초의 흑인 대통령이 된 오바마(Barack Obama, 44대)는 36,574명에 달하는 미군의 죽음을 "비기기 위해 죽기"(die for a tie)라고 해석하는 것에 반대했다. 그에게 있어서 "코리아는 승리였다"(Korea was a victory).[22] 인공위성 야경사진이 보여주는 군사분계선 이남의 코리아와 군사분계선 이북의 코리아가 보여주는 것은 확실한 승패이고, 미국 참전의 성과로 해석되었다.

6.25전쟁은 원래 내전이었던 것이 미국이나 국제연합의 참전에 의해 국제전으로 변화된 것이 아니었다. 내전적 요소가 포함되어 있었으나 6.25전쟁은 개전 당시부터 1917년 10월 이후 형성된 국제공산주의연대[23]에 입각하여 1948년 수립된 '조선민주주의인민공화국'이 1948년 12월 12일 국제연합총회에서 승인을 받은 대한민국을 절멸시키고자 했던 국제전이었다. 그것은 1939년 소련의 폴란드침략과 핀란드침략에서 이미 보여진 바와 같이 공산주의가 더 이상 전복이 아니라 전쟁에 의해 팽창할 수 있음을 확인한 전쟁이었다. 군사학적으로는 1941년 6월 22일 히틀러의 소련 기습작전이었던 바바로사작전을 스탈린이 리메이크한 전쟁이었다. 지정학적으로는 유라시아 대륙문명과 대서양문명 간의 문명충돌적 성격도 갖고 있었다. 6.25전쟁의 지정학적 성격은 러일전쟁의 와중에서 대한제국이 일본군의 군사적

---

22 "Remarks by the President at 60th Anniversary of the Korean War Armistice," The White House Office of the Press Secretary, 27 July 2013.

23 Sergei N. Goncharov, John W. Lewis and Xue Litai, *Uncertain Partners: Stalin, Mao, and the Korean War* (Stanford: Stanford University Press, 1993).

강박 아래 놓인 이후 제2차 세계대전에서 일본이 패전했던 장기지속적 흐름 위에서 포착될 수 있다.

전쟁학(polemology)적으로 볼 때, 평양의 전쟁계획은 대체로 레닌과 스탈린의 전쟁학을 계승한 것이었다. 그것은 "전쟁은 그에 따라 초래되는 참상과 폐해에도 불구하고 인간들의 사회구조 속에서 낡고 썩은 부분을 가차없이 들춰내고 제거해 버린다는 적잖은 이점이 있다"[24]고 보는 레닌의 전쟁관에 기초했다. 아울러 러시아내전과 폴란드 및 핀란드침략, 그리고 제2차 세계대전을 통해 발달한 "'스탈린전쟁학'에 준해서 전쟁준비가 이루어졌으며, 20세기 최고의 장군으로 자신을 여긴 대원수 스탈린의 개인적 통제 하에 모든 것이 이루어졌다."[25]

특히, 1941년 6월 22일 새벽 4시 소련을 기습 공격한 히틀러의 바바로사작전이 역설적으로 스탈린의 전쟁교범이 되었다. 1939년에 체결된 독소불가침조약을 휴지조각처럼 무시한 히틀러의 공격은 스탈린에게 전쟁학의 '기습' 과목을 가르쳐 주었다. 이 과목은 김일성에게 전수되었다. 기습에는 잘 조직된 허위 정보의 전략적 유출이 필수적이었다.[26] 1950년 6월 25일 오전 4시(평양시각)의 또 다른 기원은 1941년 6월 22일 오전 4시였다.

스탈린은 시시콜콜하게 6.25전쟁 초기 전황의 하루하루, 구석구석을 챙겼다. 코르트코프에 따르면, "스탈린은 '까레아 문제'를 직접 통제하면서 매일 총참모부의 보고를 요구했다. 하루에 두 번씩이나 스탈린에게 보고하기도 했다. 특히 전쟁 초기에는 그런 일이 다반사였다. 그는 전략 분야

24 『레닌전집』 제26권, 212.

25 코르트코프, 『스탈린과 김일성』, I: 273.

26 코르트코프, 『스탈린과 김일성』, I: 273-74.

뿐만 아니라 전술 분야까지 챙겼다. 심지어 스탈린은 조선인민군 장성들과 장교들의 전투행위와 같은 사소한 사항과 '까레아(Корéя) 사업'에 동원된 소련제 전투무기와 소련의 역할에 대한 적군의 의견에까지 흥미를 보였다. 전쟁 초 스탈린은 매우 만족스럽게 '까레아 사업'을 수행했다.'[27]

코르트코프는 "소련 측의 원조가 없었다면 조선민주주의인민공화국은 세상에 출현할 수도 없었고 1950-53년의 그 파괴적이고도 유혈이 낭자했던 6.25동란도 없었을 것"[28]이라고 본다. 소련군 전문가들이 조선인민군의 모든 부대에 편제되었는데, 제1그룹은 보충문제를 담당했고, 제2그룹은 임명된 조선인민군 지휘관들의 작업을 감독했고, 제3그룹은 조선인민군 장교와 사병들이 소련제 무기를 조작할 수 있도록 도왔다. 마지막으로 제4그룹은 자신들이 전투에서 쌓은 경험이나 정치사업에 필요한 경험 등을 전수했다.[29]

스탈린의 개입 없이 김일성이 전쟁을 일으켰다는 주장은 "어린아이 같은 넌센스"(childish nonsense)일 뿐이다.[30] 그러나 히틀러의 기습작전을 재활용한 스탈린의 전쟁학에 추가된 김일성과 박헌영의 전쟁학이 있었다. 그것은 한국 내부의 인민봉기에 관한 전략전술이었다. 빠른 시일

27 코르트코프, 『스탈린과 김일성』, II: 39.

28 코르트코프, 『스탈린과 김일성』, II: 213.

29 코르트코프, 『스탈린과 김일성』, II: 214.

30 Charles E. Bohlen, *Witness to History: 1929-1969* (New York: Norton, 1973), 294; 흐루쇼프는 오랫동안 소련은 한국이 전쟁을 시작했다고 주장했지만, 이제 진실을 말할 때가 되었다고 하면서, "전쟁은 김일성 동지가 개시하였고, 스탈린과 많은 사람들이 - 사실 거의 모두가 - 지원했다"고 증언했다. "For many years we insisted that the initiative for starting the Korean War came from South Korea. Some say there is no need to correct this version of events, because it would be of advantage only to our enemies. I'm telling the truth now for the sake of history: it was the initiative of Comrade Kim Il Sung, and it was supported by Stalin and many others - in fact, by everybody." Nikita Khruschev, *Khrushchev Remembers: The Glasnost Tapes* (New York: Little Brown, 1990), 144.

내에 서울을 점령하고, 더 남쪽에서 인민봉기가 일어난다면 다른 국가들이 도와줄 시간도 없이 전쟁 목표는 쉽게 달성될 수 있었다.[31] 김일성과 함께 1950년 3월 30일부터 4월 25일까지 소련을 방문했던 박헌영은 김일성과 함께 스탈린을 만난 자리에서 전쟁(war)과 전복(subversion)의 결합이 가능함을 역설했다. 김일성은 "미국인들은 개입할 시간이 없을 것이고, 그들이 정신을 차릴 때쯤 모든 조선인들은 열광적으로 새로운 정부를 지지할 것"이라고 주장했다. 박헌영은 "20만 명의 당원이 대중봉기의 지도자들로 참가할 것"이라고 거들었다.[32] 그러나 조선인민군의 기습남침에도 불구하고, 그 정도의 대중봉기는 일어나지 않았다. 나중에 무쵸 주한 미국 대사는 어떤 한국군 부대도 항복하지 않았다는 점을 높이 평가했다. 그리고 6월 25일 폭우로 인해 남침 속도가 늦춰졌던 행운에 관해서도 증언했다.[33]

소련 군사고문 바실리예프 중장의 작전계획에 따르면, 조선인민군은 38선 일대에서 19만 1680명의 병력이 총공격을 가하도록 되어 있었다. 아울러 동해안에 9천여 명의 상륙군과 빨치산부대를 투입하여 측면을 공격하는 한편 부산에도 특수부대를 투입하여 코리아를 외부로부터 차단하고자 했다. 1950년 6월 26일 새벽 1시경 조선인민군 해군은 부산에 약 6백 명의 특수부대를 상륙시키려고 했다. 6.25전쟁 발발 당시 조선인민군 해군은 병력 1만 6200여 명, 경비함정 30여 척, 보조선박 80여 척을 보유하고 있었다. 대부분의 함정이 소형 함선으로 작전에 제한을 받았고,

---

31 Bohlen, *Witness to History*, 293-94.

32 Report on Kim Il Sung's visit to the USSR, March 30-April 25, 1950. Prepared by the International Department of the Central Committee of the All-Union Communist Party (Bolshevik), APRF, cited in Bajanov and Bajanova, *The Most Mysterious War,* 40-42.

33 Jerry N. Hess, "Ambassador John J. Muccio," Oral History Interview at Washington, D.C. Feb. 10 and Feb. 18, 1971 (Harry S. Truman Library, 1972), 32.

보조선박은 어선 등을 개조한 것이었지만, 한국 해군에 비해서는 우위에 있었다. 당시 한국 해군은 해병대 포함 총 6천 956명의 병력과 경비함정 28척, 수송선 2척, 유조선 1척, 연안경비정 2척으로 총 33척의 함정을 보유하고 있었다.[34]

한국 해군의 아버지라 불리는 손원일제독이 주도한 국민성금운동에 의해 진수되었던 백두산함(PC-701, 함장 최용남)은 부산에 상륙하려는 조선인민군 특수부대원들을 태운 수송선을 격침시켰다.[35] 부산 방면으로부터 후방교란을 획책했던 조선인민군의 작전은 물거품이 되고 말았다. 이것은 6.25전쟁 초기 전세를 결정지은 전투들 중 하나였다.

38선 방면에서 조선인민군이 후퇴하는 한국군 제1사단의 뒤를 쫓아 임진강을 건넌 이후 시급히 완수하고자 했던 목표는 서울 점령이었다. 조선인민군이 앞세운 소련제 T-34탱크의 강판을 뚫을 무기를 한국군은 갖고 있지 않았다. 6월 25일 정오경 조선인민군 소속 야크(YAK)전투기 4대가 서울 상공에 출현하여 용산역, 서울공작창, 통신소, 육운국 청사에

---

34 해군본부, 『6.25전쟁과 한국 해군작전』, 110-17. 손원일은 다음과 같이 증언했다. "1949년 6월 나를 위원장으로 하는 함정 건조기금 거출위원회가 구성되어 모은 약 6만 달러의 성금으로 주미 대사 장면을 통해 PC형 군함 1척을 6만 달러에 구입. 정부 보조금으로 더 많은 배를 사고자 했으나 미국은 그 이상 전투함을 팔지 않겠다는 방침을 천명. 국무성 한국과장을 만나 북한의 전력 증강을 설명하면서 설득하니 민간을 상대로 구입할 수 있다고 방법을 가르쳐 주었다. 유태인의 소개로 앞서 구입한 백두산호의 1/3의 가격으로 3척을 더 구입. 귀국길에 하와이에 기항하여 있던 중 6.25전쟁 발발의 급보를 받았다." 해군 총참모장 손원일의 증언, 1977년 2월 28일, 손원일의 자택, 대담: 국방부 전사편찬위원회, 이종판 편, 『6.25 전쟁 참전자 증언록1: 북한의 남침과 서전기』 (서울: 국방부 군사편찬연구소, 2003), 41.

35 백두산호는 미국 해양대학교 실습선이었는데, 원래 이름은 이 학교 졸업생으로서 제2차 세계대전에서 전사한 화이트헤드 소위의 이름을 딴 'Ensign Whitehead'였다. 우리 해군은 이 배를 인수하기 전에 이미 배이름을 '백두산함'으로 정했었는데, 백두(白頭)는 영어로 whitehead였다. 崔英燮, "대한해협 해전의 교훈," 이종판 편, 『6.25전쟁 참전자 증언록 1: 북한의 남침과 서전기』 (서울: 국방부 군사편찬연구소, 2003), 689-95.

1942년 사이에 건설되었고 당시에는 미군이 관리하고 있던 김포공항을 공격하면서 기선을 제압했다.[36]

조선인민군이 서울대학교 부속병원을 점령하는 과정에서 의사, 간호사, 민간인 환자, 그리고 부상병을 포함해서 약 9백 명이 목숨을 잃었다. 서울 점령 과정에서 조선인민군은 서대문형무소(재소자 약 8782명)와 마포형무소(재소자 약 3,315명)를 파옥했고, 카빈총으로 저항하는 간수들을 사살했다. 당시 마포형무소에는 약 350명의 제주4.3사건 수형인들이 수감 중이었다. 재소자들 중 상당수는 조선인민군에 가담하도록 유인되었다.[37]

6월 28일 서울 곳곳에는 적기(赤旗)가 휘날렸고, 서울시청에는 스탈린과 김일성의 대형사진들이 내걸렸다. 6월 28일 김일성은 내각수상 명의로 "6월 28일 11시 30분에 영웅적 인민군대는 우리 조국의 수도 서울시를 이승만 괴뢰 정권의 통치로부터 완전히 해방"했다고 선언했다. 그리고 "조선민주주의인민공화국 정부는 공화국 수도 서울시 임시인민위원회 위원장에 공화국 내각 사법상 이승엽 동지를 임명"했다고 발표했다.[38]

---

36 대한민국 국방부 군사편찬위원회, 『6.25전쟁사2: 북한의 전면남침과 초기 방어전투』 (서울: 국방부 군사편찬위원회, 2005), 57; 이승만 대통령 부인 프란체스카의 영문일기 수고, 26 June 1950. 연세대 이승만연구원 소장.

37 國防部政訓局戰史編纂會, 『韓國戰亂 一年誌, Korea in War 1950-1951』. 1954년 재판 (1951); 박찬식, "제주4.3사건 관련 행형자료와 형무소 재소자: 서대문, 마포, 광주형무소를 중심으로," 『탐라문화』 제40호 (2012); 당시 수형되었다가 조선인민군에 가담했던 김상연의 증언, 『제주의 소리』, 2007년 10월 28일; 서대문형무소에 7,000여 명, 마포형무소에 3,500명, 영등포형무소에 1,300여 명이 수감되어 있었다고 보기도 한다. 국방부 군사편찬연구소, 『한강선 방어와 초기 지연작전』 (서울: 국방부 군사편찬연구소, 2006), 26.

38 『김일성선집』 제3권 (평양, 1954), 13-14. 박헌영 대신 이승엽이 수도 서울의 책임자가 된 것은 김일성의 구상이었다고 남로당 출신 박갑동은 해석한다. 朴甲東, 『통곡의 언덕에서』 (서울: 書堂, 1991), 272-73.

이처럼 한국군이 속수무책으로 무너지는 동안 제6사단은 춘천에서 조선인민군의 공세를 지연시켰다.[39] 청산리전투의 영웅으로 존경받던 이범석, 광복군 참모장 출신의 김홍일, 일본 육사를 나와 광복군이 된 지청천, 일본군 출신 김석원 등의 노장들은 대륙에서의 전투경험에 기반해서 한강방어선을 구축할 것을 제안했다. 한강방어선의 총지휘는 김홍일이 맡았다.[40] 대한민국 정부는 한강방어선 이남으로 철수했다.[41] 서울을 전리품으로 획득한 조선인민군은 국제연합의 정전요구를 무시한 채, 한강방어선을 공략했다.

1951년부터 정전협상 대표로 활동하게 되는 이상조는 6.25전쟁 발발 직후 "서울을 수복하고는 전쟁 끝이라는 감격의 눈물을 흘렸다. 그리고 그때부터 자축 파티를 하느라 더 이상 나아가지 않았다"고 회고했다. 그리고 "왜 남한 동포들이 환영하지 않고 이상한 눈빛으로 바라보는지를 의아해 했다. 그때 무언가 잘못된 것을 느꼈다. 이후 서울은커녕 남한 맨 끝인 부산 [인근]까지 진격하는 동안 단 천 명의 쿠데타도, 환호도 없었

39 국방부 군사편찬연구소, 『6.25전쟁사2』, 3-104, 442-89.

40 Noble, *Embassy at War,* 30-31. 나중에 이범석에게는 호남지역에서 게릴라부대를 총괄해 달라는 요청이 있었으나 그는 이를 수락하지 않았다. 이승만은 이범석의 거절에 더 이상 그에게 어떤 자리도 주지 않겠다고 했지만, 곧 그를 중화민국 대사로 임명했다. Noble, *Embassy at War,* 165. 국방부 군사편찬연구소, 『6.25전쟁사3』, 138. 김홍일에 관해서는 윤상원, "1920년대 전반기 김홍일의 무장투쟁," 『한국독립운동사연구』 제47집 (2014. 4), 37-73; 金弘壹, 『大陸의 憤怒: 老兵의 回想記』 (서울: 文潮社, 1972); 이동원, "김홍일과 6.25전쟁 초기 한강선 방어전투," 한국정치외교사학회 학술회의, 『6.25전쟁시 한강방어선 전투 재조명』, 2015년 6월 23일 용산 전쟁기념관.

41 당시의 복잡했던 상황에 대한 상세한 묘사는 Noble, *Embassy at War,* 18-23. 노블에 따르면 개전 초기의 패배주의에 책임이 있었던 사람은 내무부장관이었던 백성욱(白性郁, 1897-1981)이었다. 그는 1930년대 출가하여 불교승려가 되었던 전력이 있었는데, 숙명론과 군사적 비관론에 빠져 있었다. 백성욱의 위험한 패배주의로 인해 이승만은 곧 그의 사표를 받아야 했다. 백성욱은 1953년에서 1961년까지 제2대 동국대학교 총장을 지냈다.

다."[42] 6.25전쟁 발발 이전 이승만 대통령에 의해 강력하게 추진되었던 농지개혁은 농민들이 조선인민군에 의한 토지분배 유혹에 넘어가는 것을 사전에 차단하는 효과가 있었다.[43]

당시 조선인민군을 지도했던 알렉산드르 오를로프 소련군 퇴역 대령은 다음과 같이 증언했다.

> 나는 김일성이 소련 전문가들의 권고를 정확히 따르기만 했다면 1950년 6월 이내에 남한 전 지역을 수중에 넣을 수 있었을 것이라는 확신을 하고 있다. 그러나 김일성과 그의 장군들은 첫 번째 공격에서 서울을 함락시키는 등의 엄청난 성공을 거두게 되자 정신이 멍해져 현실 감각을 상실하게 되었고 우리말을 들으려 하지 않았다. 다들 김일성이 '대부'의 성공적인 집행자가 되리라고 생각했다.[44]

승리감에 도취한 김일성과 조선인민군 지휘부가 국제연합의 정전요구를 경청할 리 없었다. 대한민국의 소멸과 조선반도 전체의 인민민주주의화는 곧 달성될 것이라 여겨졌다. 따라서 동계작전 준비 등 장기전에 대한 준비는 전혀 없었고, 후퇴작전계획은 물론 없었다.[45] 6.25전쟁 개전 당시 최용건 등 고위 간부들이 미국의 개입 가능성을 경고했으나 김일성은 이를 "패배주의적 자세"라고 질타했다.[46]

---

42 이상조, 유성철, 『證言 金日成을 말한다: 俞成哲 李相朝가 밝힌 北韓政權의 實體』, 한국일보 편 (서울: 한국일보사, 1991), 85.

43 농지개혁의 효과에 대한 학계의 평가에 관해서는 김승욱, "이승만 대통령의 농지개혁 추진과 성과," 이주영 외. 『이승만 연구의 흐름과 쟁점』 (서울: 연세대학교 대학출판문화원, 2012), 139-184.

44 코로트코프, 『스탈린과 김일성』, II: 234.

45 이상조, 유성철, 『證言 金日成을 말한다』, 174.

국제연합의 정전촉구와 참전

도쿄 주둔 미 극동군 사령부 맥아더 사령관이 한국의 위기상황을 보고 받은 것은 6월 25일 오전 9시 25분이었다.[47] 주한 미국 대사 무쵸는 국무장관 애치슨에게 6월 25일 오전 10시경(서울 시각)에 긴급 전문을 발송했고, 무쵸의 전문이 워싱턴에 도착한 시각은 미국 동부시각으로 토요일이었던 6월 24일 오후 9시 26분이었다. 무쵸의 전문이 도착하기 앞서 UP통신사(UPI통신사의 전신)의 제임스(Jack James) 기자가 코리아에서의 전쟁 발발을 세계에 알리는 특종을 했다. 그는 6월 25일 일요일을 맞아 한국 외무부가 외국기자단 야유회를 위해 제공한 버스를 놓쳤다. 대신 드럼라이트(Everett F. Drumright) 참사관의 전화를 받고 취재에 나서 전선의 상황을 UP본사에 송고했다. UP본사가 국무부에 사실 확인을 하는 과정에서 무쵸 대사가 앞서 보내 놓은 전문이 재조명되었다. 국무장관 애치슨은 즉각 트루먼 대통령과의 접촉을 시도했다. 당시 트루먼 대통령은 섭씨 36도씨를 오르내리고 고온다습했던 워싱턴을 떠나 고향인 미주리 주의 인디펜던스(Independence)에서 주말을 보내고 있었다.[48]

애치슨은 트루먼 대통령에게 이 문제를 국제연합 안전보장이사회에 가져가는 문제를 건의했다. 트루먼 대통령의 재가를 받은 애치슨은 안보리 소집을 위한 조치를 서둘렀다. 다음 날 조간신문에 코리아에서의 전쟁 발발 소식과 함께 안보리 소집 기사가 게재될 필요가 있었다. 존 힉커슨(John D. Hickerson), 데이빗 웨인하우스(David Wainhouse) 등에 의해

46 이상조, 유성철, 『證言 金日成을 말한다』, 92-93.

47 미 태평양군 문서군, 국립중앙도서관, 『NARA기록으로 보는 6.25』 (서울: 국립중앙도서관, 2010).

48 Beverly Smith, “Why We Went to War in Korea,” 10 Nov 1951, *Saturday Evening Post*, 22, 김영호, 『한국전쟁의 기원과 전개과정』, 196-97에서 재인용.

안보리에 상정될 문안이 작성되었다.[49] 애치슨의 신속한 조치에 따라 안보리의 즉각적 대응이 이루어짐으로써 나중에 베트남에서처럼 미군이 단독으로 개입하는 상황이 회피될 수 있었다.[50]

애치슨은 1949년 유럽에서 북대서양조약 체결을 주도하여 집단안보개념을 정착시킨 바 있었다. 그는 같은 민주당 출신 루즈벨트 대통령의 유산이기도 했던 국제연합을 통해 코리아의 위기를 해결하고자 했다. 애치슨의 신속한 대응으로 국제연합 안전보장이사회가 소집되었다. 안전보장이사회는 1948년 12월 12일에 채택된 국제연합 총회결의 제195(III)호를 상기했다. 국제연합은 독자적인 법인격을 갖는 국제기구로서 국가 승인 및 정부승인을 할 수 있는데, 1948년 12월 12일 결의 제195(III)호에 의거 코리아의 "유일한 합법정부"(the sole legitimate government)로서 대한민국을 승인한 바 있었다.[51]

1945년 샌프란시스코회의에서 탄생한 국제연합은 인류의 반전(反戰)염원을 담고 있었다. 제1차 세계대전 이후 전쟁을 막기 위한 목적으로 만들어졌던 국제연맹(League of Nations; Société des Nations)이 제2차 세계대전을 막지 못했던 실패를 되풀이 하지 않기 위한 목적이었다. 국제연합은 6.25전쟁에서 대한민국을 살렸지만, 역으로 국제연합은 6.25전쟁에 적극 개입함으로써 국제연맹과 같은 빈사(瀕死)의 운명에 처해지지

---

49 U.S. Department of State, *FRUS 1950. Korea* (1950): The outbreak of hostilities in Korea; response of the United States and the United Nations to events in Korea (24-30 June 1950), 128; Richard D. McKinzie, "John D. Hickerson," Oral History Interview at Washington, D.C. Nov. 10, 1972, Jan. 26, 1973 (Harry S. Truman Library, 1976).

50 Merle Miller, *Plain Speaking: An Oral Biography of Harry S. Truman* (New York: Berkley, 1974), 265.

51 The UN General Assembly Resolution 195(III) of 12 December 1948; Myongsob Kim, "Reexamining Cold War History and the Korean Question," *Korea Journal.* vol. 41 no. 2 (Summer 2001), 각주 20.

않았다.[52] 만일 1948년 프랑스 파리에서 개최된 제3차 국제연합총회가 승인한 대한민국을 국제연합이 수수방관했다면, 국제연합 또한 국제연맹처럼 무력화될 수 있었다.

애치슨을 통해 전쟁 발발 소식을 접한 트루먼은 워싱턴 시각으로 6월 25일 긴급회의를 소집했다. 장소는 당시 내부 수리 중이던 백악관 대신 블레어하우스였다. 국무부와 국방부의 주요 관료, 브래들리(Omar Bradley) 합참의장, 콜린스(Joseph Lawton Collins) 육군대장, 셔먼(Forrest Sherman) 해군제독, 반덴버그(Hoyt S. Vandenberg) 공군 참모총장 등이 참석한 두 차례의 회의를 거쳐 미국의 군사적 개입이 결정되었다.[53] 6월 26일에는 모스크바 주재 미국 대사관으로부터의 보고와 CIA의 평가를 담은 문서가 작성되었는데, 이 문서는 소비에트 공산제국주의의 도전에 대한 명확한 응전의 필요성, 미국이 지체할 경우 인도차이나를 비롯해서 소련 영향권의 다른 경계를 뚫고 나올 가능성, 소련이 미국을 코리아문제의 '중립화'(neutralization)로 유인할 가능성에 대한 우려, 그리고 국제연합을 통한 접근의 필요성 등을 제기했다.[54] 미 육군에 앞서 미 공군과 미 해군은 6월 26일과 27일에 이미 한국 거주 미국인들을 일본으로 대피

---

52 6.25전쟁 발발 직후 트루먼 대통령이 소집한 블레어하우스 회의에서 미국의 참전결정을 지지했던 존 힉커슨은 자신의 발언에 관해 다음과 같이 회고했다. "I agreed because of the fact that this was a first actual test of the United Nations, and that if the United Nations didn't react to it the organization would embark on a downward course and then be doomed just as the League of Nations was doomed. I said, 'This is an aggression, not only againt Korea, but it's againt the whole system of collective security." Richard D. McKinzie, "John D. Hickerson," Oral History Interview at Washington, D.C., 10 Nov. 1972, 26 Jan 1973 (Harry S. Truman Library, 1976), 104.

53 6월 24일부터 6월 30일까지 미국의 참전결정과정에 대해서는 Glenn D. Paige, *The Korean Decision, June 24-30, 1950* (New York: Free Press, 1968), part 3.

54 CIA, Embassy Moscow's views on Korean conflict, 26 Jun 1950, http://www.foia.cia.gov/sites/default/files/document_conversions/44/1950-06-26.pdf

시키는 작전을 전개했다.

6월 25일 뉴욕에서는 국제연합 안전보장이사회가 공산주의자들의 행동을 평화에 대한 침해(a breach of the peace; une rupture de la paix)라고 규정했다. 그리고 즉각적인 정전(the immediate cessation of hostilities)과 무장병력의 38도선 이북으로의 철수(withdraw forthwith their armed forces to the 38th parallel)를 촉구하는 결의안(S/1501)이 소련이 불참한 가운데 찬성 9표, 기권 1표(유고슬라비아)로 채택되었다.[55] 국제연합 안보리결의 82호 "대한민국에 대한 침략의 규탄"(complaint of aggression upon the Republic of Korea)에 근거한 국제연합의 정전요구를 평양은 받아들이지 않았다.[56]

미국은 6월 27일(뉴욕 시각) 국제연합 안전보장이사회에 "무력 공격을 격퇴하고, 국제평화와 안전을 회복하는 데 필요한 원조를 제공할 것"에 관한 결의안을 제출했다. 소련은 계속해서 불참했고, 이집트와 인도는 회의 참석 후 투표하지 않는 애매한 태도를 취했다. 유고슬라비아는 반대표를 던졌다. 가까스로 미국, 영국, 프랑스, 노르웨이, 쿠바, 에콰도르, 그리고 중화민국(대만) 등 7표의 찬성으로 한국 파병을 결정하는 국제연합

55 당시 유고슬라비아의 입장에 관해서는 김철민, 『한국전쟁과 동유럽: 유고슬라비아는 왜 남침설을 지지했는가?』 (서울: 아카넷, 2008), 146-52; Rosalyn Higgins, *United Nations Peacekeeping, 1946-1967: Documents and Commentary II: Asia* (London: Oxford University Press, 1970), 162.

56 http://www.un.org/en/ga/search/view_doc.asp?symbol=S/RES/82(1950). 당시 국제연합의 국제법적 입장 및 군사적 개입결정과정에 관해서는 Marie-Françoise Labouz, *L'ONU et la Corée* (Paris: PUP, 1980), 105-167; Chi Young Pak, *Korea and the United Nations* (Cambridge: Kluwer Law International, 2000), 77-78; In Seop Chung, *Korean Questions in the United Nations* (Seoul: Seoul National University Press, 2002), 251-57; 박홍순, "한국전쟁과 UN의 개입(1950): 과정과 배경," 강성학 편, 『유엔과 한국전쟁』 (서울: 리북, 2004), 13-54; 오영달, "유엔의 한국전 개입이 유엔체제에 미친 영향," 강성학 편, 『유엔과 한국전쟁』, 95-144.

안보리결의 제83호(S/1511)가 탄생했다.[57]

소련이 거부권을 행사할 수 있었던 국제연합안보리에 불참하여 결과적으로 국제연합이 참전할 수 있었던 것과 관련해서는 많은 논란이 이어졌다. 이에 관해서는 스탈린의 분신(alter ego)과도 같았던 체코슬로바키아의 고트발트도 의문을 가지고 있었다. 스탈린은 1950년 8월 28일 체코슬로바키아 주재 소련 대사관에 다음과 같은 전문을 보냈다.

[고트발트에게 아래의 메시지를 구두(口頭)로 전달할 것. 요청하면 필사(筆寫)해 줄 것.]

우리는 지난 6월 27일 (국제연합) 안전보장이사회에 소련이 불참한 것과 그 뒤의 사태전개와 관련해서 고트발트 동지와 약간 다르게 생각한다. 우리는 안보리에 네 가지 이유로 불참했다. 첫째, 신(新)중국과 소련의 단결을 과시하기 위해서, 둘째, 미국이 안보리(상임이사국)에서 국민당 괴뢰 정권을 중국의 대표로 인정하고 중화인민공화국의 진정한 대표성을 인정하지 않는 정책의 바보스러움과 어리석음을 강조하기 위해서, 셋째, 두 강대국이 불참함으로써 안보리 결의는 정당성이 없다는 것을 드러내기 위해서, 넷째, 미국 정부가 안보리 다수결을 이용, '프리핸드'를 갖고 어리석은 행동을 마음대로 하도록 함으로써 여론이 미국 정부의 실상을 알게 하기 위해서. 나는 우리가 이런 목적들을 달성하고 있는 중이라고 믿는다. 우리가 안보리에서 철수함에 따라 미국은 코리아에 대한 군사적 개입에 엮여 들어가(entangled) 군사적 위신(prestige)과 도덕적 권위를 훼손하고 있다. 미국이 코리아에서 침략자와 폭군(tyrant)과 같이 행동하고 있다는 것과 미국이 주장하는 것처럼 군사적으로 강력하지 않다는 것을 이제 의심할 수 있는 사람은 거의 없다. 이에 더해서

57 http://www.un.org/en/ga/search/view_doc.asp?symbol=S/RES/82(1950). 1950년 6월 27일 국제연합 안보리의 두 번째 결의과정에 관해서는 Labouz, *L'ONU et la Corée,* 160-65; Higgins, *United Nations Peacekeeping, 1946-1967,* 161-63.

미합중국이 극동(Far East)에서 유럽으로부터 멀어졌다는 것도 명확하다. 이러한 사실은 세계적 세력 균형에 있어서 우리에게 유익함(advantage)를 주지 않겠는가? 의심할 여지없이 그러하다(It undoubtedly does). 미국 정부가 계속해서 극동에 묶여 있고, 코리아의 자유와 독립을 위한 투쟁에 중화인민공화국을 끌어들인다고 가정해 보자. 그 결과가 무엇이겠는가? 첫째, 미국은, 그 어떤 다른 나라와 마찬가지로, 그처럼 방대한 준비된 군사력(large armed forces at the ready)을 보유한 중국과 맞설 수 없다. 그 결과 미국은 이 싸움에서 자신을 과도하게 확장하게(overextend itself)될 것이다. 둘째, 이러한 과도 확장으로 인해, 미국은 가까운 장래에 제3차 세계대전을 감당할 수 없게 될 것이다. 그러므로 제3차 세계대전은 무기한 연기될 것이고, 이는 유럽에서 사회주의를 강화하는 데 필요한 시간을 제공해 줄 것이다. 물론 미국과 중국 간의 싸움은 전 극동을 혁명화할 것이라는 점은 말할 것도 없다. 세계적 세력균형의 관점에서 이 모든 것들이 우리에게 유익이 되지 않겠는가? 의심할 여지없이 그렇다. 귀하도 이해하겠지만, 소련이 안보리에 참여할 것이냐 아니냐는 피상적으로 보는 것처럼 간단하지 않은 문제이다. [중략] 필리포프(스탈린)[58]

스탈린이 고트발트에게 보낸 이 전문은 그의 분신과 같았던 체코의 공산주의 지도자에게 소련의 국제연합 대표 말리크(Яков Малик, 1906–1980)의 안보리 불참에 관해 설명하기 위한 것이었다. 이것은 사후의 설명이었기 때문에 스탈린이 말리크의 불참 결정에 앞서 정말 무슨 생각을

58 Letter from Filipov (Stalin) to Soviet Ambassador in Prague, conveying message to CSSR leader Klement Gottwald, 27 August 1950, Russian State Archive of Socio-Political History (RGASPI), fond 558, opis 11, delo 62, listy 71-72. Published in: Andrei Ledovskii, "Stalin, Mao Tsedunh I Koreiskaia Voina 1950-1953 godov," Novaia I Noveishaia Istoriia, no. 5 (September-October 2005), 79-113. Translated for NKIDP by Gary Goldberg. Cold War International History Project (CWIHP), www.CWIHP.org

했는지를 확정해 주는 자료는 아니다. 그렇지만 스탈린이 가지고 있던 관념을 잘 드러내 주고 있는 자료이다. 1950년 6월 27일 안보리에서 미국이 국제연합군 파병결의안을 제출했을 때 말리크는 뉴욕의 한 레스토랑에서 국제연합사무총장 트리그브 리(노르웨이 1896-1968), 국제연합 주재 미국 대사 등과 함께 오찬을 한 후, 안보리 회의장으로 향하고 있었다. 리 사무총장이 말리크에게 "소련의 국익을 위해서라도 참석하는 게 좋겠다"고 다시 권유하자, 말리크는 "나는 가지 않겠다"고 단호하게 거절했다.[59]

비록 중화인민공화국의 국제연합 가입 문제가 막혀 있는 상황이었지만 스탈린의 사전 지시 없이 말리크가 혼자 이런 불참 결정을 내릴 수는 없었다. 당시 모스크바에서 스탈린과 전화통화를 했던 그로미코는 스탈린이 말리크에게 안보리회의 불참을 명령했다고 증언했다. 말리크는 스탈린에게 타전했고, 스탈린은 그로미코에게 전화를 걸어 어떤 지시를 내리는 것이 좋겠느냐고 물었다. 그로미코가 당연히 거부권을 행사해야 한다고 주장하자, 스탈린은 불참해야 한다는 의사를 밝혔다. 이에 그로미코가 "우리 대표가 불참 중에 다른 나라들의 군대가 국제연합군이라는 명목으로 코리아에 파견될 수도 있다"고 문제를 제기했지만, 스탈린은 생각을 바꾸지 않았다. 그리고 스탈린이 직접 훈령을 작성했는데, 이것은 매우 드문 일이었다.[60] 국제연합의 참전 결정이 없었다면 미국이 단독으로 참전했을 것이고, 이 경우 소련은 평양과의 동맹관계로 인해 참전이 불가피했을 수도 있었다.[61]

---

59 Paige, *Korean Decision,* 203; Richard C. Thornton, *Odd Man Out: Truman, Stalin, Mao, and the Origins of the Korean War* (Washington, D.C.: Brassey's, 2000), 210.

60 Gromyko, *Memoirs,* 101-2. 말리크는 소련 대표가 의장을 맡기로 되어 있던 8월에 안보리에 복귀했다. Richard D. McKinzie, "John D. Hickerson," Oral History Interview at Washington, D.C. Nov. 10, 1972, Jan. 26, 1973 (Harry S. Truman Library, 1976), 98.

61 Paul M. Edwards, *To Acknowledge a War: The Korean War in American Memory* (Westport,

다른 한편으로 스탈린은 "인구가 채 2백만도 되지 않는 조그마한 도미니카공화국이 국제연합에서 인도와 같은 비중을 갖고 있고, 투표권을 빼앗긴 중화인민공화국보다 큰 비중을 차지하고 있는 현실이 국제연합 질서를 특징짓는 것"이라며 국제연합에 대한 근본적 불신을 표명했다.[62] 이러한 인식은 1648년 웨스트팔리아체제 수립 이후 발전해 왔던 국제사회의 주권(sovereignty)원리와는 상이한 것이었다. 프랑스 종교전쟁, 신교도들에 의한 네덜란드 건국전쟁(1568-1648), 그리고 30년 종교전쟁(1618-1648)[63]을 봉인한 웨스트팔리아평화체제의 두 가지 기본 원리, 즉 "왕은 자신의 영내에서 황제"(rex est imperator in regno suo)라는 원리와 "한 지역의 종교는 그 지역 통치자의 종교를 따른다"(cujus regio, ejus religio)는 원리는 모두 최고성과 배타성을 특징으로 하는 국가주권을 전제로 하는 것이다.[64] 이처럼 신성로마제국도 작은 영주국가들과 동등한 주권을 갖는다는 원칙이 확립됨으로써 약소국들이 독립국가로서 국제사회에 진출할 수 있는 기회가 확대되었다.

이런 의미에서 6.25전쟁 당시 국제연합을 통해 많은 주권국가들이 한국을 지원한 것은 큰 의미가 있었다.[65] 한국은 6.25전쟁 중에 67개국들로부터 지원을 받음으로써 "전쟁 중 가장 많은 국가들로부터 지

CT: Greenwood, 2000), 54-55.

62 코로트코프, 『스탈린과 김일성』, II: 37.

63 11세기부터 13세기에 걸친 십자군전쟁이 이슬람과 기독교의 충돌이었다면, 16세기부터 17세기에 걸친 서구문명권 내부의 종교전쟁은 가톨릭과 개신교의 충돌이었다. 김명섭, 『대서양문명사: 팽창, 침탈, 헤게모니』 (서울: 한길사, 2001) 참고.

64 김명섭, "탈냉전기 세계 질서와 국가 주권," 『세계정치』 제25집 1호 (2004), 18-42.

65 한국에서도 박정희 대통령 시기의 베트남 파병, 노무현 대통령 시기의 이라크파병이 그랬듯이 한국에 대한 지원, 특히 전투병 파병은 국내외적으로 정치적 결단을 요하는 것이었다. Myongsob Kim, "The Politics of Troop-Dispatch: Why Did the Europeans Send Their Boys to Korea?" *The Korean Journal of Defense Analysis*. vol. 16 no. 2 (2004), 227-51.

원을 받은 동맹"(most countries to support an ally in war)으로 기네스 세계기록에 등재되었다.[66] 1953년 당시 국제연합회원국은 60개국, 전 세계 독립국가는 약 97개국에 불과했다. 67개 지원국들 중 16개국은 전투병, 5개국은 의료, 40개국은 물자, 그리고 6개국은 전후복구를 지원했다.[67]

6월 27일 트루먼 미국 대통령은 도쿄의 맥아더 극동군 사령관으로 하여금 한국을 지원하도록 했다. 미국의 입장에서 이 전쟁은 의회의 전쟁 선포 없이 시작되고, 종전선언 없이 끝난 최초의 평시전쟁(平時戰爭, war in peacetime)이었다.[68] 트루먼 대통령은 6.25전쟁 초기부터 이 전쟁을 단순한 내전으로 보지 않고, 공산주의 국제연대에 입각한 국제전으로 보았다. 6월 27일 주일미군의 코리아전선 투입 결정과 미해군 7함대의 대만해협 파견 결정은 이러한 인식에 기초해서 이루어졌다. 트루먼은 국공내전에서 패한 장개석의 중화민국정부가 후퇴해 있던 대만을 향해 공산주의자들의 동시다발적 공격이 있을 것을 우려했다. 실제로 마오쩌둥은 "조선반도"에서의 전쟁을 보다 넓은 지정학적 틀에서 바라보고 있었다. 중국 공산당은 트루먼의 조치에 대해 미국 해군이 "대만의 기룽(基隆)과 가오슝(高雄) 양 항구를 점령했다"고 비난했다.[69]

---

66 http://www.guinnessworldrecords.com 참고.

67 지원국 명단은 http://www.625story.org/guinnessworldrecords.php 한국이 6.25전쟁 중 가장 많은 국가들로부터 지원을 받은 동맹국으로 기네스세계기록에 등재된 것은 민간단체인 월드피스자유연합(대표: 안재철)의 노력을 통해 이루어졌다. http://www.625story.org 참고.

68 미군이 전쟁선포 없이 전투를 한 경우들이 있기는 했지만 제한적 작전수준이었고, 전쟁으로까지 확대되지는 않았다. 예를 들어 1797년 존 아담스 대통령 시절 프랑스 함선과의 교전, 의화단사건(1900-1901), 1914년 윌슨 대통령 시절 내전 중이던 멕시코의 베라 크루즈(Vera Cruz) 항 점령, 1916년 퍼싱 장군의 멕시코에 대한 징벌적 원정 등이 있었지만 전쟁으로 확대되지는 않았다. Collins, *War in Peacetime,* 24.

69 軍事科學院 軍事歷史硏究所 編著, 『中國人民志願軍 抗美援朝戰史』(軍事科學出版社, 1988.

정전협상에서 주요한 역할을 담당했던 차이청원(柴成文)은 트루먼성명에 대해 다음과 같이 주장했다.

> 6월 27일 트루먼성명은 조선전쟁 개입을 명령하는 것뿐만이 아니라 대만해협을 봉쇄하고 인도차이나에서의 프랑스의 공격을 지지한다는 내용도 포함하고 있는데 이것이 바로 '삼로향심우회'(三路向心迂回)[70] 전략이었다. 중국을 목표로 하여 한반도, 대만, 인도차이나를 각각의 침략루트로 하는 것이었다. 당시 미국은 세계 제일의 강국이었고 그에 비해 중국은 건국한 지 불과 수개월밖에 되지 않았으며, 티벳, 타이완, 신장 등 미해결 문제가 있었다. 세계 최강국이 삼로로 나누어 중국 중심부를 목표로 공격해 오는 것에 대하여 우리가 최악의 사태를 상정하지 않을 수 있겠는가?[71]

이러한 차이청원의 증언은 6.25전쟁이 자유진영에 의해 먼저 시작되었다는 잘못된 전제에 기초한 것이다. 그렇기는 하지만 티벳, 타이완, 신장 등과 더불어 '조선반도'와 인도차이나반도 문제를 연결시켜 보는 중국공산당의 지정학적 인식을 잘 보여준다.

6월 28일 아침 미국 극동공군의 B26 경폭격기 12대가 문산 근처로 날아가 폭격작전을 수행하면서, 전쟁 초기 조선인민군의 야크기들이 장악했던 제공권을 빼앗았다. 6월 29일에는 스트레이트메이어 중장이 맥아더 사령관에게 38선 이북으로의 폭격을 허용해 줄 것을 요청했고, 같은 날 오후 미 공군은 평양비행장을 폭격했다.[72] 미국 해군도 영국 해군과 합동

7), 한국전략문제연구소 역 (서울: 세경사, 1991), 3.

70 삼로향심우회: 3방향으로부터 중국을 공격한다.

71 朱建榮(주지안룽), 『毛沢東の朝鮮戦争—中国が鴨緑江を渡るまで』, 서각수 역 (서울: 역사넷, 2005), 96.

으로 38선 이북지역에 대한 폭격을 준비했다.[73] 6월 29일 NSC에서 트루먼 대통령은 38선 이북 지역에 대한 무차별적(indiscriminate) 폭격을 우려했다. 이러한 대통령의 우려에 따라 스트레이트메이어는 폭격 대상을 순전히 군사적 목표(purely military targets)로 제한하고자 했다.[74] 6월 29일 이후 38선 이북을 포함한 코리아 전역에서 국제연합군은 제공권을 장악했고, 이러한 공군의 우위는 정전협상이 진행되는 동안 중요한 변수로 작용했다.

미 극동 공군과 미 해군 함재기의 초기 활동은 한국군 중심의 6.25전쟁사나 미 육군 중심의 전쟁사에서는 그 의미가 제대로 평가되지 못하는 경향이 있다. 일방적으로 밀리고 있던 초기 전황에서 제공권의 장악은 큰 의미가 있었다. 미공군에게 있어서 6.25전쟁은 1947년 9월 8일 육군으로부터 독립한 후 육군 및 해군과 동등한 위치에서 치른 최초의 전쟁이었다.[75] 미국의 참전 소식이 알려지면서 대한민국 국군과 한국민

72 6월 25일 전쟁 발발 당시 스트레이트메이어 중장은 미국에서 회의에 참석하고 도쿄로 귀환 중이었다. Robert Frank Futrell, *The United States Air Force in Korea, 1950-1953* (Washington, D. C.: United States Government Printing, 1983), 27-31; George E. Stratemeyer, William T. Y'Blood, ed., *The Three Wars of Lt. Gen. George E. Stratemeyer: His Korean War Diary* (Damascus, MD: Penny Hill Press, 1999), 34-37. 필리핀에서 대만과 오키나와를 거쳐 일본과 한반도 38선 이남을 관할했던 미국 극동군 공군사령관 스트레이트메이어에게 있어서 6.25전쟁은 공산주의자들과의 전쟁, 언론과의 전쟁, 그리고 육군 및 해군과의 전쟁 등을 포괄하는 세 개의 전쟁이었다. 그는 드와이트 아이젠하워 및 오마르 브래들리와 웨스트포인트 사관학교 동기생이었다.

73 Thomas T. Cutler, "Sea Power and Defense of the Pusan Pocket, June-September 1950," Edward J. Marolda, ed. *The United States Navy in the Korean War* (Annapolis, MD: Naval Institute Press, 2007); Warren Thompson, *Naval Aviation in the Korean War: Aircraft, Ships and Man* (Barnsley, South Yorkshire: Pen and Sword, 2012).

74 Futrell, *The United States Air Force in Korea*, 41.

75 제2차 세계대전 종전 시 히로시마와 나가사키에 핵폭탄을 투하했던 공군의 중요성은 더욱 부각되었으며, 소련에 대한 봉쇄전략의 수립과정에서도 세버스키(Alexander Seversky)

은 물론 조선인민군과 38선 이북 주민들의 심리에도 큰 영향을 미쳤다. 미공군의 38선 이북 폭격이 있은 직후, 스탈린도 평양 주재 소련 대사 슈티코프에게 보낸 전문에서 미공군의 38선 이북 폭격이 평양의 지도부에 미칠 심리적 영향을 우려했다.[76]

6.25전쟁 초기의 전황을 표시한 평면지도들은 공중과 해상, 그리고 후방을 포함해서 다차원적으로 전개되었던 6.25전쟁 초기의 입체적 양상을 적절히 보여주지 못하고 있다. 한국군과 국제연합군이 전쟁 초기 조선인민군으로부터 제해권과 제공권을 빼앗았던 사실은 6.25전쟁의 정전과정을 이해하는 데 긴요하다. 정전협상이 시작되었을 당시 해군 사령관이었던 조이가 수석대표로 임명된 것도 이와 무관하지 않았다. 이후 정전협상에서 군사분계선을 획정함에 있어서 국제연합군이 압록강과 두만강 인근까지 장악했던 제공권과 제해권을 어떻게 반영할 것인가, 전쟁 초기에 파괴된 38선 이북 지역의 비행장을 조-중인민군 측이 복구하는 것을 허용할 것인가 등이 쟁점이 된 것은 모두 전쟁 초기부터 국제연합군이 장악했던 제공권 및 제해권과 관련되어 있었다.

1950년 7월 1일 모스크바 주재 미국 무관은 미군의 참전으로 "소련이 코리아의 이북을 잃게 될 확률이 높으며, 코리아의 이북은 국제연합군이 점령하게 될 것"이라고 낙관했다.[77] 그러나 조선인민군은 이미 한강방어선을 돌파하고 있었다. 6월 28일 6사단 소속 병력 일부가 김

등의 주도로 공군의 중요성이 부각되었다. 김명섭, "냉전 초기 봉쇄전략의 탄생: 죠지 F. 케난이 유일한 설계자였나?" 『국제정치논총』 제49집 1호 (2009), 73-78.

76 Telegram from Fyn-Si [Stalin] to Shtykov, 1 July 1950, APRF, Fond 45, Opis 1, Delo 34, List 104. 또한 AVPRF, Fond 059a, Opis 5a, Delo 3, Papka 11, List 107. Published in *CWIHP Bulletin*, no. 5-6 (Winter 1995/96), 43.

77 "1950년 7월 4일 극동군 사령관실에서 접수한 미 육군참모부 보고서," 미 태평양군 문서군, 국립중앙도서관, 『NARA기록으로 보는 6.25』 (서울: 국립중앙도서관, 2010).

포 방면으로 한강을 건너 29일 김포비행장을 장악했다. 30일에는 3사단 제8연대 병력이 서빙고 방면에서 페리선을 타고 한강을 건넜다. 하나의 목선에 약 20-30명의 병력, 또는 2.5톤 트럭을 실어 날랐다. 개인화기의 총구를 막고, 수영을 해서 건너는 조선인민군 병사들도 있었다. 7월 3일 오전 8시 탱크부대의 지원 없이 조선인민군 4사단이 영등포를 장악했고, 6사단은 인천을 장악했다. 7월 4일 자정에는 수원이 함락되었다.[78]

7월 3일 오후에 이르러서 비로소 미육군의 본격적인 작전이 개시되었고, 도쿄주재 미 극동군 사령부의 지휘를 받는 주한미군(USAFIK)이 창설되었다.[79] 스미스부대는 7월 5일 오산 근방에서 소련제 탱크를 앞세운 조선인민군과 첫 전투를 벌였다. 현재 국제연합군 초전비가 세워져 있는 이곳의 전투에서 스미스부대는 모스크바 주재 미국 무관의 낙관과는 달리 181명의 사상자를 기록하고 후퇴해야 했다. 미8군 워커 사령관이 작전 지휘를 개시한 1950년 7월 13일 시점에서 그의 휘하 병력은 한국과 일본에 분산 배치되어 있던 병력 수를 합해 40,307명으로 6.25전쟁 개전 당시 한국군 육군 8개 사단 6만 7416명보다도 적었다.[80] 7월 19일 트루먼 미국 대통령은 징병제 실시, 예비군 동원, 그리고 주방위군 4개 사단 현역화 등을 골자로 하는 특별교서를 발표했다. 이후 미군 병력은 점차 늘어나 1951년 10월 최대치인 35만 8739명에 달했다.[81]

---

78 Appleman, *South to the Naktong, North to the Yalu, June-November 1950*, 49-58.

79 미 태평양군 문서군, 국립중앙도서관, 『NARA기록으로 보는 6.25』 (서울: 국립중앙도서관, 2010).

80 작전 개시 당시 미8군의 한국 내 군사령부는 대구에 있었다. 이들 중 2,602명, 하사관이 237명이었다. 미 극동군사령부가 집계. 미 태평양군 문서군, 국립중앙도서관, 『NARA기록으로 보는 6.25』 (서울: 국립중앙도서관, 2010).

81 중국인민지원군과 격돌 이후 16개월 동안 총 병력 수는 오히려 감소했고, 1953년 1월에

개전 초기 혈전을 더욱 치열하게 만들고, 이후 한국현대사에 깊은 상처를 남긴 국민보도연갱(國民保導聯盟) 사건이 발생했다. 국민보도연맹은 1949년 좌익 전향자들을 대한민국 국민으로 받아들이는 것을 목적으로 조직되었던 단체로서 국가보안법 관련자, 남로당원, 조선민주애국청년동맹 등 남로당 외곽 단체 구성원들이 가입대상이었다. 그러나 6.25전쟁이 발발하자 이 단체는 원래의 목적과는 달리 좌익전력이 있던 인사들에 대한 인권유린, 심지어 학살명단을 만들기 위해 조직된 단체처럼 되고 말았다. 낙동강방어선까지 밀리는 동안 교전선 이남에서 국민보도연맹원들에 대한 참혹한 학살사건들이 줄지어 발생했다.[82] 국민보도연맹사건은 6.25전쟁의 기저에서 벌어지고 있던 관념충돌의 치열성을 극명하게 드러냈다.

그러나 6.25전쟁 시기 세계의 다른 풍경은 너무나 한가했다. 7월 16일 브라질에서는 우루과이가 주최국 브라질에 2:1 승리를 거두는 빅매치가 벌어지고 있었다. 비단 지구 반대편뿐만 아니라 1950년 7월 한반도 남쪽에서 벌어지고 있던 또 다른 풍경을 훗날 '현대'라는 대기업을 만든 정주영은 다음과 같이 회고했다.

병력 수가 일시 늘어나긴 했으나 전반적인 병력 감소세를 뒤집을 만큼은 아니었다. 미 태평양군 문서군, 국립중앙도서관, 『NARA기록으로 보는 6.25』 (서울: 국립중앙도서관, 2010).

82 국민보도연맹의 창설 경위, 그리고 6.25전쟁 발발 이후 국민보도연맹사건의 참상에 관해서는 진실-화해를 위한 과거사정리위원회, 『진실화해위원회 종합보고서』 III (서울: 진실-화해를 위한 과거사정리위원회, 2010), 137-75; 김선호, "국민보도연맹, 과연 전향자단체인가," 한국역사연구회 현대사 분과 편, 『역사학의 시선으로 읽는 한국전쟁』 (서울: 휴머니스트, 2010), 537-68; 김기진, 『끝나지 않은 전쟁 국민보도연맹』 (서울: 역사비평사, 2002); 鮮于宗源, 『思想檢事』 (서울: 啓明社, 1992); 오제도, 『추적자의 증언』 (서울: 한국안보교육협회, 1981).

> 하루는 민주당 사무실에 무슨 새 소식이라도 들을 게 없을까 해서 갔었다. 7월이었는데 들어가니 정치한다는 사람들이 웃통을 벗고 앉아 맥주를 마시며 바둑을 두고 있었다. [중략] 전쟁 중에 맥주 마시며 바둑 두고 있는 그 정치가들에게서 나는 최초의 환멸을 느꼈다. 게다가 들리는 소리로는, 부산도 곧 떨어진다고 이미 일본으로 도망갈 배를 얻어놓고 기다리고 있다나.[83]

국제사회의 정전노력과 스탈린의 독전(督戰)

국제사회에서는 국제연합의 정전 촉구에 이은 파병 결정과 더불어 정전을 위한 외교적 노력이 이어졌다. 영국과 인도 등은 적극적으로 중재를 통한 정화(停火, cease-fire)를 모색했다. 안보리 결의 제82호를 지지했지만, 제83호에 대해서는 지지하지 않았던 인도는 국제연합군사령부(UNC) 설치를 가능하게 한 7월 7일의 안보리 결의 제84호에 동참하지 않고, 대신 의료부대를 파견했다. 인도의 네루(Jawaharlal Nehru, 1889-1964) 수상은 1950년 7월 7일 기자회견을 통해 코리아에서의 분쟁(conflict)이 제3차 세계대전으로 치달을 수도 있다고 우려했다.[84] 1950년 7월 13일 네루 수상의 여동생이자 미국 대사였던 비야야 네루 판딧(Vijaya Lakshmi Nehru Pandit, 1900-1990)이 국무부를 방문하여, 코리아 분쟁의 국지화(localization of the conflict) 및 평화적 해결을 촉구했다. 그녀는 "안보리의 교착상태를 깨고 중화인민공화국에게 안보리 의석을 갖게 하여 소련이 국제연합으로 돌아오도록 할 것, 그리고 안보리의 안팎에서 미국, 소련, 중국이 다른 평화애호국들과 함께 코리아문제의 영구

---

83 정주영, "6.25전란 속을 동생과 함께,"『시련은 있어도 실패는 없다』(서울: 제삼기획, 2000[1991]), 77.

84 *New York Times*, 8 July 1950.

적 해결을 위해 노력할 것"을 제안했다.[85]

1950년 7월 13일 네루 수상은 모스크바 주재 인도 대사를 통해 스탈린에게도 비슷한 내용이 담긴 메시지를 전달했다. 네루가 스탈린에게 보낸 메시지의 내용과 스탈린의 답신은 타스통신에 의해 공개되어 1950년 7월 19일자 언론에 보도되었다. 네루에게 보낸 스탈린의 답변 요지는 중화인민공화국을 포함한 5개국이 안보리에 참석한 가운데 코리아분쟁을 평화적으로 해결하는 것에 동의한다는 것이었다.[86]

6.25전쟁 초기부터 인도가 정전을 위한 정치적 노력에 적극 나섰던 것은 네루의 '적극적 중립주의'(positive neutralism)에 기초한 것이었다.[87] 당시 절체절명의 위기에 처해 있었던 대한민국의 지도자들은 이러한 중립주의를 사실상 친소적 입장으로 간주했다.[88] 1953년 변영태 외무장관은 "유엔과 자유세계가 살아남기 위한 유일한 방법은 인도의 과거 행적에서 보여진 유화정책을 포기하는 것"이라고 주장했다. 아울러 인도가 정전협정 체결 이후 코리아문제를 다루는 정치회의에 참석하는 것에 반대한다는 입장을 분명히 했다.[89]

1953년 정전협상에서 이루어진 합의에 따라 송환불원포로들에 대한

85 Memo by the Assistant Sec of State for Near Eastern, South Asian, and African Affairs (McGhee) to the Sec of State, Washington, 13 July 1950, *FRUS 1950: Korea*, 372-73.

86 *The Morning Bulletin,* (London) 19 July 1950.

87 네루의 적극적 중립주의는 다음과 같은 그의 언급에 함축되어 있다. "Where freedom is menaced or justice threatened or where aggression takes place, we cannot and shall not be neutral." Gurvinder Pal Singh, "History of the role of Indian peace keeping forces under the aegis of United Nations Organisation since 1947," Ph. D. Dissertation, (Department of History, Hemwati Nandan Bahuguna Garhwal University, 2009), 140에서 재인용.

88 林炳稷, 『林炳稷大使 外交演說選集』, 韓徹永[한철영] 編 (서울: 文化春秋社, 단기4291[1958]), 106.

89 김경수, 『인도와 한국전쟁』 (서울: 한국학술정보, 2006), 184.

관리를 담당하기 위해 9월 28일 인천항에 도착한 인도보호군(CFI: Custodian Forces of India)은 이승만 대통령의 반대로 입항이 저지될 정도였다. 결국 이들은 국제연합군 헬리콥터에 분승하여 비무장지대로 가야 했다.[90] 1951년 미국의 한 하원의원도 인도에 대한 식량원조법안을 심의하면서 다음과 같이 비판했다.

> 인도가 우리의 우방인가? 네루가 유엔에서 보여준 투표 행태를 보자. 그는 코리아전쟁에 참전한 중화인민공화국을 침략자로 규정하는 결의안에 찬성하지 않았으며 유엔 회원국이면서도 코리아에서 싸우고 있는 유엔군에 단 한 명의 군인도 보내지 않았다.[91]

이러한 비판에도 불구하고 인도에 대한 미국의 식량원조법안이 의회를 통과하는 것을 막지는 못했다. 네루의 중립주의적 외교노선에는 인도의 지정학적 이해관계도 깔려 있었다. 1950년 10월 마오쩌둥은 '조선반도'로 파병하는 동시에 '서장지구(티벳)'로도 파병하는 양동전략을 구사했다. 이때 인도는 영국과 함께 티벳의 자치를 존중하는 조건으로 중화인민공화국의 종주권을 인정하는 전략을 취했다. 대신 인도는 부탄과 네팔 등 히말라야왕국들의 독립을 유지함으로써 중화인민공화국과의 지정학적 완충지대를 확보하고자 했다.[92] 이러한 인도의 지정학적 전략은 영

---

90 K. S. 티마야, 『판문점 일기』, 라윤도 옮김 (서울: 소나무, 1993), 48-49.

91 U. S. Congressional Record, 82nd Congress, 1st Session (26 apr 1951-24 may 1951), vol. 97, pt. 4, p. 5617.

92 인도의 지정학적 고려에 대한 보다 상세한 분석은 김경수, 『인도와 한국전쟁』, 149-51. 네루와 마오의 외교정책을 비교한 다음 책도 참고. Andrew Bingham Kennedy, *The International Ambitions of Mao and Nehru: National Efficacy Beliefs and the Making of Foreign Policy* (Cambridge: Cambridge University Press, 2011).

국이 당시 홍콩에 대한 지배권을 보장받으면서 베이징과 유화적 관계를 추구했던 것과 유사했다.

스탈린이 앞서 언급한 전문을 체코슬로바키아의 고트발트에게 보낸 다음 날인 1950년 8월 28일 스탈린은 평양주재 소련 대사 슈티코프로 하여금 김일성을 방문하여 국제연합군의 개입에 굴하지 말고 싸우라는 다음과 같은 독전(督戰)의 메시지를 전달하도록 했다.

> 러시아인들도 내전에서 계속적으로 승리를 거두지는 못했다. 독일과의 전쟁에서도 마찬가지였다. 김일성 동지의 조선은 혼자가 아니다. 도와줄 동맹국가가 있다는 것을 잊어서는 안 된다. 1919년 영국, 프랑스, 미국 간섭군이 개입했을 때, 러시아의 상황은 현재 조선의 동지들이 처한 상황보다 훨씬 열악했다.**93**

8월 29일 슈티코프로부터 스탈린의 전문에 대해 전해들은 김일성은 8월 30일 조선로동당회의를 소집하여 스탈린의 서한을 공개하며 선동했고, 스탈린에게 보내는 다음과 같은 공식 서한을 채택하도록 했다.

> 우리는 동지의 관심에 깊은 감동을 받았습니다. 친애하는 선생님(dear teacher)의 동정과 조언(sympathy and advise)에 사의를 표하고 싶습니다. [중략] 우리는 조선을 다시 노예화하려는 미국 간섭세력에 맞서 궁극적 승리를

---

93 The Coded message N 75021, 28 August 1950, the 8th Directorate of the General Staff, Armed Forces of the Soviet Union, pp. 1-2 cited in Evgeniy P. Bajanov and Natalia Bajanova, *The Most Mysterious War of the XXth Century: Korean Conflict 1950-1953 based on Soviet Archives.* [S.l.] : [s.n.], 82-84. 스탈린이 슈티코프에게 보낸 이 전문은 다음에도 수록되어 있다. Telegram from Feng Si [Stalin] to Kim Il Sung (via Shtykov), 28 August 1950, APRF, Fond 45, Opis 1, Delo 347, Listy 5-6, 10-11. Published in *CWIHP Bulletin*, Issue 5-6 (Winter 1995/96), 45.

거두고야 말겠다는 결의에 차있습니다. 독립과 자유를 위한 명예로운 투쟁에서 우리는 끊임없이 동지의 아버지와 같은 관심과 도움(fatherly care and assistance)을 느끼고 있습니다.94

인천상륙작전 성공과 38선에서의 정전 기회

김일성 휘하의 조선인민군이 국제연합군과 한국군의 낙동강방어선을 뚫기 위해 필사적 노력을 기울이고 있던 1950년 9월 15일 맥아더 휘하의 국제연합군은 인천상륙작전을 성공시켰다. 9월 28일 서울이 수복되고, 조선인민군은 비로소 38선 이북으로 밀려나고 있었다. 이때 미국의 봉쇄전략가였던 케난(George Kennan)과 역시 소련전문가였던 볼렌은 국제연합군이 38선을 넘는 것에 반대했다.95 그러나 38선은 이미 공산진영에 의해 부정되었고, 공산주의자들에 의한 전쟁 재발의 가능성을 근원적으로 제거하고 통일을 이룩한다는 목표로 10월 1일 한국군의 38선 북진이 이루어졌다.96

---

94 Coded message N 600047/sh, 31 Aug 1950, From Shtykov to Stalin with the text of the letter from Pyongyang, Evgeniy P. Bajanov and Natalia Bajanova, *The Most Mysterious War of the XXth Century: Korean Conflict 1950-1953 based on Soviet Archives.* [S.l.] : [s.n.], 82.

95 John Lewis Gaddis, *George F. Kennan: An American Life* (New York: The Penguin Press, 2011), 399, 413; Charles E. Bohlen, *Witness to History: 1929-1969* (New York: Norton, 1973), 293.

96 "소련 외무상이 소련 외무성 제1부상에게 보낸 전문, 조선에서의 정전협상 문제를 위해 UN주재 소련 공식인사들과 접촉하려는 미국 대표들의 시도에 대하여," 뉴욕, no. 6263, 1950년 9월 27일, 바르타노프 편, 『자료집: 소련 국방부 중앙문서보관소비밀해제 자료 및 대통령궁 문서보관소 비밀해제 자료 (1997)』, 대한민국 국사편찬위원회 역, 『해외사료총서11』, 9장; "소련 외무성 제1부상이 소련외무상에게 보낸 전문, UN안전보장이사회 주재 소련대표들이 조선에서 정전문제를 논의하기 위해 미국 외교관들과 접촉하는 것을 허가하는데 대하여," 1950년 9월 28일, 바르타노프 편, 『자료집: 소련 국방부 중앙문서보관소비밀해제 자료 및 대통령궁 문서보관소 비밀해제 자료 (1997)』, 대한민국 국사편찬위원회 역, 『해외사료총서11』, 9장.

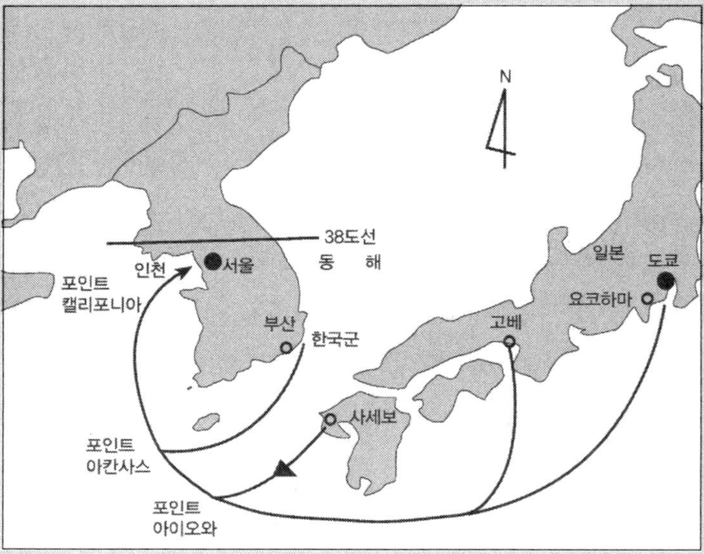

도표 2-1 도쿄 국제연합군 사령부와 인천상륙(Chromite)작전
(출처: U.S. Marine Operations in Korea, 1950–1953;
국방부 군사편찬연구소, 『6.25 전쟁사』를 참고하여 재작성)

이 시점에서 미국과 소련 간의 직접 협상을 통한 정전이 모색되었다. 그로미코와 교분이 있던 랭카스터라는 인물이 차라프킨(Semyon Konstantinovich Tsarapkin, 1906-1984)[97]에게 면담을 요청했다. 국제연합

97 17세 때부터 주물공장에 일했던 차라프킨은 볼셰비키의 집권 이후 정치적 훈련을 받았고, 1937년 소련외교부의 일원이 되었다. 1941년 일본과의 불가침조약체결 협상에 참여했고, 3년 후에는 국제연합 창설이 논의된 덤버튼오크스회의에 참석했다. 1945년 샌프란시스코 국제연합창설회의에 소련대표단의 일원으로 참석했고, 같은 해 포츠담회의에도 참석했다. 1947년부터 1949년까지 워싱턴의 소련 대사관에 근무한 차라프킨은 1949년부터 5년 동안 국제연합안보리 소련부대표(deputy representative)를 맡았다. 1953년 그는 *Harvard Crimson* 편집자 학생 2인의 방문을 받고, 그들이 하바드건물에서 떼어온 상징물을 선물로 받음으로써 언론의

주재 소련대표부 부대표의 자격으로 뉴욕에서 활동하고 있던 차라프킨은 국제연합주재 소련대표 말리크의 승인을 받아 9월 26일 랭카스터와 만났다. 이 자리에서 랭카스터는 "한국 문제의 논의를 위한" 미소 간 회동을 제안했고, 협상으로 평화를 모색해 보자고 제안했다. 만일 정전협상이 성사되지 않는다면 제안 자체는 없었던 것으로 하자는 조건이었다.[98]

그로미코는 9월 28일 비신스키 외무장관에게 전문을 보내 "랭카스터의 제안대로 애치슨의 보좌관이나 미국 대사 중 한 명과 회동할 것에 말리크가 동의했다는 내용을 랭카스터에게 통보하도록 차라프킨에게 지시"할 것을 권고했다. 아울러 말리크가 미 국무부 대표의 의견을 경청한 다음, "미국이 코리아 문제의 평화적 해결을 위해 진일보한 것이 보일 경우, 회담에서 거론된 문제들에 대해 신중히 고려한 후, 차기 회담에서 답변을 주겠다고 말해야 할 것"이라고 조언했다.[99]

이처럼 뉴욕에서 정전을 위한 물밑작업이 모색되는 동안 마오쩌둥은 '조선출병'을 실행에 옮겼다. 스탈린을 정점으로 하는 국제공산주의 네트워크의 한 축을 형성했던 마오쩌둥은 미국에 대항하고 조선을 지원한다는 '항미원조'(抗美援朝)의 기치를 내걸었다.[100] 마오쩌둥은 국

주목을 받기도 했다. 차라프킨 부음기사. http://www.nytimes.com/1984/09/20/obituaries/semyon-k-tsarapkin-soviet-career-diplomat.html; Nicholas Daniloff, *Of Spies and Spokesmen: My Life as a Cold War Correspondent*, (Columbia, MI: The University of Missouri Press, 2008), 48.

98 소련 외무장관 비신스키가 소련 외무부 제1차관에게 보낸 전문, 1950년 9월 27일. 러시아연방대통령문서보관소 문서군 3, 목록 65, 문서철 827, 86-87쪽, 국사편찬위원회, 『해외사료총서11』, 제9장.

99 소련 외무부 제1차관이 소련 외무장관에게 보낸 전문, 1950년 9월 28일, 러시아연방대통령문서보관소 문서군 3, 목록 65, 문서철 827, 97쪽, 바르타노프 편, 『자료집: 소련 국방부 중앙문서보관소비밀해제 자료 및 대통령궁 문서보관소 비밀해제 자료 (1997)』, 대한민국 국사편찬위원회 역, 『해외사료총서11』, 제9장.

100 이 시기 조선로동당 중앙당 조직의 일부는 이미 만주의 통화(通化)로 들어갔다는 증언도

제연합군이 38선을 넘어 북진하기 이전부터 김일성의 전쟁에 동참할 의지를 가지고 있었고, 10월 1일 한국군이 38선을 돌파한 다음 날인 10월 2일 당중앙위원회 상임위원회 소집을 통해 출병 준비를 했다.[101]

그동안 학계에서는 한국군이나 국제연합군이 38선을 넘어 북진하지 않았다면 중국인민지원군이 개입하지 않았을지도 모른다는 해석이 유력했다. 그러나 중국공산당의 출병 준비는 그보다 먼저 이루어졌다. 중국공산당의 입장에서 보면 비록 막대한 희생은 있었지만, '조선 출병'을 통해 공산당에 대한 결집력을 강화시켰고, 중화민족주의의 응집력을 증강시켰으며, 국방 분야의 완성을 촉진시키는 등의 효과가 있었다.[102]

세계공산화를 낙관하고 있었던 마오쩌둥은 6.25전쟁 발발 직후에 이미 파병의사를 표명했다. 마오쩌둥은 국제연합사령부 창설을 위한 국제연합 안보리 결의 84호가 통과되던 무렵인 1950년 7월 7일 제1차 국방회의를 열어 4개 군단, 3개 포병사단으로 구성된 동북변방군(東北邊防軍)을 조직하기로 결정했다. 마오쩌둥은 8월 5일까지 동북변방군의 집결 완료

있다. 아울러 외무성연락소는 선양(瀋陽)과 무단장(牧丹江), 중앙당학교는 노일령, 내각간부학교는 창춘(長春), 공공간부훈련소는 공주령에 자리 잡았다는 것이다. 소련 국립 모스크바 음대(차이코프스키 음악대학) 출신으로서 조선인민군 최고사령부에서 소련군사고문관들을 통역하다가 나중에 소련으로 망명하여 카자흐스탄 공훈문화인이 된 정추(鄭樞)의 증언. 구해우, 송홍근, 『정추: 反김일성 투쟁에 앞장선 차이코프스키의 4대 제자』 (서울: 시대정신, 2012),

101 중국인민지원군의 개입과정에 관해서는 다음 문헌들을 참고. Chen Jian, *China's Road to the Korean War: The Making of the Sino-American Confrontation* (New York: Columbia University Press, 1994); 朱建榮(주지안롱), 『毛沢東の朝鮮戦争—中国が鴨緑江を渡るまで』, 서각수 역 (서울: 역사넷, 2005); 김경일, 홍면기 역, 『중국의 한국전쟁 참전 기원: 한중관계의 역사적 · 지정학적 배경을 중심으로』 (서울: 논형, 2005); 한국정치외교사학회 편, 『한반도 분쟁과 중국의 개입』 (서울: 선인, 2012).

102 逄先知、李捷, 『毛泽东与抗美援朝』 (北京: 中央文献出版社, 2000); 飽明榮, "對抗美援朝戰爭研究中幾個熱點問題的看法," 『軍事歷史』 (2002年 3期), 69-74; 하도형, "한국전쟁과 중국: 중국의 최근 연구동향에 대한 분석을 중심으로," 강성학 편, 『유엔과 한국전쟁』, 272.

를 명령하면서 '조선반도' 개입에 필요한 준비를 시작했다.[103] 이어서 7월 12일 베이징을 방문한 김일성의 특사 이상조 조선인민군 부총참모장을 만나 "만일 호소해 온다면 파병을 할 수 있고, 이를 위해 이미 32만명 4개 군단이 준비되어 있다. … 김일성의 견해를 8월 10일까지 알려달라"고 호언했다.[104]

저우언라이도 전쟁 초기부터 "이승만을 바다로 몰아내 단번에 승리를 거두고 남조선을 해방하여 빨리 전쟁을 종결"하고자 했다. "만일 미 제국주의가 원조하려 할 경우" 미국의 "한반도 상륙작전을 저지하기 위하여 동북변방군을 조직하고 준비했는데 이를 이용하지 못했다"고 회고하기도 했다.[105] 1950년 8월 27일 마오쩌둥은 나중에 중국인민지원군 사령관을 맡게 될 펑더화이에게 다음과 같이 연락했다. "12개 군을 집결시켜 기동을 편리하게 하라(이미 4개의 군은 집결했다). 그러나 이 일은 9월 말경에 다시 결정해야 될 것이니, 그때는 펑 동지가 베이징에 와서 직접 상의하길 바란다."[106]

---

103 中共中央文獻硏究室 編, 『建國以來毛澤東軍事文稿』, 上卷 (北京: 中央文獻出版社, 2010), 158-59, 김동길, "한국전쟁 초기 중국군 조기파병을 둘러싼 스탈린, 마오쩌둥, 김일성의 동상이몽," 60에서 재인용; 중국인민지원군이 1950년 10월 19일 압록강을 건너고, 10월 25일 국제연합군과 전면전을 벌이기 전까지 도쿄의 연합군 사령부도 마오쩌둥의 군사적 움직임에 대해 많은 정보를 가지고 있었다. Guy R. Vanderpool, "COMINT and the PRC Intervention in the Korean War," *Cryptologic Quarterly*, declassified and approved for release by NSA and CIA on 19 Aug 2008, http://www2.gwu.edu/~nsarchiv/NSAEBB/NSAEBB278/21.PDF

104 김동길, "한국전쟁 초기 중국군 조기파병을 둘러싼 스탈린, 마오쩌둥, 김일성의 동상이몽," 60.

105 中共中央文獻硏究室-中國人民解放軍軍事科學院 編, 『周恩來軍事文選』. 第4券 (北京: 人民出版社, 1997), 43-50, 김동길, "한국전쟁 초기 중국군 조기파병을 둘러싼 스탈린, 마오쩌둥, 김일성의 동상이몽," 63-64에서 재인용.

106 『毛澤東軍事文選』 第6券, 軍事科學出版社, 中央文獻出版社(1993), 97. 대한민국 행정자치부 정부기록보존소 편, 『韓國戰爭과 中國』 (2002), II: 5.

‘조선반도’에 대한 마오쩌둥의 관심은 만주에 대한 그의 지정학적 관심의 연장선 위에 있었다. 마오쩌둥은 1950년 2월에 이미 7개 사단을 만주로 이동했고, 소련의 군사 지원을 받아서 만주지역의 비행장 31개소를 수리한 후에 다시 9개 사단을 만주로 이동시켰다.[107]

마오쩌둥의 파병 결정에 큰 영향을 미친 인물 역시 만주 군구사령관이자 동북(만주) 인민정부 주석이었던 가오강(高崗)이었다. 동북왕이라고도 불렸던 만주의 실력자 가오강은 1949년 6월 소련 공산당 중앙위원회 정치국회의에서 “만주를 소련의 17번째 사회주의공화국으로 병합할 것을 제안한다”고 천명했다. 가오강은 그렇게 함으로써 “[국공내전 당시] 미국 측의 공격으로부터 만주를 보호할 수 있고, 장개석을 결정적으로 궤멸시키기 위해 계속해서 남쪽으로 진군하는 데 있어서도 만주를 한결 바람직한 기반으로 전환할 수 있다”는 의견을 피력했다. 가오강은 같은 맥락에서 칭다오항에 소련전함을 배치할 것을 주장했다. 이러한 가오강의 주장에 동참했던 류사오치(劉少奇)는 격노했다. 류사오치는 숙소로 돌아와 가오강이 배신행위를 했으니 그를 소환해야 한다는 전문을 마오쩌둥에게 보냈다. 마오쩌둥은 가오강이 만주에서의 독자적 입지를 위해 스탈

---

107 徐澤榮, “‘中國介入朝鮮戰爭之始末與目標’ 分章摘要,” 『傳記文學』, 第77券 第4期 (2000年 10月號), 47, 서상문, 『毛澤東과 6.25전쟁』, 65에서 재인용; 데이빗 쑤이[徐澤榮], 『中國의 6.25戰爭參戰』, 한국전략문제연구소 역 (서울: 한국전략문제연구소, 2011). 이 책은 데이빗 쑤이의 옥스퍼드대학 박사학위논문을 완역한 것이다. Chak Wing David Tsui, “Chinese Military Intervention in the Korean War” (Oxford: University of Oxford, 1998). 데이빗 쑤이는 박사학위논문을 작성하는 과정에서 열람금지된 자료들을 복사하여 한국에 제공한 것이 “심각하게 중화인민공화국의 안보를 위협”했다는 이유로 13년 형을 선고받고, 복역 중 2011년 6월 석방되었다. 국공내전 당시 만주가 지닌 중요성에 관해서는 박창희, 『현대 중국전략의 기원』 (서울: 플래닛미디어, 2011), 125-151; 이러한 군사적 이동에 대해서는 당시 도쿄의 연합군사령부도 많은 정보를 가지고 있었다. Guy R. Vanderpool, “COMINT and the PRC Intervention in the Korean War,” Cryptologic Quarterly, declassified and approved for release by NSA and CIA on 19 Aug 2008, http://www2.gwu.edu/~nsarchiv/NSAEBB/ NSAEBB278/21.PDF

린에게 의지하려 한다고 간주했다.[108]

6.25전쟁 개전에 앞서 가오강은 "조선전쟁이 결국 미군의 만주 침공으로 이어질 것이라고 예상해 자기 휘하의 1백만 병력 중 20만 명을 압록강과 봉천(奉天) 두 곳에 포진시켜 놓고 그곳으로 미군이 들어오면 섬멸할 계획"을 구상했다. 평양의 지원 요청이 있기 이전인 7월 7일과 10일 두 차례의 군사회의 결정에 따라 7월 13일 동북변방군이 창설되었다. 1950년 여름 베이징을 방문한 이상조에게 마오쩌둥은 "낙동강전선의 교착전국을 풀고 종국적인 승리를 쟁취하기 위해서는 인민군이 일시적이며 제한적인 후퇴를 하는 융통성 있는 작전을 하는 것이 좋다고 충고하면서 이것은 중국공산당의 공식 의견이니 김일성에게 정식으로 전하라"고 했다. 그러나 이상조의 보고를 들은 김일성은 홍콩에서 수입한 냉방기(에어컨)가 설치된 집무실에서 느긋한 표정으로 "그런 계획과 충고를 다 들을 필요가 없다. 우리는 우리 식대로 싸우면 된다. [중략] 다른 사람에게 그런 말을 전하지 말라"고 함구령을 내렸다.[109]

이상조가 김일성에게 마오쩌둥의 전쟁전략을 보고한 지 정확히 1주일 뒤 미군과 한국군은 인천상륙(크로마이트)작전에 성공했다. 이로 인해 중국공산당과 더불어 항일전쟁 및 국공내전을 치루면서 전쟁경험을 쌓고, 6.25전쟁 이전 입북(入北)했다가 전쟁의 선봉에 섰던 인민군의 주력 3개 사단이 괴멸되었다. 10월 1일 한국군이 38선을 넘어 북진하자, 같은 날 김일성과 박헌영은 다음과 같이 맞춤법이 틀릴 정도로 서둘러 쓴 서한을 마오쩌둥에게 발송했다.

> 적들이 금일 우리가 처하여 있는 엄중하고 위급한 형편을 리용하여 우리에

108 코로트코프, 『스탈린과 김일성』, I: 128-34.

109 이상조, 『증언』, 80-82.

게 시간 여유를 주지 않고 계속 진공하여 38도선을 침공하게 되을 때에는 우리의 자체의 힘으로 새는 이 위기를 극복할 가능성이 없습니다. 그러므로 우리는 당신의 특별한 원조를 요구하지 않을 수 없게 됩니다. 즉 적군이 38도선을 침공하게 될 때에는 약속한 바와 갓치 중국 인민군의 직접 출동이 절대로 필요하게 됩니다. 이상과 같이 우리의 의견을 당신에게 제이[제의]하게 되는데 이에 대한 당신의 회답을 우리는 기다립니다.

조선로동당 중앙위원회

김일성 金日成

박헌영 朴憲永

1950년 10월 1일 펴야시 [평양시]110

마오쩌둥의 중국인민지원군 파병

김일성과 박헌영이 연명한 서한을 받은 마오쩌둥은 1950년 10월 8일 중국인민혁명군사위원회 주석 명령 1호를 통해 펑더화이를 중국인민지원군 사령관 및 정치위원으로 임명했다. 그리고 "조선인민, 중국인민, 아시아 각국 인민의 이익을 보호"한다는 명목으로 "동북변방군을 중국인민지원군으로 개편, 즉각 조선경내에 출동"할 것을 명령했다. 같은 날인 10월 8일 마오쩌둥은 초대 '조선민주주의인민공화국 주재 중화인민공화국 특명전권대사' 니즈량(倪志亮)에게 전문을 보내 파병 결정에 관해 김일성 수상에게 알려줄 것을 지시했다. 니즈량 대사는 차이청원(柴成文)과 함께 모란봉 밑에 설치한 지하 지휘소로 갔을 때, 유격전 전개 문제를

110 이 서한의 원본은 베이징 당안관(檔案館)에 보관되어 있으며, 사본은 단둥(丹東)의 항미원조(抗美援朝)기념관에 전시되어 있는 것을 『조선일보』에서 입수하여 소개한 바 있다. 이지수, "인물로 다시 보는 6.25: 김일성, 박헌영," 『조선일보』, 2010년 6월 24일.

놓고 설전을 벌이고 있던 박헌영과 김일성을 보게 되었다. 박헌영이 떠난 후, 니즈량과 차이청원은 파병 결정 소식을 김일성에게 전해 주었고, 김일성과 함께 축배를 들었다.[111]

차이청원은 정전협상에서 중국인민지원군 측 연락장교가 되어 사실상 현장을 지휘하고 있었던 리커눙(李克農)과 중국인민지원군의 공식대표들이었던 덩화(鄧華)와 쎄팡(謝方)을 연결하는 한편 국제연합군과의 실무협상에서 중요한 역할을 수행하게 된다. 그런데 마오쩌둥이 파병을 번복하는 결정을 스탈린에게 알렸고, 스탈린은 1950년 10월 13일 김일성에게 보낸 전문에서, "저항을 지속하는 것은 희망이 없다. 중국 동지들이 군사적으로 개입되는 것을 거부했다. 이 상황에서 그대는 중국 또는 소련으로의 전면철수를 준비해야만 할 것"이라고 말했다.[112] 다음 날 슈티코프는 스탈린에게, "그것은 그들에게 괴로운 일입니다만, 그러한 충고가 있었기에 그들은 그것을 전적으로 이행할 것입니다"라고 답신을 보냈다.[113]

스탈린은 주저하는 모습을 보이는 마오쩌둥을 다음과 같이 설득했다. 첫째, 미국의 대응을 볼 때, 큰 전쟁을 치를 준비가 되어 있지 않다. 둘째, 일본의 군사적 잠재력은 아직 회복되지 않았다. 셋째, 베이징은 소련을 배후의 동맹으로 갖고 있지만, 미국은 북조선이 유리한 조건으로 평화협정을 체결할 수밖에 없고, 더 이상 조선반도를 [대륙을 향한] 그들의 교두보로 사용할 수 없게 될 것이다. 넷째, 같은 이유로 미국은 대만을 포기할 수밖에 없게 될 것이며, 일본의 반동들과 개별적 평화조약을 체결

---

111 柴成文, 趙勇田, 『板門店談判』, 尹永茂 역, 96-98.

112 Telegram from Stalin to Kim Il Sung, 13 October 1950, APRF, cited in Bajanov and Bajanova, *The Most Mysterious War,* 80-81.

113 Telegram from Shtykov to Fyn Si [Stalin], 14 October 1950, APRF, Fond 45, Opis 1, Delo 335, List 3. Published in *CWIHP Bulletin*, Issue 5-6 (Winter 1995/96), p. 118.

한다는 생각을 버리게 될 것이며, 일본 제국주의를 다시 부흥시키고, [일본을] 극동에서 그들의 교두보로 삼는 계획을 포기하게 될 것이다. 스탈린은 "진지한 투쟁과 그에 걸맞는 무력시위가 없이는" 베이징정부가 이러한 양보들을 미국으로부터 받아낼 수 없을 것이며, 대만을 회복할 수도 없을 것이라고 마오쩌둥을 압박했다.[114]

1950년 10월 15일 국제연합군 총사령관 맥아더는 웨이크 섬에서 마치 정상회담이라도 하듯이 트루먼을 만났다. 걸출한 장군이었던 아서 맥아더의 아들로 태어날 때부터 '당연한 장군'이었던 맥아더에 비해 트루먼은 '우연한 대통령'(President by accident)이었다. 그는 부통령으로 있다가 1945년 4월 12일 프랭클린 루즈벨트 대통령의 갑작스런 사망으로 대통령직을 승계했다. 원래 루즈벨트 대통령은 리더십의 분산을 피하기 위해 워싱턴의 거물급 인사가 아니라 미주리 출신의 상원의원 트루먼을 부통령에 임명했었다. 트루먼은 부통령 임기를 시작한 지 불과 83일 만에 대통령이 되었고, 1948년 대통령선거에서 공화당 후보 듀이에게 신승을 거두고 1949년부터 새로운 임기를 시작했었다.

트루먼에게 맥아더와 같은 카리스마는 없었다. 맥아더는 트루먼에게 추수감사절까지 전쟁을 끝내고 크리스마스까지는 일부 병력을 일본으로 철수시켜서 트루먼행정부가 원하는 바대로 1951년 1월경 유럽에 재배치할 수 있을 것이라고 장담했다. 코리아에서의 전과는 1952년에 있을 미국 대통령선거에까지 영향을 미칠 수 있었다. 맥아더는 영국과 중앙정보부(CIA)를 신뢰하지 않았고, CIA보다 자신의 정보참모 윌러비(Charles A. Willoughby, 1892-1972) 소장을 신뢰했다.[115]

114 Letter from Fyn-Si [Stalin] to Kim Il Sung (via Shtykov), 8 [7] October 1950, citing the text of his reply to Mao Zedong. APRF, Fond 45, Opis 1, Delo 347, Listy 65-67. Published in *CWIHP Bulletin* 5-6 (Winter 1995/96), 116-17.

맥아더는 CIA에 소련첩자가 있다고 생각했다. 실제로 도날드 맥린(Donald MacLean)과 킴 필비(Harold Adrian Russell "Kim" Philby, 1912-1988) 등은 소련 스파이들이었고, 나중에 소련으로 망명했다. 6.25전쟁 기간 중 킴 필비는 영국 MI6 요원으로 미국 CIA와 긴밀히 협조하던 중 미국 측 정보를 소련에 넘겼다.[116] 그런가 하면 1952년부터 CIA에서 일하다가 1985년 체포된 조선족 출신의 래리 우-타이 친(Larry Wu-tai Chin, 金無怠, 1922-1986)은 중화인민공화국에 정보를 제공했음을 시인한 바 있다.[117] 따라서 CIA에 대한 맥아더의 의심에는 근거가 있었다. 그러나 CIA를 대신한 맥아더의 정보참모 윌러비 소장은 마오쩌둥의 군사적 움직임에 대해 적지 않은 정보들을 가지고 있었음에도 불구하고 맥아더의 주의를 환기시키지 못했다.[118]

마오쩌둥은 파병 번복 결정을 다시 번복함으로써 '조선반도'에서 미국

---

115 U.S. Army Command and General Staff College, *Intelligence Failure in Korea: Major General Charles A. Willoughby's Role in the United Nations Command's Defeat in November, 1950* (CreateSpace, 2014). 무쵸 대사는 윌러비의 오판이 그가 가지고 있던 중국인들에 대한 경멸감에서 비롯되었다고 보았다. Jerry N. Hess, "Ambassador John J. Muccio," Oral History Interview at Washington, D.C., 10, 18 Feb 1971 (Harry S. Truman Library, 1972), 89.

116 Phillip Knightley, *Philby: KGB Masterspy* (London: Andre Deutsch, 1988), 151-68; 필비를 직접 만나 인터뷰한 Phillip Knightley의 책이 나온 이후 이들을 직접 움직였던 KGB요원의 책도 출간되었다. Yuri Modin, *My Five Cambridge Friends: Burgess, Maclean, Philby, Blunt, and Cairncross by Their KGB Controller* (New York: Farrar Straus & Giroux, 1995).

117 "Ex-CIA Employee Held as 33-Year China Spy," *Washington Post*, 24 Nov 1985; "Huge Data Loss from China is Seen from Espionage," *New York Times*, 30 Nov 1985; "Chin Believed Planted in US as Spy," *Washington Post*, 6 Dec 1985; "C.I.A.'s Security Was Lax, According to Convicted Spy," *New York Times*, 11 Feb 1986 cited in Defense Personnel Security Research Center. *Espionage Cases, 1975-2004: Summaries and Sources.* (Monterey, California, December 2004).

118 Guy R. Vanderpool, "COMINT and the PRC Intervention in the Korean War," *Cryptologic Quarterly*, declassified and approved for release by NSA and CIA on 19 Aug 2008, http://www2.gwu.edu/~nsarchiv/NSAEBB/NSAEBB278/21.PDF

과 대결했다. 그는 "참전의 이익은 매우 크며 참전하지 않으면 손해가 클 것"이라고 보았다. 국공내전에서 승리한 중국공산당의 인민해방군을 과소평가한 맥아더 휘하의 국제연합군은 장진호전투에서 참패했고, 미군은 역사상 가장 긴 후퇴(the longest retreat)를 경험했다고 알려졌다. 과거 미군은 아메리카 원주민, 영국군, 에스파냐군, 중남미 여러 나라의 군대들, 그리고 청제국의 의화단 등과 싸워 승리를 거둔 바 있었다. 그러나 일부 학자들이 주장하는 바와 같이 미군이 6.25전쟁에서 처음으로 참패한 것은 아니었다. 미군은 이미 아시아-태평양전쟁에서 일본군에 참패를 경험한 바 있었다. 중국인민지원군의 참전으로 6.25전쟁이 "전혀 새로운 전쟁"(an entirely new war)이 된 것은 사실이다. 1950년 11월 26일 이후 청천강변과 장진호에서 미군이 겪은 겨울은 "가장 추운 겨울"(the Coldest Winter)로 묘사되었다.[119]

'새로운 적'에 직면한 미국은 당황했고, 불과 5년 전에 일본제국에 대해 사용했던 핵폭탄을 다시 사용해야 한다는 주장이 특히 맥아더의 주도로 제기되었다. 영국을 비롯한 유럽의 동맹국들은 핵무기 사용에 반대했다. 1950년 12월 4일부터 8일까지 6차례나 이어진 미국 대통령 트루먼과 영국 수상 애틀리(Clement Attlee, 1883-1967) 간의 회담에서는 원폭사용 여부, 중화인민공화국에 대한 승인 여부, 그리고 정전방안에 대한 중요한 의견 교환이 이루어졌다. 제2차 세계대전 이전부터 공산주의에 대해 강한 반감을 가지고 있었던 트루먼과 영국좌파 애틀리, 중국공산당과의 타협을 통해 홍콩에 대한 지배권을 유지하고자 했던 영국의 지정전략과 대만을 보호하고자 했던 미국의 지정전략 간에는 큰 인식적 격차가 존재했

119 David Halberstam, *The Coldest Winter: America and the Korean War* (New York: Hyperion, 2007).

다. 그러나 양자는 코리아에서 시급히 정화(cease-fire)를 추구한다는 데 의견의 일치를 보았다. 1951년 1월 28일부터 30일까지 워싱턴에서 이루어진 트루먼을 포함한 미국 측 수뇌부와 프랑스 총리 플레뱅(René Pleven)을 포함한 프랑스 측 수뇌부 간의 회담에서 프랑스 측은 코리아와 인도차이나의 유사성을 거론하면서 아시아에서도 북대서양조약기구(NATO)와 같은 조직이 필요하다고 언급했다.[120] 퀴리노, 이승만, 그리고 장개석 등이 전쟁 전에 요구했던 태평양동맹의 필요성이 국제적으로 인정된 것이다.[121] 프랑스 측은 코리아에서 전쟁이 지속되는 상황에서 유럽에서 유사한 상황이 벌어지는 것을 우려했고, 이러한 우려에 대해 미국 측은 [프랑스가 껄끄러워 하는] 서독의 재무장이 필요하다는 점을 역설했다.[122]

국제사회의 새로운 정전시도와 중-조인민군의 38선 남하

---

120 United States Minutes of the First Meeting Between President Truman and Prime Minister Pleven, Cabinet Room of the White House, January 28, 1951, 2:30-5 p.m. *FRUS 1951*, 82nd Congress, 2d session, House Document no. 570, vol. IV (Washington, DC: U.S. Government Printing Office, 1985), 304-13.

121 태평양동맹의 추진과 좌절에 관해서는 Myongsob Kim, "Prologue of the Asia-Pacific Community: Betrayed and Declined Asian Initiatives for Regional Cooperation", *Korea Observer*, vol. XXVII no. 4 (winter 1996); Myongsob Kim, "Declined Invitation by Empire: The Aborted Pacific Pact and the Unsolved Issue of Regional Governance."Dong-Sung Kim, Ki-Jung Kim, Hahnkyu Park ed. *Fifty Years After the Korean War: From Cold-War Confrontation to Peaceful Co-existence.* (Seoul: KAIS, 2000), 127-54.

122 United States Minutes of the Second Meeting Between President Truman and Prime Minister Pleven, Cabinet Room of the White House, January 30, 1951, 11 a.m.-12:30 p.m. U.S. Congress, House, *Foreign Relations of the United States 1951,* 82nd Congress, 2d session, House Document vol. IV no. 570 (Washington, DC: U.S. Government Printing Office, 1985), 315-28.

영국, 프랑스, 그리고 베네룩스 3국과 같은 유럽 참전국들은 다음과 같은 이유에서 6.25전쟁의 조기정전에 적극적이었다. 첫째, 이들은 1차적으로 유럽에서의 냉전에 관심을 갖고 참전했기 때문에 코리아에서 자유진영의 힘이 소진되는 것을 원치 않았다. 특히, 미국이 유럽안보보다 '극동'(Far East; Extrême-Orient)의 안보에 치중하는 것을 원치 않았다. 둘째, 영국과 프랑스 등은 당시까지 자국이 유지하고 있던 식민지들이었던 홍콩, 인도차이나반도 등을 계속 유지하는 것에 일차적 관심이 있었다. 영국은 홍콩문제를 놓고 베이징정부와 타협하고자 했고, 프랑스나 네덜란드는 미국의 관심이 지나치게 코리아에 쏠리기보다 프랑스 식민지인 인도차이나, 그리고 1949년 12월 27일에 독립한 인도네시아에 남아있던 네덜란드의 영향력을 지키는 데 사용될 수 있기를 바랐다. 셋째, 영국과 프랑스에서는 좌파 정치세력의 영향력이 강했다. 특히, 영국에서는 노동당의 애틀리 총리가 집권하고 있었다.[123]

당시 미국에 대한 영국의 외교적 영향력은 지대했다. 1951년 7월 정전협상 예비회의부터 1954년 제네바정치회의까지 참석했던 국제연합군 측 연락장교 이수영도 "실제 협상에 종사한 것은 군인이었으나 모든 회의 진행의 지시는 군당국 밖에서 이루어졌고 이러한 지시당국은 이미 중공을 승인한 영국의 강력한 충고와 압력을 받아들이지 않을 수 없는 여건에 처해" 있었다고 회고했다.[124] 이러한 영국의 목소리는 영연방 국가들을 통해 확산되었고, 특히 영국의 식민지로 있다가 제2차 세계대전 이후 독립했던 인도는 적극적 중립주의를 표방하면서 활발한 활동을 전개했다. 1950년 9월 15일 인천상륙작전이 성공한 직후 뉴욕을 방문한 영국

---

123 Myongsob Kim, "The Politics of Troop-Dispatch: Why Did the Europeans Send Their Boys to Korea?" *The Korean Journal of Defense Analysis*. vol. 16 no. 2 (2004).

124 李壽榮, "나의 外交官生活 秘話," 『新東亞』 (1964년 10월), 208.

노동당 내각의 외무장관 버빈(Ernest Bevin, 1881-1951)은 중화민국 대신 중화인민공화국이 대표권을 가져야 한다는 인도의 결의안에 찬성함으로써 미국을 실망시켰다(당시 이 결의안은 국제연합 총회에서 부결되었다).[125]

1950년 11월 7일 미국 의회선거에서는 보다 '반공적'이었던 공화당이 승리를 거두었다. 11월 30일 트루먼 대통령은 원자폭탄 사용 가능성을 배제하지 않는다는 입장을 밝혔다.[126] 실제로 트루먼 대통령이 원자폭탄 사용을 허가할 가능성은 적었지만, 1945년 이미 2개의 원폭 투하를 생생히 기억하고 있던 당시의 사람들에게 그것은 제3차 세계대전의 전조처럼 느껴졌다.

중국인민지원군이 참전하여 국제연합군과 한국군을 밀어붙이고 있던 1950년 12월 7일 인도 수상 네루는 베이징 주재 인도 대사 파니카(K. M. Panikkar)로 하여금 베이징 외교부 부부장 장한부(章漢夫)를 만나 인도 등 중립국 13개국이 38선 상에서의 정전안을 국제연합 안보리에 제출할 예정인데, 조-중인민군이 38선을 넘어 남진하지 않을 의향이 있는지를 질의하도록 했다.[127]

베이징 시간으로 12월 7일 저우언라이는 소련 대사를 초청하여, 다음과 같은 정전조건을 우슈췐(Wu Hsiu-chuan, 伍修權) 국제연합 주재 대표를 통해 국제연합에 전달하기 앞서 베이징 주재 소련 대사 로신을 통해

---

125 Stueck, *Rethinking the Korean War,* 99.

126 Stueck, *Rethinking the Korean War,* 115-17.

127 영국의 소식통에 따르면 네루 수상은 파니카 대사에게 (1) 정화(cease-fire)가 긴요하며, (2) 38선 이남으로 국제연합군이 철수해야 하며, (3) 코리아반도 전체로부터 국제연합군이 철수하는 것은 실현될 수 없을 것이며, (4) 국제연합 위임통치(mandate) 하의 통일코리아를 추구해야 한다는 입장을 전달했다. Mem of Con., Office of Chinese Affairs, 9 Dec 1950, *FRUS 1950: Korea,* 1485-86.

스탈린의 생각을 문의했다.

> (1) 조선에서 모든 외국군 철수
> (2) 대만해협과 대만 영토에서 미군 철수
> (3) 조선문제는 조선인민 스스로 해결
> (4) 중화인민공화국의 국제연합 가입과 장개석정부[중화민국] 대표의 국제연합 축출
> (5) 일본과의 평화조약 체결을 준비하기 위해 미, 영, 소, 중 4대국 외무장관회의 소집
>
> 만일 군사행동의 중지를 위한 상기 5개 조건들이 받아들여진다면, 정전협정 서명을 위한 회의소집에 자국대표를 파견할 수 있다.[128]

같은 날인 12월 7일 스탈린은 이러한 저우언라이의 정전 5개 조항에 대해 "전적으로 동의하는 바이며, 이러한 조건들이 충족되지 않으면 군사행동이 중단될 수 없다"는 입장을 밝혔다. 그리고 "서울이 해방되기 전까지 중국이 자신의 모든 카드를 내보이기에는 이르다"고 훈수하면서

128 베이징 주재 소련 대사 로신(N. V. Roshchin)은 저우언라이가 필사한 정전 5개 조항을 포함한 전문을 1950년 12월 7일 모스크바에 전달했고, 이 전문의 사본은 스탈린, 몰로토프, 말렌코프, 베리아, 미코얀, 카가노비치, 불가닌, 후루시쵸프, 비신스키, 그로미코 등에게 전달되었다. "중화인민공화국 주재 소련 대사가 소련 내각회의 의장에게 보낸 전문," 1950년 12월 7일, 러시아연방대통령문서보관소 문서군 45, 목록 1, 문서철 336, 17-19쪽, 러시아연방대통령문서보관소 문서군 3, 목록 65, 문서철 827, 97쪽, 바르타노프 편, 『자료집: 소련 국방부 중앙문서보관소비밀해제 자료 및 대통령궁 문서보관소 비밀해제 자료 (1997)』, 대한민국 국사편찬위원회 역, 『해외사료총서11』, 제9장. 이 전문의 영문 번역본은 "Ciphered telegram from Roshchin conveying message from Zhou Enlai to Soviet Government," December 07, 1950, History and Public Policy Program Digital Archive, APRF, Fond 45, Opis 1, Delo 336, Listy 17-19 and AVPRF, Fond 059a, Opis 5a, Delo 3, Papka 11, Listy 193-195. http://digitalarchive.wilsoncenter.org/document/111203. 다음 문헌도 참고. "1950년 12월 7일 중국 북경에서 소련 대사 로신이 외무성을 통해 스딸린에게 보낸 암호 전문," 박종효 편역, 『러시아 연방 외무성 대한정책 자료』I, 440-41.

다음과 같은 의견을 피력했다.

우리는 조선에서의 군사 행동을 종결짓기 위해 동지가 내건 조건에 전적으로 동의하는 바입니다. 우리는 이러한 조건들이 충족되지 않으면 군사행동이 중단될 수 없다고 생각합니다. 이와 더불어 미국의 첩자 노릇을 하고 있는 세 나라의 대표들에 대해서도 결코 지나치게 솔직하거나 미리 의중을 내보여서는 안 될 것이라 생각합니다. 우리는 서울이 해방되기 전까지는 중국이 자신의 모든 카드를 내보이기에 이르다고 판단하고 있습니다. 더욱이 미국은 중국이 내건 5개 조건을 국제연합의 결정에 대한 모욕으로 이용할 수도 있기 때문입니다. 미국에 이러한 빌미를 줄 필요는 없습니다. 그러므로 우리는 지금 현재 다음과 같이 제한적으로 대처할 수 있다고 생각합니다.

1) 중국 중앙인민정부 역시 영국, 스웨덴, 인도 대표 등 귀측과 마찬가지로 조선에서의 신속한 종전을 환영하는 바입니다. 중국은 조선과 중국에 강요된 군사 행동을 속히 종결하기 위해 모든 노력을 기울일 것입니다.
2) 따라서 우리는 평화 조건에 관한 국제연합과 미국의 입장을 알고 싶습니다. 우리는 귀국이 국제연합이나 미국으로부터 평화 조건에 대하여 언급할 권리를 위임받지 못했음을 알고 있습니다. 더욱이 영국 대표단은 미국, 프랑스, 노르웨이, 에콰도르, 쿠바 대표단들과 함께 중국을 비난하고 조선 문제 해결을 지연시키는 내용의 결의안을 국제연합 제1위원회에 제출한 바 있습니다.
3) 그러므로 우리는 조선에서의 군사행동 종결조건에 대한 국제연합과 미국의 의견을 간절히 기다리고 있습니다. 필리포프**129**

129 "그로미코 소련 외무부 제1차관이 로신 중화인민공화국 주재 소련 대사에게 보낸 전문," 1950년 12월 7일. 러시아연방대통령문서보관소 문서군 45, 목록 1, 문서철 336, 20-21쪽, 바르타노프 편, 『자료집: 소련 국방부 중앙문서보관소비밀해제 자료 및 대통령궁 문서보관소 비밀해제 자료 (1997)』, 대한민국 국사편찬위원회 역, 『해외사료총서11』, 제9장.

같은 날인 1950년 12월 7일 소련 공산당 중앙위원회 정치국 이름으로 스탈린은 국제연합 주재 소련 대표에게 전쟁의 평화적 해결에 반대하는 다음과 같은 전문을 발송했다.

> 미군이 패퇴하고 있고, 미군의 전패(全敗)를 막으려고 시간을 벌기 위해 코리아에서의 군사적 행동의 종결안을 발전시키고 있는 현 상황에서 우리는 군사적 행동의 종결에 관한 동무의 제안을 잘못된 것으로 보고 있음. 대신 소련대표단의 안에는 다음과 같은 사항들이 포함되어야 할 것임.
> 1) 모든 외국군의 즉각 철수
> 2) 코리아 문제의 해결은 코리아의 인민들에게 맡길 것.[130]

영국의 주도로 국제연합을 통한 정전노력에 박차가 가해졌고, 미국도 이에 동조했다. 1950년 12월 11일 아시아-아랍 13개국은 국제연합 정치위원회에 38선에서 정화(停火)하는 것을 골자로 하는 3인 정화위원회(Three Men Group on Cease-Fire) 설치안을 제출했다. 1950년 12월 14일 국제연합 총회 제324차 본회의에서는 국제연합총회 의장을 포함한 3인 그룹(a group of three persons)을 구성하여 코리아에서의 만족할 만한 정화(a satisfactory cease-fire)를 이룩하기 위한 기본조건을 결정하여 총회에 권고할 것을 요청하는 결의가 이루어졌다. 이 결의에 따라 같은 날 개최된 제325차 본회의에서는 당시 국제연합총회 의장이었던 이란의 엔테잠(Nasrollah Entezam), 나중에 국제연합총회 의장(1952-53)이 되는 캐나다의 피어슨(Lester B. Pearson), 그리고 인도

---

130 Politburo of the CC of the All-Union Communist Party (Bolshevik), Decision of December 7, 1950, N P 79/189 Extract from the minutes N 79 of a Politburo meeting, item 189, p. 1, cited in Bajanov and Bajanova, *The Most Mysterious War,* 210.

의 라우(Sir Benegal N. Rau) 수석대표 등으로 구성된 3인 정화위원회가 발족되었다.[131]

1951년 1월 3일 피어슨은 대한민국을 해체(disband)하고, 국제연합이 코리아를 임시통치하며, 미국, 영국, 소련, 그리고 공산중국으로 구성되는 4강위원회를 만족시키는 방식의 선거를 통한 코리아의 통일을 약속하는 것을 조건으로 하는 정화(cease-fire)를 추진했다.[132]

국제연합군과 한국군이 다시 서울을 포기해야 했던 1951년 1월 4일(1.4후퇴) 국제연합총회 제1위원회는 3인 정화위원회의 안을 기초로 코리아에서의 정화(cease-fire)를 위한 몇 가지 원칙들을 제시했다. 그것은 코리아로부터의 모든 외국군 철수, 국제연합 감시 하의 자유선거와 과도정부 구성, 정화 이후 극동문제에 관한 미국, 소련, 중화인민공화국 대표를 포함한 정치회의 개최 등이었다. 주한미군 철수 이후 조선인민군의 기습 남침을 당했던 대한민국의 입장에서 무조건 외국군을 철수하는 것은 정전이 아니라 또 다른 전쟁으로 가는 지름길로 인식되었다. 당시로서는 아직 대만(중화민국)을 대신해서 중화인민공화국이 국제연합회원국이 되기 전이었기 때문에 중화인민공화국의 국제연합에서의 대표성을 어떻게 할 것인가라는 문제도 남아 있었다.

1951년 1월 10일경 조-중인민군은 수원－이천－원주－평창－강릉을 잇는 선까지 남하했고, 국제연합군 및 한국군은 평택－삼척을 잇는 북위 37도선까지 밀리고 있었다. 1월 9일 주한 미국 대사 무쵸는 애치슨 국무장관에게 "한국 민군의 사기가 떨어지고 있음을 우려한다"는 전문을 보냈다. 무쵸는 그 원인으로 중국의 개입에 대한 공포, 국제연합과 미국으

131 Robert T. Oliver, *Syngman Rhee and American Involvement in Korea 1942-1960: A Personal Narrative* (Seoul: Panmun Book Company LTD, 1978), 338.

132 Oliver, *Syngman Rhee and American Involvement in Korea*, 338.

로부터 버림받을지도 모른다는 두려움이 있다고 분석했다.[133]

1951년 1월 12일 브래들리의 미국 합동참모본부(JCS)는 코리아로부터의 철수까지 고려한 권고안을 작성하여 국방부에 제출했다. 이 권고안은 "중국에 대한 효율적 해안 봉쇄를 즉각 실시한다"는 내용과 더불어 "자유중국군이 본토에서 게릴라작전을 전개하는 것에 대한 제한을 풀고 군수지원을 한다"는 내용까지 포함되어 있었다. 이 권고안은 한국에 대한 지지를 확인했지만, 국제연합군이 한반도로부터 철수하는 상황, 그리고 한국의 망명정부가 수립될 가능성도 시사하고 있었다.[134] 1월 12일 트루먼 대통령이 주재한 회의에서 한국군을 제주도로 철수시키는 안이 심각하게 고려되었다.[135]

당시 맥아더 총사령관의 휘하에서 국제연합군 주력을 담당했던 장군은 리지웨이(Matthew B. Ridgway, 1895-1993)였다. 1950년 12월 23일 미 8군 사령관 월턴 워커(Walton H. Walker, 1889-1950) 중장이 지프차를 타고 가던 중 한국군 트럭과 충돌하여 사망하자, 대기 후임자(stand-by selection)였던 리지웨이가 투입되었다.[136] 리지웨이는 노르망디 상륙작전 당시 직접 부하들과 함께 낙하산을 타고 뛰어내렸던 전설적 인물이었다. 워커의 죽음과 리지웨이의 부임은 전황에 큰 영향을

133 Muccio to Acheson, 9 Jan 1951, U. S. Department of State, *FRUS, 1951: Korea and China,* 40.

134 James F. Schnabel, *Policy and Direction, the First Year* (Washington, D.C.: Center of Military History, 1992[1972]), 328.

135 Mem of Con, 12 Jan 1951, U. S. Department of State, *FRUS 1951: Korea and China*, 68-70.

136 워커중장은 북진 당시의 공훈에 따라 의정부 24사단과 27여단의 군인들에게 표창을 주러 가는 길이었는데, 서훈대상자 중에는 참전 중이던 외아들 샘 워커 대위도 포함되어 있었다. 최보윤, "백선엽 한-미동맹상 수상 고 워커장군 대신해 한국 찾은 손자들," 『조선일보』 2013년 10월 12-13일 (토-일 섹션); Roy E. Appleman, *Ridgway Duels For Korea* (College Station: Texas A&M University Press, 1990).

미쳤다. 우선 38선 이북으로 북진할 당시 혼선을 빚었던 미군의 지휘권이 일원화되었다.

1951년 1월 19일 리지웨이의 부임 이후 이임한 참페니 대령은 이승만 대통령을 예방한 자리에서 워커보다는 리지웨이가 코리아전선에 적격이라고 말했다.[137] 리지웨이 사령관은 대구에서 이승만 대통령을 만나 "저는 여기 머물기 위해 온 것입니다"(I am here to stay)라고 말하면서 결연한 전의(戰意)를 표명했다.[138] 38선을 넘어 평택-제천-단양-삼척 선까지 진격하고 있던 조-중인민군에 맞서 리지웨이는 1951년 1월부터 제한적 반격을 시도했다. 1951년 1월 25일에서 2월 12일 사이 태백산맥을 타고 안동과 영덕까지 침투한 조선인민군 게릴라들이 한국 해병대의 주도로 격퇴된 것은 반전의 조짐이었다.

리지웨이의 부임 이후 만들어진 반전의 계기는 전면철수를 고려하고 있던 워싱턴의 분위기를 바꾸어 놓았다. 육군참모총장 콜린스와 공군참모총장 반덴버그는 국제연합군이 고전하던 1951년 1월 15일부터 도쿄와 한국을 직접 시찰하면서 철수를 검토했다. 그러나 전장의 리지웨이를 직접 만난 콜린스는 리지웨이와 함께 했던 제2차 세계대전의 벌지전투(the Battle of the Bulge, 16 December 1944 - 25 January 1945) 당시 몽고메리 원수에게 적을 제압할 수 있다고 설득했던 순간을 떠올렸다.[139] 콜린스는 리지웨이가 전장을 장악하고 있고, 한국군의 사기도 높다고 워싱턴에 보고했다.[140] 이후 리지웨이가 거둔 전과(戰果)와 콜린스 및 반덴버그

137 프란체스카 도너 리, 『6.25와 이승만』, 393.

138 Oliver, *Syngman Rhee and American Involvement in Korea*, 338.

139 Collins, *War in Peacetime*, 252-255.

140 Memo by Lucius D. Battle, Special Assistant to the Secretary of State, 19 Jan 1951, *FRUS, 1951: Korea and China*, 102-105.

의 판단에 따라 코리아로부터의 철수계획은 더 이상 고려되지 않게 되었다.[141] 대신 미국 국방부는 미국 합참과 함께 한국 청년들을 대규모로 무장시키는 방안을 국무부와 논의하기 시작했다.[142]

한편, 1월 13일 국제연합의 코리아정화위원회는 기존 방침을 발전시킨 다음과 같은 정전 5개항을 정리하여 국제연합 정치위원회에 제출했다.

> (1) 생명과 재산의 불필요한 파괴를 막기 위해 즉각적으로 정화(停火)해야 한다.
> (2) 정화가 되면 공식협정이나 적대행위의 소강상황을 이용하여 평화회복 조치를 모색해야 한다.
> (3) 통일, 독립, 민주국가 건설을 위한 국제연합총회 결의가 이행되도록 외국군의 철수와 함께 코리아의 인민이 자신들의 장래 정부와 관련하여 자유의사를 표현할 수 있도록 적절한 조치를 마련한다.
> (4) 위 항에서 언급한 조치가 완결될 때까지 행정과 평화 및 안전보장의 유지를 위해 국제연합의 원칙하에 잠정협정을 체결한다.
> (5) 정화에 대한 합의와 동시에 중화민국(나중에 대만으로 격하)문제, 베이징 공산정부의 국제연합대표권문제와 같은 극동문제 해결을 위해 미국, 영국, 소련, 공산중국 대표를 포함한 적절한 기구를 설치한다.

그러나 중국인민지원군에 의해 전세가 역전된 상황에서 스탈린은 국제연합의 선정화(先停火), 후협상(後協商) 제안을 받아들이고 싶어 하지 않

141 이 과정에 대한 자세한 분석은 김용직, "한국전쟁 중 UN군 철수 위기(1950.11-1951.1)에 관한 연구: 군사적 위기와 외교적 갈등의 해소를 중심으로," 『한국정치외교사논총』, 제36집 2호 (2015.2), 5-36.

142 Marshall to Acheson, 19 Jan 1951, *FRUS, 1951: Korea and China*, 105-107.

았다. 저우언라이도 1951년 1월 17일 국제연합에 다음과 같은 서한을 보내 즉각적인 정화 이후 협상하는 방식에 반대하는 두 가지 이유를 다음과 같이 제시했다. 첫째, 선정화(先停火, a cease-fire first)는 미군에게 숨 쉴 수 있는 공간(breathing space)을 제공할 뿐이다. 둘째, 정화 후 협상(negotiations after the cease-fire)은 아무런 문제도 해결하지 못하고 끝없는 토론(endless discussions)이 꼬리를 물게 만든다. 1951년 1월 17일 베이징의 저우언라이는 약 1개월 전 베이징 주재 소련 대사 로신에게 필사해 주었던 정전 5개 조항들과 유사한 외국군 철수와 대만문제를 포함하는 조건에 기초한 7개국 회의를 국제연합에 제안했다.

(a) 정전협상은 관련국들 간에 코리아로부터 모든 외국군을 철수하고, 코리아인민(Korean people)이 스스로 코리아의 국내 문제를 해결하도록 하는 것에 동의하는 기초 위에서 진행할 것.
(b) 협상의제(the subject-matter of the negotiations)에 대만과 대만해협, 그리고 극동관련문제들(Far Eastern related problems)로부터 미군이 철수하는 것을 포함시킬 것.
(c) 중화인민공화국, 소련, 영국, 미국, 프랑스, 인도, 이집트 등이 협상에 참가하고, 7개국 회의가 개최되는 시점에서 중화인민공화국이 국제연합에서 합당한 자리(the rightful place)를 가질 것.
(d) 7개국 협상은 중화인민공화국 내에서 개최하고, 장소는 추후 결정할 것.[143]

이러한 역제안과 더불어 조-중인민군은 대규모 공세를 계속했다. 미국의 애치슨(D. Acheson)은 저우언라이의 역제안(counterproposal)을 국제

143 U. S. Department of State, *FRUS, 1951. Korea and China*, 91-92.

연합의 제안에 대한 정면거부(outright rejection)로 간주했다.[144] 1951년 2월 1일 국제연합 총회 60개국 정치위원회는 미국의 제안에 따라 '평화를 위한 연대' 결의에 의거해서 다음과 같은 침략자(aggressor)선언을 채택했다.

> 총회는 안보이사회가 상임이사국들 간의 만장일치가 이루어지지 못함에 따라 중국공산당의 코리아 개입과 관련하여 국제적 평화와 안보를 유지하는 일차적 책임을 다하지 못한 것에 유의하며, 중화인민공화국 중앙인민정부(the Central People's Government of the People's Republic of China)가 코리아에서의 적대상태를 평화적으로 해결하려는 국제연합의 권고를 이행하지 않은 것에 유의하며, 중화인민공화국 중앙인민정부가 이미 코리아에서 침략을 감행하고 있는 자들에게 직접적인 원조를 주는 동시에 자신도 국제연합군에 대하여 전투를 개시함으로써 코리아에서 벌어지고 있는 침략에 개입하였음을 확인한다. [후략][145]

만일 이 시점에서 베이징이 국제연합 코리아정화위원회의 정전안을 받아들이고 정전협상에 나섰다면 중화인민공화국은 침략자 규정을 회피할 수 있었고, 서울을 장악한 유리한 위치에서 정전협상을 시작할 수 있었다. 평택-삼척선 대신 38선까지 후퇴하는 대가로 국제연합으로부터 다른 양보들을 받아낼 수도 있었다. 한국의 입장에서는 수도를 빼앗긴 상

144 U. S. Department of State, *FRUS, 1951. Korea and China,* 92-93; U. S. Department of State, *Bulletin,* 29 Jan 1950, 164.

145 U. N. General Assembly Resolution, "Intervention of the Central People's Government of the People's Republic of China in Korea," 1 Feb 1951. 이 결의의 제6항에 따라 구성된 '합동대책위원회'(the Collective Measures Committee)의 보고서를 토대로 5월 18일 국제연합총회는 국제사회가 베이징과 평양에 전쟁 물자를 공급하지 말 것을 권고했다.

태에서 정전협상을 해야 하는 치명적 상황이었다.

리지웨이의 반격작전과 더불어 1951년 2월 경기도 지평리(砥平里) 전투에서 거둔 국제연합군의 승리가 전세역전의 전환점이 되었다. 프리맨(Paul L. Freeman) 대령이 이끄는 미2사단 23연대와 프랑스의 몽클라르(Ralph Monclar, 본명: Raoul Magrin-Vernerey, 부다페스트1892-1964) 중령이 이끄는 프랑스 대대 약 5천 5백 명은 중국인민지원군 약 3만 명의 공세를 막아 전세를 만회했다.[146] 1951년 3월 15일 국제연합군 및 한국군은 리퍼작전(Operation Ripper)을 통해 서울을 재수복했다. 그리고 4월 초에는 서쪽으로 38선 북방 10킬로미터에 설정된 캔자스(Kansas)선과 동쪽으로 철의 삼각지대 저변을 잇는 와이오밍(Wyoming)선을 확보했다. 이로써 1950년 6월 25일 이후 전선이 요동쳤던 '아코디언 전쟁'(Accordion-War)은 교착상태의 진지전(War of Position)으로 전환되었다. 이처럼 전세가 다시 전환되는 상황에서 베이징의 중국공산당 정부는 국제연합이 평화적 해결책을 마련해야 한다고 주장하기 시작했다. 그러나 맥아더 국제연합군사령관은 "코리아의 통일을 허용하는 협상에 나서든지 아니면 그 대가를 치러야 할 것"이라고 압박했는데, 이러한 생각은 트루먼행정부의 제한전(limited war) 정책과 충돌했다.[147]

---

146 Appleman, *Ridgway Duels For Korea*, 255-92, 580; Erwan Bergot, *Bataillon de Corée: Les Volontaires français, 1950-53* (Paris: Press de la Cité, 1983), 93-127; T.R. Fehrenbach, *This Kind of War* (Washington, D.C.: Brassey's, 2000[1963]), 251-66. 외인부대 출신의 몽클라르는 양차 세계대전과 제1차 인도차이나전쟁에 참전했다. 6.25전쟁 당시 58세로 프랑스정부가 그의 코리아 참전에 반대하자 "자유를 지키는 데 나이가 문제 될 수 없다"며 직접 모병에 나섰다. 그는 "대대급 병력은 중령이 지휘한다"는 프랑스군 규정에 따라 중장에서 중령으로의 강등을 자원하여 참전대대를 이끌었다. Jean-Marie Thiébaud, *La Présence française en Corée de la fin du XVIIIe siècle à nos jours* (Paris: L'Harmattan, 2005), 215-16; Fabienne Monclar, *Monclar, le Bayard du XXe siècle* (Versailles: Via Romana, 2014).

147 Schoenbaum, *Waging Peace & War,* 220.

맥아더 해임과 정전협상의 모색

맥아더 국제연합군사령관은 정전협상으로 가는 길목에 놓인 장애물처럼 비쳐졌다. 맥아더의 압록강 수풍발전소 폭격 및 병참보급로 차단 의지, 만주(滿洲)로 도망가는 적 전투기에 대한 월경추격(hot pursuit)의지 등은 만주로의 확전을 불러올 수 있다고 여겨졌다. 후대의 학계에서는 (특히, 베이징이나 평양에서는) 맥아더를 만주로의 확전을 주장했던 "전쟁광"처럼 평가하는 경향이 있다. 그러나 맥아더가 가지고 있던 만주에 대한 전략개념을 비판할 때, 반드시 고려해야 할 점은 당시의 만주는 현재와 같이 중화인민공화국의 둥베이(東北)지역으로 고정되기 이전이었다는 점이다.[148] 1949년 수립된 중화인민공화국을 아직 국제적 승인을 받지 못한 집단이라고 보았던 맥아더는 장개석의 '본토 수복'에 동조적이었다.

결국 만주를 비롯한 동북아지역에 대한 지정학적 인식의 차이로 인해 워싱턴과 마찰을 빚던 맥아더는 대통령 트루먼에 의해 해임되었다. 맥아더가 하원의 야당지도자 마틴(Joseph W. Martin)에게 보낸 "승리를 위한 대체물은 없다"(There is no substitute for victory)라는 문구가 포함된 서한이 공개된 것이 결정적이었다. 트루먼, 애치슨, 마샬, 그리고 합참은 맥아더의 서한에 경악했다.[149]

---

148 1949년 12월 6일 전용열차를 타고 스탈린을 만나러 모스크바로 떠났던 마오쩌둥은 중간에 합류한 저우언라이와 함께 2월 14일 크렘린궁에서 '중소 우호동맹호조(互助)조약'을 체결했고, 이어서 "창춘(長春)철르, 뤼순(旅順)항 및 다롄(大連)에 관한 협정"을 체결했다. 이에 따라 중화인민공화국은 1945년 얄타협약에서 장개석이 차지했던 이권을 대신 차지하게 되었으며, 1952년 창춘철로, 그리고 뤼순을 소련으로부터 넘겨받을 수 있게 되었다. 6.25전쟁의 와중에서 과거 일제와 마지막 황제 푸이가 수립했던 만주국(滿洲國), 그리고 중화민국으로 분할 계승되었던 청제국의 강역(疆域)은 큰 저항 없이 중화인민공화국으로 귀속되었다.

149 Truman, *Memoirs 2: Years of Trial and Hope,* 472; Schoenbaum, *Waging Peace & War,* 221.

특히, 브래들리(Omar M. Bradley) 합참의장은 다음과 같은 세 가지 이유를 들어 맥아더를 해임할 것을 대통령에게 건의했다. (1) 맥아더의 공개발언은 워싱턴이 추구하고 있는 코리아에서의 제한전 정책을 어렵게 만들었다. (2) 대통령의 훈령을 위반했다. (3) 군대는 민간에 의해 통제되어야 한다.[150] 결국 1951년 4월 10일 트루먼 대통령은 브래들리 합참의장의 건의를 받아들여 맥아더의 해임을 결정했다. 브래들리 합참의장은 맥아더에게 다음과 같은 해임통보를 담은 전문(電文)을 발송했다.[151]

> 트루먼 대통령으로부터 귀관께 아래 메시지를 전달하라는 지시를 받았음. "대통령으로서 귀관을 연합군 최고사령관, 국제연합군 사령관, 극동군 사령관, 미 극동 육군 사령관직에서 해임하는 직무를 수행하게 된 것을 매우 유감스럽게 생각함."[152]

맥아더는 이 전문이 도착하기 앞서 언론을 통해 자신의 해임 소식을 접했다. 나중에 맥아더는 "어떤 사환(office boy)도, 어떤 파출부도, 어떤 하인도 그렇게 무례한 방식으로 해임(dismiss)되지는 않았을 것"이라고 회고했다.[153] 맥아더의 후임으로는 워커를 대신해서 미8군 사령관으로 근무 중이던 리지웨이가 임명되었다. 맥아더는 4월 17일 트루먼 대통령

죠지 마샬은 1950년 9월 21일 존슨을 대신해서 국방장관이 되었고, 브래들리는 9월 22일 맥아더와 같은 급의 5성 장군이 되었다.

150 Omar N. Bradley and Clay Blair, *A General's Life: An Autobiography* (New York: Simon and Schuster, 1983), 634-35; Collins, *War in Peacetime*, 284.

151 당시의 상황에 관한 자세한 설명은 Truman, *Memoirs 2: Years of Trial and Hope,* 476-78.

152 "브래들리가 맥아더에게 보낸 전문," 1951년 4월 11일, 미 태평양군 문서군, 국립중앙도서관, 『NARA기록으로 보는 6.25』 (서울: 국립중앙도서관, 2010).

153 Douglas MaArthur, "Gen. MacArthur Makes His Reply," *Life,* 13 Feb 1956, 102.

의 마지막 배려로 미국 시민들의 대대적 환영을 받으며 샌프란시스코에 도착했다. 그리고 5월 3일부터 두 달 동안 상원에서는 맥아더 해임의 정당성을 둘러싼 청문회가 개최되었다. 맥아더의 해임소식에 마오쩌둥은 용심대열(龍心大悅, 황제가 크게 기뻐함)했다.[154] 맥아더에 대한 공산진영의 증오와 공포의 관점에서 보면 맥아더의 해임은 그 정당성 여부와는 별개로 곧 개막될 정전협상에서 국제연합군 대표단의 협상력을 저하시켰다.

1951년 4월 14일 리지웨이가 맡았던 미8군 사령관 직에는 밴 플리트(James A. Van Fleet, 1892-1992)가 임명되었다. 밴 플리트는 아이젠하워, 브래들리 등과 웨스트포인트 동기생(1915년 졸업)으로서 제1차 세계대전과 제2차 세계대전 당시 유럽전장에서 활약했었다. 리지웨이 신임 국제연합군사령관과 콜린스 참모총장은 그의 사관학교 후배였다. 밴 플리트는 제2차 세계대전 종전 후 트루먼 대통령에게 발탁되어 그리스정부 군사지원단장을 맡았다. 그리스에서 공산주의자들과 대결했던 밴 플리트의 경험은 6.25전쟁에서 그가 내린 결정들에 투영되었다. 밴 플리트를 미8군 사령관에 임명하기 앞서 그가 선임자인 리지웨이의 작전에 대해 비판했던 경험이 있었다는 점, 국제연합 총사령관이 된 리지웨이보다 사관학교 선배라는 회피사유가 제기되었다. 그럼에도 불구하고 트루먼 대통령은 밴 플리트를 기용했다. 그가 그리스에서 공산주의자들과 싸웠던 경력을 높이 평가했기 때문이었다.[155]

154 朱建榮(주지안롱), 『毛沢東の朝鮮戦争—中国が鴨緑江を渡るまで』, 서각수 역 (서울: 역사넷, 2005), 378.

155 Paul F. Braim, *The Will to Win: The Life of General James A. Van Fleet* (Annapolis, Maryland: Naval Institute Press, 2001), 대한민국 육군교육사령부 자료지원처 번역실, 『승리의 신념』 (서울: 봉명, 2002), 320.

밴 플리트가 그리스 공산주의자들의 빨치산투쟁에 맞서 그리스정부군을 돕다가 그리스를 떠날 때, 한 기자가 그에게 물었다. "그리스에서 얻은 교훈을 다른 게릴라 작전에서 이용할 수 있겠는가?"[156] 코리아가 바로 그곳이었다. 나중에 밴 플리트의 동상은 그리스와 한국 양국에 세워졌다. 그의 동상이 있는 한국육군사관학교에서 밴 플리트는 아버지와 같은 존재로 기억된다. 그가 미8군 사령관으로 전쟁을 지휘하던 시기 그의 외아들 밴 플리트 주니어(James A. Van Fleet, Jr.)는 전투기 조종사로 자원했다가 실종되었다.[157]

밴 플리트가 미8군의 지휘권을 인수한 직후 예하의 참모들을 만났을 때, 한 미군 참모는 한국에서 철수하고 한국을 일본에 '반환'해야 하며, 이 사태는 오직 일본인들만이 해결할 수 있다고 주장했다. 이때 밴 플리트는 단호하게 응답했다. "제군들, 나는 항복하고 철수하기 위해 이 나라에 온 것이 아니오. 나는 승리하기 위해 여기 왔소. 제군들 중 누구라도 나와 함께 일하기 싫다면, 당장 집으로 보내 주겠소."[158] 밴 플리트는 상관이 된 후배 리지웨이와 결연한 전의를 공유했다.

1951년 4월 14일 밴 플리트가 인수한 작전지휘권은 한국군 약 20만 명을 포함 총 41만 7천 명의 병력을 관장했다. 그리고 7개의 전투비행단, 2개의 경폭격단, 3개의 중폭격단, 5개의 수송단, 1개의 전술수색대 등 18개 공군부대가 참전 중이었다. 이들 중 오직 3개의 전투단만이 한국에 기지를 두고 있었고, 나머지는 일본과 오키나와에 기지를 두고 있었다. 6.25전쟁에 투입된 미 해군은 항공모함 5척, 전함 1척, 순양함 7척, 다수

156 Braim, *The Will to Win,* 『승리의 신념』, 300.

157 고든 R. 설리반(미군협회 회장), "서문," Braim, *The Will to Win,* 『승리의 신념』.

158 Braim, *The Will to Win,* 『승리의 신념』, 323.

의 구축함과 지원선박 등이었다. 미 제1군단은 코리아전선의 서부, 제9군단은 중부, 그리고 제10군단은 동부에서 캔자스 선(Kansas Line)을 유지하고 있었다. 중남미국가인 콜롬비아에서 도착한 1개 여단을 비롯하여 분견대에서부터 여단 규모에 이르기까지 다양한 규모로 편성된 국제연합 16개국 부대도 그의 작전지휘를 받았다. 한국군은 전방 지휘소를 설치하여 좌측으로는 미 제10군단과 접하고 동해안의 조산리까지 캔사스 선과 나란히 혹은 그 바로 북쪽에 방어선을 형성하고 있는 2개의 군단으로 구성되어 있었다.[159]

이에 비해 조-중인민군은 한반도에 50개 사단 약 70만 명의 병력을 보유하고 있었다. 추가적으로 약 50만 명의 병력이 남만주에서 훈련받으며 참전준비를 하고 있었다. 조-중인민군의 주력은 중국인민지원군으로 구성되었으며, 조선인민군은 완편되지 못한 7개 군단으로 구성되어 있었다. 중국인민해방군의 미그-15 전투기들은 평양까지 남하하여 미공군 전투기와 격전을 벌이면서 지상군을 지원했다.[160] 이처럼 전쟁 초기 압도적이었던 국제연합 공군력의 우위도 위협을 받고 있었다. 그러나 밴 플리트는 이에 굴하지 않고 리지웨이에게 돈트레스작전(Operation Dauntless) 2단계를 수행할 것이라고 보고했다. 그리고 "철의 삼각지대" 남쪽 경계선인 철원과 김화로 진출할 계획을 세웠다.[161]

1951년 봄 중국인민지원군은 춘계대공세를 펼쳤고, 5월 강원도 인제군 현리전투에서 대승을 거뒀다. 밴 플리트는 현리전투 패전의 책임을 물어 유재흥(劉載興)이 이끌던 한국군 제3군단을 해체하고, 그 예하부대

---

159 Braim, *The Will to Win,* 『승리의 신념』, 325.

160 Braim, *The Will to Win,* 『승리의 신념』, 325-26.

161 Braim, *The Will to Win,* 『승리의 신념』, 328-29.

를 인접군단에 배속시켰다. 중국인민지원군의 춘계대공세에 맞서 국제연합군과 한국군은 세 번째로 서울을 내주는 사태를 막을 수 있었다. 이때 밴 플리트는 이승만 대통령에게 한 한국인 노파의 강인한 모습에서 서울을 사수할 결심을 하게 되었다고 회고했다. 폐허가 된 도시의 중심가에서 아무도 사줄 사람 없는 장신구를 팔고 있던 노파는 "나는 여기에 계속 있을 거야. 언젠가 사람들은 돌아올 거야"라고 말했다는 것이다.[162] 물론 그 노파가 어떤 사람들이 돌아올 것이라고 기대했는지는 확실하지 않다. 다만 밴 플리트는 자신이 그런 민초들의 편이라고 확신했다.

국제연합군과 그 휘하의 한국군이 성공적으로 서울을 방어한 가운데 전선은 교착되었고, 일단 전쟁을 정지시키고자 하는 움직임이 강해졌다. 결국 미국의 정전방침은 미국 국가안보문서인 NSC48/3, NSC48/4, NSC48/5 문서 시리즈를 통해 공식화되었다. 1951년 4월 26일자 NSC48/3은 정전협상의 기초가 될 몇 가지 원칙들을 제시했다. "아시아에서 공산주의자들의 공세(communist aggression in Asia)로 인해 초래된 미국 안보 이익에 대한 위협이라는 관점에서, 코리아문제와 관련하여 미국이 받아들일 만한 해결을 추구하는 것이 미국의 정책이 되어야만 한다. 그것은 최소한(at a minimum), 적대행위를 종결하고, 침략을 끝내고, 재발을 막는 것이어야만 한다. 그러한 해결이 이루어질 때까지 침략자들을 응징하고, 침략자들이 침략을 통한 이익을 누리지 않도록 군사작전은 지속되어야 한다."[163] NSC48/4와 NSC48/5는 이러한 원칙들을 더욱 구체

162 Braim, *The Will to Win,* 『승리의 신념』, 340-42.

163 NSC48/3문서의 주요 내용은 U. S. Department of State, *FRUS, 1951: Korea and China,* 388. 1951년 4월 26일자 NSC48/3문서의 전문은 *FRUS*에 수록되지 않았다. 1951년 5월 4일자 NSC48/4문서의 전문도 *FRUS*에 수록되지 않았다.

화했고, 1951년 5월 17일 트루먼 대통령은 NSC48/5를 승인함으로써 정전협상에 임하는 미국의 기본 원칙이 다음과 같이 확립되었다.[164]

a. 군사적 수단과 구별되는 정치적 수단을 통해 통일, 독립, 민주 코리아(a united, independent and democratic Korea)를 가능하게 하는 코리아 문제 해결책(a solution of the Korean problem)을 궁극적 목표(ultimate objective)로서 추구한다. 현재적 목표(current objective)로서 적절한 국제연합 기구를 통해 미국이 받아들일 수 있는 코리아분쟁(Korean conflict)의 해결책을 추구한다. 그것은 최소한 (1) 적절한 정전조치에 따라 적대행위(hostilities)를 끝내고, (2) 행정과 군사방어에 최대한 유리하도록 설정된, 어떤 경우에도 38선 이남이 아닌, 북방경계선(northern boundary) 이남의 코리아에서 대한민국(the Republic of Korea)의 권위(authority)를 확립하고, (3) 적절한 단계를 거쳐 비-코리안(non-Korean) 무장력을 코리아로부터 철수하고, (4) 코리아 이북으로부터의 침략을 저지하거나 반격할 수 있을 정도로 충분한 대한민국 군사력을 육성하는 것을 허용한다. 이상의 현재적 목표를 달성할 때까지 침략자에 대한 대응과 응징을 계속한다.

b. 위의 a에 부합되고, 미국 및 국제연합군의 안보에 부합되게, 코리아에서의 적대행위가 소련과의 전면전(general war)으로 확대, 특히, 주요 열강들이 지지하지 않는 가운데 공산중국과의 적대행위가 코리아 밖으로 확대되는 것을 회피하는 것을 추구한다.

c. 코리아 상황과 관련하여 미국은,

1. 소련, 대만, 그리고 공산중국의 국제연합 가입 등과 관련하여 미국의 지위를 악화시키지 않는 한도 내에서 미국이 받아들일 수

164 Memorandum Containing the Sections Dealing With Korea From NSC 48/5, dated May 17, 1951. U. S. Department of State, *FRUS, 1951: Korea and China*, 439-440.

있는 정치적 해결을 추구한다.

2. 그와 같은 해결이 부재하고, 받아들일 만한 또 다른 대안이 없다고 인정될 경우, 코리아에서 현재와 같은 군사적 노선을 지속하되, 군사적 수단에 의한 코리아의 통일을 약속하지는 않는다. 단,
   (a) 적에게 최대의 손실을 입힌다.
   (b) 남쪽 코리아가 군사적 침략에 의해 점령당하는 것을 저지한다.
   (c) 아시아의 그 이외 지역에서 공산주의 침략역량을 제어한다.
3. 동맹국들이 코리아에서의 국제연합활동에 대한 지지와 기여를 증대할 수 있도록 지속적으로 노력한다.
4. 믿을 수 있는 남쪽 코리아 군대를 가능한 빨리 육성하여 궁극적으로 국제연합군의 부담을 상당부분 감당할 수 있도록 한다.
5. 만일 소련이 코리아 주둔 국제연합군의 안전을 위협할 정도의 소련 '지원군'(volunteers)을 개입시킨다면, 국제연합군을 코리아로부터 철수시키고 미국이 전면전을 치루기 위한 가능한 최선의 위치를 확보하는 것을 즉각적으로 고려한다.
6. 만일 소련이 전면전으로 치달을 경우, 가능한 빨리 국제연합군을 코리아로부터 철수시키고 미군을 다른 곳에 배치한다.
7. 국제연합기구들을 통해서 그리고 국제연합기구들에서 대한민국(Republic of Korea) 정부와 민주적 제도를 지속적으로 강화하고, 대한민국(Republic of Korea)과 공산지배로부터 벗어난 코리아의 지역들에서의 경제적 회복과 부흥을 위한 국제연합의 노력에 지속적으로 기여한다.

트루먼 대통령이 재가한 NSC48/5에 따라 1951년 5월 31일 미국 합참은 국제연합군 사령관에게 정전에 관한 일반지침을 하달했다. 이러한 미국의 입장과 관련해서 국제연합도 법률고문 펠러(Abraham Feller)와 리

사무총장을 통해 "협상이 군사적인 문제에 국한되고 최종결과가 국제연합 안보리에 보고되는 한 미국은 국제연합의 추가 승인 없이도 정화(cease-fire) 또는 정전(armistice)을 결말지을 권리가 있다"는 국제법적 입장을 확인했다.[165]

코리아에서 열전이 벌어지고 있는 동안 세계냉전의 주무대는 유럽이었다. 냉전의 심화는 서유럽의 결속을 촉진시켰다. 1951년 4월 18일 파리조약으로 유럽석탄철강공동체(ECSC)가 탄생했다. 1951년 3월부터 6월까지 파리에서는 약 4개월 동안 미국의 전권 대사 제섭(Philip Jessup)과 소련전문가 볼렌(Charles E. Bohlen), 소련 외무차관 그로미코(Andrei Gromyko), 그리고 영국 대표 데이비스(Ernest Davies) 등이 회의를 계속하며 독일과 오스트리아의 전후 처리문제에 관한 치열한 협상을 계속했다. 협상이 성과 없이 끝난 이후 볼렌은 워싱턴으로 귀환하여 소련 관련 정책에 대해 자문했다.[166]

1951년 6월 초까지 스탈린은 소련군을 투입할 생각도 없었지만, 정전을 고려하지도 않았다. 스탈린은 소련이 유럽에서 자본주의국가들과 씨름하는 동안 유라시아의 극동에서 마오쩌둥이 미국과 전쟁을 지속하기를 원했다. 1951년 6월 5일 스탈린은 마오쩌둥에게 다음과 같은 전문을 보내 정전(停戰)의지보다 결전(決戰)의지를 분명히 했다.

> 본인은 다음과 같은 이유에서 조선에서의 전쟁을 서둘러 종결해서는 안 된다는 동지의 견해에 동의함. 첫째, 지구전은 중국군대로 하여금 전장에서 현대전을 배우게 해줄 것임. 둘째, 이 전쟁은 미국의 트루먼체제를 흔들 것이

165 Leland M. Goodrich, *Korea: A Study of U.S. Policy in the United Nations* (New York: Council on Foreign Relations, 1956), 183.

166 Bohlen, *Witness to History*, 296-97.

며, 영미군대의 군사적 위신을 저하시킬 것임. 영미군대의 다소 높은 사기와 중국군 내부에서 증대되고 있는 심각한 우경화는 군대를 전진시켰다 후퇴시키는 현지 기동전술이 초래한 것이라고 생각됨. 그러한 기동전술이 몇 차례 반복되면서 중국군 내부에서 중국인민지원군과 조선인민군이 취약하다는 인상, 영미군 내부에서 자신들이 강하다는 느낌을 만들어 냈다고 보여짐. 이러한 현상이 중국군 및 조선군의 사기를 손상시킬 우려가 있음. 이러한 바람직하지 못한 현상에 대응하기 위해 적군 3-4개 사단을 제거할 수 있는 작전의 실시를 준비할 필요가 있음.[167] (밑줄 첨가).

스탈린은 또한 "현재 계획대로 후방에 강대한 방어선을 구축하고, 적 후방의 유격대 활동을 강화하며, 새로운 대포와 필수 무기를 갖추면 상황은 개선된다"고 독려했다.[168] 마오쩌둥이 중국인민지원군의 대포와 반(反)탱크(anti-tank) 무기가 부족하다고 한 것에 대해서는 "2개월 전에 자신이 새로운 대포와 무기를 제공하겠다고 했음에도 왜 명세서를 보내지 않느냐"고 반문하면서, "현재 공산군의 사기에 문제가 있는데, 적의 3, 4개 사단을 소멸시키지 않으면 이런 불건전한 정서는 없어지지 않는다"고 역설했다.[169]

1951년 6월 초 스탈린이 마오쩌둥에게 이처럼 결전을 당부하고 있던 것과는 상반되게 국제연합 주재 소련대표 그로미코는 리 국제연합 사무총장에게 소련정부가 코리아에서의 정전에 관심이 있다고 밝혔다.[170] 봉

---

167 The coded message N 3410, 5 June 1951, Archives of the President of Russia, pp. 17-18 cited in Bajanov and Bajanova, *The Most Mysterious War,* 212.

168 필리포프(스탈린)가 마오쩌둥에게 보낸 전문, 1951년 6월 5일, 러시아 대통령문서고, 楊奎松, "중국의 조선 출병 시말," 137.

169 위와 같음.

170 Mastny Vojtech, *The Cold War and Soviet Insecurity: The Stalin Years* (Oxford: Oxford University

쇄정책의 입안자였고, 당시에는 프린스턴대학에서 연구 중이던 케난은 1951년 5월 31일과 6월 5일 두 차례에 걸쳐서 국제연합 주재 소련대표였던 말리크를 만나서 러시아어로 진지하지만 서로 얽매이지는 않는 대화(talk seriously but without commitment)를 나누었다. 5월 31일의 대화는 말리크가 케난의 무릎에 과일과 와인이 올려진 쟁반을 떨어뜨리는 불길한 일로 시작되었지만, 케난은 개의치 않고 코리아에서의 정전에 관한 소련의 진의를 탐색했다. 보다 진지한 대화는 6월 5일에 이루어졌다. 말리크는 이날 케난에게 "[코리아에서의] 평화적 해결을 원하며, 그것도 가능한 빠른 시일 안에 원한다"고 언급했다.[171]

그 무렵 김일성은 베이징을 방문 중이었고, 마오쩌둥은 1951년 6월 5일 다음과 같은 전문을 보내 스탈린의 의견을 물었다.

> 필리포프(Philippov) 동지!
>
> 조선에서 전쟁을 수행하는 과정에서 우리는 재정문제, 전선에서 직접 군사작전을 수행하는 문제, 적군이 아군 후방의 해안에서 상륙작전을 시행할 위험성에 관한 문제 등 심각한 문제들에 직면하고 있음. 우리는 조만간 가오강 동무를 모스크바에 보낼 가능성을 고려하고 있음. 그는 위에서 언급한 문제들에 관해 동지에게 보고하고 이러한 중요한 문제들을 어떻게 해결할 것인가에 관해 동지의 지침들(instructions)을 요청하게 될 것임. 현재 김일성 동지는 베이징에 와있음. 그는 이 문제들에 관해 동지와 토의하기 위해 가오강 동무와 함께 가기를 원하고 있음.[172]

Press, 1996), 122; Acheson, *Present at the Creation,* 532.

171 Acheson, *Present at the Creation,* 532-33; Stueck, *The Korean War,* 206.

172 The coded message N 20443, 5 June 1951, the Second Chief Directorate of the General Staff of the Soviet Armed Forces, Archives of the President of Russia, p. 1, cited in Bajanov and Bajanova, *The Most Mysterious War,* 161-62.

김일성도 동북왕(東北王)이라 불리며 만주를 지배하고 있던 가오강(高崗)과 연명으로 보낸 전문을 통해 스탈린에게 접견을 요청했다.

> I. V. 스탈린 동지에게
>
> 우리는 모택동[마오쩌둥] 동지로부터 회답 전보를 받았습니다. 그것을 받아보시기를 바라며 또 시간이 허락된다면 우리들을 오늘 접견해 주시기 바랍니다. 우리들에게 높은 영광을 베풀어주시기를 부탁합니다. 그렇게 되면 우리는 당신의 지시에 따라 모든 문제를 해결하기 위하여 내일 비행기로 출발할 수 있게 될 것입니다. 공산주의식 인사를 드리면서. 高崗, 김일성.[173]

스탈린은 모스크바를 방문한 가오강과 김일성에게 중국인민지원군 사령관 펑더화이가 필요로 하는 무기의 지원과 군사고문의 지원에 대해 흔쾌히 동의하면서 정전불가론을 펼쳤다. 스탈린은 "현재까지 잘 싸웠는데, 왜 정전하려고 하는가, 전쟁의 지속을 두려워하는 것은 미국이지 우리가 아니다, 나는 미국의 심리를 안다, 너희 여러 명이 한 명의 미군을 죽이면 그들 대부분은 국내로 관을 보내온다, 그들 국내는 이 전쟁을 반대하는 압력이 갈수록 커지며 최후 정전을 요구하는 것은 틀림없이 미국인"이라고 설득했다. 그러나 가오강과 김일성이 중국인민지원군과 조선인민군이 처한 어려움을 거듭 설명하자 스탈린은 1951년 6월 13일 베이징 주재 로신 대사를 통해 마오쩌둥에게 보낸 다음과 같은 전문에서 정전협상 개시에 동의하는 동시에 16개 사단을 무장하기 위한 장비를 제공

173 조선민주주의인민공화국 내각 수상이 소련 내각회의 의장에게 보낸 전문. 번역문에는 1951년 6월 14일이라고 되어 있으나 발송시간은 그 이전이었을 것임. 러시아연방대통령 문서보관소 문서군 45, 목록 1, 문서철 339, 57쪽, 원본, 조선어에서 번역. 바르타노프 편, 『자료집: 소련 국방부 중앙문서보관소비밀해제 자료 및 대통령궁 문서보관소 비밀해제 자료 (1997)』, 대한민국 국사편찬위원회 역, 『해외사료총서11』, 제9장.

해 주겠다는 이중적 태도를 표명했다.

> 오늘 본인은 만주와 조선에서 온 당신의 대표들(가오강과 김일성)과 회견을 가졌음. 세 가지 문제들이 제기되었음. 첫째, 정전에 관하여. 지금 정전이 유익한 것이라고 받아들여졌음. 둘째, 군사고문들에 관하여. 그처럼 많은 군사고문들을 필요로 한다면 충족시켜 줄 준비가 되어 있음. 셋째, 60개 사단[174]을 무장하기 위한 장비. 우리로서는 반대의견이 없음. 대화를 마친 후 우리는 영국과 미국이 곧 조선에 대항해서 싸우고 있는 16개 국가들을 대표해서 중국과 조선에게 정전 제안을 할 것이라는 정보를 입수하였음. 그러나 그에 앞서 그들은 당신의 군대를 치고자 함. 아마도 이것은 헛소문일 수 있음. 그러나 가능한 이야기고 헛소문이 아닐 수도 있음 [중략] 그러므로 방위를 견고히 하고 적의 진격을 허용하지 말 것을 권고함.[175]

이 전문에서 스탈린은 정전협상에 동의하는 동시에 다음과 같이 공군력 증강을 추진하는 이중적 측면을 보여주고 있다.

> 우리[스탈린, 가오강, 김일성]는 중국의 16개 전투비행사단들 중 적어도 8개 사단을 즉시 활용하는 것이 절대적으로 필요하다고 믿는다. 우리는 MIG-15기로 무장한 2-3개 비행사단 이외에 폭격기들에 맞서서 매우 효과적인 MIG-9기로 구성된 5-6개의 사단들을 중국의 중남부로부터 전선으로 이동할 수 있을 것이라고 생각함. 8개 전투비행사단은 전선의 필요성을 완벽하게

174 바르타노프 편, 『자료집: 소련 국방부 중앙문서보관소비밀해제 자료 및 대통령궁 문서보관소 비밀해제 자료 (1997)』, 대한민국 국사편찬위원회 역, 『해외사료총서11』, 제9장에 수록된 번역문에는 16개 사단으로 되어 있음.

175 Coded message N 3557, 13 June 1951, Stalin to Mao, cited in Bajanov and Bajanova, *The Most Mysterious War,* 161-62.

충족시켜 줄 수 있을 것임. 우리의 정보에 의하면 당신의 전투기들은 이미 싸울 준비를 갖추고 있음. 그들이 종이비행기들이 아니라 전투비행기들이라는 사실을 보여줄 수 있도록 가능한 빨리 전투에 투입해야 함.[176]

같은 날인 6월 13일 마오쩌둥은 스탈린에게 다음과 같은 답신을 보냈다.

동지의 6월 13일자 전문을 잘 받아보았음. 오늘 또한 가오강과 김일성 동지로부터도 전문을 받았음. 정전문제에 관한 우리의 의견을 동지[스탈린]에게 전달할 수 있도록 가오강 동무에게 전달하였음. [중략] 펑더화이 동무는 전략과 전술을 위해 많은 소련 고문들을 필요로 하고 있음. 가능한 빨리 고문들을 보내주기 바람. 8개 전투비행사단을 참전시킬 것에 관한 동지의 조언에 따라 총참모부에 계획을 수립하라는 명령을 내렸음. 또한 펑더화이에게 제2, 제3방어선을 확고히 하고, 새로운 방어선을 구축하라고 명령했음. 8개 기습사단들을 창설하고, 그들의 행동계획을 수립할 것에 관한 동지의 권고도 실행 중임. 6월에는 우리 군사력이 적의 군사력보다 상대적으로 약할 것임. 그러나 7월이 되면 우리는 6월보다 강해질 것이고, 8월에는 더욱 강해질 것임. 우리는 8월에 적에게 더욱 강한 타격을 가할 준비를 하고 있음.[177]

1951년 6월 13일 마오쩌둥은 가오강과 김일성에게 서한을 보내 정전협상의 방향과 관련하여 스탈린과의 협의내용을 전달했다. 마오쩌둥의

176 Coded message N 3557, 13 June 1951, Stalin to Mao, cited in Bajanov and Bajanova, *The Most Mysterious War,* 161-62; 스탈린이 마오쩌둥에게 보낸 이 전문은 楊奎松, "중국의 조선 출병 시말," 138에서도 인용되고 있음.

177 The Coded message N 20772, 13 June 1951, The Second Chief Directorate, General Staff of the Soviet Armed Forces, pp. 55-56 cited in Bajanov and Bajanova, *The Most Mysterious War,* 163.

이 서한은 가오강과 김일성이 스탈린에게 제출한 6월 14일자 공문에 첨부되었다.

동지들이 보낸 6월 13일자 전문 잘 받아보았음. 정전협상 문제와 관련해서 조선과 중국 스스로가 오늘 이 문제를 제기하는 것은 권고할 만하다고 여겨짐. 왜냐하면 앞으로 2개월 동안 조선인민군과 중국인민지원군은 방어자세를 취해야 하기 때문임. 다음과 같이 행동하는 것이 바람직함.

1) 적이 스스로 정전을 제안할 때까지 기다림.
2) 케난의 성명에 기초해서 소련 정부가 미국 정부에게 정전에 관한 요청을 하는 것이 바람직함. 위에서 언급한 2개 안을 동시에 시행하는 것도 가능함. 한편으로 소련 정부가 그러한 요청을 하고, 다른 한편으로 만일 적들이 정전문제를 제기하면 조선과 중국이 이에 대한 동의를 표현하는 것임. 보다 나은 방안으로 당신들[가오강과 김일성]이 필리포프[스탈린] 동지와 견해를 교환하고 문제를 해결하기 바람.
3) 정전 조건: 북위 38도선 상의 경계선 회복, 양측 사이에 작은 중립지대를 만드는 것. 북조선 측으로만 중립지대를 만드는 것은 절대로 불가함. 중화인민공화국의 국제연합가입문제를 정전조건으로 제기할 필요는 없다고 생각됨. 왜냐하면 중화인민공화국은 국제연합 자체가 사실상 침략 도구가 되었다고 말할 수 있고, 따라서 중화인민공화국은 국제연합가입문제에 특별한 중요성을 부여하고 있지 않기 때문임. 대만이 조건이 될 수 있는가에 관해서도 생각해 보아야 함. 흥정을 위해 이 문제를 다루자고 해야 할 것임. 그러나 미국이 이 문제를 분리해서 다루고자 한다면 우리는 적당히 양보할 것임. 평화를 위해 조선문제를 먼저 해결해야 함. 필리포프 동지에게 문의하고, 그의 지침을 구할 것.
4) 현재의 전선을 확고히 고수하라는 명령을 하달했음. 만일 적측이 새로운 증원군을 조선에 보내지 않고, 상륙작전을 실시하지 않는다면, 우리는

지금보다 8월에 훨씬 강해져 있을 것임.

5) 공군부대를 즉시 전선으로 파견할 것임. 마오쩌둥[178]

1950년 9월부터 국제연합주재 소련대표단 부대표 차라프킨을 통해 미국 측과의 대화 채널을 열어 놓고 있었던 국제연합주재 소련 대표 말리크는 1951년 6월 23일 뉴욕의 국제연합 공보국 방송에서 "평화의 값"(The Price of Peace)에 관해 연설했다.[179]

말리크는 "소비에트 인민이 평화의 대의(cause of peace)를 수호하고자 한다"고 주장했고, 더 나아가 "코리아에서의 무장충돌(the problem of the armed conflict) 또한 해결될 수 있을 것이라고 믿는다"고 역설했다. 그리고 38선에서 교전당사자들(belligerents)이 정화 및 정전(cease-fire and armistice)을 위한 회담을 개최하자고 제안했다. 이전까지의 입장과 달리 말리크는 이 연설에서 대만으로 피신해 있던 중화민국 정부를 중국공산당이 수립한 베이징정부에 귀속하는 문제나 국제연합의 중화인민공화국 승인과 같은 전제조건을 달지 않았다.[180]

---

178 Attached to A Note of Gao Gang and Kim Il Sung to Stalin, 14 June 1951, 러시아연방대통령문서보관소 문서군 45, 목록 1, 문서철 339, 58-60쪽. 이 문서는 다음에도 수록되어 있다. "중화인민공화국 중앙인민정부 주석이 조선민주주의인민공화국 내각 수상에게 보낸 전문, 소련내각회의 의장과의 협의에 따른 지시," 1951년 6월 13일, 바르타노프 편, 『자료집: 소련 국방부 중앙문서보관소비밀해제 자료 및 대통령궁 문서보관소 비밀해제 자료(1997)』, 대한민국 국사편찬위원회 역, 『해외사료총서11』, 제9장.

179 국제연합방송은 국제연합본부에서 만들어지는 대내용 방송이었지만 당시 외교가에서 큰 영향력을 지녔다.

180 United Nations, Department of Public Information(1951); 블라지미르 니꼴라예비치 라주바예프, 『6.25전쟁 보고서』 (서울: 국방부 군사편찬연구소, 2001), I: 95. 평양에서는 "미제국주의자들은 전선에서 거듭되는 참패를 당하고 더는 헤어날 수 없는 곤경에 빠지게 되자 1951년 6월 우리 측에 정전담판을 제의해 왔다"고 기술하고 있다. 정익우, 『'조국해방전쟁론' 비판』, 28.

말리크의 제안 직후인 1951년 6월 25일, 전쟁 발발 1주년을 맞이하는 날에 트루먼 대통령은 제안에 동의하는 성명을 발표했다. 이어서 6월 27일 커크(Alan G. Kirk) 소련 주재 미국 대사가 소련 외무차관 그로미코를 만나 소련 측의 의사를 확인했다. 그로미코는 정전협상은 "통합군 사령부(미군 사령부)와 남한군 사령부 대표들을 한편으로 하고, 조선민주주의인민공화국 사령부와 중국인민지원군 사령부 대표들을 다른 한편으로 해서 진행되어야 한다"는 점, 그리고 협상은 "정전문제들을 포함하여 군사적 문제들로 제한되어야 하며, 정치나 영토와 관련된 어떤 사안도 다루어서는 안 된다"는 점을 설명했다.181

미 국무장관 애치슨도 그의 회고록에서 정전협상이 정부대표들이 아니라 전장(戰場)의 사령관들 간에 이루어져야 했던 사정을 다음과 같이 설명했다.

> 첫째, 미국이 차이니즈 정권이나 코리아 이북정권을 공식적 실체로 인정한 바가 없다.
>
> 둘째, 포르모사(대만, 필자 주) 문제, 공산중국의 승인이나 국제연합가입 문제, 인도차이나 문제 등과 같이 공산주의자들이 이전에 다루고 싶어 했던 정치적 문제들에 대한 협상으로부터 분리하는 것이 매우 바람직하다.
>
> 셋째, 국제연합가입을 위해 중공 대표 우슈첸(Wu Hsiu-chuan, 伍修權)이 뉴욕 국제연합본부를 방문한 것은 국제연합이 협상을 하기에는 가장 나쁜 장소라는 점을 보여주었다.
>
> 넷째, 협상의 미래는 전장에서의 역학관계에 의해 결정된다.

---

181 블라지미르 니꼴라예비치 라주바예프, 『6.25전쟁 보고서』 (서울: 국방부 군사편찬연구소, 2001), 1: 95-96; CIA, "Special Estimate: Possible Communist Objectives in Proposing a Cease Fire in Korea," 6 July 1951.

다섯째, 중국 공산주의자들이나 소련 정부는 코리아에 파견된 중국의 군사력에 대해 어떤 책임도 지려 하지 않는다. 이들은 그로미코가 커크 대사에게 말한 것처럼 그들 자신에게 책임을 지는 "지원군"(volunteers)일 뿐이지만, 그 사령관은 그들을 대변할 수 있다.[182]

결국 정전협상은 소련과 미국의 합의에 의해 외교관들이 아니라 현장의 군인들 간에 이루어지게 되었고, 그 결과로 탄생한 정전협정은 전장의 군 사령관들 간에 조인되었다. 트루먼 대통령은 국제연합군 총사령관 리지웨이 장군으로 하여금 정전협상에 나서도록 결정했고, 미국 합동참모본부는 리지웨이에게 정전협상의 전반적 정책(General Policy)을 다음과 같이 고지했다.

a. 이 정전에서 우리의 주된 군사적 관심은 NSC48/5에 기술된 바와 같이 코리아에서 적대행위의 중지(a cessation of hostilities in Korea), 전투의 재발 방지 보장(an assurance against the resumption of fighting), 그리고 미군의 안전 확보(the protection of the security of United States forces)에 있다.
b. 우리는 소련과 공산 중국(Communist China)이 합리적이며 수락할 수 있는 정전조치(armistice arrangements)에 진지한 태도를 갖고 있는지, 혹은 그들이 코리아문제의 영구적 해결에 동의할 준비가 되어 있는지를 확실히 모르고 있다. 그러므로 정전을 고려함에 있어서는 시간을 연장해서라도 우리가 수락할 수 있는 합의에 도달하는 것이 가장 중요하다.
c. 귀관과 '적군 사령관'(commander of opposing forces)과의 협상은 군사적 문제로 엄격히 제한되어야 한다. 귀관은 특히 코리아문제의 최종적인

182 Acheson, *Present at the Creation,* 533-34.

해결에 관한 토의나, 국제연합에서의 대만 및 중국의 의석(seat)과 같이 코리아문제와 관련이 없는 문제를 고려해서는 안 된다. 그런 문제는 정부 차원(government level)에서 다루어져야 한다.[183]

합동참모본부는 이 군사협상에서 취할 수 있는 최저입장(the minimum United States position)을 다음과 같이 설정했다.

a. 코리아와 코리아 내의 군사문제에 엄격히 국한되어야 하고 어떤 정치나 영토적 문제에 관련되어서는 안 된다.
b. 다른 협정에 의해 대치될 때까지 계속 효력을 발휘해야 한다.
c. 관계되는 지휘관들에게 코리아에서의 적대행위와 모든 군사작전을 중지하는 명령을 내리도록 요구해야 한다. 코리아반도를 가로지르는 비무장지대의 설치를 요구해야 한다. 코리아에 있는 모든 지상군은 진지에 잔류하든가 혹은 후방지역으로 철수하도록 요구하되, 비무장지대 전방에 있는 부대는 반드시 그 후방지역 진지로 이동하도록 요구해야 한다.
d. 국제연합군사령관과 공산군사령관에 의해 임명된 동수의 인원으로 구성된 군사정전위원회가 정전협정 조항의 시행과 준수에 관한 감시를 하도록 규정해야 한다. 그 위원회와 위원회에 의해 임명된 감시소조(teams of observers)는 자유롭고 제한 없이 코리아반도 모두에 접근할 수 있어야 하고 그들의 기능을 수행함에 있어 모든 가능한 지원과 협력이 주어져야 한다.
e. 관계 지휘관들에게 정전 기간 중 공중, 지상 또는 해상 부대나 인원의

183 JCS 95354 to CINCUNC (Personal for Ridgwary), 30 Jun 1951 cited in J. Schnabel & R. Watson, *The History of the Joint Chiefs of Staff*, vol. 3 Pt. II (1979), 4; 國防部戰史編纂委員會, 『美國合同參謀本部史: 韓國戰爭(下)』(1991), 22; 국방부 군사편찬연구소, 『6.25전쟁사9』, 113-14.

증강을 목적으로 한 군사력의 코리아로의 도입을 중지하도록 요구해야 한다. 이것은 '1:1기준'(a man-for-man basis)으로 부대나 개인의 교대를 제한하는 것으로 해석되어서는 안 된다.

f. 관계 지휘관들에게 정전이 발효될 시점에 코리아에 있는 전쟁 장비와 물자의 수준을 증강하지 않도록 요구해야 한다. 그러한 장비와 물자는 건강과 복지 유지에 필요한 보급품과 그 위원회에 의거 인가될 수도 있는 보급품을 포함하지는 않으며, 또 그러한 보급품을 운반하는 데 사용되는 차량, 선박, 항공기도 포함하지 않는다.[184]

합동참모본부는 리지웨이에게 이와 같은 최종적이며 더 양보할 수 없는 최저조건보다는 최초의 유리한 입장을 견지할 것을 요구했다. 그렇지만 적이 최저입장을 수락하기를 거절할 경우를 제외하고 회담을 파기해서는 안 된다는 점을 분명히 했다. 아울러 공산주의자들과의 협상은 대단히 어려울 것이라는 점을 다시 한 번 고지하면서도, 국제연합군 사령부에 대한 국제적 신뢰가 훼손되는 방식의 속임수를 쓰는 것은 회피하도록 했다.[185] 이어서 합동참모본부는 다음과 같은 세부사항들(specific details)도 하달했다.

a. 군사정전위원회는 게릴라를 포함하여 모든 군대가 정전조항, 조건 및 세부사항을 합의한 대로 이행하고 있는가를 확인할 수 있도록 조사할 권한을 가져야 한다. 그것은 국제연합군사령관과 공산군사령관에 의해

---

184 JCS 95354 to CINCUNC (Personal for Ridgwary), 30 Jun 1951 cited in Schnabel and Watson(1979), *The History of the Joint Chiefs of Staff,* 5; 國防部戰史編纂委員會, 『美國合同參謀本部史: 韓國戰爭(下)』 (1991), 22-23; 국방부 군사편찬연구소, 『6.25전쟁사9』, 114-15.

185 Schnabel and Watson(1979), *The History of the Joint Chiefs of Staff,* 4; 國防部戰史編纂委員會, 『美國合同參謀本部史: 韓國戰爭(下)』 (1991), 22-23.

지명된 동수의 유능한 보좌역을 가지되, 그 수는 그 임무와 기능을 수행하는 데 충분해야 한다.

b. 정전협정은 그 위원회가 조직되고 기능을 수행할 준비가 된 후에 발효되어야 한다.

c. 비무장지대는 20마일 폭은 되어야 하며 이는 정전협정이 합의될 시점에서 쌍방의 진지선에 기초하여 국제연합군사령관과 공산군사령관이 결정해야 한다.

협상 목적으로 귀관은 최초 공산군이 모든 전선에서 20마일 또는 그 이상 철수해야 된다고 요구해야 한다. 만일, 거래 목적상 국제연합군도 어느 정도 철수하는 것에 동의해야 하면, 귀관은 현재의 강력한 진지와 임무 수행능력이 위태롭게 되지 않는 범위 내에서 그렇게 해도 좋다. 그리고 귀관은 다만 정전목적을 위한 것이라면 옹진과 연안반도가 계속 공산군 측의 통제 하에 놓이는 것에 동의해도 좋다.

d. 정전협정은 코리아의 모든 적대적인 지상군에 적용되어야 한다. 이러한 군은 비무장지대와 상대방의 통제 하의 지역을 존중해야 한다.

e. 정전협정은 모든 적대적인 해군부대에 적용되어야 한다. 해군 부대들은 비무장지대와 상대방의 통제 하에 있는 연안으로부터 3마일까지의 육상 지역을 존중해야 한다.

f. 정전협정은 모든 적대적인 공군부대에 적용되어야 한다. 이 부대는 비무장지대 상공과 상대방의 통제 하에 있는 지역 상공의 공역을 존중해야 한다.

g. 군사정전위원회에 의거 승인된 특수임무에 필요한 차량, 해군 단위부대 및 항공기는 상기 d항, e항 및 f항에서 제외되어야 한다.

h. 전쟁포로는 '1:1기준'(a one-for-one basis)으로 가능한 한 신속히 교환되어야 한다. 포로교환이 완료될 때까지 국제적십자의 대표는 모든 포로수용소를 방문하고 그들이 할 수 있는 모든 지원을 제공할 수 있게 허가되

어야 한다.

i. 게릴라를 포함하여 최초 비무장지대 전방에 있는 '조직체'(organized bodies)들은 후방으로 이동하거나 그들의 '본대 지역'(area of their own main forces)으로 철수해야 한다.[186]

당시 유럽의 언론들은 미국의 관심이 코리아에 머물기보다 여전히 공산화의 위협 아래 있던 유럽으로 이동하기를 원했다. 1951년 7월 2일자 『아이리쉬 타임즈(*Irish Times*)』의 사설은 "코리아는 단지 드레스 리허설(dress rehearsal)에 지나지 않는다. 진짜 공연(real performance)은 유럽에서 있을 것"이라고 하면서 미국이 아시아보다 유럽에 관심을 가질 것을 역설했다.[187]

한편, 마오쩌둥은 1951년 7월 5일 스탈린에게 '조선'에서의 군사행동 중지에 관한 협정의 내용을 파악할 수 있도록 그 초안을 발송했다. 이 초안에 따르면 적어도 1951년 정화(停火)를 이룩하고, 국제연합군과 함께 중국인민지원군이 철수하도록 하는 구상이 존재했다. 아울러 완충지대에는 '민정'을 실시한다고 하여, 현재와 같은 비무장지대는 아님을 알 수 있다.

1. 1951년 __ 월 __ 일에 쌍방은 사격 중지 명령을 동시에 하달한다. 사격 중지 명령 하달 후 쌍방의 육해공군은 조선 영토 내에서 사격과 기타 적대행위를 중지한다.

---

186 JCS 95354 to CINCUNC (Personal for Ridgwary), 30 Jun 1951 cited in Schnabel and Watson(1979), *The History of the Joint Chiefs of Staff,* 5; 國防部戰史編纂委員會, 『美國合同參謀本部史: 韓國戰爭(下)』 (1991), 23-24; 국방부 군사편찬연구소, 『6.25전쟁사9』, 114-15.

187 Oliver, *Syngman Rhee and American Involvement in Korea,* 351에서 재인용.

2. 쌍방의 육해공군은 38도선으로부터 10마일(영국식)씩 철수한다. 38도선 이북의 10마일과 38도선 이남의 10마일 지역에 완충지대가 창설되어야 한다. 완충지대에서의 민정은 1950년 6월 25일 이전과 같이 복구된다. 즉 38도선 이북은 조선인민정부의 관할 하에 들어가며 38도선 이남은 대한민국 정부의 관할 하에 들어간다.
3. 쌍방은 조선의 경외로부터 경내로의 무기, 군대 혹은 증원군의 수송(육로, 해상 및 공중수송을 포함)을 중지한다.
4. 쌍방은 포로들을 귀환시킨다. 군사행동 중지 후 3개월 내에 각자는 몇 개 조로 나누어 완전한 상호 포로 교환을 실시해야 한다.
5. 중국인민지원군을 포함한 조선에서 교전하는 모든 외국 군대들은 2~3개월 기간 내에 몇 부분으로 분할하여 남과 북에서 완전히 철수되어야 한다.
6. 남북조선의 난민들은 4개월 내에 그들이 이전에 거주했던 지역으로 귀환해야 한다. 毛澤東[188]

이러한 마오쩌둥의 제안에 대해 스탈린은 회신을 보내 이들을 추인하거나 수정했다. 마오쩌둥과 스탈린이 전문을 통한 의견교환을 통해 합의한 공산진영의 정전협상에 관한 기본입장은 다음과 같았다.

첫째, 쌍방이 동시에 포화의 중지를 명령함.

둘째, 쌍방 군사력은 38선으로부터 10마일씩 철수하고, 38선의 10마일 이

188 중화인민공화국 중앙인민정부 주석이 소련 내각회의 의장에게 보낸 전문, 조선에서 전투행동의 중지에 대한 협정 초안에 대하여, 1951년 7월 5일, 러시아연방대통령문서보관소 문서군 45, 목록 1, 문서철 340, 19-20쪽, 바르타노프 편, 『자료집: 소련 국방부 중앙문서보관소비밀해제 자료 및 대통령궁 문서보관소 비밀해제 자료 (1997)』, 대한민국 국사편찬위원회 역, 『해외사료총서11』, 제9장.

내에 완충지대를 설치함.

셋째, 쌍방은 조선 외부로부터 무기 및 병력의 반입을 통한 무력증강 행위를 중지해야 함.

넷째, 중립국감독위원회를 창설하되, 먼저 제기하지 말고, 미국 측이 먼저 국제연합 군사정전위원회 설치를 제의하면 국제연합은 교전당사자라는 점을 들어 이를 거부하고, 대신 중립국감독위원회 설치를 제의할 것.

다섯째, 적측은 전쟁포로의 1:1 교환을 제안할 것임. 우리는 모든 전쟁포로의 송환을 주장해야 함. 적은 더 많은 조선인민군 포로들을 생포했고, 이들을 이미 남조선군에 편입시켰음. 그러므로 이로 인해 논쟁이 발생될 것임.

여섯째, 모든 외국 군대는 일정한 기한(예를 들어 3-4개월) 내에 철수. 이는 매우 중요한 문제임.

일곱째, 피난민들은 일정한 시점(2-3개월)까지 본래 거주지로 돌아가야 함.[189]

이처럼 미소 간 합의에 의해 정전이 이루어질 조짐을 보이자 이승만 대통령은 1951년 6월 27일 다음과 같은 담화문을 발표했다.

첫째, 전 한국민은 민족통일을 원하고 있다. 남한 사람에 못지않게 38선 이북에 사는 한국 남녀들은 하나의 정부, 즉 대한민국 정부 밑에 통일되기를 원하고 있다. 따라서 과거 5년 동안 우리의 국토를 분할하여 온 인위적인 경계선을 또 다시 건설하려는 여하한 제안도 결국 우리 전 한국민은 깊은 실망을 가지고 보게 되는 것이다.

둘째, 해결을 지으려 하면 반드시 한국민에 대한 공산 침략이 장차 또다시

189 Coded message N 21405, 3 July 1951, Mao to Stalin, cited in Bajanov and Bajanova, *The Most Mysterious War,* 185; Coded message N 3950, 3 July 1951, Stalin to Mao, cited in Bajanov and Bajanova, *The Most Mysterious War,* 185-86.

일어나지 않으리라는 확실한 보장을 주어야 한다.

셋째, 한국민은 그들이 민주주의적으로 또 합법적으로 선출한 대표를, 즉 한국 정부를 통하여 화평교섭이 진행되는 동안 계속 협의를 받고 정보를 받을 수 있게 되어야 한다.

말리크의 제안은 이러한 조건에 응할 수 있는가? 만약 그렇다면 평화에 대한 어느 정도의 희망이 있다. 그러나 우리는 조속한 평화라는 허황한 약속에 속아가지고 결국 더욱 무서운 전쟁의 서곡이 되어버릴 어느 평화제안도 수락하지 않을 것을 전 세계에 경고하는 바이다.[190]

변영태 한국 외무장관(제3대, 임기 1951. 4. 16 - 1955. 7. 28)도 기자회견을 통해 다음과 같이 경고했다. "소련이 전쟁을 말할 때는 빈 위협이요, 평화를 말할 때는 전쟁을 뜻함이요, 전쟁을 의미할 때는 말없이 친다."[191]

1951년 7월 2일 정전협상 개최를 8일 앞둔 시점에서 무쵸 주한 미 대사는 다시 한 번 이승만 대통령을 면담했다. 당시 무쵸 대사는 "(정전 협정 때문에) 격앙되어 있는 한국 측 인사들의 심사를 가라앉히고 (한국 정부의 정전 협정 관련 발표에) 영향을 미치기 위해 가능하면 자주 이승만 대통령과 한국 정부의 고위급 인사들을 만나"고 있었다. 이승만은 "한국은 미국과 유엔이 어떤 결론을 내리든 그 결정에 따라갈 것"이지만, "지금 정전에 동의를 하면 우리가 약하다는 것을 보여주는 것이며, 그 약점을 노출시킴으로써 결국은 3차 세계대전으로 이어질 것"이라는 생각을 무쵸 대사에게 전달했다.[192]

---

190 國防部政訓局戰史編纂會, 『韓國戰亂 一年誌, Korea in War 1950-1951』 (1951), C45-46.

191 卞榮泰, 『나의 祖國』 (서울: 自由出版社, 단기4289[1956]), 7.

192 무쵸 대사의 이승만 면담 비망록(July 1951), 미 태평양군 문서군, 국립중앙도서관, 『NARA기록으로 보는 6.25』 (서울: 국립중앙도서관, 2010).

1951년 7월 10일 정전협상이 시작된 지 열흘이 채 안 된 7월 19일 이승만 대통령은 전시 내각이 연명한 서한을 변영태 외무장관을 통해 리지웨이 국제연합군 사령관에게 전달했다. 이 서한에서 이승만은 "분단된 한국은 파괴된 한국(A divided Korea is a ruined Korea)이며, 경제, 정치, 군사적으로 불안정하다"고 주장했다. 그리고 "민주주의로 통일되거나 공산주의로 통일될 수밖에 없다"(all Democratic or all Communistic)고 역설했다. 그리고 "분쟁 중인 세계에서 전쟁을 각오한 쪽과 그렇지 않은 쪽이 겨룰 때는 전쟁을 각오한 쪽의 힘이 압도하게 된다"고 하면서, 민주적 수단에 의해서건 공산주의적 침략에 의해서건 한국은 통일될 수밖에 없다고 했다. 이 서한을 읽은 주한 미 대사 무쵸(John Muccio)가 방문하자 이승만 대통령은 1949년 봄에 있었던 자신의 주장을 상기시켰다.[193]

1949년 이승만 대통령은 장개석과 함께 태평양동맹을 추진했지만 미국 측의 거부로 좌절된 바 있었다.[194] 무쵸 대사는 7월 20일 오전 장면 총리와도 만났는데, 장면 총리는 "그 서한은 한국 정부가 정전 그 자체에 반대한다는 의미가 아니라 코리아의 분단이 지속되는 것에 반대한다는

---

193 "The Amb in Korea (Muccio) to the Secretary of State," Pusan, 20 July 1951 2 p.m., *FRUS, 1951: Korea and China,* 707-709.

194 이 문서가 수록되어 있는 *FRUS*의 각주는 이승만 대통령이 1950년 1월 26일의 상호방위원조협정(Mutual Defense Assistance Agreement)을 언급한 것이라고 추정하고 있지만, 1949년 봄에 이승만 대통령 다음과 같은 세 가지를 요구했고, 이것은 무쵸 대사에 의해 미국무부에 전달된 바 있다. 첫째, 대서양동맹(Atlantic Pact)과 유사한 태평양동맹(Pacific Pact)의 체결, 둘째, 미국과 한국 상호 간 또는 다른 국가들까지 포함한 상호방위조약 체결, 셋째, 공산주의 침략에 대해 미국 정부가 한국을 방어한다는 것을 공식적으로 선언하는 것 등이었다. The Ambassador in Korea (Muccio) to the Secretary of State, 16 May 1949, *FRUS 1949: The Far East and Australia*, vol. VII, Part 2, 1023-4. 1949년 봄에 이승만은 1882년 조미수호통상조약을 언급하기도 했다. The Ambassador in Korea (Muccio) to the Secretary of State, 17 May 1949, *FRUS, 1949*, vol. VII, The Far East and Australia, Part 2, 1029. 태평양동맹의 추진과 좌절에 관해서는 Myongsob Kim, "Prologue of the Asia-Pacific Community," (1996); Myongsob Kim, "Declined Invitation by Empire (2000).

의미"(that ltr[letter] did not mean ROK Govt[government] opposed cease-fire as such but that it did opposed continued division of Korea)라고 해명했다. 무쵸에 따르면, 장면은 긴 시간을 요하는 이승만의 조약 구상에는 특별한 관심을 보이지 않았다. 장면은 다만 미국이 비공식적 성격의 안전보장을 즉각 해주는 것의 중요성을 강조했다.[195] 무쵸 대사를 통해 트루먼 대통령에게 보내는 1951년 7월 28일자 서한에서도 이승만 대통령은 "한국민들은 분단선이 지속되는 것을 우리 민족에 대한 사형집행영장(a death warrant for our nation)으로 간주한다"면서 정전협상이 고착시킬 분단에 대한 강한 우려를 표명했다.[196]

2. 정전협상 장소와 의제에 관한 설전

모든 협상은 지리의 영향을 받는다. 청일전쟁을 끝내는 평화협상이 1895년 시모노세키에서 이루어진 것은 일본의 우세로 전쟁이 끝났음을 상징했다. 그런가 하면 러일전쟁을 끝내기 위한 협상이 1905년 대서양 연안의 미국 도시 포츠머스에서 개최되었던 것은 당시 세계정치의 새로운 '큰손'으로 등장했던 미국의 영향력을 상징했다. 포츠머스에는 미국의 웅장한 조선소가 있었는데, 포츠머스에서 협상을 하던 러일 양국 대표단은 미국의 중재를 일방적으로 거부할 경우, 막강한 해군력을 가진

195 "The Amb in Korea (Muccio) to the Secretary of State," Pusan, 20 July 1951, 3 p.m., *FRUS 1951: Korea and China,* 710.

196 "The Amb in Korea (Muccio) to the Secretary of State," Pusan, 28 July 1951, *FRUS 1951: Korea and China,* 745-46.

미국이 적의 동맹이 되는 상황을 각오해야 했다. 포츠머스에서 러시아 대표단과 일본 대표단 간의 협상을 중재한 미국 대통령 씨어도어 루즈벨트(Theodore Roosevelt)는 그 공로로 노벨평화상을 받았다.

1918년 11월 11일 오전 11시 제1차 세계대전 정전협정이 발효된 이후, 평화조약을 위한 협상장소로 먼저 고려되었던 곳은 스위스의 제네바였다. 제네바는 유럽의 종교전쟁 이후 국제협상을 위한 중립도시라는 명성을 얻었다. 그렇지만 제네바는 독일 간첩들이 활개를 치던 곳이라는 이유로 회피되었다. 결국 최종 선정된 곳은 프랑스의 파리였는데, 군인 사망자 수만 약 1,397,800명에 달했던 승전국 프랑스의 여론은 협상대표들에게 압박감을 주었었다.

6.25전쟁을 멈추기 위한 설전은 전후방에서의 혈전과 병행되었기 때문에 협상장소를 어디로 하는가가 더욱 중요했다. 1951년 6월 28일 워싱턴에서 개최된 미 국무부 동북아국(Office of Northeast Asian Affairs)과 합참(JCS)의 합동회의에서는 덴마크가 국제연합을 위해 파견한 병원선 유트란디아(Jutlandia)호 선상에서 정전협상을 개최하되 그 장소와 시간은 미정으로 했다. 국제연합군 측이 처음 정전협상 장소로 제안했던 유트란디아호는 3백 개의 침상과 3개의 극장 등을 갖춘 8,500톤급의 덴마크 병원선으로 6.25전쟁 소식을 접하고 187명의 의료진과 선원을 태우고 덴마크 코펜하겐의 랑엘리니(Langelinie)항구를 떠나 1951년 3월 7일 부산에 도착한 바 있었다. 이후 부산항, 인천항, 원산항 등에 정박하여 부상자들을 보살폈고, 1953년 8월 16일 406명의 유럽 출신 부상병들을 싣고 덴마크로 귀환할 때까지 3차례에 걸친 503일 동안의 파견임무를 통해 유트란디아호는 수천 명(2918명에서 4981명)의 국제연합군 환자들을 치료했다. 국제연합군사령부는 유트란디아호의 덴마크 의료진들이 국제연합군 부상병 치료에 집중해 줄 것을 희망했으나 덴마크 의료진들은 적십자

정신에 입각해서 한국군은 물론 6천 명 이상의 한국 민간인들도 치료했다.[197]

만일 리지웨이 국제연합군사령관이 트루먼 대통령의 명령에 따라 6월 30일 오전 8시(도쿄 서머타임 시각)에 방송한 바와 같이 "원산항의 덴마크병원선(Danish hospitial ship in Wonsan Harbor)",[198] 즉 유트란디아호 위에서 정전협상이 전개되었다면, 국제연합군으로서는 해상에서의 압도적 우위를 묵인받는 효과를 기대할 수 있었다. 그러나 아직 국제연합의 승인을 받지 못했던 베이징정부와 평양정부는 국제법적으로 국제연합의 영토로 간주되었던 이 배에서 정전협상을 하는 것을 수용하지 않았다.[199]

이미 미국 측도 전선 근처의 개성을 대안으로 고려하고 있었다. 국제연합군과 한국군의 입장에서 이것은 바람직하지 못한 대안이었음이 나중에 판명되었다.[200] 6월 29일 평양에서 김일성은 마오쩌둥에게 전문을 발송하여 "만일 리지웨이가 회담을 갖기를 원하는 경우 우리가 어떻게 답변해야 하는지, 이 문제에 대한 당신의 구체적 의견을

---

197 국방군사연구소, 『UN군 지원사』 (서울: 국방군사연구소, 1998), 444. 정전협정이 체결된 후 유트란디아호가 덴마크로 귀환할 때, 많은 유럽인들이 운집하여 귀항을 축하했다. 이후 덴마크 랑엘리니 항구에 유트란디아호 기념비가 세워졌고, 2011년 5월 11일 한국의 이명박 대통령이 이 기념비에 헌화한 뒤 묵념하는 행사를 가졌으며, 같은 해 6월 한국의 리틀엔젤스 단원들이 방문하여 6.25전쟁 당시 한반도에서 봉사했던 클라우스 옛센 의사(醫師) 등과 함께 기념촬영을 하는 행사를 갖기도 했다. 2013년 10월 21일에는 한국의 정홍원 국무총리가 이 기념비를 방문하여 헌화한 뒤 묵념하는 행사를 가짐으로써 북유럽의 한국관련 명소가 되었다. 덴마크는 스웨덴, 노르웨이 등 스칸디나비아 국가들과 함께 1958년 한국 국립의료원 설립을 주도했다. 2015년 서울 중구에 위치한 국립중앙의료원에 이를 기리는 '스칸디나비아 기념관'이 세워졌다.

198 트루먼 대통령은 워싱턴 시각으로 1951년 6월 29일 금요일 하명. Truman, *Memoirs 2: Years of Trial and Hope,* 486.

199 *New Republic,* 9 July 1951 cited in Vatcher, *Panmunjom,* 25.

200 Memorandum of Conversation, by the Director of the Office of Northeast Asian Affairs (Johnson), *FRUS, 1951. Korea and China,* 566-71.

속히 통보"해 줄 것을 요청했다.[201] 반덴버그 공군참모총장은 적에게 강한 타격을 주어 정전협상 제안을 적이 먼저 하도록 해야 한다고 주장했다.[202] 그러나 결국 정전협상은 국제연합군 사령관 리지웨이에 의해 제안되었다. 리지웨이는 7월 1일까지 예비회담(preliminary meeting) 장소로 개성과 임진강 사이, 서울-개성 간 도로 상의 한 지점과 더불어 원산비행장(Wonsan airfield) 등을 고려하고 있었다.[203]

일본과의 전쟁, 그리고 국공내전 당시부터 지정학적 고려에 입각한 전략 전술에 능숙했던 마오쩌둥은 1951년 6월 30일 스탈린에게 다음과 같은 서한을 보냈다.

> 적군 사령관 리지웨이는 오늘 군사 행동 중지에 대한 회담을 위하여 원산항에 있는 덴마크 함정에서 교전쌍방 대표들이 만나자는 제안을 했습니다. 이와 동시에 그는 군사행동이 중지되기 위해서는 반드시 그에 상응하는 보장이 있어야 할 것이라고 했습니다. [중략] 원산이 북조선 해군 요새 기지이고 적이 그곳에 해병대를 상륙시키고자 하는 사실을 감안할 때, 원산을 협상장소로 하는 것은 불리할 것 같습니다. 협상 장소로 38도선 상에 있는 개성을 제안하는 것이 어떨는지요?[204]

201 중화인민공화국 중앙인민정부 주석이 소련 내각회의 의장에게 보낸 전문, 조선에서 군사행동의 중지를 위한 협상의 개시 가능성에 대한 미국의 합동통신사 보도에 대해 코멘트해 줄 것을 요청하는 조선민주주의인민공화국 정부의 요청, 1951년 6월 30일, [김일성의 원문은 6월 29일 발송], 러시아연방 대통령문서보관소 문서군 45, 목록 1, 문서철 339, 92쪽, 원본, 바르타노프 편, 『자료집: 소련 국방부 중앙문서보관소비밀해제 자료 및 대통령궁 문서보관소 비밀해제 자료 (1997)』, 대한민국 국사편찬위원회 역, 『해외사료총서11』, 제9장.

202 김철범, 『한국전쟁과 미국』 (서울: 평민사, 1995), 322.

203 CICUNC(Ridgway) to the JCS, 1 July 1951(Tokyo), *FRUS 1951*, 607-609.

204 중화인민공화국 중앙인민정부 주석이 소련 내각회의 의장에게 보낸 전문, 조선에서 군사행동을 중지시키기 위해 교전쌍방의 회담을 개최하자는 조선 주재 UN군 사령관의 제안에 대하여, 1951년 6월 30일. 러시아연방대통령문서보관소 문서군 45, 목록 1, 문서

38선 이남에 위치해 있는 개성은 1945년 8월 23일 소련군이 일본군에 맞서 진주했다가 미국과 소련 간에 이루어진 38선 합의에 따라 철수한 바 있던 장소였다. 스탈린은 마오쩌둥에게 다음과 같이 회신했다.

> 원산 지역에 있는 덴마크의 병원선을 회담장소로 하는 것에 대하여는 단호히 반대하여야 함. 회담은 38도선상의 개성에서 이루어지도록 요구하여야 할 것임. 현재로는 귀하가 휴전 문제의 주도권을 잡고 있으므로 미국은 회담 장소에 대하여 양보할 수밖에 없을 것이라는 점을 염두에 두기 바람.[205]

이처럼 스탈린은 협상 장소까지 최종결정했지만 마오쩌둥에게 정전협상의 주도권을 넘기는 모양새를 취했다.

> 귀하는 전문에서 모스크바에서 정전협상을 지도할 것을 제안했음. 이는 당연히 있을 수도 없는 일이며 불필요한 일임. 협상 지도는 귀하, 즉 모택동[마오쩌둥] 동지가 하여야 함. 우리가 할 수 있는 최대한의 것은 개별문제에 대해 조언을 하는 것뿐임. 더욱이 우리는 김일성과 직접적 연락을 계속할 수도 없음. 귀하가 그들과 지속적으로 연락하여야 할 것임.[206]

이처럼 스탈린은 협상지도를 마오쩌둥에게 맡기는 모양새를 취했지

철 339, 93-94쪽, 원본. 바르타노프 편,『자료집: 소련 국방부 중앙문서보관소비밀해제 자료 및 대통령궁 문서보관소 비밀해제 자료 (1997)』, 대한민국 국사편찬위원회 역,『해외사료총서11』, 제9장.

205 소련 내각회의 의장이 중화인민지원군 총군사고문에게 보낸 전문, 조선에서 교전쌍방의 정전협상을 전개할 장소와 일시에 대해 중화인민공화국 정부에 보내는 조언, 1951년 6월 30일. 러시아연방대통령문서보관소 문서군 45, 목록 1, 문서철 339, 95-96쪽, 원본, 바르타노프 편,『자료집: 소련 국방부 중앙문서보관소비밀해제 자료 및 대통령궁 문서보관소 비밀해제 자료 (1997)』, 대한민국 국사편찬위원회 역,『해외사료총서11』, 제9장.

206 위와 같음.

만, 1953년 3월 5일 사망할 때까지 막후에서 정전협상의 고삐를 내려놓지 않았다.

1951년 7월 1일 조선인민군 총사령관 김일성과 중국인민지원군 사령관 펑더화이는 국제연합군 총사령관 리지웨이에게 "38선 상에 위치한 개성지구에서 개최할 것", 그리고 "7월 10일부터 15일까지 당신의 대표와 회담하기 위해 준비를 할 것" 등을 제안했다.[207] 개성은 38선으로부터 남쪽으로 약 4.8킬로미터(3마일) 정도 떨어져 있었고, 교전선 이북으로 약 32킬로미터(20마일)에 위치해 있었다. 따라서 국제연합군 대표단으로서는 중간지점이 아닌 적진에서 협상을 하는 모양새였다. 그러나 앞서 언급한 바와 같이 국제연합군 측도 이미 6월 28일부터 개성을 대안으로 고려하고 있었기 때문에 협상 장소를 개성으로 하자는 역제안을 쉽게 수락했다. 그런데 이것은 개성이 결국 조-중인민군 측의 수중에 고착되는 결과를 초래했다. 이후 정전협상에서 개성에 대한 요구는 단지 개성에 대한 집착을 버리지 못하는 "한국 정부의 비위를 맞추기 위한 것"(sop to the ROK government)에 불과한 것이 되었다.[208]

리지웨이 국제연합군 사령관은 7월 6일 개성을 중심으로 반경 2.5마일을 중립지대로 선포했고, 국제연합군 및 한국군의 개성 공격가능성은 적어도 공식적으로는 배제되었다. 개성이 내려다보이는 송악산에 주둔하고 있던 조-중인민군은 개성 시내로 진입하여 개성 점령을 기정사실화했다. 개성은 고려왕조(918-1392)의 수도로 상징성이 큰 장소였다. 6.25 전쟁 발발 이전에는 미군과 한국군이 장악하고 있었고, 1946년 미-소공동위원회의 합의에 따라 부정기적으로 우편물 교환이 이루어지던 장소

---

207 『中國對朝鮮和韓國政策文件彙編』 1(1949-52), 中國社會科學出版社, 1994, 189. 대한민국 행정자치부 정부기록보존소 편, 『韓國戰爭과 中國』 (2002), I: 169.

208 Joy, *Negotiating while Fighting,* 68.

이기도 했다. 개성은 38선 바로 이북의 송악산 위에 감제고지(瞰制高地)가 존재하고 있어서 송악산을 장악한 조-중인민군이 북쪽에서 남쪽으로 공격할 경우 38선 이남의 옹진반도 남단과 마찬가지로 방어하기 어려운 장소였다. 국제연합군이나 한국군이 개성을 장악하기 위해서는 송악산까지 장악하기 위한 대규모작전이 필요했지만, 개성에서의 정전협상은 그러한 작전을 가로막았다.

1951년 7월 8일 정전협상 예비회의를 위해 머레이 미 해병 대령(Col. J. C. Murray, USMC), 킨네이 미 공군 대령(Col. Andrew J. Kinney, USAF), 그리고 이수영 중령(한국군, Lt. Col. Lee Soo Young, Republic of Korea Army)이 파견되었다. 7월 8일 오전 예비회의 대표단이 임진강 남쪽 경기도 문산의 사과과수원에 설치한 베이스캠프에서 개성으로 출발하기 앞서 리지웨이 국제연합군 사령관은 다음과 같은 격려사를 했다. "미국은 세계 최강의 나라이다. 한 치도 양보하지 않겠다. 세계의 관심이 집중된 오늘 회담에 임하는 3명의 장교에 대해서는 그들의 안전을 보장하는 만반의 준비가 되어 있으니 명예스러운 일을 성공리에 수행하라." 리지웨이 사령관과 조이 수석대표의 전송을 받으며 문산에서 이륙한 H-19와 H-5 두 대의 헬리콥터에 분승한 대표단 중에는 한국어 통역관 언더우드 중위(Lt. Richard Underwood), 중국어 통역관 케네스 우(Kenneth Wu) 준위 등이 포함되었다.

서울 시각으로 약속했던 9시보다 약간 늦게 헬리콥터 착륙장에 도착한 대표단과 조-중인민군 간의 역사적 만남이 이루어졌다.209 국제연합군 예비협상 대표단은 지난겨울 빼앗겼던 미군 지프차에 분승하여 개성

209 당시의 어색한 분위기를 머레이(James C. Murray) 대령은 기록으로 남겨 놓았다. Vatcher, *Panmunjom*, 25-26에서 재인용. 바처의 책에도 당시 평양과 서울이 서머타임으로 인해 1시간의 시차가 존재했던 사실은 기록되어 있지 않다.

외곽의 인삼장(人蔘莊)으로 향했다. 인삼장은 본래 개신교의 예배당으로 쓰이기도 했던 백색의 2층 석조건물이었는데 6.25전쟁 이전에는 개성시에서 숙소로 사용했던 건물이었다. 공산군 측은 인삼장을 국제연합군 측 회담 대표들에게 제공했고, 국제연합군 대표단이 이곳에 유숙하면서 회의를 진행하기를 원했다. 그러나 국제연합군 대표단은 경기도 문산의 사과과수원에 마련된 숙소에 머물기로 했고, 문산에서부터 지참했던 도시락을 먹고 휴식을 취하는 장소로만 활용했다. 이런 이유로 인삼장은 유엔하우스(U.N. House)라고도 불렸다. 배구장, 야구장, 사격장, 말굽(horseshoe) 던지기 경기장, 그리고 영화관 등이 설치되어 있었던 문산의 베이스캠프는 나중에 미군 포병기지인 캠프 펠함(Camp Pelham)이 되었다.[210]

1951년 7월 8일 오전 9시 인삼장에서 약 400미터 떨어진 고려리 광문동(高麗里 廣文洞)의 한 민가에서 정전협상 예비회의로서 제1차 연락장교 회의가 개최되었다. 국제연합군 측에서는 앞서 언급한 5명의 대표단이 참석했고, 공산군 측에서는 장춘산(김창만), 차이청원, 김일파, 비지룽(畢季龍), 두유하오(都隋浩) 등이 참석했다.[211] 교전 중이던 양측은 악수를 하지 않았다. 그러나 공산군 측의 장춘산(김창만)이 먼저 "원로에 오느라 수고가 많았다"고 인사를 했고, 이를 설정식이 영어로 "You have taken much trouble coming here a long way"라고 통역했다. 그러자 국제연합군 측의 킨네이 대령은 "무슨 문제"(What trouble)?냐고 반문했다. 개성까지 오는 동안 미처 몰랐던 문제가 발생했던 것으로 오해했던 것이다. 언더우드가 한국 특유의 인사말이라고 귀띔을 해주자, 킨네이 대령도

---

210 Vatcher, *Panmunjom*, 25; 언더우드, *Korea in War, Revolution and Peace*, 주장돈 역, 194.

211 柴成文, 趙勇田, 『板門店談判』, 尹永茂 역, 149.

안심하고, "자 일합시다"(Let's get down to business)라는 미국식 표현으로 응답했다.[212]

"잭"(Jack)이라는 애칭으로 불렸던 킨네이 공군대령을 대표로 하는 국제연합군 측 연락장교단은 남향의 북측 좌석에 먼저 착석했다. 동양에서는 전쟁을 멈추기 위한 강화(講和)협상을 할 때, 승자가 자신의 권역으로 패자를 불러 북향 좌석에 앉히는 관습이 있었다. 이틀 후 본회의가 개최되었을 때, 국제연합군 대표단이 남향의 북측 좌석에 앉는 것은 제지되었다. 윌프렛 버쳇(Wilfred Burchett) 기자와 더불어 리버럴한 성향의 영국 기자 위닝턴(Alan Winnington)은 "동양의 공산주의자들이 미국을 상대로 동등한 자격에서 마주 앉는 것은 이것이 처음이었고, 이들은 그 효과를 극대화시키고자 했다"고 지적했다.[213] 그러나 실제로는 이미 국공내전 당시에 그런 장면이 연출된 바 있었다.

정전협상 예비회의에서 이수영 중령은 너무 긴장한 나머지 의자에 앉던 중 엉덩방아를 찧고 넘어졌지만, 아무도 감히 웃지 못했다.[214] 이 연락장교회의(Liaison Officers Meeting)에서 대표단 명단이 교환되었다. 그리고 정전협상 본회의를 7월 10일 11시(평양시간 10시) 개성의 전통가옥이었던 내봉장(來鳳莊)에서 개최하는 데 합의했다. 이 장소는 기생집(고급 유곽)으로 잘못 알려지기도 했으나 사실은 한 실업가가 소유했던 한옥저택이었다. 앞에는 화단, 가운데는 오래된 소나무가 있었다. 중국인민군 대표단은 저택 서쪽의 건물, 조선인민군 대표단은 남쪽의 학교, 그리고 국제연합군 대표단은 인삼장 건물에 머무르기로 했다. 나중에

---

212 李壽榮, "나의 外交官生活 秘話," 『新東亞』 (1964년 9월), 216.

213 Joy, *How Communists Negotiate*, 4.

214 柴成文, 趙勇田, 『板門店談判』, 尹永茂 역, 150.

통역 및 번역요원으로 리차드 언더우드와 합류한 그의 형 H. G. 언더우드는 내봉장을 그가 잘 아는 로타리클럽 회원의 집으로 기억했다.[215]

개성에서 은밀하게 회담을 지휘하기 시작했던 중화인민공화국 외교부 부부장 리커눙의 보고가 마오쩌둥에게 전해졌고, 마오쩌둥은 이를 스탈린에게도 보냈다. 소련문서고에서 발굴된 이 전문에서 리커눙은 7월 8일의 예비회의 장면을 다음과 같이 묘사했다.

> 적군 연락장교들은 그들의 신변 안전과 식료 제공을 위한 관심에 대해 우리에게 감사를 표했음. [중략] 그들은 본회의도 마찬가지로 잘 준비되기를 바란다는 희망을 피력했음. 양측 장교들이 만날 때 서로 인사를 하지 않았음. 회의를 마치고 미국인들은 우리에게 군대식으로 인사했고, 우리도 같은 방식으로 응대했음. [중략] 회의 중이던 10:00시경 무력시위를 위해 2개의 대형을 이룬 24대의 미군기들이 개성(Kaijio) 상공을 비행했으나 우리는 주의를 기울이지 않았음. 비행기 한 대가 우리 위를 선회비행했음. 아마도 지상과 교신하고 사진을 촬영한 것으로 보임. 미군 장교들이 타고 온 비행기에서 내려 막 도착했을 때, 그들은 매우 긴장되어 보였음. [중략] 이승만의 연락장교는 미군장교에게 탁자를 양보하다가 넘어졌음. [중략] 처음 두 시간 동안 회담 분위기는 다소 긴장되었으나 휴회 직전에 완화되었음. 후반부에 분위기는 평온했음. [중략] 견해 차이가 있기도 했지만 중요한 것은 아니었음. [중략] 우리 측 연락장교들이 그들에게 도움을 제공하고, 필요한 것에 대해 설명했음. 관계는 좋았음.[216]

---

215 언더우드, *Korea in War, Revolution and Peace*, 주장돈 역, 194.

216 Coded message N 21632, 10 July 1951, cited in Bajanov and Bajanova, *The Most Mysterious War,* 186-87.

중국인민지원군 측이 은밀하게 리커눙을 참석시켜 협상 전반을 지휘하고 있었지만, 국제연합군 측은 정전협상을 군사협상으로 한정한다는 원칙에 따라 샌프란시스코평화협상을 자문하고 있던 협상전문가 윌리엄 시볼드(William Sebald)를 도쿄로 돌려보냈다. 다만 무쵸 대사는 리지웨이 국제연합군 사령관의 요청에 따라 문산에 상주하는 대신 서울에 상주하는 조건으로 협상을 자문하기로 했다.[217]

1951년 7월 10일 오전 11시(평양시각 오전 10시) 개성 내봉장에서 양측의 정전협상 대표단이 만났다.[218] 조-중인민군 대표들은 곧은 의자에 앉고, 국제연합군 대표들에게는 낮은 안락의자를 제공했다. 국제연합군 대표단은 이를 의도적 연출이라고 생각하고 교체를 요구했다. 국제연합군 대표단을 정전을 구걸하는 패배자(beaten suppliant for an armistice)로 비치게 하려는 의도가 있다고 보았다.[219]

양측은 서로 신임장을 교환한 후 수석대표들의 기조연설을 들었다. 먼저 국제연합군 측 수석대표 조이 제독은 "정전협상 중에도 정전에 대한 합의가 이루어질 때까지 전투는 계속된다"는 원칙을 제시했다.[220] 1951년 1월에 이미 공산군 측도 국제연합군 측이 제안했던 선정화-후협상안

---

217 Msg NHC 047 (TS) CINCFE to JCS, 10 July 1951, *History of Korean Conflict, Korean Armistice Negotiations* Part 2, July 51-May 52, p. 7.

218 At 1100 hours, 10 July 1951, the respective delegations commenced… Vatcher, *Panmunjom,* 30. 중국어 기록들에는 1951年7月10日上午10時, 朝鮮停戰談判在開城來鳳庄正式開始.

219 Joy, *How Communists Negotiate*, 5; 國史編纂委員會,『資料大韓民國史』(과천: 國史編纂委員會, 2006), 77; 당시 현장에 있었던 언더우드는 다음과 같이 회고하기도 했다. "그러나 그들이 유엔 측에게 좀 더 편한 의자를 제공했을지도 모른다. 그렇다면 자기네도 안락의자를 이용할 수 있지 않았을까?" 언더우드는 회담 탁자 위의 쌍방 국기 높이를 놓고 실랑이를 벌였다는 이야기도 있지만, 그것이 우연인지 계획인지는 알 수 없다고 회고했다. 또한 국기 높이에 대한 협상은 없었다고 증언했다. 언더우드, *Korea in War, Revolution and Peace*, 주장돈 역, 196-97.

220 *FRUS 1951*, vol. VII, Part I, 549.

을 거부한 바 있었다. 리지웨이사령관은 선정화-후협상으로 갈 경우, 적의 군사활동을 막을 수 없고, 특히 공군을 증강한 후 대규모 공세를 해올 것을 우려했다. 리지웨이는 이러한 우려를 미국 합참에 전달했고, 합참은 7월 13일 마샬 국방장관에게 보낸 서한에서 군사적 압박을 증대하는 것이 필요하다고 역설했다.[221]

실제로 1953년 7월 13일 '항미원조지원군 최후작전'이라고 불린 금성전투(金城戰鬪)의 결과는 국제연합군이 해, 공군력을 동원하여 후방을 차단했음에도 불구하고, 중국인민지원군의 전력이 정전협상 기간을 통해 상당히 강화되었음을 보여주었다. 특히, 태평양에서 한반도 서해의 청천강 하구(북위 39도 30분)와 동해안의 청진항 인근(북위 41도)까지를 작전권 안에 장악하고 있었던 국제연합군 측의 조이 수석대표는 코리아 서해의 청천강 하구와 동해의 원산 앞바다에까지 이르는 해군력의 우위, 그리고 코리아 전체에 대한 공군력의 압도적 우위를 정전협상에 반영하고자 했다. 결국 지도상의 위도에 따른 38선 대신 현실의 방어가능한 진지선들을 연결한 군사분계선이 탄생하게 된다.

조이 수석대표는 정전협상에 임하는 또 하나의 원칙으로서 "전쟁의 재발 방지를 보장할 정전협정을 마련하고, 한국과 관련이 없는 군사문제나 정치, 경제적 문제는 협상의 대상으로 삼지 않을 것"이라고 선언했다.[222] 당시 정전협상을 배후에서 총괄했던 중국공산당 지도부는 대만(국공내전 이후 장개석정부가 후퇴해 있던)과 인도차이나반도를 포함한 동아시아 전체의 공산화라는 관점에서 코리아정전문제를 바라보고 있었

221 Schnabel and Watson(1979), *The History of the Joint Chiefs of Staff,* 575; Doris M. Condit, *History of the Office of the Secretary of the Defense.* vol. II: *The Test of War 1950-1953* (Washington, D. C.: USGPO, 1988), 129-130.

222 *FRUS 1951,* vol. VII, Part I, 649.

고, 이러한 인식은 부분적으로나마 1975년 인도차이나반도 공산화를 통해 달성되기도 했다. 이러한 공산주의자들의 지정학적 인식에 맞서서 조이 수석대표는 원래 미국과 소련 간에 합의된 바대로 정전협상의 성격을 코리아에서의 정전을 위한 군사적 협상으로 국한시키고자 했다.

조이 수석대표에 이어서 조-중인민군 측 수석대표였던 남일이 그의 상투적 애용어(pet phrase)로 국제연합 협상단에게 각인될 "전 세계 평화애호인민들"(all peace-loving people of the world)이라는 표현을 사용하며 기조연설을 했다.[223] 그는 1950년 6월 25일 이전으로의 원상회복을 주장하며, "첫째, 상호 협의의 기초 위에 쌍방은 동시에 명을 내려 일체의 적대적 군사행동을 중지 [중략] 둘째, 38도선을 군사분계선으로 정하고 쌍방의 군대는 동시에 38도선 외곽 10km 밖으로 철수 [중략] 셋째, 최대한 빠른 시일 내에 일체의 외국 군대를 철수"할 것 등을 주장했다.[224] 남일의 발언이 끝나자 중국인민의용군 대표 덩화는 "남일이 제시한 3개항이 '조선문제'를 평화적으로 해결하기 위한 정전의 기초라며 이에 전적으로 동의한다"는 지지발언을 했다.[225] 이 기조연설을 포함해서 이후 남일의 발언 원고들은 모두 중국인민지원군 대표단에서 준비한 것이었으며, 몇몇 중요한 발언 원고는 중국공산당에 사전 보고하여 비준을 받은 것이었다.[226]

223 Vatcher, *Panmunjom,* 32; Meetings on the Armistice Proposal in Korea: Record of Event - 10 July 1951 Proceedings.

224 中國 軍事科學院 軍史歷史研究部, 『抗美援朝戰爭史』, 한국 국방부 군사편찬연구소 역(2005), 86.

225 *FRUS 1951,* vol. VII, Part I, 650, 652-53; 덩화의 연설 전문은 『中國對朝鮮和韓國政策文件彙編』 1(1949-52), 中國社會科學出版社(1994), 195. 대한민국 행정자치부 정부기록보존소 편, 『韓國戰爭과 中國』 (2002), II: 138.

226 *解方*, "回憶朝鮮開城停戰談判," 中央黨史研究室 編, 『中共黨史資料』 32券 (中國黨史研究室 1989), 24-39. 대한민국 행정자치부 정부기록보존소 편, 『韓國戰爭과 中國』 (2002), II:

조이 수석대표는 외국군 철수문제가 다루어져야 평화가 정착될 수 있다는 남일의 생각에 대해 6.25전쟁은 외국군의 철수가 이루어진 후에 발발했음을 상기시키면서 이 문제를 정전협상의 의제로 다루는 것에 반대했다.[227] 기조연설을 한 조이 수석대표와 남일 수석대표의 공통점은 적어도 1945년 8월 15일까지는 일본제국을 공동의 적으로 생각하고 아시아-태평양전쟁에 참전했었다는 점이다. 그러나 개성에서 적으로 만난 두 사람의 전쟁에 대한 기억은 달랐다.

조이 수석대표는 나중에 군사분계선 획정문제를 놓고 남일 수석대표와 논쟁을 벌이면서 "일본은 단 한 명의 미군 병사가 본토를 밟지 않았는데도 패망했다"고 발언했다. 이러한 인식은 미 해군의 일원이었던 그의 태평양 방면 전선의 경험을 반영한 것이었다. 이러한 조이의 전쟁관에 대해 남일은 "누구나 알다시피 일본을 굴복시킨 것은 조선인민의 투쟁, 중국인민의 전쟁, 그리고 소련의 저항이었다"고 반박했다.[228] 이것은 남일이 아시아대륙에서 중국공산당 군대와 함께 일본제국에 맞서 싸웠던 경험을 반영한 것이었다. 이처럼 아시아-태평양전쟁에 대한 양측의 다른 관념은 6.25전쟁을 보는 관점의 차이로 이어졌고, 정전의 방식에 관한 설전(舌戰)으로 이어졌다.

정전협상 본회의 장소로 선정된 개성의 내봉장은 개성 동북쪽 선죽교 인근에 위치해 있다. 이곳에서 1951년 7월 10일 첫 본회의 이후 제26회 본회의까지 개최되었다. 고려의 수도 개성은 아름다웠지만 다음과 같은 지정학적 이유에서 한국군을 포함한 국제연합군에게는 불리한 협상

218.

227 Vatcher, *Panmunjom,* 41.

228 國防部戰史編纂委員會, 『休戰史』 (서울: 國防部戰史編纂委員會, 1989), 89.

장소였다.[229]

첫째, 개성은 918년부터 1392년까지 고려왕조의 수도였던 고도(古都)였다. 이러한 역사를 가진 공간에 위치한 고풍스런 한옥에서 전개된 협상에서 국제연합군은 "남의 땅에 들어온 외국인", 조-중인민군은 안방을 차지한 주인처럼 비쳐졌다. 개성은 6.25전쟁 도발지점이었던 38선에서부터 남쪽으로 약 4.8킬로미터(3마일) 떨어진 지점에 있었다. 개성에서의 정전협상은 조-중인민군이 38선 이남 지역에 위치한 고려의 수도를 장악했다는 인상을 줌으로써 적어도 교전선 이북 주민들에게는 전쟁에서 조-중인민군이 승리했다는 인상을 줄 수 있었다.

둘째, 38선 이남 약 4.8킬로미터(3마일) 정도에 위치한 개성은 당시의 서부전선을 기준으로 조-중인민군 측 후방 약 32킬로미터(20마일) 정도에 위치에 있었다.[230] 국제연합군 대표들은 백기를 단 지프차를 타고 협상장에 도착했는데, 조-중인민군 측은 이 모습을 항복하러 온 적장의 모습처럼 촬영했다.[231] 제19차 본회의가 열리는 8월 4일 점심시간에는 박격포, 자동화기, 그리고 수류탄 등으로 완전무장한 중국인민지원군 1개 중대가 협상장 내의 국제연합군 및 한국군 대표단이 머무는 건물 가까이로 지나가면서 위화감을 조성하기도 했다. 이것은 개성으로부터 5마일 내의 지역에 주둔하는 병력은 권총만을 휴대하기로 한 7월 24일의 합의를 무시한 것이었다.[232]

셋째, 교전선 후방의 개성이 협상 장소로 정해짐에 따라 국제연합군은 개성을 점령하기 위한 군사작전을 수행할 수 없게 되었다. 해상경계선

---

229 Joy, *How Communists Negotiate*, 167.

230 Vathcher, *Panmunjom,* 25.

231 Collins, *War in Peacetime*, 329.

232 Hermes, *Truce Tent and Fighting Front,* 37.

인근이 아닌 육상경계선 인근에서 협상을 개최함으로써 국제연합군이 장악하고 있던 해상의 우위를 인정하지 않는 효과가 있었으며, 조-중인민군 측으로서는 38선 상에서의 정전을 주장하면서 38선 이남의 개성을 협상장소로 선정함으로써 개성 점령을 기정사실화하고, 개성을 포함한 개성 이북으로 국제연합군의 육상공세를 차단하는 효과가 있었다. 정전협상에 의한 군사분계선이 동쪽은 38선보다 북쪽에, 서쪽은 38선보다 남쪽에 고착된 것은 이러한 사정과 무관하지 않다. 38도선 이남의 개성을 확보한 상태에서 진행된 정전협상에서 조-중인민군 측은 38선으로 환원하여 군사분계선을 설정하자는 주장에 힘을 실을 수가 있었다. 만일 정전협상이 다른 장소에서 전개되었다면 개성을 차지하기 위한 쌍방 간의 전투는 치열하게 전개되었을 것이고, 전투의 승패에 따라 군사분계선은 다르게 그어졌을 것이다. 미국합참은 개성을 협상장소로 정할 경우, "적에게 정치적, 심리적으로 결정적 이익"을 줄 것이라는 점을 알면서도, 개성을 정전협상의 장소로 받아들였다.[233]

1951년 7월 10일경 개성으로 취재를 왔던 서방기자들 중에는 3주일 정도의 출장계획을 가지고 왔던 기자들이 많았다. 그 정도로 정전협상이 쉽게 끝날 수 있을 것이라 생각했다. 이 서방기자들은 느슨하고 안이했던 자유세계 언론인들의 분위기를 잘 보여주고 있었다. 이들의 분위기와 절체절명의 위기에 처한 한국 정부의 분위기는 크게 달랐다. 특히, 미국기자들은 1951년 7월 중순 캔사스강의 대홍수로 17명이 사망하고, 50만 명 이상의 이재민이 발생한 고국의 소식에 귀를 기울이고 있었다.

1951년 7월 13일 리커눙의 보고에 기반 해서 마오쩌둥이 스탈린에게 정전협상과정을 설명한 전문을 보면 평양과 베이징 사이에도 이견이 존

233 JCS to Ridgway, 2 July 1951, Schnabel and Watson(1979), *The History of the Joint Chiefs of Staff,* 26-27.

재했다. 쟁점은 '외국군 철수'와 '38선 재설정'이었다. 김일성은 '외국군 철수'를 우선적 의제로 다루고 싶어 했고, 마오쩌둥은 두 가지 문제를 모두 다룰 수 있다고 보았다.

> 협상의제를 토의하는 동안 조선으로부터 모든 외국 군대를 철수하는 것에 관해 이야기하는 것에 관한 미국의 동의를 받아내는 것이 필요함. 그런 다음 38도선을 군사분계선으로 하는 문제를 의제에 포함시키지 말고 추후에 논의하도록 놔두어야 함. [중략] 38선에 관한 합의가 타결되면 외국군의 철수문제가 연기될 수 있다는 점을 김일성 동지는 리커눙에게 명확히 전달했음. 우리는 38선 및 외국군 철수에 관한 두 가지 문제가 모두 해결되어야 한다고 생각함.[234]

마오쩌둥이 스탈린에게 보낸 이 전문에 의하면, 납북자 문제를 포함한 피난민 또는 실향사민 문제를 의제에서 제외시키고자 했던 것은 김일성이었다.

> 피난민 문제와 관련하여 김일성 동지는 다음과 같은 결론에 도달하였음. 즉 <u>그 의제는 북조선에 우리하지 않으므로 버리자는 것임</u>. 이상에서 언급한 모든 것들이 올바른지? 검토 후 지시를 요청하는 바임. [중략] 협상이 실패한다면 우리는 적과의 치열한 투쟁을 계속할 것이며, 전투를 준비할 것임.[235] (밑줄 첨가).

스탈린은 이러한 마오쩌둥의 요청에 대해 다음날 "우리는 동지의 관

234 Coded message N 21756, 13 July 1951, Mao to Stalin, cited in Bajanov and Bajanova, *The Most Mysterious War,* 188.

235 Coded message N 21756, 13 July 1951, Mao to Stalin, cited in Bajanov and Bajanova, *The Most Mysterious War,* 187-88.

점이 완전히 옳다는 만장일치의 결론에 도달"했다고 회신했다.[236]

정전협상의 의제를 선정하기 위한 설전이 계속되는 동안 국제연합군 측은 공군을 동원한 폭격으로 상대방을 압박했다. 그러나 김일성은 마오쩌둥에게 보낸 7월 16일자 전문을 통해 다음과 같이 전쟁의지를 다졌다.

> 친애하는 마오쩌둥 동지,
>
> 동지가 보낸 1951년 7월 16일자 전문을 잘 받아 보았음. [중략] 우리는 현 정세에 관한 동지의 분석이 옳다는 것에 의견의 일치를 보았음. [중략] 우리는 적에 대한 장구한 투쟁에 있어서 군사적 행동을 강화해야 한다고 믿고 있음. 만일 우리가 군사적 행동을 전개하지 않고 수동적 방어만을 지속한다면 적은 우리의 군사력을 존중하지 않을 것이며, 우리를 군사적으로 압박하기 위해 광적인 폭격을 계속할 것임.[237]

김일성은 또한 1951년 7월 17일자 스탈린에게 직접 보낸 전문에서 다음과 같이 보고하면서, 소련의 지원을 호소했다.

> 적측은 최근 조선의 모든 전력발전소들을 파괴했고, 그것들을 복구할 기회를 주지 않고 있음. 7월 11일부터 12일 밤까지 단 하루 동안의 야만적 폭격으로 평양에서만 6천 명 이상의 무고한 주민들이 죽거나 부상당했음.[238]

---

236 Coded message N 4153, 14 July 1951, Stalin to Mao, cited in Bajanov and Bajanova, *The Most Mysterious War,* 188.

237 김일성이 마오쩌둥에게 보낸 전문(1951년 7월 16일). 1951년 7월 18일 스탈린에게 보낸 마오쩌둥의 전문에 첨부. Coded message N 21646, 18 July 1952, cited in Bajanov and Bajanova, *The Most Mysterious War,* 214.

238 Coded message N 502597/노, 17 July 1951, Kim to Stalin, cited in Bajanov and Bajanova, *The Most Mysterious War,* 190.

7월 18일 스탈린에게 보낸 전문에서 마오쩌둥도 다음과 같이 혈전의 의지와 함께 설전의 의지를 다졌다.

> 우리 동지들은 모두 적군이 거친 폭격을 가하는 현 시점에서 어떤 실질적 양보도 없는 적의 도발적이고 부정직한 제안을 받아들이는 것은 우리에게 극히 불리하다는 데 의견의 일치를 보았음. [중략] 조선인민의 희생의 대가로 우리는 38도선 지역에서 우리의 진지들을 강화시켰음. 북조선과 중국의 동북 지역이 방어되었음. 중국과 조선의 인민들, 특히 그들의 군대들은 미 제국주의와의 투쟁에서 자신들을 담금질하고 경험을 획득하는 기회가 되었음. [중략] 또한 동방에서 제국주의의 주력이 묶이고 소진되게 하였음. 동시에 세계평화와 소련의 기초는 강화되었고, 세계인민들의 혁명운동의 발전에 영향을 미쳤음. 이것은 새로운 세계전쟁을 지연시켰음을 의미하는 것임. [중략] 만일 적들이 양보하지 않고, 협상을 중단한다면, 우리는 적들이 해소할 수 없는 문제들을 전쟁을 통해 해소하기 위하여 군사적 행동을 계속할 것이고, 국제정세를 바꿀 것임.[239]

조-중인민군 대표들의 완강한 태도에도 불구하고 국제연합군 대표들은 외국군 철수문제를 의제에 포함시키자는 주장을 끝내 수용하지 않았다.[240] 마오쩌둥은 1951년 7월 20일 스탈린에게 다음과 같은 전문을 보내, "외국군의 철수 문제를 제기하는 일을 중단하고 … 이 문제를 일단 미결문제로 남겨두어 대만으로부터의 미군의 철수, 일본과의 단독강화조약, 일본의 재무장화와 같은 문제들과 유사하게 우리가 사용할 수 있

---

239 1951년 7월 18일 스탈린에게 보낸 마오쩌둥의 전문. Coded message N 21646, 18 July 1952, cited in Bajanov and Bajanova, *The Most Mysterious War,* 213-14.

240 Meetings on the Armistice Proposal in Korea: Record of Event, 19 July 1951.

는 무기로 남겨두는 것이 좋을 것"이라는 의견을 개진했다.241 이에 대해 스탈린은 7월 21일 마오쩌둥에게 다음과 같은 전문을 보냈다.

> 7월 20일자 동지의 전문을 잘 받았음. 우리는 외국군의 철수문제를 의제에 포함시키자고 더 이상 주장해서는 안 된다는 동지의 관점이 옳다고 봄. [중략] 우리는 이제 이 문제를 미래로 미루어두고 의제에 포함시키지 말자는 데 동의할 수 있음.242

스탈린과 마오쩌둥 사이에 이루어진 이러한 물밑 작업을 거쳐 개성의 조-중인민군 대표들은 마침내 외국군 철수문제를 의제에 포함시키지 않는 것에 동의했다. 1951년 7월 26일 개성에서 개최된 제10차 본회의에서 양측은 향후 정전협상에서 다룰 의제의 요지(substance of the agenditem)들을 다음과 같은 5개로 정리했다.

> 제1의제: 회담의제의 채택 (Adoption of Agenda),
>
> 제2의제: 적대행위 중지를 위한 기본조건으로서 양측이 비무장지대(DMZ)를 설치할 수 있도록 군사분계선 획정(Fixing of military demarcation line between both sides so as to establish a demilitarised[sic] zone as a basic condition for the cessation of

241 Coded message N 22054, 20 July 1951, Mao to Stalin, cited in Bajanov and Bajanova, 215-16; 중화인민공화국 중앙인민정부 주석이 소련 내각회의 의장에게 보낸 전문, 조선에서 전투행동 중지를 위한 협상에서 다섯 차례에 걸친 회의 결과에 대한 정보보고, 1951년 7월 20일, 러시아연방대통령문서보관소 문서군 45, 목록 1, 문서철 340, 88-91쪽, 바르타노프 편, 『자료집: 소련 국방부 중앙문서보관소비밀해제 자료 및 대통령궁 문서보관소 비밀해제 자료 (1997)』, 대한민국 국사편찬위원회 역, 『해외사료총서11』, 제9장.

242 Coded message N 4277, 21 July 1951, Stalin to Mao, cited in Bajanov and Bajanova, *The Most Mysterious War,* 193.

hostilities in Korea),

제3의제: 정화와 정전에 관한 조항의 수행을 감독할 기관의 구성 및 권한과 기능을 포함한 정화 및 정전을 실현하기 위한 구체적 조치 (Concrete arrangements for the realization of cease fire and armistice in Korea, including the composition, authority and functions of a supervisory organ for carrying out the terms of cease fire and armistice),

제4의제: 포로에 관한 조치 (Arrangements relating to prisoners of war),

제5의제: 쌍방의 관계 정부들에 대한 건의 (Recommendation to governments of countries concerned on both sides).[243]

이러한 의제들에 합의한 조이 수석대표 자신은 조-중인민군 측에게 숨을 돌릴 수 있는 여유를 준 의제들의 시간적 배열이었다고 반성적으로 회고한 바 있다. 군사분계선 획정이라는 의제가 먼저 다루어짐으로써 조-중인민군은 국제연합군의 공세로부터 숨을 돌릴 수 있었고, 이후 다른 의제들을 다룰 때 국제연합군은 충분한 압박수단을 가질 수 없었다는 것이다. 그나마 회담에서 거둘 수 있었던 긍정적 결과는 협상이 시작하기 전에 조-중인민군 측에 가한 국제연합군 측의 압박에 의한 결과였을 뿐이었다는 것이다. 그는 자신의 경험을 다음과 같이 함축적으로 정리했다; "공산주의자들에게 힘만큼 설득력 있는 것은 없다"(Nothing is so persuasive to Communists as force).[244]

1951년 8월 7일 도쿄의 국제연합군사령부에서 워싱턴의 합참으로 보

243 Transcript of Proceedings, Tenth Session, Conference at Kaesong, Korea, on the Armistice Proposal, 26 July 1951.

244 Joy, *How Communists Negotiate*, 28.

낸 전문에서 리지웨이도 정전협상 초기의 소감을 다음과 같이 표현했다.

> 협상은 군인들 간에 이루어졌다. 그들 중 2분의 1은 오로지 이해하고자 하는 것만을 이해하는 공산주의자들이었다. 이들은 정중함을 양보로 여기고, 양보를 나약함으로 여긴다. 이들은 자신들이 준수하기로 합의한 엄숙한 의무조차 거리낌 없이 위반한다. 그러한 의무란 오로지 그들의 목표를 달성하기 위한 수단으로 여길 뿐이다. 이들은 살해음모를 통해 권력을 획득했고, 그러한 살해음모 또는 그와 비슷한 수단을 통해 권력을 유지한다. <u>이들과 함께 앉아서 이들을 계몽되고 문명화된 인민의 대표들로 상대한다는 것은 스스로의 존엄성을 우롱하는 것이며 그들의 속임수가 필연적으로 우리에게 몰고 올 재앙을 초래하는 것이다.</u> 나는 합참이 국제연합군 대표들에게 용의주도한 현실성과 언행의 신중성을 견지하면서 회담에 임할 것, 그리고 <u>속임수를 잘 쓰는 야만인들이 명확하게 이해할 수 있는 방법과 언어를 사용할 것을 지시할 것을 제안한다.</u>[245] (밑줄 첨가)

이러한 리지웨이의 언급은 공산주의자들에 대한 그의 강한 불신을 그대로 드러내고 있다. 1951년 8월 11일 미국 합참은 리지웨이 사령관에게 "미국의 목표는 제시된 조건에 따라 정전을 이룩하는 것이며, 만일 정전협상이 실패한다면 그 실패의 원인이 공산주의자들에게 있음을 명확히 하는 것이 중요하다"는 전문을 보냈다.[246] 8월 21일 브래들리 합참의장은 국무부의 찰스 볼렌과 함께 전격적으로 한국을 방문했다. 한국을 방문하기 앞서 이들은 리지웨이 사령관을 만났고, 리지웨이

---

245 "The Commander in Chief, Far East (Ridgway) to the JCS," 7 Aug 1951, U.S. Department of State, *FRUS 1951: Korea and China,* 787-88.

246 "The JCS to the Commander in Chief, Far East (Ridgway)," 11 Aug 1951, U. S. Department of State, *FRUS 1951: Korea and China,* 811.

사령관은 '군사적 승리'를 위해서는 6-7개 사단의 증원이 필요하다고 밝혔다. 이들은 리지웨이에게 미국은 그런 증원을 할 의향이 없다는 뜻을 알려 주었고, 브래들리-볼렌의 한국방문으로 워싱턴의 정책은 다시 한 번 확인되었다.[247]

샌프란시스코평화회의가 열리던 무렵인 1951년 9월 4일 리지웨이 국제연합군 총사령관은 조-중인민군 측 최고사령관들인 펑더화이와 김일성에게 "개성에 있는 현재 협상장소를 계속 사용하는 것은 필연적으로 정전협상의 중지와 합의 도달에 대한 지연을 초래할 것임을 본관과 세계에 명백히 보여준 것"이라고 하면서 "정전협상의 중지 상태를 끝낼 귀측의 결정이 내려지면, 협상이 중단 없이 진행될 수 있는 새로운 장소의 선택에 대해 논의하기 위해 판문점 다리에서 우리 측 연락장교와 귀관 측의 즉각적 만남을 갖자"고 제안했다. 리지웨이는 조-중인민군 측이 협상장소로서 개성의 안전성을 담보해 주지도 못하고 있을 뿐만 아니라 개성이 국제연합군의 공격으로부터 보호받는 성역이 됨에 따라 조-중인민군 측에 군사적 이익을 제공해 주었다고 보았다.[248]

개성에서 중단되었던 정전협상을 송현리에서 재개하자는 한국군 및 국제연합군 측 제안은 조-중인민군 측에 의해 거부되었고, 쌍방의 협상은 1951년 10월 25일 조-중인민군 대표단이 제안한 널문리에서 속개되었다. 이날은 1950년 10월 19일 압록강을 도강했던 중국인민지원군이 국제연합군과 최초로 전면전을 벌인 지 1주년이 되는 날이었고, 영국에서 노동당 정권이 무너지고 다시 처칠이 이끄는 보수당이 집권한 날이었다.[249] 널문리는 옛날 왕이 행차할 때, 널판지로 다리를 급조해서 만들었

---

247 Bohlen, *Witness to History,* 298-300.

248 "The Commander in Chief, Far East (Ridgway) to the JCS," 6 Sept 1951, U. S. Department of State, *FRUS 1951: Korea and China,* 884-85.

다는 전설이 있는 곳이었다. 널문리에는 초가집 세 채와 주점이 있었는데, 널문을 한자로 판문(板門)으로 표기하고, 주점의 점(店)자를 합쳐서 한자로도 표기할 수 있는 판문점(板門店)이라는 한자식 이름이 만들어졌다.[250]

1951년 10월 25일부터 판문점에서 재개된 회담은 개성에서의 협상보다 더 치열하고, 지루한 설전으로 이어졌다. 판문점에서의 협상을 유리하게 이끌려는 일진일퇴와 함께 양측 군대의 공방전도 계속되었다. 협상장소가 개성보다 남쪽에 있는 판문점으로 옮겨짐에 따라 개성은 더 확실하게 조-중인민군의 수중에 들어갔다.

한국 대통령 이승만은 백선엽에 이어서 한국군 정전협상대표를 맡게 된 이형근 소장이 "전 국민이 반대하는 휴전 회담에서 군인인 제가 해야 할 일이 무엇이겠습니까?"라고 묻자, "개성을 탈환하게!"라고 대답했다.[251] 그러나 정전협상 수석대표 터너 조이는 이형근 대표에게 다음과 같이 말했다. "전투에서 빼앗긴 곳을 어떻게 테이블 위에서 찾을 수 있습니까. 군인이라면 응당 알아야 할 상식 아닙니까. 10년을 교섭해도 적은 양보할 리 없습니다. 국제연합군은 10년을 기다릴 수가 없습니다. 단념하십시오."[252] 이승만 대통령은 이형근에게 다음과

---

249 1955까지 지속된 윈스턴 처칠의 재집권은 '영미특수관계'(Anglo-American special relationship)를 공고히 했다. M. L. Dockrill, "The Foreign Office, Anglo-American relations and the Korean war, June 1950-June 1951," *International Affairs* 62 no. 3 (Summer 1986), p. 459, pp. 475-76; Eisenhower, *Mandate for Change*, 631-32.

250 이태호 외, 『판문점과 비무장지대』 (서울: 눈빛, 2013), 10-12.

251 李亨根, "분노로 실룩거렸던 대통령의 얼굴," 『秘錄 한국의 大統領』 (서울: 朝鮮日報社, 1993), 162.

252 이형근은 조이 수석대표 대신 호드스 대표를 설득했다고 회고한다. 미8군 부사령관직을 겸하고 있던 호드스는 다시 밴 플리트 미8군 사령관을 설득하여 한국 해병대 1개 대대가 개성탈환작전을 전개했으나, 송악산에서의 일제 포격을 견디지 못하고, 개성탈환에 실패했

같이 말했다고 전해진다. "개성은 우리나라의 고도(古都)이며 인삼, 쌀 등 농산물의 명산지임을 제너럴 리도 잘 알지? 그러니 비록 동부 전선에서 약간 양보하더라도 개성만은 꼭 탈환해야 된다는 말일세."[253] 대통령의 지시에 따라 이형근은 밴 플리트 미군 사령관을 설득하여 인천에 있던 한국 해병대로 하여금 개성탈환작전에 나서게 했지만, 성공하기 어려운 소규모작전이었다.[254]

도표 2-2 정전협상 개시 직전의 교전선. 미 육군지도. 1951년 7월 1일.
(출처: Hermes, *Truce Tent and Fighting Front*)

다. 이형근, 『軍番 1번의 외길 人生: 李亨根回顧錄』 (서울: 中央日報社 , 1993), 72-73.

253 이형근, 『軍番 1번의 외길 人生』, 70; 李亨根, "분노로 실룩거렸던 대통령의 얼굴," 163.

254 李亨根, "분노로 실룩거렸던 대통령의 얼굴," 163.

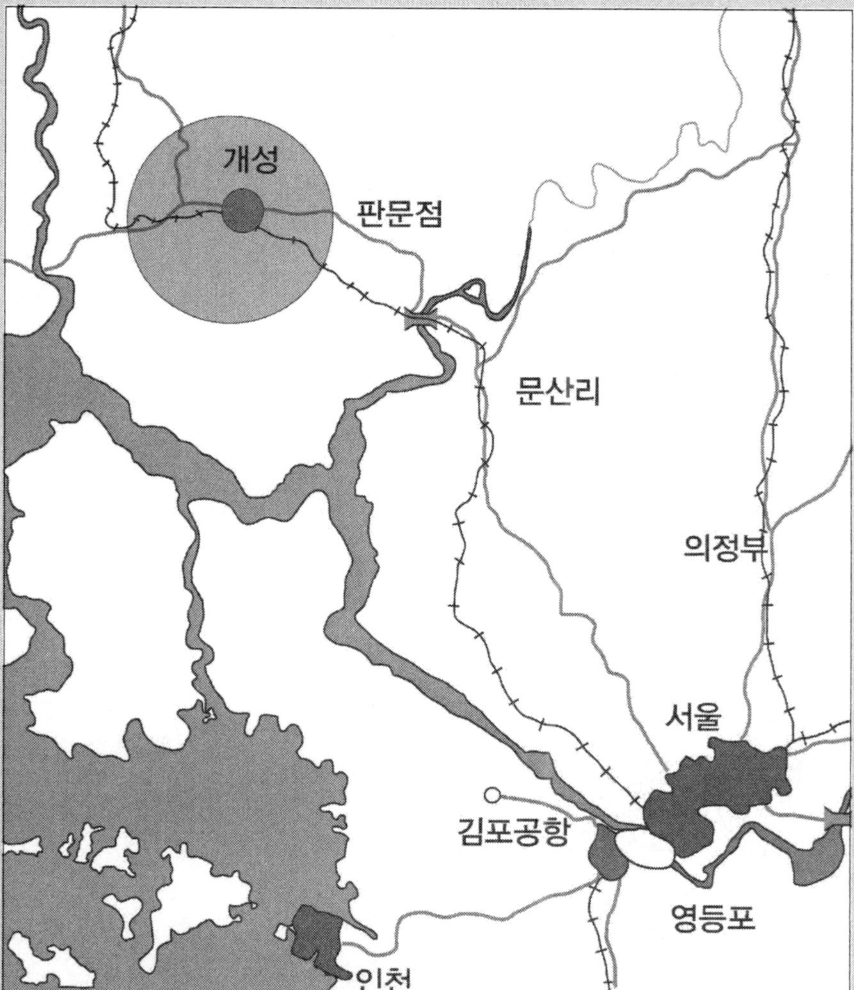

도표 2-3 개성, 판문점, 문산. 1951년 7월 1일.
(출처: Hermes, *Truce Tent and Fighting Front*.
국방부 군사편찬연구소, 『6.25전쟁사』)

1951년 7월 10일 이후 159회(개성 26회, 판문점 133회)에 걸친 정전협상 본회의는 정전협상의 최고결정기관과 같은 역할을 수행했다. 765회의 각종 회담 중에는 1951년 8월 15일 조이 수석대표의 제의에 따라 만들어진 분과위원회 회의(Sub-Delegation Meeting)가 있었다. 이 회의는 세부의제를 보다 깊게 토의하는 회의로서 제2의제를 위해 37회, 제3의제를 위해 71회, 그리고 제4의제를 위해 역시 71회가 개최되었다.[259]

참모장교회의(Staff Officers Meeting)는 분과위원회 회의에서 합의되거나 합의되지 못한 것을 연구하여 본회의 및 분과위원회 회의가 원활히 진행될 수 있도록 도왔다. 1951년 7월 8일부터 개최된 연락장교회의(Liaison Officers Meeting)는 행정, 안전, 그리고 고위회의 준비를 위해서 73회, 항의전달 및 응답, 그리고 사고조사 등을 위해 140회, 포로문제와 관련하여 14회 등 총 227회가 개최되었다.[260] 정전협상 과정에서 양측이 설전을 벌였던 주요 쟁점들과 정전협정의 주요 내용은 다음과 같다.

도표 2-4 정전협상 당시의 주요 쟁점들과 정전협정에 반영된 합의점

	쟁점		합의점
	국제연합군 측	조-중인민군 측	
군사분계선	교전선	북위 38도선	정전협정 체결 당시의 교전선
비무장지대(demilitarized zone)의 위치와 폭	교전선에서 20마일 북쪽까지	교전선에 따라 4킬로미터 (2.4마일)	교전선에 따라 4킬로미터 (2.4마일)
연안수역	12마일	3마일	3마일

259 국방부 합참정보본부, 『軍事停戰委員會便覽』 (서울: 국방부, 1986), 18; Vatcher, Jr., *Panmunjom,* 224.

260 Vatcher, Jr., *Panmunjom,* 227.

윤환가능 군사인원	월 7만 5천 명	월 5천 명	월 3만 5천 명
정전감독 중립국	스위스, 스웨덴, 노르웨이	소련, 체코, 폴란드	스위스, 스웨덴, 체코슬로바키아, 폴란드
군사적 출입항의 수	12개	3개	5개. 남: 인천, 대구, 부산, 강릉, 군산. 북: 신의주, 청진, 흥남, 만포, 신안주
포로교환 방식	포로 개인의 자유의사에 따른 송환	전체 포로의 송환	송환희망포로는 즉각 송환. 송환불원포로는 중립국송환위원회를 통한 설득과정 후 처리.
실향사민 (displaced civilians) 문제			실향사민 귀향협조위원회를 설립. 본부는 군사정전위원회 본부 부근에 설치.
정치회의	코리아문제에 국한	코리아문제 뿐만 아니라 아시아 문제(대만문제 등) 포함	정전협정이 조인되고 효력을 발생한 후 3개월 이내 정치회의 소집을 쌍방 관계정부들에 건의

출처: 정전협상 회의록(Transcript of Proceedings)과 국방부 합참정보본부, 『軍事停戰委員會便覽』 (서울: 국방부, 1986), 22를 참고하여 재작성.

사진 2-1 1950년 6.25전쟁 개전 직후 '조선민주주의 인민공화국' 깃발, 그리고 스탈린과 김일성의 사진들이 내걸린 서울시청.
(출처: 연세대 이승만연구원 사진)

사진 2-2 국제연합 안전보장이사회. 6.25전쟁 당시 평화를 이룩하기 위한 국제적 노력은 전쟁 발발 직후부터 국제연합을 통해 이루어졌다.
(출처: 국제연합 사진)

사진 2-3 1950년 9월 15일 맥킨리호(USS Mount McKinley)에서 인천상륙(크로마이트)작전을 지휘하고 있는 맥아더(Douglas MacArthur) 국제연합군 사령관과 휘하의 장성들. 왼쪽부터 코트니 휘트니(Courtney Whitney), 에드윈 라이트(E.K. Wright), 알몬드(Edward M. Almond) 10군단장(X Corps commander).

(출처: 미 해군 사진)

사진 2-4 국제연합 코리아정화(停火)위원회. (Committee on Cease-fire in Korea) 위원들. 왼쪽부터 피어슨(L. B. Pearson) 캐나다 외무장관, 엔테잠(Nasrollah Entezam) 이란 대사 겸 제5차 국제연합총회의장, 라우(Benegal N. Rau) 국제연합주재 인도 대표. 맨해튼에 유엔본부건물이 세워지기 전 안전보장이사회가 있던 뉴욕 인근 롱아일랜드의 레이크 석세스(Lake Success). 1950년 12월 15일. 당시 국제연합총회는 뉴욕 인근 프래싱 메드에서 개최되었다.

(출처: 국제연합 사진)

사진 2-5 정전협상 장소로 고려되었던 유트란디아호. 덴마크가 국제연합을 위해 파견했던 병원선 유트란디아(Jutlandia) 호의 1951년 모습. 리지웨이 국제연합군 사령관에 의해 정전협상 장소로 제안되었으나 받아들여지지 않았다.
(출처: 미 해군 사진)

사진 2-6 인삼창. 개성에서의 정전협상 초기 국제연합군 측의 휴식처로 배정된 건물. 과거에는 개신교 예배당이었다.
(출처: 연세대 이승만연구원 사진)

사진 2-7 개성의 내봉장(來鳳莊). 봉황새가 날아오는 집이라는 뜻이었지만, 내봉장에 평화의 봉황새가 날아오지는 못했다. 제27차 정전협상 본회의부터 협상장소는 널문리(판문점)로 변경되었다.

(출처: 연세대 이승만연구원 사진)

사진 2-8 1951년 7월 8일 정전협상 예비회의를 위해 개성에 도착한 국제연합군 측 연락장교들이 조-중인민군 측과 만나고 있다. 왼쪽부터 머레이 대령(J. C. Murray, Col., USMC), 킨네이 대령(Andrew J. Kinney, Col., USAF), 이수영 중령(Lee Soo Young, Lt. Col., Republic of Korea Army)과 한국어 통역관 언더우드 중위(Richard Underwood, Lt.), 그리고 중국어 통역을 맡았던 케네스 우(Kenneth Wu) 미군 준위.

(출처: 국제연합사진)

사진 2-9 맥주를 준비하는 조선인민군.
(출처: 개성정전회담공보집록)

사진 2-10 통일 없는 정전에 반대하는 시위. 덕수궁. 1951년 7월 11일.
(출처: NARA 사진)

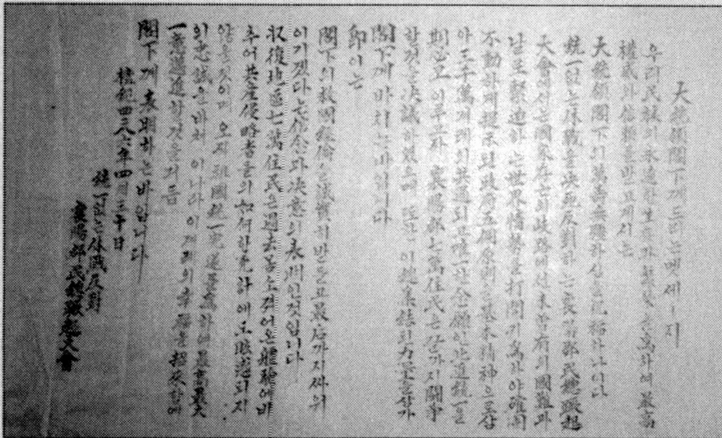

大統領閣下께 드리는 멧세-지

우리民族의 永遠한 生存과 繁榮을 爲하여 最高
權威와 信賴를 받으시는
大統領閣下의 萬壽無疆하심을 祝福하나이다
統一없는 休戰을 決死反對하는 晉陽郡民總蹶起
大會에서는 國家存亡의 岐路에서 未曾有의 國難과
날로 緊迫하는 世界情勢를 打開키 爲하야 確固
不動하게 提示된 政府五個原則을 基本精神으로 삼
아 三千萬겨레의 共通되고 唯一한 念願인 南北統一을
期必코 이루고자 晉陽郡十萬住民은 목숨까지 [illegible]
할것을 決議하였음에 또한 이 [illegible]
閣下께 바치는 바입니다
[illegible]이는
閣下의 [illegible] 받으묘 最后까지 싸워
이기겠다는 信念과 決意의 表明인 것입니다
[illegible]
[illegible]
[illegible]
[illegible]
[illegible]
閣下께 表明하는 바입니다
檀紀四二八六年四月三十日
統一없는休戰反對
晉陽郡民總蹶起大會

사진 2-11 이승만 대통령에게 보내는 "통일 없는 휴전"에 반대하는 서한.
(출처: 대한민국 국가기록원 사진)

사진 2-12 개성의 내봉장에 이어서 정전협상 장소가 된 판문점.
1951년 11월 1일 판문점.
(출처: 미군 공공사진)

제3장

정전협상 막전막후(幕前幕後)의 인간들

제3장
정전협상 막전막후(幕前幕後)의 인간들

1. 막후(幕後)의 인간들

6.25전쟁의 개전을 계급적 측면이나 구조적 측면에서만 보면 전쟁을 결정한 인간이 사라지는 경향이 있다. 그러나 나폴레옹이 없는 나폴레옹 전쟁이나 토요토미 히데요시가 없는 임진왜란을 생각할 수 있을까? 6.25 전쟁의 역사 또한 전쟁결정을 내렸던 인간들에 주목하지 않고서는 "있었던 그대로의 역사"를 드러내기 어렵다. 6.25전쟁을 멈추기 위한 정전협상에 있어서도 마찬가지였다. 정전협상의 막전막후에 있었던 인간들은 약 5천만 명 이상의 목숨을 앗아간 제2차 세계대전을 경험했던 인간들이었다. 국제연합군 측에서는 유럽전장에서 나치 독일군과 싸웠거나 아시아-태평양전장에서 나치 독일의 동맹이었던 일본군과 싸웠던 인간들이 많았다. 공산진영에서는 아시아-태평양전장에서 일본군과 싸웠던 인간들이 많았다. 그러니까 이들은 비록 같은 전선에 있지는 않았더라도 불과 몇 년 전까지 우익전체주의라는 공동의 적에 맞서 싸웠던 연합군이었다.

그럼에도 불구하고 쌍방의 인간들이 가지고 있던 관념적 차이는 용어

해석의 차이로 이어졌고, 일단 전쟁을 정지시키고 정치회의를 진행하려고 했던 원래의 의도를 어렵게 만들었다. 정전협상이 더욱 난산(難産)의 과정이 될 수밖에 없었던 또 다른 이유는 그것이 최종 권한을 갖지 못한 군인들 간의 협상이었기 때문이었다. 협상대표들 간 서명에 이어 정전협정에 최종 서명을 한 것은 양측의 군사령관들이었다. 혈전과 설전이 병행되는 동안 중국인민지원군 사령관 펑더화이는 '조선반도'에 상주했다. 이에 비해 국제연합군 사령관은 C-47이나 바탄(Bataan)을 타고 도쿄와 전장을 오가며 혈전과 설전을 지휘했다.[1] 도쿄의 국제연합군 사령부가 서울로 이전한 것은 1957년 7월 1일의 일이었다. 이후 국제연합군 사령관의 지휘를 받지만 일본 요코스카, 사세보(이상 해군), 요코다, 카데나(이상 공군), 후텐마(해병대) 등지에 남게 된 기지들은 국제연합사 후방기지의 역할을 하게 된다.[2]

이승만 대통령은 "나의 전쟁이 일본에서 지휘 받고 있다"는 불만을 수시로 표출했다.[3] 워싱턴도 미국 인근의 쿠바에서 일어난 전쟁이었다면 최고사령관이 혈전과 설전의 현장에 상주했을 것이다. 중국인민지원군 사령관 펑더화이는 순망치한(脣亡齒寒)의 관점에서 '조선반도'의 현장을 지켰다. 그리고 마오쩌둥과 저우언라이의 심복 리커눙은 국제연합군 대표단들의 눈에 띄지 않게 현장에서 협상을 지휘했

---

1 원래 맥아더 장군의 애기(愛機)였던 바탄(Bataan)의 이름은 루존섬 남쪽 바탄반도에서 유래한 것이다. 1942년 초 이곳에서 벌어진 전투에서 미군과 필리핀의 연합군이 일본군에 포위되어 약 6만 명 이상이 포로가 된 치욕의 장소였다. 6.25전쟁 이전에 미군은 이미 아시아에서 참패를 경험했던 것이다.

2 국방부 군사편찬연구소.『韓美 軍事 關係史, 1871-2002』(서울: 국방부 군사편찬연구소, 2002), 550.

3 Ellis O. Briggs, *Proud Servant: The Memoirs of a Career Ambassador* (Kent, Ohio: The Kent State University Press, 1998), 310-11.

다. 조중연합사령부(朝中聯合司令部)는 이미 1950년 12월 중에 설치되어 있었다. 그러나 양군은 계속 엇박자를 냈다. 급기야 1951년 공산군 측의 춘계대공세 기간 중에 중국인민지원군 약 8천 명이 국제연합군 및 한국군에 생포되는 사건이 발생했다. 펑더화이는 중국인민지원군이 포위된 원인이 조선인민군이 전선의 일각에서 일방적으로 퇴각했기 때문이었다고 보고, 통합적 작전통제권을 강화했다.[4]

이처럼 펑더화이가 작전통제권을 강화한 후에도 조-중인민군 정전협상 대표단의 수석대표는 계속 남일이 맡았다. 이에 비해 국제연합군 측에서는 수석대표 조이를 비롯해서 모든 대표들이 서구적 인사시스템에 따라 순환되었다. 미군들 사이에서는 코리아에서의 승진일수를 채운 이후, 도쿄나 워싱턴, 또는 유럽으로 영전하는 것을 희망하는 분위기도 있었다. 알엔알(R&R: Replacement and Rotation, Rest and Recuperation)이라는 인사제도는 전방에서 근무할 경우 가산점을 주고 일정한 포인트를 채우면 도쿄나 워싱턴으로 순환시켰다.[5] 이러한 인사제도는 서구적 합리주의에 기초한 것이었지만, 현장업무에 대한 숙지를 어렵게 만들었다.

막전의 정전협상은 양측의 5인 대표들과 연락장교들에 의해 진행되었지만, 막후에서는 양측 최고사령관을 거쳐 관련 정부들, 특히 모스크바와 워싱턴의 수뇌들에 의해 큰 결정이 이루어졌다.[6] 자유진영의 경우, 여러 참전국들의 상이한 입장들을 조율해야 했으며, 조기정전을

4 어우양산(歐陽善), 『중국의 대북조선 기밀파일』, 박종철, 정은이 역 (서울: 한울, 2008), 51-55.

5 Paul M. Edwards, *To Acknowledge a War: The Korean War in American Memory* (Westport, CT: Greenwood, 2000), 72-73.

6 J. Lawton Collins, *War in Peacetime: The history and Lessons of Korea* (Boston: Houghton Mifflin, 1969), 331.

원하는 국내의 여론도 협상전략에 반영해야 했다. 반면에 공산진영은 이와 같은 여론의 압박 없이 협상에 임할 수 있었다.[7]

정전협상의 지휘를 맡았던 스탈린, 마오쩌둥, 저우언라이, 그리고 리커눙(李克農)을 비롯한 소련공산당 및 중국공산당 지도자들의 사유체계를 이해하는 것은 6.25전쟁과 정전체제의 탄생을 이해하는 데 필수적이다. 스탈린에 관한 전기를 쓴 서비스는 "스탈린(1879-1953), 히틀러(1889-1945), 마오쩌둥(1893-1976), 폴포트(1925-1998), 그리고 김일성(1912-1994)과 같은 이들을 '짐승', '괴물', '살인기계'로만 단정 지어 버린다면, 우리는 결코 그들의 후계자들을 알아보지 못할 것"이라고 보았다.[8] 그들은 결코 '정상적'이지 않았지만, 그들이 속해 있던 관념체계 속에서는 지극히 정상적으로 행동했다. 그래서 그러한 관념은 더 위험할 수 있고, 냉철한 분석이 이루어지지 않으면 그러한 관념은 재생산될 위험이 있다.

그들이 비록 각자의 관념체계 안에서 활동했다 하더라도 그들의 말과 행동에 의해 죽어간 생명들에 대한 면책사유가 될 수는 없지만, 정치지도자들을 악마화(diabolize)시키는 데에만 골몰하다 보면, 그들이 마치 나와는 다른 존재들인 것처럼 인식되어 정작 '내 안에 존재하는 그들'을 볼 수 없게 된다. 악마화에 골몰하는 것은 자신의 또 다른 내면을 타인에게 투사하는 것에 불과한 것일 수도 있다. 전쟁과 평화를 지휘했던 인간들에 대한 증오와 애정을 넘어 그 인간들을 지배했던 관념을 되짚어보는 것이 필요하다. 로버트 올리버가 『이승만박사전』에 남긴 다음과 같은 저자 서문도 같은 맥락에서 읽혀진다.

---

7 Collins, *War in Peacetime,* 331.

8 로버트 서비스, 윤길순 역, 『스탈린, 강철 권력』, (서울: 교양인, 2007), 30.

전기(傳記)를 쓴다는 것은 어느 사람이고 경솔하게 덤벼서는 안 될 일일 것이다. 왜냐하면 그 누구의 생애(生涯)이던 간에 소홀히 돌아보기에는 너무도 신성한 것이기 때문이다. 어느 사람이고 오랜 동안을 두고 신중하게 생각한다는 노력 없이는 자기 친구 중의 한 사람의 강한 점과 약한 점이라든가 인격(人格), 성미(性味), 성공한 일과 실패한 일 또는 이상(理想)으로 여기는 바와 가슴속에 품은 뜻 같은 것을 하나 들어서 열기(列記)하려 해서는 안 될 것이다. 어느 한 사람의 모습이 조그마한 가치(價値)가 있는 것이라면 이는 바로 그 민족의 산 역사의 한 부분이 될 수 있는 것일 것이며 그 사람의 모습이 똑바로 그려지지 않는 한 그 잘못의 탓은 우리 모두가 받을 수밖에 없을 것이다.[9]

1950년 12월 21일부터 1951년 9월 10일까지 소련 국적 고려인에게 소련 정부가 훈장을 수여하는 것에 평양정부가 동의한 명단[10]에 포함되어 있었던 조선인민군 정전협상 수석대표 남일(南日)과 중국공산당과 친밀했던 이상조 대표의 삶과 말에서는 유라시아 대륙을 석권했던 반제공산주의적 관념연쇄의 일단을 발견할 수 있다. 이러한 관념연쇄는 중국인민지원군 정전협상 대표였던 덩화(鄧華)와 셰팡(解方)의 관념연쇄와 연결되어 있었다. 당시에는 알려지지 않았지만 협상장의 배후에서 사실상 협상을 총지휘했던 리커눙(李克農)도 마찬가지였다. 한국군 정전협상 대표 백선엽, 연락장교 이수영(李壽榮, 1921년 평북 철산 - 1972년 프랑스 주재 대한민국 대사로 재직 중 의문사) 등의 삶과 말의 궤적에서는 대서양문명의 전파경로에 따라 발전했던 관념연쇄의 일단을 발견할 수 있다. 이것은

9 로버트 T. 올리버, 『리승만박사전: 신비에 싸인 인물』. 박마리아 역. (서울: 한국학자료원, 2013), 1.

10 朴鐘孝, 『러시아 연방 외무성 대한정책 자료』, I: 495-500.

찰스 터너 조이나 윌리엄 해리슨 2세와 같은 국제연합군 정전협상 대표들의 삶과 말의 궤적에서 발견되는 관념연쇄와 연결되어 있었다.

1) 국제연합군 대표단의 막후

국제연합은 정전협상에 관한 미국의 권한을 국제법적으로 규정해 두었다. 국제연합의 법률고문 펠러(Abraham H. Feller)는 "미국은 국제연합의 새로운 결의 없이 정전을 할 권리가 있다"고 리 사무총장에게 보고했다.[11]

(1) 미국은 국제연합총회나 안보리의 추가적인 허가나 지침 없이 정화를 하거나 정전협정을 체결할 권리를 갖는다.
(2) 그 권리는 군사적 사항에 국한되며 정치적 분야의 협상은 안보리나 총회에 의한 절차의 결정이 요구된다.
(3) 어떤 정화(停火)나 정전도 미국의 통합사령부에 대한 권한을 부여한 안보리에 보고해야 한다.
(4) 한국 내에 군대를 보유하고 있는 미국과 15개국으로 구성되는 16개국 위원회(Committee of 16)는 미국과 동등한 협의적 지위를 가지며 국제연합기관의 지위를 갖지 않는다.[12]

정전협상의 일방은 국제연합군이었고, 따라서 그 법적 주체는 국제연합이었다. 그러나 국제연합의 법률적 검토에 따라 정전협상과 관련해서 국제연합군 측의 최종 결정권자는 국제연합 사무총장이 아니라 국제연합으로부터 작전권을 위임받은 미군의 군 통수권자인 미국 대통령이 되었

11 Leland M. Goodrich, *Korea: A Study of U.S. Policy in the United Nations* (New York: Council on Foreign Relations, 1956), 183.

12 Goodrich, *Korea: A Study of U.S. Policy in the United Nations*, 183-84.

다. 그 결과 정전협상을 추진하는 국제연합군의 명령 및 보고계통은 미국 대통령 – 국무부 및 국방부 – 합동참모본부(JCS, Joint Chiefs of Staff) – 도쿄 국제연합군 사령관(Commander in Chief, United Nations Command) – 문산 합동전략기획운용단(JSPOG) – 개성/판문점 국제연합군 대표단으로 이어졌다.[13] 한국 정부는 직접적 명령 및 보고계통에서 소외되어 있었다. 한국 정부와의 소통은 주로 주한 미국 대사관과 이승만 대통령, 그리고 언론을 통해 이루어졌다. 국제연합군 정전협상의 최정점에 있던 미국 대통령은 외교정책 결정과정에서 때때로 황제적(imperial)이라고 불릴 정도로 막강한 권한을 행사했다. 따라서 미국 대통령에 대한 이해는 정전협상에서 국제연합군 측의 전략을 분석하는 데 필수적이다. 정전협상이 진행되는 동안 미국 대통령은 해리 트루먼(Harry S Truman, 1884 - 1972, 임기 1945. 4. 12. - 1953. 1. 20)과 드와이트 아이젠하워(Dwight D. Eisenhower, 임기 1953. 1. 20 - 1961. 1. 20)였다.

트루먼 대통령은 6.25전쟁 발발 당시부터 미국 대통령으로서 막강한 권한을 행사했다.[14] 국제연합군의 참전과 관련하여 "소련이 참여하지 않은 안보리 결의안의 절차적 불법성"과 "미국의 안보리 결의안에 따른 해외 파병과 미 대통령 결정의 위헌성"이 제기되기도 한다.[15] 이러한 논란은 그만큼 트루먼 대통령의 의지가 국제연합군 파병에 있어서 중요한 역할을 했음을 반증한다. 1950년 6.25전쟁이 발발하자, 트루먼은 이 전쟁을 스탈린의 세계적 기획의 일환으로 보고 코리아에서의 '결

---

13 Joy, *How Communists Negotiate*, viii-ix.

14 트루먼이 최고사령관으로서 6.25전쟁 초기와 정전협상 초기에 행사했던 막강한 권력에 대해서는 Richard Haynes, *The Awesome Power: Harry S. Truman as Commander in Chief* (Baton Rouge: Louisiana State University, 1973).

15 김학재, 『판문점 체제의 기원』, 212-26.

투'(duel)에 응했다. 트루먼은 6.25전쟁에 앞서 "공산침략자들이 여러 차례에 걸쳐서 그들의 침략과 팽창에 대해 우리가 어떻게 반응할까를 시험해본 적이 있었다"고 보았다. 이러한 연장선 위에서 트루먼은 6.25전쟁의 성격을 다음과 같이 인식하고 대응했다.

> 그들[공산주의자들]은 그리스, 터키, 이란, 베를린 등지에서 우리가 그들에게 겁을 먹거나 위축되지 않는다는 것을 배웠다. 그러나 코리아 이전까지 그들의 행동은 파괴, 간접침략, 위협 그리고 혁명 등에 한정되었다. 그러나 코리아에서 세계는 새롭고 대담한 공산주의자들의 도전에 직면했다. 공산주의자들은 제2차 세계대전 이후 처음으로 코리아에서 공개적이고, 대담하게 군사력을 동원한 침략을 감행한 것이다. 우리는 좌시할 수 없었고, 공산제국주의자들(Communist imperialists)이 코리아건 어디건 마음대로 갈 수 있다고 생각하게 놔둘 수는 없었다. 도전에 대한 응전이 이루어져야만 했고, 응전은 이루어졌다.[16]

스탈린에게 있어서 코리아의 1950년 6월 25일이 1941년 6월 22일에 있었던 히틀러의 기습공격을 리메이크한 것이었다면, 그에 대한 트루먼의 대응은 히틀러의 오스트리아합병이나 체코슬로바키아합병 앞에서 보여준 자유민주진영의 무력함을 되풀이하지 않겠다는 각오를 반영했다. 스탈린의 기획전쟁에 대한 "응전은 세계를 다시 한 번 전면전으로 몰아넣지 않으면서 이루어져야 했다."[17] 트루먼에게 있어서 "그것은 완수되었다."[18] 6.25전쟁은 '스탈린의 전쟁'이기도 했지만, '트루먼의 응전'이기

16 Harry S. Truman, *Years of Trial and Hope, 1946-1953* (Bungay, Suffolk: Hodder and Stoughton, 1956), 492.

17 Truman, *Memoirs 2: Years of Trial and Hope,* 492.

도 했다. 트루먼 자신의 회고와 같이 "극동사령관, 그리고 정전협상 수석 대표가 발표하는 어구까지도 포함하여 어떤 주요 조치도 대통령의 구체적 허가 없이 이루어지지 않았다."[19]

해리 S 트루먼(트루먼 자신은 중간이름 S에 마침표를 붙여 S.라고 쓰지 않았는데, 그것은 S가 어떤 이름의 축약도 아니었기 때문이다)은 루즈벨트의 서거로 갑자기 미국의 제33대 대통령이 된 '우연한 대통령'(President by accident)이었다. 그는 미시시피강 서쪽 출신으로는 최초로 미국 대통령이 된 인물이다. 대통령이 되기 전 국제적 경험이라고는 제1차 세계대전 당시 프랑스전선에 참전했던 것밖에 없었던 '농촌 출신의 대통령'이었다. 그는 루즈벨트 대통령이 임기 중 사망함에 따라 졸지에 대통령직을 승계했다.[20]

대통령에 취임한 이후 트루먼은 자신의 미흡한 외교능력을 보완하기 위해 동부명문가(Eastern Establishment) 출신 인사들의 자문에 의존했다. 그러나 트루먼은 각료들의 도움이 전횡으로 치닫고 있다고 판단되거나(제임스 번즈 국무장관의 경우), 현실적 타당성이 없다고 판단될 경우(헨리 월리스 상공장관의 경우), 대통령으로서의 인사권을 과감히 행사했다. 미스캠블은 고립주의적 경향이 강한 미국 중서부 지역 출신의 트루먼이 어떠한 과정을 통해 국제주의자적 면모를 갖추게 되었고 그것이 미국의 외교정책 상에서 가지는 의미가 무엇인지를 분석한 바 있다.[21]

---

18 위와 같음.

19 "No major steps were taken without specific approval of the President, even to the wording of announcements made by the Far East commander or the chief negotiator at crucial points." 488.

20 Edmund Lindop, *Presidents by Accident* (New York: Watts, 1991).

21 Wilson D. Miscamble, "The Evolution of an Internationalist: Harry S. Truman and American Foreign Policy," *Australian Journal of Politics and History* vol. 23, no. 2 (1977), 268-83; 트루먼

트루먼행정부 시기 봉쇄정책 입안자들은 "평화는 모든 열강이 평화를 희구하거나, 아니면 평화를 희구하는 쪽이 세력 우위에 있는 한에 있어서 가능하다"는 인식을 갖고 있었다.[22] 트루먼 자신이 루즈벨트와는 판이한 경력과 성격의 소유자로서 봉쇄전략 탄생의 중요한 산파역할을 맡았다.[23] 물론 트루먼은 선임자이자 상급자였던 루즈벨트의 정책을 계승하기 위해 적지 않은 노력을 펼쳤다.[24]

그러나 트루먼은 케난 이상으로 확고한 봉쇄전략의 추진자였고, '봉쇄정책의 설계자'(Containment's Architect)[25]였다. 1945년 4월 23일 트루먼은 몰로토프와의 회담에서 강경한 태도를 취했다.[26] 1945년 7월 포츠담 회담에서 진행된 스탈린과 트루먼의 만남은 새로운 전환점(turning point)이었다.[27] 트루먼은 1945년 8월 9일 라디오방송을 통해 포츠담회담의 결과에 대해 연설하면서 유럽에서의 승리는 군사적 승리 그 이상의 것이었다고 설명했다. "그것은 하나의 삶의 방식이 다른 삶의 방식에 대해 거둔 승리였다"(Our victory in Europe was more than a victory of arms. It was a victory of one way of life over another).[28] 트루먼의 이러한 발언은 히

의 중서부지역에서 성장과정이 가지는 정치적 의미와 관련해서는 Alfred Steinberg, *The Man from Missouri: The Life and Times of Harry S. Truman* (New York: G.P. Putnam's Sons, 1962).

22 "Strengthening International Organizations," 19 Nov 49, WHCF: CF, box 40, HSTP, HSTL.

23 Thomas G. Paterson, *On Every Front: The Making and Unmaking of the Cold War* (New York: R. S. Means Company, 1992), 112.

24 Wilson D. Miscamble, *From Roosevelt to Truman: Potsdam, Hiroshima, and the Cold War* (Cambridge: Cambridge University Press, 2008), 324.

25 Frank Gregorsky, "Harry S. Truman: Containment's Architect," *Policy Review* (Winter 1992), 467.

26 Miscamble, *From Roosevelt to Truman*, 113-123.

27 Miscamble, *From Roosevelt to Truman*, 210-217; Tsuyoshi Hasegawa, *Racing the Enemy: Stalin, Truman, and the Surrender of Japan* (Cambridge: The Belknap Press of Harvard University Press, 2005), 130-176.

틀러가 추구했던 우익 전체주의적 삶의 방식(way of life)에 대한 자유민주적 삶의 방식의 승리를 의미하는 것이었던 동시에 소비에트적 삶의 방식(Soviet way of life)과 미국적 삶의 방식(American way of life) 간의 새로운 경쟁을 암시하는 것이었다.

1945년 9월경에 이미 트루먼은 소련으로부터의 위협에 대한 대응책을 강구하고 있었다.[29] 트루먼이 가졌던 정책적 추진력의 근원은 "기독교적 의분"(Christian righteous anger)과도 밀접하게 맞닿아 있었다. 비록 트루먼은 교회에 나가는 일은 부인에게 맡겨 두었지만, 그의 정책 결정을 지배했던 인식의 기반에는 개신교적 세계관이 자리 잡고 있었다.[30] 이러한 개신교적 세계관은 이승만, 그리고 쑹메이링(宋美齡)과 결혼한 후의 장개석에게서도 공통적으로 발견된다.[31] 그러한 세계관에 기초해서 트루먼은

---

28 Radio Report to the American People on the Potsdam Conference, 9 Aug 1945, *Public Papers of the Presidents of the United States: Harry S. Truman: 1945 : containing the public messages, speeches, and statements of the president, April 12 to December 31, 1945,* 203-14.

29 Deborah Welch Larson, *Origins of Containment: A Psychological Explanation* (Princeton: Princeton University Press, 1985), 6.

30 Elizabeth Edwards Spalding, *The First Cold Warrior: Harry Truman, Containment, and the Remaking of Liberal Internationalism* (Lexington: University Press of Kentucky, 2006), 200, 205-207; William Inboden, *Religion and American Foreign Policy, 1945-1960: The Soul of Containment* (Cambridge: Cambridge University Press, 2008), 105-156; 봉쇄정책 입안에 있어서 트루먼 대통령의 역할에 관해서는 김명섭. "냉전 초기 봉쇄전략의 탄생: 죠지 F. 케난이 유일한 설계자였나?" 『국제정치논총』 제49집 1호 (2009), 72-73.

31 김명섭, 김주희, "20세기 초 동북아 반일(反日) 민족지도자의 반공: 이승만과 장개석의 사례를 중심으로," 『한국정치외교사논총』, 제34집 2호 (2013), 89-90. 이승만은 1950년 12월 21일 대통령 비서(秘書) 국방 제29호를 통해 육군본부에 군목제도를 설치한 데 이어, 1951년 2월 27일에는 국본(國本) 일반명령 제31호에 의거 육군본부 인사국에 군승과(軍僧課), 과장 김득삼 대위)를 설치했다. 군승과는 1951년 3월 10일 군목과(軍牧課)로 개칭되면서 김형도 목사가 과장에 보직됐다. 6.25전쟁 때 군목과는 장병의 종교도덕교육, 야전예배를 수행해 장병의 전투의식을 고취시켰다. 전후인 1954년 군목과는 군종감실로 승격되었다. 이승만은 군종제도 도입을 통해 '신앙의 전력화'를 추진했다. 남정옥, 『이승만 대통령과 6.25전쟁』 (서울: 한국학

'미국적 삶의 방식'을 수호하고자 했다. 1951년 1월 8일 미국 의회에 보내는 연례교서에서 트루먼은 소비에트적 삶의 방식과 미국적 삶의 방식 간의 대결을 다음과 같이 정리했다.[32]

> 만일 소련인들이 국경을 접하고 있는 자유국가들의 자원과 인력을 동원하여 그들의 전쟁기제를 갖추는 데 성공한다면 우리의 국가안보는 심각하게 동요될 것이다. 만일 서유럽이 소비에트 러시아의 손에 떨어진다면, 소비에트 러시아의 석탄비축량은 두 배로, 강철비축량은 세 배로 늘어나게 될 것이다. 만일 아시아와 아프리카의 자유국가들이 소비에트 러시아의 손에 떨어진다면, 우리는 원자력의 기초가 되는 우라늄을 포함한 많은 일차자원들을 상실하게 될 것이다. 만일 유럽과 아시아의 인력이 소비에트의 지배하에 들어간다면 우리는 결코 어깨를 견줄 수 없는 군사력과 대치하게 될 것이다. 만일 공산주의가 자유국가들을 흡수하는 것을 용인한다면, 우리는 재충전의 자원들로부터 고립되고 말 것이고, 우리의 친구들로부터 격리되고 말 것이다. 그렇게 되면 우리는 더 이상 미국적이라고 인식할 수 없을 정도로 우리의 삶의 방식을 바꾸도록 강요받는 지경에 이르고 말 것이다.[33] (밑줄 첨가).

트루먼 대통령의 뒤를 이은 미국 대통령은 드와이트 아이젠하워(1890-1969)였다. 1952년 11월 대통령 선거에서 제34대 대통령에 당선된

술정보, 2010), 213.

32 Annual Message to the Congress on the State of the Union, 8 Jan 1951, *Public Papers of the Presidents of the United States: Harry S. Truman: 1951: containing the public messages, speeches, and statements of the president, January 1 to December 31, 1951,* 6-13.

33 *The Public Papers of the Presidents of the United States: Harry S. Truman,* 189. 랜달보고서는 이러한 트루먼의 생각을 보다 구체화시킨 정책보고서였다. "Report by the Chairman of the Council on Foreign Economic Policy (Randall)" et Report by the Chiarman of the Council on Foreign Economic Policy (Randall), *FRUS 1955-1957*, vol. 9: 22-43.

아이젠하워는 '노르망디 상륙작전'을 성공적으로 지휘한 제2차 세계대전의 영웅이었다. 1950년 11월 의회선거에서 공화당이 승리한 데 이어서 1928년 이후 처음으로 공화당 후보가 대통령이 되었다. 아이젠하워는 한때 태평양방면에서 맥아더의 부관으로 일했으나, 유럽전선으로 옮긴 후 승진을 거듭하여 유럽연합군 최고사령관이 되었다. 제2차 세계대전 종전 이후 아이젠하워는 육군참모총장, 컬럼비아대학 총장(1948 - 1953), 초대 북대서양조약기구(NATO) 최고사령관(1951. 4. 2 - 1952. 5. 30) 등을 지냈다. 컬럼비아대학 총장으로 있던 1951년 12월 대학 내에 전쟁과 평화연구소(Inst. of War and Peace Studies)를 설립했다.

어린 시절 동생이 한쪽 눈을 잃는 일을 당한 후로 갖게 된 자책감은 아이젠하워로 하여금 지휘자의 보호책임을 중시하게 만들었다. 아이젠하워는 코리아전쟁의 조기 종전을 통해 미군의 생명을 구하고자 했다. 아이젠하워는 아직 대통령 임기를 시작하기 전 대통령 당선자 신분으로 대통령 선거전에서 공약했던 "당선되면 한국을 방문하겠다"는 공약을 실천했다. 아이젠하워는 코리아전쟁의 조속한 해결과 미국 병사들의 귀환(bring the boys home)이라는 공약을 실천하기 위해 핵무기 사용까지 고려하는 핵압박(nuclear coercion)정책을 구사했다. 아이젠하워의 핵정책은 유럽에까지 이어졌다. 1954년 12월 북대서양조약기구(NATO) 군사위원회에서 승인된 MC48을 통해 미국과 유럽 국가들은 북대서양조약기구(NATO)사령관의 판단에 따라 핵무기를 사용할 수 있으며, 북대서양조약기구 가입국들이 각자 핵무기를 개발하기 위해 자원을 낭비할 필요가 없도록 미국이 핵우산을 제공한다는 정책을 수립했다.[34]

34 M. C. 48 (Final), 22 November 1954, Norht Atlantic Military Committee, "The Most Effective Pattern of NATO Military Strength For The Next Few Years http://www.nato.int/docu/stratdoc/eng/a541122a.pdf; 이근욱, 『냉전』 (서울: 서강대학교출판부, 2012), 82.

트루먼행정부의 국무장관이었던 애치슨은 여러모로 맥아더와 대척점에 있던 인물이었다. 미국의 경우, 국무장관이 국정에서 차지하는 위치를 감안하여 역대 국무장관에 관한 공식전기가 출간되고 있는데, 애치슨의 전기는 그의 모교였던 예일대학의 스미스(Gaddis Smith)가 담당한 바 있다.[35] 브랭클리는 은퇴 이후 애치슨의 생애를 중심으로, 이 거인이 냉전세계에 남긴 유산을 추적한 바 있다.[36] 래피버는 애치슨과 키신저를 비판적 관점에서 비교하기도 했다.[37]

월터 아이작슨과 에반 토마스의 공동저작 『현인들: 6명의 친구들과 그들이 만든 세계』는 정전협상의 배후에서 이루어지고 있던 미국의 정책결정과정을 이해하는 데 도움이 된다.[38] 아이작슨과 토마스가 다룬 6명의 현인들이란, 상호 간에 복잡한 교분관계를 가지고 있었던 딘 애치슨, 찰스 볼렌(소련 전문가로서 1951년 8월 21일 오마르 브래들리와 함께 한국을 방문했고, 정전협정 체결 당시 케난 대신 소련 주재 미국 대사가 되었음), 폴 닛츠, 에브럴 해리만, 죠지 케난, 로버트 러빗(Robert Lovett, 1895-1986, 죠지 마샬에 이어서 1951년부터 1953년까지 국방장관), 존 멕클로이 등 트루먼행정부와 아이젠하워행정부의 정책구상과 실현에 깊이 개입했던 인물들을 말한다.

'현인들'(Wise Men)이라는 명칭은 제2차 세계대전 직후의 전후세계

35 Gaddis Smith, *Dean Acheson. The American Secretaries of State and Their Diplomacy* vol. 16., ed. Samuel Flagg Bemis and Robert Ferrell. (New York: Cooper Square, 1972).

36 Douglas Brinkley, *Dean Acheson: The Cold War Years, 1953-71* (New Haven: Yale University Press, 1992).

37 Walter Lafeber, "Kissinger and Acheson: The Secretary of State and the Cold War," *Political Science Quarterly* 92 (1977), 189-97.

38 Walter Isaacson and Evan Thomas, *The Wisemen: Six Friends and the World They Made: Acheson, Bohlen, Harriman, Kennan, Lovett, McCloy* (New York: Simon & Schuster, 1986).

(戰後世界)를 현명하게 건설한 사람들이라는 뜻을 포함하고 있다. 이들 '현인들'은 동부지역 출신이거나, 동부의 하바드(폴 닛츠), 예일(애치슨, 해리만), 혹은 프린스턴(케난, 볼렌) 등의 명문대 출신들이라는 공통점을 지니고 있었으며, 태평양 방면의 아시아보다는 대서양 방면의 유럽에 관심이 많았던 인물들이었다. 대표적으로 애치슨의 유럽지향적 성격은, 그가 국무차관 및 장관으로 냉전정책의 주요 골격을 만들던 시절, 8번씩이나 유럽을 방문했던 것에 비해 한 번도 피점령국 일본을 포함한 태평양 지역을 방문한 적이 없었다는 사실에서도 드러난다. 심지어 애치슨은 트루먼 대 맥아더 간의 웨이크회담에서조차 의도적으로 트루먼을 수행하지 않았고, 태평양 지역에 보다 많은 국가적 관심을 기울여야 한다고 보았던 맥아더와는 시종일관 대립했다. 이처럼 '현인들'이 구현한 소련에 대한 냉전정책과 전후 세계질서 구상은 이들이 가지고 있던 유럽 중심적 인식과 밀접한 관련을 맺고 있었다.

트루먼행정부에 애치슨이 있었다면 아이젠하워행정부에는 덜레스(John Foster Dulles)가 있었다. 워싱턴 D.C. 인근의 덜레스 국제공항의 명칭은 그의 업적을 기리기 위한 것이다. 6.25전쟁의 정전과정과 정전협정의 탄생은 미국의 냉전전략에서는 빙산의 일각(a tip of iceberg)이었다. 애치슨에 관해 개디스 스미스가 권위 있는 전기를 남겼다면, 덜레스에 관해서는 루이 거슨이 권위 있는 전기를 남겨 놓았다.[39] 덜레스를 포함한 집단전기를 통해 제2차 세계대전 이후 미국의 동아시아정책을 분석한 숀버거의 책은 인물들의 부침을 통해 미국의 동아시아정책이 어떻게 변화했

39 Louis I. Gerson, *The American Secretaries of State and Their Diplomacy.* vol. XVII: *John Foster Dulles* (New York: Cooper Square, 1967). 리차드 이머맨이 편집한 다음 책도 참고. Richard H. Immerman, ed. *John Foster Dulles and the Diplomacy of the Cold War* (Princeton, N. J.: Princeton University Press, 1991).

는가를 일목요연하게 보여준다.[40] 미국 대외정책에 미치는 '중국로비'(China Lobby)의 역할을 분석한 낸시 터커와 달리 '일본로비'(Japan Lobby)의 실체를 규명한 숀버거는 미국의 대일본정책 변화과정을 6인의 부침과정을 통해 분석했다. 그 여섯 번째 인물이 바로 샌프란시스코평화체제를 설계한 덜레스이다.[41]

숀버거는 이 책에서 6.25전쟁을 경과하면서 미국이 일본을 적국에서부터 냉전의 동맹으로 끌어들이는 한편, 제2차 세계대전 당시 같은 편에서 싸웠던 소련을 냉전의 적으로 새롭게 규정해 나가는 과정을 치밀하고도 역동적으로 서술하고 있다.[42] 덜레스의 동생 알렌 덜레스는 CIA국장으로서 활동했고, 여동생 엘리노어 덜레스는 미국의 독일정책을 담당했는데, 이들을 함께 다룬 연구도 출간된 바 있다.[43] 2013년에는 동생 알렌 덜레스와 형 존 덜레스를 묶어서 다룬 연구도 출간되었다.[44]

한편, 브랜즈는 『냉전의 용사들』이라는 제목의 저서에서 덜레스(John Foster Dulles), 아이젠하워(Milton Eisenhower), 알렌 덜레스(Allen Dulles), 스미스(Walter Bedell Smith), 머피(Robert Murphy), 잭슨

40 Howard B. Schonberger, *Aftermath of War: Americans and the Remaking of Japan, 1945-1952* (Kent, Ohio/ London, England: The Kent State University Press, 1989).

41 나머지 5인은 국무차관을 역임한 이후 일본로비에 깊이 간여했던 그루(Joseph Grew), 일본주둔 연합군사령부(SCAP)를 지휘하고 있던 맥아더, SCAP의 브레인으로서 끝까지 일본천황의 사형을 주장했던 비쏜(T. A. Bisson), 디트로이트의 저명한 금융인출신으로서 독일에 이어서 일본에 파견되었던 윌리엄 드레이퍼(W. Draper)와 더불어 일본경제정책을 담당했던 닷지(Joseph Dodge), 뉴스위크(Newsweek) 지 해외편집장으로 일본커넥션이었던 컨(Harry F. Kern) 등이다.

42 Schonberger, *Aftermath of War* (1989).

43 Leonard Mosley, *Dulles: A Biography of Eleanor, Allen and John Foster Dulles and Their Family Network* (New York: Dial, 1978).

44 Stephen Kinzer, *The Brothers: John Foster Dulles, Allen Dulles, and Their Secret World War* (New York: Times Books, 2014).

(C. D. Jackson), 스타센(Harold Stassen), 그리고 헨리 캐봇 랏지(Henry Cabot Lodge) 등 아이젠하워 행정부 대외정책팀의 핵심인물 8인을 선정해서 미국의 냉전정책을 다양한 각도에서 분석했다. 이 책은 정전협정 체결과 제네바정치회의 당시 미국 정책결정자들의 인식을 이해하는 데 도움이 된다.[45]

정전협상의 개시와 관련해서 애치슨이 그 기여를 인정했던 케난(George Frost Kennan)은 미국 냉전정책의 상징적 인물이다. 1946년 당시 모스크바 주재 미국 대사관에서 공사로 재직하고 있던 케난은 '긴 전문'(long telegram)을 통해 소련의 의도를 분석하고, 미국이 대책을 강구하되, 그 대책은 미국적 방식이 되어야 할 것이라는 내용의 분석을 당시 마샬 미국 국무장관 앞으로 발송했다. 이 전문은 뒤이은 클리포드-엘시 보고서(Clifford-Elsey Report), 1947년『퍼린 어페어즈(*Foreign Affairs*)』지에 케난이 X라는 필명으로 게재한 논문[46]과 함께 미국의 냉전정책 수립에 있어서 이론적 기초가 되었다.[47] 케난은 그의 5촌 숙부에 해당하며 19세기 러시아 감옥제도에 관한 2권의 대작을 남긴 또 다른 죠지 케난으로부터 깊은 영향을 받았다.[48] 죠지 F. 케난은 그의 숙부와 마찬가지로

---

45 H. W. Brands, Jr., *Cold Warriors: Eisenhower's Generation and American Foreign Policy* (New York: Columbia University Press, 1988).

46 X [Kennan, George F.]. "The Sources of Soviet Conduct," *Foreign Affairs* 25 (July 1947), 566-82.

47 케난의 '긴 전문'은 죠지 워싱턴 대학에서 제공하고 있는 The National Security Archive를 통해 열람이 가능하다. http://www2.gwu.edu/~nsarchiv/coldwar/documents/episode-1/kennan.htm, George F. Kennan, *Memoirs,* 1925-1950 (Boston: Little, Brown, 1967), 354-356. 케난의 '긴 전문'(long telegram) 사본은 Harry S. Truman Library에 소장되어 있으며, *Foreign Relations of the United States* [이하 *FRUS*] *1946*, 6권과 Thomas H. Etzold and John Lewis Gaddis eds., *Containment: Documents on American Policy and Strategy, 1945-1950* (New York: Columbia University Press, 1978)에 재수록된 바 있다. 케난의 '긴 전문'이 가지는 의미에 관해서는 David Allan Mayers, *George Kennan and the Dilemmas of US Foreign Policy* (Oxford: Oxford University Press, 1988 [reprinted in 1990]), 97-102.

러시아의 언어, 역사, 문화 등에 대한 사랑과 러시아의 전제성에 대한 적개심이라는 양면적 감정을 지니고 있었다.

프린스턴대학에서 인문학적 소양을 쌓은 케난이 외교관의 길을 걷게 되었을 때, 그의 수장이자 모범이 되었던 사람은 하버드대학과 소르본대학에서 학위를 취득한 이후 국무부에 소련과(Soviet Section)를 만들었던 로버트 F. 켈리였다. 켈리는 발트 3국들 중 하나인 리투아니아의 리가(Riga)에서 신생 소련을 예의 관찰하는 한편, 소련전문가들을 양성했는데, 케난도 이곳에서 훈련을 받았다. 이러한 경력을 통해 케난은 인문학적 소양에 기초한 종합적 시각에서 소련을 관찰하게 되었다. 탈냉전시대에 들어서 10년간의 공문서 검토 작업에 기초해서, 현인들 중 누가 진정으로 현명(wise)했고, 혹은 반대로 어리석었던가를 따져본 멜빈 레플러는 케난과 볼렌을 진정한 현인들이었다고 결론내린 바 있다.[49] 이 밖에 케난에 관한 연구로서는 힉슨의 연구[50]와 스테판슨의 연구[51]가 있다. 케난에 관한 전기로는 개디스가 케난의 사후에 발간하기로 한 약속을 준수하여 2011년 발간한 저작이 결정판적 의미를 지닌다.[52]

케난 이외의 미 국무부 실무진들은 볼렌 자문관(Charles Bohlen,

48 이 또 한 명의 죠지 케난에 관해서도 많은 연구가 진행되었는데, 그 결정판은 Frederick Travis, *George Kennan and the American-Russian Relationship, 1865-1924* (Athens: Ohio University Press 1990).

49 Leffler, *A Preponderance of Power*, 449-511.

50 Walter Hixson, *George F. Kennan: Cold War Iconoclast* (New York: Columbia University Press, 1989).

51 Anders Stephanson, *Kennan and the Art of Foreign Policy* (Cambridge: Harvard University Press, 1989).

52 John Lewis Gaddis, *George F. Kennan: An American Life* (New York: The Penguin Press, 2011). 한국에서 케난에 관한 연구로는 김영호, "케난의 생애와 전략," 『전략연구』 (1998년 4월); 김명섭, "냉전초기 봉쇄전략의 탄생: 죠지 F. 케난이 유일한 설계자였나?" (2009) 등이 있다.

Counselor), 극동국의 존슨(U. Alexis Johnson, Bureau of Far Eastern Affairs), 매튜 정무담당 부장관(H. Freeman Matthews, Under Secretary of State for Political Affairs), 닛츠 정책기획국장(Director, Policy Planning Staff), 러스크 극동담당차관보(Dean Rusk, Assistant Secretary of State for Far Eastern Affairs) 등이었다.[53]

정전협상 기간 중 미국의 국방장관은 죠지 마샬(George C. Marshall, 1950년 9월-1951년 9월), 로버트 러빗(Robert A. Lovett, 1951년 9월-1953년 1월), 찰스 윌슨(Charles E. Wilson, 1953년 1월-1957년 10월) 등의 순으로 교체되었다.

국제정치무대였던 국제연합에서 미국의 입장을 대변했던 사람들은 오스틴(Warren Austin, 1877-1962), 그로스(Ernest A. Gross, 1906-1999), 그리고 랏지 주니어(Henry Cabot Lodge, Jr.) 등이었다. 오스틴은 법조인 출신으로 버몬트 주 상원의원 시절이던 1946년 트루먼 대통령에 의해 국제연합 주재 초대 미국 대사로 임명되었다. 그러나 상원의원 직과의 마찰로 인해 그의 직책은 대통령 특보 겸 국제연합 자문관으로 변경되었다가 1947년 1월부터 초대 대사로서의 임기를 시작할 수 있었다. 그의 임기 중에 이스라엘과 코리아에 관한 국제연합의 주요 결정들이 이루어졌다. 1953년 1월 아이젠하워 행정부의 출범과 함께 그의 직책은 랏지 주니어(Henry Cabot Lodge, Jr.)에게 승계되었다.[54] 국제연합에서 오스틴을 보좌하는 부대사의 역할을 맡았던 그로스(Ernest A. Gross)는 하바드대학 출신의 법조인으로서 6.25전쟁 개전 당시 자리를 비우고 있던 오스틴 대사를 대신해서 국제연합의 결의를 주도했다. 정전협상 막바지에 국제연

53 Collins, *War in Peacetime*, 332.

54 랏지 주니어는 윌슨 대통령에 맞서 베르사유조약 비준을 부결시켰던 랏지(Henry Cabot Lodge, 1850-1924)의 손자였다.

합에 제출된 인도의 제안에 찬성표를 던진 그로스는 한국 외무장관 변영태와 마찰을 빚기도 했다.55

정전협상 초기 워싱턴의 국무부와 서울을 연결했던 인물은 주한 미국 대사 무쵸(John J. Muccio, 1900-1989)였다. 1948년 한국에 부임할 당시 그의 공식 직함은 '대통령특별대표'(Special Representative of the President, 1948-49)였고, 이어서 주한 미국 대사(Ambassador Extraordinary and Plenipotentiary, 1949년 4월 20일-1952년 9월 8일)가 되었다. 이탈리아 캄파니아 주 카세르타에 있는 발레 아그리콜라(Valle Agricola)에서 출생한 무쵸는 생후 5개월 만에 미국으로 이주하여 로드 아일랜드 주 프로비던스(Providence) 시 교외에서 자랐고, 1918년 미국 육군에 입대하여, 1921년 미국 시민권을 취득했다. 독일 함부르크 주재 부영사로 외교관 생활을 시작한 무쵸는 홍콩, 상해 등에서 근무한 경험이 있어 동양에 친숙했다. 서울 대사관에서 그의 참모였던 노블(Harold Joyce Noble)에 따르면 무쵸는 항상 간접화법을 쓰고 결코 강경한 말투를 사용하지 않는 외교관이었다. 무쵸는 한국에서 이임한 이듬해인 1953년 결혼하여 1남 1녀를 두었지만, 주한 대사 재임시에는 독신이었다. 그는 나비넥타이를 애용하는 '40대의 총각 대사'로 유명했다. 자유롭게 도보로 서울 시내를 돌아다니며 번화가에서 한국의 명사들과 조우하곤 했다.56

55 George T. Mazuzan, *Warren R. Austin at the U.N., 1946-1953* (Kent, OH: Kent State University Press, 1977); Michael T. Kaufman, "Ernest Gross, a Key Diplomat During Cold War, Dies at 92," *New York Times*, 4 May 1999; 卞榮泰, 『外交餘錄』 (서울: 한국일보사, 단기4292[1959]), 37.

56 Jerry N. Hess, "Ambassador John J. Muccio," Oral History Interview at Washington, D.C. Feb. 10 and Feb. 18, 1971 (Harry S. Truman Library, 1972); U.S. Department of State. Office of the Historian. http://history.state.gov/departmenthistory/people/muccio-john-joseph; Noble, *Embassy at War*, 3-4; 朴實, 『韓國外交祕史』 (서울: 麒麟苑, 1979), 69.

서울에 부임한 무쵸는 1883년 푸트(Lucius Q. Foote, 1826-1913) 공사가 1884년 8월 민씨 가문으로부터 구입했던 한옥에 여장을 풀었다. 그는 브라운대학에서 철학을 전공한 후, 죠지 워싱턴 대학에서 국제정치학으로 석사학위를 받았다. 따라서 죠지 워싱턴 대학 학부를 졸업한 이승만과는 학연이 있었다. 1948년부터 트루먼 대통령의 특별대표(Special Representative of the President) 자격으로 서울에 와 있다가 1949년 4월 20일 정식으로 신임장을 제정한 무쵸 대사에게 이승만 대통령은 훈시하듯이 다음과 같이 말했다. "이제는 미군정이 끝났으니 하지 중장이나 딘 소장이 한 것처럼 해서는 안 될 것이오. 당신은 나의 친구인 트루먼 대통령이 나와 우리 민족을 도우라고 파견한 사람이오. 그러니 이 땅을 통일시킬 때까지 내 곁에서 힘껏 도와주어야 하오."[57]

무쵸는 1962년 외교관 직에서 은퇴한 후, 1973년 한국을 다시 방문하여 정일권과의 대담기록을 남겼고, 1989년 락 크릭 묘지(Rock Creek Cemetery)에 안장되었다.[58] 무쵸는 여러모로 당시 대사관의 2인자였던 드럼라이트(Everett F. Drumright) 참사관과는 대조적이었는데, 무쵸가 워싱턴으로 보낸 전문은 무쵸가 보기 전에 드럼라이트에 의해 작성되어 포기 바텀(Foggy Bottom, 미국 국무부)으로 보내지기도 했다.[59]

노블 서기관은 당시 주한 미국 대사관의 제3인자였다. 그의 부모는

57 Harold Joyce Noble, *Embassy at War* (Seattle: University of Washington Press, 1975).

58 『한국일보』 1973년 10월 6일; 워싱턴, D.C. 근교의 묘지로 대한제국 시기 한국을 방문하여 광무(고종)황제를 알현했던 씨어도어 루즈벨트 대통령의 딸 앨리스(Alice Lee Roosevelt Longworth, 1884-1980)가 묻혀 있는 곳이기도 하다. David Shavit, *The United States in Asia: A Historical Dictionary* (Santa Barbara, CA: Greenwood Publishing Group, 1990), 357-58; Paul M. Edwards, *Historical Dictionary of the Korean War* (Lanham, MD: Scarecrow Press, 2010), 186.

59 드럼라이트 참사관에 관해서는 Noble, *Embassy at War*, 6-8.

1890년대 한국을 찾아간 장로교 선교사인 윌리엄 아더 노블과 매티 윌콕스 노블이었다. 아버지 윌리엄 노블은 이승만이 배재학당에 다닐 당시 그에게 영어를 가르쳤다. 노블은 1924년 오하이오 웨슬리언 대학에서 학사학위를 받았고, 다음 해 오하이오 주립대학에서 석사학위를 받았다. 이후 이화전문에서 9년간 교편을 잡은 그는 1929년 다시 버클리대학 박사과정에 진학하여 1931년 "1895년 이전 코리아와 미국의 관계"라는 제목의 논문으로 박사학위를 받았다. 같은 해 그는 유진에 있는 오레곤대학의 동양사 담당 조교수가 되었고, 1945년 정교수가 되었다. 이 기간 중에 노블은 *Pacific Historical Review*의 편집위원이 되었고, 미국 역사학회의 태평양부문 심사위원이 되었다.[60]

노블은 미일전쟁이 발발하기 직전인 1939-40년간 교토 제3대학의 초빙교수를 지냈고, 제2차 세계대전 중에 군에 입대하여 뉴질랜드, 뉴 칼레도니아, 솔로몬 군도 등에서 복무했다. 1945년 봄부터 신문에 쓴 기사를 기초로 1946년 일본군의 광적인 전투정신을 분석한 *What it takes to rule Japan*이라는 소책자(86페이지)를 발간했다. 노블은 제2차 세계대전 이후 반공의 필요성을 역설했다. 1946년 8월 31일 *Saturday Evening Post*지에 "우리의 가장 위험한 경계선"(Our Most Dangerous Boundary)이라는 제목의 글을 게재했다. 이 글에서 노블은 1946년 미소공동위원회의 결렬을 기술하면서 "우리 군대가 한국에서 떠나고 나면 소련이 코리아 전체를 지배하는 것을 막을 수 없다"고 역설했다.[61] 노블은 1938년부터 이승만과 교분이 있었고, 이러한 교분으로 인해 대한민국을 승인한 1948년 파리 제3차 국제연합총회 당시 4개월 간 장면과 조병옥이 이끌었던 한국대

---

60 Frank Baldwin, "The Man: Editor's Introduction," Noble, *Embassy at War*, v–xvii.

61 위와 같음.

표단의 자문을 맡았다. 1950년 미국의 레이크 석세스에서 개최된 국제연합총회에서도 이승만 대통령의 요청으로 한국대표단 자문을 맡을 예정이었으나 미국 국무부의 반대로 좌절되었다. 노블은 미 국무부의 반대가 미국 내에 있는 이승만 적대세력 때문이라고 보았다.[62]

1952년 봄 임기종료를 앞둔 무쵸 대사가 본국으로 출장을 가자 라이트너(E. Allan Lightner Jr.) 부대사 겸 자문관(Deputy Chief of Mission and Counselor of the American Embassy, Korea, 1951-53)이 대리 대사로 일했다. 1907년 뉴욕에서 출생하여 프린스턴대학을 졸업한 라이트너는 1961년 동베를린에서 동독군에 체포되어 세계적 주목을 받기도 했다. 라이트너는 1952년 부산정치파동 당시 이종찬 육군참모총장의 방문을 받고, 이승만의 연금 가능성까지 포함한 상비(Everready)계획을 언커크(UNCURK, 국제연합코리아통일부흥위원회)의 오스트레일리아 대표 플림졸(James Plimsoll) 등과 협의했고, 워싱턴에도 건의했으나 받아들여지지 않았다고 회고했다.[63]

1952년 9월 8일까지의 공식 임기를 마친 무쵸 대사에 이어 브릭스(Ellis O. Briggs, 1899-1976)가 주한 미국 대사로 부임했다. 브릭스는 카이젤수염을 기른 호인형의 풍모를 가지고 있었고, 한 쪽 다리의 장애로 인해 지팡이를 짚고 다녔다. 브릭스는 정전협상 당시의 역할 등에 관한 공로로 아이젠하워행정부로부터 자유메달(the Medal of Freedom)을 받았다. 미국이 직업외교관 제도에 관한 법령을 채택한 것은 1924년이었는

---

62 Noble, *Embassy at War*, 191-92.

63 Ronald Munro, Yea Daeyeol, "An Australian View of the Pusan Political Crisis in Korea, 1952," *International Journal of Korean History* 제20권 제1호 (2015), 117-52.
Oral History Interview with E. Allan Lightner, Jr. by Richard D. McKinzie (Washington, D.C., 26 Oct 1973), 14-121. Harry S. Truman Library. https://www.trumanlibrary.org/oralhist/lightner.htm

데, 브릭스는 그 1년 후인 1925년에 직업외교관이 되었다. 그는 주한 미국 대사로 오기 직전 체코슬로바키아 주재 미국 대사로서 공산주의자들을 상대해본 경험이 있었다.[64]

미국의 합동참모본부(JCS)는 매주 국무부 및 국방부 대표들과 회합을 갖고, 도쿄의 국제연합군사령부를 거쳐 정전협상장으로 갈 훈령을 준비했다.[65] 합참의장이었던 브래들리(Omar N. Bradley)는 1915년 웨스트포인트를 졸업했는데, 1950년 9월 22일 역시 웨스트포인트를 졸업했던 맥아더(1903년 졸업)와 같이 5성 장군이 되었다. 브래들리는 코리아에서의 제한전(Limited War)정책을 상징하는 인물로서 정전협상의 기본적 골격을 만들었다.[66] 미국 육군참모총장 콜린스(Joseph Lawton Collins) 대장은 브래들리 합참의장과 함께 제한전 개념을 수립하고, 구현했다. 콜린스와 리지웨이, 그리고 클라크는 모두 웨스트포인트를 1917년에 졸업한 동기생들이었다.[67]

코리아와 함께 오키나와, 타이완, 그리고 필리핀 등지의 업무를 관장하던 도쿄의 국제연합군사령부에서 맥아더를 대신하게 된 리지웨이가 초기의 정전협상을 총지휘했다. 리지웨이가 북대서양조약기구(NATO) 사령관으로 전직함에 따라 1952년 5월 12일부터는 마크 클라크 신임 국

64 브릭스는 이 책의 20장(297-329쪽)에서 Korea: The First War We Did Not Win에 관해 회고하고 있다.

65 Collins, *War in Peacetime*, 331.

66 Omar N. Bradley and Clay Blair, *A General's Life* (New York, 1983); Paul E. Melody, *General Omar Bradley and the Korean War: A Study in Modern Strategic Leader Competence* (Carlisle Barracks, PA: United States Army War College, 1998); 오마르 브래들리의 합참의장직 수행에 관한 모노그래프로는 Michael D. Forbis, "General of the Army Omar Nelson Bradley in the Korean War and the Meaning of the Chairmanship," School of Advanced Military Studies United States Army Command and General Staff College Fort Leavenworth, Kansas (2011-01).

67 Collins, *War in Peacetime*, 348.

제연합군사령관이 정전협상을 이끌었다. 클라크는 1953년 7월 27일 정전협정에 김일성, 펑더화이 등과 함께 서명했다.

정전협상은 1951년 4월 10일 트루먼 대통령이 브래들리 합참의장의 건의에 따라 맥아더 사령관을 해임하고, 제한전 정책에 따라 진행되었다. 맥아더의 전쟁노선을 이해하는 것은 반대로 정전협상 노선을 이해하는 데 도움이 된다. 맥아더는 냉전시대 미국의 인물들 중 가장 많은 연구를 촉발시켰던 문제의 인물들 중 한 명이다.[68] 맥아더에 대해 대체로 긍정적인 책들로는 맨체스터의 연구와 함께 맥아더 수하에서 전쟁을 수행했던 윌러비 장군과 휘트니 장군의 책이 있다.[69] 맥아더에 대해 비판적인 책들로는 샬러, 그리고 웨인트롭의 연구가 있다.[70] 제임스의 약 2,600쪽에 달

---

68 William Manchester, *American Caesar: Douglas MacArthur, 1880-1964* (Boston: Little, Brown and Company, 1978). 맨체스터의 책은 육군사관학교 인문사회과학처가 번역하여 『미국의 씨이저 맥아더 원수』 (서울: 병학사, 1984)로 출간된 바 있고, 『아메리칸 시저1, 2』, 박광호 옮김 (서울: 미래사, 2007)로도 재출간되었다. 맥아더의 필리핀 시절을 중심으로 그에 대한 정신분석학적 접근을 시도하고 있는 Carol M. Petillo, *Douglas MacArthur: The Philippine Years* (Bloomington, Ind., 1981). 그 밖에도 John Gunther, *The Riddle of MacArthur* (New York: 1951); Trumbull Higgins, *Korea and the Fall of MacArthur: A Precis in Limited War* (New York, 1987); Sid Huff, *My Fifteen Years with General MacArthur* (New York, 1964); Frazier Hunt, *The Untold Story of General MacArthur* (New York, 1954); William M. Leary, ed., *We Shall Return: MacArthur's Commanders and the Defeat of Japan* (Lexington: University Press of Kentucky, 1988); Gavin Long, *MacArthur as Military Commander* (London, 1969); Richard H. Rovere and Arthur M. Schlesinger, Jr., *The General and The President: And the Future of American Foreign Policy* (Farrar, Straus and Young, 1951) 등이 있다. 이 마지막 책은 *The MacArthur Controversy and American Foreign Policy* (New York: Straus and Giroux, 1965)으로 개정, 증보되었다. 그 밖에 Robert Smith, *MacArthur in Korea: The Naked Emperor* (New York: Simon and Schuster, 1982)가 있다.

69 Charles A. Willoughby and John Chamberlain. *MacArthur, 1941-1951* (New York: McGraw-Hill, 1954); Courtney Whitney, *MacArthur; His Rendez-vous with Destiny* (New York: Knopf, 1956).

하는 3부작이 맥아더에 관한 가장 방대하고, 권위 있는 연구이다.[71] 히긴스는 정전협상이 시작되기 앞서 전쟁전략의 전환에 따라 맥아더가 추락하는 과정을 집중적으로 다루었다.[72] 스미스는『코리아에서의 맥아더』라는 책을 썼다.[73] 일본 주둔 연합군 사령관으로서의 맥아더에 관해서는 핀의 연구가 있다.[74] 맥아더가 일본의 전후처리를 맡고 있었기 때문에 코리아전쟁의 지휘는 콜린스 육군참모총장이 맡아야 한다는 주장이 제기되기도 했었다.[75] 트루먼과 맥아더를 비교하는 것은 후버와 트루먼을 비교하는 것과 마찬가지로 미국의 대(對)유럽적 편향과 대(對)아시아적 편향을 대조해 볼 수 있게 해준다.[76]

정전협상은 물론 전쟁에 있어서도 민주주의보다는 독재가 우월할 수 있다는 주장은 미국 내에서도 자주 제기되었다. 맥아더는 카리스마 있고 독단적인 장군으로서의 이미지가 강하지만, 전쟁과 민주주의의 관계에 관해 다음과 같은 명언을 남긴 바 있다.

---

70 Michael Schaller, *Douglas MacArthur: The Far Eastern General* (Oxford: Oxford University Press, 1989). Stanley Weintraub, *MacArthur's War: Korea and the Undoing of an American Hero* (New York: The Free Press, 2000).

71 Clayton D. James, *The Years of MacArthur*, vol. 1: *1880-1941,* vol. 2: *1941-1945*, vol. 3: *Triumph and Disaster, 1945-1964* (Boston: Houghton Mifflin, 1970, 1975, 1985). 이후에 나온 다음 책은 맥아더에 대해 훨씬 비판적이다. Michael Schaller, *Douglas MacArthur: The Far Eastern General* (Oxford: Oxford University Press, 1989). 한국에서 나온 연구물로는 이상호,『맥아더와 한국전쟁』(서울: 푸른역사, 2012)이 있다.

72 Trumbull Higgins, *Korea and the Fall of MacArthur: A Precis in Limited War* (New York: Oxford University Press, 1987).

73 Robert Smith, *MacArthur in Korea: The Naked Emperor* (New York: Simon and Schuster, 1982).

74 Richard B. Finn, *Winners in Peace: MacArthur, Yoshida, and Postwar Japan* (Berkeley and Los Angeles: University of California Press, 1992).

75 Schoenbaum, *Waging Peace & War,* 220.

76 Serge Hurtig, "Le conflit Truman-MacArthur," *Revue francaise de Science politique* (1960).

> 민주주의는 유효한 체제이며 앞으로도 항상 그럴 것이다. 왜냐하면 민주주의에서는 국민들이 생각하고 말할 수 있으며 정신을 자유롭고 개방적이며 유연하게 유지할 수 있기 때문이다. 독재국가는 전쟁을 할 때 작전의 마지막 세세한 부분까지 사전에 확정해 놓은 상태에서 공격을 개시함으로써 초반에는 꽤 좋은 전과를 올릴 수 있지만, 종국적으로는 계획상 차질이 발생하기 마련이다. [중략] 독재국가들은 전쟁을 하나의 과학으로 만들려고 애썼지만, 실제에 있어서는 전쟁이란 하나의 예술이다.[77]

정전협상이 시작될 당시 협상 절차는 외교관이나 정치인이 담당하지 않고, 현장의 군사령관이 총괄하는 것으로 정해졌다. 정전협정은 전투 중인 군사령관들 사이에서 체결되는 것이 일반적이다. 더구나 중화인민공화국이나 조선민주주의인민공화국이 국제사회에서 국가로서 승인받지 못한 상황이었기 때문에 국가들 간의 협상 대신 군사령관들 간의 협상으로 한정되었다.

정전협상이 시작될 당시 국제연합군 총사령관은 리지웨이(Matthew B. Ridgway)였다. 리지웨이는 전사한 워커사령관에 이어 미8군 사령관으로 부임했다. 1951년 4월 10일 맥아더 사령관이 브래들리 합참의장의 건의를 받아들인 트루먼 대통령에 의해 해임되자 맥아더에 이어 국제연합군 사령관이 되었고, 1952년 5월 아이젠하워의 후임으로 북대서양조약기구(NATO) 사령관으로 부임할 때까지 약 13개월 동안 국제연합군 사령관으로 전쟁을 지휘하는 동시에 정전협상을 총괄했다. 리지웨이에 관한 문

---

77 "As long as a democracy can withstand the initial onslaught, it will find ways of striking back and eventually it will win. It costs money and at times does look inefficient but, in the final analysis, democracy as we have it in the United States is the best form of government that man has ever evolved." William Manchester, *American Caesar: Douglas MacArthur, 1880-1964* (New York: Laurel, 1983), 203.

헌들을 다룬 해제집이 출간되었을 정도로 그는 6.25전쟁의 이해에 있어서 중요한 인물이다.[78]

리지웨이에 이어서 국제연합군 사령관이 되어 정전협상을 담당하게 된 인물은 마크 클라크(Mark Wayne Clark, 1896-1984)였다. 그는 코리아뿐만 아니라 오키나와, 대만, 그리고 필리핀 등지의 업무를 총괄하던 도쿄사령부에서 혈전과 설전을 동시에 지휘했다. 클라크는 키가 크고 마른 편의 독수리상이어서 영국의 처칠로부터 "미국의 독수리"(the American eagle)라고 불렸다.[79] 정전협정문에 서명한 직후 40년의 군생활을 마친 그는 『콜리에 매거진』이라는 잡지를 통해 자신의 마지막 역할을 "깃털 장식이 없는 모자"에 비유했다. 미 육군역사상 "승리 없는 정전"(armistice without victory)에 서명한 최초의 사령관이 되었다고 말하기도 했다.[80]

클라크는 제2차 세계대전 중이던 1944년 1월 20일 이탈리아 북부의 라피도 강 도하작전을 지휘했었는데, 1946년 미 제36사단 참전자협회는 약 2900명의 인명 손실을 초래한 이 작전에 관한 의회조사를 요청한 바 있다.[81] 정전협정 체결 당시 주한 미국 대사였던 브릭스는 클라크가 유능한 사령관으로서 특히 포로들의 폭동을 단호하게 잘 처리했다는 점을 높이 평가했다. 그러나 도쿄사령부와 한국의 임시수도 부산을 C-47이나 전용기 바탄(Bataan)으로 오가며 행사했던 그의 권력남용에 대해 비

---

78 Paul M. Edwards, *General Matthew B. Ridgway: An Annotated Bibliography* (Westport, Conn.: Greenwood Press, 1993).

79 Leckie, *Conflict,* 328.

80 NA, RG550, United Nations Command, Armistice Affairs Division, General Subject Files, 1951-59, compiled by Military History Section, "History of the Korean Conflict: Korean Armistice Negotiations, May 1952 - July 1953," 681.

81 *The Tuscaloosa News,* 20 Jan 1946.

판적인 기록도 남겨 놓았다.[82] 정전협상은 전황과 맞물리면서 진행되었는데, 당시 미8군 사령관으로서 정전협상 및 전쟁 상황에 지대한 영향을 미쳤던 밴 플리트를 다룬 권위 있는 연구서로 브레임의 책이 있다.[83] 이 책은 2001년 육군교육사령부 자료지원처 번역실에 의해 번역, 출간되었다가 2002년 재출간되었다.[84]

정전협상 당시 한국 대통령은 이승만이었다. 정전체제의 탄생에 미친 그의 영향을 이해하기 위해서는 1875년 황해도 평산에서 출생했던 이승만의 긴 생애에 대한 깊고 다층적인 이해가 필요하다. 그는 스탈린보다 네 살이 많았고, 마오쩌둥 보다 열여덟 살이 많았다. 김일성 보다는 무려 서른일곱 살이 많았다. 외국 또는 현재의 시점에서 이승만과 김일성을 동급으로 보는 것은 장유유서를 강조하는 동아시아의 전통을 잘 이해하지 못한 탓도 있지만 6.25전쟁을 통해 김일성이 이승만의 맞수인 것처럼 부각된 탓도 컸다. 이승만이 전제군주정에 반대하는 진보적 사상으로 인해 5년 이상 옥고를 치를 당시 김일성은 아직 태어나지도 않았었다.

1953년 정전협정 체결 당시 미국 대사였던 브릭스는 한국 정부를 이승만 단독에 의해 좌지우지되는 '1인극(one-man show) 정부'라고 표현했을 정도로 정전협상 과정에서 이승만의 역할은 지대했다.[85] 이승만에 대한 정치적 평가는 그가 1960년 4.19혁명 이후 하야한 이후 추락한 이미지에 의해 지배되는 경향이 있다. 그러나 이 책에서 등장하는 이승만은

82 Briggs, *Proud Servant,* 309-314.

83 Paul F. Braim, *The Will to Win: The Life of General James A. Van Fleet.* Annapolis (Maryland: Naval Institute Press, 2001).

84 대한민국 육군교육사령부 자료지원처 번역실, 『위대한 장군 밴 플리트』 (육군본부, 2001). 대한민국 육군교육사령부 자료지원처 번역실, 『승리의 신념』 (서울: 봉명, 2002).

85 The Amb in Korea(Briggs) to the Dep of State, Seoul, 2 Nov 1953, *FRUS 1952-54,* vol. XV, 1580.

그 이전의 이승만이다.

이승만이 4.19혁명으로 하야하기 이전에 출간된 이승만에 대한 전기로는 올리버의 책이 대표적이다.[86] 올리버에 따르면, 이승만은 1917년 볼셰비키집권 당시부터 "공산주의는 콜레라"(Communism is cholera)라고 보고 "콜레라와 타협(compromise)할 수는 없다"라는 입장을 견지했다. 이러한 이승만의 가치관은 정전협상에 관한 그의 다음과 같은 입장에 영향을 미쳤다.[87]

> 자유와 공산주의는 상극이다. 합쳐질 수 없다. 공산주의와의 타협은 불가능하다. 그것은 기름과 물을 섞으려는 것과 같다. 판문점에서 추구되고 있는 정전(truce)은 태생적으로 잘못된 것(inherently wrong)이다. 그것은 세계를 화해불가능한 부분들로 분열시킨 깊은 구조적 간극(structural crack)에 회칠(plaster)을 하려는 시도로서 온전한 정치적 해결이 될 수 없는 것이다.[88]

공산주의에 대한 이승만의 생각은 1922년 소련이 수립된 직후인 1923년에 이미 표명되었다. 이 글은 그 논지에 대한 동의 여부와는 별개로 맑스의 '공산당선언'에 도전하는 '반-공산당선언'(The Anti- Communist Manifesto)으로서의 의미를 지닌 것이었다.

> 그[공산주의의] 합당한 것 몇 가지를 먼저 물어 말할진대, 인민의 평등주의라. [중략] 평등을 만들자는 주의는 대저 옳으니 이는 적당한 것이라 하겠고,

86 Robert T. Oliver, *Syngman Rhee: The Man Behind the Myth* (New York: Dodd Mead and Company, 1954); Robert T. Oliver, *Syngman Rhee and American Involvement in Korea 1942-1960: A Personal Narrative* (Seoul: Panmun Book Company LTD, 1978).

87 Oliver, *Syngman Rhee and American Involvement in Korea,* 352.

88 Oliver, *Syngman Rhee and American Involvement in Korea*, 391.

공산당주의 중 시세에 부당한 것을 말할진대, (1) 재산을 나누어 가지자 함이라. [중략] 부지런한 사람들이 부지런히 일하여 게으른 가난장이를 먹여야 할 것이요, 가난장이는 차차 수효가 늘어서 장차는 저마다 일 아니 하고 얻어 먹으려는 자가 국중에 가득할 것이며, (2) 자본가를 없이 하자 함이라. 모든 부자의 돈을 합하여다가 공동히 나누어 가지고 살게 하면, 부자의 양반 노릇하는 폐단은 막히려니와 재정가[기업인]들의 경쟁이 없어지면 상업과 공업이 발달되기 어려우리니, 사람의 지혜가 막히고 모든 기기 미묘한 기계와 연장이 다 스스로 폐기되어 지금에 이용후생하는 모든 물건이 다 진보되지 못하며, 물질적 개명이 중지될지라. 자본을 폐기하기는 어려우리니 새 법률로 제정하여 노동과 평등 세력을 가지게 하는 것이 나을 터이며, (3) 지식계급을 없이 하자 함이니 모든 인민의 보통 상식 정도를 높여서 지금의 학식으로 양반노릇 하는 사람들과 비등하게 되자 하는 것은 가하거니와, 지식 계급을 없이 하자 함은 불가하며, (4) 종교단체를 혁파하자 함이라. 자고로 종교단체가 공고히 조직되어 그 안에 인류 계급도 있고, 토지 소유권도 많으며, 이 속에서 인민 압제와 학대를 많이 하였나니, 모든 구교 숭배하던 나라에서는 이 폐해를 다 알지라. 그러나 지금 새 교회의 제도는 이런 폐단도 없고 겸하여 평등 자유의 사상이 본래 열교확장(裂教擴張)되는 중에서 발전된 것이라. 교회 조직을 없이 하는 날은 인류덕의(人類德義)상 손해가 다대할 것이며, (5) 정부도 없고 군사도 없으며 국가사상도 다 없이 한다 함이라. [중략] 설령 세상이 다 공산당이 되며, 동서양 각국이 다 국가를 없이하여 세계적 백성을 이루며, 군사를 없이 하고 총과 창을 녹여서 호미와 보습을 만들지라도, 우리 한인은 일심단결로 국가를 먼저 회복하여 세계에 당당한 자유국을 만들어 놓고 군사를 길러서 우리 적국의 군함이 부산 항구에 그림자도 보이지 못하게 만든 후에야, 국가주의를 없이 할 문제라도 생각하지, 그 전에는 설령 국가주의를 버려서 우리 이천만이 모두 다 밀리네어[백만장자]가 된다 할지라도 우리는 원치 아니할지라.[89]

1960년 4.19혁명으로 하야한 이후 이승만 대통령의 업적은 저평가되어 왔다.[90] 독립기념관장을 역임한 김삼웅은 이승만의 부정적 측면에 주목하여 『'독부' 이승만 평전』이라는 책을 썼다.[91] 원래 심산 김창숙이 사용했던 독부(獨夫)라는 표현은 "인심을 잃어 잔적(殘賊)이 된 사내"라는 뜻이다. 이 책은 청년기의 이승만이 주도했던 선구자적 반일 언론활동과 개혁적 정치활동을 제외하고는 이승만에 대한 부정적 평가를 모아 놓고 있다. 대체로 이승만에 대한 부정적 평가들은 이승만의 정치활동을 개인적 차원의 권력투쟁이라는 차원에서 보는 경향이 있다. 이승만의 정치이데올로기가 친일파를 용인한 반일(反日), 북진통일을 내세운 반공주의, 그리고 유교문화로 구성되어 있다고 보기도 한다.[92]

그러나 이승만을 긍정적으로 재조명하는 연구들도 많이 축적되었다. 이승만 재평가에 선도적 역할을 했던 것은 언론인 손세일의 책이다. 손세일은 이승만과 김구의 비교평전을 『신동아』에 연재했고, 1970년 일조각에서 책으로 출판했다. 이후 정계에 진출했던 그는 정계에서 은퇴한 후 현실정치의 경험을 더해 이승만과 김구를 비교하는 대작을 썼다.[93]

---

89 이승만, "공산당 당부당(當不當)," 『태평양잡지』 1923년 3월호 (제31호). 반일지도자들이 '적의 적은 동지'라는 관점을 포함하여 다양한 이유로 공산주의로 경도되던 상황에서 이승만이 반공사상을 견지했던 배경에 관해서는 김명섭, 김주희, "20세기 초 동북아 반일(反日) 민족지도자의 반공: 이승만과 장개석의 사례를 중심으로", 『한국정치외교사논총』, 제34집 2호 (2013).

90 일례로 2011년 6월 15일 당시 민주당의 정장선 사무총장이 전국 성인 남녀 700명을 대상으로 실시한 "역대 대통령(현직 포함) 리더십 설문조사" 결과에 따르면 박정희 44.9%로 1위, 노무현 25.6%로 2위, 김대중 17.1%로 3위, 이명박 5.6%로 4위, 이승만 2.3%로 5위에 머물렀다. 이승만보다 낮게 평가된 역대 대통령은 전두환 2.0%로 6위, 김영삼 및 노태우 0.7%로 공동 7위였고, 모름 및 무응답이 1.1%였다. 『세계일보』, 2011년 6월 22일.

91 김삼웅, 『'독부' 이승만 평전: 권력의 화신, 두 얼굴의 기회주의자』 (서울: 책보세, 2012).

92 서중석, 『이승만의 정치이데올로기』 (서울: 역사비평사, 2005).

93 손세일, 『이승만과 김구』 (서울: 일조각, 1970). 이승만과 김구에 대한 비교연구의 효시라고

4.19혁명세대와 1970년대 및 1980년대 민주화운동세대의 부정적 평가가 맞물리면서 이승만에 대한 평가가 급전직하했을 때, 이승만에 대한 재평가를 시도한 것은 언론인 이한우의 책이다.94 학자로서는 이정식, 유영익 등의 연구가 대표적이고, 연세대 이승만연구원을 통해 이승만에 관한 많은 단행본들이 출간되었다.95 특히, 6.25전쟁 시기 이승만의 역할에 관한 긍정적 평가에 관해서는 오스트리아 출신으로 이승만의 부인이었던 프란체스카 도너 리(Francesca Donner Rhee)의 기록, 남정옥의 단행본, 그리고 김영호(金泳昊) 등이 공저한 책이 있다.96

이승만은 외교정책을 직접 진두지휘하고 수행했다는 점에서는 트루먼이나 아이젠하워보다는 반대편에 있었던 스탈린이나 마오쩌둥에 비견된다. 스탈린에게 몰로토프와 비신스키가 있었고, 마오쩌둥에게 저우언라이가 있었다면 이승만에게는 임병직과 변영태(卞榮泰, 1892-1969)가 있었다.

임병직은 1948년 12월 22일까지 초대 외무부장관을 지낸 장택상(張澤相)에 이어서 1949년 1월 31일부터 1951년 4월 15일까지 제2대 외무부장관으로 일했다. 충청남도 부여 출생인 그는 1913년 이승만(李承晩)의

할 수 있는 이 책은 두 인물이 활동한 "장소(場所)와 정치적 지향성" 간의 관계에 주목했는데, 이러한 관점은 다음과 같은 학계의 후속연구를 통해 계승되었다. 김명섭, 김석원, "김구와 이승만의 지정인식: 일제강점기를 중심으로," 『한국정치학회보』, 제43집 제3호 (2009); 손세일, 『이승만과 김구』 전7권 (서울: 조선뉴스프레스, 2015).

94 이한우, 『거대한 생애 이승만 90년』 (서울: 조선일보사, 1995).

95 이정식, 『이승만의 구한말 개혁운동』 (대전: 배재대학교출판지원실, 2005), 유영익, 『건국대통령 이승만: 생애, 사상, 업적의 새로운 조명』 (서울: 일조각, 2013). Lew Young Ick, *The Making of the First Korean President: Syngman Rhee's Quest for Independence* (Honolulu, HI: University of Hawaii Press, 2013).

96 프란체스카 도너 리(Francesca Donner Rhee), 조혜자 역, 『6.25와 이승만: 프란체스카의 난중일기』 (서울: 기파랑, 2010); 남정옥, 『이승만 대통령과 6.25전쟁』 (서울: 이담, 2010); 김영호 외, 『이승만과 6.25전쟁』 (서울: 연세대학교 출판문화원, 2012).

도움으로 미국 오하이오 디킨스 칼리지에서 수학하고 1948년에 돌아와 40여 년 만에 부인과 재회한 일화로 유명하다. 미국 유학 중 『한국학생평론』을 창간하고 편집장이 되어 일제의 한국 강점을 폭로하면서 세계에 한국의 주권 회복을 호소했다. 1919년 4월 이승만(李承晩), 서재필(徐載弼) 등과 같이 필라델피아에서 재미한인대회(在美韓人大會)를 개최했다. 이후 이승만의 비서로 대한민국임시정부 구미위원회(歐美委員會)에서 활동했다. 1944년 미국전략사령부에 근무하면서, 한국광복군과 연계된 OSS작전에 적극 가담했다.[97] 1951년 미국의 유력한 외교 전문잡지인 *Foreign Affairs*지에 6.25전쟁 이전부터 이승만 대통령이 필리핀의 퀴리노 대통령 등과 함께 역설했던 태평양동맹의 필요성을 다시 강조하는 에세이를 게재하기도 했다.[98]

변영태는 임병직에 이어서 1951년 4월 16일부터 1955년 7월 28일까지 대한민국 제3대 외무부장관으로 일했다. 그는 1952년부터 1953년까지 국제연합수석대표, 1954년 제네바정치회의 수석대표, 1953년에는 국무총리를 겸임했다. 1912년 만주 신흥학교 1회 졸업생인 변영태는 1920년부터 1943년까지 24년 동안 중앙고등보통학교(中央高等普通學校)에서 영어교사로 봉직했다. 이 책에 수록되어 있는 1947년의 서한에서 변영태는 "'親反共美國的[친반공미국적]'이 되려면 '反親共美國的[반친공미국적]'이 되어야 한다"고 역설하면서 때로는 "반미"가 필요하다고 주장했다.[99]

---

97 林炳稷, 『林炳稷 回顧錄: 近代 韓國外交의 裏面史』 (서울: 女苑社, 1964).

98 Ben C. Limb, "The Pacific Pact: Looking Forward or Backward?" *Foreign Affairs* (July 1951).

99 1947년 9월 3일자 서한. 卞榮泰, 『나의 祖國』 (서울: 自由出版社, 1956), 96. 변영태는 또한 이 서한에서 "全世界에 있는 民主主義者들은 絕對로 美國에 대하여 忠誠을 盟誓하지는 않는다"고 하면서 다음과 같이 주장했다. "그들은 각각 자기국가에 대하여 충성을 다하는 것이다. 그러므로 미국이 공산주의자의 세계정복에 대한 싸움에서 성공하려면 세계에 널려 있는 미국

이러한 변영태의 노선은 정전협상 시기 이승만의 노선과 상통하는 것이었다. 변영태는 외무장관 재임 중이던 1952년 12월 19일 '론진 크로노스코프'(Longines Chronoscope)라는 미국 텔레비전 토론프로그램에 출연했다. 당시 토론패널이었던 윌리엄 브랫포드 휘(William Bradford Huie)와 엘리엇 헤인즈(Elliott Haynes)가 일본군 참전가능성에 대해 묻자 변영태는 다음과 같이 대답했다. "공산군과 싸우기에 앞서 일본군과 싸울 것이다. 절대 일본을 신뢰하지 않는다." 변영태는 이 토론에서 장개석의 국민당 군대가 한국을 도와 참전하는 것에 대해서도 반대한다는 입장을 분명히 했다.[100]

일본군의 파병에 반대하는 외무장관 변영태의 확고한 입장은 이승만의 노선과 궤를 같이 하는 것이었다. 1951년 1월 12일 이승만은 유재흥 장군의 아버지이자 역시 군지휘관으로서 일본군에 복무한 경험이 있었던 유승렬 휘하의 한국군을 상대로 격려연설을 하면서 다음과 같이 언급하기도 했다. "미국인들이 일본 군인을 한국으로 보내 싸우도록 하겠다는 소문은 한국인들을 격분시킬 것이다. 우리는 공산당과 싸우기에 앞서 먼저 일본 군대와 싸울 결심을 할 것이다."[101]

일본의 요시다 총리가 일본군 파병에 대해 언급한 이후 이승만은 360

국민으로 자처하지 않는 '국가주의적' 민주주의자들의 마음을 사서 '맹우'로 만들어야 할 것이다." 卞榮泰, 『나의 祖國』, 97.

100 이 인터뷰에서 변영태는 한국과 일본 사이에 이승만이 획정한 이승만평화선(Rhee Line)의 정당성에 대해서도 역설했다. Longines Chronoscope with Dr. Yung Tai Pyun-National Archives and Records Administration 1952-12-19 - ARC Identifier 95976 / Local Identifier LW-LW-424 - TELEVISION INTERVIEW: William Bradford Huie and Elliott Haynes talk with Dr. Yung Tai Pyun on Korean opposition to United Nations' use of Japanese and Nationalist Chinese troops, problems of fishing rights between Japan and Korea, and Korean economic situation.

101 프란체스카 도너 리(Francesca Donner Rhee), 『6.25와 이승만: 프란체스카의 난중일기』, 381.

년 전 토요토미 히데요시의 침략전쟁까지 언급하면서 미국인들이 희망적 사고(wishful thinking)에 빠져 있다고 비판했다. 그리고 재외 한국공관들에 보내려고 준비한 서한에서 다음과 같은 핵심적 문제들(vital questions)을 제기했다: "일본민과 그 지도자들이 스스로를 선민으로 생각하며 꿈꿔온 세계정복을 포기했는가? 미국을 무찌르겠다는 생각을 포기했는가? 그들이 과거의 정책을 포기하고 미국과 지속적인 충실한 관계를 추구하고 있는가?"[102]

한국 대통령 이승만은 이처럼 단호한 입장을 견지했지만, 6.25전쟁 초기 미군은 일본에서 고용한 약 2천 명의 일본인 노무자들을 데리고 들어왔다. 일본에 있던 미군을 따라 왔던 일본인 노무자들 중에는 미군과 함께 전투에 참가한 경우도 있었다.[103] 1952년 이승만은 이러한 관행에 쐐기를 박고자 했다. 이승만은 한국 정부의 허가 없이 체류하는 일본인 노무자들을 체포하라고 명령했다. 결국 국제연합군 사령부는 일본인 노무자 대신 한국인 노무자들을 훈련시켜서 채용할 수밖에 없었다.[104]

지게(A-Frame)부대라고도 불린 한국근무단(韓國勤務團, Korean Service Corps)은 전사자 2,064명, 실종자 2,448명, 부상자 4,282명 등을 기록하며, 국제연합군을 지원했다. 미 8군 사령관 밴 플리트는 1953년 7월호 *The Reader's Digest*에서 "한국인 노무자들은 미국인보다 평균 신장이 작았으나 매일 10마일 정도 떨어진 지점에 있는 고지로 1백 파운드 정도의 보급품을 운반하고 되돌아왔다. 만일 노무자들이 없었다면 최소한 10

102 Syngman Rhee to All Diplomatic Representative Abroad, late 1951 or earl 1952, 『이승만관계서한자료집 3(1951): 대한민국사자료집30』(이 서한이 실제로 모든 재외공관들로 발송되었는지는 확인되지 않았다).

103 梁寧祚, "朝鮮戰爭における米軍基地內日本人勞務員の從軍活動," (2013). 미간행원고.

104 Msg, CX 56725, CINCUNC to CG KCOMZ, 9 oct 1952, in UNC/FEC, Comd Rpt, Oct 1952, cited in Hermes, *Truce Tent and Fighting Front,* 348.

만 명 정도의 미군병력을 추가로 파병했어야 했을 것"이라고 회고했다.[105]

2) 조-중인민군 대표단의 막후

정전협상에서 '조선인민군 및 중국인민지원군 대표단'의 협상전략과 전술을 배후에서 총지휘했던 인간들은 스탈린, 마오쩌둥, 그리고 저우언라이 등이었다. 정전협상의 실질적 지휘는 저우언라이가 맡았다. 그러나 개전 당시에 그랬던 것처럼 큰 결정은 스탈린의 몫이었다. 조기정전을 원하지 않던 스탈린의 생각은 정전협상의 지연에 반영되었다. 1953년 3월 5일 그의 자연적 죽음은 마치 1598년 토요토미 히데요시의 죽음이 임진왜란의 종결을 촉진시켰던 것처럼 정전협상을 촉진시켰다. 1952년 말 이후 휴회상태였던 정전협상은 스탈린 사후인 1953년 4월 6일 양측 연락장교들 간의 병상포로 교환을 위한 회의를 시작으로 재개되었다. 당시 스탈린에 대해 다른 국가의 공산주의 지도자들이 가지는 관계의 밀도는 가톨릭교도들이 국경을 초월해서 바티칸에 대해 가지는 관계의 밀도와 비견될 수 있었다. 일찍이 러시아정교의 사제가 될 뻔 했지만, 러시아정교를 박멸하는 편에 섰다가 다시 히틀러의 침공에 맞서 러시아정교와 손잡았던 스탈린주의의 복잡성은 정전협상을 총지휘했던 그의 전략에도 반영되었다.

스탈린은 정전협상 중에 사망했기 때문에 스탈린 자신이 정전협상에 관해 남긴 회고록은 없다. 대신 6.25전쟁의 정전과 관련하여 그가 했던

---

105 Stephen D. Austin and Kim Tae Sam, *United States Army Korean Services Corps* (Seoul: Headquarters United States Army Korean Services Corps Battalion, 2000), 59, 236; *The Reader's Digest,* July 1953, 11-12. 국방부 군사편찬연구소, 『韓美 軍事 關係史, 1871-2002』 (서울: 국방부 군사편찬연구소, 2002), 459-463에서 재인용.

발언들에 관한 기록들이 남아 있다. 이러한 발언기록들에 대한 이해를 위해서는 스탈린이라는 인물에 대한 이해가 선행될 필요가 있다. 스탈린이라는 '문제적 인간'에 관한 연구는 다음과 같은 네 가지 시기를 거쳐 발전해 왔다.

첫 번째 시기의 스탈린 연구는 역설적으로 스탈린의 정적들에 의해 시작되었다. 1941년 멕시코 망명 중에 스탈린의 요원에 의해 암살당한 레프 트로츠키의 스탈린 전기가 대표적이다.[106] 트로츠키의 저작들 중 가장 졸작으로 평가되기도 하는 이 책의 원고는 그가 피살된 직후 출판사로 넘겨져 1941년 인쇄되었지만 제2차 세계대전 발발로 말미암아 출판이 연기되다가 1946년에 가서야 출판될 수 있었다.[107] 이처럼 출판이 늦어진 것은 제2차 세계대전 당시 독일이라는 공동의 적을 놓고 협력했던 미소관계에 대한 고려도 작용했을 것이다. 이 책은 스탈린이라는 '문제적 인간'에 관한 풍부한 1차적 관찰들을 담고 있다. 그럼에도 불구하고 이 책이 트로츠키의 저작들 중 최악의 졸작이라는 평을 받는 이유는 스탈린에 대해 갖고 있던 사적인 분노와 복수심을 충분히 여과하지 못한 채 스탈린이라는 인물을 평가하고 있기 때문이다.[108]

예를 들어 이 책의 서두에서 트로츠키는 스탈린을 '아시아적'이라고 부른 최초의 사람은 크라씬(Leonid Krassin)일 것이라고 회고하면서, "아시아적 지도자는 교활하고, 야만적이며, 거대한 농민층을 기반으로 정체적인 사회를 지배한다"는 인종적 편견까지 드러내고 있다.[109] 그럼에도

---

106 부카린의 스탈린에 대한 관찰도 마찬가지다. Stephen Cohen, *Bukharin and the Bolshevik Revolution* (New York: Vintage, 1979).

107 Leon Trotsky, *Stalin: An Appraisal of the Man and His Influence*. ed. and tr. by Charles Malamuth (New York: Harper & Bros. printed in 1941, issued in 1946).

108 Dmitri Volkogonov, *Stalin: Triumph and Tragedy*. ed and tr. by Harold Shukman (Rocklin, CA: Forum, 1996), 380.

불구하고 이 책은 세계현대사에서 가장 큰 정치적 영향력을 지녔던 인물 전기(傳記)들 중 하나가 되었다. 제2차 세계대전 직후 스탈린에게는 비단 공산진영에서뿐만 아니라 자유진영에서도 괴물과 같은 히틀러를 무찌른 영웅이라는 찬사가 쏟아졌다. 스탈린에 대한 맹종을 견제할 책이 필요했다. 과거 스탈린의 동지였던 트로츠키의 스탈린 전기는 그러한 필요를 충족시켜 주었다. 이 책은 공산주의자에 의해 쓰여진 반공교과서라는 역설적 각광을 받으며 널리 읽혔다.

두 번째 시기의 스탈린 연구는 역설적으로 1953년 스탈린의 사망과 흐루쇼프의 1956년 스탈린 격하 연설에 의해 시작되었다. 흐루쇼프의 연설을 접한 소련작가동맹 지도자 파데예프(A. A. Fadeev)는 며칠 후 "나는 내가 사원(寺院)을 지키고 있는 것으로만 생각했는데 알고 보니 변소였다"는 말을 남기고 자살했다.[110] 스탈린의 육체적 죽음과 연이은 정치적 죽음은 트로츠키의 저작에 영향을 받았지만 트로츠키적 편견을 벗어난 스탈린 연구를 촉진시켰다. 트로츠키 전기 3부작을 썼던 아이작 도이처는 스탈린에 대한 전기도 써서 로버트 터커 등과 함께 스탈린에 관한 인물연구를 새로운 차원에 올려놓았다.[111] 이 시기의 스탈린 연구도 냉전

---

109 스탈린의 또 다른 정적(政敵)이었던 부하린도 스탈린을 징기스칸에 비유한 바 있다. Cohen, *Bukharin and the Bolshevik Revolution*, 291.

110 박상철, "해제: 소련 사회주의 체제 최초의 균열, 흐루시초프의 비밀 연설," 니키타 세르게예비치 흐루시초프, 『개인숭배와 그 결과들에 대하여』 (서울: 책세상, 2006), 141.

111 도이처는 그루지아인이 사물을 생각하는 방식은 동양의 반(半)부족적, 반(半)봉건적 사회의 그것이라고 보면서, 스탈린은 야만적인 수단으로 그 야만성(도이처에 따르면, 러시아의 비극이라고 할 수 있는 아시아적 상태)을 추방하는 작업에 나선 것이라고 보았다. Isaac Deutscher, *Stalin: A Political Biography* (Oxford: Oxford University Press, 1967). 鄭洪鎭, 兪完植 共譯, 『스탈린』 (서울: 翰林出版社[世界의 大人物全集, 2], 1972), 22, 466. Robert C. Tucker, *Stalin in Power: The Revolution from Above, 1928-1941* (New York: Norton, 1990). 이에 앞서 터커는 *Stalinism: Essays in Historical Interpretation*이라는 책을 출간(1977)한 바 있고 이 책은 한국에도 번역, 소개되었다. 김광삼 역, 『스탈린이즘: 공산주의 혁명과 철학』 (서울: 문예출판사,

이라는 시대적 상황에 많은 영향을 받았다. 연구서는 아니지만 스탈린의 딸이 1967년에 펴낸 책에서는 딸의 눈에 비춰진 스탈린의 모습을 읽을 수 있다.[112]

세 번째 시기의 스탈린 연구는 냉전 종식과 함께 공개된 소련 비밀문서들에 의해 촉진되었다. 볼코고노프(Dimitri Volkogonov)는 최초로 소련권력구조의 내부의 문서들을 활용한 스탈린 전기를 출간했고, 이 책은 한국에도 번역, 소개되었다.[113] 볼코고노프가 다룬 시기는 1939년 소련이 독일과 국경 및 우호조약을 체결하고 폴란드와 핀란드를 침공한 때로부터, 스탈린이 사망한 이후 1956년 흐루쇼프(Nikita Khrushchev, 1894-1971)에 의해 격하되기까지의 시기였다. 그는 스탈린이라는 '지상의 신(神)'을 중심으로 제2차 세계대전 및 냉전체제 성립기 소련의 의도와 정전협상 당시 소련의 역할과 입장을 서술했다.

라진스키도 소련의 비밀문서들을 활용하여 1997년 새로운 스탈린 전기를 썼다. 라진스키는 정전협상이 교착되어 있던 1953년 초 스탈린이 벌인 살인적인 반유태인캠페인의 잔혹성에 주목했고, 스탈린의 갑작스런 사망이 제3차 세계대전으로 가는 길을 막았다고 보았다.[114] 볼코고노

1982).

112 Svetlana Alliluyeva, *Twenty Letters to a Friend,* tr. by Priscilla Johnson McMillan (New York: Harper & Row, 1967); 스베틀라나 알리루예바, 김혜영 역, 『나는 스탈린의 딸』 (서울: 시사영어사, 1967).

113 Volkogonov, *Stalin: Triumph and Tragedy.* 드미트리 볼코고노프, 『스탈린』, 한국전략문제연구소 역 (서울: 세경사, 1993).

114 Edvard Radzinsky, tr. by H. T. Willets. *Stalin: The First In-depth Biography Based on Explosive New Documents from Russia's Secret Archives* (New York: Anchor Books, 1997). 이 책을 쓰기 앞서 라진스키는 『니콜라스 2세의 삶과 죽음(*The Life and Death of Nicholas II*)』이라는 전기를 출판했는데, 러시아 최고지도자들에게서 공통적으로 발견되는 지정학적 연속성을 포착했다.

프와 라진스키 등의 연구는 1991년 소련이 해체된 이후 발굴된 문서들을 활용했다는 점에서 큰 의의가 있다. 스탈린과 히틀러를 비교 연구한 업적들도 많이 나왔는데, 비교적 최근에는 루마니아 계 미국학자인 티스머네아뉴의 저작이 있다.[115] 이 시기에는 히틀러와의 비교를 통해 스탈린의 전체주의적 성격을 부각시킨 벌록의 연구도 출판되었다.[116]

네 번째 시기의 스탈린 연구는 탈냉전기 소련 비밀문서를 활용한 스탈린 연구의 성과를 활용하되 스탈린에 대한 단순한 '악마화'에서 벗어나 스탈린의 관념적 내면을 파고든다. 스탈린 전기에 이어서 트로츠키 전기도 출판한 서비스는 스탈린의 내면에 대한 '인간적' 분석을 통해 정적의 관점에서 트로츠키가 썼던 스탈린 전기를 극복하고자 했다.[117] 몬테피오레는 인간 스탈린을 이해하는 데 필수적인 청년시기의 스탈린에 관한 책을 썼다.[118] 1997년 『문명으로서의 스탈린주의』라는 명저를 쓴 바 있는 콧킨은 새로운 스탈린 전기를 발간하기 시작했는데, 가장 방대한 스탈린

---

115 Vladimir Tismaneanu, *The Devil in History: Communism, Fascism, and Some Lessons of the Twentieth* (Berkeley: University of California Press, 2012).

116 Alan Bullock, *Hitler and Stalin: Parallel Lives* (New York: Knopf, 1992).

117 Robert Service, *Stalin: A Biography* (Cambridge: Harvard University Belknap Press, 2006). 로버트 서비스, 윤길순 역, 『스탈린, 강철 권력』 (서울: 교양인, 2007); 서비스의 분석은 다음 책과 함께 왜 아직까지 공산주의가 지속되고 있는가에 대한 혜안을 제공해 준다. Martin K. Dimitrov, ed. *Why Communism Did Not Collapse: Understanding Authoritarian Regime Resilience in Asia and Europe* (New York: Cambridge University Press, 2013).

118 Simon Sebag Montefiore, *Young Stalin* (New York:Knopf, 2007). 그루지야 출신의 청년 스탈린은 러시아어를 배우기 위해 노력했지만, 평생 동안 그의 러시아어에는 그루지야 사투리 억양이 남아있었다. 그는 러시아정교의 신부로부터 고대 그리스어를 배웠고, 국가를 최고의 도덕이라고 생각했던 플라톤의 저작을 원서로 읽었다. 신학교 학생 시절, 스탈린은 성경에 대한 거의 완벽한 지식을 자랑했지만, 동시에 동급생들에게 성상을 파괴하라고 선동하고, 성상에 오줌을 싸도록 사주하기도 했다. 스탈린은 그가 신학교 시절에 경멸했던 모든 수단을 동원했다. 감시, 심리적 통제, 처형 등. 신학교 시절, 그는 신부들의 감시를 피하기 위해서, 지하활동을 배웠고, 음모와 비밀의 작동 원리를 배웠다.

전기가 될 전망이다.[119]

코로트코프의 『스탈린과 김일성』은 1950년 스탈린이 "1917년 10월에 그 뿌리를 둔 소비에트 팽창주의를 지속시키려는 목적에서 극동지역에 군사력을 동원했다는 설을 뒷받침해 주고 있다." 코로트코프는 스탈린이 공산진영의 "공개적인 군사행동에 대한 미합중국과 북대서양조약기구의 반응을 살피기 위해 무기를 이용했던 것"이라고 본다.[120] '소련제'라는 마크가 붙어 있는 최신형 무기들이 사용되었을 뿐만 아니라 소련 병사들이 직접 6.25전쟁에 참전했었다. 1950년 당시 모스크바는 공식적으로 전쟁을 선포한 적이 없었고, 그래서 "한반도에서 저질러진 범죄행위와는 무관한 것처럼 보였다"는 것이다. 그러나 사실은 그렇지 않았고, "요시프 스탈린을 중심으로 한 소련 지도부가 바로 그 불명예스런 전쟁의 직접적인 선동가였으며 주동자"였다는 것이 소련 문서들을 활용한 코로트코프의 분석이었다.[121]

이처럼 6.25전쟁의 개전(開戰)이 스탈린의 주도로 이루어졌을진대 정전(停戰) 또한 스탈린을 빼놓고는 분석될 수 없다. 1913년 제1차 세계대전의 발발을 앞두고 청년 스탈린은 쌩 페테르부르그에서 다음과 같이 연설했다: "외교관의 말은 그의 행동과 모순되어야만 한다. … 진정한 외교관이란 마른 물이나 나무로 된 철과 같은 것이다."[122] 스탈린은 이런 식의 외교를 정전협상 중에도 구사했다.

---

119 Stephen Kotkin, *Magnetic Mountain: Stalinism as a Civilization* (Berkeley: University of California Press, 1997); Stephen Kotkin, *Stalin: Paradoxes of Power, 1878-1928* (New York: Penguin Press HC, 2014).

120 가브릴 코로트코프(Gavril Korotkov), 『스탈린과 김일성』, 어건주 역 (서울: 東亞日報社, 1992), II: 3.

121 위와 같음.

122 Montefiore, *Young Stalin*, 128.

정전협상을 국제정치적 차원에서 지휘했던 외교 책임자로서 트루먼에게 애치슨이 있었고, 마오쩌둥에게 저우언라이가 있었듯이, 스탈린에게는 뱌체슬라프 몰로토프(Вячесла́в Мо́лотов, 1890-1986)가 있었다. 한동안 스탈린은 외교 분야에서 몰로토프만을 중용했다. 스탈린은 단지 몰로토프만이 유연성과 강인함의 적절한 조화를 이루고 있다고 생각했다.[123] 몰로토프는 비신스키에게 외무장관직을 물려주었다가 1953년 7월 27일 정전협정 체결 당시에는 다시 소련 외무장관으로 있었다. 그는 1906년 볼셰비키당에 입당했는데, 몰로토프라는 이름은 1919년 소책자에 사용했던 필명이었다. 몰로토프는 레닌의 장례식에서 다른 볼셰비키 당중앙위원회 정치국원들, 즉 스탈린, 지노비예프, 카메네프, 부하린, 루드주탁, 톰스키, 제르진스키 등과 함께 운구를 맡았다. 그리고 스탈린이 벌인 '우파', '반대파', '트로츠키파', '인민의 적(숙청명단에 VN으로 표시됨)'으로 이어지는 숙청작업에 적극 동참했다.[124]

몰로토프는 1930년 알렉세이 리코프에 이어 소비에트 연방 인민위원회 위원장직을 맡기도 했는데, 이 자리는 1941년 스탈린이 맡았다. 1939년 리트비노프 대신 외무인민위원이 되어 위원장을 겸임하면서 독소 불가침조약(몰로토프-리벤트로프조약)[125]을 체결하는 등, 제2차 세계대전 전후 스탈린의 오른팔로서 소련의 외교정책을 총괄했다.[126] 김일성이

123 볼코고노프, 『스탈린』, 23.

124 코로트코프, 『스탈린과 김일성』, II: 197-98.

125 이 조약에 관해서는 Roger Moorhouse, *The Devils' Alliance: Hitler's Pact with Stalin, 1939-1941* (New York: Basic Books, 2014).

126 몰로토프에 관해서는 다음과 같은 회고록과 전기들이 있다. Derek Watson, *Molotov: A Biography* (New York: Palgrave Macmillan, 2005); Geoffrey Roberts, *Molotov: Stalin's Cold Warrior* (Washington, DC: Potomac Books, 2011); Vyacheslav Mikhaylovich Molotov and Feliz Chuev, *Molotov Remembers: Inside Kremlin Politics* (Chicago: Ivan R. Dee, 2007).

6.25전쟁을 준비하고 있을 때는 자주 몸이 아팠던 스탈린을 대신해서 주요한 사안들을 결정했다. 마치 몰로토프가 크렘린의 '제2인자'가 된 듯한 인상이었다.[127] 그는 1953년 다시 외무장관이 되어 코리아에서의 정전협정 체결을 배후에서 지휘했고, 1954년 제네바정치회의에 흐루쇼프, 그로미코 등과 함께 참석했다. 사각형으로 각진 머리 모양으로 인해 스탈린으로부터 '벽돌머리'(blockhead)라는 별명으로 불리기도 했던 몰로토프는 1986년 11월 8일 96세의 평당원으로 사망했다.[128]

몰로토프에 이어 외무장관이 된 안드레이 비신스키(Андрéй Вышúнский, 1883-1954)는 스탈린 사망 후 다시 몰로토프에게 외무장관 직을 넘겨주었기 때문에 정전협정 체결 당시에는 외무장관이 아니었지만, 스탈린 사망 이전 정전협상이 진행될 당시에는 스탈린의 뜻에 따라 소련의 협상전략을 총괄했다. 김용구에 따르면, "소련정치사에 있어서 비신스키의 이름은 언제나 스탈린의 공포정치와 결부되어 있는 모멸의 대명사로 되어 있다."[129]

비신스키는 1925년 모스크바대학 총장에 이어서 1935년부터 검찰총장을 지내면서, 스탈린의 대숙청에 앞장섰던 인물이다. 당시 비신스키의 활동은 그가 했다는 "자백이야말로 증거의 여왕(Tsarina of evidence)이다. 설사 그것이 고문에 의해서 얻은 자백이라 할지라도"라는 말로 대변되곤 한다. 그러나 그가 실제로 이런 말을 한 것은 아니고, 그가 편집한 형법학 책의 일 구절이 와전되었다는 주장도 있다.[130] 다만 그로미코가

---

127 코로트코프, 『스탈린과 김일성』, II: 199; 그로미코도 비슷한 회고를 하고 있다. Andrei Gromyko, *Memoirs* (New York: Doubleday, 1989), 314-15.

128 Gromyko, *Memoirs*, 315, 377.

129 金容九, 『러시아 國際法學의 傳統』 (서울: 集文堂, 1996), 71.

130 Vadim Zakharovich Rogovin, *Partiia rasstreliannykh* (1997), *Stalin's Terror of 1937-1938:*

상세하게 증언하고 있듯이 비신스키는 잔혹했던 스탈린 대숙청의 대행자였다.[131]

비신스키는 1939년 국제법 전문가로서 소련의 라트비아 병합을 관장했고, 1940년 몰로토프 외무장관 아래서 외무차관이 되었으며, 1949년까지 소련의 국제연합대표를 겸임했다. 그리고 1949년부터 1953년까지는 소련의 외무장관으로서, 국제연합대표이자 외무차관이었던 그로미코와 함께 소련의 대외정책을 총괄했다.[132] 그로미코 회고록에서 비하되고 있는 비신스키는 스탈린 사후 2년 만에 사망했다.[133]

비신스키는 몰로토프 아래서 외무차관으로 있었고, 국제연합수석대표를 겸임하고 있던 1948년 파리에서 개최된 제3차 국제연합총회에서 연설하면서 대한민국 승인외교를 위해 참석했던 조병옥을 향해 개인적 욕설을 퍼부으며 대한민국 승인을 강력히 반대했다. 그는『조선인민보』등의 신문을 러시아어로 번역하여 놓고, 장면과 함께 앉아 있던 조병옥을 향해 "저자가 미군정 경무부장으로 있을 때 수만 명의 조선인민의 애국자를 살상하기 위하여 체포 감금하였으며 그런 연후에 부정선거를 실시하였는데 그러한 부정선거를 묵인하고 대한민국을 승인한다는 것은 천부당만부당한 노릇"이라고 연설했다.[134] 또한 국제연합한국위원단의 활

Political Genocide in the USSR (Oak Park, MI: Mehring Books, 2009), 94. 스탈린시대의 대숙청에 관해서는 Stéphane Courtois, *Le livre noir du communisme: Crimes, terreur, répression* (Paris: R. Laffont, 2001).

131 Andrei Gromyko, *Memoirs* (New York: Doubleday, 1989), 316-23.

132 Susan Marks, *International Law on the Left Re-examining Marxist Legacies* (New York: Cambridge University Press, 2011), 136-37; Arkady Vaksberg, *Stalin's Prosecutor: The Life of Andrei Vyshinsky* (New York: Grove Weidenfeld, 1990).

133 Gromyko, *Memoirs*, 322-23.

134 趙炳玉,『나의 回顧錄』(서울: 民教社, 檀紀4292[1959]), 257. 조병옥과 정일형은 장면과 달리 미국과 캐나다를 경유하여 파리로 갔다. 당시 파리비행장에서 그를 환영한 사람들은 장면,

동을 "서울에서 밤마다 술에 젖고 노래에 흥청거리는 생활"이라고 표현하며 "수십 개월 간 국제연합예산을 20-30만 달러나 낭비했다"고 비난했다. 그런데 다른 회의에서 몇 시간씩이나 필리버스터를 하던 비신스키가 이 회의에서는 치통과 감기로 인한 성대 고장으로 인해 15분 만에 하단했다.[135]

안드레이 그로미코(Андре́й Громы́ко, 1909-1989)는 국제연합대표, 소련 외무차관, 주영 대사(1952-53), 그리고 1954년 4월부터 제1외무차관 등으로 있으면서 코리아의 전쟁과 정전의 막후에서 많은 영향력을 행사했던 인물이다. 그로미코는 벨라루스 고멜 시 근처의 그로미키 마을 출신으로 그곳의 90여 세대는 모두 그로미코라는 성을 가지고 있었다. 안드레이 그로미코는 빈농의 가정에서 태어나 고메르 상업학교를 졸업한 후, 1931년 소련공산당에 입당했고, 1932년 민스크대학을 졸업한 후, 모스크바 과학아카데미에서 "부농해체, 집단농장 강화"를 목표로 하는 소비에트정치경제학을 연구했다. 그로미코는 주미 대사와 주영 대사로 있는 동안 G. 안드레예프라는 필명으로 『미국 자본의 수출』이라는 책을 집필하여 1957년 출간했고, 이 책으로 모스크바대학 박사학위를 받았다.[136]

1939년 초 그로미코는 몰로토프와 말렌코프 등이 참석한 소련공산당 외교관선발위원회로 불려가 외교관이 되었다. 1943년 M. 리트비노프에 이어 주미(駐美) 대사가 되었고, 이후 국제연합대표와 외무차관, 외무 제

전규홍(全奎弘), 장기영(張基永), 김활란 등 한국대표단과 로버트 T. 올리버 고문, 그리고 쟝 모네(Jean Monnet) 등이었다. 한국대표단은 중간에 합류한 모윤숙을 포함해서 모두 9명이었다. 한국대표단은 팔레 도르세이(Palais d'Orsay) 호텔에 묵었다. 趙炳玉[조병옥], 『특사 유-엔紀行』 (서울: 서울신문社出版局, 檀紀4282[1949]), 53-54.

135 朴實, 『韓國外交秘史』 (서울: 麒麟苑, 1980[1979]), 41.

136 Gromyko, *Memoirs,* 1-24.

1차관, 그리고 주영 대사 등을 지냈다. 그로미코는 테헤란회담(1943년 11월 28일-12월 1일), 얄타회담(1945년 2월 4-11일), 포츠담회담(1945년 7월 17일-8월 2일) 등의 정상회담을 수행했다.[137] 그리고 덤버튼오크스회의(1944년 8월 21일-10월 7일)에서 소련대표로, 샌프란시스코 국제연합 창설회의(1945년 4월 25일-6월 26일)에서 처음 대표를 맡았던 몰로토프에 이어 소련대표로 참석했고, 1954년 코리아문제와 인도차이나문제를 다룬 제네바정치회의에 흐루쇼프, 몰로토프 등과 함께 참석했었다.[138] 그로미코는 외교무대에서 비신스키와 몰로토프 등의 그늘에 가려져 있기도 했지만, 1957년부터 1985년까지 무려 28년간 소련 외무장관으로서 냉전시기의 주요 쟁점들을 다룬 냉전의 증인이었다. 그로미코는 1985년부터 1988년까지 소련의 명목상 국가원수(國家元首)인 최고 소비에트 간부회의 의장을 지냈다.

그로미코는 국제연합에서 미스터 니엣트(Mr. Nyet, 즉 Mr. No)라는 별명을 얻기도 했다. 소련은 1945년 이후 10년 동안 국제연합 안보리에서 무려 79번이나 비토권을 행사했다. 같은 기간 중화민국이 1회, 프랑스가 2회의 비토권을 행사했고, 미국과 영국은 비토권을 행사한 바가 없었다.[139] 이처럼 79번이나 비토권을 행사했던 소련이 같은 기간 국제연합이 대한민국을 위해 참전하는 결정에 대해서는 비토권을 행사하지 않았던 사실은 스탈린의 속셈과 관련하여 많은 의구심을 자아내게 한다. 그로미코는 1989년 7월 2일 사망했다.[140]

---

137 Gromyko, *Memoirs,* 77-114.

138 Gromyko, *Memoirs,* 115-34.

139 Tarik Kafala, "The veto and how to use it," BBC News Online, 17 September 2003, http://news.bbc.co.uk/2/hi/middle_east/2828985.stm (검색일, 2015년 3월 12일).

140 Gromyko, *Memoirs.*

6.25전쟁의 배후에 스탈린의 '긴 팔'이 개입했다고 본 코로트코프는 스탈린의 '긴 팔'에는 손가락이 많이 달려 있었다고 묘사했다.[141] 유럽으로 뻗은 스탈린의 '긴 팔'에는 체코슬로바키아의 고트발트(Klement Gottwald, 1896－1953. 3. 14)[142]로 대표되는 여러 개의 손가락들이 달려 있었다. 흐루쇼프의 회고에 따르면 고트발트는 소련 군대가 체코슬로바키아 영토 내로 들어오는 것은 독일의 체코슬로바키아 점령 시기를 상기시킬 우려가 있다고 반대하면서도, 체코슬로바키아를 소비에트연방에 포함시키는 조약에 서명하자고 하는 이중성을 보였다(비록 취중이었고 체코슬로바키아의 고급 공업기술을 빼내가는 소련의 첩보활동에 대해 항의하는 과정에서 나온 것이었지만).[143]

마찬가지로 동북아로 뻗은 스탈린의 '긴 팔'에는 마오쩌둥, 고강, 그리고 김일성 등과 같은 손가락들이 있었다. 비록 협의와 갈등의 과정이 있기는 했지만, 공산주의 종주국 소련의 최고지도자 스탈린의 권위는 마치 중세 가톨릭 교황의 그것과 유사했다. '천진성'과 '냉혹성'의 기묘한 결합이라는 측면에서 라스푸친과 같은 러시아정교 광신도와 유사했던 러시아공산주의자들의 특징은 동서로 뻗은 '긴 팔'에 달린 '여러 개의 손가락들'에서 공통적으로 발견된다.

1945년 이후 평양에 대한 소련의 정책은 스탈린의 소련최고사령부 →

---

141 코로트코프, 『스탈린과 김일성』, I: 128.

142 고트발트는 체코슬로바키아가 오스트리아-헝가리제국의 일부이던 시기에 발발한 제1차 세계대전에서 러시아에 투항한 후, 러시아 공산주의자들과 행동을 같이 했다. 그는 스탈린의 장례식에 참석하고 돌아온 며칠 후 56세의 나이로 사망했다. 스탈린의 장례식 참석하기 위해 모스크바로 갔던 중국공산당의 저우언라이는 곧바로 체코슬로바키아로 가서 그의 장례식에 참석했다.

143 "we are fully prepared to become part of the Soviet Union. I am asking you, Comrade Stalin – let's sign a treaty adding Czechoslovakia to the Soviet Union." Nikita Khruschev, *Khrushchev Remembers: The Glasnost Tapes* (New York: Little Brown, 1990), 131, 133-34.

제1극동 전역군(메레츠코프) → 제25군(치스차코프) → 소련민정사령부(로마넨코) → 김일성을 수반으로하는 북조선임시인민위원회의 계통을 따라 구현되었다. 1947년 4월까지 소련 제25군 사령관은 이반 미하일로비치 치스차코프(Иван Чистяков) 상장이었다. 1947년 4월부터 1948년 4월까지 제25군 사령관은 겐나디 코로트코프(Геннадий Коротков) 중장이었다. 코로트코프 중장은 쉬티코프 소련군 상장보다 계급이 낮았다. 치스차코프 상장은 제1극동전역 총사령관인 키릴 메레츠코프(Кирилл Мерецков) 원수의 휘하에서 25군을 지휘했다.[144]

키릴 메레츠코프가 지휘하는 제1극동전역 정치위원은 테렌티 쉬티코프(Терентий Штыков, 1907-1964) 소련군 상장이었다. 스탈린의 분신 안드레이 즈다노프의 사위이기도 했던 쉬티코프는 비체브스치나의 농촌 마을 류브코에서 태어났다. 30세에 인민위원이 된 그는 스탈린 통치시기 레닌그라드 당 제2서기가 되었고, 핀란드와의 겨울전쟁 당시 제7군 군사위원을 맡기도 했다. 그리고 제2차 세계대전(대조국전쟁) 당시 레닌그라드, 볼가 및 카렐리 전선의 군사위원을 맡아 독일군과 결전을 벌이던 소련군의 정훈을 맡았다. 이후 일본에 맞선 소련군의 정치사업을 맡았고, 몇 안 되는 정치국원들 중 한 사람이었던 그를 스탈린은 상장으로 승진시켰다. 즈다노프의 사위로서 스탈린의 총애를 받던 그는 막후에서 '조선민주주의인민공화국'의 수립을 지도했으며, 1946-47년간 미소공동위원회 소련측 대표를 맡았고, 이후 평양 주재 초대 소련 대사를 지냈다.[145] 레베제프는 쉬티코프의 역할에 관해 "그가 조선에 있건, 관구 참모부에 있건 또는 모스크바에 있건 간에 그의 참여 없이 북조선에 이루어진 조

144 김학준, 『북한의 역사』 1, 621-30.

145 볼코고노프, 『스탈린』, 366.

치란 하나도 없다"고 회고했다.[146]

1949년부터 본격적으로 전쟁을 통한 공산화 통일준비에 나선 김일성은 쉬티코프를 통해 스탈린의 허락을 받아내고자 했다.[147] 쉬티코프에 따르면 원래 소련이 조선에서 내세우고자 했던 조직은 평양 남쪽에서 활동하고 있던 조선공산당 비밀위원회였다. 이 위원회의 서기 겸 정치교육국장은 장시우(張時雨),[148] 조직국장은 김연범(김용범의 오기라고 보여짐), 선동-선전국장은 허이순, 여성국장은 박동호(박베라), 청년사업서기는 양영신이었다. 이들은 거의 모두가 소련에서 공산주의교육을 받은 후 조선에서의 지하활동을 위해 파견된 바 있었다.[149] 쉬티코프는 나중에 평양주재 소련 대사까지 지냈으나, 1950년 조선인민군이 6.25전쟁을 일으킨 후 국제연합군의 참전으로 패주하자 그 책임을 지고 해임되었고 군계급도 대장에서 중장으로 강등되었다. 후임 대사로는 1950년 11월 29일자로 라주바예프가 임명되었다.[150]

쉬티코프는 제1극동 전역의 정치위원이었고, 그 아래 제25군의 정치위원은 니콜라이 레베제프(Николай Лебедев) 소련군 소장이었다. 1945년 10월 14일 김일성이 처음 평양의 대중적 환영대회 단상에 설 때까지 김일성을 가까이서 지도했다. 안드레이 로마넨코(Андрей Романенко) 소련군 소장은 평양에 진주했던 소련군 25군 사령부(사령관: 치스짜코프)의 민정담당 부사령관이었다. 1945년 10월 3일 신설된 평양 주둔

---

146 레베제프, "수행해야 할 임무를 자각하며," 국토통일원 조사연구실 편역, 『조선의 해방』 (서울: 국토통일원, 1987), 105.

147 김학준, 『북한의 역사』 1, 630-796.

148 현준혁(玄俊赫, 1906년-1945년 9월 3일)과 경쟁관계에 있다가 그를 암살했다는 주장도 있다. 권오복, "장막에 가려진 '현준혁' 암살," 『統一日報』, 2010년 12월 20일.

149 코로트코프, 『스탈린과 김일성』, II: 225.

150 朴鍾孝 편역, 『러시아 연방 외무성 대한정책 자료』 I (서울: 선인, 2010), 504.

소련군의 민정담당 부사령관 사무실은 1946년에 수립될 북조선임시 인민위원회의 산파 역할을 담당했다.[151] 로마넨코는 이그나찌예프 대령, 코르쿨렌코 대령, 라자레프 대령, 돌기흐 중령, 일라토프스키 중령, 셰티닌 중령, 카드이셰프 소령, 로트블류트 소령 등 경험 많은 장교들의 도움을 받았고, 1947년 레베제프가 로마넨코의 자리를 물려받았다.[152]

정전협상 당시 스탈린의 최종 결정은 마오쩌둥, 저우언라이, 리커눙, 중국인민지원군 사령관 펑더화이(彭德怀), 그리고 조선인민군 최고사령관 김일성 등으로 이어지는 여러 갈래의 선(線)들을 통해 전달되었다. 정전회담장의 중-조인민군 대표 5인이 정전협정을 체결한 다섯 개의 손가락이었다면 리커눙, 펑더화이, 김일성은 작은 근육들이었고, 마오쩌둥은 스탈린의 '긴 팔'을 움직이는 큰 근육이었다. '큰 근육'으로서의 마오쩌둥은 정전협상을 포함해서 6.25전쟁의 개전과 정전까지 다섯 가지 중요 결정을 했다.

첫째, 6.25전쟁 개전 이전 김일성의 전쟁계획을 인지하고, 적극 후원한 결정.[153] 둘째, 한국군과 국제연합군이 38선 이북으로 북진하던 상황에서

151 김학준, 『북한의 역사』 1, 797; 김광운, 『북한정치사 연구: 건당, 건국, 건군의 역사』 (서울: 선인, 2003), 65.

152 코로트코프, 『스탈린과 김일성』, II: 225.

153 중국공산당의 조선반도 출병문제와 관련하여 중국공산당 지도자들이 전쟁 이전과 초기에 이미 평양에 대한 원조의사를 가지고 있었다는 점에 학자들의 의견은 점차 일치되고 있다. 梁鎭三(Zhen-Shan Liang), "전쟁기 중국지도부와 북한지도부 사이의 모순과 갈등," 국방부 군사편찬연구소, 『한국전쟁사의 새로운 연구』 2 (서울: 국방부 군사편찬연구소, 2002), 577. 적어도 마오쩌둥이 1950년 10월 이전부터 파병을 고려하고 있었다는 사실은 다음과 같은 최근의 연구에서도 입증되고 있다. 김동길, "한국전쟁 초기 중국군 조기 파병을 둘러싼 스탈린, 마오쩌둥, 김일성의 동상이몽," 『한국과 국제정치』 제30권 제2호 (2014 여름), 45-77. 비단 마오쩌둥뿐만 아니라 당시 중국공산당 수뇌부는 국제공산주의적 동지 관념을 공유하고 있었다. 1949년 11월 베이징에서 개최된 아시아-오스트레일리아지역 노조대표회의 개막연설

'항미원조'를 기치로 중국인민지원군을 파병한 결정.154 셋째, 국제연합

에서 리우샤오치(劉少奇)는 "조선 인민들이 미 제국주의의 괴뢰 이승만을 반대하고, 통일된 조선민주주의인민공화국을 수립할 것을 요구하는 운동은 막을 수 없는 것"이라고 하면서 다음과 같은 세계관을 피력했다. "식민지 반식민지의 민족해방운동과 인민민주주의운동은 완전한 승리를 거둘 때까지 절대 멈추지 않을 것이다. 그들의 투쟁은 전적으로 정의로운 투쟁이며, 따라서 그들은 승리를 거두어야 하고 또 반드시 승리할 것이다. 중국 인민의 위대한 승리가 바로 그들에 있어 가장 훌륭한 본보기인 것이다." 『人民日報』 1949년 11월 22일자, 김경일, 홍면기 역, 『중국의 한국전쟁 참전 기원: 한중관계의 역사적·지정학적 배경을 중심으로』 (서울: 논형, 2005), 346에서 재인용.

154 마오쩌둥의 파병 결정과 관련해서는 스탈린의 10월 1일자 참전촉구전문에 대한 두 개의 서로 상반되는 마오쩌둥의 답신이 발견되어 논란을 빚어왔다. 하나는 러시아문서고에서 발견된 마오쩌둥의 10월 2일자 전문이고, 다른 하나는 중국문서고에서 발견된 10월 2일자 전문이다. 전자는 개입에 소극적인 내용, 후자는 개입에 적극적인 내용을 담고 있다. 이 상이한 전문들 중 어느 것이 마오의 진의에 가까운 것인가를 놓고 학계의 논란이 있어 왔다. 중국문서고에서 발견된 전문은 실제로 스탈린에게 발송되지 않은 것이지만, 마오의 진심을 담고 있었다고 보여진다. 스탈린에게 보내져서 러시아문서고에서 발견된 전문은 소련의 지원과 양보를 받아내기 위한 외교적 성격의 전문이었다고 보여진다. 두 개의 상이한 전문들에 대한 자세한 소개는 션즈화, 『조선전쟁의 재탐구』, 419-430. 중국인민지원군 파병 결정에 대한 고전적 저작은 Allen S. Whiting, *China Crosses the Yalu: The Decision to Enter the Korean War* (Stanford: Stanford University Press, 1960)이다. 이 책에서는 중국인민지원군 파병요인을 (1) 반도 전체가 미군에게 점령되면 아시아 전체에서 중화인민공화국의 위신이 손상될 것에 대한 우려, (2) 여세를 몰아서 미국이 장개석과 함께 대륙을 침공해올 가능성, (3) 중국의 국제적 지위 향상 등에 있었다고 보았다. 이에 비해 가미야 후지는 중국인민지원군의 개입을 압록강의 발전시설이나 만주의 공업시설과 같은 한정적 목적이 아니라 '보다 넓은 관심의 소산'이라고 보았다. 이러한 결정에는 미일관계의 새로운 경향, 아시아에서 중국의 역할, 그리고 신생 중국공산당 정권의 안정에 대한 고려가 영향을 미쳤다고 보았다. 神谷不二, 『朝鮮戰爭: 美中對決の原形』 (東京: 中央公論社, 1967). 마오쩌둥과 6.25전쟁에 관해서는 다음과 같은 주요한 연구들이 있다. Sergei N. Goncharov, John W. Lewis and Xue Litai(薛理泰), *Uncertain Partners: Stalin, Mao, and the Korean War.* (Stanford: Stanford University Press, 1993); Chen Jian(陳兼), *China's Road to the Korean War: The Making of the Sino-American Confrontation* (New York: Columbia University Press, 1994); 朱建榮(주지안롱), 『毛沢東の朝鮮戦争—中国が鴨緑江を渡るまで』, 서각수 역 (서울: 역사넷, 2005). 중화인민공화국 출신으로 일본에서 유학한 주지안롱의 일본어 원서는 1991년에 단행본으로 나왔고, 2004년에 문고판으로 개정판이 나왔다. 逄先知、李捷, 『毛泽东与抗美援朝』 (北京: 中央文献出版社, 2000); 서상문, 『毛澤東과 6.25전쟁: 파병 결정과정과 개입동기』 (서울: 국방부 군사편찬연구소, 2006); 션즈화(沈志華), 『조선전쟁의 재탐구: 중국, 소련, 조선의 협력과 갈등』, 김동길 역 (서울: 선인, 2014). 서상문은 "중국공산당 지도부가 6.25전쟁에 참전하게 된 동기들 가운

군이 후퇴하던 상황에서 국제연합의 정전권고를 무시함으로써 1949년에 수립된 중화인민공화국이 국제연합에 의해 침략자(aggressor)로 규정되는 결과를 초래한 결정. 넷째, 대만(당시 중화민국) 행을 선택한 중국인민지원군 포로의 개별의사를 불문한 전원송환(all-for-all exchange)을 주장하면서 결전의지를 표명하다가 스탈린 사망 후에 중립국 관리 하의 포로설득과정을 넣는 조건으로 정전에 합의하기로 한 결정. 다섯째, 1953년 7월 정전협정 체결을 목전에 두고 한국군 제2군단이 담당하고 있는 화천 북방 금성지역에 1951년 춘계공세 이후 최대의 대공세를 전개하도록 한 결정.

6.25전쟁의 발발과 지속, 그리고 이 책의 주제인 정전협상의 전개과정에서 마오쩌둥이 내린 결정들은 역사의 흐름을 바꾸어 놓았지만, 그러한 결정들은 그의 인생을 통해 내려진 거대한 결정들 중 일부에 불과한 것이다. 따라서 6.25전쟁을 통해서 마오를 볼 뿐 아니라 마오를 통해서 6.25전쟁을 볼 필요가 있다. 마오쩌둥의 전기는 인민망을 통해 대중에게 제공되고 있다.[155] 6권으로 증보된 마오쩌둥 전기는 2013년에 발간되었다.[156] 마오쩌둥에 관한 최초의 전기는 1937년에 2개 판본이 출간되었는

데 하나는 그들의 심층의식에 존재한 외세의 중국침략에 대한 뿌리 깊은 관념에서 비롯된 외국인혐오증(Xenophobia)과 배외의식"이라고 보는 Allen S. Whiting, *China Crosses the Yalu*의 고전적 주장이 "사안의 본질을 지적한 주장"이라고 보았다. 서상문, 『毛澤東과 6.25전쟁』, 343. 서상문은 순망치한(脣亡齒寒)이라는 지정학적 개념의 연장선상에서 毛澤東이 군사개입을 결정하게 된 동기를 "첫째, 풍전등화에 처한 북한정권의 붕괴방지, 둘째, 국가안보의 보장, 셋째, 국내 전장화를 막기 위한 국외 전장화 조성 동기와 같은 복합적인 제 요인들이 교직된 것"이라고 보았다. 서상문, 『毛澤東과 6.25전쟁』, 359. 박두복은 중국공산당이 당면했던 토지개혁의 저항이나 문제점들을 극복하는데 6.25전쟁을 십분 활용했다고 본다. 박두복, "중국의 한국전쟁 개입원인," 한국전쟁연구회 편, 『한국전쟁과 중국』 (서울: 백산서당, 2001), 166.

155 中共中央文献研究室编. 金冲及 主编. 『毛泽东传, 1893-1949』, 『毛泽东传, 1949-1976』 (北京: 中央文献出版社, 2003). http://cpc.people.com.cn/GB/69112/70190/70192/70270/

데, 하나는 스노우(Edgar Sonw)가 쓴 *Red Star over China*의 영국판이었고, 다른 하나는 같은 해에 한문으로 출간된 『마오쩌둥자전(毛澤東自傳)』이었다.[157] 1년 뒤인 1938년에는 *Red Star over China*의 한문판인 『서행만기(西行漫記)』가 출판되었고, 같은 해 런던판을 약간 첨삭한 미국판 *Red Star over China*가 뉴욕의 랜덤하우스(Random House)에서 출판되어 아직 동양문명권에 대한 이해도가 낮았던 서양문명권에서 큰 주목을 받았다.[158] 스노우는 맑스주의자가 아니었고, 중립적 명성을 지닌 기자였지만 마오쩌둥에 의해 독점적으로 제공된 인터뷰 기회 속에서 다분히 그에 대해 우호적 관점에서 전기를 썼고, 이 책은 특히 미국의 리버럴진영과 유럽 좌파진영에서 각광을 받았다.[159]

스튜어트 슈람은 1966년 마오쩌둥 전기를 쓴 이래로 1차 자료를 활용해 마오에 관한 인물연구를 학문적 수준으로 끌어올리는 데 기여했지만, 그가 활용한 1차 자료들은 중국공산당 조직을 통해 걸러진 후 발표된 것들이라는 한계가 있었다.[160] 이 당시 한국에서도 반공산주의적 비판의

156 中共中央文献研究室, 『毛泽东传』 全6卷 (北京: 中央文献出版社, 2013).

157 解放軍文藝出版社 編, 南鐘鎬 역, 『모택동 자서전』 (서울: 다락원, 2002). 이 책에는 한문 영인본도 합본되어 있다. 1937년 한문으로 된 마오쩌둥 전기는 나중에 발굴된 것이다. 당시 배경에 대해 스노우는 다음과 같이 기록해 놓고 있다. "내 옆자리에는 모택동과의 '공식' 회견에서 통역을 맡은 젊은 소비에트 '관리' 오량평이 앉아 있었다. 질문에 대한 모택동의 답변을 내가 빠짐없이 기술하면 그 내용은 다시 중국어로 번역되어 모가 수정하는데, 그는 세부적인 내용까지도 정확성을 지키기로 유명했다. 그 다음 오씨의 도움으로 회견 내용은 다시 영어로 번역되었다." 에드가 스노우, 신홍범 역, 『중국의 붉은 별』 (서울: 두레, 1985), 127.

158 Edgar Snow, *Red Star over China* (London: Left Book Club, Victor Gollancz, 1937). 스노우는 미국 중서부의 캔자스 시에서 태어나, 1928년 상해에 정착한 뒤 13년간 아시아에 머물렀다. 당시 서방세계에 "붉은 비적(홍비)" 정도로 알려졌던 이들과 함께 생활하면서 마오를 비롯한 중국공산당에 관해 기록한 최초의 서양기자가 되었다.

159 Alexander V. Pantsov and Steven I. Levine, *Mao: The Real Story* (New York: Simon & Schuster, 2013), 2.

160 Stuart R. Schram, *Mao Tse-tung* (London: Penguin Books, 1966); *The Political Thought of*

관점에서 마오쩌둥을 다룬 학술서들이 출간되기 시작했다.[161]

1981년 중국공산당이 "건국 이래 당의 약간의 역사문제에 대한 결의(中国共产党中央委员会关于建国以来党的若干问题的决议)"를 통과시키면서 문화혁명을 "내란이자 동란"으로 공식 부정함에 따라 중화인민공화국 내외에서 마오에 대한 평가의 폭이 좀 더 넓어지게 되었다.[162] 중화인민공화국의 개혁, 개방과 1991년 소련 해체 이후 새롭게 발굴된 사료들은 마오쩌둥에 관한 보다 냉철한 인물연구를 가능하게 했다. 그러나 문화대혁명을 포함한 마오의 과오에도 불구하고, 그를 긍정적 시각에서 보려는 지식인들도 있었다. 우선 중국공산당이 2013년에 발간한 전 6권으로 된 전기가 대표적이지만, 학계에서도 모리스 마이스너, 리 페이공 등이 문화대혁명을 "내란

Mao Tse-tung. re. and enlarged ed. (New York: Praeger Publishers, 1969); *The Thought of Mao Tse-Tung* (Cambridge University Press, 1989); with Nancy Jane Hodes. *Mao's Road to Power: Revolutionary Writings 1912-1949*. vol.1-VII (New York: M. E. Sharpe. 1992-). 1966년에 출간된 *Mao Tse-tung*은 한국어로 번역되었다. 金東式 역, 『毛澤東』 (서울: 두레, 1979). 슈람은 "관념은 역사로부터 나오지만, 역사를 만들기도 한다"(Ideas grow out of history; they also shape history)고 보았다. Schram, *The Political Thought of Mao Tse-tung*, 16. 이러한 견지에서 슈람은 마오주의를 맑스-레닌주의와 중국전통사상 및 민족주의의 결합이라고 보았다.

161 김상협, 『毛澤東 思想』 (서울: 知文閣, 1964). 오병헌, 『毛澤東 思想』 (서울: 白松文化社, 1975). 나창주, 『毛澤東의 生涯와 思想』 (서울: 太陽文化社, 1978). 김충렬 · 공기두, 『毛澤東思想論』 (서울: 일월서각, 1985). 마오쩌둥에 대한 긍정적 평가를 시도했던 책도 출간되었다. 리영희, 『8억 인과의 대화: 현지에서 본 중국대륙』 (서울: 창작과비평사, 1977). 리영희 편역, 『중국백서』 (서울: 전예원, 1982). 『중국백서』는 미국 국무부가 발간한 다음 책을 번역한 것이었다. U.S. Department of State, *United States Relations With China: with Special Reference to the Period 1944-1949*, 15-31. 이 책에서 미 국무부는 장개석정부를 지켜주지 못하고 대륙을 공산주의자들에게 넘겨주고 말았다는 이른바 '중국상실'에 대한 국내외의 비난 속에서 미 국무부의 실책과 상관없이 장개석정부가 대륙을 상실할 수밖에 없었던 이유와 마오쩌둥이 흥할 수밖에 없었던 이유를 부각시키고자 했다.

162 중화인민공화국 내에서 마오연구의 최근 흐름과 그 의미에 관해서는 Xiao Yanzhong, "Recent Mao Zedong Scholarship in China," Timothy Cheek, ed. *A Critical Introduction to Mao* (Cambridge: Cambridge University Press, 2010I, 273-287.

이자 동란"으로 규정한 1981년 중국공산당의 공식선언에 도전하는 재평가를 시도했다.[163]

1980년에 발간했던 마오전기를 1999년 개정, 증보한 로스 테릴의 책은 2006년 중국인민대학출판사에서 번역, 출간되었고, 2010년에는 다시 명저진장판으로 재발간될 정도로 마오쩌둥에 대해 우호적 평가를 담고 있다.[164] 스탈린의 딸이 스탈린의 인간적 측면에 대한 기록을 남겨 놓았듯이 마오쩌둥의 딸도 아버지의 인간적 측면에 대한 기록을 남겨 놓았다.[165] 마오쩌둥의 어린 시절 친구였던 소유(蕭瑜)는 청소년 시절 마오쩌둥과 무전여행을 함께 했던 기록을 남겨서 그의 인간적 측면을 부각시켰다.[166]

중화인민공화국 내에서 마오쩌둥을 부활시키려는 움직임이 강해지고 있는 것과는 대조적으로 국제적으로는 1981년 중국공산당이 마오쩌둥의 문화혁명을 "내란이자 동란"으로 규정했던 것 이상으로 마오쩌둥에 대해 혹독한 평가들이 이어지고 있다. 대표적으로 2005년에 출간된 장융과

---

163 Lee Feigon, *Mao: A Reinterpretation* (Chicago: Ivan R. Dee, 2002); Maurice Meisner, *Mao Zedong: A Political and Intellectual Portrait* (Malden, MA: Polity, 2007). 모리스 마이스너의 책은 그의 이전 저작에 기초한 것이다. *Mao's China and after: a History of the People's Republic*. 3rd ed. (1999), 김수영 역, 『마오의 중국과 그 이후 1, 2』 (서울: 이산, 2004). 마오쩌둥에 대한 대중적 재평가를 시도하는 다음과 같은 사이트가 개설되기도 했다. http://www.mzdthought.com/

164 Ross Terill, *Mao: A Biography* (New York: Harper & Row, 1980; rev. Stanford, CA: Stanford University Press, 1999). 罗斯·特里尔(Ross Terrill), 『毛泽东传』 (北京: 中国人民大学出版社, 2006). 罗斯·特里尔(Ross Terrill), 『毛泽东传:名著珍藏版』 (北京: 中国人民大学出版社, 2010). 로스 테릴, 박인용 역, 『마오쩌둥』 (서울: 이룸, 2008). 로스 테릴의 1999년 판 서문은 "20여 년 전에 간행된 초판과 비교하여 마오쩌둥에 대한 나의 전반적인 견해가 바뀐 것은 아니다"라는 구절로 시작하고 있다.

165 李敏, 『我的父親毛澤東』 (遼寧人民出版社, 2000), 리민, 김승일 · 양순창 역, 『나의 아버지 모택동』 상, 하 (서울: 범우사, 2001).

166 蕭瑜, 『毛澤東과의 無錢旅行記』 (서울: 中央日報-東洋放送, 1976).

존 핼리데이가 공저한 마오 전기가 있다. 이 책에 따르면 20세기 최대의 대량학살자는 히틀러나 스탈린이 아니라 마오쩌둥이다. 이들의 분석에 따르면 마오는 "평화시에 약 7천만에 달하는 사람의 죽음에 책임이 있다."[167] 핼리데이는 1988년 브루스 커밍스와 함께 6.25전쟁 당시 미군의 만행을 신랄하게 비판하는 책을 출간한 바 있으며, 1970년대부터 코리아 문제에 대해 영국좌파적 관점을 견지하는 글들을 발표한 바 있었다.[168]

---

167 Jung Chang and Jon Halliday, *Mao: The Unknown Story* (New York: Alfred A. Knopf, 2005), 3. 이 책은 한국어로도 번역되었다. 장융, 존 핼리데이, 『마오: 알려지지 않은 이야기들』 상, 하. 황의방, 이상근 외 옮김 (서울: 까치, 2006). 마오쩌둥의 주치의도 마오의 신화를 벗기는 책을 출간한 바 있다. Li Zhisui, *The Private Life of Chairman Mao* (New York: Random House, 1994). 장융은 중화인민공화국 쓰촨 성 이빈 시에서 1952년에 태어나, 1978년 유학길에 올랐고, 중화인민공화국의 유학생으로서는 영국의 대학에서 박사학위를 받은 최초의 여성이다. 1991년에 영어로 쓴 『대륙의 딸(Wild Swans)』은 전 세계 30여개 언어로 번역, 출판되어 1천만 부 이상 판매되었다. 장융과 핼리데이는 지금까지 외부에 노출되지 않았던 자료들 - 옛 소련의 비밀문서들도 포함해서 -을 섭렵하는 한편, ① 마오쩌둥의 가족과 친척 8명, ② 마오쩌둥의 옛 친구와 동료 8명, ③ 측근(비서, 통역, 경호원, 가사 담당자, 의료 관계자, 애인) 18명, ④ 마오쩌둥 동료의 가족 23명, ⑤ 지도부 스태프 17명, ⑥ 고위 간부, 역사적 사실의 주요 목격자 42명, ⑦ 주요 장면의 목격자 23명, ⑧ 특별한 정보 입수가 가능한 역사가 및 작가 53명, ⑨ 타이완의 역사적 인물과 주요 목격자 16명, ⑩ 알바니아 9명, 오스트레일리아 2명, 벨기에 3명, 브라질 3명, 캄보디아 1명, 덴마크 1명, 이집트 2명, 프랑스 7명, 독일 5명, 홍콩 1명, 헝가리 3명, 인도 8명, 인도네시아 1명, 이란 1명, 이라크 1명, 아일랜드 1명, 이탈리아 7명, 일본 17명, 북한 1명, 말레이시아 1명, 멕시코 3명, 뉴질랜드 1명, 나이지리아 1명, 노르웨이 1명, 필리핀 1명, 폴란드 3명, 러시아 30명, 싱가포르 3명, 스페인 1명, 탄자니아 1명, 타이 2명, 영국 7명, 미국 24명, 베트남 4명, 유고슬라비아(전) 1명, 자이레(현 콩고) 1명 등 총 367명을 인터뷰했다.

168 핼리데이는 "1945년 미국이 코리아를 침략했다"(The US, in effect, invaded Korea in September 1945)는 전제에 입각해서 6.25전쟁을 분석했었다. Jon Halliday, "Observations on the Presentation and Perception in the West of the Korean People's Struggles," in *Korea, North and South: The Deepening Crisis*, rev. and expanded version of *Crisis in Korea*, ed. by Gavan Mccormack and Mark Selden (New York: Monthly Review Press, 1978), 210. 이러한 입장에 기초한 그의 6.25전쟁에 관한 서술은 Jon Halliday and Bruce Cumings, *Korea: The Unknown War* (Pantheon, 1988). 이 책의 한국어 번역본은 브루스 커밍스 · 존 할리데이 지음, 차성수 · 양동주 옮김, 『한국전쟁의 전개과정』 (서울: 태암, 1989). 한국어 번역본이 출간될 당시 핼리데이는 한국을 방문하여 대담록을 남겼다. 존 할리데이, "한국의 분단-전쟁, 누구의 책임인

마오에게 많은 과오가 있으며 그가 파국적 정책들에 책임이 있는 것은 사실이지만 장융과 핼리데이의 책이 마오를 지나치게 "악마화"(demonise) 하고 있다는 취지에서 이 책에 대한 리뷰들을 묶은 책도 2009년에 출간되었다.[169] 판초프와 레빈이 2007년에 출간한 후 2013년에 다시 보급판이 출판된 책은 제목부터가 장융과 핼리데이의 책을 의식하고 있으며, 장융과 핼리데이가 내린 마오에 대한 평가에 대해 균형을 잡고자 했다. 장융과 핼리데이가 공저한 책보다 1차 문서, 특히 러시아문서를 많이 사용했다는 점에서 장점이 있는 책이다. 이들이 드러내고 있는 마오의 모습은 장융과 핼리데이가 밝힌 마오의 모습과 크게 다르지 않다.[170] 이들의 책이 다시 한 번 확인시켜 주고 있는 것은 6.25전쟁에 대한 개입과 정전협상의 과정에서 스탈린과 마오의 연대는 매우 강력했다는 점이다.[171]

정전전략과 관련해서 마오는 대체로 저우언라이(周恩來, 1898-1976)에게 실제 업무를 맡겼다. 한 통계에 따르면, 2년 17일 간의 기나긴 정전협상의 과정에서 저우언라이가 친히 작성하거나 저우언라이의 주관 하에 작성한 관련 문건과 지시는 거의 300건에 달한다. 각 단계별 지침은 마

가?" 『역사비평』 (1989), 293-307. 마오를 혹독하게 비판하고 있는 핼리데이는 "왜 마오와 스탈린이 코리아전쟁을 시작했는가?"(Why Mao and Stalin Started the Korean War)"(pp. 356-364), "마오쩌둥이 코리아전쟁을 통해 어떤 이익을 짜냈는가(milk)"(pp. 365-379) 등에 관해 다루고 있지만, 1980년대 한국에까지 번역되었던 자신의 코리아전쟁 관련 선행연구를 언급하는 데는 소극적이다.

169 Gregor Benton and Chun Lin, *Was Mao Really a Monster?: the Academic Response to Chang and Halliday's Mao: the Unknown Story* (New York: Routledge, 2009).

170 Pantsov and Levine, *Mao: The Real Story.*

171 Pantsov and Levine, *Mao,* 343-359, 374-389. 러시아와 중국공산당의 관계에 관해서는 한국에서도 다음과 같은 연구서가 나와 있다. 서상문, 『혁명러시아와 중국공산당, 1917-1923』 (서울: 국방부 군사편찬연구소, 2006).

오쩌둥 또는 저우언라이의 명의로 리커눙에게 보내졌다.

김일성은 마오쩌둥에게 자신의 견해를 피력하는 정도의 발언권을 가지고 있었으며, 스탈린이 위임한 바에 따라 마오가 공산진영의 협상전략을 지휘했다. 마오는 정전협상의 실무와 관련해서 많은 것들을 저우언라이 총리에게 위임했다. 협상을 지휘하기 위해 저우언라이의 침대 머리맡에는 협상대표단과 연결되는 직통전화가 소련의 도움으로 가설되었다. 이 밖에 전보를 통해 회담 상황, 미군 동향, 미국 기자의 반응, 대표단의 의견 등을 포함하여 매일 1차례 보고가 이루어졌다.[172]

1949년 10월 중화인민공화국 건국 후 27년간 총리(1958년까지 외교부장 겸임)를 지내게 되는 저우언라이는 개성과 판문점에서 진행되던 정전협상의 현장에 있던 그의 심복 리커눙의 직보를 받았다. 장쑤성(江蘇省) 화이안(淮安) 출신으로 소년시절 백부를 따라 만주에서 생활했고, 톈진(天津)의 난카이(南開)에서 학교를 다녔던 저우언라이는 '조선'에 대한 이해가 깊었다. 그가 남긴 『여일일기(旅日日記)』에는 일본 유학 중이던 1918년 7월, 일본 시모노세키(下關)에서 기선을 타고 부산에 도착하여 기차를 타고 서울과 평양을 거쳐 단둥에 도착했다는 기록이 있다.[173]

일본 유학 중이던 저우언라이에게 1919년 조선에서의 3.1운동은 큰 인상을 남겼다. 저우언라이는 그 해 7월 『톈진학생연합회 회보』에 "조선의 3.1독립운동은 5.4운동과 함께 세계 신사조의 영향을 받았고 동아시아 역사상 각 민족을 더욱 자각케 한 사건"이라고 평가하며 연대의식을 표현했다. 저우언라이는 "이토 히로부미를 하얼빈 역에서 쓰러뜨린 안중근

---

172 喬冠華, "關于朝鮮戰爭與停戰談判," 『中共黨史資料』 編輯部 編, 『親歷重大歷史事件實錄』 第4券, 北京: 黨建讀物出版社, 中國文聯出版社(2000), 357-64. 대한민국 행정자치부 정부기록보존소 편, 『韓國戰爭과 中國』 (2002), II: 227-33.

173 김정현, "저우언라이와 한반도," 『동북아역사재단뉴스』 (2015년 2월), 16-17.

의사의 쾌거야말로 일본 제국주의 침략을 반대하는 한중공동투쟁의 시작"이라고 평가했다. 1919년 저우언라이의 모교인 톈진 난카이대학에서 연극 『안중근』(일명 '망국한(亡國恨)')이 공연되었고, 1937년 중일전쟁 발발 후에도 저우언라이는 극단을 조직하여 무한, 장사 등지에서 『안중근』을 공연한 바 있다.[174]

저우언라이는 1920년 톈진 『익세보(益世報)』 유럽 통신원을 겸해 프랑스에서 유학하고 돌아와 1924년 황푸(黃浦)군관학교 정치부 주임이 되었는데, 이때 황푸군관학교에 있던 한국 청년들이 저우언라이의 영향을 많이 받았다. 그중 일부는 중일전쟁이 발발하자 조선의용군으로 활동하였는데, 이듬해인 1938년 저우언라이는 조선의용대 건립을 지지하고, 1940년 9월 충칭(重慶)에서 열린 한국광복군 총사령부 발대식에 직접 부인 덩잉차오(鄧穎超)와 함께 중국공산당 대표로 참석하여 축하했다. 1942년 10월 임시정부가 한중문화협회를 결성할 때는 명예이사를 맡았고, 항일투쟁을 위해 한일합작에 힘썼다. 1942년 11월 저우언라이는 한중문화협회에서 '한국독립문제'로 강연하면서 "한국 동지들은 중국을 위해 피를 흘렸다. 멀지 않은 장래에 한국으로 돌아가 한국의 독립과 자유를 실현할 것을 희망한다"고 호소했다. 1945년 11월 임정이 환국할 때 저우언라이도 충칭의 팔로군 주최로 연회를 열어 환송했는데, 이때 김구, 김약산 등 임시정부 인사들이 참석했다.[175]

1946년 국공내전 당시에 이미 중국공산당 대표로서 국민당 대표 장췬(张群, 나중에 张治中으로 개명), 미국 대표 마샬(George C. Marshall) 등을 상대로 정전협상을 벌였던 경험이 있었고, 이 정전협상은 1949년 중

174 김정현, 같은 글.

175 김정현, 같은 글.

화인민공화국 탄생으로 가는 징검다리가 된 바 있다.[176] 저우언라이에 관한 전기서로 한국어로 번역된 것들로는 소숙양(蘇叔陽)의 책과 역평(力平)의 책이 있다. 전 4권으로 되어 있는 『저우언라이 전(周恩来传)』은 중앙문헌출판사에서 발행한 공식적 전기이다.[177] 이에 비해 가오웬찬(高文謙)이 쓴 저우언라이 전기는 중립적 입장에 서려고 노력했다. 가오는 1989년 천안문사건에 동조했다가 1993년 미국으로 이주한 후, 2003년 홍콩에서 한문으로 저우언라이 전기를 발간했고, 2007년 다시 영문으로 번역, 출판했다.[178] 저우언라이를 선양하기 위한 국제주은래연구회(國際周恩来研究會)가 조직되기도 했다.[179]

저우언라이의 외교활동에 관해서는 『저우언라이 외교풍전(周恩来外交风云)』이라는 동명의 저작이 서로 다른 저자들에 의해 출간되었다. 샤오궈강은 1996년 영문으로 저우언라이와 중화인민공화국의 외교정책에 관한 책을 출간했다.[180] 6.25전쟁 당시 저우언라이의 활동과 관련해서는 소석충(萧石忠)과 리진밍(李金明)의 선행연구들이 있다.[181] 1954년 코리아문제와 인도차이나문제를 다룬 제네바정치회의에서 저우언라이는 국제

---

176 당시 저우언라이가 남긴 문서들은 1996년 『周恩来一九四六年谈判文选』으로 출간되었다.

177 소숙양(蘇叔陽), 이우희 역, 『인간 주은래』 (서울: 도서출판 녹두, 1993); 역평(力平), 허유영 역, 『저우언라이 평전』 (광주: 한얼미디어, 2005). 金冲及主编, 『周恩来传』 1—4卷. (北京: 中央文献出版社, 1998).

178 高文謙, 『晚年周恩來』 (香港: 明鏡出版社, 2003). Wenqian Gao, tr. by Peter Rand and Lawrence R. Sullivan. *Zhou Enlai: The Last Perfect Revolutionary: A Biography.* (New York: Public Affairs. 2007).

179 다음 사이트 참고 http://www.zelyj.com

180 傅红星, 『周恩来外交风云』 (香港: 文汇出版社, 2003). 杨明伟, 陈扬勇 著 『周恩来外交风云』 (北京: 解放军文艺出版社, 2009); Shao Kuokang(邵国康), *Zhou Enlai and the Foundations of Chinese Foreign Policy* (New York: St. Martin's Press, 1996).

181 萧石忠, 齐德学, "周恩来与抗美援朝战争," 『军事历史』 (1998년 4월). 李金明, "战争与和平的理性抉择: 试析周恩来在朝鲜停战谈判中坚持原则性与灵活性的统," 『軍事歷史研究』 (2003년 4월).

적 각광을 받았다. 그러나 그가 1954년 제네바정치회의에서 했던 발언이나 1955년 반둥회의에서 했던 발언들에 대한 미국과 한국의 반응은 매우 냉소적이었다.[182]

조-중인민군 정전협상 대표단의 협상전략은 "권력은 총구에서 나온다"는 공산주의자들의 말처럼 전황(戰況)과 직결되어 있었다. 중국인민지원군의 개입 이후 전쟁지휘의 주도권은 김일성에게서 펑더화이(彭德懷, 1898 - 1974)로 넘어갔다. 펑더화이는 린바오(林彪, 1907 - 1971. 9. 13)[183]나 저우언라이 등이 파병을 반대할 때, 대만과 조선반도 양쪽에서 위협을 받는 지정학적 상황의 위험성을 거론하며 마오쩌둥의 파병 결정을 옹호했다. 항일전쟁과 국공내전, 그리고 항미원조전쟁에 참전했던 그를 중화인민공화국에서는 10대 장군들 중 한 명으로 기념하고 있다. 시진핑의 부친 시중쉰도 서북지역에서 벌어진 국공내전에서 펑더화이를 도와 국민당 군대에게 승리함으로써 정치적으로 성장한 바 있다.[184]

펑더화이는 임표가 병환을 이유로 항미원조지원군 사령관 직을 고사하자 사령관이 되었고, 정전협정문에 이름을 남겼다. 전쟁 중 펑더화이는 중국인민지원군의 근대화에 관심을 가졌고, 군의 정치적 의지를 강조하는 마오쩌둥과는 다른 생각을 가졌다. 이후 마오의 대약진운동의 폐해를

182 1957년 국제연합주재 한국 대사 임병직과의 백악관 오찬 석상에서 아이젠하워는 '츄언라이'의 말을 듣고 있자면, Chew and Lie가 연상된다는 농담으로 좌중의 폭소를 자아냈다고 임병직은 회고했다. 林炳稷, 『林炳稷 回顧錄: 近代 韓國外交의 裏面史』 (서울: 女苑社, 1964), 460.

183 1959년 중국공산당 루산회의 이후 마오쩌둥의 후계자로 지목되었지만 국가 주석 자리를 놓고 마오쩌둥과 대립하다 소련으로 망명 중 사망.

184 중화인민공화국 주석 시진핑은 중화인민공화국의 6.25전쟁 참전을 의미하는 항미원조전쟁을 "정의의 전쟁"이라고 불렀다. 시진핑 주석의 아버지 시중쉰(習仲勳)은 국공내전 기간 중 펑더화이를 도와 시베이(西北)에서 국민당 군대에 대승했다. 이후 동북변방군사령관(東北邊防軍司令官) 가오강(高崗)이 등북왕(東北王)이 되었다면, 시중쉰은 서북왕(西北王)이 되었다. 우밍, 송삼현 옮김, 『시진핑평전』 (서울: 넥서스, 2009), 24.

비판하다가 1959년 7-8월 개최되었던 루산회의(庐山会议)에서 '반당분자'로 몰려 숙청되었다. 이후 은신하다가 류샤오치와 덩샤오핑의 주장으로 한직을 맡았으나 문화혁명 당시 홍위병들에게 체포되어 굴욕을 당했고, 종신수로 복역 중이던 1974년 옥사했다.

조-중인민군 대표단 수석대표였던 남일은 조선인민군 최고사령관 김일성에게 보고했다. 김일성은 스탈린과 마오쩌둥의 도움을 받아 6.25전쟁의 개전을 주도했던 인물이었고, 정전협상 중에도 권력투쟁을 벌이면서 정전협상의 진행에 많은 영향을 미쳤다. 따라서 김일성(金日成, 1912년 4월 15일-1994년 7월 8일)이라는 '문제적 인간'에 관한 정확한 이해는 6.25전쟁의 전반적 성격은 물론 정전협상을 분석함에 있어서도 필수적이다.

정전협정 체결 이후 오랫동안 한국학계에서는 김일성을 '가짜'로 무시하는 경향이 있었다. 그러던 중 1971년 9월 24일 『내나라』라는 잡지에 전웅 연세대 정법대 강사가 김일성의 항일공산주의유격활동 경력을 소개하고, 김일성이 이를 전체주의적 독재를 위한 이념적 자원으로 악용하고 있다는 비평을 게재했다. 그런데 당시 김현옥 내무장관은 이 잡지를 들고 국회에서 문제를 제기함에 따라 필자가 반공법으로 구속, 기소되는 사건까지 발생했다. 이것은 김일성에 관해 자유롭게 연구할 수 있는 토양이 얼마나 협애했던가를 상징적으로 보여주는 사건이었다. 1974년 출간된 이명영의 '가짜 김일성'론은 대한민국의 유력한 김일성담론으로 자리잡았다.185

'가짜 김일성'론은 1948년 평양에서 집권한 김일성의 본명이 김성주

185 李命英, 『金日成列傳: 그 傳說과 神話의 眞相糾明을 위한 硏究』 (서울: 新文化社, 1974); 李命英, "在滿 韓人共産主義運動 硏究," 성균관대학교 대학원 박사학위논문 (1975).

(金聖柱 또는 金成柱)였다는 사실에 주목한다. 김일성의 본명이 김성주였다는 것은 사실이며, 그의 아버지 김형직이나 어머니 강반석(반석은 베드로라는 뜻)이 개신교인이었다는 사실에 비추어 '거룩한 기둥'(聖柱)이라는 뜻이었거나 '기둥이 되라'(成柱)는 뜻이었을 것이다. 그런데 당시 만주의 상황에서 변명(變名)하는 경우는 많았기 때문에 단순히 변명했다는 사실만으로 '가짜 김일성'론이 지지를 받기는 어렵다. 논쟁의 핵심은 그가 어떤 사상을 가지고, 어떻게 항일투쟁에 종사했는가 하는 점이다. 적어도 소련군에 입대할 당시 그의 이름이 진치첸(김일성의 중국식 발음을 러시아어로 표기)이었다는 소련군의 기록이 남아 있다.186

김성주(成柱 또는 聖柱)는 김일성(金日成)으로 이름을 바꾸었다. 다른 한자로 표기되는 김일성(金日星 또는 金一星)을 포함해서 김일성이라는 이름은 만주에서 태양이나 북극성을 떠올리는 이름으로 널리 애용되었고, 긴 시간을 통해 신화화되어 있었다. 중국 주나라 때의 명의 편작(編鵲)이 3백 년 이상을 산 것처럼 알려지는 것은 여러 명의 명의들에 관한 이야기가 편작이라는 이름으로 모여져서 그렇게 되었던 것처럼 김일성(金日成, 金日星, 金一星)이라는 이름에는 여러 사실과 신화들이 누적되었다.

서대숙은 김일성의 관념과 중국공산당의 관념이 가지는 상관성에 주목했다. 만주에서의 항일무장투쟁이 공산당을 중심으로 전개되었고, 김일성의 빨치산 조직이 이들과의 연계 속에서 활동했다고 보는 것이다.187 스칼라피노와 이정식도 "북한을 지배한 김일성은 1932-1941년 만

186 러시아중앙문서국 보존 육군 대위 이력서. 제2극동군 제88 보병여단 제1보병대대 대대장. 코로트코프, 『스탈린과 김일성』, I: 172.

187 서대숙, 『김일성: 북한의 지도자』, 서주석 역 (서울: 청계연구소, 1989), 7, 12.

주에서 소수의 유격대를 이끌었던 바로 그 사람"이라고 본다.[188] 김일성이라는 인물을 조작해 내기 위해서는 그때 김일성과 관계를 맺고 있던 다른 사람들을 모두 조작해 내야 하는데, 최용건, 김책, 안길, 강건, 김일, 최현 등 한때나마 김일성의 동지였던 실존인물들을 모두 조작해 내는 것은 불가능한 일이다. 다만 그는 당시 상대적으로 비중이 작은 지도자에 불과했다. 김일성이 최후의 승리를 거둔 이유는 간단했다. 소련군에 입대한 김일성은 소련 권력의 등에 업혀 평양에 들어왔고, 소련군 대원수 스탈린의 낙점을 받았다. 스칼라피노와 이정식은 구체적인 상황은 매우 복잡하지만, 김일성이 소련인들에 의해 선택되었다는 근본적인 사실을 직시해야 한다고 본다.[189]

김일성이 민족주의적 동기에서든 공산주의적 동기에서든 항일무장투쟁에 투신했던 것은 역사적 사실이었다. 따라서 반공주의의 보호를 받던 '가짜 김일성'론은 김일성의 실체를 분석한 국내외 연구들로부터 비판을 받으면서 그 영향력이 크게 약화되어 왔다.[190] 특히, 1980년대 이후 한국

188 로버트 스칼라피노, 이정식, 『한국공산주의운동사』. 한홍구 옮김, 합본개정판 (서울: 돌베개, 2015), 372.

189 스칼라피노, 이정식, 『한국공산주의운동사』, 372-75.

190 1980년대 김일성에 관한 연구자들의 시각적 차이에 대한 비교적 고찰로서는 김명섭, "해방전후 북한현대사의 쟁점," 『解放前後史의 認識VI: 쟁점과 과제』 (서울: 한길사, 1989): 125-32. 또한 서대숙(徐大肅), 『김일성: 북한의 지도자』 (서울: 청계연구소, 1989); 이재화, 『한국근현대민족해방운동사』 (서울: 백산서당, 1988). 이후 이 문제에 관해서는 다음 문헌들을 통해 계속 다루어져 왔다. 『북한해방직후 極秘 자료: 조선공산당과 김일성에 관한 문서』 (서울: 고려서림. 1998); 서대숙 편. 『북한 문헌연구: 문헌과 해제』 제3권 (서울: 경남대학교 출판부. 2004); 와다 하루키(和田春樹), 이종석 역, 『김일성과 만주항일전쟁』 (서울: 창작과 비평사, 1992); 이기봉, 『人間 金日成 그의 全部』 (서울: 吉韓文化社, 1989); Dae-sook Suh, *Kim Il Sung: The North Korean Leader* (New York: Columbia University Press, 1988); 이종석, 『현대북한의 이해: 사상, 체제, 지도자』 (서울: 역사비평사, 1995). 김일성 자신도 회고록을 남겼다. 김일성, 『세기와 더불어』 1-8 (평양: 조선로동당출판사, 1992-98).

의 대학가에서는 반공주의적 편향에 대한 반발로서 반-반공주의적 편향이 급격히 확대되었다. 이러한 역편향을 견제했던 책은 아이러니하게도 같은 공산주의자였던 임은, 그리고 박갑동의 저서였다.[191] 이것은 마치 제2차 세계대전 종전 이후 승전의 영웅으로 떠올랐던 스탈린에 대한 대중의 맹종을 견제하는데 같은 공산주의자였던 트로츠키의 스탈린 전기가 기여했던 역할과도 유사했다.

1980년대 이후 서울에서는 김일성에 대한 긍정적 평가가 급속히 확산되었다. '통일'을 위해서는 김일성의 상징성을 포용해야 한다는 정치적 필요성이 제기되었다. 반공주의적 관점이 김일성의 항일무장투쟁 경력 자체를 부정하려고 했다면, 반-반공주의적 관점에서는 김일성이 견지했던 공산주의적 폭력사상을 간과하고, 그를 "자수성가형 민족영웅"으로까지 치켜세웠다.[192] 서대숙은 김일성의 항일투쟁경력을 인정하면서도 그의 국내적 인지도는 부족했다고 보았다.[193] 김일성이 이러한 공백을 메울 수 있었던 것에 관해 브루스 커밍스는 "해방 후 김일성에게 유리하게 작용했던 조건 중 하나는 다른 지도자들이 죽거나 감옥에 갇히거나 투쟁을 포기했던 일제 말기 10년 동안의 항일투쟁으로 명성을 떨쳤다는 점"이라고 지적한 바 있다.[194] 덧붙여서 소련 내의 많은 고려인 공산주의자들이 스탈린의 대숙청 당시 사라졌거나, 강제로 중앙아시아로 보내졌던 것에 비해 김일성은 소련군 장교로서 연해주 지역에 머물러 있었다는 점도 간과할 수 없다.

평양에서는 김일성이 소련군에 입대했던 사실은 은폐되고, 항일투쟁

191 박갑동, 『한국전쟁과 김일성』 (서울: 바람과 물결, 1990).

192 한홍구, "20세기형 민족주의자, 김일성," 『한겨레21』 제517호. 2004년 7월 8일.

193 서대숙, 『현대 북한의 지도자: 김일성과 김정일』 (서울: 을유문화사, 2000), 61.

194 Cuming, *The Origins of the Korean War,* vol. 1, 35-36.

을 이끈 민족의 영웅으로 미화되었다. 그가 1945년 9월 19일(음력 추석날) 소련군 화물선 '뿌가초프' 호를 타고 원산에 상륙한 후, 9월 20일 평양에 도착하여 소련군의 후원을 받으며 공산주의 정권을 수립했던 사실은 은폐되었다.[195] 이러한 '역사의 정치화'는 이미 1945년 당시부터 시도된 바 있다. 김일성은 1945년 귀국 이후 그의 정체에 대해서 알리지 말도록 유성철에게 명령했다.[196] 김일성은 1945년 9월 20일 대위 계급장이 달린 소련군복을 입은 채, 평양에 도착하여 평양주둔 제25군 정치사령관 레베데프(Nikolai Georgievich Lebedev, 1901-1992) 소장을 만나 다음과 같은 이야기를 나눈 것으로 레베데프는 회고하고 있다.

> 김일성: 장군님, 부탁이 하나 있습니다. 우리 빨치산부대도 일본과의 해방전쟁에 참전한 것으로 해주십시오. 우리는 여러 번 이 전쟁에 참전할 수 있도록 하바로프스크 사령부에 건의했으나 번번이 좌절됐습니다.
>
> 레베데프: 그게 무슨 말인가? 조선을 해방시킨 것은 제25군과 태평양함대뿐이다. 제88정찰여단 빨치산부대의 단 한 명도 대일전에 참전하지 않았고 총 한 번 쏘지 않았다. 절대로 역사를 바꿀 수 없다.[197]

---

195 김일성의 소련군 활동에 관해서는 다음 자료들이 자세하다. 이상조, 유성철, 『證言 金日成을 말한다』, 26; 1945년 김일성의 원산상륙과정에 관해서는 제88정찰여단 군의관(김일성대대 성원은 아니었음)이었던 이동화의 기록, 장학봉 외. "Biographies of Soviet Korean Leaders (피와 눈물로써 씨여진 우리들의 력사, И слезами и кровью написанная наша история)." http://www.loc.gov/rr/asian/SovietKorean.html.

196 유성철은 소련지역에서 자란 한국인으로 김일성과 함께 소련 극동군 산하 88여단에 속해 있었으며 김일성과 함께 원산을 통해 귀국했다. 이상조, 유성철, 『證言 金日成을 말한다』, 53.

197 김국후, 『비록 평양의 소련군정: 기록과 증언으로 본 북한정권 탄생비화』 (서울: 한울 아카데미, 2008), 76-77.

김일성이 대위(꺼삐딴) 계급장을 달고 있던 제88독립보병여단은 만주나 조선에서 대일전이 벌어질 경우 활용할 요원들을 양성할 목적으로 창설되었으며, 교육 훈련, 정찰 등의 활동을 했다. 일본에 대한 첩보수집업무가 주요 업무였던 이 부대는 소련의 국내외 첩보업무도 담당했던 NKVD(내무인민위원회, Народный Комиссариат Внутренних Дел, НКВД 나로드느이 코미사리아트 브누트레니크 디일, 엔카베데)[198] 소속이었는데, NKVD의 수장은 스탈린의 분신으로서 "인민의 적", 또는 "국가의 적"이라는 명분을 내세우면서 자행된 스탈린시대 숙청의 집행자였던 니콜라이 예조프(Николай Ежов, 1895 - 1940. 2. 4.), 그리고 예조프 자신이 숙청된 후에는 스탈린과 같은 죠지아 출신의 라브렌티 베리아(Лаврентий Берия, 1899 - 1953. 12. 23)였다. 1946년 소련 내무인민위원회는 소련 내무부가 되었고, 1953년 6월 26일 베리아가 체포된 후 내무부와 국가보안위원회(KGB)로 분리되었다.[199] 제88독립보병여단은 NKVD 소속이었지만 소련 국방부 산하 극동전선군(원동방면군)의 지휘 하에 있었는데, 극동전선군 정찰국장 소르낀(Naum Semyonovich Sorkin, 1899–1980) 소장, 부국장 안꾸지노브(Mikhail Tikhonovich Ankudinov, 1905–1974) 대좌의 지시를 받았다. 88여단에는 김일성 이외에 김창국(1916-1981, 조선인민군 정찰국 부국장, 대좌), 유성철 등이 있었다.

김일성이 소련군복을 입고 복무했던 소련군 88여단의 부여단장이었던 세료진의 눈에 비친 김일성은 "진정한 군장교이며 진정한 레닌주의자"였다.[200] 계급투쟁을 위한 전쟁을 정의의 전쟁이자 방위전쟁으로 규정한

---

198 영어로는 The People's Commissariat for Internal Affairs로 표기된다.

199 베리아의 숙청과정에 관해서는 "Letter from Lavrentii Beria to Georgii Malenkov Reflecting on the Events of Spring 1953, 1 July 1953," http://www2.gwu.edu/~nsarchiv/NSAEBB/NSAEBB50/doc23.pdf

레닌의 공산주의 전쟁관은 후계자인 스탈린은 물론 마오쩌둥과 김일성으로 이어졌다. 마오는 "전쟁으로 전쟁에 대립"하는 것이 전쟁을 소멸하는 길이라고 주장했으며, "국내외전 따위의 공간개념이나 수단개념을 미분화하지 않으려" 했다.[201] 중국공산당 휘하의 동북항일연군(東北抗日聯軍)에 이어서 소련의 제88독립보병여단 제1대대장이었던 김일성은 마오쩌둥과 마찬가지로 레닌과 스탈린의 공산주의 전쟁관으로 무장했다.[202] 김일성은 아버지 김형직이 사망한 1926년 화성의숙을 떠나 1927년부터

---

200 세료진 증언(1951년, 하바로프스크), 가브릴 코로트코프, 『스탈린과 김일성』, 어건주 역 (서울: 東亞日報社, 1992), I: 182. 가브릴 코로트코프(Гаврил Коротков)는 1925년 크라스노야르스크시에서 출생하여 소련군에 입대한 후 1950년 6.25전쟁 개전 직전 소련극동군사령부 참모부 정보분석관으로 전쟁계획수립에 관여했다. 1980년부터 1991년까지 소련 국방부 전사연구원 수석연구원을 지냈다.

201 김충렬, 공기두, 『모택동사상론』 (서울: 1984), 291-292. 레닌의 전쟁관을 중국의 고사와 내전현실에 접목시키면서 발전한 마오의 전쟁관에 관해서는 Shu Guang Zhang, *Mao's Military Romanticism: China and the Korean War, 1950-1953* (Lawrence: University Press of Kansas, 1995), 12-30.

202 1941년 6월 22일 새벽 4시 독일이 소련을 향해 바바로사작전을 개시하자 소련 정부는 항일연군이 주축이 된 여단 창설을 결정했다. 이 결정에 따라 1942년 7월 16일 극동전선군 사령관 I. R. 아파나센코는 원래 2개의 야영을 해소하고, 야영이 있던 비야츠코예 나 아무르 마을에 88중조여단을 결성하라고 명령했다. 이에 따라 9월 15일 여단 편성이 완료되었고, 명칭은 88독립보병여단으로 결정되었다. 중국공산당에서는 동북항일연군 교도려, 소련공산당에서는 국제 홍군 제88특별여단이라고도 불렀다. 당시 전체 대원의 숫자는 600여 명이었는데, 이 가운데 조선인은 150여 명이었다. 정병준, 『한국독립운동의 역사56: 광복 직전 독립운동세력의 동향』 (천안: 독립운동사편찬위원회 2009년 4월). 제3장 국외 독립운동의 동향, 3. 소련·일본 내 동향, 1. 재소무장부대; 가브릴 코로트코프, 어건주 역, 『스탈린과 김일성』 I (서울: 東亞日報社, 1992), I: 172에 수록된 진지첸 대위의 '이력서'; 와다 하루끼, 이종석 역, 『김일성과 만주항일전쟁』 (서울: 창작과비평사, 1992); 이덕일, "연해주의 소련 극동적군 88여단의 결성배경과 성격," 『한국근현대사연구』 6 (1997); 신주백, 『만주지역 한인의 민족운동사 1920-1945』 (서울: 아시아문화사, 1999); 기광서, "1940년대 전반 소련군 88독립보병여단 내 김일성 그룹의 동향," 『역사와 현실』 28 (1998). 김일성의 집권과정과 소련의 광범위한 영향력에 대해서는 Andrei Lankov, *From Stalin to Kim Il Sung: The Formation of North Korea, 1945-1960* (New Brunswick, New Jersey: Rutgers University Press, 2002); 김국후, 『평양의 소련군정』.

지린(吉林)에서 활동하게 되는데, 이것은 화성의숙을 지배하던 민족주의를 버리고 새로운 "선진사상"으로서의 공산주의를 받아들인 그의 사상사적 시점과 궤를 같이 하는 것이었다.[203]

공산주의자들은 이러한 전쟁관에 입각해서 일본 제국주의와 나치독일이 주도했던 제2차 세계대전을 승리로 이끄는 데 있어서 주요한 역할을 담당했다. 김일성은 1948년 2월 8일, 조선인민군 창설 열병식에서 "자본주의 국가의 군대"는 "소수의 자본가와 지주들을 위하여 인민에 대한 그들의 착취를 무력으로 유지"하거나 "다른 민족과 남의 령토를 침해"하기 위한 군대이지만, 조선인민군은 "인민을 위하여 복무"하며 "인민을 사수"하는 방어자라고 정의했다.[204]

김일성의 전쟁관은 전쟁의 불가피성은 물론 국제자본주의에 맞서는 정의의 수호자를 자처했던 레닌과 스탈린의 전쟁관을 계승한 것이었다. 김일성은 6.25전쟁이 한창이었던 1952년 12월 24일, 인민군 고급군관회의에서 행한 '인민군대를 강화하자'라는 연설에서도 "레닌의 교시는 인민군을 건설함에 있어서 로동당과 공화국 정부의 실제적 사업의 토대"라고 역설한 바 있다.[205]

종교적 수준으로 공산주의를 신봉했던 김일성이 6.25전쟁을 한국이 일으킨 전쟁이라고 일관되게 주장했고, 현재까지도 그의 추종자들 사이에서 그런 주장이 계승되고 있는 것은 단순한 기만 혹은 프로파겐다 이상의 관념적 연속성을 지닌 것이다. 종교를 '인민의 아편'이라고 규정했

---

203 김일성, 『세기와 더불어』 제1권 (평양: 조선노동당출판사, 1992), 2장 잊을 수 없는 화전, 3장 길림시절.

204 김일성, "조선인민군 창건에 즈음하여(1948. 2. 8)," 서대숙 편, 『북한문헌연구 문헌과 해제: 제Ⅳ권 대외관계 군사 및 안보』 (서울: 경남대학교 극동문제연구소, 2004), 252-253.

205 김일성, "인민군대를 강화하자(1952. 12. 24)," 『김일성 선집 4』 (평양: 조선로동당출판사, 1954), 346.

던 공산주의는 역설적으로 피압박민족과 민중의 아편이 되었다. 6.25전쟁이 평양의 방어전이었다는 담론에는 공산주의적 관념이 함축되어 있었다. 그러한 관념에 입각해서 김일성은 6.25전쟁을 "미 제국주의자"와 "일본 제국주의자"의 도발에 맞선 "정의의 전쟁"으로 규정했고, 전쟁의 형식을 '방어전'이라고 주장했던 것이다. 레닌은 1916년에 집필한 "프롤레타리아 혁명의 군사강령" 중 "계급투쟁을 인정하는 자는 내전을 인정하지 않을 수 없다"고 주장하며 러시아내전을 "정의"의 전쟁이며 "방위전쟁"이라고 부른 바 있었다.206

박갑동은 김일성이 6.25전쟁을 일으킨 이유를 다음과 같이 분석한다. "평화적으로 한국이 통일되면 김일성은 최고지도자가 될 수 없을 뿐 아니라 2류 3류 이하의 정치가로 전락하여 드디어는 한국 정계에서 도태되고 말 가능성조차 있었다. 따라서 김일성이 확실히 통일한국의 수상이 되기 위해서는 대화를 통한 평화적 통일이 아니고 자기의 '사병'(私兵)인 인민군의 손에 의한 무력통일을 할 수밖에 없었다."207

1991년 소련의 붕괴는 베이징과 평양의 문서들을 제외한 공산권 문서들에 대한 접근성을 크게 신장시켰다. 이들 문서들에 근거한 새로운 연구들은 김일성의 항일무장투쟁 경력을 인정하면서도 왜곡과 과장을 직시하면서, 김일성을 보다 입체적으로 해부했다. 가브릴 코로트코프는 다음과 같은 결론을 도출했다.

> 김일성을 알려면 먼저 이 인물을 만들어낸 스탈린의 역할에 대한 분석이 있어야 한다는 것이었다. 스탈린이 없었다면 김일성도 없었을 것이며,

---

206 레닌, "프롤레타리아의 군사강령," 『사회주의와 전쟁 외』, 125, 127-128.

207 박갑동, 『한국전쟁과 김일성』 (서울: 바람과물결, 1990), 55.

스탈린이 없었다면 꼬레아의 동존상잔이란 비극도 없었을 것이기 때문이다.

그의 분석에 따르면 "김일성은 스탈린의 정신적인 아들"이었고, 스탈린은 김일성의 "성부(聖父)"[영세를 받을 때의 대부]였다.208 당시 전투적 무신론자들이었던 공산주의자들이 모스크바에 대해 가지는 관계의 밀도를 가톨릭교도들이 바티칸에 대해 가지는 관계의 밀도에 비유한 것이다.209

해방정국에서 박헌영 노선을 추종했던 박갑동은 월북했다가 망명한 후 다음과 같이 증언했다. "한국은 이상한 나라다. 반공! 반공하면서 김일성의 편을 드는 사람이 너무 많다. 심지어 대학 교수 가운데도 김일성의 주체사상을 '위대한 원칙'이라고 선전하는 사람도 있고 통일을 하자면 6.25동란을 불문에 붙여 한다고 주장하는 교수도 있다. 김일성은 6.25동란을 한국 측이 도발했다고 선전하고 있는데 그러면 그것을 받아들이고 통일하자는 것인가? 6.25한국동란의 진실을 규명하고 다시는 이런 일이 없도록 보장이 되지 않으면 안심하고 살 수 있는 통일은 불가능한 일이다."210

---

208 코로트코프, 『스탈린과 김일성』, 3.

209 평양 『로동신문』의 교정부장(남로당 출신 정봉식)은 쓰탈린이 '쓰라린'으로 인쇄된 것에 대한 감독 소홀을 이유로 5년형을 선고받았다. 朴甲東, 『통곡의 언덕에서』 (서울: 書堂, 1991), 422. 1947년 '북조선 임시인민위원회'가 조직될 당시, 『민주조선』 주필 한재덕은 스탈린 사진을 1면이 아니라 2면에 실었다가 교화소에 갈 뻔 했다고 회고한다. 일제강점기 일본천황 사진을 3면에 실을 수는 있었으나 1947년 당시 평양에서 스탈린의 사진을 1면이 아니라 2면에 싣는 것은 용납될 수 없었다는 것이다. 韓載德, 『金日成을 告發한다: 朝鮮勞動黨 治下의 北韓 回顧錄』 (서울: 內外文化社, 1965), 19.

210 박갑동, 『한국전쟁과 김일성』 (서울: 바람과 물결, 1990), 한국어판 서문.

그런데 박갑동은 그가 추종했던 박헌영의 6.25전쟁 책임에 대해서는 과소평가하는 경향을 보였다. 박헌영이 6.25전쟁 중에 김일성에 의해 숙청당하기는 했지만 그 역시 6.25전쟁을 적극 주도했었다. 일제강점기 조선공산당을 주도했던 박헌영은 광복 이후 김일성과 지도권을 놓고 경쟁을 벌였다. 그는 1945년 8월 15일부터 1946년 10월 11일경 최종 월북하기 이전 불과 1년여의 기간 동안 다섯 번 가량 38선을 월북하여 김일성과 회동했다. 그리고 1946년 10월 11일 이후에는 평양에 체류하면서 남쪽의 공산주의자들을 지휘했다. 김일성도 박헌영 계열과는 별도로 38선 이남에 성시백(成始伯, 1905-1950, 가명 정향명, 정백)으로 대표되는 '북로당 서울공작위원회'를 두었다.[211] 제주도에서 김달삼 등은 대한민국을 재건한 5.10선거에 맞서서 무장투쟁을 지휘하는 한편, 비밀선거를 통해 수거한 투표함들을 북으로 보내 평양의 최고인민위원회 선거에 참여했다.[212] 박헌영에 관한 1차 자료들은 그의 아들의 주도로 한국에서 출판된 『이정박헌영전집』에 수록되어 있다.[213]

211 "민족의 령수를 받들어 용감하게 싸운 통일 혁명 렬사," 『로동신문』, 1997년 5월 26일자; 박병엽, 『박병엽증언록1: 조선민주주의인민공화국의 탄생』, 유영구, 정창현 엮음 (서울: 선인, 2010), 351-52; 박병엽, 『박병엽증언록2: 조선민주주의인민공화국의 탄생』, 유영구, 정창현 엮음 (서울: 선인, 2010), 104. 존 메릴, 『새롭게 밝혀 낸 한국전쟁의 기원과 진실』, 이종찬, 김충남 공역 (서울: 두산동아, 2004), 64-74.

212 메릴, 『새롭게 밝혀 낸 한국전쟁의 기원과 진실』, 64-74.

213 이정박헌영전집편집위원회, 『이정박헌영전집』 (서울: 역사비평사, 2004).

2. 막전(幕前)의 인간들

1) 국제연합군 협상대표단

미소 양측의 합의에 의해 정전협상은 군사적 성격으로 제한되어 있었다. 1951년 7월 10일 정전협상장에 나간 국제연합군 대표들은 중-조인민군 대표들과 마찬가지로 군사작전을 수행 중인 군 장성들이었다. 국제연합군 측에서는 미군 극동지구 해군사령관이었던 찰스 터너 조이(C. Turner Joy, 1895-1956) 중장(Vice Adm.)을 수석대표로 하여 미 육군 제8군 참모장 호드스(Henry Irving Hodes, 1899-1962) 소장,[214] 미군 극동지구 해군 참모장 알레이 버크(Arleigh Albert Burke, 1901-1906) 소장, 미군 극동지구 공군 부사령관 겸 참모장 크레이기(Laurence Carbee Craigie, 1902-1994) 소장, 그리고 한국군 제1군단장 백선엽(白善燁, 1920-) 소장 등이 정전협상의 전면에 섰다.

정전협상이 길어지면서 국제연합군 대표단은 모두 교체되었다. 1953년 7월 27일 정전협정이 체결될 당시 국제연합군 대표단은 윌리엄 K. 해리슨 2세(William Kelly Harrison, Jr., 1895-1987) 육군 중장을 수석대표로 오스본(Ralph M. Osborne) 육군 준장, 다니엘(John C. Daniel) 해군 소장, 핀치(George M. Finch) 공군 준장, 최덕신 육군 준장 등으로 구성되어 있었다. 최덕신은 이승만 대통령의 명령에 불복하면서까지 정전협

214 호드스는 한국문헌들에 호디스 또는 호데스라고 표기되고 있는데, 당시 현장에서 번역 및 통역을 담당했던 H. G. 언더우드의 책에서는 호드스로 표기되어 있다. H. G. 언더우드, *Korea in War, Revolution and Peace*, Michael J. Devine 편, 주장돈 역 (서울: 연세대학교 출판부, 2002[2001]), 194. 그러나 이 책은 원래 영어로 쓰여졌고, 주장돈에 의해 번역된 것이다. 언더우드가 호드스라는 이름의 한글표기까지 감수(監修)했는지는 알 수 없지만, 일단 이 책에서는 언더우드의 책의 표기를 따랐다.

상 참석을 보이콧하다가 1953년 7월 27일 이승만 대통령의 명령에 따라 문산에서 개최된 마크 클라크 국제연합군 사령관의 정전협정 조인식에 참석했다.

1951년 7월 10일부터 1952년 5월 22일까지 국제연합군 측 정전협상 수석대표를 맡았던 조이 대표는 국제연합참전국들의 복잡한 이해관계 속에서 도쿄의 국제연합군 사령부, 워싱턴의 국방부와 국무부, 그리고 궁극적으로 트루먼 대통령으로 이어지는 지휘 및 명령계통에 따라 현장에서 정전협상을 지휘했다. 그는 당시의 경험을 토대로 1955년 협상연구(Negotiation Studies)에서 자주 인용되는 *How Communists Negotiate*(공산주의자들은 어떻게 협상하는가)라는 책을 썼다.[215] 정전협상 당시 그가 기록했던 일지는 그의 사후인 1978년에 출간되었다.[216] 미국 해군사관학교에는 그의 이름을 기리는 터너 조이 로드(Turner Joy Road)가 있다.

조이는 미주리 주 세인트 루이스에서 태어나 1916년 해군사관학교를 졸업한 직후 제1차 세계대전에 참전했다. 조이 대표는 중화민족주의, 조선민족주의, 그리고 무엇보다 공산주의에 기초해서 협상전을 벌이는 상대방을 낯설어 했지만, 당시 미군 장교들 중에서는 상대적으로 동양문명권에 대한 조예가 깊었다. 1854년부터 1941년까지 미 해군은 조약을 통해 확보한 미국의 이권을 보호하기 위해 양쯔강에서 양쯔 패트롤(Yangtze Patrol)을 운항했는데, 조이 제독은 1923년부터 2년간 이 배에서 복무하며 동양문명을 경험할 수 있었다. 제2차 세계대전이 발발하자 터

215 C. Turner Joy, *How Communists Negotiate* (New York: The Macmillan Company, 1955). 조이의 책을 인용하고 있는 협상연구들 중 하나로 Fred Charles Iklé, *How Nations Negotiate* (Millwood, N.Y.: Harper & Row, 1964), 259-60.

216 C. Turner Joy, *Negotiating while Fighting: the Diary of Admiral C. Turner Joy at the Korean Armistice Conference* (Stanford: Hoover Institution Press, 1978).

너 조이는 일본 해군과의 전투에 두루 참여했고, 1945년 일본 패망 후에는 다시 중국에 파견되었다. 1948년 8월부터 1952년 6월 4일까지 그는 미 극동군사령부(FECOM: Far East Command)의 해군사령관이었다.

정전협상 당시 조-중인민군 대표단의 일원이었던 차이청원은 조이 수석대표의 노련한 협상 솜씨와 함께 그가 가지고 있던 협상권한의 한계를 다음과 같이 묘사했다.

> 크지도 작지도 않은 중간키인 이 사람은 회담을 진행하는 가운데 대단히 침착 노련한 솜씨를 보여 회담기술에 있어서 우리 측 풋내기들에게 깊은 인상을 주었다. 그렇지만 일개 직업군인으로써 그저 트루먼, 애치슨, 리지웨이의 의도를 완강히 관철할 뿐이었다. 회담 중 본인은 중단할 의향이 없었는데 갑자기 중단하는 일이 몇 번 있었는데 중단하고 돌아가서 방향이 확 달라지는 것을 볼 수 있었다.[217]

한편, 한국군 정전협상 대표를 역임한 이형근은 조이 수석대표를 "얼굴이 창백하고 천식기가 있는 백발의 노인이었지만 매너는 매우 신사적이어서 역시 수석대표감이구나 하는 생각이 들었다"고 회고했다.[218] 1952년 5월 22일 윌리엄 K. 해리슨 2세에게 수석대표직을 물려주기까지 10개월 12일 동안 정전협상을 이끌었던 조이는 극동해군 사령관 직을 겸하고 있었기 때문에 코리아의 상공 및 동해와 서해에서 누리고 있던 국제연합군 측 공군과 해군의 우위를 정전협상에 반영하는 데 적극적이었다. 그는 다시 38선을 군사분계선으로 하자는 상대방의 주장에 맞서서 국제연합군이 38선 이북의 서해와 동해에서 누리고 있는 압도적 우위를 양보하는

217 柴成文(차이청원), 趙勇田(자오용톈), 『板門店談判』, 尹永茂 역 (서울: 한백사, 1991), 155.
218 이형근, 『軍番 1번의 외길 人生: 李亨根回顧錄』, 70.

대신 공산군이 평양-원산 선(線)으로 후퇴할 것을 주장했다.[219]

해군 출신의 조이 대표가 육군 출신의 해리슨 대표로 교체된 이후, 국제연합군 정전협상 대표들은 상공과 해상에서의 군사적 우위를 정전협상에 충실히 반영하지 못했고, 해상에서의 엄청난 양보에도 불구하고 NLL쟁점을 남겨 놓고 말았다. 대신 협상의 초점은 송환불원포로들의 자유선택권을 보장해 주는 데 집중되었다. 6.25전쟁 당시 전투에 임하고 있던 지상의 전선에 이어 미 해군 함상을 방문한 바 있던 볼렌(Charles Bohlen)은 단정한 모습으로 전투를 치루고 있는 해군의 모습을 보고 군대에 간다면 해군을 가겠다고 했을 정도로 6.25전쟁 당시 미국 해군의 전투방식은 육군과는 달랐다.[220]

찰스 터너 조이에 이어서 국제연합군 측 수석대표를 맡아 7월 27일 마크 클라크 국제연합군 사령관의 서명에 앞서 실무대표로서 정전협정에 서명했던 사람은 윌리엄 K. 해리슨 2세였다. 그는 정전협상 수석대표 임명 당시에는 소장이었고, 정전협상 중에 중장으로 진급했다. 해리슨 2세가 정전협상에 관해 직접 남긴 기록은 전해지지 않고 있다. 다만 그에 관해 쓰여진 전기가 있다.[221] 1958년 『판문점』이라는 명저를 남긴 바처(William H. Vatcher)는 자신의 책을 "경쟁력 있는 군인이자 유능한 군인, 그리고 헌신적인 기독교인으로 기억하는" 해리슨 2세에게 헌정했다.[222]

해리슨 2세는 1895년 워싱턴에서 출생하여 육군사관학교를 졸업하고

---

219 Transcript of Proceedings, Eleventh Session, Conference at Kaesong, Korea, on the Armistice Proposal, 27 July 1951.

220 Bohlen, *Witness to History,* 299.

221 Bruce Lockerbie, *A Man Under Orders: Lieutenant General William K. Harrison, Jr.* (New York: Harper & Row, 1979).

222 William H. Vatcher, *Panmunjom: the Story of the Korean Military Armistice Negotiations* (New York: Frederick A. Praeger, 1958), vi.

기병대 장교로 군복무를 시작했다. 그는 1919년 5월 연수를 위해 프랑스로 건너가 같은 해 8월까지 프랑스에 체류하다가 다시 스페인에서 연수를 받았다. 1923년 기병학교를 졸업했고, 다시 1928년 9월부터 1929년 6월까지 기병학교 고등과에서 수학했다. 그리고 1938년에는 육군대학을 졸업했다. 1942년 10월부터 영국 및 유럽에 주둔했고, 1945년 6월 체코슬로바키아에 주둔하고 있던 보병 제2사단장에 임명되었다. 1946년 8월부터 일본 주둔군에 배치되어 군정업무를 담당했고, 1949년 2월 워싱턴에 있는 미국 육군정훈사단 참모장에 임명되었다. 1950년 9월 1일부터 뉴저지 주에 주둔하고 있던 보병 제9사단장에 보임되었다가 1951년 12월 28일 주한 미8군 부사령관에 임명되었다. 해리슨 2세는 미8군 부사령관을 겸무하는 가운데 1952년 초 국제연합군 정전협상 대표단에 합류하여 같은 해 5월 22일 조이 수석대표의 후임에 임명되었다. 해리슨 소장은 1952년 9월 5일 중장으로 진급하여 9월 6일부터 극동군사령부 부사령관, 1953년 3월 20일부터 극동군사령부참모장으로 있으면서 정전협상 수석대표직을 겸무했다. 그는 침례교파 개신교인으로서 1954년부터 1972년까지 기독교장교친목회(OCF, Officers' Christian Fellowship) 회장을 역임했다.[223]

그의 경력이 보여주는 바와 같이 해리슨 2세는 전형적인 미국 육군장교였다. 그는 체질적으로 공산주의를 싫어했다. 차이청원의 눈에 비친 "완고한" 모습의 "해리슨은 자그마하게 생긴 키가 1.6m에다 하얀 얼굴을 한 빼빼마른 사람이다. 회의장에서는 써가지고 나온 원고를 읽어 내리는 이외에는 설사 '휴회에 동의한다'는 한마디까지도 쪽지를 써서 동료에게 돌려 회담 동의를 얻고서야 비로소 말했다. 때로는 우리를 멸시

223 鄭成觀, 『板門店의 秘史』 (서울: 平文社, 檀紀4286[1953]), 226-29.

하는 태도를 나타내기 위해 어처구니없게도 회의장에서 휘파람을 불기도 했는데 우리는 오히려 그를 사람같이 보지 않았다."[224]

조-중인민군 대표단은 해리슨이 수석대표가 되기 전에 일반대표로 참석했던 1952년 4월 11일의 회의장면을 매우 부정적으로 기억하고 있었다. "해리슨은 문서 가방을 끼고 맥없이 들어와 제대로 자리도 잡기 전에 '휴회를 제의한다'는 한마디를 내뱉고 일어서서 회의장을 나가버렸다. … 자기로서는 아마 이렇게 함으로써 자기주장의 확고부동함을 나타내려고 한 것이겠지만 실제로 보는 사람으로 하여금 교양이 부족하고 유치하게 보일 따름이었다. 이렇게 해서 제3항을 토의하는 천막 속의 회의는 때때로 2분밖에 안 걸리는 때도 있었고 날이 갈수록 짧아져서 1분 30초, 한 번은 25초로 끝나기도 했다. 25초란 짧은 회의는 아마 국제회의에서 해리슨 장군이 창조한 기적일 것이다."[225]

국제연합군 대표단에서 미 육군을 대표했던 정전협상 대표(1951년 7월 10일 - 1951년 12월 17일)는 호드스(Henry I. Hodes) 소장이었다. 그는 1920년 미국 군사아카데미(U.S. Military Academy)를 졸업하고, 와이오밍주와 텍사스주의 기병대에서 활동했다. 제2차 세계대전 당시 프랑스와 벨기에 전선에서 두 번이나 부상당했던 그는 1945년 준장으로 군에 복귀했다. 6.25전쟁 당시 그의 별명은 "망치질하는 행크"(Hammering Hank)였다. 호드스는 한반도에서 정전협상 대표직을 수행하다가 독일로 전출되었다. 나중에 그의 외아들 존 호드스도 주한미군으로 복무했다.

미 육군을 대표했던 호드스 소장의 이임 이후 국제연합군 정전협상 대표단에서 두 번째로 육군 출신 대표(1951년 12월 17일-1952년 2월 6일)

---

224 柴成文, 趙勇田, 『板門店談判』, 尹永茂 역, 245.

225 柴成文, 趙勇田, 『板門店談判』, 尹永茂 역, 240.

가 된 사람은 페렌보그(Claude B. Ferenbaugh, 1899-1975) 소장이었다. 1918년 미국 군사아카데미를 졸업한 페렌보그는 제1차 세계대전을 위해 유럽에 파견되었지만, 전투에 참가하지는 못했다. 제2차 세계대전에서는 북아프리카 전투에 참전했고, 6.25전쟁 당시 제7보병사단장을 맡으면서 정전협상 대표로 복무했다. 그는 1955년 미8군 부사령관으로 다시 한국에 부임하여 1958년 전역 때까지 복무했다. 페렌보그 소장 이후 정전협상에 참석한 육군대표는 맥코넬(Frank C. McConnell) 준장, 그리고 오스본(Ralph M. Osborne) 준장 등이 맡았다. 1903년에 출생한 오스본 준장은 1926년 웨스트포인트사관학교를 졸업했고, 1949년부터 1952년까지 워싱턴에서 육군참모본부 군수참모 보좌관으로 근무한 경험이 있었다.

수석대표였던 터너 조이를 보좌하면서 1951년 7월 10일부터 1951년 12월 17일까지 협상에 참여한 해군대표는 알레이 버크 제독이었다. 콜로라도 주에서 태어난 그의 고조부는 스웨덴에 살았던 비요르케그렌(Olaus Bjorkegren)이었다. 버크의 조부는 스웨덴을 떠나 미국으로 이민한 후 미국동료들이 발음하기 어려워하자 버크(Burke)로 성을 바꾸었다. 알레이 버크는 1923년 미국 해군아카데미를 졸업했고, 제2차 세계대전 당시 남태평양에서 종군했다. 당시 그는 태평양전선에서 전광석화처럼 구축함을 다룸으로써 '31노트 버크'라는 별명으로 불리기도 했다.[226]

버크 제독은 코리아전선의 동쪽 군사분계선이 38선 이북으로 북상하여 설악산 인근의 강원도 지역이 군사분계선 이남에 속하게 되는 데 크게 기여했다. 1951년 5월 당시 한국군 육군 1군단장이었던 백선엽은 동부전선에서 중-조연합군과 격전을 벌였는데, 화력이 부족했던 한국군은

226 Ken Jones and Hubert Kelley, Jr. *Admiral Arleigh (31Knots) Burke* (Annapolis: Naval Institute Press, 1962). 김주식 역. 『알레이 버크 제독: 현대 미국 해군의 아버지』 (서울: 한국해양전략연구소, 2012), 171.

버크 제독이 이끄는 미 제5순양함대의 전폭적인 화력지원을 받았다. 1955년 해군장관 토마스(Charles Thomas)는 신임 해군참모총장에 버크 제독을 임명했다. 버크 제독은 92명의 선임자들이 있었음에도 소장에서 대장으로 특진하여 해군참모총장에 발탁되었으며, 아이젠하워정부를 거쳐 케네디정부 시기인 1961년까지 6년 동안 3연임한 최장수 해군참모총장이 되었다.[227]

백선엽은 자신이 한국 육군참모총장으로서 콜린스 미국 육군참모총장의 초청으로 1953년 5월 중순 워싱턴을 방문했을 때, 해군본부에서 전략기획국장을 맡고 있던 버크제독이 한미상호방위조약 체결에도 도움을 주었다고 회고한 바 있다.[228] 1962년 버크는 CSIS(Center for Strategic and International Studies)를 공동으로 창립했는데, CSIS는 이후 외교안보 전략수립에 큰 영향을 미치는 씽크탱크로 성장했다. 그가 아직 생존해 있던 1991년 이지스유도미사일을 장착한 구축함이 USS Arleigh Burke(DDG-51)함으로 명명되었다. 이것은 미 해군에서 살아 있는 사람의 이름을 함정명으로 정한 최초의 사례였다.[229]

버크는 '현대 미국 해군의 아버지'였을 뿐만 아니라 현대 한국 해군의 대부였다. 한국 해군사관학교 발전을 위한 그의 기여는 한국육군사관학교의 발전에 미친 밴 플리트의 기여에 비견된다. 2012년 한국 경남 진해 해군사관학교에는 버크 제독의 흉상이 건립되었다.[230] 그는 6.25전쟁 발

---

227 Jones and Kelley, Jr. *Admiral Arleigh (31Knots) Burke,* 김주식 역, 역자서문, xvii.

228 엄영보, "해사에 Burke 제독 동상 건립을 제안한다," 『옥포』 제87호 (2011년 7월), 44-48. 백선엽 참모총장이 정전협정 체결에 앞서 미국에 있는 동안 아이젠하워 대통령과 스미스 국무차관을 만나 한미상호방위조약 체결을 위해 노력했다는 내용은 유재흥의 회고록에도 나온다. 劉載興, 『激動의 歲月』, 323.

229 Jones and Kelley, Jr. *Admiral Arleigh (31Knots) Burke,* 김주식 역, 『알레이 버크 제독: 현대 미국 해군의 아버지』, 역자서문, ix.

발 직후 극동해군사령관의 부참모장으로 있으면서 1951년 초 진해 해군사관학교를 방문했다. 현장에서 열악한 교육환경을 목격하고 *U. S. Naval Institute Proceedings* (1951년 6월호)에 도서기증을 호소하는 글을 게재하여 약 2만 권의 도서가 한국 해군사관학교에 기증되도록 했다. 알레이 버크가 미 해군참모총장으로 재임하던 6년 동안 한국 해군은 '미국 해군 함정대여에 관한 한-미 협정'에 의거 1955년부터 경비함, 상륙함, 소해함, 호위 구축함, 고속수송함, 상륙로켓함 등 32척의 함정을 도입할 수 있었다.[231]

1951년 12월 11일부터 버크 대표는 포로송환문제에 골몰하게 될 리비(Ruthven E. Libby) 해군 소장에게 대표직을 이양했고, 리비 소장은 다시 1952년 6월 23일 다니엘(John C. Daniel) 해군 소장에게 대표직을 이양했다.[232] 1899년 필라델피아에서 출생한 다니엘제독은 1919년 해군 입대 이후 1924년 해군사관학교를 졸업했다. 이후 포술(砲術)장교로 함상에서 근무했고, 1944년 오키나와전투에서의 전훈으로 해군십자훈장을 받았다. 대서양방면순양함대 참모장으로도 근무하다가 1952년 6월부터 정전협상 대표단의 일원으로 참가했는데, 당시 그는 태평양에 있는 구축함의 함장이기도 했다. 정전협상 중에 서태평양지구 해상군사수송단 사령관에 임명되어 대표단 업무와 사령관 업무를 겸무했다. 정전협상 중 다니엘제독의 부인은 일본 요코하마에 거주하고 있었고, 세 명의 아들은 캘리포니아에 거주하고 있었다.[233]

---

230 『조선일보』, 2012년 11월 13일.

231 엄영보, "해사에 Burke 제독 동상 건립을 제안한다," 44-48.

232 Transcript of Proceedings, First Session, Meeting at Pan Mun Jom, Sub-Delegations on Agenda Item 4, Military Armistice Conference, 11 Dec., 1951.

233 鄭成觀, 『板門店의 秘史』, 229-30.

1951년 7월 10일부터 1951년 11월 27일까지 조이 수석대표를 보좌하면서 미국 공군을 대표하여 국제연합군 정전협상 대표단에 참가했던 인물은 크레이기(Laurence C. Craigie) 소장이었다. 그는 뉴햄프셔주에서 태어나 뛰어난 전투기조종사가 되었고, 제2차 세계대전 중에 지중해 전선에서 공적을 쌓았다. 항공기술에 조예가 깊었던 그는 1951년 중장으로 진급하면서 펜타곤의 공군 연구개발 담당 부참모장으로 영전하면서 판문점을 떠났다. 그의 이름은 2000년 국립항공 명예의 전당(National Aviation Hall of Fame)에 새겨졌다. 크레이기 소장 이후 1952년 7월 5일까지 미국 공군을 대표했던 정전협상 대표는 터너(Howard M. Turner) 소장이었다. 이후 1953년 4월 26일까지는 모리스(Joseph T. Morris) 준장, 1953년 6월 20일까지는 글렌(Edgar E. Glenn) 준장, 1953년 7월 27일까지는 핀치(George M. Finch) 준장이 맡았다.

정전협상에 참석한 한국군대표는 통일 없는 정전에 반대하는 이승만 대통령의 기본노선을 동시에 수행해야 하는 이중고를 감내해야 했다. 문산에서 개최된 정전협정 조인식 현장에 참석한 다섯 번째 한국군 대표였던 최덕신은 당시 한국군 대표의 딜레마를 다음과 같이 회고한 바 있다.

> 한국 국민 모두는 통일 없는 휴전을 반대하고 있었기 때문에 휴전회담에서 한국 대표의 입장은 대단히 미묘한 위치에 서게 되어 있었다. 솔직히 말해서 그 당시 휴전회담 한국군 대표는 말이 대표이지 발언권을 거의 완전히 봉쇄당하고 있어서 대표래야 대표권을 행사할 수 없는 위치에 있었다.[234]

그러나 한국군 대표의 역할이 전혀 없었던 것은 아니었다. 리지웨이

234 최덕신, "실화구성 한국휴전 이렇게 조인되었다: 휴전회담과 한 한국대표의 우울," 『북한』 19 (북한연구소, 1973), 198-203.

국제연합군 사령관의 요청에 따라 밴 플리트는 한국군 대표를 추천했는데, 첫 번째로 백선엽을 추천했다(강문봉과 이한림도 고려되었다).[235] 초대 한국군 정전협상 대표가 된 백선엽(白善燁, 1920 평안도 강서 출생)은 "회담 이틀 전 이 대통령이 내게 '휴전은 절대반대'라고 해서 대표를 사양하려 했다"고 한다. 그러나 그는 "이 대통령이 '미국과 협조하기 위해선 가라'고 해서 … 참석했다"고 회고했다.[236] 1951년 7월 10일 백선엽은 철모를 쓰고 회담 장소에 나타나 "한국의 패튼"이라는 별명을 얻었다. 정전협상을 위한 참모회의에 참석하여 백선엽은 국제연합군 대표단이 작성한 문서에서 South Korea라고 표기된 국호를 Republic of Korea로 바꾸도록 요청해 관철시켰다.[237] 그가 1951년 7월 10일부터 9월 1일까지 53일간 정전협상의 한국군대표로 일하는 동안 협상의제의 설정이 이루

235 NA, RG550, United Nations Command, Armistice Affairs Division, General Subject Files, 1951-59, compiled by Military History Section, "History of the Korean Conflict: Korean Armistice Negotiations, May 1952 - July 1953," Pt. 4, 10.

236 『동아일보』, 2012년 12월 26일.

237 白善燁, 『軍과 나』 (서울: 시대정신, 2009), 251. 그런데 6.25전쟁 당시 연락장교로 근무했고 나중에 미국 코네티컷대학 교수가 된 김일평은 백선엽의 회고록에 대해 다음과 같은 의문을 제기했다. "백선엽 장군은 그의 회고록에서 통역장교의 역할에 대하여서는 한마디 말도 없다. 그는 연락장교의 통역에 의지했고 또 연락장교의 통역에 도움을 많이 받은 것이 틀림없는 데도 불구하고 그의 회고록 『군과 나』에서는 마치 자신이 영어를 잘 알아듣고, 또 미국 군사고문관들과 영어로 대화를 잘했던 것처럼 '카모프라지'(camouflage: 군복 느낌의 위장용 얼굴무늬를 말함)한다면 과연 한국군의 장성으로서 양심이 있다고 할 수 있을까. 그의 자서전에는 통역장교의 역할에 대해서는 한마디의 말도 없다. 백선엽 장군이 『중앙일보』(2010) 에 연재했던 『6.25전쟁과 한국군』이라는 회고록을 읽어보면 그는 영어를 매우 잘 알아듣고 미군 장성들과 의사소통도 문제없는 것 같이 쓰고 있다. 우리 연락장교들이 1950년대 초반 한국전쟁 당시에 경험한 바로는 백 장군이 영어 몇 마디를 짐작으로 알고 있었는지는 몰라도 미군 장교들과 정확한 커뮤니케이션을 할 수 있다는 아무런 증거도 없었다. 그의 옆에서 지켜본 한국 장교들은 누구나 다 백선엽 장군은 통역이 필요했다는 것을 목격했기 때문이다." 김일평, "김일평 교수 회고록(10) 지리산 토벌작전과 제2군단 창설2," 『교수신문』 2012년 7월 10일.

어졌고, 문산포격사건, 국제연합기자 출입거부사건, 인민군 1개 중대의 개성 중립지대 침범사건 등이 벌어졌다.

백선엽은 1989년 『경향신문』에 1년 동안 연재했던 회고록을 『軍과 나』라는 제목으로 출간했고, 2009년에 개정판을 냈다. 개정판에 앞서 이 책은 영문판으로도 출간되었다.[238] 백선엽은 이 회고록에서 정전협상 대표로서의 활동에 관한 기록을 남겼다. 정전협상 당시 맞은편에 앉아 있었던 이상조는 소련 망명 후인 1989년 10월 13일 KBS사회교육국 대담프로에 출연했을 때, 이 책에 대해서 다음과 같이 인정했다: "이번에 서울에 와서 보았지만 6.25를 증언한 일선 군인들이 쓴 책들 중에서 정전담판(휴전회담) 초기에 자신과 대면했던 한국군 대표 백선엽 장군의 회고록(『전쟁과 나』)이 6.25상황을 정확하게 전하고 있더라."[239] 이상조는 『軍과 나』를 『전쟁과 나』로 오기했는데, 아마도 그 자신이 회고록을 썼다면 그의 항일공산주의투쟁과 6.25전쟁에서의 경험을 아우르는 『전쟁과 나』라는 제목을 붙였을 수도 있다.

한국군으로서 국제연합군 정전협상 대표단에 참가한 백선엽은 일제강점기였던 1920년 평안남도 강서군 덕흥리에서 태어났다. 그가 일곱 살이 되던 해 아버지가 사망하자 홀로 된 어머니는 생활고로 인해 백선엽 3남매와 함께 대동강에 뛰어들어 자살을 시도했으나, 딸(백선엽의 손위 누이)의 설득으로 포기했다. 1940년 3월 평양사범학교를 졸업한 후, 교직에 종사하다가 만주국이 초급장교를 양성하기 위해 세운 봉천(奉天) 군관학교에 진학했다. 만주국 육군군관학교 제9기로 졸업한 후 간도특설대에서

238 白善燁, 『軍과 나』 (서울: 대륙연구소 출판부[시대정신], 1989[2009]); Paik, Sun Yup. *From Pusan to Panmunjom: Wartime Memoirs of the Republic of Korea's First Four-Star General.* revised ed. (Sterling, VA: Potomac Books Inc., 2007).

239 이상조, 『증언』, 78.

3년을 근무했고, 만주군 중위로 1945년 광복을 맞이했다. 평양의 민족주의 지도자 고당 조만식의 비서로 활동하다 소련군 치하에서 공산화가 진행되자 1945년 12월 38선을 넘어 월남했다.[240]

38선 월남 후 백선엽은 군사영어학교 1기생으로 입교했고, 1946년 국방경비대에 들어갔다. 1948년 대한민국 정부 수립 이후, 국방경비대가 국군으로 재편되면서 국군 제5연대장과 육군본부 정보국장을 거쳐 1950년 4월 개성을 관할하는 1사단장(당시 계급 대령)에 부임하여 1951년까지 사단을 지휘했다. 육본 정보국장 재직 중에 발생한 여순 주둔 국군 제14연대 반란사건(1948년 10월) 이후 공산주의 게릴라 소탕 및 숙군 사업을 지휘했다. 이때 같은 만주군 출신으로 남로당 활동으로 체포되어 처형당할 위기에 처해 있던 박정희(당시 소령) 구명에 도움을 주기도 했다. 군에서 예편한 후 중화민국 주재 대사, 프랑스 주재 대사, 카메룬 주재 대사, 캐나다 주재 대사 등을 지냈고, 교통부장관 등을 역임했다.[241]

백선엽은 한국군 제1군단장을 겸직하면서 정전협상 한국군 대표로 일했는데, 그가 협상대표로 일하는 동안 장창국 부군단장이 대신 제1군단을 지휘했다. 이런 상황에서 발생한 강원도 양구전투 이후 백선엽은 협상장 대신 전장(戰場)으로 보내졌다. 양구전투를 승리로 이끄는 과정에서 백선엽을 협상장보다 전선으로 보내야겠다는 판단을 한 밴 플리트 사령관이 리지웨이 국제연합군 총사령관에게 건의하여 이루어진 것이었다. 김포에서 국제연합군 정전협상 수석대표 터너 조이 제독을 만난 리지웨이는 백선엽을 정전협상장에 복귀시키지 않고, 전장으로 보내기로 했음을 통보했다.[242]

240 白善燁, 『軍과 나』 (서울: 대륙연구소, 1989), 109-112, 368.

241 白善燁, 『軍과 나』, 1989: 314-54, 368.

백선엽에 이어서 1951년 9월 2일부터 다음해 1월 31일까지 152일간 두 번째로 정전협상 한국군 대표로 근무한 인물은 이형근(李亨根, 1920 충청도 공주-2002) 소장이었다. 그는 1920년 충남 공주에서 출생한 후, 경북 김천국민학교를 22회로 졸업했다. 1942년 일본육사, 1943년 일본육군야전포병학교를 졸업하고, 제2차 세계대전 당시 일본군 육군 포병대위로 동남아지역 전투에 참가했다. 그는 대한민국 육군 군번 1번(10001) 소지자로서 1946년 1월 국방경비대 최초로 대위로 임관했고, 1946년 5월 국방경비대 사관학교장을 지냈다. 1948년 8월부터 1949년 5월까지 대한민국 군인으로서는 최초로 미국 유학을 다녀왔다. 1949년 6월 제8사단장에 임명되었는데, 같은 해 그의 장인 이응준은 초대 육군참모총장이 되었다. 6.25전쟁 발발 직전인 6월 18일 제2사단장에 임명되었고, 1950년 10월 초대 제3군단장이 되었다.[243]

이형근이 백선엽에 이어서 정전협상 한국군 대표로 있는 동안 다시 38선을 군사분계선으로 할 것인가, 아니면 교전선을 군사분계선으로 할 것인가 하는 문제를 놓고 설전이 벌어졌다. 이 기간 중에 제4의제인 포로문제와 관련하여 쌍방의 포로명부가 교환되었고, 납북자 교환안이 추진되었으며, 포로들의 개별의사를 불문한 전원교환(all-for-all exchange)안 대 자유의사에 따른 송환(voluntary repatriation)안이 대립했다. 이형근은 한국군 대표로서 납북자 문제의 해결, 1:1 교환원칙에 따른 포로교환과 개별포로들의 자유의사에 따른 송환 등을 주장했다. 이형근은 1952년 1월 25일 정전협상 대표직을 사임했고, 리지웨이와 밴 플리트는 그를 제1군단장에 임명했다.[244] 이형근은 친동생 이상근이 육사 1기생으로 1950년

242 白善燁, 『軍과 나』 (1989); Paik, *From Pusan to Panmunjom* (2007).

243 이형근, 『軍番 1번의 외길 人生』, 318.

7월 14일 제7사단 제3연대장(대령)으로 전사, 준장으로 추서된 바 있는 군유가족이기도 했다. 그러나 이형근은 미군 측이 한반도에서 핵폭탄을 사용하는 것에 대해서는 아이젠하워 미국 대통령 당선자의 방한 시에 반대의사를 표현했다.[245]

이형근은 정전협상이 길어지는 것을 안타깝게 생각했지만, 이 기간을 통해 "정치적인 면에서 허송했다 하더라도 군사적 면에서는 적과 비교 안 되는 보다 많은 보급과 훈련을 할 수 있었다"고 평가했다.[246] 그는 1954년 2월 34세의 나이로 초대 합참의장이 되어 1956년 6월까지 봉직했다. 그리고 1956년 6월부터 1957년 7월까지 제8대 육군참모총장을 지냈다. 1959년 대장으로 예편한 후에는 필리핀, 영국, 북유럽 3개국 대사 등을 역임했고, 1980년 국가보위입법회의 의원을 지냈다. 1962년 8월 15일 강원도 속초시 장사동 313-1에 6.25전쟁 이전 공산치하였던 이 지역을 수복한 이형근의 공을 기리는 덕정비(德政碑)가 세워졌다.

백선엽, 이형근에 이어 1952년 2월 1일부터 같은 해 5월 28일까지 118일 동안 제3대 한국군 정전협상 대표는 유재흥(劉載興, 1921 나고야-2011)이었다. 유재흥은 『激動의 歲月(격동의 세월)』이라는 회고록에 정전협상 대표 시절에 관한 회고와 함께 자신이 정전협상대표로 근무할 당시 기록한 메모 내용을 수록했다. 그는 정전협상 대표직을 "영구히 계속되어야 할 대한민국의 평화를 위해서 책상에서 적과 투쟁해야 할 중책"이라고 묘사했다.[247] 유재흥은 정전협상장에서 한국군 연락장교 이수영과 일본어로 의사소통을 했다는 이유로 비하되기도 했다.[248] 이에 관해

244 이형근, 『軍番 1번의 외길 人生』, 74-75.

245 이형근, 『軍番 1번의 외길 人生』, 78.

246 『평화신문』 1952년 7월 10일; 이형근, 『軍番 1번의 외길 人生』, 78-79.

247 劉載興, 『激動의 歲月』, 280.

당시 연락장교로 근무했던 김일평은 다음과 같이 증언했다.

> 유재흥 장군은 일본말을 매우 유창하게 잘 했을 뿐만 아니라 미군장성에게 편지를 쓸 때는 일본어로 직접 작성한 뒤 나에게 영문으로 번역해 달라고 부탁한 일이 몇 차례 있었다. 내가 번역한 유재흥 장군의 편지 중에는 판문점 휴전협상 당시 미국 측 협상대표로 함께 참여한 해리슨 장군에게 보내는 편지도 있었다. 그는 일본어로 작성한 편지를 내가 영어로 번역해 놓은 것을 보고 나의 일본어 실력을 높이 평가하면서 칭찬의 말도 아끼지 않았다. 당시 나는 일본어를 영어로 번역하는 것이 한국어를 영어로 번역하는 것보다 더 수월하다고 생각했다. 그것은 일본말은 19세기 중반인 1860년대부터 서양화가 많이 돼 있었기 때문에 서양식으로 표현할 수 있도록 변해 있었기 때문이다. 일본말을 영어로 번역하기는 쉬웠지만 한국말은 아직도 그렇게 서양화가 되지 못해서 그랬는지, 아직은 매우 토속적이었기 때문에 번역하기가 힘들었는지는 몰라도 한국어 문장을 영어로 번역하는 일이 쉬운 일은 아니었다는 기억을 아직도 간직하고 있다.[249]

유재흥의 부친은 충청남도 공주군 출신으로, 대한제국 말기 관비

---

248 정경모, "판문점의 국군장성," 『한겨레』, 2009년 6월 15일. 정경모는 유재흥이 한국어가 서툴렀고 "어릴 때부터 일본육군유년학교에 입학하여 철저하게 일본인으로 교육을 받은 사람"이라고 기술하고 있다. 유재흥이 일본어에 익숙했고, 한국어 발음에 문제가 있었던 것은 그의 자서전에도 나와 있으나 어린 시절을 일본에서 보낸 것은 아니다. 1921년생인 유재흥은 현재 후암동에 있는 삼광국민학교를 졸업하고, 용산중학교에 입학한 후, 신의주중학교로 전학하여 일본 육군사관학교 예과에 응시하여 합격했다. 예과를 마친 후에는 영친왕 이은이 여단장으로 있던 근위 보병 제2여단에서 부대 견습을 했는데, 이 부대는 일본궁성(宮城, 큐조)을 지키는 부대였다. 劉載興, 『激動의 歲月』, 52, 55. 6.25전쟁 당시 육군참모총장으로 직속상관이 되는 정일권은 만주군관학교를 마치고 육사 본과로 전입하여 유재흥의 일본육사 동기생이 되었다. 劉載興, 『激動의 歲月』, 58.

249 김일평, "김일평 교수 회고록(13) 지리산 토벌작전과 제2군단 창설5," 『교수신문』 2012년 8월 29일.

유학생으로 선발되어 일본에 유학했던 유승렬(劉升烈, 1891-1958)이었다.[250] 유씨 가문의 선조는 중국 한나라의 제위에 올랐던 유방(劉邦)의 후예로 왕안석이 제정한 청묘취식법(靑苗取息法)을 악법이라 반대하다가 고려 문종 36년(1082) 때 고려로 건너와 유씨 시조가 된 인물로 알려져 있다.[251] 유승렬은 1891년에 태어나 15세의 나이로 대한(大韓)육군무관학교에 들어갔고, 1909년 일본의 강압으로 대한육군무관학교가 폐교되자 일본으로 가서 일본육사(26기)를 졸업했다. 유승렬의 동기생들로는 홍사익(洪思翊, 대한제국 황족 출신을 제외하고는 유일하게 일본 육군대학을 졸업하고 일본군 중장까지 되었다가 2차 세계대전 종전 후 전범으로 몰려 사형), 이응준(육군참모총장 역임, 이형근의 빙부), 안병범(6.25전쟁 초기 서울이 조선인민군에 점령당하자 인왕산에 올라가 자결, 후에 준장 추서), 신태영(중장 예편, 국방장관 역임, 신응균의 아버지), 이대영(이순신 장군 후예, 준장 예편, 재향군인회 회장 역임), 김준원(준장 예편, 김정렬의 아버지), 이청천(李靑天, 본명 池大亨. 일본군 중위 때 망명하여 광복군 총사령관 역임) 등 13명이었다.[252]

유승렬은 육군대좌로 평양유수대장을 지냈고, 제2차 세계대전 당시 남태평양의 뉴기니전선에서 20사단 위생연대장(대좌)으로 복무하다가 종전을 맞이했다. 1949년 군경력자로 다시 대한민국 군에 입대하여 제2사단장이 되었고, 6.25전쟁 발발 당시에는 제3사단장으로 제7사단장이던 유재흥과 함께 부자(父子)가 사단장으로 참전했다. 유승렬은 1950년 4월

250 일부 자료에는 유재흥의 아버지이자 1949년 제2사단장이 되었던 유승렬의 생몰연도가 1893-1968로 되어 있으나, 그의 아들 유재흥의 회고록 등에는 1891-1958로 되어 있다. 劉載興, 『激動의 歲月』, 42, 79.

251 劉載興, 『激動의 歲月』, 197.

252 劉載興, 『激動의 歲月』, 58.

까지 제1사단장직을 맡았는데, 일본군에서 익힌 전술개념에 기초해서 피아의 상태를 세세하게 파악하여 백선엽에게 인계함으로써 6.25전쟁 개전 초기 백선엽의 선전을 도왔던 것으로 알려져 있다.[253]

6.25전쟁 개전 당시 유재흥은 조선인민군의 주공선이었던 의정부전선을 맡은 제7사단장으로서 대전차무기도 없이 전차를 앞세운 조선인민군을 맞아 분전했다. 그가 지휘한 한강방어작전 또한 큰 의미가 있었다.[254] 낙동강방어전에서는 제2군단장을 맡아 예하의 제1사단(사단장 백선엽 준장), 제2사단(사단장 김종오 대령)을 지휘하여 다부동과 영천의 승리를 이끌었다. 이 당시의 공적을 기려 1956년 경북 하양(경산) 초등학교 교정에 제승비(制勝碑)가 세워졌다.[255] 그러나 그는 제3군단장을 맡고 있던 1951년 5월 16일부터 전개된 현리전투에서 패전하여 밴 플리트 미8군 사령관에 의해 제3군단이 해체되는 치욕을 겪기도 했다.[256] 이로써 유재흥은 군단의 해체를 초래한 군단장이라는 오명을 쓰게 되었다. 그러나 당시 미군 작전체계에도 문제가 있었다. 나중에 미국 코네티컷대학 교수가 된 김일평은 유재흥의 군사적 능력에 대해 다르게 기억한다.

> 그는 우리 연락장교의 중요한 역할과 필요성을 높이 평가한 장군 중의 장군이었다. 그는 우리 연락장교들의 존경을 많이 받았으며 또 서로 간에

---

253 劉載興, 『激動의 歲月』, 79.

254 6.25전쟁 개전 당시 미 대사관에서 근무했던 한국학자 해롤드 노블(Harold Joyce Noble)은 유재흥이 지휘했던 제7사단의 의정부 방어작전과 한강방어작전을 매우 높게 평가했다. 의정부 방어작전에 관해서는 Harold Joyce Noble, *Embassy at War* (Seattle: University of Washington Press, 1975), 11, 26. 한강방어작전에 관해서는 Noble, *Embassy at War,* 71-72, 91, 94.

255 비석의 전면에는 "劉載興將軍制勝紀念趾"라고 새겨짐.

256 劉載興, 『激動의 歲月』, 256-72.

말도 잘 통했다. 유재흥 장군은 일본에서 일본군 4년제 육군사관학교에서 정식으로 군사교육을 받았으며 일본군의 육군 소위로 임관돼 진급의 진급을 거듭했다. 해방 직후에는 한국군 국방경비대에 편입돼 육군의 장성으로 진급했기 때문에 우리 연락장교들은 그를 '장군 위의 장군'이라고 부르며 매우 존경했다. 그의 부친 유승열 장군도 일본 식민지 시대에 일본 육군사관학교를 졸업하고 일본군에 복무한 후 해방이 돼 다시 한국군으로 편입된 국방경비대의 창설멤버인 동시에 한국군의 장군이었다.[257]

유재흥이 정전협상 한국군 대표로 있는 동안 비무장지대 민간인 출입허용 문제, 비행장 감시 문제, 포로송환 방식 문제, 중립국 지명 문제, 한강하구 공동관리문제, 정전협정 체결 이후 정치회의 개최 문제 등이 다루어졌다. 도드(Francis Dodd) 포로수용소장이 공산군 포로들의 포로가 되는 희대의 사건도 유재흥이 정전협상 한국군 대표로 있던 기간 중에 발생했다.[258] 이 기간 중 정전협상의 치열성은 1952년 4월 양측이 협상장에 앉자마자 자리를 박차고 일어났던 사건으로 대표된다. 유재흥은 1952년 7월 초 한 신문 좌담에서 다음과 같이 회고했다. "공산도배와의 3개월간에 걸친 회의를 통하여 무엇보다도 그들과는 타협이 성립될 수 없다는 점이다. 조이 대표도 수차 말했지만 '힘'의 압력만이 적을 이해하게 한다는 사실이다 [원문 그대로]."[259]

유재흥은 비무장지대에 비무장한 민간인의 출입은 허용해도 좋지 않겠느냐는 조이 제독의 제안에 대해 공산유격대와 구별하기 어렵다는 이

257 김일평, "김일평 교수 회고록(13) 지리산 토벌작전과 제2군단 창설5," 『교수신문』 2012년 8월 29일.

258 劉載興, 『激動의 歲月』, 287.

259 『평화신문』 1952년 7월 10일.

유로 반대했고, 조이 제독은 이를 수긍했다.[260] 유재흥은 1949년 제주도 지구전투사령관으로 무장유격대와 전투를 치른 경험이 있었다. 유재흥은 군사분계선에 잠정합의한 이후 정전협상의 주안점은 공산군의 비행장 문제보다는 포로송환방식을 자유송환방식으로 하는 것에 더 치중해야 한다고 주장했다.[261] 아울러 정전협정 체결 이후 정치회의가 개최되면 반드시 한국대표가 포함되어야 한다고 역설했다. 대한민국이 국제연합 총회에서 48개국의 승인을 받은 독립국가라는 점, 인구의 75%를 포함하고 있다는 점 등을 그 이유로 제시했다.[262] 이 기간 중에 민간인 교환문제가 협상의제에서 제외되었고, 포로송환을 위한 중립국구성안만이 합의되었다. 유재흥은 1952년 5월 19일 육군중장으로 승진했고, 육군본부 참모차장으로 복귀했다.[263]

1952년 5월 27일 제4대 한국군 정전협상 대표가 된 인물은 국방부 정훈국장인 이한림(李翰林, 1921 함경도 안변-2012) 준장이었다.[264] 이한림은 2005년 회상록을 출간했다.[265] 1921년 함경남도 안변군에서 출생한 이한림은 1784년 최초로 천주교 영세를 받고 1801년 신유박해 당시 순교한 이승훈의 방계 후손이었다. 이한림은 신경군관학교를 졸업하고, 일본육군사관학교에 유학한 뒤 만주군 장교로 복무했는데, 훗날 대통령이 되는 박정희와는 신경군관학교와 일본육사 동기였다. 광복 후인 1945년 12월 5일 군사영어학교 1기로 입교했다. 1948년 8월 미국 유학길에 올라

---

260 劉載興, 『激動의 歲月』, 275.

261 劉載興, 『激動의 歲月』, 274-76.

262 劉載興, 『激動의 歲月』, 281.

263 劉載興, 『激動의 歲月』, 279.

264 劉載興, 『激動의 歲月』, 279.

265 이한림, 『세기의 격랑: 이한림 회상록』 (서울: 팔복원, 2005).

1년여의 교육을 마치고 1949년 9월 귀국하여 육군사관학교 부교장으로 있던 중 6.25전쟁에 참전했다. 전쟁기간 동안 제2사단장, 육군본부 정보국장, 국방부 정훈국장 등을 역임했던 그는 나중에 제9사단장으로도 복무했다. 1954년 2월 제6군단장에 보임되어 군단편성에 주력했고, 1957년 7월에는 육군 중장으로 육사 교장에 임명되었다. 1961년 제1군사령관으로 재직 중 5.16군사정변을 맞아 반대편에 섰고, 곧 육군 중장으로 퇴역했다. 박정희와 화해한 후, 한국수산개발공사 사장, 진해화학 사장, 건설부장관, 관광공사 사장, 터키 대사, 오스트레일리아 대사 등을 지냈다. 1952년 5월 이한림 대표가 한국군 대표에 임명된 직후부터 정전협상은 포로문제로 인해 장기간 정회되었기 때문에 정전협상에서 그가 맡은 역할은 크지 않았다.

1953년 4월 25일 다섯 번째이자 마지막으로 한국군 정전협상 대표가 된 사람은 한국현대사의 '문제적 인간' 최덕신(崔德新, 1914 평북 의주-1989 평양)이었다. 그에 앞서 한국군 정전협상 대표였던 인물들이 모두 일본군 출신이었던 데 비해 최덕신은 제2차 세계대전 당시 광복군의 일원으로 미얀마전선에서 복무한 경험이 있던 광복군 출신이었다. 백선엽 이하 네 명의 한국군 정전협상 대표들과는 전선의 반대편에서 목숨을 건 전투를 벌였던 셈이다. 최덕신은 1945년 이후 8년 동안 일본군, 공산주의 스파이와 게릴라, 조선인민군, 그리고 중국인민지원군 등과 싸웠다. 그는 한국군이 미군보다 조-중인민군에 대해 더 잘 알고 있다고 보았고, 특히 담판을 하고 있는 적이 같은 민족이기에 누구보다 적을 잘 알고 있다고 자부했다. 그는 해리슨 수석대표에게 요청하여 한국군이 독자적인 공보활동을 할 수 있는 권한을 확보했다. 그는 국제연합군 통역관으로 일하던 언더우드 중위의 경우 한글은 잘 읽지만 한문 글자는 몰랐기 때문에 한국 신문을 상대로 한 공보활동에는 한계가

있었다고 회고했다.[266]

최덕신은 1953년 5월 25일 국제연합군의 포로정책에 반대하여 정전협상 불참선언을 했다. 최덕신은 이승만 대통령의 명령에 불복하면서까지 정전협상 참석을 보이콧했다. 국제연합군 대표단 소속이었던 그는 국제연합군사령관의 재가 없이 정전협상 정보를 이승만 대통령에게 보고할 수 없었는데, 이를 어기는 정황이 포착되어 도청감시를 받기도 했다.[267]

최덕신의 부친 최동오(崔東旿, 1892-1950?)는 항일운동의 공적을 인정받아 1990년 대한민국에서 건국훈장 독립장이 추서된 인물이다. 최동오가 교장으로 있던 만주의 화성의숙에서는 김일성도 수학한 바 있었다. 최동오는 1950년 조선인민군의 이른바 '모시기 작전'에 따른 납북과정에서 사망한 것으로 추정되고 있다. 최덕신의 아내 류미영의 부친, 즉 최덕신의 장인인 류동열(柳東說, 1877-1950?)도 1935년 난징(南京)에서 김규식(金奎植), 지청천(池青天), 신익희(申翼熙) 등과 민족혁명당(民族革命黨)을 조직하여 일제와 싸웠던 항일민족운동가였다. 최덕신은 부친의 영향을 받아 1936년 중국 황푸군관학교(黃埔軍官學校)를 졸업하고 광복군에 복무했다. 이 시기 영국군을 도와 인도전선과 미얀마전선에서 일본군과 싸웠던 경험은 그의 저서 『인면항일전기(印緬抗日戰記)』에 소개되어 있다.

1945년 광복 이후 귀국한 최덕신은 이듬해인 1946년 육군사관학교 특별반 과정을 마치고, 1949년 미국 포트릴리 육군종합학교를 거쳐 다음해 미국 포트베닝 보병학교를 졸업했다. 그는 6.25전쟁 때 제8사단과 제11사단의 사단장으로 참전했으며, 그가 지휘하던 제11사단은 6.25전쟁 중

---

266 崔德新, 『第二의 板門店은 어디로』, 40, 42-43.

267 언더우드, *Korea in War, Revolution and Peace*, 주장돈 역, 211.

지리산 빨치산을 토벌하는 과정에서 거창사건에 연루되었다. 정전협정이 체결된 이후인 1956년 육군중장으로 예편하여 주베트남공사를 지냈다. 최덕신은 5.16군사정변 후인 1961년 10월부터 1963년 3월까지 외무부장관을 지냈고, 외무부장관 재임 중 1961년과 1962년 국제연합총회 한국수석대표로 참석했다. 1963년부터 주서독 대사로 일하는 등 박정희정부에서 중용되었다.[268]

최덕신은 1967년부터 제7대 천도교 교령을 맡았다. 이후 국토통일원 고문, 새인간연합회 총재, 종교협의회 회장, 한중문화친선협회 회장, 3.1국민회 회장, 그리고 반공연맹 이사 등을 맡았다. 천도교계 내에서 실권을 상실하고, 개인적 스캔들을 겪은 후 1976년 2월 미국으로 망명했다. 이후 자주 평양을 방문했고, 1986년 9월 평양에 정착했다. 김일성정권을 도와 1986년 10월 조국평화통일위원회 부위원장, 1989년 3월 조선 천도교 청우당 중앙위 위원장, 조선천도교회 중앙지도위 위원장, 1989년 사망할 당시 조선종교인협의회 회장 등을 맡았고, 1990년 조선민주주의인민공화국 조국통일상이 추서되었다.[269] 이러한 행적으로 말미암아 한국군의 마지막 정전협상대표로서 정전협정 조인식에 참석했던 최덕신의 역할은 제대로 조명되지 못했다.[270]

정전협상 대표들은 참모장교, 연락장교, 통역장교들의 도움을 받았다. 더글러스 M. 케언스 공군대령은 극동군사령부 본부 소속으로 모든 정전문서행정세목에 관한 사항을 담당했고, 1953년 4월 병상포로교환 당시

---

268 최덕신의 생애에 관해서는 한국학중앙연구원, 『한국민족문화대백과사전』 등을 참고하여 보충했다.

269 한국학중앙연구원, 『한국민족문화대백과사전』.

270 최덕신은 사후 평양 애국열사능에 묻혔고, 그의 생애는 평양의 조선예술영화촬영소가 1991년부터 제작하기 시작한 체제선전영화 『민족과 운명』 시리즈의 첫 번째 4부작인 최현덕 편의 모델로 미화되기도 했다.

참모장교로도 일했다. 윌야드 B. 카록트 육군대령은 극동군사령부 소속으로 연락장교단장으로 근무했고, 병상포로교환 당시 연락장교단장으로도 일했다. 이외에 조이 수석대표 당시 국제연합군 정전협상 대표단에서 참모장교로 일했던 이들은 다음과 같다: 너콜스(W. P. Nuckols) 공군 준장, 갤러웨이(D. H. Galloway) 육군 대령, 머젯(G. C. Mudgett) 육군 대령, 브릭스(H. M. Briggs) 해군 대령(Captain), 대로우 (D. O. Darrow) 공군 대령, 힉맨(George W. Hickman, Jr.) 육군 대령, "잭"(Jack)이라고도 불렸던 킨네이(A. J. Kinney) 공군 대령,[271] 머레이(J. C. Murray) 해병 대령, 노렐(J. A. Norell) 육군 대령, 헐(Arthur Hurr) 공군 대령, 라토제프스키(E. J. Latoszewski) 공군 대령, 소머빌(D. S. Somerville) 육군 대령, 이스라엘(Robert Israel) 공군 대령, 스파르(O. W. Spahr) 해군 대령, 이수영(S. Y. Lee) 한국군 중령, 뮤즈(George R. Muse) 해군 중령, 스탠리(R. E. Stanley) 해군 중령, 스포르(B. W. Spore) 해군 중령, 에드워즈(Norman B. Edwards) 육군 중령, 레비(H.S. Levie) 육군 중령, 버틀러(Albert Butler) 육군 중령, 힐(L. G. Hill, Jr.) 공군 중령, 탬스(J. W. Thames) 육군 중령, 콜브(R. L. Kolb) 육군 중령, 바르다스(C. L. Vardas) 육군 중령, 쇼(W. A. Shaw) 육군 중령, 볼(George G. Ball) 해군 중령(Lieutenant Commander), 자코비(Oswald Jacoby) 해군 중령, 엘리스(W. J. Ellis) 해군 중령, 채니(S. D. Chaney) 해군 중령, 소랜슨(M. E. Sorenson) 육군 소령, 갤윅(J. A. Galwick) 육군 소령, 스티엘(B. D. Stiehl) 해군 중위, 호러스 그랜트 언더

---

271 킨네이는 한국문헌들에 키니라고 표기되고 있는데, 당시 현장에서 번역 및 통역을 담당했던 H. G. 언더우드의 책에서는 킨네이라고 표기하고 있다. 언더우드, *Korea in War, Revolution and Peace*, 주장돈 역, 214. 언더우드가 한국어에 능통하기는 했지만, 킨네이라는 이름의 한글표기까지 감수(監修)했는지는 알 수 없다. 킨네이가 직접 신문에 기고한 글로는 Kinney, Col. Andrew J. "Secrets From the Truce Tent," in *This Week*, *New York Herald-Tribune,* 31 August 1952); *The Milwaukee Journal,* 31 Aug 1952.

우드(H. G. Underwood) 해군 중위, "딕"이라고도 불렸던 리차드 언더우드(R. F. Underwood) 육군 중위, "케니"(Kenny)라고도 불렸던 케네스 우(Kenneth Wu) 육군 준위(Warrant Officer).[272] 미 기병사단 부단장이었던 앨런(Leven Allen) 준장은 공보를 담당했다.[273]

한국군 정전협상 대표들이 바뀌는 동안 국제연합군 정전협상 대표와 한국군 정전협상 대표들 사이에서 중요한 역할을 수행했던 인물은 연락장교 이수영(S. Y. Lee, 李壽榮: 1921-1972)이었다. 이수영은 평안북도 철산에서 출생하여 신성고보(信聖高普)를 졸업하고 1943년 일본 와세다대학(早稻田大學) 졸업 후 일본군 학병으로 중국 광동전선에 배치되었다. 1945년 광복 후 이화학교에서 영어를 가르치다가 1947년 특기생으로 군에 입대했는데, 한국군 전체에서 영어에 가장 능통하다는 평가를 받았다. 그는 한국어는 물론 영어, 일본어, 중국어를 능숙하게 구사할 뿐 아니라, 독일어도 어느 정도 할 줄 아는 재능으로 정전협상에서 중요한 역할을 담당했다.[274]

1951년 여름 개성중립지대 위반 문제로 회의가 장기간 휴회 중이던 때, 국제연합군 사령관의 서한을 전달하러 갔던 이수영은 보도진이 사진을 찍을 수 있는 시간을 주기 위해 평상시와 달리 구두메시지를 전달했다. "나는 오늘 유엔군 총사령관 리지웨이 대장이 귀측 김일성 사령관에게 보내는 메시지를 전달하라는 유엔군 측 수석대표 터너 조이의 지시를 받고 왔다"는 내용을 공식 언어였던 영어로 말했다. 언더우드 중위가 통역을 하려는 순간, 조선인민군 대표 장춘산(김창만)은 "당신은 조선 사람인

272 Joy, *How Communists Negotiate*, viii-x.

273 白善燁, 『軍과 나』, 204.

274 李壽榮, "나의 外交官生活 秘話," 『新東亞』 1964년 9월호-12월호 (11월호는 결간).

데 조선말 잊었소? 조선말로 하시오"라고 말을 가로막았다. 이때 이수영은 다음과 같은 말을 남겼다. "대한민국 헌법이 정한 자유 가운데는 내가 원하는 어떤 언어도 쓸 수 있게 되어 있다. 이런 언어 선택의 자유는 누구의 간섭도 받지 않는다. 우리는 바로 이런 자유를 위해 싸우고 있다." 이수영은 이 말도 영어로 했고, 언더우드 중위와 케네스 우 준위가 각각 한국어와 중국어로 통역했다.[275] 이수영이 '자유'를 언급한 것에 대해 높이 평가했던 것은 국제연합군 측 정전협상 대표들 중 한 명이었던 알레이 버크 제독이었다. 버크 제독은 매우 재치 있고, 아주 적절한 응수였다고 치하해 주었고, 이수영의 일화는 미국 언론에도 보도되었다.[276]

이후 정전협상에 크게 기여했던 이수영은 1953년 외무부 정보국장에 임명되어 직업외교관이 되었다. 1956년 프랑스주재 대리공사, 1957년 영국주재참사관, 1959년 국제연합대표부 참사관 등으로 일했다. 1960년대 외무부차관, 제3대 국제연합 주재 한국 대사 등을 거쳐 캐나다 초대 대사를 역임했고, 1964년 6월부터 9월 사이에는 공보부장관을 지냈다. 1965년부터 프랑스 대사로 유럽지역과 아프리카지역의 프랑스어권 국가들의 겸임 대사를 지내던 중 1972년 파리의 대사관저에서 의문사를 당했다.[277]

정전협상의 구절들은 서로 다른 문명권에 속했던 쌍방에게 통역되고, 번역되었다. 전쟁을 멈추는 합의문이 탄생할 때까지 치열한 설전(舌戰)과 더불어 3개 언어의 지리한 통역 및 번역이 이어졌다. 이것은 전후방의 혈전(血戰)과도 연계되어 있었다. 전체 회의에서의 발언은 수석대표로 제

275 李壽榮, "나의 外交官生活 秘話," 『新東亞』 (1964년 9월), 216-17.

276 李壽榮, "나의 外交官生活 秘話," 『新東亞』 (1964년 9월), 217.

277 이수영의 생애에 관해서는 李壽榮, "나의 外交官生活 秘話," 『新東亞』 (1964년 9월-12월), 『한국민족문화대백과사전』 등을 참고.

한되었다. 국제연합군 대표가 영어로 말하면, 한국어, 중국어 순으로 통역되었고, 조-중인민군 측 수석대표 남일이 조선어로 말하면, 영어, 중국어 순으로 통역되었다.[278] 여러 개의 언어로 협상이 이루어졌기 때문에 더 긴 시간이 소요되었다. 그러나 적대적 관계에서 동일한 언어의 사용은 감정적 충돌로 인해 적대감을 가중시킬 수도 있었다.[279] 실제로 조선인민군 협상대표 이상조가 한국군 협상대표 백선엽을 향해 종이에 한글로 욕설을 써서 들이밀었던 사례도 있었다. 차라리 서로 다른 언어를 사용하는 상대방의 공격적 언어를 통역하는 시간은 완충의 시간이 되기도 했다.

한영통역은 조부 때부터 한국과 인연을 맺었던 3인의 언더우드 형제들이 맡았다. 이들 중 호러스 그랜트 언더우드는 정전협상 경험담을 회고록에 남겼다.[280] 첫 연락장교 회의 당시 동생 언더우드인 리차드 언더우드의 모습에 대해 중국 인민지원군의 차이청원은 "선교사의 아들로 남조선에서 자랐다고는 하나 회담의 통역으로써 정확히 표현해야 할 데 가서는 실력 부족"이었다고 회고했다. 그러나 리차드 언더우드도 매우 꼼꼼하게 기록을 남겼다. 차이청원에 따르면, 그는 "자기 일상생활에 몹시 엄격한 데가 있어 장시간 긴장해서 통역하는 동안 담배를 피울 때마다 자기 일기장에다 몇 시 몇 분에 피웠다"는 기록을 남길 정도였다.[281]

278 鄭成觀, 『板門店의 秘史』, 37.

279 한용섭은 1990년대 판문점 북쪽 1킬로미터 위쪽에 있는 통일각, 남쪽 1킬로미터에 있는 평화의 집을 오가며 이루어진 핵협상에서도 동일한 언어사용이 긍정적 측면과 함께 부정적 측면도 지니고 있었다고 분석했다. 한용섭, 『한반도 평화와 군비통제』 (서울: 博英社, 2004), 31-36.

280 H. G. 언더우드, *Korea in War, Revolution and Peace*, Michael J. Devine 편, 주장돈 역 (서울: 연세대학교 출판부, 2002[2001]).

281 柴成文, 趙勇田, 『板門店談判』, 尹永茂 역, 161.

리차드 언더우드보다는 그의 형 호러스 언더우드가 한국말을 더 잘했고, 연령으로 보나 계급으로 보나 국제연합군 통역진을 대표했다. 그는 어렸을 때부터 한국어를 잘한다는 평을 들었다. 그렇지만 그는 두 번의 기회를 통해 한국어를 다시 공부했다고 회고했다. "하나는 국립 서울대학교에서 근무할 때였는데 실수가 용납이 안 되는 분위기였고 다른 하나는 판문점이었다. 거기서 나는 헤엄을 치든지 물에 빠져 죽든지 둘 중의 하나였다. 그리고 빠져 죽어서는 절대 안 되는 입장이었다."[282] 조이 대표단장은 호러스 언더우드를 "완전무결한 어학자로서 통역을 하는 재능에다 예리한 지식을 갖춘 훌륭한 일꾼"이었다고 회고했다.[283]

국제연합군 측의 중국어 통역은 케네스 우 미 육군 준위가 맡았다. 1922년생이었던 케네스 우는 1951년 개성에서 개최된 예비회담에서부터 대표단의 중국어 통역장교로 일했다. 차이청원의 회고에 따르면, 조-중인민군 대표단은 언더우드가 사용하던 속기 기계(언더우드 타자기)를 부러워했다. 그리고 "언더우드의 조선말이나 케네스 우의 중국말이 모두 신통치가 않았기 때문에 주요한 대목은 영어로 기록했다"고 회고했다. 여기서 언더우드는 동생 언더우드, 즉 리차드 언더우드를 말한다. 차이청원은 케네스 우(Kenneth Wu)가 미국 국적을 가진 중국인으로 젊고 다부진데다 정의감도 있어서 조-중인민군 대표단에게 호감을 주었다고 회고했다. 그렇지만 그의 통역은 불신했다. 회담 초기 "중도에서 만나다"라는 말을 "자동차 두 대가 대로에서 충돌한다"라고 번역하거나, 변론의 논리를 제대로 통역하지 못하고 억지로 얼렁뚱땅 해치우고는 눈을 휘둥글리며 중국대표단 측 표정을 살피곤 했다는 것이다.[284]

---

282 언더우드, *Korea in War, Revolution and Peace*, 주장돈 역, 192-93.

283 Joy, *How Communists Negotiate*, 26.

국제연합군 대표단에서 케네스 우는 “케니”(Kenny)라는 애칭으로도 불렸다. 그는 “머리가 좋고 명랑하여 정력이 넘치는 중국계 미국 시민”으로 기억되었다.[285] 초기에는 언더우드 형제들과 케네스 우에게 통번역을 의존하던 국제연합군 대표단은 점차 한국인들과 중국인들을 충원하여 1952년 3월경에는 한국어 담당 5인, 중국어 담당 4인으로 증원되었다.[286]

국제연합군 정전협상 대표단과 도쿄의 국제연합군 사령관, 그리고 워싱턴을 연결하는 고리는 문산의 평화촌에 있던 합동전략기획운용단(Joint Strategic Plans and Operations Group: JSPOG)이었다. 합동전략기획운용단장은 라이트(Edwin K. Wright) 준장이 맡았다.[287] 협상장 인근에서 치밀하게 협상을 준비했다는 점에서 그는 일면 조-중인민군 측의 리커눙(李克農)과 비슷했다. 정전협상이 열리는 날에는 아침 8시 문산에서 수석대표 주재로 참모회의가 열렸다. 이 참모회의는 10시 전에 끝나고, 10시 30분경 헬리콥터를 타고 정전협상 장소(처음에는 개성, 나중에는 판문점)로 이동하는 형식이었다. 한국군 대표의 의견은 주로 이 참모회의를 통해 개진되었다.[288]

---

284 柴成文, 趙勇田, 『板門店談判』, 尹永茂 역, 161.

285 언더우드, *Korea in War, Revolution and Peace*, 주장돈 역, 192.

286 NA, RG550, United Nations Command, Armistice Affairs Division, General Subject Files, 1951-59, compiled by Military History Section, “History of the Korean Conflict: Korean Armistice Negotiations,” Pt. 1 July 1951 - May 1952, p. 14. 언더우드형제들은 한국장로교 초기 선교사이자 연세대 전신인 연희전문학교(Chosen Christian College) 설립자였던 원두우(元杜尤: Horace Grant Underwood, 1859-1916)의 손자들이자, 연희전문 교수였던 원한경(元漢慶: Horace Horton Underwood, 1890-1951)의 아들들이었다. 이들은 1949년 3월 17일 어머니 이델 언더우드(Ethel Underwood, 1888-1949)가 연희대학에 다녔거나 재학 중이던 공산주의자들에 의해 교내의 사택(현재 언더우드기념관)에서 피살당했지만, 한국을 떠나지 않고 계속 한국에서 일했다. 오제도, 『추적자의 증언』 (서울: 한국안보교육협회, 1981), 86-91.

287 Hermes, *Truce Tent and Fighting Front*, 17.

라이트 합동전략기획운용단장은 1898년 오레곤주 포틀랜드에서 태어났다. 그는 제2차 세계대전 직후 CIA창설멤버들 중 한 명으로 1947년부터 1949년까지 CIA부국장을 지냈다. 그는 1949년 맥아더사령부에 배속되어 1950년 9월 15일 인천상륙작전 당시 기함에서 맥아더 국제연합군사령관을 바로 옆에서 보좌하며 상륙작전계획을 입안했었다.[289] 1951년 정전협상이 시작되자 합동전략기획운용단 단장으로서 참모장교들을 통솔하면서 협상대표들을 뒷받침했다. 워싱턴에서는 국방부의 콜린스(Joseph Lawton Collins) 육군 참모총장, 국무부의 닛츠(Paul H. Nitze) 정책기획국장 등이 긴밀히 협조하면서 협상전략을 수립했다.[290] 콜린스는 나중에 그의 저서에서 "코리아전쟁은 미국이 현대에 수행한 최초의 '제한전쟁', 즉 범위, 목적, 수단의 면에서 제한된 전쟁"[291]이었다고 회고했는데, 콜린스 스스로가 전쟁을 제한하는 데 기여했다.

2) 조-중인민군 협상대표단

터너 조이를 수석대표로 하는 국제연합군대표단의 맞은편에는 스스로를 "조선인민군 및 중국인민지원군 대표단"으로 자칭하던 이들이 앉았다. 이들에 대해 국제연합군 측은 "공산주의자나 동양인은 각각 서구적 협상방식으로는 다루기 어려운 사람이다. 동양인 공산주의자라면 그러한 어려움이 혼합된다"는 인식을 갖고 있었다.[292] 조-중인민군 대표들은

288 崔德新, 『第二의 板門店은 어디로』, 42-43.

289 Collins, *War in Peacetime,* 123.

290 Joy, *How Communists Negotiate,* 168-69; Schnabel and Watson(1979), *The History of the Joint Chiefs of Staff,* 590-91. 에드윈 라이트의 활동에 관해서는 Collins, *War in Peacetime,* 138, 162, 170, 210, 213, 219, 230.

291 Collins, *War in Peacetime,* 382.

1951년 7월 10일 본협상이 시작될 당시를 기준으로 다음과 같이 구성되었다. 조선인민군 총참모장 남일(南日)이 수석대표를 맡았고, 조선인민군 정찰국장 이상조(李相朝), 조선인민군 제1군단 참모장 장평산(張平山), 중국인민지원군 부사령원 겸 부정치위원이었던 덩화(鄧華, 邓华, 1910-1980), 중국인민지원군 참모장 세팡(解方, 1908-1984) 등이 함께 5인의 대표단을 구성했다. 쎄팡이 정전협상 대표로 임명된 후 중국인민지원군 참모장 직책은 장문주(張文舟)가 대행했다.[293]

조-중인민군 정전협상 대표단의 공식 수석대표는 조선인민군 총참모장 남일(南日, 1913-1976)이었다. 그는 적어도 1950년 12월까지, 그리고 그 이후에도 상당기간 소련 국적을 유지하고 있었다.[294] 남일의 주요한 발언 원고들은 중국인민지원군 대표단에서 준비해 주거나 사전에 중국공산당에 보고하여 비준을 받았다.[295] 남일은 1945년 일본패망 이후 평양으로 들어와 '조선민주주의인민공화국' 수립을 위해 일했던 약 438명의 고려인(高麗人, 까레이스키)들 중 한 명이었다. 이들은 일본제국에 속해 있던 만주와 조선을 해방시키고자 진주한 소련 제25군과 함께 행동했다.

---

292 NA, RG550, United Nations Command, Armistice Affairs Division, General Subject Files, 1951-59, compiled by Military History Section, "History of the Korean Conflict: Korean Armistice Negotiations," Pt. 1, July 1951-May 1952, pp. 6-7.

293 1951년 6월부터 9월 사이 중국인민지원군의 전투서열에 관해서는 軍事科學院 軍事歷史研究所 編著, 『中國人民志願軍 抗美援朝戰史』(軍事科學出版社, 1988), 한국전략문제연구소 역, 『중공군의 한국전쟁사: 항미원조전사』(서울: 세경사, 1991), 348.

294 1950년 12월 21일부터 1951년 9월 10일까지 소련국적 고려인에게 북조선 정부가 훈장 수여를 동의한 고려인 명단에 포함되어 있었다. 朴鐘孝, 『러시아 연방 외무성 대한정책 자료』, I: 498.

295 *解方*, "回憶朝鮮開城停戰談判," 中央黨史研究室 編, 『中共黨史資料』 32券 (中國黨史研究室 1989), 24-39. 대한민국 행정자치부 정부기록보존소 편, 『韓國戰爭과 中國』(2002), II: 218.

정상진(정율)은 소련군 88정찰여단 소속으로 김일성과 함께 입북한 '김일성 직계' 60여명 이외에 '조선민주주의인민공화국'을 만든 고려인(까레이스키) 약 438명을 그들의 입북시기를 기준으로 1진부터 5진까지로 범주화했다.[296] 우선 고려인 제1진 40여 명은 다음과 같이 구성되었다. (1) 소련군의 성원으로 1945년 8월 9일부터 시작된 대일 전투에 참가한 정률(해군군관), 최종학(소련군 대위), 최홍국(소련군 대위), 최표덕(소련군 중좌), 정학준(소련군 군관), 최왈렌친(소련군 상위) 등, (2) 소련의 일본 참전에 앞서 소련 국경을 넘어 일제 하 조선에서 첩보공작을 하던 중 제2차 세계대전 종전을 맞이한 박창옥, 한일무, 이학용, 김원길, 김성훈 등, (3) 1945년 8월 29일 소련 진주군 제25군의 7부(군정치부)와 함께 평양에 들어 간 강 미하일 소좌, 오기찬 대위 등 소련군인과 전동혁(시인), 조기천(시인), 임하(극작가), 김세일(소설가), 김원봉, 김성화, 박기호, 이봉길 등 민간인 28명.[297]

제2진은 1945년 10월 중순 평양에 도착한 53명으로 주로 소련에서 사범대학이나 러시아어학과 등을 졸업한 박영빈, 김일, 박길용, 박태섭, 허학철, 천률, 박춘, 김단, 천의완, 오표돌, 박태준 등이었다.[298]

---

296 정상진(정율)은 1918년 블라디보스토크에서 출생하여 1937년 스탈린에 의한 강제이주 이후인 1940년 카자흐공화국에서 사범대학을 졸업했다. 1945년 3월 소련군에 초병되어 8월 8일 블라디보스토크를 출발 청진상륙작전에 참여하여 8월 9일 일본으로부터의 청진 해방에 기여했다. 8월 11일 원산으로 이동하여 9월 19일 오전 11시경 '뻬가초프' 호를 타고 원산에 상륙한 김일성 일행을 맞이했다. 6.25전쟁에서 조선인민군의 일원으로 참전했고, 1957년 8월 김일성에 의한 숙청을 피해 기석복, 정동혁, 김일, 명월봉 등 8명과 함께 소련시민권을 회복하여 소련으로 망명했다. 1985년까지 『레닌기치』 신문사에서 일했다. 정상진(정율)과 관련 인물들에 관해서는 다음 자료를 참고. "Biographies of Soviet Korean Leaders (피와 눈물로써 씌여진 우리들의 력사, И слезами и кровью написанная наша история)." http://www.loc.gov/rr/asian/SovietKorean.html (15 Nov 2010).

297 "비록 조선민주주의인민공화국," 『중앙일보』, 1991년 11월 14일.

298 이들 중 외무성 부상을 지내다 1959년 말 숙청을 피해 소련으로 귀환하여 소련과학아카데미

제3진은 1945년 12월 초순 평양에 도착한 인사들로서 전반적으로 제1, 2진보다 비중이 높은 간부들이 많았고, 이들이 당과 국가기관의 중요한 직책들을 담당했다.[299] 제4진은 기술자 및 간부그룹 36명으로 1946년 여름 평양에 도착했다.[300] 제4진에 이어 1개월 후인 1946년 9월 입북한 제5진은 주로 러시아어 교원그룹 20명이 있었다.[301]

동방학연구소 선임연구우원을 지낸 박길용은 다음과 같이 증언했다. "북한정권에 참여, 김일성을 도우라는 소련 정부의 지시를 받고 평양에 도착하니 '김일성 장군'이 소련군에 의해 인민들에게 애국투사로 부상되어 있더군요. 조만식 선생을 비롯한 민족민주진영, 기독계 인사, 젊은 층 등의 소비에트화 거부와 가짜 김일성에 대한 반발 움직임이 만만치 않더군요. 도착과 동시에 나는 소련 25군 정치사령부에서 통역 및 내근요원을 맡았기 때문에 당시 북한정세를 입체적으로 볼 수 있었지요. 소련군 수뇌부는 조만식 선생을 끌어들이는 데 안간힘을 쏟았지요. 그러나 조만식 선생은 자신의 민족·민주주의에 대한 정치적 신념을 포기하지 않았으며 많은 지식인들과 지주·청년층이 그를 추앙했습니다. 이에 당황한 소련군 지도부는 소련 정부에 공산당 조직과 정치·행정경험이 있는 소련의 한인[고려인]들을 보내달라고 요청했지요. 이 그룹이 바로 소련파 제3진에 해당됩니다." "비록 조선민주주의인민공화국," 『중앙일보』, 1991년 11월 14일; 박길용, 김국후, 『김일성 외교비사: 사후에 밝혀진 金日成 외교전략』 (서울: 중앙일보사, 1994).

299 허가이(당부위원장), 박의완(내각부수상), 방학세(사회안전상), 김재욱(평남도당위원장·군총정치국장), 강상호(내무성 부상), 이춘백(군정찰국장), 김택영(사법성 부상), 기석복(로동신문 주필), 김승화(내각사무극장·건설상), 김렬(함북 도당위원장·공업성 부상), 허빈(황북도당위원장), 김동철(최고재판소 부소장), 김찬(조선은행 총재·재정성부상), 김영수(도인민위원회 위원장), 박영(도당위원장), 정국록(민주조선 주필·정전위 수석대표), 고히만(임업상·중앙당 부장), 박창식(자강도인민위원장), 안동수(사단정치부장), 이동건(외무성 부상) 등이다. "비록 조선민주주의인민공화국," 『중앙일보』, 1991년 11월 14일.

300 남일(인민군 총참모장·외무상·내각부수상), 장익환(교육성 부상), 김동학(최고검찰소 부소장), 박원무(전기성 부상), 김경삼(전기성 부상), 김학인(내각호위처장), 박일(김일성대 부총장), 김이노겐치(건설성 부상), 천치억(도로국장), 이문일(조선통신사 사장), 정철우(기갑여단장), 장주익(과학원 서기장) 등 36명이다. "비록 조선민주주의인민공화국," 『중앙일보』, 1991년 11월 14일.

301 박병률(강동정치학원장), 주광무(내무성 예심처장), 오기홍(체신성부상), 박라오니드(수송대대장), 김칠성(해군참모장), 장돈아(여·김일성대 교수), 강소피아(여·당중앙학교 교원), 심수철(인민군 간부국 부국장), 이황용(인민군 병기국장), 김용수(출판지도국장), 박일영(체코대사), 김광(무역성부상), 허익(중앙당학교장) 등이다. 이밖에 6.25전쟁이후 55년 입북했던 순수 기술자그룹 20여 명은 입북과 함께 시작된 숙청분위기를 눈치 채고 56년 초 자진 귀국했

고려인(까레이스키)들은 1937년 스탈린의 소수민족정책에 의해 두만강 인근의 연해주에서 중앙아시아의 카자흐스탄, 우즈베키스탄 지역으로 강제 이주되었다. 1945년 8월 15일 일본이 항복하자 이들 중에는 소련군이 진주한 38선 이북으로 귀환하여 '조선민주주의인민공화국' 수립에 참여한 사람들이 있었다. 남일도 그들 중 한 명이었다. 사마르칸트사범대학 물리-수학부에서 가르쳤던 남일은 1946년 이후 평양에 도착한 후, 북조선인민위원회 교육국 부국장, 1948년 8월 최고인민회의 제1기 대의원을 거쳐 같은 해 9월 제2차 내각의 교육성 부상(副相)이 되어 소련식 교육시스템을 38선 이북에 정착시키는 데 앞장서다가 군에 투신한 후, 6.25전쟁 개전에 가담했다.[302]

남일은 조선인민군이 국제연합군 및 한국군의 반격으로 후퇴하던 1950년 9월 전사한 강건(姜健, 1918 - 1950. 9. 8)의 뒤를 이어 조선인민군 총참모장이 되었다. 1951년 7월 조-중인민군 정전협상 대표단장에 임명된 그는 1953년 7월 27일 정전협상 실무대표로 서명함으로써 임무를 종료했다. 정전협정 체결직후 외무상에 임명된 남일은 정전협정에 따라 1954년 4월부터 개최된 코리아문제의 평화적 해결을 위한 제네바정치회

다. "비록 조선민주주의인민공화국," 『중앙일보』, 1991년 11월 14일.

302 이들 중 강 미하일은 초기 '통역 정치시기' 소련군 사령부와 평양의 지도자들을 연결시키는 다리와 같은 역할을 수행했다. 정상진(정율)의 증언에 따르면 강 미하일은 조만식을 도와 평안남도 인민위원회를 조직하고, 김용범, 오기섭, 박정애 등이 조선공산당 분국을 조직할 때도 산파역을 맡았다. 조만식도 그가 소련 25군 정치부 내의 유일한 한인(고려인)인데다 정치적 식견이 높고 성격이 원만해 좋은 관계를 유지했다. 조만식이 1945년 10월 하순께 고향에서 잡아온 꿩 두 마리를 들고 찾아와 평양 정국을 논의하기도 했었다는 말을 모스크바에 살고 있는 강 소좌의 부인 루드밀라 여사(67)로부터 들었다. 또 전동혁, 조기천, 임하, 김세일 등 문필가들은 평양역전에 소련군 신문사를 조직해 한글신문을 발행하여 평양 인민들에게 '김일성장군'을 홍보하는 역할을 맡았다. 전동혁은 1945년 10월 14일 「김일성장군 환영대회」의 김일성 연설문을 직접 작성했다. "비록 조선민주주의인민공화국," 『중앙일보』, 1991년 11월 14일.

의에 '조선민주주의인민공화국' 대표로 참석하여, '남북평화통일 5개항'을 제의하기도 했다.[303]

1954년 8월 남일은 재일동포에 대한 지도권이 평양에 있다는 성명을 발표했고, 1955년 5월 한덕수(韓德洙)의 주도로 재일본조선인총연합회(在日本朝鮮人總聯合會, 조총련)가 발족되는 계기를 마련했다. 1957년 9월 부수상의 자리에까지 올랐다. 남일은 1972년 7.4남북공동성명이 발표될 무렵 정무원 부총리 겸 경공업위원회 위원장직을 맡았고, 1975년 베트남이 공산화 통일을 이룩한 다음 해인 1976년 3월 7일 의문의 교통사고로 사망했다. 국가 부주석을 지낸 최용건도 같은 해인 1976년에 사망했는데, 두 사람은 모두 1975년부터 3대혁명 붉은기 쟁취운동을 주도하며 '당중앙'이라고 불리게 된 김정일의 권력세습공작과정에서 숙청당했다고 보여진다.[304]

---

303 Ministry of Foreign Affairs, Rep. of Korea. *Documents relating to the discussion of Korea and Indo-China at the Geneva Conference, April 27-June 15, 1954*, pt. 1, *Korea*. Seoul: Ministry of Foreign Affairs, [1954], 1-12, 12-15.

304 남일의 죽음과 관련해서 망명한 고려인(까레이스키)들 중 상당수는 다음과 같은 이유에서 그가 암살당했다고 본다. 첫째, 교통이 복잡하지 않은 당시의 도로에서 대낮에 교통사고로 사망할 가능성은 크지 않다는 점, 둘째, 그의 장례식에 당시 서열 1위와 2위였던 김일성과 김일이 모두 참석하지 않았다는 점, 셋째, 남일이 대성산묘지가 아니라 급이 떨어지는 다른 묘지에 매장되었다는 점 등이다. 남일이 암살된 것이 맞다면 당시 진행 중이던 김정일 후계작업과 관련이 있다. 1976년 6월에 열린 조선로동당 정치위원회에서는 항일공산빨치산 출신의 당원으로 당서열 3위였던 당비서 겸 부주석 김동규가 김정일 후계작업 속도가 너무 빠르다고 비판했다. 김정일이 3대혁명소조만 우대하면서 당 원로들을 노쇠했다고 몰아간다는 것이었다. 약 10년간 대남공작을 책임졌고, 남북회담 당시 서울을 방문하기도 했던 유장식, 그리고 2013년 김정은에 의해 숙청당한 장성택의 삼촌 장정환도 당시 김동규의 발언에 동조했다. 김동규와 유장식은 1977년 달 '당의 유일사상체계 확립의 10대 원칙'에 해독을 끼쳤다는 죄목으로 함경남도 부전골의 정치범수용소로 보내졌다. 장정환은 철직되어 자강도로 유배되었다. 이 과정에서 약 30만 명의 당원이 출당되고, 60만 명의 젊은 당원들이 새로 보충되었다고 전해지고 있다. 1976년 8월 18일에는 판문점 공동경비구역에서 미군 장교 2명이 '조선인민군'에 의해 살해당한 판문점도끼만행사건이 발생했는데, 그로 인한 국제적 긴장은 김정일

정전협상에서 남일의 역할에 대한 소련 외무성의 평가는 부정적이었다. "남일은 물론 다른 장교들도 협상에 전혀 경험이 없어 남일은 실수가 잦았다. 미국 측과 협상을 할 때는 북경에서 특별히 파견된 동무가 중국대표 좌석에 앉아 남일을 지도했다."[305] 국제연합군 측 수석대표였던 터너 조이는 정전협상 당시 남일의 모습을 다음과 같이 묘사했다.

> 남일은 키가 작고, 날씬했으며, 기운찬 인상을 주었다. 그는 힘 있게 말해서, 마치 말을 뱉는 것처럼 보였다. 그는 단 한 번도 유머를 구사하려는 경향을 보이지 않았다. 간혹 그가 웃을 때는 빈정거리는 투였다. 그의 매끈한 동양형 얼굴은 감정을 노출하는 경우가 거의 없었고, 간혹 표출되는 감정은 분노, 또는 과장된 놀라움이었다. 그는 러시아식 인민군복을 깔끔하게 갖춰 입었다. 그의 군화는 항상 잘 닦여 있었다. 그는 협상 중에 안절부절 못했는데, 아마도 서양대표단을 동등하게 맞이한 최초의 동양대표단 중 한 명(one of the first Orientals to face a delegation of Occidentals on equal terms)이었기 때문이었을 것이다. 그의 신경과민은 그가 단지 명목 상의 수석대표라는 점에서 좀 더 잘 이해될 수 있다. 실질적 권한은 셰팡에게 부여되어 있었다. 남일은 셰팡이 고개를 끄덕인 연후에야 조심스럽게 미국을 비난하는 장광설(long tirades)을 시작했다.[306]

의 안정적 권력세습을 도왔다. 『한국민족문화대백과사전』; 장학봉 외, "Biographies of Soviet Korean Leaders (피와 눈물로써 씨여진 우리들의 력사, И слезами и кровью написанная наша история)." Lankov, *From Stalin to Kim Il Sung,* 108, 121, 162-3; 大韓民國 國會圖書館. 『北韓人物錄』 (서울: 大韓民國 國會圖書館, 1979), 442.

305 朴鍾孝 편역, 『러시아 연방 외무성 대한정책 자료』, I: 574.

306 Joy, *How Communists Negotiate,* 11-12.

1952년 당시 정전협상 한국군 대표였던 유재흥은 남일의 인상이 "아주 젊고 미남인데다 회의장에 들어서면 반드시 고개를 끄덕여 조이 제독에게 인사를 하였다"고 회고했다. 그래서 유엔군 및 한국군 정전협상 대표들 사이에서는 "어깨를 펴고 폼은 잡으면서도 인사가 없었던" 이상조나 다른 중국군 대표들과는 달리 "그 친구 인사성이 밝다"는 평가를 받았다.[307]

남일 수석대표를 보좌한 다른 두 명의 조선인민군 대표들은 이상조(李相朝, 1915-1998)와 장평산(張平山)이었다. 원래 조-중 인민군 대표단은 외무성 부상 박정조와 중국인민지원군 대표 3인으로 구성될 예정이었다.[308] 박정조가 교체된 것은 정전협상의 의제를 군사적 문제로 한정한다는 원칙에 따른 것이었다. 그리고 조선인민군 대표들의 숫자를 3인으로 늘린 것은 실제로는 배후에서 리커눙 같은 인물이 협상을 주도하더라도 조선인민군의 대표성을 부각시키기 위함이었다.

이상조는 1916년 3월 7일 경상도 동래 출신이었다.[309] 이상조는 일제하 조선에서 학생운동을 하다가 경찰에 체포되어 학교를 그만두고, 중국으로 건너가 광동(廣東)에 있던 중산(中山)대학을 다녔다. 그와 친했던 김창만과 함께 임정을 찾아갔으나 임정 간부들의 연로한 모습에 실망하고 합류하지 않았다고 전해진다. 이후 남경의 중앙군관학교에서 공부했고,

307 劉載興, 『激動의 歲月』, 278.

308 조선인민군 총군사고문(라주바예프)이 소련군 총참모장에게 보낸 전문, 조선민주주의인민공화국 대표단의 구성과 조선에서 휴전 협상에서 논의될 가능성이 있는 문제들에 대하여, 1951년 7월 1일, 러시아연방대통령문서보관소 문서군 45, 목록 1, 문서철 340, 3-4쪽, 원본, 바르타노프 편, 『자료집: 소련 국방부 중앙문서보관소비밀해제 자료 및 대통령궁 문서보관소 비밀해제 자료 (1997)』, 대한민국 국사편찬위원회 역, 『해외사료총서11』.

309 "특명전권대사 리상조장군," 장학봉 외, "Biographies of Soviet Korean Leaders (피와 눈물로써 씌여진 우리들의 력사, И слезами и кровью написанная наша история)."

당시 그곳의 중국군 교관이었던 김홍일(6.25전쟁 당시 한강방어선 사령관)에게 교육을 받기도 했다.[310] 이곳에서 조선청년 전시복무단이 결성되었는데, 저우언라이의 제안에 따라 두 개의 지대로 나뉘어 제1지대는 남쪽으로, 제2지대는 만주방면으로 진출했다. 이상조는 이때 중국공산당이 지원하는 조선독립동맹 북만특별위원회 책임자를 거쳐 조선의용군의 지대장으로 만주에서 활동했다. 1946년 8월경 평양으로 들어가 조선로동당 조직부 부부장이 되었고, 6.25전쟁 개전 당시에는 상업성 부상(차관)의 자리에 올랐다.[311]

6.25전쟁 중 중국공산당이 중국인민지원군을 파병하자 중국공산당과 통했던 이상조는 조선인민군 부총참모장 겸 정찰국장으로 중용되었다. 이상조와 함께 활동했던 김창만이 군사동원국장에 임명된 것도 같은 맥락이었다. 이상조는 중국공산당의 파병 결정 전후 총 4차례에 걸쳐 베이징에서 마오쩌둥, 저우언라이, 그리고 펑더화이 등을 직접 만났다.[312] 정전협정 체결 이후인 1954년부터 1957년까지 군사정전위원회 초대 차석대표 및 2대 수석대표를 지내면서, 개성지구당 위원장 및 황해도당 위원장을 겸임했다. 이상조는 1957년 소련주재 대사로 부임했다가 1960년 소련으로 망명했다. 1962년부터 1987년까지 소련 민스크대학에서 정치학 박사학위를 취득하고 국책연구소 연구원으로 일했다. 조-중인민군 정전협상 수석대표였던 남일이 정전협상에 관해 쓴 기록은 없거나 전해지지 않는다. 그런데 남일을 도와 활동했던 이상조는 기록을 남겼다. 1989년 서울을 방문하여 기자회견을 열고, 한국에서 회고록을 출간한 것이다.[313]

310 이상조, 『증언』, 24.

311 이상조, 『증언』, 26-27.

312 이상조, 『증언』, 80.

313 이상조, 『증언: 전 북한 인민국 부총참모장 이상조』 (서울: 원일정보 1989). 이상조 "한국전쟁

그는 광복 직후 평양에서 공산주의 정권이 수립되던 초기의 상황, 6.25전쟁 개전의 진실, 김일성독재정권의 실체 등에 관해 증언했다.[314]

이상조는 김일성이 "6.25남침을 결심한 데는, 첫째 박헌영의 남조선인민봉기 주장을 액면 그대로 믿은데다가, 둘째 미국의 전쟁개입 가능성 등 국제정세에 대해 무지했고, 셋째, 전격적으로 서울을 점령하기만 하면 금방 전쟁을 끝낼 수 있다는 전략적 오판 등이 크게 작용한 것"이라고 술회했다.[315] 이상조는 냉전종식 이후 한국을 방문한 후에도 "한국에 미군이 주둔하는 한 통일이 어려울 것"으로 보면서, "영세중립방안이 최선의 방법"이라고 주장했다.[316] 정전협상 당시 국제연합군 측 수석대표 조이의 눈에 비친 이상조의 모습은 다음과 같았다.

> 이상조는 끝없이 늘어지는 장광설에 탐닉했다. 그것은 흔히 토의 중인 주제와는 무관한 것이었다. 교조적 공산주의자였던 그는 기회가 있을 때마다 공산주의 교리를 길고 피곤하게 반복했다. 그는 대단한 거짓말쟁이였다. 그는 단신에 땅딸막했으며(short and chunky), 가끔 더럽고 지저분했다(dirty and slovenly). 이상조가 그의 얼굴 위를 기어 다니는 파리를 쫓지 않고 그대로 두는 모습은 우리를 모두 놀라게 했다. 물론 그는 강철 같은 자기통제를 보여준다고 생각했을 것이다. 내 입장에서는 단지 그가 파리에 익숙한 사람이라고

의 원인과 책임," 라종일 편, 『증언으로 본 한국전쟁』 (서울: 예진, 1991). 이상조, 유성철, 『證言 金日成을 말한다』 (1991).

314 이상조의 생애에 관해서는 이상조, 『증언』 (1989); 이상조, "한국전쟁의 원인과 책임," 라종일 편, 『증언으로 본 한국전쟁』 (서울: 예진, 1991); 이상조, 유성철, 『證言 金日成을 말한다』 (1991); 김중생, 『조선의용군의 밀입북과 6.25전쟁』 (서울: 명지출판사, 2000), 129; 『한국민족문화대백과사전』; 大韓民國 國會圖書館, 『北韓人物錄』 (서울: 大韓民國 國會圖書館, 1979), 449 등을 참고.

315 이상조, 『증언』, 77.

316 『경향신문』, 1989년 9월 12일.

결론 내렸다.[317]

미국인들에게 이상조의 연출은 문화충격이었다. 연락장교 킨네이는 이상조가 얼굴 위에 기어 다니는 두 마리의 파리를 쫓지 않는 이유가 무엇인지 궁금했다. "무엇을 입증하고 싶은 것인가? 파리들은 그에게 아무것도 아니라는 것? 정전협상 텐트에 사용된 미제 DDT의 무용성? 동양적 근육통제력을 보여줌으로써 우리를 즐겁게 해주는 것?"

수석대표 남일이 대동한 또 한 명의 조선인민군 측 협상대표는 장평산(張平山)이었다. 장평산은 1916년 평북 신의주 출신으로 1933년 중국 남경에 있던 의열단 조선혁명간부학교에 입학하여 1934년 졸업과 동시에 뤄양(洛陽)군관학교에 입학했다. 1935년 군관학교 졸업 후 조선민족혁명당 당원이 되었다가 상해 일본 총영사관에 자수한 후 영어전문학교에 입학했다. 1937년 중일전쟁이 발발하자 조선의용대에 가담했고, 1941년 중공당 팔로군 지역으로 가서 조선의용대 화북지대 제3대 대원으로 활동했다. 1946년 입북(入北)했고, 정전협상 당시 조선인민군 1군단 참모장이었다. 1956년 조선인민군 총참모부 차장이 되었고, 1957년 최고인민회의 대의원이 되었으나 1957년부터 1958년에 걸친 김일성의 연안파 숙청[318] 때 "포문을 평양 시내로 특히 김일성 관저로 향하여 조준했다"는 혐의를 받고 숙청되었다.[319]

중국인민지원군 대표 덩화는 마오쩌둥의 고향이기도 한 후난성(湖南省) 출신이었다. 그는 1927년 중국공산당에 가입하고, 고전(古田)회의에

---

317 Joy, *How Communists Negotiate*, 14; Vatcher, *Panmunjom*, 31.

318 이에 관해서는 심지연, 『잊혀진 革命家의 肖像: 金枓奉 硏究』(서울: 인간사랑, 1992), 224-30.

319 金定基, 『密派』(서울: 大英社, 1967), 194.

도 참석했으며, 향남봉기 이후 주더(朱德), 천이(陈毅) 등을 따라 정강산으로 갔다. 덩화는 장정에 참가 1938년 허베이(河北)성 동부 근거지를 개척하는 사업에 공을 세웠다. 그는 중국공산당 제2차 전국대표대회 대표로 선출되었다. 국공내전 당시 랴오센(遼沈)작전, 핑진(平津, 베이핑과 텐진)작전 등에 참전하여 제4야전군 15병단 사령관으로서 광저우(廣州)와 하이난다오(海南島)를 장악하는 데 공을 세웠다. 6.25전쟁에서 조중연합사령부 사령원 겸 정치위원이었던 펑더화이의 부사령원을 맡았다. 1954년 이후 덩화는 인민해방군 부총참모장, 군사과학원 부원장 등이 되었고, 1980년 상하이에서 병사했다. 정전협상 기간 중 덩화는 조선인민군 대표단의 일원이었던 장평산처럼 거의 말이 없었다.[320]

1951년 10월 25일 회의에서 쌍방 대표단의 구성이 재조정되었을 때, 덩화는 비엔장우(邊章五)로 대체되었고, 장평산은 정두환(鄭斗煥)으로 대체되었다. 비엔장우는 보정(保定)군관학교를 졸업하고, 1931년 영도(寧都)의거에 참가한 후 노농적군(赤軍)에 입대했다. 항일전쟁 당시 저우언라이, 예젠잉(葉劍英)을 따라 국민당 통치지구에서 통일전선 공작에 종사했다. 덩화의 후임으로 비엔장우를 파견하면서 저우언라이는 "개성에 가면 전황도 잘 알고 적과 투쟁한 경험도 많은 리커눙 군이 있으니 잘 협조해서 일하라"고 지시했다.[321] 1953년 4월 26일 비엔장우는 딩궈위(丁國鈺)로 교체되었고, 이때 세팡은 차이청원으로 교체되었다.

현장의 막후에서 실질적으로 협상을 지휘했던 사람은 저우언라이가 언급한 리커눙이었다. 그리고 리커눙과 조-중인민군 대표단을 연결하는 역할은 세팡(解方)이 맡았다. 세팡은 1989년 『중국당사자료』 32권에 정

320 Joy, *How Communists Negotiate*, 14; 柴成文, 趙勇田, 『板門店談判』, 尹永茂 역, 146.

321 柴成文, 趙勇田, 『板門店談判』, 尹永茂 역, 195-6.

전협상에 관한 회고록을 남겼다. 이 회고록에서 셰팡은 수석대표 남일의 발언은 모두 중국인민지원군 대표단에서 준비한 것이었으며, 몇몇 중요한 발언 원고는 중국공산당의 비준을 받은 것이었다고 증언했다.[322] 정전협상 당시 유엔군 수석대표 조이의 눈에 비친 셰팡의 모습은 다음과 같았다.

> 셰팡은 가냘프고 뼈가 앙상했다(thin and angular). 밋밋한(nondescript) 군복이 그의 나머지 몸을 볼품없이 덮고 있었다. 그를 보고 나는 세익스피어의 한 구절을 떠올렸다. "욘드 카시우스(Yond Cassius)는 마르고 굶주린 표정을 가졌구나 … 그런 인간들은 위험하다." 셰팡은 실로 위험한 인물이었다. 그는 매우 날카로운 정신의 소유자였으며, 그것을 효과적으로 사용했다. 그는 머리를 짧게 깎아 이마가 넓어 보였다. 그가 회의록을 보는 동안 날카로운 눈은 쉬지 않고 깜빡였다. 셰팡은 남일이 변함없이 그랬던 것과는 달리 준비된 자료들을 읽는 경우가 거의 없었다. 그의 발언은 즉석에서 이루어졌고, 유창했다. 셰팡은 공산군 대표단에서 정신적으로 가장 뛰어났다. [중략] 그가 구사하는 언어는 그 자신의 것처럼 보였다.[323]

셰팡은 1904년 만주의 지린(吉林)성에서 출생했다. 그는 나중에 시안(西安)사건(1936년 12월 12일)을 일으키는 장쉐량(張學良)의 동생과 동문이라는 인연으로 장쉐량의 부관이 되었다. 셰팡은 1923년 일본 육군사관학교를 졸업하고, 나중에 모스크바 유학도 다녀왔다. 셰팡은 동북연군(東北聯軍) 부참모장과 요녕(遼寧)군구사령원을 지냈으며

---

322 解方, "回憶朝鮮開城停戰談判," 中共中央黨史研究室 編, 『中共黨史資料』 32券 (1989), 24-39. 대한민국 행정자치부 정부기록보존소 편, 『韓國戰爭과 中國』 (2002), II: 218.

323 Joy, *How Communists Negotiate*, 12-13.

국공내전에서 덩화와 마찬가지로 하이난다오(海南道) 탈환의 영웅이 되었다. 그는 영시(英詩)를 짓고 영어로 일기를 쓸 정도로 영어에 친숙했다. 그러나 국제연합군 대표단은 이를 알아채지 못했다.[324]

그나마 조이 대표는 협상장에서의 실권이 수석대표 남일을 포함한 세 명의 조선인민군 대표가 아니라 중국군 대표들에게 있었고, 그것도 중국인민지원군 부사령원이었던 덩화가 아니라 참모장인 셰팡에게 있음을 간파했다. 그러나 조이 대표도 개성에 체류하면서 조-중인민군 대표단을 실질적으로 지휘했던 리커눙의 역할에 주목하지는 못했다. 당시 국제연합군 대표단은 남일의 발언 태도에 깊은 인상을 받으면서 그가 협상을 주도한다고 착각하기도 했고, 중국인민지원군 대표단은 부차적이고 말수가 적은 파트너(junior and silent partner) 정도로 보여지기도 했다.[325]

6.25전쟁은 당시 공산주의 종주국이었던 소련의 스탈린이 최종 승인함으로써 시작된 전쟁이었지만, 마오쩌둥의 중국공산당과 인적인 접촉면은 더 넓었다. 특히, 중국에서 활동하던 조선의용군은 '조선민주주의인민공화국' 수립과정이나 6.25전쟁 중에 큰 몫을 담당했고, 정전협상 중에도 이상조, 김창만(장춘산) 등의 연안파가 중국인민지원군 대표들과 긴밀히 협력했다. 연안파의 리더였던 김두봉은 1952년 최고인민회의와 정부, 그리고 조선로동당을 대표하여 신년사를 발표할 정도로 발언권이 강화되었다.[326]

1951년 7월 8일 정전협상 예비회의가 개최되었을 때, 조-중인민군

---

324 河東(外 編), 『中國革命史人物詞典』 (北京: 北京出版社, 1991), 763; 신복룡, "한국사에서 서해5도의 정치지리학," 213.

325 Msg NHC 047 (TS) CINCFE to JCS, 10 July 1951, *History of Korean Conflict, Korean Armistice Negotiations* Part 2, July 51-May 52, p. 19.

326 심지연, 『잊혀진 革命家의 肖像: 金枓奉 硏究』 (서울: 인간사랑, 1992), 213.

측 대표들은 장춘산(張春山) 조선인민군 대좌(상좌라는 설도 있음),[327] 김일파(金一波, 협상개시 수개월 후 폭사) 조선인민군 중좌, 비지룽(畢季龍), 두유하오(都宥浩), 그리고 차이청원(柴成文) 중국인민지원군 중좌 등이었다. 리지웨이 국제연합군 사령관이 연락장교의 최고계급을 대령 이하로 제안하자 김일성은 인민군 최고사령부 동원국장 김창만(金昌滿) 소장을 장춘산(張春山) 대좌로 변명(變名)하여 파견했다.[328]

차이청원이 외교관으로 평양에 부임할 당시의 이름은 차이쥔우(柴軍武)였는데, 그 또한 이때 변명(變名)했다.[329] 차이청원은 키가 크고 말이 없었다. 외교관 출신이었던 그는 이때 아직 군복이 없어서 세팡의 옷을 빌려 입고, 가슴에 중국인민지원군 휘장을 달았다. 차이청원은 그의 회고록에서 장춘산을 작고 단단한 체격의 소유자로서, 한국어와 중국어를 구사하며, 영어를 약간 이해했고, 중국인민지원군의 총애를 받았고, 중-조 인민군 대표단 중에서 상당히 비중 있는 인물로 기억했다.[330]

김창만은 이상조와 함께 연안파의 일원으로서 중국공산당과 깊은 인연을 가진 인물이었다. 연안파는 조선독립동맹과 조선의용군을 총칭하는 명칭으로 연안에 본부를 둔 중국팔로군과 함께 활동했기 때문에 붙여진 명칭이다.[331] 그가 장춘산이라는 가명을 사용했던 것도 만주의 중심도시 장춘(長春)과 조선의용군 군인들에게 익숙했던 산(山)에서 따온 것일 수 있다. 김창만은 함경북도에서 출생하여 서울의 중동중학교를 졸업한

327 조선인민군의 계급명칭은 1952년 12월 31일 최고인민회의 상임위원회에서 공식적으로 제정되었다.

328 국방부 군사편찬연구소, 『6.25전쟁사9』, 131; 柴成文, 趙勇田, 『板門店談判』, 尹永茂 역, 146.

329 위와 같음.

330 柴成文, 趙勇田, 『板門店談判』, 尹永茂 역, 149.

331 정병일, 『북조선 체제성립과 연안파 역할』 (서울: 선인, 2012), 19.

후, 중국으로 건너가 도산 안창호의 비서실장이자 중산대학(中山大學) 교수였던 구익균(具益均)의 도움을 받으며 중산대학을 졸업한 것으로 알려져 있다. 김창만이 조시제(삼균주의를 제창했던 조소앙의 아들)를 암살했다는 설도 있는데, 당시 조시제는 조소앙이 몸담고 있던 대한민국 임시정부의 특명을 받아 만주에서 임무를 수행하던 중이었다. 김창만은 1942년 일찍이 무정이 창설했던 조선의용대 화북지대(華北支隊)를 개편한 조선독립동맹(朝鮮獨立同盟, 주석: 김두봉[金枓奉], 부주석: 최창익[崔昌益], 한빈[韓斌])의 집행위원으로 항일공산주의투쟁에 종사했다. 당시 그와 함께 집행위원으로 활동했던 인물들 중에는 무정(武亭), 허정숙(許貞淑), 박일우(朴一禹) 등이 있었다.[332]

김창만은 1945년 광복이후 김두봉, 중국국민혁명군 제8로군 출신으로 조선의용군 사령관을 지냈던 무정, 이상조 등과 함께 '조선민주주의인민공화국' 수립에 참여하여 조선로동당 선전선동부장 겸 최고군사위원까지 지냈다. 그는 김일성과 함께 제88정찰여단에서 군의관으로 활동하다가 1945년 9월 20일 김일성과 함께 평양에 들어온 이후, 조선로동당 북조선분국 조직부장으로 있던 이동화(리 와실리 페트로위치, 1901유태인자치구 블라고웨센스크-1980)에게 "반쏘분자"로 기억될 정도로 소련공산당보다는 중국공산당에 가까운 인물이었다.[333]

정추(鄭樞)의 증언에 따르면, 국제연합군의 참전으로 만포 인근 고산진까지 후퇴하게 되자 김창만은 "김일성, 그 xx는 전쟁도 할 줄 모르는 놈"이라고 비난하기도 했다. 정추의 증언에 따르면, 당시 김일성은 강계에 후방사령부를 만들려다 실패하자 조선로동당 중앙당 조직과 함께 중

332 심지연, 『잊혀진 革命家의 肖像: 金枓奉 硏究』 (서울: 인간사랑, 1992), 67-86.

333 이동화의 기록, 장학봉 외, "Biographies of Soviet Korean Leaders (피와 눈물로써 씨여진 우리들의 력사."

국 땅인 통화(通化)에 들어갈 준비를 하고 있었다. 이미 외무성연락소는 선양(瀋陽)과 무단장(牧丹江), 중앙당학교는 노일령, 내각간부학교는 창춘(長春), 공공간부훈련소는 공주령에 자리잡고 있었다.[334]

6.25전쟁 이후 김창만은 1956년 소련파로 불린 고려인(까레이스키)들이 "쏘련 가족주의", "쏘련에 대한 사대주의", "쏘련식 관료주의", "후루시쵸프의 수정주의자들"로 몰려 숙청당할 때, 내각 교육상을 맡고 있었다.[335] 1957년 최고인민위원회 외교위원회 위원장 등을 지내는 등 출세가도를 달렸다. 1958년 8월 이른바 8월 종파사건으로 김두봉, 최창익 등의 연안파가 숙청될 당시에 같은 연안파였지만 김일성에게 충성을 바치며 연안파 숙청에 앞장섰다. 1962년 내각 부총리의 자리에까지 올랐고 1966년 조선로동당 중앙위원회 부위원장 겸 정치위원이 되었으나, 그 해 5월 주체사상에 위반되는 활동을 했다는 이유로 숙청당했다.[336]

배준일이라고도 불렸던 주연(朱然) 역시 연안파 공산주의자로서 정전협상 대표단에 연락장교로 참가했다. 1914년 경상도에서 출생한 그는 1930년대 중산대학에서 교육을 받고, 조선민족혁명당에 가입, 조선의용군에 가담했다. 1946년 3월 입북 후 철도경비부대 건립에 참가했고, 6.25

334 정추는 광복직후 평양에서 노문과(러시아문학과)를 나왔다는 이유로 소련고문단과의 통역을 위해 조선인민군 최고사령부 소속 고위간부로 발탁되어 활동하다가 6.25전쟁 이후 소련으로 망명하여 카자흐스탄 공훈문화인이 되었다. 김중생, 『조선의용군의 밀입북과 6.25전쟁』 (서울: 명지출판사, 2000), 123; 구해우, 송홍근, 『정추: 反김일성 투쟁에 앞장선 차이코프스키의 4대 제자』 (서울: 시대정신, 2012), 40-42; 정추(鄭樞), "음악도, 하루아침에 인민군 중좌가 되다," 『月刊 朝鮮』. 6월호 (2010).

335 이동화의 기록, 장학봉 외, "Biographies of Soviet Korean Leaders (피와 눈물로써 씌여진 우리들의 력사, И слезами и кровью написанная наша история)."

336 김중생, 『조선의용군의 밀입북과 6.25전쟁』, 123; 정병일, 『북조선 체제성립과 연안파 역할』 (서울: 선인, 2012), 22, 79, 181, 327; 구해우, 송홍근, 『정추: 反김일성 투쟁에 앞장선 차이코프스키의 4대 제자』, 40-42; 정추(鄭樞), "음악도, 하루아침에 인민군 중좌가 되다," (2010).

전쟁 당시 3군단 15사단장을 지냈다. 그는 1958년 연안파 숙청 당시 실종되었다.[337]

국제연합군 대표단에서 언더우드 가(家)의 형제들이 영어-한국어 통역을 맡는 동안, 조-중인민군 측에서 영어-한국어 통역을 맡다가 정전에 앞서 숙청되었던 사람은 언더우드(Horace Grant Underwood)가 설립한 연희전문 문과를 1937년 최우등으로 졸업했던 설정식(薛貞植, 1912-1953?)이었다. 조-중인민군 측에서 통역을 맡았던 설정식이 정전협상에 관해 남긴 기록은 없거나 전해지지 않고 있다. 다만 설정식이 6.25전쟁 이전에 남긴 저술들은 2012년 서울에서 출판되었다.[338]

함경남도 단천에서 출생한 설정식은 만주에서 공부하다가 연희전문 입학 후 휴학생 신분으로 일본 메이지상업학교에 유학했다. 1937년 연희전문을 졸업한 후에는 미국의 마운트 유니언대학과 컬럼비아대학 등에서 유학했다. 1932년에 이미 『중앙일보』 현상모집에 희곡 '중국은 어디로'가 1등에 당선하면서 등단했다. 같은 해 3월 『동광』 지가 주최한 학생문예공모에서 시 '거리에서 들려주는 노래'가 3등으로, 4월에 '새 그릇에 담은 노래'가 1등으로 입선했다. 이후 『신동아』, 『조선일보』 등에 시와 단편소설 들을 발표하며 문단 활동을 시작했다.[339] 광복 이후인 1946년 그는 조선문학가동맹에 가입해 외국문학위원장을 맡았다. 미국 문학을 전공했던 그는 일제 말기에 미국 문학과 토머스 울프에 관한 에세이를 발표하기도 하고, 헤밍웨이의 단편소설을 번역하기도 했다. 그는 1949년 최초로 세익스피어의 『햄릿』을 한글로 번역한 사람으로 기록되어 있다.

337 김중생, 『조선의용군의 밀입북과 6.25전쟁』, 129.

338 설희관 엮음, 『설정식 문학전집』 (서울: 산처럼, 2012).

339 설희관 엮음, 『설정식 문학전집』, 840-41.

『동아일보』, 『새한민보』 등에서 활동한 그의 둘째 형 설의식(薛義植, 1901-1954)과 함께 언론계에 종사했다.[340]

설정식은 1947년 곽복산이 설립하고 백낙준이 후원했던 조선신문학원(후에 서울신문학원) 강사진에 이름을 올렸다.[341] 1948년 설정식은 『서울타임스』의 주필 겸 편집국장이 되지만 곧 사임했다. 1949년 『諸神의 憤怒(제신의 분노)』가 판금 처분되고 체포령이 내려지자 전향하여 보도연맹에 가입했고, 그 기관지인 『애국자』에 "붉은 군대는 물러가라"는 반공(反共)시를 발표했다.[342]

1950년 조선인민군에 의해 서울이 함락되자 설정식은 조선인민군에 자원입대해 월북했고, 그해 12월 심장 발작을 일으켜 당시 공산국가였던 헝가리가 지원해 준 병원에서 치료를 받았다.[343] 이때 병원의 정경을 묘사한 장시를 썼는데, 이 원고는 헝가리의 종군기자인 티보 머레이에게 전해져 『우정의 서사시』라는 제목으로 부다페스트에서 출판되었다.[344]

한국군 정전협상 대표를 지냈던 유재흥의 회고에 따르면, 설정식은 협상장에서 "행동거지가 분명하고, 통역도 성실하게 한다는 평이 돌았었다."[345] 그러나 통역 및 번역을 맡았던 언더우드는 설정식이 "자기네 장대령[장춘산, 즉 김창만]의 말에다 자기 자신의 너절한 말을 계속 추가하

340 薛義植, 『國號論議』 (서울: [발행처불명], [발행년불명, 1948년 7월 이후]).

341 정진석, "용재와 언론," 연세대 국학연구원 엮음, 『백낙준 박사의 학문과 사상』 (서울: 연세대 국학연구원, 1995), 195.

342 설희관 엮음, 『설정식 문학전집』, 841-42.

343 평양식으로는 웽그리아병원이라고 불렸던 이 헝가리병원의 병원장은 남로당 계열의 이강국이었다. 朴甲東, 『통곡의 언덕에서』 (서울: 書堂, 1991), 403.

344 설희관 엮음, 『설정식 문학전집』; 정익우, 『'조국해방전쟁론' 비판: 조선노동당 약사를 중심으로』 (서울: 통일일보사, 1991), 146-47.

345 劉載興, 『激動의 歲月』, 278.

였다"고 회고했다.[346] 호러스 그랜트 언더우드와 함께 통역에 참여했던 그의 동생 리차드 언더우드가 두세 번 그의 통역 내용을 시정해야 했다. 결국 장춘산(김창만)은 설정식에게 통역을 그만두라고 명령했다. 이후 리차드 언더우드가 한국어를 영어로, 그리고 영어를 한국어로 양측을 위해 통역했다. 호러스 그랜트 언더우드는 "정전회담 기간 중 그런 예의 있는 분위기를 느끼기는 그때뿐이었다"고 회고했다.[347]

설정식은 조선인민군 최고사령부 총정치국 제7부장으로 있던 1953년 3월에 불기 시작한 남로당계 숙청 바람에 휘말렸다. 그는 "조선민주주의 인민공화국 정권 전복 음모와 반국가적 간첩 테러 및 선동 행위" 혐의로 기소되었고, 결국 사형과 전 재산 몰수가 언도되었다. 함께 재판을 받은 사람들은 이승엽, 조일명, 임화, 박승원, 이강국, 배철, 윤순달, 이원조, 백형복, 조용복, 맹종호 등이었다. 윤순달과 이원조를 제외하고, 그를 포함한 나머지 인사들은 곧바로 사형에 처해진 것으로 알려지고 있다.[348]

협상대표가 자주 교체된 국제연합군 대표단과 달리 조-중인민군 대표단은 수석대표인 남일, 그리고 이상조가 1953년 7월 27일까지 연속성을 가지고 업무를 담당했다. 조선인민군 대표 장평산은 1951년 10월 24일 정두환(鄭斗煥)에 의해 대체되었고, 정두환은 다시 1952년 4월 28일 김원무로 교체되었다. 그 밖에 육군의 소희(蘇熙)와 김동학 등이 정전협상에 참가했다.[349] 중국인민지원군 대표 덩화는 1951년 10월 24일 비엔창우

346 언더우드, *Korea in War, Revolution and Peace*, 주장돈 역, 201.

347 위와 같음.

348 설희관 엮음, 『설정식 문학전집』; 정익우, 『'조국해방전쟁론' 비판: 조선노동당 약사를 중심으로』 (서울: 통일일보사, 1991), 146-47; 박병엽, 『박병엽증언록2』, 315-49; 金定基, 『密派』, 237.

(邊昌武)로 교체되었다가 1953년 4월 26일 다시 딩궈위(丁國鈺)로 교체되었고, 같은 날 셰팡이 연락장교로 처음부터 참가했던 차이청원(柴成文)으로 대체되었다. 그리고 쟈오유(田敎友)도 대표단에 합류했다.[350]

제3선의 지시를 직접 받아서 처음부터 끝까지 현장에서 정전협상을 총지휘했던 인물은 저우언라이의 심복이자 중국공산당 정보기관의 전설이었던 리커눙(李克農[农], 1899-1962)이었다. 그는 정전협상 막전에서 막후를 연결했지만, 국제연합군 대표단이나 기자들은 그의 정체를 알아채지 못했다. 리커눙은 일찍이 중국공산당 스파이조직인 '터커'(特科 특과)가 1920년대에 창립될 당시부터 저우언라이와 함께 활동했다. 그는 중화민국 최고지도자 장개석(蔣介石)의 스파이조직에 잠입해 저우언라이의 생명을 구했던 룽탄(龍潭) 3걸 중 한 명이었다. 첸좡페이(錢壯飛), 후디(胡底) 등 다른 두 명은 일찍 사망했지만, 리커눙은 살아남아서 저우언라이를 도왔다. 그는 장정(長征) 이후 팔로군 참모비서장을 지냈고, 1936년 중국공산당 중앙 연락국장에 임명되어 저우언라이와 예젠잉(葉劍英)의 조수로써 장쉐량(張學良)의 대표와 회담하여 시안사변을 평화적으로 해결하는 데 공을 세웠다. 또한 국공회담 때에는 예젠잉을 도와 국민당 및 미국 대표와 설전을 벌이기도 했다.[351] 이후 외교부 제1부부장 겸 군사위원회 정보부장에 임명되었고, 당대의 방현령(房玄齡)이라는 평가를 받았다.

마오쩌둥과 저우언라이의 구상은 리커눙을 통해 조-중인민군 대표단에게 전달되었다. 리커눙은 1928년 이래 중국공산당의 핵심적 인물이었

349 장평산 → 정두환 → 김원무 → 소희 → 장춘산 → 김원무 → 김동학 순으로 교체되었다.

350 국방부 군사편찬연구소, 『6.25전쟁사11』, 107; 김보영, "한국전쟁 휴전회담 연구," 48.

351 이청하, "國共和平과 葉劍英將軍," 『民聲』 (서울: 고려문화사, 1949).

다. 그는 중국 외교부 제1부부장 겸 중국공산당 군사위원회 정보부장을 맡았던 거물이었지만, 협상단 실무진의 한 사람으로 위장했다. 당시 국제연합군이나 한국군은 "이대장"이라고 불린 리커눙이 외교부 부부장 겸 중국공산당중앙군사위원회 정보부 부장이라는 공식직함을 갖고 있던 거물이라는 사실을 알지 못했다. 마오쩌둥은 외교부 국제보도국 국장이라는 공식직함을 가진 챠오관화(喬冠華, 乔冠华)도 파견하여 리커눙을 보좌하도록 했다. 챠오관화는 국민당과 공산당을 중재하고자 죠지 마샬이 중국을 방문했던 마샬 미션(Marshall Mission, 1945-1947) 당시 미국인들과 협상을 했던 경험이 있었다. 독일에 유학했던 챠오관화는 외교부 정책위원회 부회장 겸 국제신문국장을 지낸 바 있었고, 중국 외교부 부부장 우슈췐(伍修權)을 도와 국제연합에 참석한 경험도 있었다. 챠오관화는 판문점에서 "지도원"이라고 불리면서 신분을 노출시키지 않았다.[352] 챠오관화의 아내는 국공합작 이후 공산당 대변인으로 이름을 떨쳤던 궁펑이었다. 궁펑은 챠오관화와 함께 생활하다가 만삭의 몸이 되어 베이징으로 돌아갔다. 챠오관화는 1969년 중-소 간 우수리강 국경분쟁을 해결하기 위한 중국대표단장을 맡았다.

베이징에서 파견된 협상단을 보좌할 "공작반"에는 우슈췐(伍修權)을 도와 국제연합 안보리에 출석하여 중화인민공화국의 입장을 개진하는데 일조했던 미국 하바드대학 경제학 박사 출신의 푸샨(浦山), 중국 관영통신사인 신화사 소속의 딩밍(丁明)과 선지앤투(沈建圖) 등이 배치되었다. 딩밍은 정전협상 과정에서 긴장된 업무를 담당하던 중 위천공(胃穿孔)으로 사망했다.[353] 1951년 6월 27일 커크 주 소련 미국 대사가 소련

352 柴成文, 趙勇田, 『板門店談判』, 尹永茂 역, 152; Foot, *A Substitute for Victory*, 12.

353 Chengwen Chai, "The Korean Truce Negotiations," Xiaobing Li, Allan R. Millett, and Bin Yu, *Mao's Generals Remember Korea* (Lawrence: University Press of Kansas, 2001), 231.

외무차관 그로미코(Andrei A. Gromyko)를 만났을 때, 그로미코는 정전협상이 군사적 성격에 국한된다고 언급했었고, 국제연합군 측도 직업군인들로만 정전협상 대표단을 구성했다. 그러나 마오쩌둥은 공산주의적이고 지정학적인 원려(遠慮)를 가지고 다양한 경력을 가진 사람들로 대표단을 구성했다. 이들을 베이징에서 국경도시 안둥(현재의 단둥)까지 싣고 간 열차는 청제국의 서태후(西太后)가 전용열차로 사용했던 열차였다.[354]

중국인민지원군의 명목상 대표는 덩화(鄧華, 邓华)와 셰팡(解方)이었지만, 리커눙의 공작반이 개성과 판문점에서 처음부터 끝까지 좌석 배치와 발언시간까지 총괄하면서 협상전략을 지휘했다. 리커눙은 과로 때문에 심한 천식과 심장병이 재발해 한쪽 눈이 실명의 위험에 처할 정도였다.[355] 1951년 11월 리커눙이 병으로 몸을 지탱할 수 없었을 때, 중국공산당은 외교부 부부장이었던 우슈첸(伍修權)과 미주-오세아니아 국장이었던 케보녠(柯栢年)을 간호사와 함께 개성으로 파견하여 교체를 고려하기도 했다. 우슈첸은 외교부 부부장으로서 1950년 국제연합에서 발언했던 유명인사였고, 일찍이 장정에도 참가했다. 그는 마오쩌둥과 코민테른 사이의 러시아통역을 맡기도 했던 거물이었다. 그러나 리커눙은 "전쟁터에서 장수를 바꾸지 않는다"고 하면서 끝까지 정전협상을 맡았다.[356]

공산진영의 지도부와 직통하면서 정전협상 5인 대표에게 훈령을 내렸던 리커눙의 정전협상 '전방지휘부'는 중화인민공화국 외교부를 통해 공

354 柴成文, 趙勇田, 『板門店談判』, 尹永茂 역, 144-45.

355 리커눙에 관해서는 柴成文, 趙勇田, 『板門店談判』, 尹永茂 역, 144; 김명호, "上將 계급장 단 '붉은 간첩' 리커눙." 『중앙선데이』 2008년 7월 29일; 그리고 河東(外 編), 『中國革命史人物詞典』.

356 우슈첸, "伍修權의 회고록(II), 1950. 1 - 1958. 10," 『중소연구』, 8권 2호 (1984), 259-62; 中國軍事科學院 軍史歷史研究部, 『抗美援朝戰爭史』, 한국 국방부 군사편찬연구소 역(2005), 219.

산진영 지도부와 직통했다. 개성(나중에 판문점) – 문산 현장지휘부 – 도쿄국제연합군사령부 – 워싱턴 및 뉴욕 국제연합본부로 연결되었던 국제연합군 측 보다는 명령계통이 짧았다. 1951년 7월 10일 국제연합군 대표들과 조-중인민군 대표들은 서로 신임장을 교환했다.[357] 이때 조선인민군 대표는 신임장에 김일성의 서명을 받았다. 그러나 중국인민지원군 대표는 시간이 없다는 이유로 펑더화이 대신 리커눙이 먼저 서명하고, 사후에 보고하는 형식을 취했다. 그 정도로 리커눙은 현장에서 독자적 권한을 행사했다.[358] 리커눙은 정전협상이 시작되기 앞서 열린 조-중인민군 대표단 회의에서 정전협상에 임하는 자세에 관해 다음과 같이 역설했다.

회담은 "싸움"(打仗)이다. 다만, "문(文)의 싸움"(文仗)이지 "무(武)의 싸움"(武仗)이 아니다. 정치적으로 높은 곳을 차지하고 아래를 내려다보는 자세가 필요하고 구체적인 문제에 대해서는 한발자국 물러서서 자기를 유리한 자리에 갖다놓고 상대방을 눌러야 한다. 대국을 봐야 하고 자기가 한 말은 책임져야 한다. 회담석상에서 한 말은 주워 담을 수 없는 것이니 대외적 태도 표명에는 특별히 신중을 기해야 한다. [중략] 이미 준비하여간 원고를 충분히 사용해야 하며 기본원고 말고도 예비원고가 마련되어야 한다. 회담장의 정세는 전투현장과 같아서 일단 투쟁이 벌어지면 예측하기 어려운 일에 부딪치게 마련이다. [중략] 정전협상은 한시도 전장 정세 변화와 무관할 수 없다.[359]

---

357 11시 7분. Exchanged Credentials. Meetings on the Armistice Proposal in Korea: Record of Event - 10 July 1951 Proceedings.

358 柴成文, 趙勇田, 『板門店談判』, 尹永茂 역, 151.

359 柴成文, 趙勇田, 『板門店談判』, 尹永茂 역, 154.

사진 3-1 미소 양국의 최고지도자들. 왼쪽부터 몰로토프(Vyacheslav Molotov) 소련 외상, 번즈(James Byrnes) 미 국무장관, 트루먼 측 통역 볼렌(Charles Bohlen), 트루먼, 리히(Adm. William Leahy) 제독, 스탈린 측 통역 파블로프(V. N. Pavlov), 그리고 스탈린(Josef Stalin). 1945년 7월 17일. 포츠담.

(출처: NARA 사진)

사진 3-2 1950년 2월 14일 마오쩌둥과 스탈린이 모스크바에서 체결한 중소우호동맹호조조약(中苏友好同盟互助条约)을 기념하는 우표.

(출처: Wikimedia Commons)

사진 3-3 1949년 12월 18일 스탈린 사진을 들고 행진하는 중국공산당원들. 중소 간의 국제공산주의연대를 과시하고 있다.

(출처: Wikimedia Commons)

사진 3-4 제51대 미국 국무장관 딘 애치슨(Dean G. Acheson, 1949년 1월 21일–1953년 1월 20일).

(출처: Wikimedia Commons)

사진 3-5 국민당 대표 장쿤(張群), 마샬, 그리고 저우언라이 (왼쪽부터). 저우언라이는 국공내전 당시에 이미 미국과의 평화협상을 승리로 이끈 경험이 있었다. (출처: Wikimedia Commons)

사진 3-6 1951년 7월 10일 내봉장 앞에 선 국제연합군 정전협상 대표단 5인. 사진 왼쪽부터 호드스(Henry Irving Hodes), 크레이기(Laurence Carbee Craigie), 수석대표 터너 조이(C. Turner Joy, 1895-1956), 백선엽(白善燁), 알레이 버크(Arleigh Albert Burke).
(출처: 미군 공공사진)

사진 3-7 국제연합군 정전협상대표단. 1951년 11월 30일 판문점.
왼쪽부터 터너 소장, 이형근 소장, 조이 수석대표, 리비 제독(Rear Admiral Libby), 호드스 소장, 버크 제독(Rear Admiral Burke).
(출처: 미군 공공사진)

사진 3-8 베이스캠프였던 문산리에서 회의 중인 국제연합군 대표단. 정면 중앙에 조이 대표. 우측에 얼굴이 반쯤 가린 사람이 한국군 대표 유재흥. 우측은 유재흥의 정면사진.
(출처: 미군(공군) 공공사진)

사진 3-9 리차드 언더우드(Richard Underwood)와 호레이스 그랜트 언더우드(元一漢: Horace Grant Underwood, 1917-2004) 형제가 언더우드 타자기를 활용하여 공산군 측에 전달할 국제연합군 측 입장서(position paper)를 작성하고 있다. 이 언더우드타자기 회사의 설립자인 존 언더우드(John Underwood)는 이들의 친할아버지인 호레이스 그랜트 언더우드에게 한국 선교자금을 제공했다. 두 사람은 협상장에서 영-한 통역도 담당했다.
(출처: 주한미국대사관 6.25전쟁 60주년 사이트)

사진 3-10 정전협상 당시 연락장교로 공을 세운 이후 외교부 방교국장이 된 이수영. 프랑스 대사로 있던 중 의문사를 당했다. 그의 좌측으로 조정환(曺正煥) 외무차관의 모습도 보인다. 작은 사진은 백선엽과 함께 서있는 연락장교 이수영.
(출처: 연세대 이승만연구원 사진)

사진 3-11 1951년 7월 10일 내봉장 앞에 선 조-중인민군 정전협상 대표단 5인. 사진 왼쪽부터 쎄팡(解方), 덩화(邓华), 남일(南日), 이상조(李相朝), 장평산(张平山).
(출처: 미군 공공사진)

사진 3-12 정전협상 예비회의를 위해 개성에 모인 중국인민지원군과 조선인민군 장교들. 맨 왼쪽이 장춘산(김창만), 그 옆이 차이청원, 오른쪽에 담배를 물고 있는 사람은 언더우드가문이 세운 연희전문에서 영어를 배웠던 설정식. 1951년 7월 8일. 개성.
(출처: 국제연합 사진)

제4장

공간: 군사분계선을 어떻게 획정할 것인가?

제4장
공간: 군사분계선을 어떻게 획정할 것인가?

1. 군사분계선과 비무장지대(DMZ)

1951년 7월 10일 정전협상이 개최된 직후부터 외국군 철수 문제를 의제에 포함시키고자 했던 조-중인민군 대표들의 주장은 국제연합군 대표들에 의해 받아들여지지 않았다. 제1의제(회담의제의 채택)에 이어서 제2의제로 다루어진 것은 정화 및 정전을 위한 군사분계선을 어떻게 획정할 것인가 하는 문제였다. 종교적 경전에는 "온 천하를 얻고도 제 목숨을 잃으면 무엇이 유익하리오"[1]라는 구절이 있다. 그러나 전쟁은 병사에게 작은 공간을 위해 혈전을 벌일 것을 명령한다. 그렇게 얻거나 잃은 공간을 재획정하는 협상은 치열한 설전이 될 수밖에 없었다.

정전협상이 열리자 조-중인민군 대표들은 6.25전쟁 발발 이전의 경계선이었던 38선을 군사분계선으로 하자고 주장했다.[2] 직선의 38선은 명확

1 『마태복음』 개역개정. 16장 26절.

2 1950년 5월 김일성이 전쟁승인을 위한 스탈린의 전제조건이었던 마오쩌둥의 확약을 받기 위해 베이징에 갔을 때, 마오쩌둥은 소련은 미국과 38선에 합의했었지만 중화인민공화국은 그런

하게 쌍방을 나눌 수 있는 이점이 있었다. 만일 정전협상 초기 국제연합군 측이 38선을 다시 군사분계선으로 하자는 조-중인민군 측 주장을 수용했다면 좀 더 일찍 정전이 이루어질 수도 있지 않았을까? 직선의 38선은 곡선의 군사분계선과 달리 서해 NLL을 포함한 쌍방의 군사적 충돌을 회피하는 좀 더 명확한 경계선이 될 수도 있지 않았을까? 왜 국제연합군 대표단은 38선을 다시 군사분계선으로 하는 것에 반대했던 것일까?

역사적으로 전쟁을 끝내고 공간을 재획정하는 데는 다음과 같은 원리들이 적용되곤 했다. 첫째, 전전(戰前)상태(*status quo ante bellum*; the state before the war) 회복의 원리, 둘째, 교전선(交戰線, line of contact)에 따른 분할의 원리(*uti possidetis, ita possideatis*: as you possess, so may you possess), 셋째, 전쟁책임에 따른 징벌적 혹은 반성적 재조정의 원리 등이다. 정전협상과정에서 자신들이 먼저 그 존재를 부정했던 38선에서 정전하고자 했던 조-중인민군 측은 전전(戰前)상태 회복의 원리에 따른 공간재획정 원리를 추구했고, 국제연합군 측은 교전선에 따른 분할의 원리와 더불어 아시아-태평양전쟁 패전국 일본에 대해 적용했던 징벌적 재조정의 원리를 추구했다.

1950년 6월 25일에 시작된 6.25전쟁을 멈추기 위해서는 어떤 공간 재획정의 원리가 적용되어야 했을까? 전전(戰前)의 38선은 1945년 일본군 무장해제를 위해 설정된 분할선으로 제2차 세계대전 승전국들인 미국과 소련이 국제적으로 합의한 선이었다. 이 선은 1919년 베르사유평화조약을 통해 국제적으로 공인된 [도표 4-1]과 같은 일본제국의 공간을 분할하는 선이었다.

적이 없으므로 김일성이 38선을 넘어 남침하는 것을 지원하는 데 문제가 없다고 말한 바 있다. Telegram from Roshchin to Stalin, 16 May 1950, APRF, cited in Bajanov and Bajanova, *The Most Mysterious War,* 52-53.

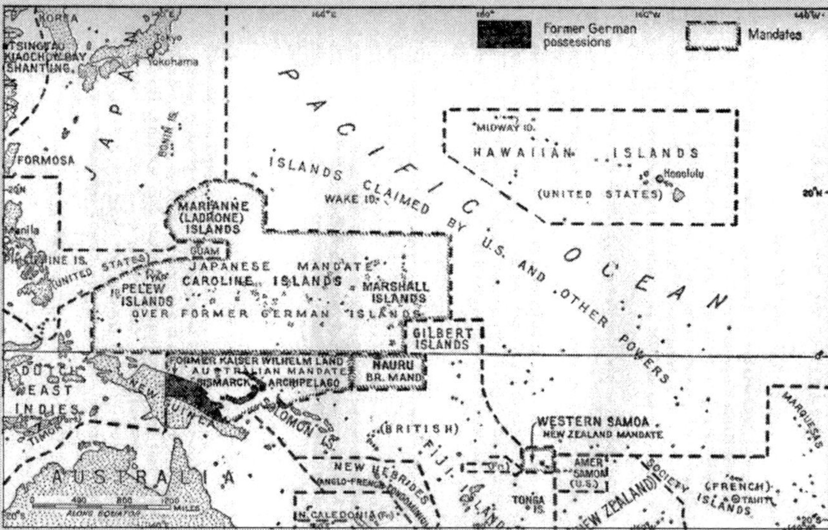

도표 4-1 베르사유평화체제에서 인정되었던 일본제국의 경계선. Japan으로 표시된 공간이 공인되었고, Former German Islands라고 표시된 공간이 일본제국의 위임통치(mandate)를 받게 되었다.

(출처: Martin, *The Treaties of Peace, 1919-1923* (1924))

1945년 일본제국의 점령군으로 코리아에 들어온 미군과 소련군이 합의했던 경계선으로서의 38선은 "75개의 하천과 12개의 강, 산맥, 181개의 마찻길과 104개의 시골길, 15개의 잘 닦인 지방도로와 8개의 양호한 신작로, 그리고 6개의 남북철로" 위를 지나는 선이었다.[3] 1945년 8월 15일까지 38선 이북에서부터 만주까지의 공간에 주둔하고 있던 일본군은 소련점령군에 투항했고, 38선 이남에서 일본 본토까지의 공간에 주둔하고 있던 일본군은 미국 점령군에게 투항하도록 설정되었다. 일본제국 점

3 U.S. Department of the Army. *United States Army in the Korean War* (Washington, D.C.: USGPO, 1961-1972), 3: 11, Stueck, *Rethinking the Korean War,* 12에서 재인용.

령군으로서의 미군과 소련군이 공동으로 38선 경계를 담당하기는 했지만, 그것은 일차적으로 일본군을 대상으로 한 것이었다. 민간인들은 38선을 넘어 이동하고 있었고, 1946년 제1차 미소공동위원회는 38선을 넘어 오가는 우편물교환에도 합의했다.

38선은 1948년 12월 12일 국제연합총회 결의 제195(III)호 제2항에서 "국제연합 임시위원단이 [선거] 감시와 협의를 할 수 있었으며 또 코리아 인민(Korean people)의 대다수가 거주하고 있는 코리아의 당해 지역(that part of Korea)에 대한 효과적 지배와 관할을 하는 … 유일한 그러한 정부"(the only such government in Korea)로 승인받았을 때, "코리아의 당해 지역" 경계선이었다. 즉, 38선은 국제연합에 의해 승인된 대한민국에 의해 실효적으로 지배되는 공간과 국제연합의 승인에 별로 관심이 없었던 평양정부에 의해 실효적으로 지배되던 공간과의 경계였다.

38선은 아코디언처럼 전선이 요동치던 6.25전쟁 초기 네 차례에 걸쳐 부정되었다.

첫 번째 부정. 1950년 6월 25일 소련과 중화인민공화국의 후원을 받은 '조선인민군'이 38선을 넘어, 국제연합이 합법정부(lawful government)라고 승인한 대한민국을 침략함으로써 38선은 부정되었다. 이에 대해 국제연합 안보이사회는 평화파괴행위(a breach of the peace)라고 규정하고, 즉각적인 정전(the immediate cessation of hostilities)과 함께 38선 이북으로 군대를 철수시킬 것을 촉구하는 안보리결의안(S/RES/82 1950)을 채택했으나 조선인민군은 이를 이행하지 않았다.

두 번째 부정. 한국군 및 국제연합군의 반격이 이루어지던 1950년 10월 1일 한국군의 북진돌파를 계기로 38선은 다시 부정되었다. 통일을 위해 38선을 고려하지 말아 달라는 호소를 담은 장면 주미 한국대사의 서한이 1950년 9월 21일 미 국무장관 애치슨에게 발송되었다. 유사한 내용의 서한이 9월 25일 다시 한 번 발송되었다. 그리고 미 국무부 극동담당 차관보 딘 러스크는 장면 대사의 서한에 감사하고, 세밀한 주의를 기울이고 있다는 내용의 회신을 10월 2일 발송했다. 미군과 국제연합군은 38선 북진결정을 내리면서 침략의 근원을 제거하고, 통일코리아를 이룩한다는 목표를 표방했다. 결국 마샬 미국방장관은 맥아더 사령관에게 38선에 구애받지 말 것을 지시했다. 그러나 미합참(JCS)은 국제연합군의 38선 북진이 곧 대한민국의 주권을 북쪽으로 확장하는 것을 의미하는 것은 아니며 그것은 코리아의 통일을 위한 국제연합의 행동을 기다려야 한다는 점을 분명히 했다. 1950년 10월 7일 제294차 국제연합총회는 38선 이북으로의 북진을 국제연합 안보리의 6월 25일 결의와 6월 27일 결의에 부합되는 것으로 추인하는 코리아통일에 관한 결의안을 채택했다.[4]

세 번째 부정. 중화인민공화국의 파병 이후 한국군 및 국제연합군이 퇴각하던 상황에서 인도를 비롯한 13개국이 조-중인민군의 38선 존중과 중재를 통한 전쟁종식을 요구했으나 38선은 다시 부정되었다. 당시 38선을 넘어 남진하는 문제에 대해서는 중국공산당 수뇌부에서도 이견이 있었다.[5] 그러나 마오쩌둥(毛澤東)은 38선 재돌파를 명령했고, 국제연합은 중화인민공화국을 침략자로 규정했다. 1950년 12월 13일 마오쩌둥은 펑더화이와 가오강에게 "반드시 38선을 넘어야 한다. 만약 38선 이북에 도착하여 정지해 버리면 앞으로 정치적으로 크게 불리할 것"이라고 역설했다.[6] 그리고 다시 1950년 12월 29일 펑더화이와 가오강에게 "사람들의

---

4 Leland M. Goodrich, *Korea: A Study of U.S. Policy in the United Nations* (New York: Council on Foreign Relations, 1956), 143.

5 梁鎭三, "전쟁기 중국지도부와 북한지도부 사이의 모순과 갈등," 국방부 군사편찬연구소, 『한국전쟁사의 새로운 연구』 2 (서울: 국방부 군사편찬연구소, 2002), 596-603.

6 『毛澤東軍事文選』 第6券, 軍事科學出版社, 中央文獻出版社(1993), 239-40; 대한민국 행정자치부 정부기록보존소 편, 『韓國戰爭과 中國』 (2002), II: 98-99.

뇌리에 잠재해 있던 38선에 대한 옛 인상도 이번 전투를 통해 없어질 것"이라고 주장했다.[7]

네 번째 부정. 1951년 2월 지평리전투를 계기로 전열을 재정비한 국제연합군은 공세로 전환하여 서울을 재수복하고 1951년 3월 마지막 주에 38선에 근접했다. 미국의 여러 동맹국들, 특히 영국은 다시 38선을 넘어 북상하지 말 것을 요구했다. 미국 국무부도 유사한 입장을 취했다. 그렇지만 미 합참과 국방부의 생각은 달랐다. 38선은 지도 위에 그어진 군사적으로는 방어할 수 없는 위도선(the indefensible parallel line)에 불과하며, 군사적으로 방어할 수 있는 시설을 갖춘 진지선이 아니라는 입장이었다.[8] 지도 위의 위도선과 실제로 작은 공간을 차지하기 위한 치열한 전투들이 벌어지고 있던 교전선과는 차이가 있었다. 전투가 계속되고 있는 상황에서 관념적 선에 불과한 38선에서 병력을 멈춘다는 것은 무모한(foolhardy) 일로 여겨졌다. 38선을 넘을 것인가 말 것인가의 문제는 공격을 위해서나 방어를 위해서나 전장에서의 군사적 고려에 맡겨지게 되었다. 트루먼 대통령은 이러한 논리를 지지했고, 결정은 리지웨이의 군사적 판단에 맡겨졌다. 1951년 4월 초 리지웨이는 38선이 군사작전의 장애물이 되어서는 안 된다고 보고 이미 부분적으로 이루어지고 있던 38선 재돌파를 공식 승인했다.[9]

정전협상장에서 조-중인민군 측은 38선을 부정했던 마오쩌둥의 과거 언급과는 달리 38선의 준수를 제안했다. 그러나 국제연합군 정전협상 수석대표 조이는 미 합참(JCS)의 지침에 따라 교전선에서의 정전을 제안했다.[10] 1951년 7월 27일 회의에서 국제연합군 측은 비무장지대 설치에 대

7 『毛澤東軍事文選』 第6券, 軍事科學出版社, 中央文獻出版社(1993), 252-54; 대한민국 행정자치부 정부기록보존소 편, 『韓國戰爭과 中國』 (2002), II: 106-7.

8 Schnabel and Watson(1979), *The History of the Joint Chiefs of Staff*, 479.

9 Appleman, *Ridgway Duels For Korea*, 409.

한 조-중인민군 측의 동의를 끌어내는 동시에 전쟁이 38선 상에서 시작되었다고 해서 38선 상에서 멈출 이유는 없다고 반박했다. 국제연합군 측은 공중과 해상에서 국제연합군이 누리고 있는 우위를 포기하는 대신 평양에서 원산을 잇는 선(線)이 합당한 선이라고 주장했다.[11]

국제연합군은 1950년 12월 3일 미 10군단이 함흥으로 철수하고, 미 8군이 평양에서 철수를 시작하던 상황에서 다음과 같은 군사적 판단을 내린 바 있었다. "코리아반도 중부에 동과 서를 잇는 150마일 길이의 방어선을 구축할 경우 미 7개 사단 병력으로 전선을 방어하려면 1개 사단 병력의 방어 범위가 20마일을 넘게 되는데, 수적으로 월등한 적군(중공군)이 산악 지형을 통해 야간 침투를 시도하는 것을 막아내는 것은 물리적으로 불가능하다."[12] 따라서 "군사분계선은 짧을수록 유리하다"고 판단한 리지웨이 국제연합군 사령관은 1951년 6월 19일 밴 플리트 미8군 사령관에게 반도의 보다 좁은 허리부분인 평양-원산선을 장악하도록 지시했다. 국제연합군 측은 서해와 동해의 도서들이 군사작전에 의해 획득된 것이며, 정접협정이 최종 타결될 때까지 이들 도서들로부터 철수할 의향이 없다는 점을 분명히 했다.[13]

국제연합군과 한국군의 입장에서 보면 다시 38선을 경계선으로 할 경우, 경기도 동북부와 강원도 북부에 걸친 동부전선에서 약 13,000km^{2}의 공간을 양보해야 했다. 그렇지만 서부전선 방면의 상징적 도시인

---

10 Collins, *War in Peacetime,* 333.

11 Transcript of Proceedings, Eleventh Session, Conference at Kaesong, Korea, on the Armistice Proposal, 27 July 1951.

12 "맥아더 극동군 사령관이 미 합참에 타전한 1급 비밀 전문," 1950년 12월 3일, 미 태평양군 문서군, 국립중앙도서관, 『NARA기록으로 보는 6.25』 (서울: 국립중앙도서관, 2010).

13 Transcript of Proceedings, Eleventh Session, Conference at Kaesong, Korea, on the Armistice Proposal, 27 July 1951.

개성, 그리고 연백평야와 옹진반도 일부를 다시 확보할 수 있는 이점도 있었다. 그리고 군사분계선이 신속하고 명확하게 설정됨으로써 '선(先)정전 후(後)협상' 방식으로 정전이 성립될 수도 있었다. 그러나 이미 전장에서 동서를 잇는 진지들의 연결선이 구축되어 있던 상황에서 이 진지선을 포기하고 지도상의 38선을 따라 다시 적절한 방어진지들(suitable defense positions)을 구축하는 것은 쉽지 않은 일이었다. 이에 따라 정전협상 초기부터 조이(C. Turner Joy) 대표는 전투현실(battle realities)을 반영하는 군사적 정전(military armistice)에 있어서 38선과 같은 가상의 지경선(an imaginary geographical line)은 아무런 의미가 없다는 입장을 고수했다. 이승만 대통령도 38선을 복원하는 것에 강력히 반대했다.[14]

전전(戰前)의 38선이 회복될 수 없었던 또 다른 이유는 해상에서의 전세가 반영되지 않은 선이었기 때문이었다. 국제연합군과 한국군, 그리고 이북 출신 유격대 등은 전쟁이 종료될 때까지 [도표 4-2]에서 보여지는 바와 같이 압도적 제해권을 가지고 압록강과 두만강 인근에 해상봉쇄선을 설정하고 있었다. 국제연합군과 한국군은 육상의 교전선보다 훨씬 이북에 위치한 서해와 동해의 해면과 도서들을 모두 장악하고 있었던 것이다. 조이 수석대표는 전투지대(battle zone)를 육상지대(ground zone), 해상지대(sea zone), 그리고 공중지대(air zone) 등으로 3분하고, 해상지대와 공중지대에서 국제연합군이 차지하고 있던 우위를 반영하기를 원했다. 그것은 현전선과 국제연합 공군과 해군의 작전한계선이었던 만주 지경선 사이의 가장 협애한 지역인 평양과 원산을 잇는 선(평원선)이었다.[15]

---

14 Syngman Rhee to Korean Foreign Minister, 15 Feb 1951.

15 鄭成觀, 『板門店의 秘史』 (서울: 平文社, 檀紀4286[1953]), 46.

도표 4-2 6.25전쟁 말기 압록강과 두만강 인근 해상봉쇄선(blockade limit)과 서해 분계선(demarcation line, Sir James Hall Is.인근). 미 해군지도.
(출처: Field, *History of United States Naval Operations, Korea*)

그러나 조-중인민군 측은 국제연합군 측이 차지하고 있던 해상에서의 우위를 육상에서 보상해줄 것을 요구하는 국제연합군 측의 주장을 받아들이지 않았다.[16] 또한 전투가 벌어지고 있던 진지들을 연결한 진지선에서 20마일 북쪽까지를 비무장지대(demilitarized zone, DMZ)로 하자는 국제연합군 측의 제안도 받아들이지 않았다. 대신 비무장지대를 4킬로미터(2.4마일)로 하자고 주장했고, 결국 이 주장이 채택되었다. 폭 20마일에 달하는 비무장지대를 관리한다는 것은 쌍방 모두 군사적으로 어려운 측면이 있었다.[17] 1951년 7월 23일 당시 미국 육군참모부는 다음과 같이 "코리아의 비무장화"가 쉽지 않을 것이라고 보고 있었다.

> 양측의 군비 경쟁은 코리아 평화 정착의 최대 걸림돌이 될 수 있음. 국제연합군과 중국인민지원군이 궁극적으로 코리아반도에서 철수할 경우, 양측의 군사 대치 상황이 재현되면서 전쟁 발발 당시인 1950년 6월 25일의 상태로 되돌아가게 되고 그렇게 되면 코리아반도 및 세계의 평화와 안정에 커다란 위협 요소가 될 것임. 이런 상황이 재현되어서는 안 될 것임. 비무장화는 결국 두 가지 상황을 전제로 한 것임. 하나는 국제연합군과 중공군의 코리아반도에서의 궁극적 철수이고, 또 하나는 코리아반도에서 외국군이 철수한다 하더라도 쌍방의 대치 상황은 변하지 않으리라는 전제임. [중략] 코리아남북의 정부들이 증강되고 있는 자국 병력을 그대로 유지하기를 아주 강력하게 원할 뿐만 아니라, 지속적으로 병력 유지의 필요성을 강조하고 있음.[18]

---

16 中國 軍事科學院 軍史歷史硏究部, 『抗美援朝戰爭史』, 한국 국방부 군사편찬연구소 역(2005), 105-15.

17 Collins, *War in Peacetime,* 334.

18 미국 육군참모부, "Demilitarization of Korea," 23 July 1951, 미 태평양군 문서군. 국립중앙도서관, 『NARA기록으로 보는 6.25』 (서울: 국립중앙도서관, 2010) 수록 문서.

제2차 세계대전 종전에 즈음하여 일본이 취했던 입장과 유사하게 6.25 전쟁 정전협상과정에서 조-중인민군 측은 전전(戰前)상태 회복의 원리에 입각해서 자신들이 먼저 부정했던 38선의 회복을 주장함으로써 해상과 공중에서 한국군과 국제연합군이 누리고 있던 우위를 단번에 무력화시키고자 했다. 국제연합군 측은 이에 맞서서 해상과 공중에서의 우위를 양보하는 대신 육상에서 조-중인민군 측이 그에 상응하는 양보를 할 것을 계속 요구했다. 혈전이 계속되는 동안 협상장에서는 설전이 지속되었다. 양측 대표단은 1951년 8월 10일 회의에서 14시 45분부터 16시 55분까지 2시간 10분 동안 서로를 노려보며 아무 말도 하지 않는 진기록을 남겼다. 회의록에는 다음과 같이 기록되었다: "중지-어느 쪽도 말하지 않았다(Pause – neither side talked)."[19]

8월 11일과 13일 두 차례에 걸쳐 마오쩌둥은 38선 대신 지형과 군사적 형세에 근거한 선을 긋고, 군사분계선이라고 명명하는 방안을 스탈린에게 제안했다.[20] 1951년 8월 19일 국제연합군 대표단의 헨리 호드스는 조-중인민군 대표단의 이상조 및 세팡 등과 군사분계선 획정과 관련하여 설전을 벌이는 와중에 협상의 교착상태(deallock)를 깨는 제안을 했다. 육상에서의 교전선에 국제연합군의 해군력과 공군력의 우위가 반영된 것으로 보되, 조-중인민군 측이 38선을 고집하는 대신 현재의 교전선에서 4킬로미터 물러나라는 것이었다.[21]

---

19 Transcript of Proceedings, Twentieth Session, Conference at Kaesong, Korea, on the Armistice Proposal, 10 August 1951.

20 "毛澤東關於軍事分界線談判策略問題致史達林電," 1951년 8월 11일; "毛澤東關於轉發中朝方停戰談判策略問題致史達林電," 1951년 8월 13일. 김보영, "한국전쟁 휴전회담 연구," 한양대학교 대학원 박사학위논문 (2008), 76에서 재인용.

21 Summary of Proceedings, Third Session, Sub-Delegation on Agenda Item 2, Kaesong Armistice Conference, 19 August 1951.

8월 16일 개성에서 개최된 제26차 본회의에서 조-중인민군 측 대표들은 계속 38선 복원을 고집했으나, 이 문제를 다루기 위한 분과위원회의 구성에는 동의했다.[22] 8월 17일부터 개성에서 제2의제에 관한 분과위원회가 개최되었으나 큰 진전은 이루어지지 않았다.[23] 개성에서 정전협상이 진행됨에 따라 육상전선은 교착국면에 진입했고, 마오쩌둥이 원했던 바와 같이 조-중인민군은 후방으로부터의 물자보급을 통해 군사력을 증강시켰다. 조-중인민군 측의 물자보급을 차단하기 위해 국제연합군은 8월 18일부터 조-중인민군의 철로를 파괴하는 교살(Strangle)작전을 전개했다. 1951년 5월부터 미 5공군 부사령관이었던 팀버레이크(E. J. Timberlake)는 미 제5공군의 9개 비행단과 극동해군의 함재기, 그리고 폭격사령부의 전투기 등을 출동시켜 조-중인민군 측의 전방과 후방을 연결하는 철도와 도로에 대한 폭격을 감행하여 병참선을 끊는 작전을 전개하고 있었다.[24]

8월 22일 개성에서 개최된 제2의제에 관한 분과위원회에서 호드스는 이상조에게 38선에 기초하지 않은 다른 선을 조-중인민군 대표단에 권고할 수 있는 재량권이 있는 지를 물었다. 이상조는 양측의 입장이 "훨씬 근접했다"(much nearer)고 대답했다.[25] 군사분계선에 관한 토의는

---

22 Transcript of Proceedings, Twenty-sixth Session, Conference at Kaesong, Korea, on the Armistice Proposal, 16 August 1951.

23 Summary of Proceedings, First Session, Sub-Delegation on Agenda Item 2, Kaesong Armistice Conference, 17 Aug 1951.

24 원래 교살작전이라는 명칭은 제2차 세계대전 중이었던 1943년 3월 24일부터 1944년 봄 로마를 함락할 때까지 미 제15공군과 제12공군이 독일군의 보급철로를 끊는 작전에 사용된 것이었다. Fred Lane, "Operation Strangle, 1951-52: Naval aviation in Korea," Paper presented at the Aviation Historical Society of Australia, Sydney, 7 July 2004.

25 Summary of Proceedings, Sixth Session, Sub-Delegation on Agenda Item 2, Kaesong Armistice Conference, 22 Aug 1951.

돌파구를 찾는 듯 했다. 그러나 다음 날인 8월 23일 갑자기 조-중인민군 측은 국제연합군 비행기가 협상장을 폭격했다는 이유로 협상 중단을 선언했다. 이후 정전협상은 1951년 10월 25일 판문점에서 제27차 본회의가 재개될 때까지 중단되었다.[26]

이 기간 중 샌프란시스코에서는 제2차 세계대전 패전국인 일본과 승전국들 간의 평화회의가 예정되어 있었다. 6.25전쟁은 아직 국제법적으로 종결되지 않은 아시아-태평양전쟁과 중첩된 전쟁이었고, 당시 스탈린과 마오쩌둥은 과거 일본제국에 대한 전후처리를 예의주시하고 있었다. 1951년 8월 11일 소련은 돌연 9월 4일부터 개최될 샌프란시스코평화회의에 참석하겠다는 의사를 밝혔다. 1951년 9월 4일 샌프란시스코에서는 제2차 세계대전 승전국들과 패전국 일본 간의 평화회의가 개최되어 9월 8일 샌프란시스코평화조약이 탄생했다. 승전국 55개국 중 1949년 수립을 선포한 후 국제연합군과 전쟁 중이었던 중화인민공화국은 초청되지 못했다. 인도, 버마, 유고슬라비아는 초청에 응하지 않았다. 따라서 승전국으로서 샌프란시스코평화회의에 참가한 국가들은 51개국이었다. 소련은 평화회의에 참석했지만, 폴란드, 체코슬로바키아 등과 함께 조약문에 이견이 있다는 이유로 조인하지 않았다. 따라서 총 48개 승전국이 일본과 평화조약을 체결

26 Transcript of Proceedings, 27th Session, Meeting at Pan Mun Jom, on the Armistice Proposal, 25 October 1951. 이 당시 개성협상장에 대한 군사적 공격은 '통일 없는 정전'에 반대했던 이승만 대통령의 지시로 이루어졌다는 증언이 있다. 1951년 초 창설된 육군 4863부대(육군첩보부대. 부대장 이극성 중령)가 1951년 7월부터 9월까지 약 한 달 간격으로 3차례 진행했다는 것이다. 당시 소위로 작전에 참가했던 김진수(金晉洙) 예비역 대령(육군본부 공작처장 역임)은 이극성 부대장과 함께 경무대에서 이승만 대통령으로부터 직접 판문점 파괴지시를 받았다고 증언했다. 김태완, "이승만, 판문점 파괴 지시 비록," 『월간 조선』 2015년 8월호, 368-375. 그런데 당시 정전협상은 판문점이 아니라 개성에서 진행 중이었고, 판문점에서 정전협상이 시작된 것은 1951년 10월 25일 이후부터였다.

했다.[27]

1951년 8월 23일 개성에서 중단되었던 정전협상은 1951년 10월 25일부터 판문점에서 재개되었다. 정전협상이 중단되기 앞서 리커눙은 덩화, 셰팡, 챠오관화(喬冠華/乔冠华) 등과 국제 정세 전반, 중국의 국가 이익, 조선의 전쟁수행능력 부실 등을 종합적으로 고려하여 38선의 복원에 집착하여 회담을 결렬시키기보다 교전선에 따른 정전을 받아들이는 것이 낫다고 건의했었다.[28] 1951년 10월 협상을 재개하기 앞서 마오쩌둥은 리커눙에게 다음과 같은 전문을 보냈다.

> 연락장교회의에서 우리는 회담의 재개에 도움이 되는 입장을 고수해야 함. 서두를 필요도 없지만, 너무 끌어서도 안 됨. 몇몇 부차적 문제들을 해결하기 위해 우리가 주도적으로 양측이 합의할 수 있는 방안들을 제시해야 함. [중략] 지금 즉시 우리가 입장을 변화시켜서는 안 되지만, 우리의 관점을 불변적인 것으로 보이게 해서도 안 됨. 역으로 우리의 입장을 변화시킬 수 있는 근거를 마련해 두어야 함. 그럼으로써 입장을 변화할 때, 마치 우리가 큰 양보를 하는 것처럼 갑작스럽게 보이지 않도록 해야 함.[29]

10월 25일 판문점에서 회의가 재개된 후인 10월 29일 리커눙은 마오쩌둥에게 다음과 같이 건의했다.

27 김명섭, "샌프란시스코평화체제의 변동과 6자회담," 『국방연구』 vol. 50 no. 2 (2007).

28 Coded message N 22834, 13 Aug 1951, The Second Chief Directorate, the General Staff of the Soviet Armed Forces, Archives of the President of Russia, pp. 56-58, cited in Bajanov and Bajanova, *The Most Mysterious War,* 217.

29 Coded message N 25025, 19 Oct 1951, a copy sent by Mao to Stalin, cited in Bajanov and Bajanova, *The Most Mysterious War,* 202.

우리 측 제안과 관련한 적측의 중대한 양보를 얻어내지 못할 것임. [중략] 그러므로 그러한 상황을 가능한 오래 유지하는 것이 바람직함. 보편적으로 받아들여지는 우리 군의 교전선이 인정된 후, 수정안에 기초한 정전안을 새롭게 제안할 수 있을 것임. 그것은 곧 현재의 전선에서 군사적 행동을 중단하는 것임.30

리커눙은 선정화(先停火, cease-fire) 후협상안을 국제연합군 대표들에게 제안할 것을 마오쩌둥에게 건의했다. 리커눙은 10월 30일에도 다음과 같은 의견을 개진했다.

우리는 쌍방의 교전선이 결정되는 것을 기다리지 말고 현 전선에서 군사적 행동을 중지하는 약간 변화된 수정안을 제시해야 한다고 생각함. [중략] 이 안은 다음과 같아야 할 것임.

1) 적측이 받아들일 수 있는 것일 필요가 있음.
2) 쌍방이 양보하는 영토가 대체로 동등해야 함. 그래야 쌍방에 정당할 것임. [중략] 전선에서 돌출된 쌍방의 영토들에 관해서는 [중략] 적측과 합의해야 함.

쌍방 군대의 정화선(停火線)에 관해서 여전히 쟁점들이 남아 있지만 큰 변화는 없을 것임.31

1951년 10월 31일 마오쩌둥은 리커눙에게 다음과 같이 회신했다.

---

30 Coded message N 25406, 31 Oct 1951, a copy sent by Mao to Stalin, cited in Bajanov and Bajanova, *The Most Mysterious War,* 205.

31 Coded message N 25474, 1 Nov 1951, A copy sent by Mao to Stalin, cited in Bajanov and Bajanova, *The Most Mysterious War,* 206.

> 본인은 10월 31일 회의에서 현 전선에서 약간의 수정을 가해 군사적 행동을 중지하는 것을 우리가 새롭게 제안하자는 동무의 제안에 동의함. [중략] 만일 적들이 우리의 제안에 동의한다면 11월 1일 회의에서 보다 구체적인 안을 제시할 수 있을 것이며, 그렇게 되면 전체적인 주도권은 우리가 장악하게 될 것임.[32]

실제로 1951년 10월 31일 분과위원회에서 이상조와 셰팡은 개성에 관한 문제를 제기하는 것으로 회의를 시작한 후, 오후 회의에서 마지막 제안이라고 하면서 현 전선에서 2킬로미터씩 뒤로 물러나는 것을 골자로 하는 수정안을 제시했다.[33]

결국 교전선에 따른 분할의 원리가 관철되었다. 이처럼 판문점에서 교전선에 기초한 새로운 군사분계선에 대한 합의가 이루어지고 있던 1951년 11월 19일 스탈린은 마오쩌둥에게 다음과 같은 전문을 보내 정전협상의 조속한 타결에 연연하지 말 것을 주문한다.

> 미국인들이 우리의 협상을 끌고 있지만, 그럼에도 불구하고, 그들이 더 협상의 타결을 원하고 있음. 이러한 결론은 전반적 국제정세로부터도 도출되고 있음. 우리는 협상에서 우연한 전술을 구사하고 있는 중국과 조선이 조급해하거나 협상의 조속한 타결에 목매지 않고 확고한 노선을 견지하는 것이 타당하다고 생각함.[34]

---

32 Coded message N 25465, 1 Nov 1951, A copy sent by Mao to Stalin, cited in Bajanov and Bajanova, *The Most Mysterious War,* 206.

33 Summary of Proceedings, Thirteenth Session, 7th Meeting at Pan Mun Jom, Sub-Delegation on Agenda Item 2, Military Armistice Conference, 31 Oct 1951.

34 Coded message N 6849, 19 Nov 1951, Archives of the President of Russia, p. 29, cited in Bajanov and Bajanova, 218.

아울러 스탈린은 다음과 같은 이유로 평양 주재 소련 대사 라주바예프를 문책했다. 1951년 11월 20일 그로미코가 라주바예프에게 보낸 전문에는 박헌영이 조선민주주의인민공화국 외무상의 명의로 국제연합에 평화를 촉구하기 전에 사전협의를 하지 않은 라주바예프의 직무유기를 혹독하게 비판하는 내용이 담겨 있었다.

> 조선의 동지들이 국제연합에서 평화과정 촉진을 호소한 것과 관련한 동무의 행동이 용납될 수 없다는 것에 대한 동무의 주의를 환기시키는 바임. 동무는 조선의 동무들이 라디오를 통해 군사적 행동의 즉각적 중단, 전선으로부터의 군대 철수, 2킬로미터의 군사분계선 설치, 정전을 지연시킨 용의자들을 기소할 것 등을 국제연합총회 및 국제연합안보리에 호소하려는 것을 11월 18일에야 보고하였음. 조선 측의 의도를 상세히 설명한 11월 18일자 동무의 전문에 대한 회신을 기다리지 않은 채 동무는 같은 날 박헌영의 성명이 라디오로 발표될 것이라는 사실을 단순히 보고하였음. [중략] 그리하여 조선의 동무들은 우리의 승인 없이 이처럼 유해한 호소를 진행했음. 동무는 비정상적으로 경솔하게 행동했음. 심지어 이 문제에 관해 조선의 동무들이 중국의 친구들과 협의했는지를 알아보려고도 하지 않았다는 점에서 동무의 죄는 더욱 심각함.**35**

박헌영은 6.25전쟁 발발 직후부터 국제연합에 서한을 보내 "미국으로부터의 군사적 원조와 약속을 받고 리승만 정부는 자기의 미국상전의 지시에 의하여 六월 二十五일 조선에서 동족상쟁의 내란을 도발

---

35 "Gromyko to G.M. Malenkov, attaching draft telegram to Razuvaev," November 20, 1951, History and Public Policy Program Digital Archive, APRF, Fond 3, Opis 65, Delo 829, Listy 46-48 and AVPRF, Fond 059a, Opis 5a, Delo 4, Papka 11, Listy 27-29 http://digitalarchive.wilsoncenter.org/document/113631

했다"[36]고 허위주장하는 등 활발한 외교활동을 전개했다. 특별히 박헌영의 이 서한에 대해 스탈린이 민감하게 반응했던 것은 스탈린이 정전을 원하지 않고 있던 상황에서 박헌영이 "정전을 지연시킨 용의자들"에 대해 기소할 것을 요청하는 서한을 발송한 것과 무관하지 않을 것이다.

당시 소련의 국제연합대표 비신스키는 계속해서 38선에 기초한 군사분계선을 고집하고 있었는데, 스탈린은 1951년 11월 21일 평양주재 소련대사 라주바예프에게 다음과 같은 전문을 보냈다.

> 11월 20일 우리는 다음과 같은 지침을 중국 주재 로신 대사에게 보냈음:
>
> 마오쩌둥에게, 그리고 라주바예프를 통해 김일성에게도 다음과 같이 설명할 것. 38선에서 미군이 즉각적으로 철수할 것에 관한 비신스키의 요구와 현 전선에서 군사분계선을 설정하려는 중국과 조선 동지들의 입장 사이에는 차이가 있는 것이 사실임. 비신스키는 38선에서 군대를 철수시키는 것을 거부하는 미국의 입장이 불공정하다는 것을 보여주기 위해 달리 행동할 수 없었음. [중략] 로신이 동무와 직접적 통신선을 갖고 있지 않기 때문에 스탈린의 명에 따라 외무부는 동무가 직접 이러한 사실을 김일성에게 알려 주라고 지시하는 것임.[37]

1951년 11월 27일 김화(金化) 지역에 한해 완전한 합의에 이르지 못한 상태에서 양측이 대략적인 지상의 군사분계선에 합의했다. 1951년 12월 10일 비무장지대 남북경계선 획정을 위한 판문점 참모장교회의에서 육상의 군사분계선과 북방한계선 및 남방한계선의 좌표점들이 합의되었

36 『로동신문』 1950년 7월 2일.

37 Coded message N 26044, 21 Nov 1951, Moscow to Razuvaev, cited in Bajanov and Bajanova, *The Most Mysterious War,* 208.

다. 이 선은 임진강 하구 - 판문점 비무장지대 동쪽 끝 — 한탄강 — 김화 — 금성 — 북한강 - 송정의 거벌리 — 사태리 — 가칠봉 — 월비산 남동방 — 동해안의 남강 하구를 잇는 선이었다(도표 4-3). 이 선은 정전협정에 첨부된 지도에 최종적으로 명기된 육상 군사분계선, 즉 서쪽으로 예성강과 한강 어귀의 교동도에서부터 동쪽으로는 강원도 고성의 명호리에 이르는 248km(600리)의 선(도표 4-4)과 큰 차이가 없었다.[38]

1950년 6월 25일 당시의 38선과 비교하여 조선인민군은 서부전선에서 2,201평방킬로미터(850평방마일) 남진했고, 한국군은 동부전선에서 6,086평방킬로미터(2,350평방마일) 북진했다. 한국군은 국제연합군과 함께 조선인민군의 침략을 방어했을 뿐만 아니라 약 3,885평방킬로미터(1,500평방마일)의 땅을 더 획득했다.[39] 그러나 조선인민군에게 빼앗긴 서부지역에는 전략적 요충지였던 옹진반도 남단과 역사적 중심지였던 개성이 포함되어 있었다. 미군을 주축으로 한 국제연합군과 한국군이 군사분계선 이남으로 철수함에 따라 38선 이남의 서해 일부와 도서 일부도 조-중인민군의 수중으로 들어갔다.

38 이문항, 『JSA-판문점』 (서울: 소화, 2001), 82-83.

39 Richard Whelan, *Drawing the Line: The Korean War, 1950-1953* (Boston: Little, Brown, 1990), 362.

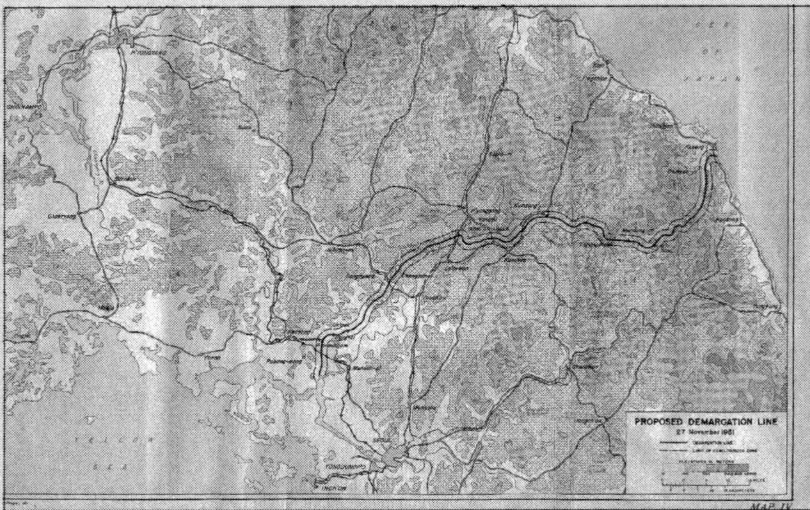

도표 4-3 1951년 11월 27일에 잠정합의된 군사분계선을 표시한 국제연합군 측 지도
(출처: Hermes, *Truce Tent and Fighting Front*)

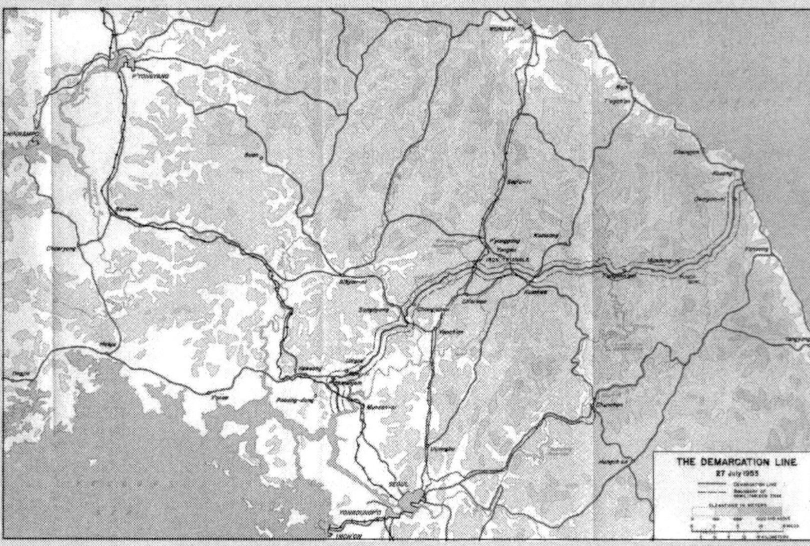

도표 4-4 1953년 7월 27일 최종확정된 육상의 군사분계선을 표시한 국제연합군 측 지도
(출처: Hermes, *Truce Tent and Fighting Front*)

국제연합군 및 한국군은 서해와 동해상의 압도적 우위를 전쟁이 끝날 때까지 유지했지만, 조-중인민군 측의 제안을 부분적으로 수용했다. 육상에서는 국제연합군 측이 주장했던 교전선에 따른 분할의 원리가 적용되었던 데 비해 해상에서는 조-중인민군 측이 주장했던 전전(戰前)상태 회복의 원리도 적용되었다. 이에 따라 국제연합군은 당시까지 장악하고 있던 38선 이북의 바다와 도서를 조-중인민군 측에 넘겨주었다. 뿐만 아니라 38선 이남의 바다와 도서 일부는 교전선에 따라 획정된 육상군사분계선에 연해서 추가적으로 양보했다. 다만 바다를 통한 재침의 가능성 등을 고려하여 서해 5개 도서 이남은 국제연합군의 관할 하에 두었다.[40]

군사분계선과 관련해서 이루어진 쌍방의 합의에 따라 최종 육상 군사분계선은 1953년 6월 17일 본회의에서 합의되었다.[41] 그런데 7월 중에도 중국인민지원군은 금성지역에서 대규모공세를 전개하는 등 군사분계선의 최종 확정을 어렵게 했다. 군사분계선에 관한 쌍방의 합의는 정전협정 제1조의 다음과 같은 조항들로 정리되었다.

제 1 조

군사분계선과 비무장지대

1. 한 개의 군사분계선을 확정하고 쌍방이 이 선으로부터 각기 이(2)키로메터씩 후퇴함으로써 적대군대 간에 한 개의 비무장지대를 설정한다. 한 개의 비무장지대를 설정하여 이를 완충지대로 함으로써 적대행위의 재발을 초래할 수 있는 사건의 발생을 방지한다.

---

40 中國 軍事科學院 軍史歷史硏究部, 『抗美援朝戰爭史』, 한국 국방부 군사편찬연구소 역 (2005), 215-19.

41 Transcript of Proceedings, 149th Session, 123rd Meeting at Pan Mun Jom, Military Armistice Conference, 17 June 1953.

2. 군사분계선의 위치는 첨부한 지도에 표시한바와 같다.
3. 비무장지대는 첨부한 지도에 표시한 북경계선 및 남경계선으로써 이를 확정한다.
4. 군사분계선을 하기와 같이 설립한 군사정전위원회의 지시에 따라 이를 명백히 표식한다. 적대쌍방 사령관들은 비무장지대와 각자의 지역간의 경계선에 따라 적당한 표식물을 세운다. 군사정전위원회는 군사분계선과 비무장지대의 량 경계선에 따라 설치한 일체 표식물의 건립을 감독한다.
5. 한강 하구의 수역으로서 그 한쪽 강안이 일방의 통제하에 있고 그 다른 한 쪽 강안이 다른 일방의 통제하에 있는 곳은 쌍방의 민용선박의 항행에 이를 개방한다. 첨부한 지도(첨부한 지도 제2도를 보라.)에 표시한 부분의 한강 하구의 항행 규칙은 군사정전위원회가 이를 규정한다. 각방 민용선박이 항행함에 있어서 자기 측의 군사통제하에 있는 륙지에 배를 대는 것은 제한받지 않는다.
6. 쌍방은 모두 비무장지대 내에서 또는 비무장지대로부터 또는 비무장지대에 향하여 어떠한 적대행위도 감행하지 못한다.
7. 군사정전위원회의 특정한 허가 없이는 어떠한 군인이나 사민이나 군사분계선을 통과함을 허가하지 않는다.
8. 비무장지대 내의 어떠한 군인이나 사민이나 그가 들어가려고 요구하는 지역의 사령관의 특정한 허가 없이는 어느 일방의 군사통제하에 있는 지역에도 들어감을 허가하지 않는다.
9. 민사행정 및 구제사업의 집행에 관계되는 인원과 군사정전위원회의 특정한 허가를 얻고 들어가는 인원을 제외하고는 어떠한 군인이나 사민이나 비무장지대에 들어감을 허가하지 않는다.
10. 비무장지대 내의 군사분계선 이남의 부분에 있어서의 민사행정 및 구제사업은 국제련합군 총사령관이 책임진다. 비무장지대 내의 군사분계선

이북의 부분에 있어서의 민사행정 및 구제사업은 조선인민군 최고사령관과 중국인민지원군사령원이 공동으로 책임진다. 민사행정 및 구제사업을 집행하기 위하여 비무장지대에 들어갈 것을 허가받는 군인 또는 사민의 인원수는 각방 사령관이 각각 이를 결정한다. 단 어느 일방이 허가한 인원의 총수는 언제나 천(1,000)명을 초과하지 못한다. 민사행정 경찰의 인원 수 및 그가 휴대하는 무기는 군사정전위원회가 이를 규정한다. 기타 인원은 군사정전위원회의 특정한 허가 없이는 무기를 휴대하지 못한다.

11. 본 조의 어떠한 규정이던지 모두 군사정전위원회 그의 보조인원 그의 공동감시소조 및 소조의 보조인원 그리고 하기와 같이 설립한 중립국감독위원회 그의 보조인원 그의 중립국시찰소조 및 소조의 보조인원과 군사정전위원회로부터 비무장지대로 들어갈 것을 특히 허가받은 기타의 모든 인원, 물자 및 장비의 비무장지대 출입과 비무장지대 내에서의 이동의 완전한 자유를 방해하는 것으로 해석하여서는 안 된다. 비무장지대 내의 두 지점이 비무장지대 내에 전부 들어 있는 도로로써 련결되지 않는 경우에 이 두 지점간의 반드시 경과하여야 할 통로를 왕래하기 위하여 어느 일방의 군사통제하에 있는 지역을 통과하는 이동의 편리를 허여한다.

1953년 7월 27일 이후 1954년 9월까지 정전협정에 따라 육상 군사분계선을 나타내는 표식물(標識物)이 세워졌다. 임진강 강변에 세워진 0001호 표식물에서 시작해서 한반도의 허리를 가로질러 동해안에 세워진 마지막 표식물 제1,292호까지 1,292개의 표식물이 설치되었다.[42] 표식물에는 황색바탕에 흑색글씨로 한국문으로 "군사분계선"이라고 쓰여졌다.

42 이문항, 『JSA-판문점』, 82-83.

남향 표식물에는 군사분계선이라고 표기한 한국문 아래 영문으로 MILITARY DEMARCATION LINE이라고 병기되었고, 북향 표식물에도 군사분계선이라고 표기한 한국문 아래 중국문으로 軍事分界線이라고 병기되었다. 중국문은 1956년 '한자간화방안'이 발표되기 이전이었으므로 오늘날 중화인민공화국에서 사용하는 간자체인 军事分界线 대신 번자체인 軍事分界線으로 표기되었다.

표식물이 세워진 지점에서 좌우를 보았을 때, 좌우의 표식물이 모두 시야에 들어오기 위해서 분계선이 직선일 때는 500미터를 넘지 않고, 굴곡선일 때는 300미터를 넘지 않는 거리를 유지하도록 설치되었다. 표식물 1,292개 중 696개에 대한 관리는 국제연합군 측이 책임을 맡았고, 나머지 596개에 대한 관리는 조-중인민군 측이 책임을 맡았다. 이들 분계선 표식물들은 오랜 세월이 지나면서 제대로 보존되지 못하여 훼손되었다. 1973년 3월 7일에는 분계선 표식물 0654호에 대한 보수작업을 하던 한국군 작업반이 조선인민군의 총격을 받고 2명이 사망하고, 1명이 중상을 입는 사건도 발생했다.[43]

정전협정에 따라 1950년 6.25전쟁 이전에 존재했던 직선의 38선이 곡선의 군사분계선에 의해 대체됨으로써 6.25전쟁 발발 당시까지 자유진영에 속했던 옹진반도 남단과 개성은 조-중인민군 관할로 귀속되었다. 대신 6.25전쟁 발발 당시까지 평양의 지배를 받았던 경기도 연천군의 대부분과 강원도 철원군, 양구군, 인제군, 그리고 설악산을 포함한 고성군 등이 자유의 땅이 되었다. 현재 정전협정에 따라 설정된 군사분계선(MDL) 남쪽의 공간은 역시 정전협정에 따라 군사정전위원회가 관리하도록 되어 있는 비무장지대(DMZ), '군사기지 및 군사시설보호법'이 규정하고

43 같은 책.

있는 민간인통제지역(CCZ: Civilian Control Zone), '접경지역 지원 특별법'에 의해 규정되고 있는 접경지역 개념 등에 따라 [도표 4-5]와 같이 구분되고 있다.

도표 4-5 군사분계선 인접 공간의 정치적 재획정

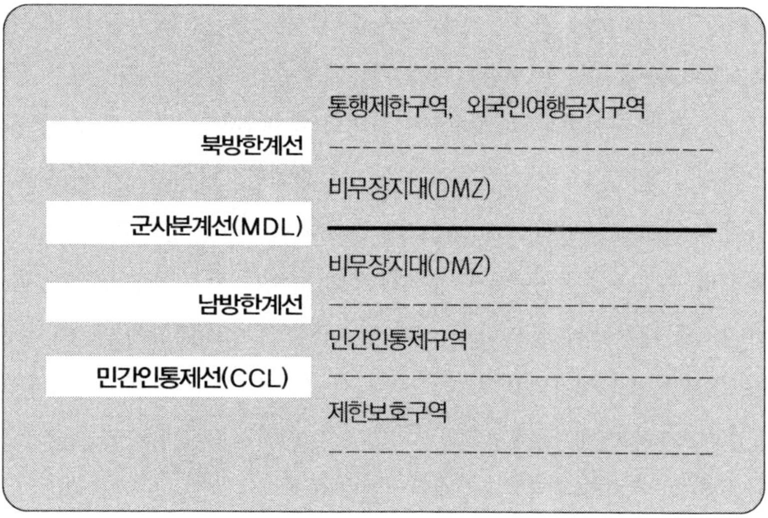

접경지역의 법적 정의는 "1953년 7월 27일 체결된 '군사정전에 관한 협정'에 따라 설치된 비무장지대 또는 해상의 북방한계선과 잇닿아 있는 시·군과 '군사기지 및 군사시설보호법' 제2조 제7호에 따른 민간인 통제선 이남의 지역 중 민간인통제선(CCL: Civilian Access Control Line)과의 거리 및 지리적 여건 등을 기준으로 하여 대통령령으로 정하는 시·군을 말한다. 다만, 비무장지대는 제외하되 비무장지대 내 집단취락지역은 접경지역으로 본다. 북쪽에서는 기정동 마을, 남쪽에서는 대성동 마을을 만들어 각각의 체제를 선전하는 경쟁을 벌였다.

정전협정 제1조 5항은 "한강 하구의 수역으로서 그 한쪽 강안이 일방

의 통제 하에 있고 그 다른 한쪽 강안이 다른 일방의 통제 하에 있는 곳은 쌍방의 민용선박의 항행에 이를 개방한다"고 함으로써 민간 선박의 자유통행권 또는 무해통해권(right of innocent passage)을 보장하고 있다. 정전협정의 이러한 조항에도 불구하고, 한강하구는 자유의 통로가 아니라 전쟁의 통로였고, 무장간첩들의 침투 및 귀환루트로도 활용되었다.[44]

한강 하구에서의 군사적 충돌은 꾸준히 지속되다가 1990년 11월 24일 처음으로 한강 하구 비무장지대에 한국의 준설선이 통과했다. 당시 홍수피해로 인해 건설회사 관계자들이 장비와 자재운반을 한강 하구를 통해서 하기를 원했고, 군사정전위원회가 이를 승인함으로써 육군 자유로사업단(단장 원형재 준장)과 7개 민간건설업체가 참여하여 골재채취선 등 6척의 배로 구성된 준설선단은 한강철책선 밖 강 위에서 자유로 건설에 필요한 골재를 채취할 수 있었다.[45] 이후 정전협정 제1조 제5항에 근거한 한강하구의 쌍방공동이용계획은 수도권 골재난 해소, 임진강 홍수피해 완화, 개성공단과의 연계, 서해평화협력지대구상, 나들섬구상, 경기도 물길트기 구상 등과 연계하여 꾸준히 제기되었다.[46]

2. 해상분계선과 북방한계선(NLL)

육상 군사분계선이 지도 위에 명기되었던 데 비해 해상 군사분계

44 조성훈, 『군사분계선과 남북한갈등』, 33.

45 "새해엔 '통일의 다리' 놓고 싶다 / 37년 만에 DMZ수역 통과", 『경향신문』 1990. 12. 29; 김재한, 『DMZ-평화』 (서울: 소화, 2004).

46 이시우, 『한강하구』 (서울: 통일뉴스, 2009); 제성호, "정전협정상 한강하구의 법적 지위," 제성호, 『한반도 안보와 국제법』 (서울: 한국국방연구원, 2010), 174-203.

선은 정전과정을 통해 '형성'되었다. 1951년 11월 27일 쌍방은 제2의제인 군사분계선에 대해 잠정적으로 합의한 상태에서 정화 및 정전의 구체적 조치(당초 합의했던 제3의제)에 관한 논의를 시작했다. 조-중인민군 측은 정화 및 정전의 구체적 조치를 위한 다섯 가지 기본원칙을 제안했다(proposal of five general principles for concrete arrangements of cease-fire and armistice). 이 중에는 "쌍방의 모든 무장병력(all armed forces of both sides)은 정전협정 조인 후 5일 이내에 군사분계선을 분할선으로 하여 상대방의 후방, 연안, 해면으로부터(from the rear and the coastal islands and waters of the other side, with the military demarcation line as the dividing line) 철수한다"는 제안이 포함되어 있었다.47

이 제안을 놓고 벌어진 설전에서 국제연합군은 12월 12일 조-중인민군 대표들의 주장을 수용했다. 국제연합군들은 교전선보다 훨씬 북쪽의 해상도서들에 주둔하고 있던 한국군 게릴라부대들과 이북 피난민들을 정전협정 체결에 즈음하여 남하하도록 조치했다. 그러나 조선인민군 정전협상 대표 남일은 교전선 이남에서 활동하고 있던 이현상(李鉉相, 1906-1953년 9월)의 게릴라부대 등을 군사분계선 이북으로 철수시키는 조치에 관해 언급하지 않았고, 이들을 군사분계선 이남지역에 방치했다.

그런데 정전협정에서는 도서분할방식만 합의되었을 뿐, 구체적인 경계선이 첨부된 지도에 표시되지 않았다. 그렇다고 해서 해상의 군사분계선이 정전협정과 전혀 무관하게 설정된 것은 아니었다. 육상의 군사분계선 획정과 관련해서는 교전선(交戰線)에 따른 분할의 원리가 적용되

47 Transcript of Proceedings, 28th Session, 2nd Meeting at Pan Mun Jom, on the Armistice Proposal, 27 November 1951.

었다면, NLL의 설정과 관련해서는 공산 측의 요구에 따라 제2조 제13항 ㄴ) 목에 “비록 일방이 점령하고 있더라도 1950년 6월 24일에 상대방이 통제하고 있던 섬들”이라는 구절을 삽입하여 정전협상을 시작할 당시 조-중인민군 측이 주장했던 전전(戰前)상태 회복의 원리도 부분적으로 적용되었다.

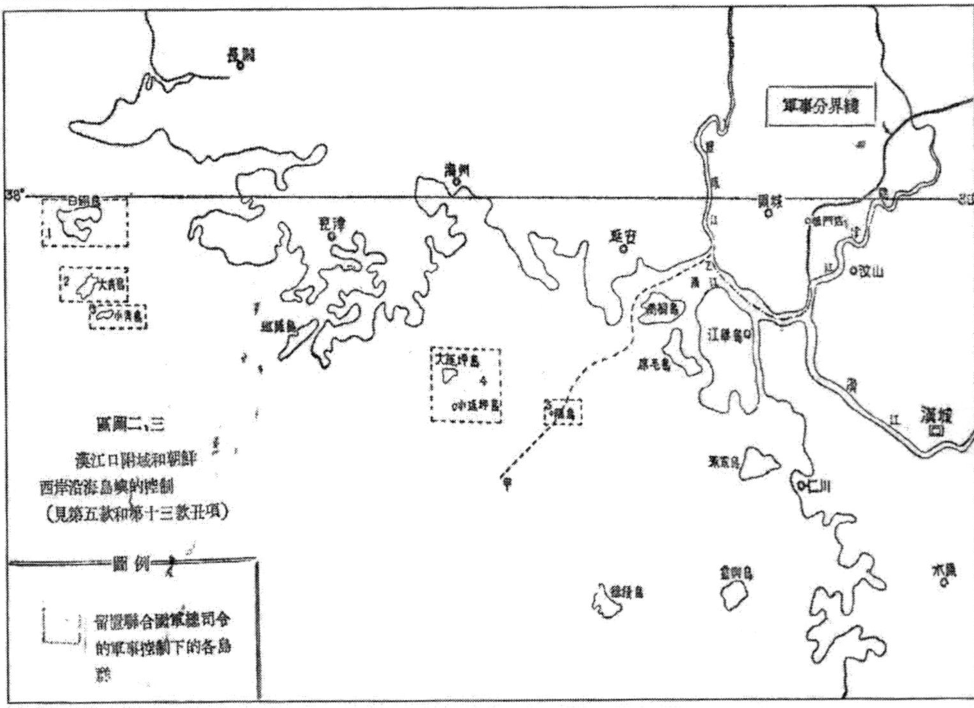

도표 4-6 정전협정(중국문본)에 표기된 서해 5도의 경계
(출처: 대한민국역사박물관)

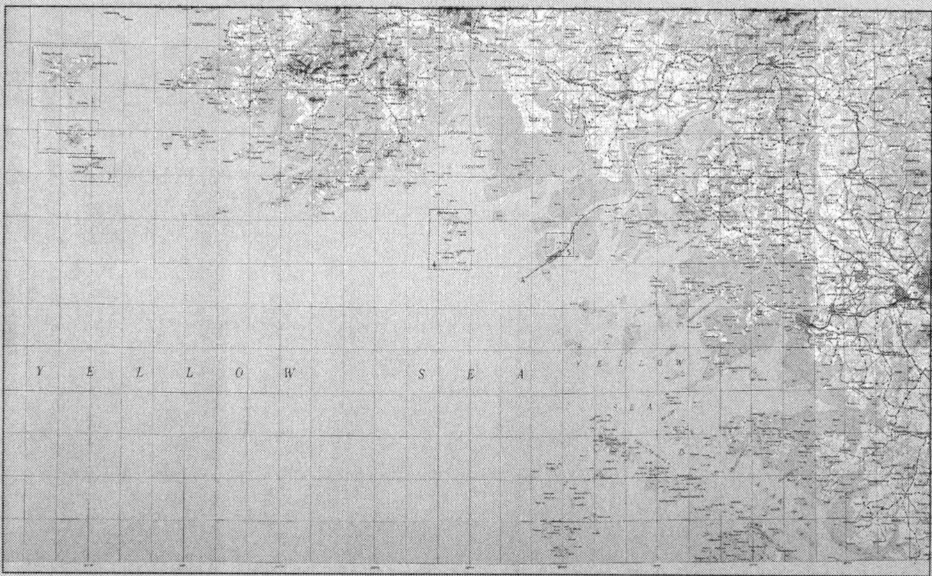

도표 4-7 정전협정(영문본)에 표기된 서해 5도의 경계
(출처: 대한민국역사박물관)

정전협정 제2조 13항 ㄴ)목을 보면 "본 정전협정이 효력을 발생한 후 10일 이내에 상대방은 한국에 있어서의 후방과 연해도서 및 해면으로부터 그들의 모든 군사역량 보급물자 및 장비를 철거한다"고 함으로써 한국군 및 국제연합군이 가지고 있던 해상에서의 우위를 무력화시키고자 했다. 정전협정에서 "상기한 연해도서라는 용어는 본 정전협정이 효력을 발생할 때에 비록 일방이 점령하고 있더라도 1950년 6월 24일에 상대방이 통제하고 있던 도서"라고 정의되었다. 조-중인민군 측이 원하던 바대로 전전(戰前)상태 회복의 원리가 적용된 조항이다.

6.25전쟁 말기 한국군 및 국제연합군은 서해에서는 대동강 하구의 평안남도 남포(8.15이전의 진남포) 서쪽 바다의 석도와 초도, 청천강 서쪽 인근의 대화도 등, 그리고 동해에서는 원산 인근 영흥만에 위치한 여도(麗島) 등의 도서와 해면(海面)을 장악하고 있었다.[48] 그런데 정전 협정에 의해 남포(과거의 진남포) 서쪽 바다의 석도와 초도, 청천강 서쪽 인근의 대화도, 그리고 황해도 해안에서 불과 1.5킬로미터 떨어져 있었지만 국제연합군과 한국군이 장악하고 있었던 오작도, 월내도 등 38도선 이북의 도서들을 넘겨주게 되었다. 청천강 서쪽에 위치한 대화도의 경우, 1951년 11월 30일 중국인민지원군 제4야전군 148사단 병력에 의해 점령되었다가 1952년 7월 20일 재탈환에 성공한 섬이었다. 대화도를 발판으로 압록강 하구 최서남단인 대록도(大鹿島) 근처에서 정크선을 공격, 침몰시키는 작전도 수행된 바 있었다.[49]

1952년 3월 양측은 정전의 관리를 위한 협상에서 논란이 되고 있던 중립국의 시찰대상을 5개 출입항구로 제한하는 것에 합의했다. 그리고 국제연합군 측으로서는 "놀랍게도"(surprisingly) 서해 5도를 국제연합군이 계속 보유(retention)하는 것에 조-중인민군 측이 동의했다.[50] 국제연합군 관할로 명문화된 서해 5도는 물론 조-중인민군 측이 차지하고 있던 옹진반도와 연평도 사이에 위치한 무도, 소수압도, 대수압도, 용매도, 그리고 대청도와 옹진반도 사이에 위치한 마합도, 기

---

48 여도(麗島)에서의 KLO부대의 활동에 관해서는 Ha-Yong Hwang, ed. by Hwang Sung, *My Father's War* (Indianapolis: Dog Ear Publishing, 2010), 125-133; KLO부대에 관해서는 이창건, 『KLO의 한국전 비사』 (서울: 지성사, 2005).

49 遊擊白馬部隊戰史編纂委員會(1968), 270, 315, 335, 339, 270. 유격백마부대전사편찬위원회의 위원장은 전 부대장 김결(金潔, 본명 김응수[金應洙])였다. 대화도를 거점으로 한 유격대의 활동에 관해서는 권주혁, 신종태, 『대화도의 영웅』 (서울: 퓨어웨이 픽쳐스, 2012).

50 Collins, *War in Peacetime,* 338.

린도(麒麟島), 창린도, 용호도, 어화도, 순위도(巡威島) 등은 모두 38선 이남에 위치한 도서들로서 정전협정이 규정하고 있는 "1950년 6월 24일에" 대한민국이 "통제하고 있던 도서"들이었다. 따라서 교전선에 따른 분할의 원리가 적용되어 조-중인민군 쪽으로 귀속된 38선 이남의 옹진반도와 달리 해상에서는 38선 이남의 옹진반도 인근에 위치한 연해도서들과 해면이 한국군 및 국제연합군의 관할구역에 속하게 되었다.

조-중인민군 측은 이 연해도서들과 해면으로부터 "모든 군사역량 보급물자 및 장비를 철거"해야 함으로써 조-중인민군 측이 차지한 38선 이남의 육지는 해양봉쇄 상황에 처할 수 있었다. 이러한 사태를 막기 위해 정전협정 제2조 13항 ㄴ)목 (Art. II 13(b))에 다음과 같은 단서를 두어 조-중인민군 측이 38선 이남에서 점령했던 육지(옹진반도 남단)가 해양봉쇄에 처하지 않도록 했다.

> ㄴ) 본 정전협정이 효력을 발생한 후 십(10)일 이내에 상대방의 한국에 있어서의 후방과 연해섬들 및 해면으로부터 그들의 모든 군사력량, 보급물자 및 장비를 철거한다. 만일 철거를 연기할 쌍방이 동의한 리유없이 또 철거를 연기할 유효한 리유 없이 기한이 넘어도 이러한 군사력량을 철거하지 않을 때에는 상대방은 치안을 유지하기 위하여 그가 필요하다고 인정하는 어떠한 행동이라도 취할 권리를 가진다. 상기한 "연해섬"이라는 용어는 본 정전협정이 효력을 발생할 때에 비록 일방이 점령하고 있더라도 1950년 6월 24일에 상대방이 통제하고 있던 섬들을 말하는 것이다. 단 황해도와 경기도의 도계선 북쪽과 서쪽에 있는 모든 섬 중에서 백령도(북위 37도58분, 동경124도40분), 대청도(북위 37도50분, 동경124도42분), 소청도(북위37도46분, 동경124도46분), 연평도(북위 37도38분, 동경125도40분) 및 우도(북위37도36분, 동경125도58분)의 도서군들을 국제련합군 총사령관의 군사통제하에 남겨 두는 것을

제외한 기타 모든 섬들은 조선인민군 최고사령관과 중국인민지원군 사령원의 군사통제하에 둔다. … 상기경계선 이남에 있는 모든 섬들은 국제련합군총사령관의 군사통제하에 남겨둔다. (밑줄 첨가).

(b) … ; provided, however, that all the islands lying to the north and west of the provincial boundary line between HWANGHAE-DO and KYONGGI-DO shall be under the military control of the Supreme Commander of the Korean People's Army and the Commander of the Chinese People's volunteers, except the island groups of PAENGYONG-DO (37 58' N, 124 40' E), TAECHONG-DO (37 50' N, 124 42' E), SOCHONG-DO (37 46' N, 124 46' E), YONPYONG-DO (37 38' N, 125 40' E), and U-DO (37 36'N, 125 58' E), which shall remain under the military control of the Commander-in-Chief, United Nations Command. All the island on the west coast of Korea lying south of the above-mentioned boundary line shall remain under the military control of the Commander-in-Chief, United Nations Command. (See Map 3). (도표 4-7, 밑줄 첨가).

그런데 이 문장의 하단에는 밑줄로 표시한 바와 같이 "남겨두는," "둔다," "남겨둔다"라는 표현이 나온다. 영문본을 보면 "남겨두는"과 "남겨둔다"라는 표현은 모두 remain으로 쓰고, "둔다"라는 표현은 be로 쓰여져 있다. 이것은 조-중인민군 측이 제기한 황해도와 경기도의 경계(이 선이 당시의 교전선을 반영한 경계선이 아니라는 점은 정전협정에 포함된 지도 하단에 명기) 북서쪽에 위치한 도서들을 38선 이북의 도서들에 더해서 조-중인민군 측의 관할 아래 두고(be), 서해 5도는 양보하지 않고 국제연합군의 관할에 남겨둔다(remain)라는 의미였다. 정전협상 중에 조-중인민군 측은 서해 5도에 대해서도 remain이라는 용어 대신 be라는 용어를 사용하고자 했으나 국제연합군 측이 수용하지 않았다. 결국

1952년 3월 25일 회의에서 "남겨두는"(remain)이라는 용어에 동의하고, 회의록에 지도를 포함시켰다. 중국어본 지도 하단에도 국제연합군의 통제 하에 "유치"(留置)한다(留置聯合國軍總司令的軍事控制之下)라고 명기하여 국제연합군의 관할 아래 있었던 연속성을 상호인정하는 용어를 사용했다([도표 4-6] 참고).

이 규정에 의해 "1950년 6월 24일에" 대한민국이 "통제하고 있던 도서"들이었고, 국제연합군의 압도적 해군력에 의해 지배되고 있던 서해 5도와 38선 이남의 황해도 해안 사이에 위치한 마합도, 기린도(麒麟島), 창린도, 용호도, 어화도, 순위도(巡威島), 무도, 소수압도, 대수압도, 용매도 등을 조-중인민군 관할권 안에 두게(be) 되었다. 조-중인민군 대표단의 일원이었던 차이청원(柴成文)은 38선과 군사분계선 사이의 도서들과 함께 38선 이북의 후방도서들을 차지하게 된 것을 협상의 주요한 성과라고 보았다. 그는 "정전협정 규정에 따라 정전 후 적이 철수해야 할 우리측 후방도서 중 주요한 것은 서해안의 숙도, 석도, 월내도, 기린도(騏麟島), 창린도(昌麟島) 등이고 동해안의 여도, 신도, 웅도 등"이었다고 회고했다.[51]

1951년 7월 정전협상이 시작되던 시점부터 1952년 2월까지 코리아의 서해와 동해에서는 [도표 4-8]에서 보여지는 바와 같이 국제연합군과 한국군, 그리고 이북출신 유격대와 피난민들이 연해도서(沿海島嶼)들과 해면(海面)을 장악하고 있었다.

---

51 柴成文, 趙勇田, 『板門店談判』, 尹永茂 역, 386.

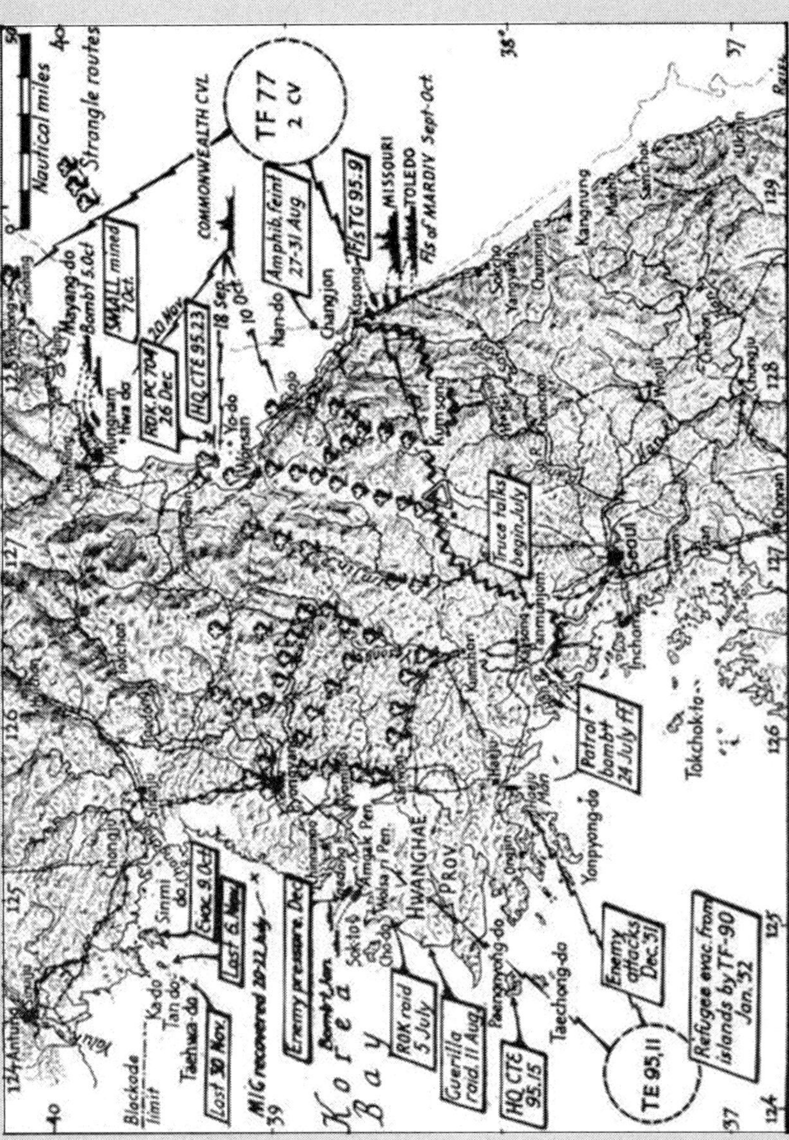

도표 4-8 1951년 7월부터 1952년 2월까지의 도서전쟁(The Island War).
미 해군지도. Field, *History of United States Naval Operations, Korea.*
(출처: 미 해군지도)

당시에는 원산 동쪽 15킬로미터 지점에 위치한 웅도와 여도, 그리고 인근의 사도, 모도, 황토도, 신도, 대도 등 7개 섬에도 한국군이 주둔하고 있었다. 그러나 백령도를 비롯한 서해 5도와 그 주변 해역은 계속해서 국제연합군의 관할 아래 남게 되었다. 백령도, 대청도, 소청도 등은 6.25전쟁 이전부터 38선 바로 아래 위치해 있던 전략적 요충지였다. 백령도, 대청도, 소청도 등은 1818년부터 제임스 홀 군도(Sir James Hall Group)라고 명명되어 국제연합군에 친숙한 도서들이었고, 나중에 국제연합군 측 지도에도 이 영문명으로 표기되었다. 스코틀랜드 출신의 영국 지리학자 바질 홀(Basil Hall, 1788-1844)이 그의 아버지이자 지리학자였던 제임스 홀의 이름을 남기기 위해 제임스 홀 군도라고 자의적으로 명명했었다.

백령도는 6.25전쟁 직후 조선인민군에 의해 점령되었지만, 인천상륙작전 직후 수복된 이래 국제연합군의 확고한 통제 아래 놓였고, 1951년 2월경부터 작전기지사령부인 윌리엄 에이블(William Able)기지가 자리잡았다. 이 기지는 같은 해 3월 레오파드(Leopard)기지로 이름을 바꾸었는데, 담당 작전지역은 북쪽으로 평안북도 연안도서인 신미도와 대화도로부터, 남쪽으로는 옹진군 흥미반도의 등산곶까지였다.[52] 연평도에 있던 울프팩(Wolfpack) 기지는 강화도로 이동했다.[53] 아울러 38선 이북의 도서들과 마찬가지로 이북의 피난민들 중 일부도 백령도 등에 거주했고, 황해도에서 활동했던 구월산유격대 등과도 연계되어 있었다. 구월산유격대는 1950년 12월 7일 황해도 은율군 장연에서 김종벽(金宗壁) 대위가 부대장을 맡아 창설한 연풍(連豊)부대가 모체였다. 창설 당시 규모는 6백 명 정

52 레오파드기지에 관해서는 Ben S. Malcom with Ron Martz, *White Tigers: My Secret War in North Korea* (Washington: Batsford Brassey, 1996), 43-53.

53 울프팩기지에 관해서는 Malcom with Ron Martz, *White Tigers*, 141-44.

도였으나 1951년 초에는 2천 5백 명으로 늘어났고, 정전 직후 부대가 해체될 때까지 8백 명 규모를 유지했다. 이들은 1951년 3월 연풍부대가 구월부대로 개편된 뒤 서해의 초도, 석도, 웅도, 청양도, 상취라도, 하취라도, 피도, 능금도 등지에서 도서방위와 육지침투활동을 벌였다.[54] 이들의 활동은 조-중인민군 1개 사단과 장비에 타격을 가했고, 조-중인민군 1개 군단을 해안에 묶어 놓는 효과가 있었다. 이들은 정전협정이 체결됨에 따라 8240, 8250부대로 통합되었다가 1954년 2월 일부가 한국 육군에 편입되었다.[55] 그리고 다른 일부는 도날드 니콜스(Donald Nicholls)가 이끌었던 첩보부대인 네코부대로 편입된 것으로 알려지고 있다.

연해도서들의 분할방식에 대한 이러한 합의는 해당 도서들 주변의 "해면"(海面)에 대한 분할방식과도 무관하지 않았다. 1951년 7월에 시작된 정전협상 초기부터 국제연합군 협상대표들은 국제연합군, 한국군, 반공유격대, 그리고 국제연합군에 의한 육상의 재수복이 이루어지기를 기대하며 피난 중이던 이북 주민 등이 거주하고 있던 도서들과 조-중연합군이 장악하고 있던 육지 사이의 해면(waters)이 "최상(最上)의 비무장지대"(the best demilitarized zone)라고 주장했고, 조-중인민군 협상대표들은 이러한 주장에 반대하지 않았다.

당시 한국은 일본과도 해양경계선을 획정하고 있었다. 1952년 1월 18일 한국 정부는 '인접해양에 대한 주권에 관한 선언'을 발표했다.[56] 이승만 대통령이 '한일 양국의 평화와 질서를 위한 평화선'으로 부름에 따라 나중에 이승만평화선(Rhee Line)으로 불리게 된 선은 [도표 4-9]와 같다.

54 『문화일보』 1998년 10월 1일.

55 이창건, 『KLO의 한국전 비사』, 331.

56 대한민국 국무원 고시 제14호, [관보(호외)]

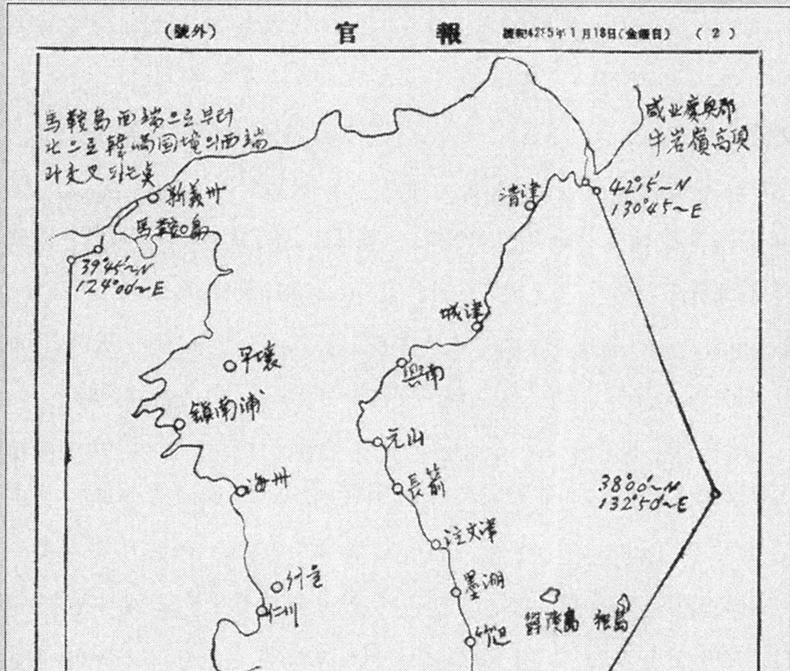

도표 4-9 이승만평화선(Rhee Line).
(출처: 대한민국 관보, 대한민국역사박물관)

정전협상장에서는 1952년 1월 29일과 1월 30일 교전선 이북 해상도서들로부터 철수하는 문제가 집중적으로 다루어졌다. 이 회의에서 국제연합군 측은 조-중인민군 측의 요청에 따라 영해규정을 삭제하는 것에 동의했다. 그리고 서해 5도를 국제연합군의 관할 하에 남겨두어야 하는 근거와 관련해서 (1) 계속해서 국제연합군 측 관할이었다는 점, (2) 6월 24일 이전에 대한민국 관할이었다는 점, (3) 그리고 비무장지대와 비교해서 해안으로부터 충분히 떨어져 있다(considerable distance from the shoreline)는 점 등을 제시했다. 서해 5도와 조-중인민군 측이 장악한 해안 사이의 해면을 비무장지대와 유사한 개념으로 보았던 것이다.[57]

쌍방은 "본 정전협정은 적대중의 일체 해상군사력에 운용되며 이러한 해상군사력은 … 육지에 인접한 해면을 존중하여 … 어떠한 종류의 봉쇄도 하지 못 한다"는 정전협정 제15항에 합의하게 된다. 이 조항을 존중하여 국제연합군사령부는 압록강 인근에 있던 해상봉쇄선을 해지했다. 그리고 정전협정 제2조 13항 ㄴ)목에서 서로 합의한 공간재획정 방식에 입각해서 서해 5도를 잇는 선과 조-중인민군 측과의 교전선과 연안선이 맞닿은 지점까지 경계선을 설정하여 이 선 이북의 "모든 병력을 철수"하는 조치를 취했다. 그 결과 대동강 하구의 평안남도 남포에서 38선까지의 해면에 더해서 38선 이남 옹진반도 인근의 해면까지 조-중인민군 관할로 넘어가게 되었다.

이처럼 쌍방이 합의하여 분할한 도서들 사이에 형성된 NLL을 군사분계선으로 간주하지 않으면 옹진반도 사이의 모든 "해면"(海面)까지 국제연합군 관할로 남게 되어 조-중연합군은 해상봉쇄상황에 처하게

57 Second Meeting of Staff Officers on Details of Agreement of Agenda Item 3, Held at Pan Mun Jom, 29 January 1952; Third Meeting of Staff Officers on Details of Agreement of Agenda Item 3, Held at Pan Mun Jom, 30 January 1952.

된다. 조-중인민군 측이 주장했던 38선 기준설에 입각해서 보거나 쌍방이 최종합의했던 교전선에 따른 분할의 원리에 입각해서 보거나 6월 24일 전쟁 발발 이전까지 38선 이남이었고, 정전협상 당시 국제연합군 및 한국군의 실효적 지배하에 있던 기린도, 순위도를 비롯한 조-중연합군 측 관할인 옹진반도 사이의 모든 "해면"이 국제연합군 관할로 남게 되어 조-중연합군은 해양으로부터 차단되는 상황이었다. 이러한 상황을 회피해주기 위해 국제연합군사령관이 서로 합의한 도서분할원칙에 입각해서 설정한 NLL은 조-중인민군의 해양으로의 통로를 열어주었다. 1959년 평양정부 직속의 조선중앙통신사가 발행하는 『조선중앙년감』에 명기된 황해남도 남쪽 경계선은 이 NLL을 따라 표기되어 있었다.[58] 그런데 2006년 5월 제4차 남북장성급군사회담에서 조선인민군 대표 김영철은 『조선중앙년감』을 출간한 출판사가 표기를 잘못했기 때문에 인민들의 항의를 받고 출판사가 없어졌으며 3개월 만에 도표를 찢어버렸다고 주장했다. 그러나 출판사를 없애고, 그 출판사가 발간한 기록을 찢어버린다고 해서 있었던 역사적 사실이 없어지는 것은 아니다(도표 4-10).

58 1959년 『조선중앙년감』은 국내편과 국제편이 있고, 해당 지도는 국내편에 나와 있다. 조선중앙통신사(1959), 254.

도표 4-10 1959년 평양당국이 표기한 황해남도의 남쪽 경계선.
(출처: 『조선중앙년감: 국내편』, 평양: 1959)

군사정전위원회 국제연합군 수석대표 특별고문을 지낸 이문항(James M. Lee)은 "주한 미 해군사령부로 찾아가 기록을 들여다보니 북방한계선은 1958년에 설정한 해군의 작전통제선(Operational Control Line)이라는 것을 알았"다고 주장한 바 있다.[59] 그러나 NLL과 유사한 선은 1958년 이전에 이미 존재했음이 [도표 4-2], [도표 4-11] 등을 통해 확인되고 있다.

육상의 군사분계선이나 해상 NLL의 발생연원은 모두 6.25전쟁 개전을 통해 조-중인민군 측이 38선을 최초 부정한데 따른 것이었고, 6.25전쟁의 마감은 스탈린 사후 소련 내각결정서에도 명시된 바와 같이 교전선에 따른 분할의 원리에 따라 이루어졌던 것이다. NLL은 정전협정문에 포함된 지도에 그려져 있지는 않았지만, 정전협정 제2조 13항 ㄴ)목에 명기된 도서분할원칙에 존재근거(raison d'Etre)를 두고 '형성'되었다. 6.25전쟁 말기 압록강과 두만강 인근 해상봉쇄선(blockade limit)과 서해분계선(Demarcation Line, Sir James Hall Is.인근)을 보여주는 [도표 4-2], 1953년 8월 30일 '해본기밀 제1235호(86.8.30)'에 의거한 [도표 4-11] 등은 모두 NLL이 전황과 연계된 정전협상과정에서 '형성'된 것임을 보여준다.

59 이문항, 『JSA-판문점』 (서울: 소화, 2001).

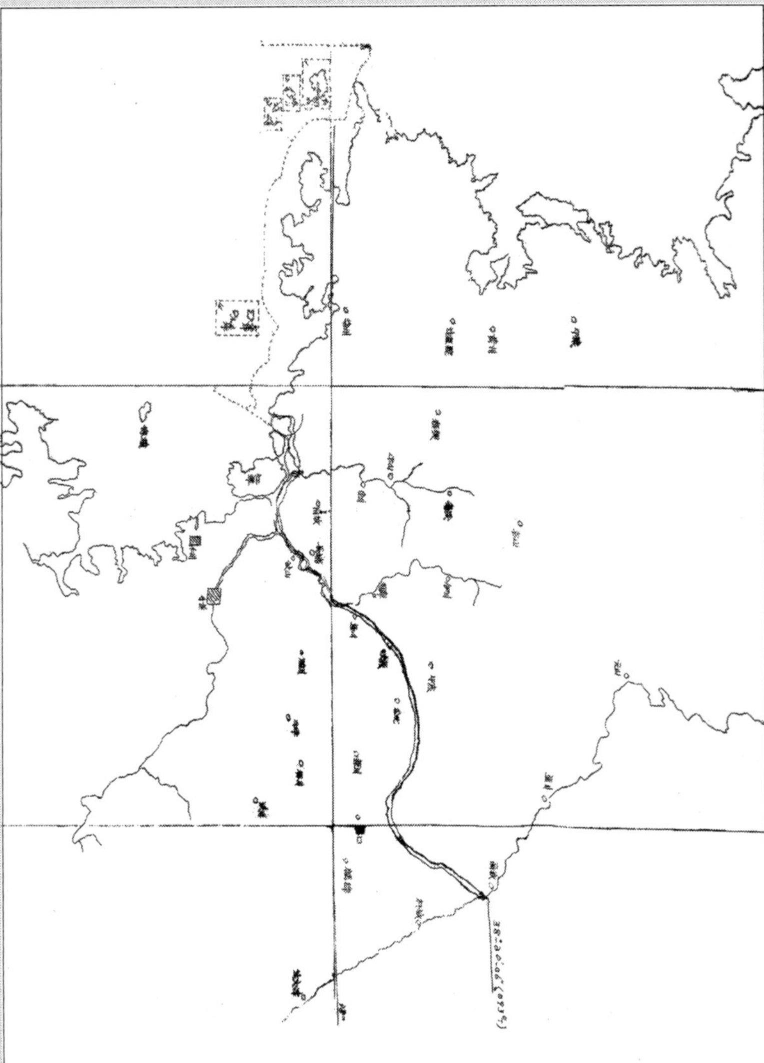

도표 4-11 1953년 8월 30일의 NLL

(출처: 해본기밀 제1235호(86.8.30))[60]

60 "'해본기밀제1235호(86.8.30)'에 의거 한국 해군함정에 대한 작전지시를 하였다." 대한민국 해군본부(2002), 119. 지도는 별지.

사진 4-1 1951년 11월 27일 육상의 군사분계선에 잠정합의하고 있는 제임스 머레이(우측 중앙)와 장춘산(김창만, 좌측 첫 번째).
(출처: 미 육군사진)

사진 4-2 돌아오지 않는 다리 남쪽에서 바라본 군사분계선 표식물.
(출처: 미군 공공사진)

제5장

시간: 정화 및 정전을 어떻게 실현하고 지속할 것인가?

제5장
시간: 정화 및 정전을 어떻게 실현하고 지속할 것인가?

1. 정전기간 중 군사력 증강문제와 소련 중립국론

1951년 11월 27일 판문점에서 개최된 제28차 본회의에서 육상에서의 잠정적 군사분계선에 대한 합의가 이루어졌다. 이로써 1951년 7월 26일의 협상에서 합의되었던 의제들 중 제1의제(회담의제의 채택)에 이어서 제2의제에 관한 합의가 이루어진 셈이었다.[1] 양측은 30일 이내에 남은 의제들에 합의하여 정전협정이 체결될 경우, 이 잠정적 군사분계선을 최종분계선으로 확정하기로 했다. 남은 의제들은 제3의제: 정화와 정전에 관한 조항의 수행을 감독할 기관의 구성 및 권한과 기능을 포함한 정화 및 정전을 실현하기 위한 구체적 조치, 제4의제: 포로에 관한 협정(arrangements relating to prisoners of war), 그리고 정전협상에 이은 정치협상에 관한 제5의제로서 쌍방의 관계 정부들에 대한 건의 등이었다.[2]

1 이 회의에서부터 국제연합군 대표단에서는 터너(Howard M. Turner) 공군소장이 크레이기(Laurence Carbee Craigie) 공군소장을 대신했다.

제2의제에 관한 합의문(agreement on Item 2)이 제출된 1951년 11월 27일의 판문점 본회의에서 양측은 이어지는 제3의제에 관한 서로의 기본적 제안(proposal)을 다음과 같이 교환했다. 먼저 조-중인민군 측은 제3의제에 관해 다음과 같은 5개 기본원칙을 제시했고, 이 문서를 국제연합군 측에 전달했다.

1) 정전협정이 조인되는 날로부터 정규군과 비정규군, 육해공군을 포함한 쌍방의 모든 무장병력은 일체의 적대행위를 정지(cease all hostilities)한다.
2) 정전협정 조인 3일 이내에 쌍방의 모든 무장병력은 비무장지대로부터 철수한다.
3) 정전협정 조인 5일 이내에 쌍방의 모든 무장병력은 군사분계선을 분단선으로 하여(the military demarcation line as the dividing line) 상대방의 후방과 연안도서, 영해(the rear and the coastal islands and waters of the other side)로부터 철수한다. 만일 언급된 시한 내에 철수하지 않고, 철수 지연의 정당한 사유가 없을 시, 상대방은 안보와 질서를 유지하기 위하여 그러한 무장병력에 대해 필요한 모든 조치를 취할 수 있는 권리를 갖는다.
4) 쌍방의 무장병력은 비무장지대에 들어갈 수 없으며 비무장지대에 대해 어떠한 병력의 행동도 수행해서는 안 된다.
5) 양측은 정전협정의 이행을 위한 구체적 조치와 감시를 위해 공동의 책임을 지게 될 정전위원회(armistice commission)에 동일한 수의 위원들을 지명한다.[3]

2 Hermes, *Truce Tent and Fighting Front,* 31-32.

3 Transcript of Proceedings, 28th Session, 2nd Meeting at Pan Mun Jom, on the Armistice Proposal, 27 November 1951.

이에 대해 국제연합군 대표단은 다음과 같은 7개의 기본원칙이 담긴 문서를 조-중인민군 대표단에 전달했다. 국제연합군 대표단의 기본적인 우려는 전쟁을 시작했던 공산진영이 정전의 시간을 군사력 증강의 시간으로 활용하는 것이었다.[4]

1) 정전협정에 조인(signing)한 후 24시간 이내에 정화(cease-fire)가 이루어져야 하고, 쌍방의 통제 하에 있는 모든 형태의 군사력이 이를 준수해야 한다.
2) 정전협정을 이행하기 위해 양측이 동등하게, 그리고 공동으로(equally and jointly) 참여하는 감시기구(supervisory organization)를 설치한다.
3) 정전협정에 조인한 후 쌍방의 병력(military forces), 보급(supplies), 장비(equipment), 및 시설(facilities)의 증강이 있어서는 안 된다.
4) 군사정전위원회(military armistice commission)가 감시기능을 수행함에 있어서 군사정전위원회 자신과 군사정전위원회에 책임을 지니는 공동감시소조는 코리아의 모든 지역(all parts of Korea)에 자유롭게 접근할 수 있는 권한(free access)을 갖는다.
5) 쌍방의 모든 군대, 즉 공군, 육해군, 정규군과 비정규군은 상대방이 통제하는 영토로부터 철수한다.
6) 쌍방이 특별히 상호합의한 경우를 제외하고 어떠한 무장병력(armed forces)도 비무장지대(demilitarized zone) 내에 두지 않는다.
7) 군사령관은 비무장지대 중 자신들이 맡은 부분(portion of the demilitarized zone)을 정전협정에 따라 관리해야 한다.[5]

4 Joy, *How Communists Negotiate*, 70.

5 Transcript of Proceedings, 28th Session, 2nd Meeting at Pan Mun Jom, on the Armistice Proposal, 27 November 1951.

조-중인민군 측은 세 번째 항에 대해 질문했다. 국제연합군 대표단은 [주민들을 위한] 식량 및 군대의 복지를 위한 식량과 의복은 제외된다고 대답했다. 이에 대해 조-중인민군 측은 "장비와 시설이 정확히 무엇을 의미"하는지 되물었다. 국제연합군 측은 "새로운 비행장을 건설하지 않는 것"(no new air fields)이라고 하면서 상대방의 공군력 증강을 억제하고자 하는 뜻을 내비쳤다.[6] 전쟁 초기부터 정전협상 당시까지 조-중인민군 측이 특히 두려워했던 것은 국제연합군의 공군력과 해군력이었다. 조-중인민군 측은 소련공군의 지원을 통해 부단히 공군력의 강화를 도모했고, 국제연합군 측도 이를 알고 있었다.

제3의제, 즉 정화 및 정전을 어떻게 실현하고 지속할 것인가와 관련하여 조-중인민군 대표단이 제시한 5개 원칙과 국제연합군 대표단이 제시한 7개 원칙 사이에는 유사점들도 많았지만, 큰 차이가 있었다. 따라서 잠정적 군사분계선에 합의한 11월 27일 이후 약속한 30일 기한 내에 합의에 도달하는 것은 불가능했다. 더 큰 난제인 제4의제, 즉 포로에 관한 조치(arrangements relating to prisoners of war)는 물론 제5의제인 "쌍방의 관계 정부들에 대한 건의"에 관한 합의도 이루어져야 했다.

1951년 11월 28일 본회의에서부터 협상은 순조롭지 않았다. 조-중인민군 대표단은 군사분계선 후방, 연해도서, 해상 등지에서 국제연합군 및 한국군을 철수시키는 것에 협상의 초점을 맞췄다. 이에 비해 국제연합군 측은 전쟁이 정지된 시간이 다시 전쟁을 도발하기 위한 준비의 시간으로 활용되는 것을 막는 것에 초점을 맞췄다. 그러자 조-중인민군 측은 미군이 정전상태를 영구화하려 한다고 비난했다. 이에

6 Transcript of Proceedings, 28th Session, 2nd Meeting at Pan Mun Jom, on the Armistice Proposal, 27 November 1951.

비해 국제연합군 측은 전쟁을 시작했던 인민군 측이 정전기간을 통해 전력을 증강한 후, 속전할 것을 우려했다. 당시 공산진영은 일사불란하게 6.25전쟁이 "미제와 이승만정부"에 의한 북침이었다고 강변하고 있었다. 국제연합군 대표단은 정전협정에서 규정하는 정전상태를 유지하는 것이 중요하며, 정전상태를 영구화하려는 의도를 갖고 있는 것은 아니라는 입장을 표명했다.[7] 1951년 12월 3일 판문점에서 개최된 제34차 본회의에서 국제연합군 측은 조-중인민군 측이 정전(armistice)을 원하고 있는 것이 아니라 총체적 정화(total cease-fire)만을 원하고 있을 뿐이며, 이 기간을 통해 군사력을 증강하려 한다고 논박했다.[8]

이처럼 정전협상이 새로운 난관에 봉착해 있던 1951년 12월 20일 트루먼 미국 대통령은 NSC 118/2를 승인했다. NSC 118/2는 1951년 5월 17일 트루먼 대통령이 승인했던 NSC 48/5를 대체하는 것은 아니라는 점을 밝히면서 변화된 상황에서 미국이 선택할 수 있는 세 가지 정책 목표들을 다음과 같이 제시했다.[9]

(a) 코리아에서 미국과 국제연합의 개입 종결과 미군의 완전철수
(b) 군사적으로 코리아의 통일을 이룩하고, 공산군을 격퇴
(c) 군사적 수단 혹은 다른 수단을 통해 코리아에서의 분쟁에 관한 수긍할 만한 해결을 이룩하고, 오로지 정치적 수단에 의해서만 코리아의 통일

---

7 Transcript of Proceedings, 29th Session, 3rd Meeting at Pan Mun Jom, Military Armistice Comference 28 November 1951.

8 Transcript of Proceedings, Thirty-fourth Session, 8th Meeting at Pan Mun Jom, Military Armistice Conference, 3 December 1951.

9 Memorandum by the Executive Secretary of the National Security Council (Lay) to the National Security Council, 20 Dec 1951, NSC 118/2, United States Objectives and Courses of Action in Korea, U.S. Department of State, *FRUS 1951: Korea and China.*

을 추구하는 것

이들 정책목표들 중 NSC 118/2는 (b) 또는 (c)를 미국이 선택할 수 있는 목표들이라고 보았다.[10] 이후 정전체제가 탄생할 때까지 한국과 미국은 (b)와 (c) 사이에서 밀당을 벌였고, 결국 (c)로 수렴되었다. NSC 118/2는 (c)를 이루기 위해서는 국제연합군 사령관이 군사작전을 강화해야 한다고 보았다. 여기에는 소련과 접경한 12마일 지역을 제외하고 압록강의 수력발전소에 대한 폭격을 포함한 코리아 전 지역에서의 무제한작전, 중국인민지원군에 대한 군사적 압박, 베이징을 외교적으로 고립시키기 위한 국제적 연대, 그리고 교전선 이북의 후방지역에서 활동 중인 반공유격대들을 최대한 지원하는 것 등이 포함되었다.[11]

1951년 11월 27일 잠정 합의된 군사분계선이 최종 확정될 수 있었던 30일의 시한을 넘긴 1951년 12월 28일 마오쩌둥은 리커눙에게 "[정전이] 연기될 것을 두려워하지 말고 비교적 긴 시일 동안 더 지연되어야 비로소 문제가 해결될 것"이라는 훈령을 하달했다.[12] 결국 잠정 합의된 군사분계선을 따라 정화 및 정전을 어떻게 실현할 것인가에 관한 쌍방의 협상은 1952년 4월까지 이어졌다.

양측은 제3의제를 논의하기 위한 분과위원회를 구성하기로 합의했다. 조-중인민군 대표단은 이상조와 세팡을, 국제연합군 대표단은 호드스와 터너(Howard M. Turner)를 각각 분과위원으로 선임했다.[13] 제3의제를 다

---

10 Memorandum by the Executive Secretary of the National Security Council (Lay) to the National Security Council, 20 Dec 1951, NSC 118/2, United States Objectives and Courses of Action in Korea, U.S. Department of State, *FRUS 1951: Korea and China,* 1388.

11 위와 같음.

12 "마오쩌둥이 리커눙에게," 1951년 12월 28일, 中國 軍事科學院 軍史歷史研究部, 『抗美援朝戰爭史』 3, 국방부 군사편찬연구소 역 (2005), 339에서 재인용.

루기 위한 분과위원회의 제1차 회의는 1951년 12월 4일에 개최되었다. 분과위원회가 계속되고 있던 1952년 3월 1일 아직 얼어있던 임진강에 급조된 아이스하키장(the Imjin Gardens)에서는 캐나다 기마포병대 장교들과 반 두스(Van Doos) 연대(왕립 22연대) 장교들 간의 아이스하키 경기가 벌어지고 있었다. 제3의제를 논의하기 위한 분과위원회는 1952년 4월 19일의 제71차 회의까지 이어졌다.[14]

전쟁이 정지된 시간 중에 조-중인민군이 비행장을 복구하거나 증설할 가능성과 위험성이 쟁점이 되었다. 국제연합군 대표단은 압록강 이남에서부터 교전선 이북까지의 공간에서 이루어지는 비행장 복구 및 증설을 감시대상에 포함시키고자 했다. 그런데 비행장 복구 및 증설 문제에 관해서는 워싱턴의 합참(JCS), 리지웨이 국제연합군 사령관, 그리고 조이 정전협상 수석대표 간에도 이견이 존재했다. 리지웨이 국제연합군 사령관은 무제한 사찰의 가능성과 필요성에 대해 의문을 가졌다. 그는 공산주의자들이 자신들이 통제하고 있는 공간을 사찰하는 것에 결코 동의하지 않을 것이라고 보았다. 대신 국제연합군 관할구역에 대한 사찰권은 남용될 것이라고 보았다. 리지웨이 사령관은 특정지점들을 선별하여 사찰하는 제한적 사찰을 선호했다. 반면에 조이 협상대표는 압록강 이남에서부터 교전선 이북까지의 공간에 비행장이 건설되거나 보수되는 일이 없도록 엄격한 현장사찰을 해야 한다는 입장이었다. 워싱턴의 볼테(Charles Bolté) 장군과 콜린스 장군의 입장은 리지웨이 사령관의 입장에 가까웠다. 이들은

13 Collins, *War in Peacetime,* 336.

14 Summary of Proceedings, First Session, Meeting at Pan Mun Jom, Sub-Delegations on Agenda Item 3, Military Armistice Conference, 4 Dec 1951; Transcript of Proceedings, Seventy-first Session, Meeting at Pan Mun Jom, Sub-Delegations on Agenda Item 3, Military Armistice Conference. 19 April 1952.

정전협정 체결 이후 전쟁 재발을 막는 길은 충분한 군사역량을 유지하는 데 있는 것이지, 정전감시에 있는 것이 아니라고 보았다. 그러나 점차 소련의 지원을 받은 적 공군의 활동이 증대하자 리지웨이도 비행장의 복구 및 증설 문제에 대해 엄격한 입장을 취하는 것에 동의하게 되었다.[15]

조-중인민군 측의 비행장 복구 및 증설 문제는 소련의 지원문제와 직결되어 있었다. 전쟁 초기 제공권을 빼앗긴 김일성은 1950년 10월 9일 슈티코프를 통해 스탈린에게 비행조종사들을 훈련시켜 줄 것을 요청했다.

1) 소련에 유학 중인 학생들 중 2-3백 명을 비행조종사로 훈련시켜 줄 것.
2) 조선계 소련인들 중에서 1천 명의 전차병, 2천 명의 비행조종사, 5백 명의 통신전문가, 그리고 5백 명의 공병장교를 훈련시켜 줄 것.[16]

1951년 3월 4일 스탈린은 마오쩌둥에게 보낸 전문을 통해 "벨로프 장군 지휘 하에 있는 소련 2개 공군 전투사단인 151사단과 324사단을 조선으로 이동시키는 데 동의"했다.[17] 정전협상이 시작되기 전인 1951년 5

15 Collins, *War in Peacetime,* 336.

16 Coded message N 600382/sh, 9 Oct 1950, A cable from Shtykov to Stalin with a letter of Kim Il Sung, cited in Bajanov and Bajanova, *The Most Mysterious War,* 102. 1950년 10월 10일 소련주재 대사 주영하는 2-3백 명이 아니라 조선인 소련유학생 738명 전원을 소련군 항공학교와 소련군 무선통신학교에 배치시켜 줄 것을 요청하여 마찰을 빚었다. "그로미코 수석차관이 스탈린에게 보낸 문서(1950년 10월 13일)," 朴鍾孝 편역, 『러시아 연방 외무성 대한정책 자료』 I, 430. 러시아 유학생들을 군사작전에 투입했던 경험은 1904년 러일전쟁 당시까지 거슬러 올라간다. 러일전쟁 발발 직후인 1904년 2월 23일 대한제국 황실은 일본군의 강박 하에서 일본의 편에서 러시아를 적대시하는 한일의정서(韓日定書)를 체결했다. 그러나 당시 러시아에 유학 중이던 대한제국 유학생들 중 일부는 러시아군에 편입되어 일본군과 싸웠다.

17 "1951년 3월 4일 필립뽀프가 북경에 있는 자하로프를 통해 모택동에게 보낸 암호 전문 no. 1462," 朴鍾孝 편역, 『러시아 연방 외무성 대한정책 자료』 I, 507.

월 스탈린은 마오쩌둥에게 보낸 전문에서 "조선에 몇 개 비행장을 건설하여 금속 포장, 고사포와 기타 필수 물자를 제공"하는 문제를 협의한 바 있었다.[18] 사실상 6.25전쟁에 참전하고 있던 소련공군을 지휘하고 있던 벨로프는 1951년 8월 30일 바실레프스키 국방장관과 쉬테멘코 총참모총장으로부터 "소련군 전체에 큰 손실을 가져오게 한 [동무의] 무책임한 근무태도"를 이유로 시말서 제출을 요구받기도 했다. "약 1개월 전에 미국 공군기와 영국 공군기가 북조선 서해안에서 미그-15기를 공중전에서 격추시키고 바다에서 인양"함으로써 소련공군의 군사기밀이 미국과 영국으로 넘어갔기 때문이었다.[19] 소련은 김일성의 개전을 허가하고 후원했을 뿐만 아니라 사실상의 참전국이었다.[20]

이처럼 소련공군이 사실상 참전한 상황에서 압록강 이남의 비행장 복구 및 증설이 이루어질 경우 소련지원 공군기의 작전 범위는 크게 확대될 수 있었다. 이 문제는 국무장관과 국방장관을 거쳐 트루먼 대통령에게까지 보고되었다. 트루먼도 국제연합군 측이 파괴한 비행장과 도로, 그리고

---

18 필리포프가 마오쩌둥에게 보낸 전문, 1951년 5월 22일, 26일. 러시아대통령문서고, 楊奎松, "중국의 조선 출병 시말," 133에서 재인용.

19 朴鍾孝 편역, 『러시아 연방 외무성 대한정책 자료』, I: 530.

20 1960년에 이미 소련 공군의 6.25전쟁 참전상황을 대중매체에 자세히 소개한 사람은 평양 주재 폴란드 대사관의 무관을 지냈고, 나중에 미국으로 망명한 모나트(Pawel Monat)였다. 로버트 스칼라피노, 이정식, 『한국공산주의운동사』, 616-17. Pawel Monat, "Russians in Korea: The Hidden Bosses," *Life,* 27 June 1960, 76-102; 전현수, "한국전쟁과 소련의 역할: 1949년 3월 조소 양국 정부의 협상을 중심으로," 『대구사학』 100권 (2010). 6.25전쟁 당시 참전한 공적으로 소련 영웅 칭호를 받은 소련 공군 군관 명단과 6.25전쟁 당시 참전했다가 사망한 소련군의 명단은 러시아연방국방성중앙문서보관소, 문서군 16, 목록 3139, 문서철 157, 205-225쪽 ; 문서군 32, 목록, 11474, 문서철 58, 371-72쪽 ; 문서군 58, 목록 152730, 문서철 4; 목록 175512, 문서철 1; 문서군 133전투비행사단, 목록 152685, 문서철 12, 193-97, 바르타노프 편, 『자료집: 소련 국방부 중앙문서보관소비밀해제 자료 및 대통령궁 문서보관소 비밀해제 자료 (1997)』, 대한민국 국사편찬위원회 역, 『해외사료총서11』, 부록 no. 3, 4.

철도 등이 정전기간을 통해 복구되도록 방치할 경우, 전쟁 재발을 위해 동원될 것을 우려했다. 그렇지만 정전협정을 체결하기 위해서는 불가피한 양보라고 보았다. 결국 비행장 문제로 인해 정전협상이 파국을 맞이해서는 안 된다는 지침이 1951년 12월 11일 리지웨이 사령관에게 하달되었다.[21]

정전협상은 정치회의나 평화회담이 아니었기 때문에 먼저 개전한 측의 전쟁책임과 배상, 그리고 전쟁재발 방지책 등을 포함한 평화체제의 수립을 위한 논의는 의제가 아니었다. 그러나 6.25전쟁이 조선인민군 측에 의해 시작되었기 때문에 국제연합군은 정전기간 동안 조선인민군이 전력을 증강하여 속전(續戰)할 가능성을 우려했다. 따라서 정전기간 중에 상대방의 군사력이 증강되는 것, 특히 육로로 연결된 소련과 중국을 통해 군사적 지원이 이루어지는 것, 그리고 압록강 이남에서 교전선 이북 사이의 공간에 비행장이 복구, 증설됨으로써 만주에서 출격하고 있던 소련지원 공군기의 행동반경이 넓어지는 것을 막는 장치를 만들어두고자 했다.

조-중인민군의 남진이 다시 38선 부근에서 저지될 수 있었던 요인들 중 하나는 교전선 이북까지 진출할 수 있었던 국제연합군의 공군 및 해군의 우위에 있었다. 그런데 정전 기간 중 국제연합군 측 공·해군의 활동이 정지되고, 상대방의 공군력은 증강되어 지상에서 조선인민군이 다시 남침할 경우 6.25전쟁 초기 상황보다 더 어려운 상황이 초래될 수도 있었다. 당시에 이미 조-중인민군의 전력은 국제연합군 측 공·해군의 폭격으로부터 자유로워진 보급로, 보급기지, 군수공장 등이 활발히 가동되면서 증강되고 있었다. 더구나 만주가 아니라 압록강 이남에서부터 교전선 이북 사이의 공간에 비행장이 복구, 증설되게 되면 소련이 지원하고 있는 공산

21 Collins, *War in Peacetime*, 337.

군 측 비행기의 행동반경이 넓어질 수 있었다.

당시 조-중인민군 측의 공군이 38선 부근의 전선에까지 출몰할 수 없었던 것은 만주에서 38선 부근까지 도달 가능한 장거리 폭격기나 제트 폭격기를 보유하지 못했고, 미그-15기에 장거리 임무가 가능한 외부 연료탱크를 탑재하는 기술이 개발되지 못했기 때문이었다.[22] 만일 압록강 이남에 비행장이 복구되거나 증설되면 공산측 비행기들은 곧바로 38선 부근의 전선, 해상, 그리고 후방까지 위협할 수 있었다. 서울은 물론 인천, 목포, 부산까지 소련지원 공군기의 기습공격을 받을 수 있었다.

1951년 11월 압록강을 넘어 출동한 미그-15기의 출동 횟수는 2,326회였던 것이 12월에는 3,997회로 급증했다. 12월 3일과 8일에는 고공으로 서울 이남까지 비행하여 국제연합군을 위협하기도 했다.[23] 1951년 중화인민공화국이 약 445대의 미그-15전투기를 보유하고 있었던 데 비해 미 극동공군은 89대의 F-86만을 보유하고 있었다는 통계도 있다.[24] 1952년 4월 28일 CIA보고서에 따르면 만주에 기반을 두고 소련의 지원을 받고 있던 조-중인민군 측 공군의 위협은 다음과 같이 현저히 증대되고 있었다.

> 적군 항공 활동과 관련한 가장 중요한 최근 사건은 타퉁구(Tatungku) 비행장에서 4월 13일 450대의 제트 항공기가 육안 목격된 것과 50대가 안동(Antung) 비행장에서 육안으로 목격된 것이다. 이 같은 육안목격은 이전에 목격된 것과 만주에서 추정된 총 미그-15기 군사력의 대략 두 배이다. 비록 이 목격에서 75대 정도의 오차가 존재할 가능성이 있지만, 이 보고는 실제적

---

22 Thomas C. Hone, "Korea," in *Case Studies in the Acheivement of Air Superiority,* ed. Benjamin Franklin Cooling (Washington, D.C.: Center for Air Force Superiority, 1994), 466-67.

23 Futrell, *The United States Air Force in Korea, 1950-1953,* 412.

24 Futrell, *The United States Air Force in Korea, 1950-1953,* 402.

으로 정확한 것으로 간주되었다. 그 동안의 일련의 정찰은 두 비행장에서 대략 200대의 비행기로 감소했음을 보여 준다. [중략] 적군의 항공활동 강화와 관련된 징후들로 보면, 코리아 남부(South Korea)에 대한 대규모 작전 역시 예측가능하다. (a) 4월 1일 서울-수원 지역 사진촬영 정찰로 보이는 미그-15기에 대한 보고, (b) 최근 국제연합 항공기와 교전하려는 적군 조종사의 강화된 의지, (c) 평양 비행장 수리와 관련한 보고, 그리고 (d) 4월 13일 태천(Taechon) 비행장에서의 일부 수송수단 활동 관찰. 이는 신안주(Sinanju) 지역의 3개 비행장 어느 곳에서도 얼마간의 기간 동안 처음 관찰된 것임.[25]

공산군 측 비행장의 복구 및 증설에 반대하는 국제연합군 대표단에 맞서서 조-중인민군 대표단은 정전을 감독할 중립국위원회에 소련을 포함시켜야 한다고 주장했다. 표면적으로 소련은 1951년 2월 1일 국제연합에 의해 침략자로 규정된 중화인민공화국과는 달랐지만, 조-중인민군 측에 군사물자 및 군사자문을 제공했던 국가였다. 소련이 공산진영의 종주국이자 사실상의 참전국이었음에도 불구하고 조-중인민군 대표단은 소련을 중립국감독위원회에 포함시키자는 황당한 제안을 했다.

그런데 더욱 황당했던 것은 조이대표로 하여금 소련이 사실상의 참전국임을 적시하여 반박하지 말라는 워싱턴의 지침이었다. 대신 소련이 코리아와 국경을 맞대고 있기 때문에 중립국이 될 수 없다는 논거를 제시하여 반박해야 한다는 것이었다.[26] 소련이 중립국이 될 수 없는 이유는 소련 공군의 참전 사실을 제시하여 반박하면 되는 것이었다. 그러나 제3차 세계대전의 가능성을 우려하고 있던 미국은 소련의 참전이 공식화되는 것

25 CIA, "한국에서 발발가능한 대규모 공산군의 공세에 대한 조치 논의," 1952년 4월 28일. 미중앙정보국 정보보고서(Intelligence Report of the Central Intelligence Agency)

26 Joy, *How Communists Negotiate*, 92-93.

을 원치 않았다. 워싱턴의 국무부 내에서는 소련을 중립국감시단에 포함시켜주는 대신 다른 양보를 받아내자는 의견까지 개진되었다.[27]

국제연합군 대표단장 터너 조이는 이러한 제안이 상대방의 주의를 다른 데로 돌려서 자기가 원하는 바를 얻어내는 훈제청어(red herring)전술이었다고 회고했다.[28] 유럽에서는 훈제청어를 사냥개의 후각을 단련시키는 데 사용했었는데, 사냥개들의 추격을 피하기 위해서 도주로가 아닌 쪽에 훈제청어조각을 던져서 사냥개들의 주의를 다른 곳으로 돌리는 전술을 말한다.[29] 소련을 중립국으로 보는 것은 어불성설이었다. 전쟁을 일으키는 데 사용된 총, 비행기, 탱크, 기뢰, 탄약, 연료, 트럭, 그리고 군사적 자문 등은 모두 소련으로부터 나온 것이었고, 소련은 공군을 통해 사실상 참전하고 있었다. 그럼에도 불구하고 조-중인민군 대표단은 소련중립국론을 제기함으로써 국제연합군 협상대표단의 주의를 분산시켜 놓고 다른 협상목표를 달성하고자 했다.

이처럼 조-중인민군 대표단은 협상의제마다 먼저 높은 값을 부르고 다른 양보를 받아내는 협상전략을 구사했다. 정전을 감시할 중립국감시위원단의 일원으로 소련을 초청하자는 주장을 철회할 테니 비행장 건설에 대한 반대를 철회하라든가 132,000명의 인민군 포로와 12,000명의 국제연합군 포로를 전원 맞교환하는 안을 받아들이라는 식이었다. 결국 조-중인민군 대표단은 소련을 중립국감독위원회에 넣어야 한다는 주장을 철회하는 대가로 비행장을 복구 및 증설하는 것에 대한 양보를 받아냈다. 이러한

---

27 로즈마리 풋은 존 힉커슨(John Hickerson)의 경우를 예로 들고 있다. Foot, *Substitute for Victory,* 86. 1949년 6월 24일부터 1953년 7월 27일까지 힉커슨은 국제연합담당차관보(Assistant Secretary of State for International Organization Affairs)였다.

28 Joy, *How Communists Negotiate*, 90-91.

29 위와 같음.

양보는 나중에 포로문제로 인한 교착상태를 돌파하는 패키지 딜(package deal)의 형태로 이루어졌다.

1952년 4월 12일 소집된 제3의제에 관한 분과위원회에는 국제연합군 대표단에서 윌리엄 해리슨 2세(미 육군소장), 하워드 터너(공군소장), 앤드류 킨네이(미 공군대령), 조지 볼(미 해군대령), 레비(미 육군중령), 소렌슨(미 육군소령), 리차드 언더우드(미 육군중위), 조지 풀러(미 해군), 브릭스(미 해군대령, 서기), 헬시 셰틀 주니어(미 해군소령) 등이 참석했다. 조-중인민군 대표단에서는 셰팡, 장춘산, 푸샨, 오홍선, 주문순 등이 참석했다. 그 밖에 통역장교들과 속기사들이 참석했다.[30]

이 회의에서 쎄팡은 "분과위원회가 재개된 이후 우리는 중립국 지명문제와 이른바 비행장시설 제한 문제에 대해서 명확한 입장을 개진해 왔다. 당신들 쪽에서 뭔가 새로운 것을 말할 것이 있는가?"(Has your side anything new to say)라고 물었다. 국제연합군 대표단장 해리슨 2세는 "아무 것도 없다"(Nothing to say)라고 대답했다. 쎄팡은 "당신들 쪽에서 아무 것도 새롭게 말할 것이 없으므로 내일까지 휴회할 것을 제안한다"고 말했다. 해리슨 대표는 "동의한다"고 대답했고, 회의는 1분 만에 끝났다.[31] 이런 식의 회의진행은 4월 13일, 14일, 15일, 16일, 그리고 17일까지 지속되었다. 심지어 4월 14일 제3의제에 관한 분과위원회 제66차 판문점회의는 '15초간의 회의'(15 second meeting)라는 세계기록을 세웠다.[32] 4월 17일 회의에서 제4의제를 담당하는 차이칭원이 협상파트너인 힉맨(George W.

30 Transcript of Proceedings, Sixth-fourth Session, Meeting at Pan Mun Jom, Sub-Delegations on Agenda Item 3, Military Armistice Conference, 12 Apr 1952.

31 위와 같음.

32 Transcript of Proceedings, Sixth-fourth Session, Meeting at Pan Mun Jom, Sub-Delegations on Agenda Item 3, Military Armistice Conference, 13, 14, 15, 16, 17 Apr 1952.

Hickman, Jr.) 대령에게 언제쯤 제4의제를 토의할 준비가 될 지를 알려달라는 요청과 수락이 있었을 뿐이었다. 4월 19일 제3의제를 다루기 위한 참모장교회의를 4월 20일부터 개최하기로 합의할 때까지 제3의제 분과위원회는 공전을 거듭했다.[33]

그러나 양측은 포로문제로 인해 정전협상이 장기간 중단되기 앞서 다음과 같은 사항들에 합의할 수 있었다. 첫째, 정전협정 발효 후 24시간 이내에 정화를 실현한다. 둘째, 쌍방의 무장부대는 정전협정 발효 후 72시간 이내에 철수한다. 셋째, 쌍방의 무장부대는 정전협정이 발효된 지 5일 이내에 상대방 연안에서 철수한다. 이 밖에 비행장 문제, 영해문제, 한강 공동관리문제, 병력교체문제, 그리고 사찰소조가 출입할 수 있는 출입항에 관한 합의 등이 이루어졌다.[34]

2. 중립국감독위원회와 군사정전위원회

제3의제, 즉 정화 및 정전에 관한 구체적 조치에 관한 협상이 나중에 마무리 되었을 때, 합의된 주요 내용은 정전협정의 "제2조 정화 및 정전에 관한 구체적 조치"에 포함되었다. 제12항은 "적대 행위의 완전정지는 본 정전협정이 조인된 지 십이(12)시간 후부터 효력을 발생한다"고 했다.

제2조 정화 및 정전에 관한 구체적 조치의 두 번째 조항인 제13항은

33 Transcript of Proceedings, Sixty-ninth Session, Meeting at Pan Mun Jom, Sub-Delegations on Agenda Item 3, Military Armistice Conference, 17 Apr 1952.

34 국방부 군사편찬연구소, 『韓美 軍事 關係史, 1871-2002』 (서울: 국방부 군사편찬연구소, 2002), 538.

"군사정전의 확고성을 보장"하기 위한 조치로서 "ㄱ) 본 정전협정 중에 따로 규정한 것은 제외하고 본 정전협정이 효력을 발생한 후 칠십이(72)시간 내에 그들의 일체 군사력량, 보급 및 장비를 비무장지대로부터 철거한다. … 적대쌍방 사령관들이 동의한 경찰의 성질을 가진 부대 및 본 정전협정 제10항과 제11항에서 허가한 인원 이외에는 쌍방의 어떠한 인원이든지 비무장지대에 들어가는 것을 허가하지 않는다"고 규정했다. 또한 앞서 언급한 바와 같이 ㄴ)목에서 백령도, 대청도, 소청도, 연평도 및 우도를 제외하고, "본 정전협정이 효력을 발생할 때에 비록 일방이 점령하고 있더라도 1950년 6월 24일에 상대방이 통제하고 있던 섬들"에서 "모든 군사력량, 보급물자 및 장비"를 철거하도록 규정했다.

정전협정 체결 직전까지 석도, 초도, 월내도, 육도, 기린도, 창린도, 마합도, 어화도, 순위도, 무도, 용매도, 소수압도, 대수압도 등지에는 국제연합군, 한국군, 반공유격대, 그리고 국제연합군에 의한 재수복을 기대하던 이북 주민 등을 합해서 수만 명이 주둔 또는 거주하고 있었다. 초도에만도 미군 566명, 한국군 712명, 유격대/첩보대 4,000명, 주민 2,112명, 피난민 2,500명 등이 주둔 및 거주하고 있었다.[35] 이들은 모두 이 정전협정 규정에 따라 이남으로 철수했다. 그런데 교전선 이남에서 남로당계 공산주의자들이 주도하던 빨치산들의 철수는 이루어지지 않았다. 정전협정 체결 당시 평양에서는 남로당 계열에 대한 숙청이 진행 중이었다.

정전협정 제13항의 ㄷ)목, ㄹ)목 등에서는 정전기간 중 군사력을 증강하는 것을 막는 규정들을 두었다. 정전기간 중 쌍방의 군사력 증강을 막기 위한 규정들은 "외국 군대 철거"문제를 "한 급 높은 정치회의"에서 해결하기로 한 제60항의 규정에 앞서 쌍방이 더 이상의 군사인원을 증원

35 국방부 군사편찬연구소, 『유격전사』 (서울: 국방부 군사편찬연구소, 2003), 203.

하는 것을 막기 위한 것이었다.

제13항의 ㅅ)목에서 ㅊ)목까지에서는 군사정전위원회(Military Armistice Commission)와 중립국감독위원회(Neutral Nations Supervisory Commission)의 활동을 보장하는 다음과 같은 규정들이 포함되었다.

ㅅ) 군사정전위원회와 그의 공동감시소조 및 중립국감독위원회와 그의 중립국시찰소조가 하기와 같이 지정한 그들의 직책과 임무를 집행할 때에 충분한 보호 및 일체의 가능한 방조와 협력을 한다. 중립국감독위원회 및 그의 중립국시찰소조가 쌍방이 합의한 주요 교통선을 경유하여 중립국감독위원회 본부와 본 정전협정 제43항에 렬거한 출입항 간을 왕래할 때와 또 중립국감독위원회 본부와 본 정전협정 위반사건이 발생하였다고 보고된 지점 간을 왕래할 때에 충분한 통행상의 편리를 준다. 불필요한 지연을 방지하기 위하여 주요 교통선이 막히던지 통행할 수 없는 경우에는 다른 통로와 수송기재를 사용할 것을 허가한다.

ㅇ) 군사정전위원회 및 중립국감독위원회와 그 각자에 속하는 소조에 요구되는 통신 및 운수상 편리를 포함한 보급상의 원조를 제공한다.

ㅈ) 군사정전위원회 본부 부근 비무장지대 내의 자기 측 지역에 각각 한 개의 적당한 비행장을 건설, 관리 및 유지한다. 그 용도는 군사정전위원회가 결정한다.

ㅊ) 중립국감독위원회와 하기와 같이 설립한 중립국송환의원회의 전체 위원 및 기타 인원이 모두 자기의 직책을 적당히 집행함에 필요한 자유와 편리를 가지도록 보장한다. 이에는 인가된 외교인원이 국제관례에 따라 통상적으로 향유하는 바와 동등한 특권, 대우 및 면제권을 포함한다.

국제연합군이 교전선보다 훨씬 북쪽에서 누리고 있던 해군과 공군의 우위를 무력화시키고자 했던 조-중인민군 대표단의 의도는 관철되었다. 그러나 교전선 이남 지역에서 활동 중이던 인민군 군사역량에 대한 조치는 이루어지지 않았다.

정전협정 제17항은 정전협정 준수의 책임이 쌍방 사령관들에게 있음을 다음과 같이 명기했다.

> 17. 본 정전협정의 조항과 규정을 준수하며 집행하는 책임은 본 정전협정에 조인한 자와 그의 후임 사령관에게 속한다. 적대 쌍방 사령관들은 각각 그들의 지휘 하에 있는 군대 내에서 일체의 필요한 조치와 방법을 취함으로써 그 모든 소속 부대 및 인원이 본 정전협정의 전체 규정을 철저히 준수하는 것을 보장한다. 적대 쌍방 사령관들은 호상 적극 협력하여 군사정전위원회 및 중립국 감독위원회와 적극 협력함으로써 본 정전협정 전체 규정의 문구와 정신을 준수하도록 한다.

이 규정에 따라 정전협정 체결 당시 국제연합군 총사령관과 조선인민군최고사령관 및 중국인민지원군 사령원 등에게 부과된 정전협정의 조항과 규정을 준수하며 집행하는 책임은 후임사령관들에게 승계되었다. 제17항에 이어서 제18항은 “군사정전위원회와 중립국감독위원회 및 그 각자에 속하는 소조의 사업비용은 적대 쌍방이 균등하게 부담한다”고 규정했다.

정전협정 제2조의 제19항부터 제35항까지는 군사정전위원회에 관한 조항들로서 군사정전위원회의 “1. 구성”에 관한 조항들(제19항부터 제23항), “2. 직책과 권한”에 관한 조항들(제24항에서 제30항), 그리고 “3. 총칙”에 관한 조항들(제31항에서 제35항)로 이루어졌다. 군사정전위원회의 “구성”과 관련된 제19항에서는 “군사정전위원회를 설립한다”고 규정하고, 제20항에서는 "십(10)명의 고급 장교로 구성하되 그 중의 오(5)명은 국제련합군 총사령관이 이를 임명하며 그 중의 오(5)명은 조선인민군 최고사령관과 중국인민지원군 사령원이 공동으로 이를 임명한다"고 규정했다. 제20항에서는 계속해서 "위원 십(10)명 중에서 각방의 삼(3)명은 장급에 속하여야 하며 각방의 나머지 이(2)명은 소장, 준장, 대령 혹은 그와 동급인 자로 할 수 있다"고 규정했다. 제22항은 군사정전위원회의 "기록은 영문, 한국문 및 중국문으로 작성하되 세 가지 글은 동등한 효력을 가진다"고 규정했다.

군사정전위원회의 "직책과 권한"과 관련된 제24항은 군사정전위원회의 전반적 임무를 "본 정전협정의 실시를 감독하며 본 정전협정의 어떠한 위반사건이던지 협의하여 처리하는 것"으로 규정했다. 제25항은 군사정전위원회의 직책과 권한을 다음과 같이 상세히 열거해 놓았다.

ㄱ) 본부를 판문점(북위 37도57분29초, 동경 126도40분00초)부근에 설치한다. 군사정전위원회는 동 위원회의 쌍방 수석위원의 합의를 거쳐 그 본부를 비무장 지대 내의 다른 한 지점에 이설할 수 있다.

ㄴ) 공동기구로서 사업을 진행하며 의장을 두지 않는다.

ㄷ) 그가 수시로 필요하다고 인정하는 절차 규정을 채택한다.

ㄹ) 본 정전협정 중 비무장지대와 한강 하구에 관한 각 규정의 집행을 감독한다.

ㅁ) 공동감시소조의 사업을 지도한다.

ㅂ) 본 정전협정의 어떠한 위반사건이든지 협의하여 처리한다.

ㅅ) 중립국감독위원회로부터 받은 본 정전협정 위반사건에 관한 일체 조사보고 및 일체 기타 보고와 회의기록은 즉시로 적대쌍방 사령관들에게 이를 전달한다.

ㅇ) 하기한 바와 같이 설립한 전쟁포로송환위원회와 실향사민 귀향협조위

원회의 사업을 전반적으로 감독하며 지도한다.

ㅈ) 적대쌍방 사령관 간에 통신을 전달하는 중개 역할을 담당한다. 단 상기의 규정은 쌍방 사령관들이 사용하고자 하는 어떠한 다른 방법을 사용하여 호상 통신을 전달하는 것을 배제하는 것으로 해석할 수 없다.

ㅊ) 그의 공작인원과 그의 공동감시소조의 증명 문건 및 휘장 또 그 임무 집행 시에 사용하는 일체의 차량, 비행기 및 선박의 식별 표식을 발급한다.

그 밖에 군사정전위원회와 관련된 총칙에는 다음과 같은 조항들이 포함되었다.

31. 군사정전위원회는 매일 회의를 연다. 쌍방의 수석위원은 합의하여 칠(7)일을 넘지 않은 휴회를 할 수 있다. 단 어느 일방의 수석 위원이던지 이십사(24)시간 전의 통고로써 이 휴회를 끝낼 수 있다.

32. 군사정전위원회의 일체 회의기록의 부분은 매번 회의 후 될 수 있는 대로 속히 적대 쌍방 사령관들에게 송부한다.

33. 공동감시소조는 군사정전위원회에 동 위원회가 요구하는 정기 보고를 제출하며 또 이 소조들이 필요하다고 인정하거나 또는 동 위원회가 요구하는 특별보고를 제출한다.

34. 군사정전위원회는 본 정전협정에 규정한 보고 및 회의 기록의 문건철 두 벌을 보관한다. 동 위원회는 그 사업 진행에 필요한 기타의 보고 기록 등의 문건철 두 벌을 보관할 권한을 가진다. 동 위원회의 최후 해산 시에는 상기 문건철을 쌍방에 각 한 벌씩 나누어 준다.

35. 군사정전위원회는 적대 쌍방 사령관들에게 본 정전협정의 수정 또는 증보에 대한 건의를 제출할 수 있다. 이러한 개정 건의는 일반적으로 더 유효한 정전을 보장할 것을 목적으로 하는 것이어야 한다.

군사정전위원회의 구성과 관련해서 쌍방은 "십(10)명의 고급 장교로 구성하되 그 중의 오(5)명은 국제련합군 총사령관이 이를 임명하며 그 중의 오(5)명은 조선인민군 최고사령관과 중국인민지원군 사령원이 공동으로 이를 임명한다"는 규정에 따라 쌍방 5명씩 10명을 선임했다. 정전협정 조인 후인 1953년 7월 28일 처음으로 개최된 군사정전위원회에 국제연합군 측에서는 미국의 브라이언(Blackshear M. Brayan) 소장 등 5명이, 조-중인민군 측에서는 이상조 등 5명이 참석했다.[36] 1953년 7월 제1대 브라이언 미 육군소장으로부터 1991년 3월 제56대 레코드(James F. Record) 공군소장에 이르기까지 34년간에 걸쳐 56명의 미군장성이 국제연합군 수석대표를 역임했다.

정전협상 대표단을 구성함에 있어서 각 군의 대표성을 고려했던 국제연합군은 군사정전위원회 수석대표를 육군, 공군, 해군의 순서로 임명했다. 그러나 1977년 제48대 군정위 수석대표인 싱글러브(John K. Singlaub) 육군소장 겸 주한미군참모장이 카터(Jimmy Carter) 대통령의 주한미군 철수정책에 반대했다는 이유로 전격 해임됨에 따라 이 원칙이 깨지게 되었다. 국제연합군 측에서는 군사정전위원회 제49대 수석대표부터 육군 장성이 배제된 상태에서 해군 및 공군소장이 차례로 수석대표에 임명되었다.[37]

한국군은 1953년 12월 20일부터 군정위에 대표를 파견하였다가 1954년 3월 3일 군특명 37호에 의해 임선하 육군소장을 정식으로 임명하여 차석대표로 활동하게 되었다. 그런데 1991년 차석대표만을 맡아오던 한국군 대표가 제57대 국제연합군 수석대표로 임명되었다

---

36 "제1차 군사정전위원회 회의록," 1953년 7월 28일, 미 태평양군 문서군, 국립중앙도서관, 『NARA기록으로 보는 6.25』 (서울: 국립중앙도서관, 2010).

37 하재평, "정전협정 체제와 유엔사의 역할," 『戰史』 제5호 (2003), 40-41.

(황원탁 소장). 조선인민군 측은 한국군이 수석대표가 될 수 없다고 반발하면서 군사정전위원회를 공전시켰다. 정전협정 제20항에서 보여지듯이 "그 중의 오(5)명은 국제련합군 총사령관이 이를 임명하며" 라는 규정만 있을 뿐 수석대표의 국적에 대한 제한은 존재하지 않았다. 그럼에도 불구하고 조선인민군 측은 한국(군)의 정전협정 당사자성을 인정하지 않는 차원에서 군사정전위원회 자체를 유명무실한 존재로 만들었다. 조선인민군 측은 군사정전위원회에 불참하는 대신 일방적으로 개성에 '조선인민군 판문점대표부'를 설치했다. 2013년 2월 12일 제3차 핵실험을 감행한 데 이어서 3월 11일을 기해 정전협정을 파기하고, '조선인민군 판문점대표부' 활동마저 중단한다고 선언했다. 2013년 6월 국제연합 주재 '조선민주주의인민공화국' 대사 신선호는 국제연합군사령부를 해체해야 한다는 주장을 되풀이했다.

국제연합군 측에서는 1991년 이후 군사정전위원회에 불참해 오고 있는 조-중인민군 측 움직임과 상관없이 제57대 황원탁 육군소장(육사 18기)에 이어서 제58대 이석복 육군소장, 제59대 차기문 육군중장, 제60대 하재평 육군소장, 제61대 안광찬 육군 소장, 제62대 송영근 육군소장 등을 임명했고, 2013년 서형석 육군소장(육사 37기)을 군사정전위원회 수석대표로 임명했다. 1991년 활동이 정지될 때까지 군사정전위원회는 총 459회 개최되었는데, 이를 통해 국제연합군 및 한국군 측은 조-중인민군 측이 약 40여 만 건의 정전협정 위반 사례가 있었다고 항의한 바 있다.[38]

정전협정에서 군사정전위원회(Military Armistice Commission)와 함께 정화 및 정전을 위한 구체적 조치를 수행할 기관으로 합의된 것은

38 국방부 합참정보본부, 『軍事停戰委員會便覽』, 181.

중립국감독위원회(中立國監督委員會, Neutral Nations Supervisory Commission, NNSC)였다. 정전협정 제36항에서부터 제40항까지는 중립국감독위원회의 구성, 제41항부터 제43항까지는 중립국감독위원회의 직책과 권한, 그리고 제44항부터 제50항까지는 중립국감독위원회 총칙에 관한 조항이 포함되었다.

양측은 중립국 선정에 있어서 양측이 수긍할 만해야 한다(neutral nations must be acceptable to both sides)는 점에 합의했다. 조-중인민군 측이 제시한 폴란드(정전협정 본문에는 파란으로 표기)와 체코슬로바키아, 그리고 국제연합군 측이 제시한 스웨덴(서전)과 스위스(서서) 등으로 중립국감독위원회를 구성할 것에 합의하여 다음과 같은 정전협정 제37항이 탄생되었다.

> 37. 중립국감독위원회는 사(4)명의 고급장교로 구성하되 그중의 이(2)명은 국제련합군 총사령관이 지명한 중립국 즉 서전 및 서서가 이를 임명하며 그 중의 이(2)명은 조선인민군 최고사령관과 중국인민지원군 사령원이 공동으로 지명한 중립국 즉 파란 및 체코슬로바키아가 이를 임명한다. [후략]

중립국감독위원회의 직책과 권한은 정전협정 제41항을 통해 다음과 같이 규정되었다.

> 41. 중립국감독위원회의 임무는 본 정전협정 제13항 ㄷ목, 제13항 ㄹ목 및 제28항에 규정한 감독, 감시, 시찰 및 조사의 직책을 집행하며 이러한 감독, 감시, 시찰 및 조사의 결과를 군사정전위원회에 보고하는 것이다.

그리고 정전협정 제43항을 통해 중립국감독위원회의 임무를 수행하기 위해 중립국 시찰(視察)소조(Neutral Nations Inspection Teams)가 각각 국제연합군의 군사통제지역인 인천, 대구, 부산, 강릉, 군산, 그리고 조선인민군과 중국인민지원군의 군사통제 지역인 신의주, 청진, 흥남, 만포, 신안주 등에 주재하기로 합의했다. 중립국으로서 이 업무를 수행하기 위해 스웨덴은 시찰소조를 포함해서 75명을 파견했고, 스위스도 시찰소조를 포함해서 96명을 파견했다. 보급과 통신 업무를 자체적으로 해결했던 폴란드와 체코슬로바키아는 각각 300명의 인원을 운영했다.[39]

중립국감독위원회의 중립국시찰소조는 정전협정 43조에 의거 해당 출입항들에 주재하며, 통행상 충분한 편리를 받도록 되어 있었다. 그러나 정전협정에 명기된 쌍방의 출입항에 파견된 중립국 시찰소조원들은 방해와 시위에 직면했고, 정전협정 제13항에서 규정하고 있는 임무를 제대로 수행할 수 없었다.[40]

결국 정전협정 체결 이후 3년이 채 안 된 1956년 3월 31일 국제연합군사령부는 참전국 정부들과 워싱턴에서 협의한 후 인천, 군산, 부산 등지에서 이루어지고 있던 중립국감독위원회 활동과 관련하여 "정전협정의 증원, 보고 및 감시규정에 관한 공산 측의 위반행위와 공산 측 및 동위원단의 체코슬로바키아와 폴란드 위원에 의한 중립국 감시위원단 임무수행의 방해 행위로 인하여 국제연합군 사령부는 공산 측의 그러한 위반행위가 계속되는 동안 중립국감독위원단의 관할구역에서의 활동을 규율하는 정

39 가브리엘 욘손, "군사정전위원회와 중립국감독위원회의 설치, 그리고 정전 직후 격동의 시기," 『체코슬로바키아 중립국감독위원단이 본 정전 후 남과 북』 (서울: 서울역사박물관, 2013), 261.

40 알렉스 쉬밤베르크, "체코슬로바키아와 1950년대 중립국감독위원단," 『체코슬로바키아 중립국감독위원단이 본 정전 후 남과 북』 (서울: 서울역사박물관, 2013), 283-84.

전협정 관련조항의 이행을 잠정적으로 중지할 수밖에 없다"는 뜻을 통고하게 된다. 이에 대해 베이징정부는 같은 해 4월 9일 영국을 통해 국제연합참전국들 정부에 전달한 각서를 통해 "조선의 통일문제와 외군철수문제가 해결될 때까지는 중립국감독위원단 문제가 해결될 수 없다"는 입장을 천명했다.[41]

이러한 조-중인민군 측 입장에 대해 국제연합군 측은 정전협정은 계속 유효하고, 다만 관련된 특정조항에 대해서만 그 효력이 일시정지되었다고 천명했다. 다만 정전협정 제13항 ㄹ)목이 규정하고 있는 바와 같이 비무장지대에 주둔하고 있는 중립국 감독위원회에 계속해서 보고를 제출하기로 했다. 이후 중립국 감독위원회는 매주 회의를 개최하고, 그 결과를 조-중인민군 측 우편함을 통해 전달했다. 그런데 1991년 황원탁 소장이 국제연합군 수석대표가 된 것을 빌미로 조선인민군 측이 군사정전위원회에 불참하기 시작한 데 이어서 1995년부터는 중립국 감독위원회의 우편물까지도 수거해 가지 않고 있다.[42]

중립국 감독위원회 구성국들에도 큰 변화가 있었다. 조-중인민군 대표단이 선정한 중립국들이었던 체코슬로바키아와 폴란드에서는 각각 1989년 벨벳혁명과 1990년 레흐 바웬사의 집권을 통해 공산당 정권이 무너졌고, 1993년 체코와 슬로바키아는 평화롭게 분리되었다. 그러자 평양은 체코의 중립국 감독위원회 자격 승계문제를 구실삼아 1993년 4월 3일 체코의 대표단을 강제로 철수시켰고, 1995년 2월 28일에는 폴란드 중립

41 United States. Department of State. Historical Office, *The Record On Korean Unification, 1943-1960: Narrative Summary With Principal Documents* (Washington, D.C.: U. S. Government Printing Office, 1960), 196-97.

42 黃源卓(황원탁), "韓半島 安保環境의 變化와 停戰協定體制의 變化에 관한 硏究," (서울: 延世大學校, 1993).

국 감독위원회 대표단마저 강제로 철수시켰다. 이후 폴란드는 자국 영토 내에서 중립국 감독위원회 업무를 지속하고 있다. 따라서 국제연합군 측이 선정한 스웨덴과 스위스만이 원래 정전협정이 규정한 바대로 중립국 감독위원회 업무를 지속하게 되었다.

쌍방은 정전 이후 전사자들의 유해발굴 및 유해반출에 관한 조치에 관해 합의했다. 1954년 8월 17일, 군사정전위원회는 '쌍방 군사인원 시체 인도인수에 관한 행정상 세목의 양해'에 따라 국제연합군 유해 4,011구(포로유해 1,359구, 미군 유해 1,869구, 한국군 유해 608구, 영국군 유해 51구 등)를 조-중인민군 유해 14,000구(각각 9,416구와 2,305구)와 교환했다. 인수인계는 9월 1일부터 시작하여 10월 12일에 종료되었다.[43]

이후 국제연합군은 정전협정 제13항 ㅂ)목의 유해관련 규정에 의거하여 미 국방부 포로-실종자탐색사령부(JPAC, Joint POW/MIA Accounting Command)가 중심이 되어 유해의 발굴 및 반출을 추진했다. 1988년 평양-워싱턴 간 유해교환협상이 재개되었고, 1990년 4월 26일 평양-워싱턴 간 관계정상화를 위한 베이징접촉을 통해 1990년 5월 14일 실종미군(MIA)으로 추정되는 유해 5구가 군사분계선 이북에서 미국으로 반출되었다. 1993년 8월 24일 협상을 통해 '미군유해 송환 등에 관한 합의서'가 채택되었고, 2012년까지 미군 유해로 추정되는 436구의 유해들이 판문점을 통해 미국에 전달되었다.[44] 이 과정에서 함께 발굴된 국군 전사자의 유해 12구가 2012년 5월 25일 군사분계선 이북으로부터 반출되었다.

6.25전쟁 기간 중 실종미군(MIA)의 수는 7,900명에 달하고, 그 중 약 5,500구의 유해가 군사분계선 이북지역에 묻혀 있을 것으로 추정되고 있

43 『조선중앙년감』(1958), 144.

44 "북-미미군유해송환회담," 『한국민족문화대백과』 참고.

다. 한국 국방부 통계에 따르면 6.25전쟁으로 대한민국 국군 137,000여 명이 전사하고 32,000여 명이 실종됐다. 전사자 유해 가운데 60%인 78,000여 구는 군사분계선 남방한계선 이남에, 30%인 39,000여 구는 군사분계선 북방한계선 이북에, 나머지 2만 여구는 비무장지대(DMZ)에 묻혀 있을 것으로 추정되고 있다. 2008년 "6.25전사자 유해발굴 등에 관한 법률"에 의거 국방부 유해발굴감식단의 주도로 군사분계선 이북지역과 비무장지대를 제외한 지역에 대한 유해 발굴 작업이 이루어지고 있다. 2015년 현재 8,612구의 한국군 유해가 발굴되었고, 10만구 이상의 유해가 미발굴 상태인 것으로 추정되고 있다.[45] 6.25전쟁 기간 중 전사한 한국군 수는 137,899명, 실종자는 24,495명이다. 2015년 현재 전사자들 중 29,202명은 현충원에 안치됐다. 찾지 못한 한국군 유해는 133,192명으로 1년에 1천구씩 발굴한다고 해도 130년이 필요하다.[46]

중국인민지원군 유해는 1981년부터 1997년 1월까지 총 5회, 43구가 판문점에서 인계되었다. 2000년 9월 국제연합사 측이 중국인민지원군 유해 1구를 인계하고자 하자 평양 측은 "중국군 유해는 우리와 관계없는 일이므로, 알아서 처리하라"는 입장을 통보함으로써 판문점을 통한 중국인민지원군 유해의 송환은 중단되었다. 평양 측이 판문점을 통한 유해의 인수-인계를 거부함에 따라 한국 정부는 제네바협약에 기초하여 경기도 파주지역에 '적군묘지'를 조성했고, 인도주의적 차원에서 주기적으로 시설을 보수했다.[47]

2013년 6월 29일 베이징을 방문한 한국의 박근혜 대통령이 '6.25전쟁

45 www.withcountry.mil.kr (검색일 2015년 5월 10일).

46 『중앙일보』, 2015년 6월 24일.

47 남승현, "6.25전쟁 시기 사망한 '중국군 유해송환' 추진경과 및 성과," 『국방일보』 2014년 7월 22일.

시기 중국군 전사자 유해의 송환을 제의'함에 따라 2014년 3월 28일 경기도 파주시 적성면 소재 묘지에 안장되어 있던 중국인민지원군 유해 437구의 대규모 반출이 성사되었다.[48] 2015년에도 유해 68구와 관련 유품의 반출이 추진되었다.[49]

3. 정전 후 정치협상 개최문제

정전협정은 처음부터 전쟁을 정지시키기 위한 군사적 성격으로 한정된 협정이었을 뿐 전쟁을 정치적으로 완전히 종식시키기 위한 협정은 아니었기 때문에 쌍방은 정전이 실현된 후에 개최될 정치회의에 관한 합의사항을 정전협정에 담고자 했다. 1952년 2월 6일 판문점에서 개최된 제36차 본회의에서부터 제5의제, 즉 쌍방의 관계 정부들에 대한 건의(recommendations to government of countries concerned on both sides)에 관한 문제가 다루어지기 시작했다.[50]

1952년 2월 6일 회의는 국제연합군 대표단에서 페렌보그와 이형근이 해리슨과 유재흥으로 대체된다는 것을 조-중인민군 대표들에게 통보하는 것으로 시작되었다. 이 회의에서 조-중인민군 대표단은 "코리아에서의 정전(armistice in Korea)이 코리아문제의 평화적 해결을 위한 다리(a

48 2014년 3월 28일 양군 대표가 서명한 인수인계서의 제목은 각각 "在韓 중국군 유해 및 유품 인계, 인수서," "在韓中國人民志願軍烈士遺骸遺物首交接書(재한중국인민지원군열사유해유물교접서)"라고 되어 있었다.

49 『중앙일보』, 2015년 2월 11일.

50 Transcript of Proceedings, Thirty-sixth Session, 10th Meeting at Pan Mun Jom, Military Armistice Conference, 6 February 1952.

bridge toward the peaceful settlement of the Korean question)가 되어야 한다"는 점을 되풀이해서 말해 왔다고 하면서 정전협정이 체결되고 발효된 지 3개월 이내에 관계정부들에 의한 한 급 높은 정치회의(political conference of higher level)를 개최하고, 이 정치회의에서 외국군의 철수 문제를 다루자고 제의했다. 아울러 조-중인민군 대표단은 1950년 6월 27일 트루먼 대통령이 대만해협에 대해 취한 조치가 조선문제를 동방문제와 연결시켰기 때문에 조선문제는 고립된 문제(not an isolated question)가 아니며, "조선 너머"(beyond Korea)의 여러 문제와 결부되어 있다고 주장했다. 이는 다분히 대만으로 쫓겨난 중화민국 정부에 대한 중국공산당의 입장을 반영한 것이었다.[51]

1952년 2월 9일 국제연합군 대표단은 공산군 측의 제안에 기초해서 정치회의에서 다루게 될 의제들을 다음과 같이 구체화한 수정안을 제출했다.

(1) 외국군을 코리아로부터 철수(withdrawal of non-Korean forces from Korea);

(2) 코리아문제의 평화적 해결(peaceful settlement of the Korean question); 그리고

(3) 평화와 관련된 다른 코리아문제들 (other Korean questions related to peace).[52]

---

51 Transcript of Proceedings, Thirty-sixth Session, 10th Meeting at Pan Mun Jom, Military Armistice Conference, 6 February 1952.

52 Transcript of Proceedings, Thirty-seventh Session, 11th Meeting at Pan Mun Jom, Military Armistice Conference, 9 February 1952.

이것은 기본적으로 조-중인민군 대표들의 제안을 수용한 수정안이었지만, 조-중인민군 대표단은 다음날 다시 몇 가지 문제들을 제기했다. 특히, 평화와 관련된 다른 코리아문제들(other Korean questions related to peace)을 다루자는 국제연합군 측의 수정안은 "코리아에서의 평화와 관련된 다른 문제들"(other questions related to peace in Korea)을 다루자고 했던 조-중인민군 대표단의 제안에 비해 정전 이후 소집될 정치회의의 영역을 제한하고, 마땅히 토의하고 결정되어야 할 문제를 배제한 것이라고 공박했다.[53] 이러한 주장에는 코리아문제를 동북아차원에서 다루고자 했던 중국공산당의 입장이 반영되어 있었다.

이후 쌍방은 1952년 2월 10일, 11일, 12일, 16일, 17일에 걸쳐 협상을 벌였고, 17일 회의에서 쌍방은 국제연합군사령관이 국제연합과 대한민국 양쪽에 건의하는 것에 합의하고, 외국군(foreign forces)이란 "비-코리아 군대"(non-Korean forces)를 의미한다는 것, "등(etc.)"이라는 표현을 코리아 이외의 문제로 해석하지 않는다는 것 등을 전제로 최종 합의가 이루어졌다.[54]

1952년 2월 19일 양측은 정전협정 제4조 60항에 들어간 the peaceful settlement of the Korean question, etc.에서 "etc.라는 표현"이 정치회의로 하여금 어떤 특정문제를 다루도록 속박(bind)하거나 다른 문제를 다룰 수 있는 가능성을 배제하는 것도 아니라고 말하면서 서로 합의된 초안을 참모장교회의로 이관하기로 합의했다.[55] 그리고 "쌍방 군사사령관은 쌍

53 Transcript of Proceedings, Thirty-eight Session, 12th Meeting at Pan Mun Jom, Military Armistice Conference, 10 February 1952.

54 Transcript of Proceedings, Forty-second Session, 16th Meeting at Pan Mun Jom, Military Armistice Conference, 17 February 1952.

55 Transcript of Proceedings, Forty-third Session, 17th Meeting at Pan Mun Jom, Military Armistice Conference, 19 February 1952.

방의 관계 각국 정부에 정전협정이 조인되고 효력을 발생한 후 삼(3)개월 내에 각기 대표를 파견하여 쌍방의 한 급 높은 정치회의를 소집"하여 외국 군대의 철거 및 코리아문제의 평화적 해결을 협의한다는 정전협정 제 60항에 합의했다.

이 조항은 정전협상에서 시종일관 '즉각적인 외국군 철수'를 주장했던 조-중인민군 측의 주장[56]과 '철군안은 정전 이후 다른 정치회의에서 다루어져야 할 문제'라는 국제연합군 측의 주장을 미봉(彌縫)한 것이었다.

미국 육군참모총장 콜린스는 그의 회고록에 "제5의제와 관련하여 조-중인민군 측 대표 남일이 처음 제의한 주제들(topics)이 광범위하고 모호했던 것(broad vagueness)에 쾌히 놀랐다(pleasantly surprised)"고 기록했다.[57] 제5의제를 다루는 회의에서부터 이형근을 대신해서 정전협상 대표단에 합류했던 유재흥은 1952년 2월 16일 시점에서 조선인민군 대표 남일이 정전협상에 적극적이라고 보았다. 유재흥은 그 이유를 다음과 같이 분석했다.

> 첫째, 제공, 제해권이 없으며 [정전이 되면] 우세한 화력에 의한 손해와 고통을 속히 털어 버릴 수 있기 때문이다. 둘째, 정전 성립 후 급속한 재군비를 만주에서 실시할 수 있기 때문이다. 셋째, 정전 후 정치공세로 남침을 기도함은 물론이거니와 한국보다 훨씬 우세한 항공세력으로 재차 남침을 기도할 수 있기 때문이다.[58]

56 1951년 7월 11일 리커눙에게 보낸 전보에서부터 마오쩌둥은 "철병 조항은 반드시 지켜져야 한다."고 강조했다. 中共中央文獻研究室-中國人民解放軍軍事科學院 編, 『建國以來毛澤東文稿』 第2冊, 中央文獻出版社(1988), 392. 대한민국 행정자치부 정부기록보존소 편, 『韓國戰爭과 中國』 (2002), II: 138.

57 Collins, *War in Peacetime,* 339.

이처럼 유재흥은 조-중인민군 측이 결국 공산주의 팽창노력을 계속할 것이라고 보았고, 전쟁재발에 대비해서 유리한 위치를 선점해야 한다고 보았다. 유재흥은 다음과 같은 이유로 정전협상에 소극적이었다.

> 첫째, 현 전세를 보면 국제연합군이 한 마력(馬力)을 빌리면 적을 격멸할 수 있으며 적을 청천강 선까지 물리칠 수 있다. 둘째, 정전 후 군비 감시 등등을 토의할 때 아군보다 우세한 군비를 적이 대할 것이다. 셋째, 6.25와 같은 적의 재침략이 있을 것이다. 넷째, 수도 서울의 안정성이 희박하다. 다섯째, 외군 철수는 적이 남침할 1단계이다.[59]

1952년 2월 제5의제, 즉 쌍방 관계 정부들에 정치회의 소집을 건의하는 의제를 놓고 조-중인민군 대표단은 적극적으로 협상에 임했다. 1952년 1월 31일 마오쩌둥은 스탈린에게 1951년 12월부터 1952년 1월까지의 협상결과에 관한 상세한 전문을 보냈다.[60] 마오쩌둥이 보낸 전문을 읽은 스탈린은 1952년 2월 3일 마오쩌둥에게 "귀하의 단호한 입장(firm position)은 벌써 긍정적 결과를 가져오고 있으며, 적이 더 한층 양보(further concessions)하게 만들어야만(must make)한다"고 역설했다.[61] 마오쩌둥과 스탈린의 교신내용은 이 시점에서 두 공산주의 지도자들이 가지고 있던 단호한 결전의지를 보여준다.

그런데 비슷한 시점에 평양은 약간 다른 입장을 가지고 있었다. 1952년

---

58 劉載興, 『激動의 歲月』, 282.

59 劉載興, 『激動의 歲月』, 282.

60 마오쩌둥이 스탈린에게 보낸 전문, 1952년 1월 31일. Anatoly Torkunov, *The War in Korea, 1950-1953: Its Origin, Bloodshed and Conclusion* (Tokyo: ICF Publishers, 2000), 166.

61 스탈린이 마오쩌둥에게 보낸 전문, 1952년 2월 3일. Torkunov, *The War in Korea, 1950-1953,* 166.

1월 16일 박헌영 외무상은 중국인민지원군 사령관 펑더화이를 방문하여 정전협상에 관한 의견을 교환했고, 펑더화이는 면담결과를 마오쩌둥에게 다음과 같이 보고했다.

> 박헌영은 전 조선인민은 평화를 바라고 있으며 전쟁이 계속되는 것을 원하고 있지 않다고 강조하였음. 그러나 만일 소련과 중국이 전쟁을 지속하는 것이 유리하다고 판단한다면, 조선로동당 중앙위원회는 여하한 어려움도 극복하고 현재의 노선을 고수할 것이라고 하였음.
>
> 본직은 박헌영에게 다음과 같이 설명하였음. 공정과 합리성에 따른 평화적 해결은 중국에게도 유리하며, 동시에 현재의 군사적 상황이 미국보다 우리에게 더 유리한 상황임. 미국에 곤란한 상황이 계속적으로 발생하고 있으므로 조만간 정전 합의는 달성될 것임. 그러나 군사적으로는 장래의 군사행동을 위해 전력을 적극적으로 준비해야 될 것임.
>
> 본직은 대강 박헌영의 입장에 영향을 미칠 수 있었음. 대화를 마치면서 박헌영은 전반적 정세에 관한 본직의 견해에 동의한다고 하였음. 박헌영은 또한 단순히 대화를 갖고 싶었을 뿐이며 그의 의견은 조선로동당 중앙위원회나 평양 정부의 공식적 입장이 아니고 개인적 견해에 불과하다는 사실을 강조하였음.[62]

포로들의 자유송환문제를 둘러싸고 조-중인민군 측 정전협상 대표들 간에는 이견이 존재했다. 베이징과 달리 국제연합군의 폭격을 겪고 있던 평양은 송환불원포로 문제로 전쟁이 길어지는 것을 원하지 않았다. 코리아문제를 다루는 회의에 중국공산당의 관심사항인 대만의 장개

62 펑더화이가 마오쩌둥에게 보낸 전문, 발신날짜 미상, 1952년 2월 8일 이전, Torkunov, *The War in Korea, 1950-1953,* 174-75; Bajanov and Bajanova, *The Most Mysterious War*, 218.

석정부 문제를 포함시킬 필요는 없었다. 평양과 베이징의 입장차이가 더욱 극명해진 것은 전쟁포로문제에 관한 협상지침에 관한 것이었다. 이 문제와 관련하여 김일성은 남일을 통해 리커눙이 저우언라이에게 건의해 주기를 원했다.[63] 즉, 많은 중국인민지원군 포로들이 대만(중화민국)으로 가기를 원하는 문제에 대해 보이고 있는 중국공산당 지도부의 완강한 입장을 누그러뜨리고 정전협상이 속히 진전되기를 원했다.

조선인민군이 억류했던 13,094명의 한국군 포로들 중에서 6,430명은 이미 조선인민군에 배속되었고, 나머지는 내무부와 철도부 등에서 강제노역에 종사하고 있었다. 이외에도 전쟁 초기 38선 이남에서 동원되어 조선인민군에 배속된 사병은 42,262명에 달했다. 이들에게까지 적용될 수 있는 전원송환원칙에 대해 평양은 베이징과는 다른 입장을 가질 수밖에 없었다.[64]

은밀하게 리커눙의 지휘를 받고 있었던 중국인민지원군 정전협상 대표들은 결전을 불사하는 마오쩌둥과 저우언라이의 협상지침을 전달받고 있었다. 이들은 정치회의에서 코리아 밖의 문제, 즉 대만(중화민국)문제나 중화인민공화국의 국제연합승인 문제 등이 함께 논의되기를 희망했다. 그러나 평양의 입장에서는 코리아문제를 다루는 정치회의에서 대만(중화민국)문제나 중화인민공화국의 국제연합승인문제에 관한 토론으로 정전협상이 지체되는 것이 달가울 수 없었다.

그런가 하면 대한민국 임시수도가 세워진 부산에서도 점차 선(先)정전후(後)통일 여론이 형성되고 있었다. 정전에 소극적이었던 유재흥은 『조선일보』에 정전에 대한 국민의 진의를 물었고, 국민의 진의는 "극도

---

63 양규송, "중국군의 정전협상전략," (2001), 543-44.

64 梁鎭三, "전쟁기 중국지도부와 북한지도부 사이의 모순과 갈등," 국방부 군사편찬연구소, 『한국전쟁사의 새로운 연구』 2 (서울: 국방부 군사편찬연구소, 2002), 619.

의 생활 곤란"으로 정전을 희망하고 있다는 답변을 받았다.[65] 그러나 쌍방이 억류하고 있던 포로문제, 특히 송환불원포로들의 처리는 여전히 정전으로 가는 길을 가로막고 있었다. 6.25전쟁 후반기의 설전과 혈전은 포로송환문제를 놓고 싸운 '포로전쟁'이었다.

65 劉載興, "1952년 2월 27일자 일기," 『激動의 歲月』, 283.

사진 5-1 정전협정 체결 직후 개최된 군사정전위원회. 첫 번째 본회의에서 블랙쉐어 M. 브라이언 소장(왼쪽)과 공산군 이상조 중장이 마주 앉아 있다. 1953년 7월 28일.

(출처: NARA 소장 사진)

사진 5-2 정전의 시간을 관리할 중립국감독위원회에 소련을 포함시킬 것을 주장하던 조-중인민군 정전협상대표단은 국제연합군 측에서 추천했던 스위스와 스웨덴에 더해서 체코슬로바키아와 폴란드를 포함시켰다. 당시 체코슬로바키아 최고지도자 고트발트는 자타가 공인하는 스탈린의 분신이었다.

(출처: Wikimedia Commons)

사진 5-3 스웨덴 및 스위스 중립국감독위원회 견장. 체코슬로바키아와 폴란드 공산정권이 무너진 후 평양당국은 이 두 국가들의 중립국 지위를 문제삼았다. 이후 중립국감독위원회(NNSC)의 업무는 스위스와 스웨덴이 사실상 전담해 오고 있다.

(출처: Wikimedia Commons)

제6장

인간: 포로와 실향사민들을 어떻게 송환할 것인가?

제6장
인간: 포로와 실향사민들을 어떻게 송환할 것인가?

1. 6.25전쟁포로문제의 성격

1951년 11월 27일 정전협상의 제2의제인 군사분계선에 대한 잠정적 합의가 이루어졌다. 이 잠정적 군사분계선은 1953년 7월 27일 최종 확정된 군사분계선과 큰 차이가 없었다. 1951년 11월 27일 잠정적 군사분계선을 정할 때 30일의 시한을 두었지만, 양측은 시한을 15일 더 연장해야 했다. 그러나 제3의제인 정화 및 정전에 관한 구체적 조치들에 관해 양측의 이견이 속출했다. 무엇보다 제4의제인 포로에 관한 조치(arrangements relating to prisoners of war)는 정전협정 체결로 가는 길을 가로막았다. 애치슨의 표현대로 그것은 "전혀 예상하지 못했던 장애물"(a wholly unexpected obstacle)이었다.[1] 정전을 감독할 중립국위원회에 소련을 포함시키겠다는 조-중인민군 대표단의 황당한 주장을 무마하기 위해 국제연합군 측은 조-중인민군 측 비행장의 수리 및 증설을

1 James Chase, *Acheson: The Secretary of State Who Created the American World,* (Cambridge: Harvard University Press, 1998), 322.

허용하기로 했다. 그러나 포로송환문제에 대해서는 단호한 입장을 표명했다.[2]

1951년 12월 13일 한국 내 야당인 민주국민당에서는 "통일 없는 정전"에 대한 반대 입장을 확인하면서 다음과 같은 성명서를 발표했다.

> 차(此) 전란은 이민족 간의 국제적 전쟁이 아니요, 동족 간의 사상전쟁이므로서다. 공산주의자에게 강제로 끌려 나갔다가 대한민국에 충성을 다하기 위하여 투항한 소위 의용군은 그실 국제법상의 포로가 아니며 공산군 침략시에 정치적으로 납치해간 무수한 애국동포는 비록 전투원이 아닐지라도 일종의 포로다.[3]

이 성명서에 나오는 '투항한 의용군'과 '납북된 애국동포'는 전쟁포로라기 보다는 민간인이었다.[4] 전쟁포로의 송환문제를 둘러싼 관념적 차이는 군사분계선의 설정을 둘러싼 관념적 차이보다 더 오랫동안 정전협상을 지연시켰다. 이 와중에 피랍자와 피난민 문제는 실향사민(displaced civilians)이라는 모호한 명칭으로 다루어졌다. 이들의 송환에 관해서도 정전협상에서 논의되었고, 송환방식이 정전협정에 포함되

2 Collins, *War in Peacetime,* 342.

3 『동아일보』, 1951년 12월 15일.

4 이들은 피난민과는 다른 범주였다. 그러나 피난민들 중에서 다시 고향으로 돌아가기를 원하는 사람들도 많았다. 1951년 1월 부산을 포함한 경남 16개 지역 피난민의 수는 554,981명에 달하고 있었다. 국제연합은 피난민을 "구 피난민"과 "신 피난민," "자유 피난민" 등으로 구분했다. 신·구 피난민은 국제연합의 구호품 지급 대상자를 말하며, 구호품 지급 대상이 아닌 피난민은 자유 피난민으로 분류되었다. 경남 지역 피난민의 65%에 달하는 35만 7천 506명이 부산에 밀집해 있었으며, 통영에도 피난민이 급증했고, 밀양, 양산, 울산, 창원, 김해 순으로 피난민 수가 많았다. "국제연합군 코리아민사지원사령부 (UNCACK, United Nations Civil Assistance Command Korea)가 작성한 주간 보고서," 미 태평양군 문서군, 국립중앙도서관, 『NARA기록으로 보는 6.25』 (서울: 국립중앙도서관, 2010).

었으나 실행되지 않았다.[5]

1951년 12월 11일 제4의제, 즉 포로문제를 다루기 위한 제1차 분과위원회가 개최되었다. 이 분과위원회는 1952년 3월 15일 제71차 회의까지 이어졌다.[6] 1952년 1월 23일부터는 포로문제에 관한 참모장교회의가 개최되어 1953년 4월 25일 회의까지 이어졌다.[7] 포로문제와 관련한 분과위원회에서 이 문제를 담당한 조-중인민군 대표들은 이상조와 차이청원이었다. 이들을 상대한 국제연합군 측 대표들은 버크 제독을 대신하게 된 리비(Ruthven E. Libby)와 미 육군의 죠지 힉맨(George W. Hickman, Jr.)이었다.[8] 한국군 대표도 의견을 냈지만, 주도적 협상대표가 되지는 못했다. 한국군 대표의 소극적 지위는 국군포로문제와 정전협상에서 "실향사민"이라고 명명된 피랍자와 피난민의 송환문제가 보다 적극적으로 협상의제에 상정되지 못한 이유들 중 하나가 되었다.

어떤 전쟁포로를 어떻게 송환할 것인가에 관한 쌍방의 관념이 충돌하면서 전쟁은 '포로전쟁'과 같은 양상을 보였다.[9] 1951년 11월 27일 이후

5 Transcript of Proceedings, Twentieth Session, Meeting at Pan Mun Jom, Sub-Delegations on Agenda Item 4, Military Armistice Conference.

6 Transcript of Proceedings, First Session, Meeting at Pan Mun Jom, Sub-Delegations on Agenda Item 4, Military Armistice Conference, 11 Dec 1951; Transcript of Proceedings, Seventy-first Session, Meeting at Pan Mun Jom, Sub-Delegations on Agenda Item 4, Military Armistice Conference, 15 March 1952.

7 Meeting of Staff Officers on Protection of Prisoner of War Camps, Held at Pan Mun Jom, 23 January 1952; Forty-eighth Meeting of Staff Officers on Details of Agreement of Agenda Item 4, Held at Pan Mun Jom, 25 April 1952.

8 Chai, "The Korean Truce Negotiations," 215; Transcript of Proceedings, First Session, Meeting at Pan Mun Jom, Sub-Delegations on Agenda Item 4, Military Armistice Conference, 11 Dec 1951.

9 Myong Whai Kim, "Prisoners of War as a Major Problem of the Korean Armistice, 1953." Ph. D. Dissertation. New York University, 1960.

군사분계선에 잠정합의하면서 정했던 30일의 시한은 곧 종료되었다. 양측은 시한을 다시 15일 연장했지만, 시한 내에 합의를 이루기는 불가능했다. 1952년 1월 2일 제3의제에 관한 분과위원회와 함께 제4의제에 관한 분과위원회가 개최되었다. 이 분과위원회에서 국제연합군 대표단의 리비는 자유송환(voluntary repatriation) 문제를 협상테이블 위에 올렸다.[10] 조-중인민군 대표들이 포획 당시 어느 쪽 군대에 속해 있었는가를 기준으로 포로를 송환해야 한다고 주장하자 리비는 1950년 6월 25일 전쟁 발발 직후 38선 이남에서 조선인민군이 징집한 대한민국 국민을 북측으로 보낼 수는 없다고 반박했다. 그러면서 전쟁의 와중에서 발생한 '실향사민'(displaced civilians)은 그들의 집으로 돌려보내야 한다는 원칙을 주장했다.[11]

일반적으로 전쟁포로(戰爭捕虜, Prisoner of War, POW)라고 하면 "분쟁 당사국 군대의 구성원 및 그 군대의 일부를 이루는 민병대 또는 의용대의 구성원으로서 무력분쟁(전쟁, 내전)에서 교전국 또는 교전단체에 억류된 적대국 또는 적대적 교전단체의 구성원들"을 의미한다. 나중에 대한민국은 "국군포로의 송환 및 대우 등에 관한 법률"을 제정하여 "국군포로"를 "대한민국 군인으로서 참전 또는 임무 수행 중 적국(반국가단체를 포함한다)이나 무장폭도 또는 반란집단(이하 "억류국 등"이라 한다)에 의하여 억류 중인 사람 또는 억류지를 벗어난 사람으로서 대한민

---

10 Transcript of Proceedings, Twenty-ninth Session, Meeting at Pan Mun Jom, Sub-Delegations on Agenda Item 3, Military Armistice Conference; Transcript of Proceedings, Twentieth Session, Meeting at Pan Mun Jom, Sub-Delegations on Agenda Item 4, Military Armistice Conference; 任方, "论朝鲜战争停战谈判中的战俘'自愿遣返'原则," 『辽宁大学学报』 (2011년 2월).

11 Transcript of Proceedings, Twentieth Session, Meeting at Pan Mun Jom, Sub-Delegations on Agenda Item 4, Military Armistice Conference. 조-중인민군 측도 정전협상 개시 이전부터 민간인 억류자 문제를 의제로 다루고자 했었다.

국으로 귀환하지 아니한 사람"이라고 정의했다.[12]

포로 발생의 제1시기

이 시기는 1950년 6월 25일 새벽 5시(평양시각 4시) 조선인민군의 전면공격을 받은 한국군, 그리고 초기 전투에 참가한 미군들 중에서 포로들이 발생했던 시기이다. 6.25전쟁 중 발생한 최초의 포로는 기습공격을 받았던 한국군 중에서 발생했을 가능성이 높다. 그러나 확인 가능한 최초의 6.25전쟁 포로는 전쟁 발발 직후 한국군 제8사단 예하부대에 의해 생포된 4명의 조선인민군 병사들이다.[13] 조선인민군은 6.25전쟁이 국가 대 국가의 전쟁이 아닌 이른바 '해방전쟁'이므로 붙잡힌 국군은 그 자리에서 석방한 후 '해방전사'로 만들어야 한다는 입장을 가지고 있었다.[14] 전쟁 초기 상당수의 국군포로는 '해방전사'로의 전향이 회유되거나 강제되었다.

그러나 조선인민군은 6월 28일 옹진 지역에서 포로가 된 국군 제17연대 한서환 중위는 해방전사가 아니라 "생포된 소위 국방군 포로병"이라고 불렀다. 개성 방면에서 "생포된 포로"들로서는 국군 제1사단 이등중사 박춘건과 오정혁 등의 이름이 발표되었다.[15] 이후 조선인민군이 38선 이남의 거의 4분의 3을 점령하는 동안 많은 수의 한국군, 그리고 미군이 포로가 되었다. 남침 이후 약 46만여 명의 38선 이남 출신자들이 전투원

12 법제처 국가법령정보센터 http://www.law.go.kr/lsInfoP.do?lsiSeq=133327#0000

13 *Pacific Stars and Stripes*, 26 June 1950, 1. 國防軍史硏究所, 『韓國戰爭의 捕虜』 (서울: 國防軍史硏究所, 1996), 13에서 재인용; 『조선일보』, 1950년 6월 27일.

14 최태환, 박혜강, 『젊은 혁명가의 초상』 (서울: 공동체, 1989), 100-13.

15 『로동신문』, 1950년 6월 30일, 7월 4일. 조성훈, 『6.25전쟁과 국군포로』, 102에서 재인용.

또는 노무자로 동원된 것으로 추산된다. 한국군 포로들은 포로수용소 대신 교화소로 보내지기도 했다. 1994년 극적으로 귀환한 한국군 포로 조창호는 당시 "남으로 송환하지 않고 교화소에 잡아 놓은 포로 수효만 어림잡아서 3만에서 5만 명쯤은 될 것 같았다"고 증언했다.[16] 실제로 조선인민군은 전시방송을 통해 65,363명을 포획하는 전과를 올렸다고 선전했다.[17]

조선인민군 공세기에 생포된 국제연합군 중 가장 계급이 높았던 경우는 미8군 제24보병사단 사단장 딘(William F. Dean, 1899-1981) 소장이었다. 그는 아놀드(Archibald V. Arnold, 1945년 9월-1945년 12월), 러치(Archer L. Lerch, 1945년 12월 - 1947년 9월) 등에 이어서 미군정청 장관으로도 일한 바 있었다. 7월 13일 조선인민군과 첫 교전을 벌인 제24사단은 대구에 본부를 둔 워커 사령관 휘하 미8군의 유일한 보병 병력이었다.[18]

딘 소장은 대전에서 후퇴하던 중 대전 남방 36킬로미터 지점에 위치한 진안에서 한국인들의 밀고로 생포되었다. 밀고자들은 한두규(당시 40세)와 최철봉(당시 24세)이었는데, 정전협정 체결 이후 이들은 체포되어 각각 무기징역과 사형을 선고받았다. 딘 소장은 이승만 대통령에게 이들의 선처를 호소하는 탄원서를 보냈다. 한두규는 1957년 5월 21일 무기징역에서 감형되어 출소했다고 알려지고 있다.[19] 딘의 포로생활 중 그의 통역

16 조창호, 『돌아온 死者』, 172.

17 Joy, *How Communists Negotiate*, 109.

18 이들 중 2,602명, 하사관이 237명이었다. 미 태평양군 문서군, 국립중앙도서관, 『NARA기록으로 보는 6.25』 (서울: 국립중앙도서관, 2010).

19 William F. Dean, *General Dean's Story* (New York: The Viking Press, 1954), 77-82; 김태일, 『거제도 포로수용소 秘史』 (서울: 북산책, 2011), 294.

을 맡았던 김일성대학 영어 강사 출신 이규현은 1950년 10월 22일 미24사단에 귀순해 부산포로수용소에 있던 중 딘의 포로생활에 관한 생생한 기록을 남겼다.[20]

포로 발생의 제2시기

이 시기는 낙동강전선까지 밀렸던 한국군과 국제연합군이 1950년 9월 중순 이후 공세로 전환하면서 조선인민군 포로들이 급격히 늘어난 시기이다. 9월 한 달에만 약 9천 명의 포로가 증가하여, 약 2천 명 정도였던 부산 제1포로수용소의 수용인원이 9월 말에는 약 1만 1천 명에 이르게 되었다.[21] 1950년 9월 28일 서울 수복 이후 "인천상륙작전으로부터 서울 탈환"이라는 제목으로 맥아더 국제연합군사령관이 국제연합(UN)에 제출한 보고서에 따르면 당시 조선인민군 포로 총수는 약 2만 3천 명 정도였다.[22] 국제연합군과 한국군 공세기의 포로관리는 허술했다. "내일이면 통일이 될 터이니 그대들은 각자 자기 집으로 돌아가 생업에 종사하라"고 말하면서 풀어준 경우도 있었다.[23]

1950년 10월 1일 한국군과 국제연합군이 38선을 넘어 북진하면서 포로의 수는 더욱 급증했다. 국제연합군 사령부 대변인의 발표에 의하면 1950년 10월 3일부터 7일까지 5일간 생포한 포로가 22,856명이었고, 10

---

20 이규현, "24사단장 딘 소장의 평양 포로 생활," 1953년 4월 7일, 미 태평양군 문서군, 국립중앙도서관, 『NARA기록으로 보는 6.25』 (서울: 국립중앙도서관, 2010).

21 Monthly Activities Report, 2nd Logistical Command, Sep. 50, introduction and p.1. of GI sec; War Diary, HQ Eighth United States Army, Korea, 30 Sep. 1950. 國防軍史硏究所, 『韓國戰爭의 捕虜』 (서울: 國防軍史硏究所, 1996), 15에서 재인용.

22 國防部政訓局戰史編纂會, 『韓國戰亂 一年誌, Korea in War 1950-1951』 (1951), B57.

23 宋孝淳, 『大釋放: 實錄 反共捕虜釋放』 (서울: 新現實社, 1973), 33.

월 한 달 동안 생포된 포로의 총수는 116,822명으로 급증했고, 다음 두 달 동안 약 2만 명의 포로가 늘어났다.[24] 10월 20일 미 제187공수연대전투단(연대장 보웬 대령) 소속 장병 4천여 명은 평양 북방 숙천, 순천 지역에 낙하산으로 투하되어 국제연합군포로들을 구출하고자 했으나 이들을 억류하고 있던 조선인민군이 이미 철수한 후였기 때문에 성공하지 못했다. 다만 조선인민군 주력의 철수작전을 돕던 다수의 부대원들을 포획했다. 1950년 10월 말 기준 조-중인민군 포로들 중 약 3만 3천 명이 인천수용소, 2만 1천 명이 평양수용소, 그리고 6만 3천 명이 부산수용소에 수용되어 있었다.[25] 1950년 12월 3일까지 이들 포로의 수는 146,135명으로 늘어났다.[26]

포로 발생의 제3시기

이 시기는 이미 압록강을 도강해 잠복 중이던 중국인민지원군이 1950년 10월 25일부터 전면공세를 전개함에 따라 다시 전세가 역전되면서 많은 수의 한국군 및 국제연합군 포로가 발생한 시기이다. 전세의 역전에

---

24 國防部政訓局戰史編纂會, 『韓國戰亂 一年誌, Korea in War 1950-1951』 (1951), B54-57; Military History Office, *The Handling of POW during the Korean War,* 國防軍史硏究所(1996), 16; 金幸福, "한국전쟁시 捕虜 掌握을 위한 共産軍 및 親共捕虜의 조직과 연결체제," 『軍史』 34호 (1997), 191. Samuel M. Meyers and William Bradbury, "The Political Behavior of Korean and Chinese Prisoners of War in the Korean Conflict: A Historical Analysis," William C. Bradbury dir., Samuel M. Meyers and Albert D. Biderman, ed., *Mass Behavior in Battle and Captivity: The Communist Soldier in the Korean War* (Chicago: The University of Chicago Press, 1968), 224.

25 Meyers and Bradbury, "The Political Behavior of Korean and Chinese Prisoners of War in the Korean Conflict: A Historical Analysis," 221.

26 國防部政訓局戰史編纂會, 『韓國戰亂 一年誌, Korea in War 1950-1951』 (1951), B54-57; Military History Office, *The Handling of POW during the Korean War,* 國防軍史硏究所, 『韓國戰爭의 捕虜』 (서울: 國防軍史硏究所, 1996), 16; 金幸福, "한국전쟁시 捕虜 掌握을 위한 共産軍 및 親共捕虜의 조직과 연결체제," 『軍史』 34호 (1997), 191.

따른 한국군 및 국제연합군 포로들의 발생 추이는 다음과 같았다.

도표 6-1 중국인민지원군 참전 이후 포로가 된 한국군 및 국제연합군의 수

(1950년 10월 25일–1953년 7월 27일) (단위: 명)

시기 구분	50년 11.7	50년 12.24	51년 1.8	51년 4.21	51년 6.10	51년 11.30	52년 3.31	52년 11.30	53년 4.30	53년 7.27	계
한국군	4,741	5,568	5,967	7,769	5,233	652	834	919	555	5,577	37,815
국제 연합군	527	3,523	367	1,216	2,073	334	124	160	134	250	8,708
계	5,268	9,091	6,334	8,985	7,306	986	958	1,079	689	5,827	46,523

출처: 軍事科學院 軍事歷史硏究所 編著. 『중국인민지원군 항미원조전사』 (1991 [1988]), 부록 3의 표 1, 2, 3을 참고하여 재작성.

1951년 10월 25일 중국공산당 기관지 『인민일보(人民日報)』도 전투개시 1주년을 맞아 전과를 보도하면서 포로가 되거나 전상을 입은 국제연합군의 수가 38만 7천여 명, 그 중 미군이 17만 6,655명이라고 보도한 바 있었다.[27] 조-중인민군 측 대표가 제출한 포로수치에 대한 국제연합군 대표의 문제 제기에 대해 조-중인민군 대표 이상조는 개전 초기 약 5만 명에 달하는 한국군 포로들이 재교육을 받고 조선인민군에 편입되었는데, 이 절차가 매우 빠르게 진행되어 명단은 갖고 있지 않다고 발언했다. 조-중인민군 측은 나중에 포로의 전원송환을 위해 제네바협약을 들고 나오게 되지만, 포로를 자국군의 일부로 편입시키는 것이야말로 헤이그 육전법규 위반이었다.[28]

27 『人民日報』, 1951년 10월 25일. 박영실, 『중국인민지원군과 북-중관계』, 174에서 재인용.

28 Jaro Mayda, "The Korean Repatriation Problem and International Law," *The American Journal of International Law* Vol. 47, No. 3 (Jul. 1953), 416. 한국군 포로들이 "자원"해서 조선인민군에 편입되었다는 조선인민군의 주장이 역으로 조-중인민군 포로들의 송환문제와 관련하여 자유송환방식을 관철하는 데 도움이 되었다는 해석에 관해서는 鄭印燮, "한국전쟁이 국제법 발전에 미친 영향: 포로송환문제를 중심으로," 『서울대학교 法學』 제40권 6호 (2000), 220.

1950년 11월 27일 국제연합군과 한국군은 인간들을 크게(巨) 구제(濟)한다는 뜻을 가진 거제도(巨濟島)에 포로수용소를 설립했다. 1949년의 제네바협약에 따르면 포로수용소는 '포로들에게 위협이 없을 정도로 전투 지역에서 충분히 떨어진 지역에 소재'해야 했다. 이에 적합한 용지로 먼저 고려된 곳은 제주도였다. 그러나 제주도에 대한민국 임시수도가 수립될 가능성, 그리고 식수 및 생활용수가 부족할 수 있다는 점 등이 고려되어 제주도 대신 거제도가 선정되었다. 국제연합군과 한국군은 거제도 신현읍 고현리(현 거제시 신현읍)를 중심으로 용산리, 장평리, 문동리, 양정리, 수월리, 제산리와 연초면의 임전리, 송정리(포로공동묘지 지역), 그리고 동부면의 저구리 일대의 농토 및 임야를 징발하여 포로수용소를 건설했다. 1950년 12월 8일부터 26일까지 전개된 흥남철수작전 당시 마지막으로 탈출했던 메러디스 빅토리(Meredith Victory)에 탑승했던 약 1만 4천 명의 피난민들도 거제도에 상륙했다.[29]

29 중국인민지원군의 개입에 따라 국제연합군과 한국군은 한반도의 동서해안으로 갈라졌다. 이미 원산이 조-중인민군에 의해 장악되었기 때문에 동쪽 해안으로 후퇴한 미 10군단과 한국군 1군단의 철수는 원산보다 북쪽에 있는 흥남항을 통해 이루어졌다. 철수의 우선순위는 병력이 1순위, 군수물자가 2순위였고, 작전 초기만 해도 민간인은 철수 대상에 포함되어 있지 않았다. 김백일 군단장(1951년 순국)은 피난민들 중 남하를 원하는 민간인들을 자원입대 형식으로 철수대상에 포함시켰다. 미 10군단장 알몬드의 지휘 아래 12월 15일 미 해병 1사단의 출항을 시작으로 17일 국군 수도사단, 21일 미 7사단이 차례로 흥남항을 벗어났다. 조-중인민군에 맞서는 흥남의 최후방어선은 미 3사단이 담당했다. '한국의 쉰들러'라고도 불리는 현봉학(의사, 2007년 작고)은 당시 미 10군단 민사부에 소속되어 통역으로 일하고 있었는데, 알몬드 군단장에게 민간인을 철수작전에 포함시켜 줄 것을 간청했다. 10군단의 부참모장이자 흥남철수의 실무 책임자였던 포니(1965년 작고) 대령이 힘을 보탰다. 알몬드의 결정에 따라 10만 명에 달하는 피난민들도 민간인 신분으로 1950년 12월 19일부터 철수작전에 포함되었다. 마지막으로 피난민을 철수시킨 7,600t 빅토리급 수송선메러디스 빅토리(Meredith Victory)호는 "단일 선박으로 가장 큰 규모의 구조 작전을 수행한 배" (the greatest rescue operation ever by a single ship)로 2004년 기네스북에 등재되었고, 2015년에도 "단일선박으로 이루어진 최대의 지상철수"(largest evacuation from land by a single ship)로 계속 등재되었다. (http://www.guinnessworldrecords.com) 1950년 12월 23일에 흥남을 떠났던 이 배는 12월 24일

1952년 5월 도드(Francis T. Dodd, 1899-1973) 포로수용소장 납치 사건 이후 포로들이 분산, 수용될 때, 거제도 남단 해상의 봉암도, 용초도에도 수용소가 설치되었다.

1951년 2월 미 제8군 사령관 리지웨이는 전쟁포로들을 거제도로 이동시키는 알바니(Albany)작전을 실시했다. 포로수용소는 60, 70, 80, 90 단위로 울타리를 친 구역(enclose)으로 나뉘었고, 1개 구역에는 약 6천 명이 수용되었다. 각 구역 안에는 수용동(compound)이 있었고, 전체 수용소는 4개의 구역과 28개의 수용동으로 구성되었다. 거제도 포로수용소에는 1951년 가을까지 조선인민군 포로 약 13만 명과 중국인민지원군 포로 약 2만 명이 수용되었다.[30] 전쟁이 계속되고 있던 상황에서 적군의 포로가 된 이들의 생활은 비참했다. 그러나 제네바협약에 따라 미군으로부터 지급받았던 피복이나 급식이 한국군 경비병보다 나은 경우도 있었다.

도표 6-2 조선인민군 및 중국인민지원군 포로의 규모

월별	포로 규모		손실 인원						
	조선인민군	중국인민지원군	사망	탈출	석방	송환		국제적십자 인도	
						조선인민군	중국인민지원군	조선인민군	중국인민지원군
1950/7	39								
/8	1,722		8						
/9	9,078		2						

부산항에 도착했으나, 부산에 몰려있던 피난민들로 인해 행선지를 거제도로 변경했고, 12월 26일 거제도에 피난민들을 내려놓았다. Bill Gilbert, *Ship of Miracles: 14,000 Lives and One Miraculous Voyage* (Chicago: Triumph Books, 2000), 빌 길버트, 안재철 옮김, 『기적의 배: 흥남철수 당시 14,000명의 북한피난민을 구출한 메러디스 빅토리 호와 생명/자유/사랑의 이야기』 (서울: 자운각, 2004).

30 Schnabel and Watson, *The History of the Joint Chiefs of Staff*, 國防部戰史編纂委員會, 『美國合同參謀本部史』 (1991), 161.

/10	51,220		9						
/11	34,835		12	2					
/12	37,120	1,245	13	13					
1951/1-6	10,140	15,958	845	124	3				
1951/7-12	4,722	3,580	788	40	3				
1952/1-6	1,937	290	523	112	16				
1952/7-12	353	302	333	38	4				
1953/1-6	226	129	371	26,852	4	5,015	995		
1953/7-9	0	15	118	26	22	59,808	5,363	7,737	14,709
합 계	151,283	21,628	3,022	27,208	52	64,823	6,358	7,737	14,709

*출처: RG389, Records of the POW Division(1942-57), 383.6 file #14 (C) United Nations, 유숙현(2008), 55-57을 참고하여 재작성.

정식 명칭이 국제연합군 제1포로수용소였던 거제도 포로수용소는 수용소 본부, 제8137헌병단, 제64병원, 그리고 60단위, 70단위, 80단위, 90단위 및 특별동으로 나누어진 여러 채의 포로수용동 건물들로 구성되어 있었다. 제63호와 제64호 수용동 등에는 반공적인 민간인 피억류자들이 수용되어 있었다.[31] 제71, 72, 73, 74, 81, 82, 83, 84, 91, 93, 94, 96호 수용동 등에도 반공포로조직이 확대되었다.

제65동은 의용군 출신 약 2천 5백 명이 수용되어 있었는데, 이곳에 수용된 포로들의 다음과 같은 복잡한 구성은 전쟁의 복잡성을 반영하고 있었다. 첫째, 피난을 못가고 조선인민군이나 치안대에 끌려가서 일하다가 잡힌 민간인, 둘째, 의용군의 명목으로 조선인민군에 강제로 편입되어 한국군과 싸우다가 생포된 사람들, 셋째, 한국군 출신으로 조선인민군의 포로가 되어 이북으로 끌려가다가 다시 국제연합군의 포로가 된 경우, 넷째, 한국군 패잔병이나 탈영병으로서 국제연합군에 의해 조선인민군 포로로 간주된 경우, 다섯째, 피난 중에 포로들의 무리 속에 고의나 실수로 끼어든 민간인이나 간첩으로 오인

31 조성훈, 『한국전쟁과 포로』, 81.

되어 체포된 민간인 등이었다.[32] 의도적으로 포로가 되어 포로수용소 내로 잠입하는 경우가 있어도 막을 수 없었다.

1951년 5월 제92호 수용동에서는 '해방동맹'(일명 용광로)이라는 조선로동당 거제도지부가 결성되어 세포조직을 확대했다. 해방동맹의 내부조직은 군사행동부, 정치보위부, 내무부, 민청행동결사대, 당간부학교, 인민재판소 등으로 편성된 '포로정부'를 방불케 했다.[33] 포로수용소는 국제연합군과 한국군이 감시하고 있었지만, 포로수용소 내에서는 다수의 친공포로들이 소수의 반공포로들을 감시하기도 했다.

포로 발생의 제4시기

1951년 7월 정전협상이 시작되면서 포로문제가 새로운 국면을 맞이한 시기다. 아코디언모양으로 전선이 요동치던 전면전쟁기에 비해 대규모 포로발생은 줄어들었다. 조-중인민군포로들의 경우 1951년 7월 정전협상이 시작되기 전에 생포된 포로들의 숫자가 약 97퍼센트에 달했다.[34] 그러나 한국군의 경우에는 1953년 7월 중국인민지원군의 대규모 공세에 따른 금성전투에서 약 5,577명이 생포당하기도 했다.[35] 6.25전쟁의 초기에는 동족상쟁적 성격이 강했기 때문에 전쟁포로와 전투원의 구별 자체가 용이하지 않았다. 전쟁포로가 군복을 갈아입고, 상대편의 전투원이 되기도 했다. 국제연합 16개국들이 연이어 참전을 결정하고 파병함에 따라 국제연합군 포로의 국적 구성은 다양

---

32 오세희, 『65포로수용소』, 215.

33 金幸福, "한국전쟁시 捕虜 掌握을 위한 共産軍 및 親共捕虜의 조직과 연결체제," 201.

34 Meyers and Bradbury, "The Political Behavior of Korean and Chinese Prisoners of War in the Korean Conflict: A Historical Analysis," 214-15.

35 軍事科學院 軍事歷史硏究所 編著. 1991[1988] 부록 3의 표 1, 2, 3.

해지게 되었다.[36] 중국인민지원군 참전 이후 발생한 한족(과거 장개석군대 경력자 포함), 조선족 포로들까지 포함해서 국제연합군이 포획한 포로들의 내부 구성도 복잡해졌다.

1950년 6월 25일 전쟁 발발 이후 조선인민군의 압도적 우세 속에서 반강제적으로 조선인민군에 징집되었던 한국민이 포획된 경우 조선인민군 포로라고 볼 수 있을까? 대한민국 국군으로 조선인민군의 포로가 되어 회유와 강제에 의해 조선인민군 군복으로 갈아입었다가, 포로가 된 경우도 애매했다. 이것은 포로송환과 관련해서 포로가 소속했던 부대를 기준으로 할 것인가, 포로의 원래 거주지를 기준으로 할 것인가 하는 문제와 관련된 것이었다. 한국군이 대오에서 이탈하여 있다가 미군의 포로가 된 경우도 있었는데, 이들은 국군부대로 원대복귀해야 마땅했으나 언어소통이 제대로 되지 않아 조선인민군 포로처럼 취급되기도 했다. 이들 중에는 포로로 남아 있는 것이 전선에 나가 싸우지 않아도 되는 방편으로 인식되어 적극적으로 한국군 출신임을 입증하지 않는 경우도 있었다.[37]

이처럼 1950년 전쟁 발발 직후 자발적 혹은 강제적으로 조선인민군이 되었다가 포로가 된 자들의 내부 구성 또한 다양했다. 38선 이남의 민간인으로서 당시 자행되고 있던 좌익에 의한 집단학살[38]이 두려워 '조선인민군'에 강제적 혹은 자발적으로 입대했던 사람들, 대한민국 국군으로서 조선인민군의 포로가 되었다가 강제적 혹은 자발적으로 조선인민군에 입대했던 사람들, 한국군에서 낙오 혹은 탈영했다가 조선인민군으로 오

---

36 Myongsob Kim, "The Politics of Troop-Dispatch: Why Did the Europeans Send Their Boys to Korea?" *The Korean Journal of Defense Analysis*. vol. 16 no. 2 (2004).

37 오세희, 『65포로수용소』, 216.

38 양영조, "북한의 남한점령기 민간인 학살," 『梨花史學硏究』, 제46집 (2013년 6월).

인되어 포로가 된 사람들, 포로들 속에 휩쓸려 들어갔거나 또는 음식을 먹으려고 수용소에 들어간 사람들, 사복한 인민군으로 오인되어 생포된 민간인들도 있었다.[39]

38선 이북의 산중에서 공산당 통치에 항거하다가 국제연합군과 대한민국 국군이 북진하자 치안대원을 맡았다가 1.4후퇴 때 미군들에 의해 무장해제를 당하고 포로가 된 경우도 있었다. 그런가 하면 해주형무소에서 반동분자로 수감되어 국제연합군 북진 시에 조선인민군의 집단학살에 희생될 뻔 했다가 구사일생으로 살아남았으나 사정을 모르는 미군에 의해 포로로 취급된 경우도 있었다. 특히, 부모가 포로가 됨에 따라 함께 포로수용소에서 생활해야 했던 100여 명의 아이들도 있었다. 이들에게 포로수용소는 피난민수용소이기도 했다.[40] 밴 플리트 미8군 사령관은 전쟁포로들을 한국에서 더 멀리 적어도 일본 혹은 하와이로 후송하는 방안을 극동사령부와 워싱턴에 제안했지만, 받아들여지지 않았다.[41] 당시만 해도 정전협정이 곧 체결되어 포로교환이 이루어질 것이라고 보여졌기 때문이었다.

포로발생의 4기로 접어들면서 포로수용소 내에서 친공포로조직과 반공포로조직 간의 대결이 격화되었다. 친공포로 조직의 대표는 이학구 총좌(대좌보다 한 계급 위지만 장성급은 아님)였다. 조선인민군 사단참모장까지 지냈던 이학구는 국제연합군의 인천상륙작전이 성공한 이후인 1950년 9월 20-21일경 낙동강전선에서 사단장 홍용진(洪鏞鎭) 소장에게 총을 쏘고, 미군에 투항했었다. 이학구는 자신을 포로로 대우하는 것에

39 國防部 戰史編纂委員會(1989),『休戰史』, 197.

40 백응태,『거제도에서 판문점까지』, 78.

41 Braim, *The Will to Win*,『승리의 신념』, 367.

반발하여 다시 전향했고, 친공포로 지도자가 되었다. 하지만 이학구는 명목상의 대표에 불과했다. 배후의 총책은 박사현(朴士鉉 또는 朴士賢) 총좌였다.[42] 박사현은 어릴 때 소련으로 이주하여 하바로프스크대학을 다녔고, 광복이후 평양에 진주한 소련 제25군단 사령부 소속의 참모 겸 통역으로 3년 간 일했다.[43]

이북으로 송환된 후인 1954년 봄 박사현은 평양의 중앙당 회의실에서 열린 '중앙기관의 일부 간부회의' 석상에서 '거제도수용소 생활, 반미투쟁의 성과와 귀환병의 성분'에 대해 보고했다. 이 보고에 따르면 6.25전쟁 이전 황해도 도당 부위원장을 지낸 박사현은 조선인민군이 후퇴할 당시 포로가 되어 거제도 포로수용소로 수용되었다. 수용기간 중 그는 '조선로동당 지하당 중앙조직위원회 거제도 수용소 당위원회 위원장'이 되었다. 이후 도드 준장 감금사건을 지휘했다가 체포되어 국제연합군 사령부가 있던 도쿄로 보내져 군사재판에 회부되었다. 하지만 전쟁 초기 포로가 되었던 딘 미 제24사단 사단장과의 교환이 이루어졌다. 북측으로 귀환한 이후 그는 "거제도의 영웅", "귀환병 7만 5천 명의 왕자"로 추앙받았다.[44] 그는 약 7만 5천 명의 '귀환병'을 중심으로 구성된 평양건설여

42 박상현이라고도 알려졌다. 특히, 중국인민지원군 포로의 회고담에서는 朴相顯으로 표기되고 있다. 張澤石,『我的朝鲜战争: 一个志愿军战俘的自述』(時事出版社, 2000),『중국군 포로의 6·25전쟁 참전기』, 손준식 역 (서울: 국방부 군사편찬연구소, 2009), 220. 영문서적에는 Pak Sang Hyong이라고 표기되기도 했다. Hal Vetter, *Mutiny on Koje Island* (Rutland, VT/Tokyo, Japan: Charles E. Tuttle Company, 1965), 8. 박사현이라는 이름은 1950년 2월 3일 북조선 외무성에서 조선 주재 평양 대사관에 보낸 외교문서(한글문서)에 등장한다. 이 문서는 1945년 8월 15일 이후 소련 정부가 조선독립 사업을 지원하기 위해 조선에 파견한 조선 출신 소련거주 고려인 174명에 대하여 조선 공민이 될 수 있도록 조치를 취해 달라는 요청과 그 명단을 담고 있었다. 朴鐘涍 편역,『러시아 연방 외무성 대한정책 자료집』, I: 447-53.

43 金幸福, "한국전쟁시 捕虜 掌握을 위한 共産軍 및 親共捕虜의 조직과 연결체제," 202.

44 金定基,『密派』, 220-221.

단 여단장이 되었고, 이어서 건설성 관리국장에 임명되었다.

소련파였던 박사현의 후견인은 역시 해방 이후 소련에서 귀국했던 고려인(까레이스키) 출신의 건설상 김승화였다(사진 6-7). 김승화는 1956년 '8월 종파사건' 당시 김일성의 숙청을 피해 소련으로 망명했다. 이후 모스크바 사회과학연구소에서 역사를 연구하여 소련의 기관지 『역사문제』에 『고려민족해방투쟁사』를 연재했다. 김승화는 김일성의 항일빨치산투쟁이 『고려민족해방투쟁사』에서 큰 의미가 없었으며 대부분 조작된 것이라는 점을 소련 동방학연구소의 자료들에 근거하여 서술했다.[45]

이 소련 기관지가 평양에 유입됨에 따라 김승화와 관련된 인물들이 숙청되었다. 박사현도 "미제국주의자의 간첩"으로 몰렸다. 거제도 포로수용소에서 전개했던 그의 투쟁에 대한 평가는 역전되었다. "수용소에서 아무런 타산도 없이 대중투쟁을 지휘하여 혁명적인 병사들을 전방에 노출시켜 적으로 하여금 살해케 한 것"이라는 평가가 내려졌다. 박사현과 아울러 귀환병들 중 상당수는 숙청되었다. 이북에서 귀환병들의 자살사건은 1961년까지 꾸준히 이어졌다.[46]

2. 제네바협약과 전원송환원칙

조-중인민군에 억류된 한국군 및 국제연합군 포로들의 실상은 언론의 자유를 인정하지 않는 공산주의 국가들의 특성상 대외적으로 공개되

45 金定基, 『密派』, 206-207.

46 金定基, 『密派』, 219, 223. 정전협정 체결 이후 북으로 송환된 이학구도 자살한 것으로 알려지고 있다.

지 않았다.[47] 이에 비해 국제연합군 측이 운영하던 포로수용소의 모습은 전쟁 중이었음에도 불구하고 늘 국제적으로 노출되어 있었다. 1951년 6월 8일 국제연합군사령부가 국제적십자사에 보고한 포로의 숫자는 176,733명이었는데, 이후 포로의 숫자를 163,539(중국인민지원군 14,347)명으로 수정했다.[48] 정전협상과정에서 조-중인민군 대표들은 국제연합군이 처음 보고했던 176,733명이라는 숫자를 인용하며 포로들의 개별의사를 묻지 않는 전원송환을 압박했다. 그런데 1950년 6월 25일 조선인민군이 전면전을 시작했을 때, 한국군의 숫자는 육, 해, 공군을 망라하여 105,752명 정도였고, 1952년 6월 당시 증대된 규모도 357,000명 정도였다.[49] 따라서 176,733명의 포로들을 송환하고, 조-중인민군 측이 제시한 11,559명을 돌려받는다는 것은 군사력의 큰 변화를 초래할 수도 있는 사안이었다.

조-중인민군 대표단이 전원송환의 근거로 내세운 국제표준은 제네바협약이었다. 1949년 제네바협약은 1864년 8월 22일 앙리 뒤낭의 제안에 따라 체결된 '전장의 군대에 있어서의 부상자 및 병자의 상태 개선에 관한 협약'에 뿌리를 두고 있다.[50] 국제적십자위원회(ICRC)에 의해 채택된 이 협약은 1907년 헤이그평화회의에서 채택된 '육전의 법규관례에 관한 규칙'에 의해 보완되었다. 1907년 헤이그협약 제10항은 1864년의 제네

---

47 조-중인민군 측에 억류되었던 국제연합군 포로들의 상황에 관해서는 영국군으로 참전했다가 포로가 되었던 파라-하클리의 회고록을 참고. Anthony Farrar-Hockley, *The Edge of the Sword* (Barnsley, South Yorkshire: Pen and Sword Military, 2007).

48 조성훈, 『한국전쟁과 포로』, 36.

49 Gregg Brazinsky, *Nation Building in South Korea: Koreans, Americans, and the Making of a Democracy* (Chapel Hill: The University of North Carolina Press, 2009), 78-79.

50 스위스의 제네바는 1517년 마르틴 루터의 종교개혁선언 이후 확산된 갈등이 종교전쟁으로 비화되던 시대부터 중립도시로서의 명성을 얻었다.

바협약을 해전(海戰)으로 확대하여 해전에서 군대의 부상자와 난파자의 보호에 관해 규정했다. 1907년의 헤이그협약 제4항은 전시의 민간인 보호에 관해 규정했다. 전쟁포로에 관한 규정은 1929년 '포로의 대우에 관한 협약'으로 발전했다. 1949년 8월 12일 영어와 프랑스어로 채택된 '전쟁포로의 대우에 관한 제네바협약'(발효: 1950년 10월 21일)은 제2차 세계대전의 경험을 반영하여 기존의 협약들을 현대전쟁의 조건에 맞게 새롭게 발전시킨 것이었다.[51] 제1협약: 육전에 있어서의 군대의 부상자 및 병자의 보호, 제2협약: 해상에 있어서의 군대의 부상자, 병자 및 조난자의 보호, 제3협약: 포로의 대우에 관한 협약, 제4협약: 전시에 있어서의 민간인의 보호에 관한 협약.[52]

1903년 1월 8일 대한제국 정부는 '전지에 있어서 군대의 부상자와 병자의 상태 개선에 관한 1864년 8월 22일자 제네바협약'에 가입한 바 있었고, 1903년 2월 7일에는 이 협약을 해전에 응용한 '1899년 헤이그협약'에도 가입한 바 있었다. 이후 대한민국은 1949년 8월 22일 제네바협약에 가입했었다. '조선민주주의인민공화국'은 제네바협약 61개 체약국들 중 하나가 아니었지만 전쟁 초기 외무상 박헌영이 제네바협약을 준수할 것이라는 입장을 밝힌 바 있었다.[53] 그러나 1950년 8월 17일 낙동강 전선의 왜관 북방 자고산의 303고지에서 발생한 41명의 미군

51 1949년 이후 다음과 같은 추가의정서들이 채택되었다. 제1추가의정서 (1977년): 국제적 무력 충돌의 희생자 보호에 대한 제네바 협정의 추가의정서. 제2추가의정서 (1977년): 비국제적 무력 충돌의 희생자 보호에 대한 제네바 협정의 추가의정서. 제3추가의정서 (2005년): 적십자 표장 추가 등 제네바 협정의 추가의정서. 적십자 표장(Red Cross Emblem)에 이슬람문명권의 요구에 따라 적신월(Red Crescent)이 추가된 데 이어서 유태인들의 요구에 따라 적수정(Red Crystal)이 추가되었다.

52 '전쟁포로의 대우에 관한 제네바협약'의 원문은 다음 사이트를 참고. http://www1.umn.edu/humanrts/instree/y3gctpw.htm.

53 국방부 군사편찬연구소, 『6.25전쟁사9』, 183.

포로 학살(Hill 303 massacre)에서 보여지듯이 조선인민군은 제네바협약을 준수하지 않았다. 공산진영은 제네바협약을 제국주의적 도구라고 보는 경향이 있었다. 미국 정부는 1949년 제네바협약에 서명했지만 아직 의회의 비준을 받지 못한 상태였다. 전통적으로 미국은 유럽중심적인 국제적 표준에 얽매이지 않으려는 경향이 강했다.

6.25전쟁에서는 1949년 당시 제네바협약이 상정하고 있던 제1차 세계대전이나 제2차 세계대전 때와는 다른 포로문제가 야기되었다. 또한 먼저 정전을 하고 포로를 교환할 것인가, 아니면 포로를 교환하고 정전을 할 것인가 하는 문제도 있었다. 정전에 앞서 포로를 교환하면, 송환된 포로는 다시 전투원이 되어 전투에 동원될 수도 있었다. 그렇다고 먼저 정전협정을 체결한 후, 포로교환과 관련한 이견이 발생할 경우, 포로교환이 무산되거나 계속, 지연될 수도 있었다.

정전협상 과정에서 전쟁포로의 처리문제와 관련한 협상이 봉착한 첫 번째 문제는 제네바협약의 문구를 들고 나온 조-중인민군 대표단에 의해 제기되었다. 이들은 제네바협약의 제3협약 제2부 적대행위 종료 시의 포로의 석방과 송환에 관한 제118조에 포함되어 있는 "포로는 적극적인 적대행위가 종료한 후 지체 없이 석방하고 송환하여야 한다"는 구절에 근거하여 전체 포로들의 즉각적인 송환을 요구했다.[54] 아울러 1952년

---

54 제네바협약 118조의 전문은 다음과 같다(밑줄 첨가). "<u>Prisoners of war shall be released and repatriated without delay after the cessation of active hostilities</u>.

In the absence of stipulations to the above effect in any agreement concluded between the Parties to the conflict with a view to the cessation of hostilities, or failing any such agreement, each of the Detaining Powers shall itself establish and execute without delay a plan of repatriation in conformity with the principle laid down in the foregoing paragraph.

In either case, the measures adopted shall be brought to the knowledge of the prisoners of war.

The costs of repatriation of prisoners of war shall in all cases be equitably apportioned between

1월 23일 포로문제에 관한 분과위원회에서 조선인민군 협상대표 이상조는 제네바협약 제7조에 있는 "포로는 어떤 경우에도 부분적으로나 전체적으로 제네바협약에 의해 확보된 권리를 포기할 수 없다"라는 구절에 입각하여 포로들이 송환권을 포기할 수 없다는 주장을 개진했다.[55]

그런데 포로가 된 당사자가 본국으로의 송환 의지가 없을 경우에는 어떻게 할 것인가? 이에 관해 애치슨은 1918년 3월 3일 독일과 러시아공산정부 간에 체결된 브레스트-리토프스크조약 5장 17항에 따라 포로들의 선택권을 존중할 수 있다고 주장했다.[56] 인권을 보호하기 위한 제네바협약의 전원 송환을 기계적으로 적용할 경우 오히려 인권을 침해할 수 있었다. 1945년 제2차 세계대전 종전 이후 연합군에게 포로가 된 독일군

---

the Detaining Power and the Power on which the prisoners depend. This apportionment shall be carried out on the following basis:

(a) If the two Powers are contiguous, the Power on which the prisoners of war depend shall bear the costs of repatriation from the frontiers of the Detaining Power.

(b) If the two Powers are not contiguous, the Detaining Power shall bear the costs of transport of prisoners of war over its own territory as far as its frontier or its port of embarkation nearest to the territory of the Power on which the prisoners of war depend. The Parties concerned shall agree between themselves as to the equitable apportionment of the remaining costs of the repatriation. The conclusion of this agreement shall in no circumstances justify any delay in the repatriation of the prisoners of war." http://www1.umn.edu/humanrts/instree/y3gctpw.htm (University of Minnesota, Human Rights Library).

55 Transcript of Proceedings, Forty-first Session, Meeting at Pan Mun Jom, Sub-Delegations on Agenda Item 4, Military Armistice Conference, 23 Jan 1952. 제네바협약 7조의 전문은 다음과 같다(밑줄 첨가). "Prisoners of war may in no circumstances renounce in part or in entirety the rights secured to them by the present Convention, and by the special agreements referred to in the foregoing Article, if such there be." http://www1.umn.edu/humanrts/instree/y3gctpw.htm (University of Minnesota, Human Rights Library).

56 브레스트-리토프스크조약의 원문은 다음과 같다. "Prisoners of war of both parties will be realeased into their homelands insofar as they do not, with the consent of the capturing state, desire to remain within the latter's territory or betake themselves into another country." Vatcher, *Panmunjom,* 173.

포로들 중에서 과거 소련군 포로 출신이었던 포로들은 본인의 의사에 반해 소련으로 전원송환되는 과정에서 오스트리아를 지나 협곡을 통과할 무렵 집단적으로 투신자살하기도 했다.[57] 당시 영국과 미국은 소련의 영향권으로 들어간 동유럽에 있던 약 7만 5천 명 자국민들의 안전을 우선적으로 고려하여 전원송환원칙에 쉽게 동의해 준 측면이 있었다. 소련이 독일군 및 일본군 포로들을 즉각 송환하지 않고, 시베리아강제노역에 투입했던 것도 전원송환원칙이 수립되는 계기가 되었다.[58]

미 국무부의 새로운 유권해석에 입각해서 국제연합군 대표단은 포로들의 즉각적 송환을 규정한 제네바협약 제118조와 관련하여 포로개인의 자유의지를 반영해야 한다고 주장했다. 조-중인민군 측 포로들을 신문(訊問)한 결과, 조선인민군 포로들의 내부 구성은 복잡했고, 중국인민지원군 포로들의 경우에도 과거 장개석을 따르던 중화민국 군인으로서 중국공산당 측의 포로가 되었다가 마오쩌둥의 '조선출병'에 동원된 사람들도 포함되어 있었다. 이들은 '중화민국'으로의 송환을 희망했다.

국제연합군에 억류된 조-중인민군 포로들의 내부 구성이 지닌 복잡성에도 불구하고 조-중인민군 대표들은 "포로는 적극적인 적대행위가 종료한 후 지체 없이 석방하고 송환하여야 한다"는 제네바협약 제118조의 일구절(一句節)을 내세우며 포로전원의 즉각송환을 주장했다. 워싱턴의 일각에서도 공산진영의 주장을 수용하여 포로문제를 신속히 종결하고, 미군 포로들을 가능한 빨리 가족의 품으로 돌려보내야 한다는 의견이 개진

57 관련 기사가 *U.S. News and World Report* 지에 게재된 바 있었는데, 이 비극적 기사는 6.25전쟁의 포로문제를 다루던 국제연합군 측 정책결정자들에게 깊이 각인되어 있었다. Hal Vetter, *Mutiny on Koje Island* (Rutland, VT/Tokyo, Japan: Charles E. Tuttle Company, 1965), 28; 金陽明, 『韓國戰爭史』 (서울: 日新社, 1978), 471.

58 Collins, *War in Peacetime,* 340; U.S. Department of the Army, *United States Army in the Korean War,* 3 vols. (Washington, D.C.: U.S. Government Printing Office, 1961-1972), 2: 136-37.

되었다. 트루먼행정부의 기본노선은 자유송환원칙을 관철하는 것이었으나, 미군포로들을 조속히 송환받고자 하는 미국 내 포로가족들을 비롯한 국내외적 압력 또한 강했다.[59]

미국 정부는 조-중인민군의 포로가 된 자국민의 신속한 송환을 우선할 것인가, 아니면 조-중인민군 포로들의 자유의사를 관철하기 위한 협상을 지속할 것인가라는 딜레마에 직면했다. 조-중인민군에 의한 미군 포로 억류기간이 장기화되면서 이들이 본국에 귀환한 후 공산주의를 전파할 가능성에 대한 우려도 제기되었다.[60]

제네바협약에 따른 전원송환에 대해서는 1951년 7월 5일 미 육군 심리전 단장(U.S. Army Chief of Psychological Warfare) 맥클루어(Robert A. McClure) 준장이 반박의 이론적 근거를 제시했다. 미국 합참에 보낸 보고서에서 맥클루어는 송환불원포로들을 강제로 송환하는 것이 비인도적이라고 주장했다. 아울러 송환불원포로들을 강제로 송환할 경우, 향후 조-중인민군으로부터 투항해 올 자들의 심리에 영향을 미칠 수 있다는 점이 지적되었다.[61] 맥클루어는 송환 여부를 포로 개인의 자유의사에 맡겨야 한다고 주장했다. 그는 과거 장개석군대에 복무했다가 중국인민지원군에 징집되어 참전했던 포로들 중에서 중화민국, 즉 대만으로 가기를 원하는 포로들은 그들의 자유의사에 따라 대만으로 보내야 한다고 주장했다. 맥클루어는 대만이 중국의 일부라는 중국공산당의 주장에 따르면 1949년 포로대우에 관한 제네바협약(이하 제네바협약으로 약칭)이 규정한 본국송환원칙에 위배되는 것이 아니라는 해석을 내놓았다.[62]

59 Foot, *A Substitute for Victory,* 140.

60 Foot, *A Substitute for Victory,* 124.

61 Collins, *War in Peacetime,* 340.

62 Brig. Gen. Robert McClure to Army Chief of Staff, "Policy on Repatriation of Chinese and

1951년 8월 8일 오마르 브래들리 합참의장이 국방부와 국무부에 발송한 문서에서도 미국은 이미 군사적 협상 수준을 넘어서는 포로문제처리 방식을 모색하고 있었다. 이 문서에 따르면 제2의제에 대한 합의가 이루어지기 전에 이미 미국 합참은 (1) 개별포로들의 동의 없이 조-중인민군들이 장악하고 있는 지역으로 조-중인민군포로들을 송환(repatriation)하지 않는 문제, (2) 과거 중국국민당에 충성했거나 현재 중국국민당에 충성하는 중국인민지원군 포로들을 중화민국 정부가 있는 대만으로 보내는 문제, (3) 조-중인민군에 억류되어 있는 국제연합군 포로들의 안전을 확보하는 문제 등에 관한 정책적 검토가 이루어지고 있었다.[63]

이러한 정책적 검토가 정당화될 수 있는 근거들로서 미 합참은 다음과 같은 점들을 제시했다. (1) 포로들을 강제로 송환했을 경우 발생하는 인권문제, (2) 심리적 효과, (3) 인간의 마음을 얻기 위한 전 세계 이념전쟁에서 포로들의 자유의사를 무시한 조-중인민군 측의 전제적이고 전체주의적인 방법과의 차별화, (4) 미국 심리전술의 발달가능성 등이었다. 이에 비해 새로운 정책을 추진했을 시 발생할 수 있는 불이익으로는 (1) 전후 포로들을 전원송환하지 않는 선례를 남기는 것, (2) 제네바협약 118조에 저촉될 수 있다는 점, (3) 미국이 포로들을 강제로 억류하고 있다는 소련을 비롯한 공산권 국가들의 선전공세, (4) 공산 측이 정전협상을 중단하고, 전쟁을 재개할 수 있는 핑계를 제공해 준다는 점 등이 제시되었다.[64]

North Korean Prisoners," 6 July 1951, RG 319, G-3, decimal file 383.6. cited in Bernstein, "The Struggle over the Korean Armistice," 276.

63 Memorandum by the Chief of the JCS (Omar N. Bradley) to the Deputy Under Secretary of State (Matthews), Sub: Policy on Repatriation of Chinese and North Korean Prisoners, United States Department of State, *FRUS 1951: Korea and China,* 791-94.

64 Memorandum by the Chief of the JCS (Omar N. Bradley) to the Deputy Under Secretary of

자유송환을 선호하는 국제연합군 측 입장에 대해 조-중인민군 대표단은 제네바협약 118조에 따른 전원송환을 고집했다. 그러나 실상은 포로들을 전투력으로 재활용하고 있었다. 1951년 12월 『로동신문』 사설은 한국군 포로들을 조선인민군에 재입대시켜 이른바 '해방전사'로 전투에 투입했던 사례들을 다음과 같이 길게 열거한 바 있었다.

> 오늘 미제 무력침공자들을 반대하는 조국 해방전쟁에서 우리의 인민군대 용사들은 미증유(未曾有)의 영웅성과 용감성과 희생성을 다함 없이 발휘하고 있다. 우리 조선인민을 또 다시 식민지 노예로 만들려는 미제국주의자들을 격멸, 소탕하고야말 필승의 신념에 불타는 인민군대 용사들은 매 전투마다에서 원수들의 발악적 침공을 영웅적으로 격파, 분쇄하는 위훈을 계속 수립하고 있다. 실로 오늘 우리 젊은 용사들의 영용무상한 투쟁은 조국이 조국의 존망을 두었기에 걸머진 공화국 청년들의 영예와 긍지를 가장 빛나게 표현할 것으로서, 영웅적 조선 인민의 철석같은 굳은 기개와 무궁무진한 역량의 강대성을 온 세계에 과시하는 것으로 된다. 이 영웅적 인민군대 용사들의 투쟁대열 속에는 수다한 해방전사들이 포함되어 있다.
>
> 역적 이승만(李承晩) 도당들에게 강제로 징모되어, 지난날 소위 '국방군'으로 조국과 인민을 반역하는 저주스런 길에서 헤매다가, 영용무상한 조선인민군과 중국인민 지원군에 의하여 해방된 해방전사들은, 오늘 인민군대의 영예로운 일원으로 된 무한한 감격과 환희에 들끓으며 전선에서 적과 용맹하게 싸우고 있다. 오늘 해방전사들이 자기 조국과 인민을 위하여 미제 무력침공자들을 반대하는 정의의 조국 해방전쟁에서 용감무쌍히 싸우고 있는 것은 결코 우연한 사실이 아니다. 그들은 지난날 저주스런 '국방군' 생활을 강제 당하여

State (Matthews), Sub: Policy on Repatriation of Chinese and North Korean Prisoners, United States Department of State, *FRUS 1951: Korea and China,* 791-94.

왔기에, 그 군대가 얼마나 조국과 인민 앞에 씻을 수 없는 죄악을 짓고 있는 매국적이며 반역적인 군대임을 몸소 체험하여 왔으며, 또 그러하기 때문에 조선인민의 불공대천의 원수는 바로 미제국주의자들과 이승만 역도들이라는 것을 그만큼 더 절실히 느끼게 되었다. 그러므로 해방전사들은 자기의 수치스러운 과거를 한없이 뉘우친다. 또한 비로소 깨달은 인민의 원수에 대한 미움과 복수심은 지극한 것이다. 더욱이 그들은 우리 인민군대의 따뜻한 대우와 부단한 교양 속에서, 새 세계를 보았으며 참다운 자기 조국을 보았다. 그리하여 지난날의 자기들의 치욕적인 생활에 대한 쓰라린 증오와 미제 원수들에 대한 더 참을 수 없는 복수심은, 오늘 전체 해방전사들로 하여금 원수를 격멸, 소탕하는 전투마다에서 빛나는 무훈을 계속 수립하게 하고 있다. 해방전사들의 영웅적 투쟁은 오늘 실로 우리인민군 매개 용사들에서 보는 것처럼 한 개의 보편화된 사실로 되고 있으며 조국과 인민의 참다운 아들로서의 도는 공화국 청년으로서의 영예와 자랑을 높이 발양[떨쳐 일으킴]하고 있다.

해방전사 유종인 동무는 오늘 공화국의 최고 영예인 공화국 영웅으로 되었다. 그는 조국과 인민을 반역하는 '국방군'의 생활로부터 인민군에 의하여 개성시가 해방될 때, 인민군대로 넘어온 후 치욕의 과거를 뉘우치면서 매 전투마다에서 앞장서서 싸워 왔으며, 그녀 4월부터는 미제 공중비적들을 소탕하기 위한 사냥꾼 조원으로 분전하여 왔다. 그는 하늘의 날강도들을 하나도 남김없이 소탕하고야말 불붙는 결심으로 단 10일 동안에 적기 3대를 격추하는 공훈을 세웠다.

해방전사 이시갑 동무는 작년 포항 전투에서 자기 동생과 함께 우리 인민군대의 일원으로 되었다. 조국과 인민의 품에 돌아온 벅찬 감격과 깊은 경의 속에서, 이들 두 형제는 포항전투를 비롯하여 후퇴시기의 어려운 여러 전투마다에서 빛나는 무훈을 이룩하였다. 특히 이시갑은 싸움에서 적기 3대를 격추하는 용감성을 발휘하였다. 그의 가슴에는 오늘 국기훈장(2급) 두 개와 영예훈장 군공 메달이 찬연히 빛나고 있다.

해방전사 김길수 하사는 매 전투마다에서 앞장을 섰다. 그는 지난 대구산 전투 시에는 자기분대가 차지한 고지에 적들이 수십 차에 걸쳐 반격하여 오는 것을 영용과감하게 물리쳤으며, 마지막 전황이 위급하게 되자 수류탄 묶음을 가슴에 안고 적중에서 장렬한 자폭을 하였다. 그는 이 전투에서 실로 미군 240여 명을 살상하면서 고지를 피로써 사수하였던 것이다.

해방전사 김해동 분대장은 지난 1100고지전투에서 단신적 90여 명을 살상하면서, 적의 포위로부터 우리 구분대를 구출하는 빛나는 무훈을 세웠다. 이러하듯 해방전사들의 영웅적 투쟁은 이루 헤아릴 수 없이 수많이 발현되고 있다. 오늘 해방전사들이 과거와는 달리 자기 조국과 인민을 위하여 이렇듯 빛나는 무훈을 이룩하고 있는 사실은 무엇으로 설명되어야 할 것인가. 그것은 매개 해방전사들이 위대한 조국해방전쟁의 정의성을 명확히 인식하고, 전쟁 승리를 위하여 자기의 모든 것을 이에 복종시키고 있기 때문이다. 지난날 '국방군'으로 미제 침략군의 앞잡이로 되고 있었을 때 그들은 매 전투마다에서 패배를 거듭하였다. 자기들에게 강요된 전쟁을 정의적인 것으로 간주할 수 없었으며, 또 자기사명의 정당성에 대한 신념과 분발심을 가질 수 없었다. 그러하기 때문에 그들은 전선에서의 자기의 '의무'들을 형식적으로 수행했을 뿐만 아니라 태공 기피하였으며, 그럼으로써 그들은 전투마다에서 실패를 거듭하지 않으면 안 되었다. 오늘 해방전사들은 진정한 원수가 누구이며 그 원수를 다승함이 없이는 조국도 인민의 행복한 생활도 있을 수 없다는 것을 분명히 알고 싸우는데서, 매 전투마다에서 무비의 영웅성과 헌신성을 발휘하고 있는 것이며 적과 싸워 이기고 있는 것이다. 해방전사들도 자기가 나아갈 길을 똑똑히 찾았다. 조국과 인민에게 대한 그들의 충성심은 지극하다. 해방전사들은 전체 조선인민들의 사랑과 신망 속에서 원수와 용감히 싸운다. 미제와 이승만(李承晩) 도당을 다승함이 없이는 조선인민에게 자유도 조국도 없다. 해방전사들이여! 미제 무력 침공자들과 그의 충견 이승만 역도들을 소탕하는 격전 마당에로 더욱 힘차게 앞으로! 인민들은 그대들에게 무한한 사랑과

존경을 보낸다.[65] [원문 그대로]

이처럼 "해방전사"라는 명목으로 포로를 다시 전쟁에 동원하는 행위는 제네바협약의 기본정신을 위반한 것이었다. 또한 제네바협약 제13조는 "억류 하에 있는 포로를 사망케 하거나 그 건강에 중대한 위해를 가하는 여하한 억류국의 불법한 작위 또는 부작위도 금지되어야" 할 것을 규정하고 있었다. 조선인민군에 입대하여 이른바 '해방전사'가 되기를 끝내 거부한 한국군 포로들에게는 인민군복을 작업복처럼 입혀서 각종 노동을 강제했다. 제네바협약 제49조는 억류국이 "포로들을 신체적 및 정신적 건강의 양호한 상태로 유지하기 위하여 … 적당한 노동을 요청할 수" 있으나 "어떠한 경우에 있어서도 노동을 강요당하지 아니한다"고 규정했다. 이러한 규정은 제대로 준수되지 않았다. 나중에 미 국방부가 송환포로들과의 인터뷰를 통해 파악한 바에 의하면 6천 명 이상의 미군 포로와 5천 5백 명 이상의 한국군 포로가 포획된 직후 사망했는데, 이는 포로들에 대한 가혹행위와 무관하지 않았다.[66]

3. 1:1교환의 모색

국제연합군은 1950년 6월 25일 전쟁 발발 전 38선 이남에 거주했던 포로들 중 37,132명과 368명의 이북피난민 등을 다음과 같은 민간인 억

65 『로동신문』, 1951년 12월 6일.

66 Leckie, *Conflict,* 388.

류자들로 재분류했다. (1) 민간인 신분으로 조선인민군에 징용되었다가 생포된 자, (2) 강제연행되어 조선인민군에 편입된 자, (3) 한국군이었다가 조선인민군의 포로가 되어 조선인민군에 강제편입된 자, (4) 한국군이지만 낙오되었을 때 잘못되어 포로로 분류된 자, (5) 군사적으로 관계가 없는 한국인으로 피난 도중 포로의 무리에 휩쓸려 그대로 포로가 된 자, (6) 물건이 탐나서 수용소에 숨어들었다가 그대로 체포된 자, (7) 민간 복장을 착용한 조선인민군 또는 간첩으로 오인되어 체포된 자 등이었다.67

그러나 조-중인민군 측은 포로의 기준과 관련해서 포로의 거주지를 기준으로 삼지 말고, 생포 당시의 부대를 기준으로 해야 한다고 주장했다. 38선 이남 출신으로 1950년 6월 25일 이후 조선인민군에 강제 편입된 경우라 할지라도 일단 편입된 이상 조선인민군 포로로 취급해야 한다는 것이었다. 한국군포로였다가 1994년 탈북했던 전 한국군 소위 조창호는 당시 어떤 식으로 한국군 포로들이 조선인민군에 강제 편입되었는지를 증언했다. 특히, 조창호와 같이 원래 38선 이북 출신으로 6.25전쟁 발발 이전에 월남하여 한국군에 입대했다가 조선인민군에 생포된 경우는 조선인민군 입대공작의 주요한 목표가 되었다.68

국제연합군 및 한국군(당시 대표 이형근) 측에서는 빠른 시일 내에 포로들을 돌려받되, 송환을 원치 않는 포로들의 인권도 보호하기 위한 방법으로 리지웨이가 주장한 1:1교환방식이 바람직하다고 보았다.69 당시

67 Schnabel and Watson(1979), *The History of the Joint Chiefs of Staff,* 122; 육군본부, 『한국전쟁과 반공포로』 (서울: 육군인쇄, 2002), 85.

68 조창호, 『돌아온 死者』, 147-65.

69 CINCFE to DEPTAR for JCS, 27 Oct 1951, CX 55993, Matthews Files cited in Barton J. Bernstein, "The Struggle over the Korean Armistice: Prisoners of Repatriation?" in Bruce Cumings, ed. *Child of Conflict: The Korean-American Relationship, 1943-1953* (Seattle and London: University

한국군 및 국제연합군 측 포로수용소에 있던 포로들의 숫자는 조-중인민군 포로수용소에 있던 한국군 및 국제연합군 포로들의 숫자보다 훨씬 많았다. 따라서 1:1교환방식으로 포로들을 교환하면 국제연합군 포로들을 모두 돌려받더라도, 본국 송환을 원치 않는 조-중인민군포로들은 자유의사에 따라 처리할 수 있었다. 조-중인민군 측이 주장하는 전원송환원칙에 맞서 한국군 정전협상 대표 이형근도 1:1교환의 타당성을 다음과 같이 주장했다.

> 우리의 추정과 그들이 제시하는 것과의 차이는 12만 명이다. 이 숫자는 저들의 편제로 본다면 10개 사단 병력에 해당하는 숫자다. 우리가 1만 명을 받고 저들에게 13만 명을 준다면 적에게 10개 사단병력을 보충해 주는 것 외에 그 무엇이겠는가. 내가 알기에는 한국군 중 행방불명자의 다수가 인민군에 편입되어 있고 또 민간인 중에도 납치된 사람들이 수없이 많다. 한국군 포로나 국제연합군 포로나 그 생명이 귀한 건 마찬가지다. 그러므로 1 대 1 방식에 의해 교환해야지 전체와 전체를 포괄적으로 교환한다는 건 어불성설이다.**70**

그러나 양측이 제시한 포로명단의 숫자에 큰 차이가 있었기 때문에 1:1 동수교환방식은 실현되기 어려웠다. 조-중인민군 측이 밝힌 포로의 숫자는 생각보다 적었던 반면 국제연합군 및 한국군이 억류하고 있던 조-중인민군 포로들 중 송환불원포로들의 숫자는 생각보다 많았다. 국제연합군 측은 송환불원포로들은 석방하고, 송환희망포로들은 1:1로 교환한 다음, 국제연합군 측의 포로 수가 월등히 많은 만큼 나머지 조-중인민군

---

of Washington Press, 1983), 277.

70 이형근, 『軍番 1번의 외길 人生』, 74-75.

포로들은 송환을 희망하는 민간인들과 다시 1:1로 교환하는 방식을 제시했다. 만일 이 방식이 실현되었다면 피랍자 문제를 포함한 실향사민문제가 미결된 상태로 현재까지 남게 되는 사태를 어느 정도 막을 수 있었다. 이에 대해 조-중인민군 대표단은 양측이 억류하고 있는 포로들 전원을 서로 교환해야 한다고 맞섰다. 국제연합군 및 한국군 측에서도 송환불원 포로들을 석방한 후 새로운 명부를 가지고 협상에 임해야 한다는 주장이 제기되었다.

6.25전쟁 초기부터 국제연합군 측은 포로현황을 국제적십자사에 통보하고 있었다. 따라서 소련을 포함한 공산진영에서는 조-중인민군 포로상황을 비교적 정확히 알고 있었다. 이에 반해 조-중인민군 측은 전쟁 초기 전과를 과시하기 위해 늘어나는 포로들의 수를 적극적으로 선전하다가 전세가 불리해지자 포로 현황을 공표하지 않았다. 이북으로 끌려간 포로들 중에는 강압과 회유에 의해 조선인민군에 입대한 경우도 있었다. 조-중인민군 측은 포로들이 어떻게 관리되고 있는지 공개하지 않았고, 포로들을 선전전에 동원하기도 했다. 6.25전쟁 초기에 포로가 되었던 딘 소장 다음으로 높은 계급이었던 미 제1해병 항공단 참모장 출신 슈와블(Frank H. Schwable) 대령을 포함한 39명의 조종사들은 세균전에 참가했다고 증언했다. 1953년 7월 27일 정전협정 체결에 따라 본국에 송환된 이후 이들은 강압에 의한 증언이었다고 해명했다.[71]

국제연합군 측 대표들은 포로들에 관한 정확한 정보교환과 국제적십자를 통한 포로들의 처우 확인이 시급한 문제라고 주장했다. 그러나 조-중인민군 측은 정전협정 체결 직후 포로들을 전원 송환한다는 원칙에 먼

71 Raymond B. Lech, *Tortured into Fake Confession: The Dishonoring of Korean War Prisoner Col. Frank H. Schwable* (Jefferson, NC: McFarland, 2011).

저 합의할 것을 종용했다. 1951년 11월 제네바에서 파견된 국제적십자사 조사단은 송환희망포로들과 송환불원포로들을 구별해서 처리할 필요가 있다고 권고했다.

1951년 12월 11일 포로문제에 관한 분과위원회가 개최되자 국제연합군 측에서 버크 대표를 대체한 리비(R. E. Libby) 대표가 11월 27일 본회의에서 국제연합군 측이 요구했던 포로들에 관한 자료(data)를 제공해 줄 것을 요구했다. 국제연합군 측이 요구한 포로정보는 포로들의 이름과 국적, 포로수용소들의 위치, 그리고 국적별, 수용소별 포로들의 수였다. 국제연합군 측은 1950년 7월 13일 박헌영 외상이 제네바협약 준수를 선언했던 것을 상기시켰다. 국제연합군 측은 포로들에 대한 인도적 대우와 공정하고 동등한 기초(a fair and equitable basis) 위에서 포로교환이 이루어져야 한다고 주장했다. 이에 대해 조-중인민군 측의 이상조 대표는 포로들에 관한 자료를 교환하기에 앞서 전원송환원칙에 합의할 것을 종용했다. 그러한 원칙에 먼저 합의해야 국제연합군 측이 요구하는 병상(病傷)포로 교환도 가능하다는 입장이었다.[72]

1951년 11월 27일 군사분계선에 잠정합의하면서 상정했던 30일의 기한 내에 정전협상을 마치기 위해서는 이러한 방식의 포로 교환 밖에는 대안이 없었을 수도 있다. 그러나 이것은 포로 수의 불균등성, 그리고 송환불원포로들의 자유의사가 반영되지 않은 것이었다. 포로문제를 처리함에 있어서 정확한 현상 분석과 포로 개인들의 자유의사를 존중하는 국제연합군 측의 입장과 전원송환원칙에 따라 포로문제를 처리하려는 조-중인민군 측의 입장은 충돌하고 있었다.

72 Transcript of Proceedings, First Session, Meeting at Pan Mun Jom, Sub-Delegations on Agenda Item 4, Military Armistice Conference, 11 Dec 1951.

1951년 12월 18일 양측은 분과위원회를 통해 포로명부를 교환하는 데 합의했다.[73] 국제연합군 대표단은 국적별로 이북주민(North Korean) 95,531명, 중국인(Chinese) 20,700명, 그리고 한국민(ROK) 16,243명을 포함한 132,474명의 포로명단을 조-중인민군 대표단에 전달했다.[74] 이 수치는 국제적십자사에 보고했던 수치에서 이중처리된 것으로 판명된 약 2,000명, 포로수용소에 억류되어 있던 약 37,000명의 38선 이남 민간인 등을 제외한 것이었다.[75] 12월 22일 정전협상에서 국제연합군 대표단은 이북주민(North Korean)이 아닌 한국민(ROK) 16,234명은 게릴라로 활동했던 사람, 조-중인민군과 함께 있었던 사람, 안보적 조치(security measure)의 일환으로 구금되었던 사람, 그리고 혼전 중에 전쟁포로가 된 사람 등으로 구성된다고 설명했다.[76]

조-중인민군 대표단이 내놓은 포로명단은 한국군 포로 7,142명, 국제연합군 포로 4,417명(미군 3,198명 포함) 등 모두 11,559명에 불과했다. 이것은 한국군 실종자 88,000명의 9%, 미군 실종자 11,500명의 25%에 불과한 수치였다.[77] 국제연합군 측이 조-중인민군 측에 전달한 포로명단에 비해 10분의 1도 안 되는 조-중인민군 측 포로명단은 조-중인민군 측

---

73 Transcript of Proceedings, Eighth Session, Meeting at Pan Mun Jom, Sub-Delegations on Agenda Item 4, Military Armistice Conference, 18 Dec 1951.

74 Schnabel and Watson(1979), *The History of the Joint Chiefs of Staff,* 697; 라주바예프, 『6.25전쟁 보고서』, 98.

75 Schnabel and Watson(1979), *The History of the Joint Chiefs of Staff,* 國防部戰史編纂委員會, 『美國合同參謀本部史』 (1991), 130.

76 Transcript of Proceedings, Eighth Session, Meeting at Pan Mun Jom, Sub-Delegations on Agenda Item 4, Military Armistice Conference, 22 Dec., 1951.

77 Joy, *How Communists Negotiate*, 104; Schnabel and Watson(1979), *The History of the Joint Chiefs of Staff,* 696; 國防部政訓局戰史編纂會. 『韓國戰亂 二年誌, Korea in War July. 1951-June. 1952』. (1953), C70.

이 전시방송을 통해 65,363명을 포획하는 전과를 올렸다고 선전했던 사실에 비추어 보더라도, 약 53,000여 명이나 부족한 수치였다.[78]

국제연합군 대표단이 이 점을 지적하자 조-중인민군 대표단은 국제연합군 측이 제시한 132,474명의 포로명단이 실제 숫자와 다르다고 주장했다. 그들이 계산하고 있는 행방불명자는 188,000명이고, 국제적십자사에 통보된 포로현황자료에 따르더라도 169,000명이라는 것이다. 이에 대해 국제연합군 측은 국제적십자에 보고했던 169,000명 중 민간인으로 확인된 37,000여 명을 제외했으며, 추가로 16,000명도 심사 중에 있는데, 이들도 민간인으로 판명되면 석방할 것이라고 답변했다.[79]

1952년으로 접어들면서 국제연합군 측에서는 자유민의 인권수호라는 국제연합의 대의에 기초한 자유송환(voluntary repatriation)원칙을 관철해야 한다는 주장이 강하게 제기되었다. 그러나 조-중인민군 대표 남일은 국제연합군 억류 하에 있는 포로들의 자유의사를 확인할 수 없다고 맞섰다.[80] 1952년 1월 15일 워싱턴은 리지웨이 국제연합군사령관에게 전쟁포로의 1:1 교환원칙 대신 전원교환(all-for-all exchange)을 추진하되, 강제송환은 배제하도록 했다. 미국무부는 제네바협약에 대한 새로운 유권해석을 내놓았다. 제네바협약에 따르면 교전국은 포로들의 권리를 박탈하지 않는 한도 내에서 그들에 대한 특별한 합의를 하는 것도 가능하다는 것이었다. 포로 개인의 권리를 위한 자유송환에 관한 합의는 제네바협약을 위반하는 것이 아니라는 해석이었다.[81]

78 Joy, *How Communists Negotiate*, 109.

79 Hermes, *Truce Tent and Fighting Front,* 141-42; Schnabel and Watson(1979), *The History of the Joint Chiefs of Staff,* 701.

80 Joy, *How Communists Negotiate*, 56.

81 JCS to CINCFE, 21 Jan 1952, JCS 92490, Matthews Files, cited in Bernstein, "The Struggle

4. 자유송환원칙의 확립과 '포로전쟁'

1952년 2월 2일 국무부 극동담당차관보(U.S. Assistant Secretary of State for Far Eastern Affairs)였던 알렉시 존슨(Alexis Johnson)은 포로들의 송환의사 여부를 조사(screening)할 것을 제안했다. 이에 따라 포로들을 한명씩 면담하여 송환대상자와 잔류대상자를 가려내는 작업이 진행되었다. 잔류희망자는 포로명단에서 제외한 후, 잔류희망자를 제외한 포로 전체를 조-중인민군이 억류하고 있는 포로 전체와 교환한다는 것이었다. 1952년 2월 27일 존슨 플랜(Johnson Plan)이 트루먼 대통령의 최종 승인을 받았다. 이로써 국제연합군 협상대표단은 자유송환원칙을 견지하게 되었다. 반면에 소련공산당 중앙위원회 정치국은 1952년 3월 7일 "우리는 협상절차를 서둘러서는 안 된다. 그것은 우리에게 이익이 되지 않는다"라는 결의문을 채택했다.[82]

1952년 중반 약 20만 명 이상의 중국인민지원군 8개 군이 전 전선에 배치되어 있었고, 동부전선에는 조선인민군 3개 군단 8만여 명이 배치되어 있었다. 국제연합군 측은 미 육군 4개 사단과 미 해병 1개 사단, 그리고 한국군 9개 사단, 그 밖의 국제연합군 등 총 24만여 명이 전쟁을 지속했다. 증원가능병력까지 포함하면 조-중인민군은 약 90만 명, 국제연합군 및 한국군은 약 70만 명이 대치하고 있었다.[83] 양군이 대치하는 가운데 전선은 교착상태였지만, 정전협상은 포로송환문제를 놓고 지연되었다. 후방에 있던 거제도 포로수용소에서는 '포로들 간의 전쟁'이 벌어

---

over the Korean Armistice," 279.

82 Coded message N P 86/33, 7 March 1952, cited in Bajanov and Bajanova, *The Most Mysterious War,* 219.

83 1952년 여름 시점의 통계. Braim, *The Will to Win,* 『승리의 신념』, 374-75.

지고 있었다.

정전협상 한국군 대표였던 유재흥은 1952년 5월 2일의 일기에서 "지금은 단지 포로 문제 하나가 남았음"이라고 기록했다. 그리고 "이 문제의 3요소는 (1) 조-중인민군에 아측 방안을 납득시키는 일, (2) 미국에게 자유의사 송환의 절대성을 신념화시키는 일, (3) 미국인에게 미국인 포로보다도 자유의사 송환의 중요성을 인식시키는 일" 등이라고 보았다. 유재흥은 이상 3요소에 대한 여론 지도가 절대로 필요하다는 점을 이승만 대통령에게 상신했다.[84]

1952년 5월 7일 미국 대통령 트루먼은 "우리는 인간을 죽음이나 노예로 넘기면서까지 정전을 사지는 않겠다"(We will not buy an armistice by turning over human beings for slaughter or slavery)는 성명을 발표했다. 자유와 인권이 "흥정의 대상"(point of bargaining)이 될 수 없음을 분명히 한 것이다.[85] 트루먼은 이 공식성명에서 자유진영이 공산주의자들의 침략을 격퇴함에 따라 소련이 군사정전을 제안했던 사실을 상기시켰다. 그리고 합의되지 못한 세 가지 정전협상 의제들을 낱개가 아닌 하나의 묶음(an entity-not piecemeal)으로 다룰 것을 선언했다. 양보할 것은 양보하되 원칙은 지키겠다는 뜻이었다.

a. 공산진영이 주장해 온 전쟁포로들의 강제송환(forced repatriation)은 있을 수 없다. 강제송환에 동의하는 것은 생각할 수조차 없다. 그것은 코리아에서의 우리 행동의 기저에 있는 도덕적, 인도적 근본원칙에 위배된다. 우리가 장악하고 있는 포로들을 강제로 돌려보내는 것은 비참함과 유혈을 초래함으로써 미국과 국제연합에게 영원한 불명예(eternal dishonor)

84 劉載興, 『激動의 歲月』, 285.

85 Truman, *Memoirs 2: Years of Trial and Hope,* 489.

가 될 것이다.

b. 국제연합사령부는 비행장의 건설과 복구를 금지하는 것을 더 이상 주장하지 않겠다.

c. 중립국 감독위원회는 다음과 같은 4개국으로 구성되어야 한다: 공산주의자들이 선택한 폴란드, 체코슬로바키아, 그리고 국제연합사령부가 선택한 스웨덴과 스위스.86

유재흥이 "미국에게 자유의사 송환의 절대성을 신념화시키는 일"을 걱정하고 있을 무렵, 트루먼은 이미 "비공산주의자들을 강제로 공산세계로 송환하는 것은 비인간적이고, 비극적일 뿐만 아니라 명예롭지 못한 것"이라는 확신을 가지고 있었던 것이다.87

1952년은 미국에서 대통령 선거가 있던 해였다. 트루먼은 대통령 선거에 다시 출마하지 않기로 작정하고 있었기 때문에 좀 더 초연한 결정을 내릴 수 있었다. 전임 대통령 루즈벨트가 임기 중 사망함에 따라 부통령으로서 대통령직을 승계하여 잔여임기를 수행하다가, 1948년 선거에서 공화당의 듀이(Thomas Dewey)를 꺾고 대통령이 되었던 트루먼은 루즈벨트 이후 만들어진 3선 금지조항에 해당된다고 보기 애매한 측면이 있었지만, 스스로 불출마를 결심했다.

그러나 트루먼 대통령 또한 민주당 정권의 재창출을 희망했다. 그가 포로들의 자유를 포기하는 대가로 조기정전을 이룩했다면 민주당의 인기는 올라갈 수 있었다. 당시 미국 내에서는 조-중인민군 전쟁포로들의 인권을 위해 전쟁이 길어지고, 미군 전쟁포로들의 송환이 늦어지고 있는 것에 대한 비판적 여론이 드셌다.

---

86 Truman, *Memoirs 2: Years of Trial and Hope,* 489-90.

87 Truman, *Memoirs 2: Years of Trial and Hope,* 523.

1952년 10월 24일 대통령 선거전에서 공화당의 아이젠하워는 코리아 전쟁의 명예로운 조기 해결을 공약했고, 11월 4일 대통령에 당선되었다. 아이젠하워도 포로의 자유송환은 "자유의 새로운 원칙"(a new principle of freedom)이라고 선언했다. 그리고 그것은 "우리 시대의 그 어떤 전투보다 막중한 것"이라고 천명했다.[88]

그러나 민주주의 국가인 미국에서 공산 측에 억류되어 있던 미군 포로들을 가능한 빨리 송환하는 데 협상의 목표가 두어져야 한다는 국내 여론을 잠재우기는 쉽지 않았다. 일반적인 미국인들은 코리아에서의 포로문제가 전혀 새로운 성격을 갖고 있다는 사실을 인식하기 어려웠다. 1901년 필리핀에서 미군들이 다루기 어려운 필리핀 포로들을 괌에 수용했다가 문제가 된 적이 있었다. 코리아에서의 포로문제가 미국에서 야기한 논란은 더 컸다. 제1차 세계대전이나 제2차 세계대전 중에 미군이 억류했던 독일군 포로들이나 이탈리아군 포로들의 문제도 그토록 심각하지는 않았다. 1949년 제네바협약은 포로들을 무장해제된 자연인으로 보는 인권사상에 기초하고 있었다. 제네바협약을 만든 사람들은 포로들끼리 포로수용소에서 '작은 전쟁'을 벌이고, 포로수용소장을 포로로 만드는 극악한 포로전쟁은 상상하지 못했다. 제네바협약은 무엇보다 송환에 반대하는 포로들의 경우를 고려하지 못했다. 포로들의 봉기에 대한 무력진압은 무방비상태의 포로들에 대한 학대행위로만 국제사회에 비춰졌다. 그러한 이미지는 공산주의자들의 선전에 의해 더욱 증폭되었다.[89]

조-중인민군 대표단은 포로문제에 관한 정전협상을 유리하게 이끌기 위해 포로수용소 내의 친공포로조직을 움직였다. 정치보위부 소속으로

88 Foot, *A Substitute for Victory,* 129.

89 Collins, *War in Peacetime,* 343.

수용소 내 대원을 훈련시키고 조-중인민군 정전협상 대표들에게 정보를 제공하는 임무를 수행하고 있었던 공작원들은 수용소 내에서 친공포로 조직을 결성했고, 포로수용소 내의 병원시설 등을 이용해서 첩보를 교환했다. 정전협상 한국군대표 유재흥은 조-중인민군 대표 남일이 아군 후방의 포로수용소에서 일어나고 있는 일들을 소상히 알고 있는 것에 경악했다.[90] 포로수용소를 감시하고 있던 국제연합군과 한국군은 포로수용소의 외곽을 지키고 있었을 뿐 포로수용소 내의 식량 배급과 일상생활은 포로수용소 내의 포로조직에 의해 운영되었다. 장교포로들이 수용되어 있던 제66동 수용소에서는 땅굴을 파서 지리산의 빨치산들과 연결하려는 시도가 발각되기도 했다.[91]

친공포로조직의 활동은 1952년 5월 7일 포로수용소장인 도드(Francis Dodd) 준장이 '포로들의 포로'가 되는 사태로까지 비화되었다. 송환 여부에 관한 포로들의 자유의사를 존중한다는 국제연합군 측의 입장은 확고했지만, 포로수용소에 억류되어 있는 포로들의 자유의사를 확인하는 것도 쉽지 않은 일이었다. 포로수용소는 공산계 포로와 반공포로로 점차 나뉘어졌고, 자유송환원칙을 지지하는 포로들과 전원송환원칙을 지지하는 포로들 간의 투쟁이 격화되었다. 국제연합군 대표단은 국제연합군포로들의 송환문제도 고려해야 했고, '자유의사에 따른 송환'(voluntary repatriation)이라는 용어를 '비강제송환'(nonforcible repatriation)이라는 용어로 대체하기도 했다.[92]

포로의 자유의사를 존중하기 위해 정전이 미루어지는 동안 포로수용

90 劉載興, 『激動의 歲月』, 287.

91 현동화, "북한군 중위가 겪은 6.25," 『월간조선』 (2015년 7월), 334-48. 현동화는 정전협정 체결 이후 중립국행을 선택하여 인도로 갔던 포로출신이다.

92 Joy, *How Communists Negotiate*, 150; 柴成文, 趙勇田, 『板門店談判』, 尹永茂 역, 235-36.

소 내에서는 '포로들 간의 전쟁'이 벌어졌다. 정전협상 대표들 간의 협상이 진행되는 동안 국제연합군 측 후방의 조-중인민군 포로들은 비밀연락망을 통해 조-중인민군과 '접선'했다. 판문점에서의 정전협상과 포로수용소 내 포로들의 움직임은 연계되어 있었다. 판문점에서는 비밀리에 리커능의 지휘를 받고 있던 조-중인민군 대표들이 포로들의 개별의사를 불문한 전원송환원칙을 관철하고자 했고, 포로수용소에서는 친공포로들이 송환의사를 묻기 위한 개별면담을 조직적으로 거부했다. 특히, 제62동 수용소를 장악하고 있던 1천에서 1천 5백에 달하는 친공포로들은 조사팀이 진입하자, 각종 흉기를 휘둘러 유혈충돌이 일어났다. 이 과정에서 친공포로 55명이 현장에서 사망하고, 22명이 치명상을 입고 사망했으며, 140명이 부상당했다. 아울러 미군도 1명이 사망하고, 38명이 부상당했다.93

친공포로들의 활동은 정전협상 의제와 연결되어 진행되었다. 1951년 9월 17일 제77동에서는 공산계 포로들이 전황을 호도하여 조-중인민군이 "부산을 점령했으며 그 중 일부 선봉대 1개 대대가 거제도에 상륙하여 포로들을 해방시키려 전진 중"이라는 거짓정보로 포로들을 미혹시켰다. 그리고 "거제도에 상륙할 선봉대를 맞이하기 위해서는 반동분자들을 색출하여 처단하는 투쟁 실적을 보여주어야 한다"고 포로들을 선동하기도 했다. 군중적 광기 속에서 각 수용소마다 10명 내지 30명의 반공포로들이 색출되어 무참히 학살당했다. 공산계 포로들의 폭동은 9월 20일까지 계속되었고, 친공포로들이 장악한 수용소 건물들에는 인민공화국 깃발이 나부끼고 거제도가 마치 조선인민군의 후방 병영이라도 된

93 Schnabel and Watson(1979), *The History of the Joint Chiefs of Staff,* 國防部戰史編纂委員會, 『美國合同參謀本部史』 (1991), 162.

듯 했다. 1951년 12월 23일 밤 제73동에서는 150명의 친공포로들이 크리스마스 축하 준비를 하던 반공포로 60명을 습격, 난타해 1명이 죽고 32명이 중경상을 입는 사건이 발생하기도 했다.[94] 9.17사건이라고 불린 이 포로폭동은 9월 20일까지 지속되었는데, 각 수용동에는 '조선민주주의인민공화국' 깃발이 나부끼고, 포로수용소는 마치 조-중인민군의 병영이 된 듯 했다.

포로수용소 내의 반공포로들은 1951년 8월 7일 '대한반공청년단'을 조직했다. 반공포로는 포로들 중에 있는 소수조직이었으나 국제연합군 및 한국군경비병의 후원을 받았다. 단원들 중 일부는 방첩대(CIC, Counter-Intelligence Corps) 요원들과 연대하여 공산 측과 연결되어 있던 친공포로들과 대치했다. 앞서 언급한 9.17포로폭동에 대한 증언을 남긴 김태일은, 이관순의 지휘를 받은 대한반공청년단원들이 친공포로들을 끌어내 폭행치사하는 일도 있었다고 증언했다.[95] "반강제로 팔과 가슴과 몸에 '반공, 멸공, 북진통일, 대한민국, 태극기' 등의 문신을 새기게 하여 북의 고향에 가는 것을 간접적으로 방해하기도 했다고 회고했다.[96] '대한반공청년단'을 중심으로 반공포로들은 친공포로들의 공작에 맞서는 한편, 다양한 이념투쟁을 전개했다. 이념충돌과 문명충돌의 최전선에 있던 전쟁포로들을 대상으로 한 선교활동은 국제연합군의 체계적 지원을 받았다.[97]

1952년 초 친공포로들이 다시 2.18폭동을 일으키자, 밴 플리트 미 8군

---

94 김태일, 『거제도 포로수용소 秘史』 (서울: 북산책, 2011), 146-47. 김태일은 북으로의 송환을 거부하고 한국에 남았다가 나중에 미국으로 이주했다.

95 김태일, 『거제도 포로수용소 秘史』, 152.

96 김태일, 『거제도 포로수용소 秘史』, 46.

97 강인철, "한국전쟁과 종교생활," 『아시아문화』 16호 (2000); 김승태, "6·25전란기 유엔군 측의 포로정책과 기독교계의 포로선교," 『한국기독교와 역사』, 21호 (2004); 성강현, "6.25전쟁 시기 포로수용소 내에서의 천도교 활동," 『전쟁과 유물』 제6호 (2015).

사령관은 포로수용소 내의 기강을 확립하기 위해 피츠랄드 대령을 대신해서 프랜시스 도드(Francis T. Dodd) 준장을 포로수용소장에 임명했다. 도드 준장은 밴 플리트 장군의 부참모장을 지내는 등 다양한 경력을 가진 유능한 군인(soldier)이었지만, 유능한 간수(jailer)는 아니었다.[98] 1952년 2월 20일에 부임한 도드 준장에게 3월 16일 친공포로가 장악하고 있던 제95수용동에서 결사적으로 탈출한 반공포로들이 제92, 95동 수용소에 있는 반공포로들을 구출해 달라고 호소했다. 친공포로들이 장악한 수용동에 게양되어 있던 '조선민주주의인민공화국' 깃발의 붉은 색은 반공포로들의 피로 칠해졌다.[99]

1951년 12월부터 거제도 포로수용소 내에서 친공포로들의 조직화가 이루어졌음을 보여주는 남조선노동당의 비밀문건이 국제연합군 정보기관에 입수되었다: "남조선노동당 경남도당에 의하면 거제도 포로수용소에 수감된 3만 내지 6만 명의 조선인민군 포로들이 조직화되었으며, 남조선 노동당 경남도당이 그들의 편에서 행동을 개시할 것임."[100] 1952년 4월 비밀연락망을 통해 거제도 포로수용소의 친공포로조직에는 다음과 같은 지령이 하달되었다: "수용소당국이 포로심사를 하려는 어떠한 기도나 수용소 내에서 반공포로를 분리시키려는 기도를 죽음으로써 저지하라. 또한 국제연합군 당국으로부터 포로심사계획을 중단케 하는 보장을 얻기 위한 흥정물로 이용할 수 있도록 미군 장교 중에서 가능하면 고위장교를 납치하라."[101] 1952년 4월 포로들의 송환의사를 확인하는 작업을 놓고 전원송환을 주장하는 친공포로조직과 강제송환에 반대하는 반공포

---

98 Vetter, *Mutiny on Koje Island*, 19-20.

99 거제도포로수용소 유적 공원. http://www.pow.or.kr (접속일: 2014년 4월 26일).

100 Leckie, *Conflict,* 337.

101 국방부 군사편찬연구소(2012), 『6.25전쟁사10』, 299.

로조직이 격렬하게 대치했다. 중국인민지원군 포로들도 둘로 갈라졌다. 양 진영은 상대방을 회유, 기만하여 자기 쪽 명단에 집어넣거나 포로들의 몸에 정치적 의미가 담긴 문신(文身)을 강제하기도 했다.[102]

"미군 장교 중에서 가능하면 고위 장교를 납치하라"는 지령은 포로수용소장을 납치함으로써 최고의 성과를 올렸다. 1952년 5월 7일 오후 3시 15분 도드(Francis T. Dodd) 준장은 제76수용동 출입구에서 조-중인민지원군 포로대표와 면담을 시도하다가 포로들의 포로가 되는 희대의 포로수용소장이 되고 말았다.[103] 도드 포로수용소장을 생포하는 데 성공한 포로들은 후임 포로수용소장인 콜슨(Charles F. Colson)에게 다음과 같은 문서에 서명할 것을 요구했다.

1. 수용소당국의 잔인한 구타, 모욕, 고문, 협박, 감금, 집단학살, 소총과 기관총 사격, 유독개스와 세균전 실험 등의 잔학행위 즉각 중지.
2. 불법적이며 부당한 포로의 자유의사에 따른 송환 즉각 중지.
3. 불법적인 포로들의 강제 분류를 즉시 중지.
4. 조선인민군과 중국인민지원군 [포로] 대표자협회를 인정하고 수용소당국이 이 협회와 협조. 이 대표자협회가 수용소당국의 회답에 만족하면 도드 준장을 즉시 인도.

---

102 張澤石, 『我的朝鲜战争: 一个志愿军战俘的自述』 (時事出版社, 2000), 『중국군 포로의 6·25전쟁 참전기』, 손준식 역 (서울: 국방부 군사편찬연구소, 2009), 185-92. 장택석은 1951년 중국인민해방군 60군 180사(師) 538단(團)에서 21세의 나이로 『전투쾌보(戰鬥快報)』의 편집을 맡아 선전전에 복무하다가 포로가 되었다. 그는 어릴 때 주일학교를 다녔고, 명문 칭화대 이공계를 다녔기 때문에 영어를 잘했다. 그는 처음에 자신이 기독교인이라고 말하면서 포로수용소 내의 통역관이 되었으나 사실은 친공포로였다.

103 Vetter, *Mutiny on Koje Island*, 7; 張澤石, 『我的朝鲜战争: 一个志愿军战俘的自述』 (時事出版社, 2000), 『중국군 포로의 6.25전쟁 참전기』, 손준식 역 (서울: 국방부 군사편찬연구소, 2009), 207-42.

콜슨 신임 포로수용소장은 처음에는 거부했으나, 포로들의 포로가 되어 있던 도드 준장과 통화하여 과거 포로들이 학살당한 일이 종종 있었고, 포로들의 요구를 들어주어야 자신이 석방될 수 있다는 이야기를 들었다. 결국 도드 준장을 구명하기 위해 콜슨 신임 포로수용소장은 다음과 같은 내용이 포함된 문서를 친공포로들에게 써주었다.

1. 귀측이 요구한 제1항에 대하여, 국제연합군이 수차례에 걸쳐 포로들을 학살하여 많은 포로들이 사망하고 부상을 당한 사실을 인정한다.
2. 제2항에 관하여, 조선인민군과 중국인민지원군의 자유송환문제는 판문점 정전협상의 결과이므로 본인의 권한 밖의 사항이다.
3. 강제적 분리 심사는 도드 준장이 무사히 석방된 후 당신들의 수용소에서는 실시하지 않겠다.
4. 제4항의 조선인민군과 중국인민지원군이 창설한 대표자협회를 본인과 도드 준장이 인정한다.

이 문서를 수취하는 대로 늦어도 오후 8시 이전에 도드 준장을 무사히 석방할 것이라는 이해 하에 서명한 문서를 전달함.

서명: Charlie F. Colson, Brig Gen USA Commanding General[104]

1952년 5월 10일 도드 준장은 화환을 목에 걸고 포로들의 환송을 받으며 석방되었지만, 그 대가로 포로들에게 전달된 문서는 국제연합군의 이미지를 실추시켰다. 뿐만 아니라 판문점 정전협상장으로 전달되어 국제연합군 대표단의 협상력을 약화시켰다.[105] 브릿지(Styles Bridges) 상원의원은 도드 준장의 "우매함"(stupidity)을 비난하며, 상원 군사위원회가 즉

104 Vetter, *Mutiny on Koje Island*, 130.

105 김태일, 『거제도 포로수용소 秘史』, 138-39.

각 사찰할 것을 요구했다.[106]

국제연합군에서는 사후조사에 나섰고, 윤트(Paul F. Yount) 장군이 이끄는 조사단은 도드 준장과 콜슨 준장에게 책임이 없다고 판정했다. 그렇지만 밴 플리트 미8군 사령관은 윤트조사단의 결론에 동의하지 않았다. 리지웨이 국제연합군 사령관이 북대서양조약기구군 사령관, 즉 북대서양조약기구(NATO)사령관에 임명됨에 따라 새로 국제연합군 사령관이 된 마크 클라크는 한 걸음 더 나아가 도드 준장과 콜슨 준장을 대령으로 강등할 것과 윤트 장군에게 견책을 줄 것을 품의했다. 콜린스 참모총장과 페이스 장관은 클라크의 결정을 추인했다.[107]

콜슨은 자신의 서명에 클라크 사령관의 사전 승인이 있었다고 주장했지만, 받아들여지지 않았다.[108] 제2차 세계대전 종전 직후 오스트리아에서 공산주의자들의 행태를 경험한 적이 있었던 클라크는 5월 7일부터 업무인수를 시작하여 5월 12일 정식 취임한 직후 단호하게 도드 준장과 콜슨 준장을 군법회의에 회부했던 것이다. 그리고 5월 12일부로 강인한 야전군 출신으로서 황소(Bull)라는 별명을 가지고 있었고, 약간의 중국어도 구사할 줄 알았던 보트너(Hayden L. Boatner) 준장을 포로수용소장에 새로 임명했다.[109]

1952년 5월 한 달 동안 거제도, 영천, 부산 등 경남 지역 포로수용소에 공급된 시위진압용 최루탄 숫자는 16,000개에 달했다. 포로 업무를 관장하고 있던 미 제2군수사령부를 통해 부산에 있던 화학무기고로부터 포로수용소에 보급된 최루탄은 시위진압용(CN-M25)과 최루수류탄(CN-M27)

106 Vetter, *Mutiny on Koje Island*, 7.

107 Collins, *War in Peacetime*, 346.

108 T.R. Fehrenbach, *This Kind of War* (Washington, D.C.: Brassey's, 2000[1963]), 401.

109 Braim, *The Will to Win*, 『승리의 신념』, 372-73.

두 가지가 있었으며, 거제도 포로수용소에는 최루탄 외에도 화염방사기와 장갑차량(M-20)도 보급되었다. 이러한 무기들이 모두 사용된 것은 아니었지만, 당시 포로 폭동의 심각성을 반영하고 있었다.[110] 7월 10일 클라크 사령관은 국제연합군사령부 직속으로 한국병참관구를 창설하여 그 사령관으로 토마스 허렌(Thomas Herren)을 임명했고, 전쟁포로 관리를 포함한 한국 내 국제연합군사령부의 모든 군수 및 행정책임을 담당하도록 했다.[111]

보트너 준장은 1952년 5월 말 리무벌(Removal)작전을 실시했다. 이 작전은 포로수용소 주변에 운집해 있던 피난민들을 포로수용소로부터 멀리 이주시킴으로써 포로들과 조-중인민군 본대, 나아가서 판문점의 조-중인민군 대표들과 연락망을 단절시키기 위한 조치였다. 이어서 브레이크업(Breakup)작전을 실시하여 포로수용소를 좀 더 작은 단위로 분할했다. 6월 10일에는 이에 저항하는 이학구를 비롯한 제76동 포로들을 진압하기 위해 미 제187공정연대가 전차까지 동원했다. 제76동을 수색한 결과 천막지지대로 만든 창 3천 개, 화염병 1천 개, 칼 4,500개, 그리고 무수한 방망이, 도끼, 망치, 쇠줄 등이 발견되었다. 제77동에서는 '인민재판'에 의해 살해된 포로시체 16구가 발견되었다.[112] 76동 진압작전을 목격한 73, 77동 등의 포로들은 순순히 재편성에 응했고, 포로들은 육지를 포함해서 [도표 6-3]과 같이 재편되었다.[113]

거제도 포로수용소에서의 '포로전쟁'은 일단 개별 포로들의 송환 의사

---

110 미 태평양군 문서군, 국립중앙도서관, 『NARA기록으로 보는 6.25』 (서울: 국립중앙도서관, 2010).

111 Braim, *The Will to Win,* 『승리의 신념』, 372-73.

112 Leckie, *Confict*, 346-48.

113 거제도포로수용소 유적 공원. http://www.pow.or.kr (접속일: 2014년 4월 26일)

를 확인한 후 협상을 계속하기로 했던 정전협상의 추이와 연결되어 있었다. 샌프란시스코평화조약이 발효된 1952년 4월 28일에 개최된 정전협상 본회의에서 국제연합군 측은 116,000명의 포로(조선인민군+중국인민지원군)를 보유하고 있다고 밝혔다. 그리고 반 이상에 해당하는 59,000명을 자의적으로(without being forced) 송환할 수 있으며, 추가적으로 11,000명의 한국민이 자유선택원칙(principle of free choice)에 따라 공산측으로 가게 될 것이라고 밝혔다.[114] 이것은 조-중인민군 측이 송환하겠다고 한 국제연합군 포로 12,100명(조-중인민군 측의 전과보고에 나왔던 포로숫자의 약 20%)과 조-중인민군 포로 70,000명의 부등교환을 의미하는 것이었다. 국제연합군 측은 이것이 양보할 수 있는 최종안이라고 주장했다. 그러나 조-중인민군 대표단은 이를 수용하지 않았다. 정전협상은 결렬되었고, 전쟁은 지속되었다.

특히, 저우언라이와 리커눙의 지휘를 받던 중국인민지원군 협상대표단은 중화인민공화국으로의 송환 대신 대만(중화민국)으로 가기를 원한 포로들의 숫자가 많은 것에 반발했다. 1952년 6월 9일 조선인민군 최고사령관 김일성과 중국인민지원군 사령관 펑더화이는 마크 클라크 국제연합군 사령관에게 공동명의의 서한을 보냈다. 이 서한은 "포로가 된 모든 외국 군인[국제연합군과 중국인민지원군]은 송환되어야 한다. 쌍방의 포로가 된 모든 코리아 군인[한국군과 조선인민군]은 각자의 거주지가 상대편 지역에 위치한 경우는 송환되어야 하며, 포로로 있는 편의 지역에 위치한 경우는 직접 귀향하는 것이 허가될 수 있고, 이들을 송환할 필요는 없다"는 새로운 안을 담고 있었다.[115] 이것은 이북 출신 한국군

114 Transcript of Proceedings, Forty-fourth Session, 18th Meeting at Pan Mun Jom, Military Armistice Conference, 28 April 1952.

115 라주바예프, 『6.25전쟁 보고서』, 99.

포로와 이남 출신 한국군 포로가 다르게 취급될 수 있음을 의미하는 것이었다. 또한 생포될 당시 조선인민군복을 입고 있었다 하더라도, 포로의 거주지가 38선 이남일 경우 송환할 필요가 없음을 의미하는 것이었다.

도표 6-3 도드 포로수용소장 납치사건 이후 재편된 포로수용소

수용소 명칭	위치	포로 성향
POW Camp1	거제도	조선인민군 출신 송환희망포로 및 민간인
POW Branch Camp 1a	거제도 저구리	조선인민군 출신 송환희망포로
POW Branch Camp 1b	용초도	조선인민군 출신 송환희망포로
CI Branch Camp 1c	봉암도	송환희망 민간인
POW Camp 2	부산(병원)	혼합
POW Branch Camp 2a	동래(부속병원)	혼합
POW Branch Camp 2a	서 부산	조선인민군 출신 송환불원포로
POW Camp 3	모슬포	중국인민지원군 출신 송환불원포로
POW Branch Camp 3a	제주	중국인민지원군 출신 송환희망포로
CI Camp 4	영천	송환불원 민간인
CI Branch Camp 4a	대구	송환불원 민간인
POW Camp 5	광주	조선인민군 출신 송환불원포로
POW Camp 6	논산	조선인민군 출신 송환불원포로
POW Camp 7	마산	조선인민군 출신 송환불원포로

출처: Meyers and Bradbury, "The Political Behavior of Korean and Chinese Prisoners of War in the Korean Conflict: A Historical Analysis," 224; 조성훈(2010), 273-74; NA, RG550, United Nations Command, Armistice Affairs Division, General Subject Files, 1951-59, compiled by Military History Section, "History of the Korean Conflict: Korean Armistice Negotiations, May 1952 - July 1953" 등을 참고하여 재작성.

1952년 6월 23일부터 재개되어 6월 27일에 종료된 송환의사에 대한 심사결과는 다음과 같았다.116

도표 6-4 송환희망포로와 송환불원포로의 내부 구성

	송환희망포로	송환불원포로
이북출신(North Koreans)	62,347	34,196
중국인민지원군(CCF)	6,550	14,251
이남출신(South Koreans)	4,689	11,622
민간인 피억류자 (Civilian Internees)	10,136	26,153
총계	83,722	86,222

5. 포로송환에 대한 이견과 전쟁의 지속

1952년 7월 13일 제104차 정전협상 본회의에서 국제연합군 측은 송환을 희망하는 포로가 조선인민군 출신 76,600명, 중국인민지원군 출신 6,400명, 도합 83,000명이라고 밝혔다. 전체 포로의 약 63%에 해당하는 숫자였다. 조선인민군 및 민간인 피억류자들 가운데 35,400여 명과 중국인민지원군 포로들 중 13,600여 명이 송환을 원하지 않았다. 조선인민군 포로 139,000명 중 약 55%, 중국인민지원군 포로 약 2만 명 가운데 약 32%가 송환을 희망했다.117 76,600명은 작지 않은 수치였고, 평양은

116 NA, RG550, United Nations Command, Armistice Affairs Division, General Subject Files, 1951-59, compiled by Military History Section, "History of the Korean Conflict: Korean Armistice Negotiations, May 1952 - July 1953," Pt. 3, vol. 1, 32-33.

117 Record of Events, 104th session, 78th Meeting at Pan Mun Jom, Military Armistice Conference,

대체로 이러한 수치에 만족했다. 당시 평양은 전선에서의 혈전 이외에도 국제연합군의 폭격으로 인해 후방에서의 인명 피해가 속출하고 있었다.[118] 76,600명을 돌려받고 정전하면 미군의 폭격도 멈출 수 있었기 때문에 평양으로서는 나쁘지 않은 선택이었다.

그러나 베이징은 송환희망포로가 6,400명에 불과하다는 사실을 받아들이려 하지 않았다. 베이징이 중국인민지원군 포로들의 귀환에 집착했던 이유들 중 하나는 이들의 송환문제가 중화인민공화국과 중화민국 사이의 정통성 문제로까지 비화될 수 있었기 때문이었다. 정전협정이 체결되고 1954년 제네바정치회의에서까지 중국인민공화국 대표단은 포로송환문제를 언급했다.[119] 중국인민지원군 대표들은 포로들의 의사가 왜곡되었다고 보았다. 친공포로조직과 반공포로조직이 격렬하게 대치하는 과정에서 심사과정이 개별적 의사를 완전히 반영했다고 보기 어려운 측면이 있었다. 개별포로가 스스로 변심하는 경우도 있었다. 중국인민지원군 포로들 중 3분의 2 이상은 국민당 군대 출신이었다. 이들 중 상당수는 국공내전에서 포로가 된 후, 일방적 재교육을 거쳐 '조선'에 파병된 사람들이었다.[120] 5년 이상 인민해방군에 속해 있던 사람들은 1퍼센트에 불

13 July 1952.

118 일례로 1952년 7월 11일부터 12일까지 평양, 사리원, 황주 등지에서 미공군의 폭격으로 약 1천 명의 민간인들이 사망 또는 부상당했다는 보도가 있었다. 『로동신문』, 1952년 7월 14일.

119 林炳稷, 『林炳稷 回顧錄: 近代 韓國外交의 裏面史』 (서울: 女苑社, 1964), 451.

120 일례로 1950년 11월 21일 인천 포로수용소에 수감된 '양'이라는 성을 가진 18세 중국인민지원군 포로의 진술 내용을 토대로 작성된 비망록(군부대가 작성한 심문조서는 아님)이 있다. '양'은 후난성 창더현 출신으로 18세에 불과했지만, 이미 1949년 6월 22일 창더현의 국민당 간부에 의해 징집되어, 국민당 군대에 입대했다가 8월 이후 중공당 인민해방군으로 군적이 바뀌었던 전력을 보여준다. 이 포로는 1950년 7월 부대가 나산으로 이동했을 때, 조선에서 전쟁이 일어났다는 것을 지역 신문에서 읽었는데, 이 신문은 한국군이 북침을 했다고 보도했다. 그는 정치대대에 배속되었지만, 파병되기 전까지 이것이 알고 있는 것의 전부였다. "중공

과했다.[121] 이들 포로들에 대한 관리에 있어서 국제연합군은 대만(중화민국)으로부터 파견된 요원들의 지원을 받았다.[122]

1945년 일본과의 종전 이후, 장개석의 국민당은 만주국 군, 경출신자들을 한간(漢奸)과 같은 차원에서 엄혹하게 처벌했다. 반면에 국민당에서 만든 법안에 기초해서 독자적으로 재판소를 설치한 중국공산당 측에서는 국민당에 비해 열세에 있던 국공내전 초기 한간문제와 관련해서 국민당보다 유화적인 태도를 보였다.[123] 제2차 국공내전의 제1단계 요심전역(遼瀋戰役)에서 장개석의 황푸 군관학교 제자였던 천청(陳誠, 1897-1965)이 이끌던 국민당군은 엄혹한 친일부역자 처벌정책을 표방했던 데 비해, 린바오(林彪)가 이끌던 중국인민해방군에서는 적극적인 초모(招募)사업을 벌여서 이들을 흡수했다. 이에 따라 만주국을 위해 복무했던 한족, 만주족, 몽골족, 그리고 조선족 등이 취한 정치적 선택은 중국공산당이 만주지역의 전세를 역전시키는 데 적지 않은 영향을 미쳤다고 보여진다. 그 결과 1949년 중화인민공화국이 수립된 이후 인민해방군에는 다양한 경력의 군인들이 존재했다. 마오쩌둥이 처음부터 의도하지는 않았더라도 1950년 중국인민지원군의 조선파병과 티벳 파병은 '새로운 적'을 찾아 내부적 단결을 촉진하는 효과가 있었다. 중국공산당의 6.25전쟁 참전 결정에는 국제공산주의적 연대가 중요한 역할을 했지만, 이른바

군 포로 심문 비망록," 미 태평양군 문서군, 국립중앙도서관, 『NARA기록으로 보는 6.25』 (서울: 국립중앙도서관, 2010).

121 Meyers and Bradbury, "The Political Behavior of Korean and Chinese Prisoners of War in the Korean Conflict: A Historical Analysis," 227-28.

122 Jerry N. Hess, "Ambassador John J. Muccio," Oral History Interview at Washington, D.C. Feb. 10 and Feb. 18, 1971 (Harry S. Truman Library, 1972), 100.

123 마스이 야스이치 저, 정운현 역, 『중국-대만 친일파 재판사: 1946-1948 한간재판기록』 (서울: 한울, 1995), 245-49, 253-56.

'내부 모순'을 외부로 방출해야 했던 필요성과 지정학적 요인들도 있었다.[124]

비록 혈전의 동지들이었지만 조선인민군과 중국인민지원군 사이에는 마찰이 끊이지 않았다.[125] 조선인들은 자신들의 '오랜 형제들'을 싫어했으며 중국인들 또한 항상 그러했듯이 조선의 '동생들'을 무시했다. 중국인민지원군이 전선의 3분의 2를 담당했고, 조선인민군은 동부지역의 나머지 3분의 1을 담당했다. 비록 형식적으로는 김일성을 최고사령관으로 칭하고 있었지만, 실권은 펑더화이(彭德懷)에게 있었다.[126] 이런 상황에서 포로송환 문제에 대한 이견은 양측의 갈등을 더욱 증폭시켰다.

베이징은 "모든 외국 군인은 송환되어야 한다"는 입장을 견지했다. 그러나 이 시점에서 김일성은 조기정전을 희망했다. 김일성은 "7월 11일은 물론 12일 밤에도 평양 주민들은 적기의 공습으로 6천여 명의 사상자를 냈다"는 점에 주목했다. "일선과 후방에서 조선의 손실(매일 거의 300-400명)이 매우 크기 때문에, 미국과의 논쟁의 여지가 있는 송환포로의 숫자를 가지고 계속 토론하는 것은 결코 현명하지 못하다"[127]는 것이 김일성의 생각이었다. 김일성은 마오쩌둥에게 "전선과 후방에서 많은 사상자를 내고 있는 현실을 감안하여, 미국의 제안을 받아들여 될 수 있으면 빨리 협의를 이루자"고 제안했다.[128]

---

124 중국공산당의 6.25전쟁 참전동기에 관해서는 3장의 마오쩌둥에 관한 분석도 참고.

125 코로트코프, 『스탈린과 김일성』, II: 233; 박영실, 『중국인민지원군과 북·중 관계』 (서울: 선인, 2012).

126 코로트코프, 『스탈린과 김일성』, II: 233.

127 쿠즈네초프(Kuznetsov), 페도렌코가 몰로토프에게 보낸 전보, 1953년 3월 29일, 沈志华(션즈화), 『毛泽东, 斯大林与朝鲜战争』 (广东: 人民出版社, 2007[2003]), 최만원 역. 『마오쩌뚱, 스탈린과 조선전쟁』 (서울: 선인, 2010), 481.

128 양쿠이숭(楊奎松), "중국군의 정전협상전략," 『6.25전쟁 50주년기념 한국전쟁사의 새로운

그러나 마오쩌둥은 '군사적 낭만주의'129를 견지했다. 그는 중국인민지원군 포로들이 중화인민공화국 대신 중화민국을 선택함으로써 당면 목표인 '대만해방'에 방해가 되는 것을 원치 않았다. 1952년 7월 18일 마오쩌둥은 김일성과 리커눙에게 장문의 전문을 보내 다음과 같은 결전의지를 표명했다.

이틀 동안 주어진 문제를 면밀히 검토한 결과 우리 동지들은 적들이 우리에게 맹렬한 폭격을 가하고 있는 현재, 선동적이고 기만적인, 실제로는 전혀 양보가 없는 적들의 제안을 받아들이는 것은 우리에게 매우 불리할 것이라고 만장일치로 생각함. 이 문제의 긍정적인 면과 부정적인 면들을 살펴보겠음. 적들의 제안을 거부하게 되면, 조선인민과 중국 의용군들의 계속되는 손실이라는 하나의 손해가 있을 것임. 그러나 일단 전쟁은 시작되었으며 중국은 조선을 돕기 시작했고 조선인민도 벌써 전 세계에 걸쳐 평화의 진영을 수호하는 전환기에 서 있음. 조선인민의 희생을 대가로 38도선 지역의 진지를 강화하고 북조선과 중국 북동지역[만주]이 사수됨. 조선과 중국인민들, 특히 그들의 무력은 연마의 기회를 가졌고 미 제국주의자들과의 전투에서 경험을 축적했음. 게다가 투쟁 과정에서 조선 및 중국 인민들은 그들의 위력을 발휘하여 침략 전쟁에 반대하는 투쟁에서 전 세계 평화애호 인민들을 고무하고 있으며 전 세계에서 평화수호운동의 발전에 이바지하고 있음. 이는 또한 미 제국주의의 주력 부대를 묶어 두고 있으며 동방에서 끊임없는 손실을 당하도록 하고 있음. 이때에 전 세계 평화의 보루로서 소련은 자신의 건설을 강화할 수 있으며 만국 인민들의 혁명운동의 발전에 그 영향력을 행사할 수 있음. 이것은 새로운 세계대전을 지체시킬 수 있음을 의미함. 이러한 위대한 운동이 전개되

연구』 1 (서울: 국방부 군사편찬연구소, 2001), 544-45.

129 Zhang, *Mao's Military Romanticism* (1995).

고 있다는 사실은 조선 인민이 더 이상 고독하지 않다는 것을 말해 줌. [중략] 만일 우리가 적의 제안을 수용하지 않는 결단을 보여주고 적이 협상을 결렬시키려는 데 대비한다면, 적은 아마도 협상을 결렬로 이끌지는 않을 것임. 추후 협상의 지연과정에서 우리가 자신의 관점을 단호히 견지해 나간다면, 적은 새롭게 양보할 가능성이 있음. 만일 적이 양보하지 않거나 협상을 결렬시킨다면 우리는 전쟁을 계속해야 하며, 적은 전쟁을 통해 문제해결이 어렵다는 것을 깨닫고 현재의 정세를 변화시키기 위한 출구를 찾으려 할 것임. 우리는 필리포프 동지에게 이 제안과 우리의 입장에 대해 알리고 그의 견해를 파악할 것임. 그로부터 회신을 받는 대로 결과를 통보하겠음. 인사! 모택동 [원문 그대로][130]

정전보다 결전을 원했던 마오쩌둥은 김일성을 다음과 같이 다독였다. "어려워말고 우리에게 형세에 필요한 요구를 하고 또한 해결해야 할 여러 가지 절박한 사안을 말하라."[131] 비슷한 시기 마오쩌둥은 스탈린에게도 "적이 오만하여 우리를 손상시키려는 형상"이라고 언급하면서 결전의지를 내비쳤다.[132] 스탈린도 다음과 같은 내용이 담긴 전문을 마오쩌둥에게 발송하여 동의를 표했다.

130 중화인민공화국 중앙인민정부 주석이 소련 내각회의 의장에게 보낸 전문, 1952년 7월 18일, 러시아연방대통령문서보관소 문서군 45, 목록 1, 문서철 348, 72-75, 원본, 바르타노프 편, 『자료집: 소련 국방부 중앙문서보관소비밀해제 자료 및 대통령궁 문서보관소 비밀해제 자료(1997)』, 대한민국 국사편찬위원회 역, 『해외사료총서11』, 제9장.

131 APRF, 45/1/343/72-75, 양쿠이숭(楊奎松), "중국군의 정전협상전략," 『6.25전쟁 50주년기념 한국전쟁사의 새로운 연구1』 (서울: 국방부 군사편찬연구소, 2001), 544에서 재인용.

132 마오쩌둥이 필리포프(스탈린)에게 보낸 전문, 1952년 7월 18일, 楊奎松, "중국의 조선 출병 시말," 141에서 재인용.

마오쩌둥 동지에게.

우리는 정전에 관한 협상에서 귀하가 견지하고 있는 입장이 전적으로 옳다고 생각함. 오늘 우리는 평양으로부터 김일성 동지도 역시 귀하의 입장에 동의한다는 보고를 받았음.

필리포프. 1952년 7월 16일.[133]

1952년 8월 5일 중화민국과 일본은 타이페이조약을 통해 종전을 선언하고 있었다. 로버트 시몬즈는 1952년 여름 저우언라이가 인도정부를 통해 전향적인 제안을 내놓았다고 보았다. 저우언라이의 전향적 제안이란 송환희망포로는 즉각 송환하고, 송환불원포로는 중립국 관할 하에 두자는 안이었다. 결국 포로문제는 그런 방향으로 마무리되었기 때문에 저우언라이가 포로문제로 교착상태에 있던 정전협상의 돌파구를 마련한 것처럼 평가되기도 한다. 반면에 국제연합군은 그러한 전향적 제안을 수용하기보다 폭격을 통한 압박전략을 지속했다고 비판받기도 한다.[134]

그러나 저우언라이가 1952년 8월 17일부터 9월 22일까지 모스크바 방문 중에 남긴 기록은 마오쩌둥이 강한 결전 의지를 가지고 있었음을 보여준다. 이러한 마오쩌둥의 결전의지는 스탈린의 결전의지와 맥을 같이 하는 것이었다. 스탈린과 저우언라이는 중화인민공화국의 제1차 5개년 계획을 비롯해서 여순(旅順)을 중화인민공화국으로 반환하는 문제 등을 논의하면서, 판문점 정전협상에서의 포로송환 문제에 관해서도 숙의했

133 소련 내각회의 의장이 중국인민지원군 총군사고문에게 보낸 전문, 1952년 7월 17일, 러시아 연방대통령문서보관소 문서군 45, 목록 1, 문서철 343, 69쪽, 원본, 바르타노프 편, 『자료집: 소련 국방부 중앙문서보관소비밀해제 자료 및 대통령궁 문서보관소 비밀해제 자료 (1997)』, 대한민국 국사편찬위원회 역, 『해외사료총서11』, 제9장.

134 Robert R. Simmons, *The Strained Alliance: Peking, Pyongyang, Moscow and the Politics of the Korean Civil War* (New York: The Free Press, 1975).

다. 저우언라이는 스탈린에게 미국이 "중국인들과 조선인들 사이에 적개심을 조성하려고 시도하고 있다"고 주장했다. 저우언라이는 정전협상과 관련해서 베이징과 평양 사이에 이견이 있음을 시인했다. 저우언라이는 전쟁포로에 관한 마오쩌둥의 입장이 무엇인가를 묻는 스탈린의 질문에 대해 다음과 같이 응답했다.

> 중국은 조선과 다른 견해를 갖고 있음. 미국은 8만 3천 명의 전쟁포로 송환에 합의했고, 조선도 거의 동의했음. 그러나 조선은 미국이 영리한 게임을 벌이고 있다는 사실을 고려하지 않고 있음. 8만 3천 명의 포로들 중 6천 4백 명 만이 중국인민지원군 포로이고, 그 나머지가 조선인민군 포로임. 미국은 1만 3천 6백 명의 중국인민지원군 포로들에 대해서는 송환 의사가 없고, 단지 7만 6천 명의 조선인민군 포로들만을 송환하려 하고 있음. [중략] 우리는 적어도 1년 이상 더 전쟁을 계속할 준비를 갖추어야 함. [중략] 중국은 조선전쟁에서 전위적 역할을 수행함으로써 세계대전을 연기시키는 데 기여하고 있음. 만일 우리가 조선에서 미국의 공세를 정지시킬 수 있다면, 세계대전은 15-20년간 늦출 수 잇을 것임. 그러면 미국은 제3차 세계대전을 결코 일으킬 수 없을 것임.135

스탈린에게 저우언라이는 평양은 전쟁지속에 반대하고 있지만, 베이징의 입장은 다르다는 것을 다음과 같이 확실하게 전달했다.

> [마오쩌둥은] 포로 전원 송환의 원칙을 견지할 필요가 있다고 생각하고

---

135 The Memorandum of Stalin-Chou conversation on August 20, 1952. written by A. Vyshinsky and N. Fedorenko, Russian State Archives, pp. 54-72 cited in Bajanov and Bajanova, *The Most Mysterious War,* 220.

있음. 조선 측은 논란이 되고 있는 송환포로 수보다 매일 발생하는 손실이 더 크기 때문에 전쟁을 지속하는 것이 불리하다고 생각하고 있음. 하지만 전쟁중단은 미국에게 유리함. 마오쩌둥은 [중략] 전쟁지속이 우리에게 유리하다고 생각하고 있음.136

그러자 스탈린은 평양과 베이징의 정전에 대한 입장 차이를 다음과 같이 정리했다.

마오쩌둥이 옳다. 이번 전쟁은 미국의 기운을 꺾고 조선 측은 전쟁 중에 당한 희생 외에 결코 어떠한 것도 잃을 것이 없다. [중략] 미국을 다룰 때는 강경한 자세를 취해야 한다. 중국의 동지들은 반드시 이 전쟁에서 미국이 지지 않는다면 중국은 영원히 대만을 얻을 수 없으리라는 것을 분명히 알고 있어야 한다. 미국인은 장사꾼들이고 모든 미국 병사 또한 장사를 하고 있다. 독일이 20일 만에 프랑스를 점령했지만 미국은 벌써 2년을 싸웠다. 그럼에도 불구하고 이 조그만 조선을 제대로 상대하고 있지 못하고 있으니 무슨 실력이 있다고 하겠는가. 미국의 주요 무기들은 스타킹, 담배, 그리고 판매용 상품들이다. 미국은 세계정복을 원하고 있지만, 작은 조선조차 압도하지 못하고 있다. 아니 미국은 싸우지를 못한다. 특히 조선전쟁 후에 미국은 대규모전쟁을 수행할 능력을 상실할 것이다.137

---

136 "1952년 8월 20일 스탈린과 저우언라이의 대담 기록," 이재훈, "러시아 문서보관소 소장 사료에 비친 휴전협상 시기 공산 측 내부의 갈등," 『동북아연구』, 제28권 2호 (2013), 96에서 재인용.

137 The Memorandum of Stalin-Chou conversation on August 20, 1952. written by A. Vyshinsky and N. Fedorenko, Russian State Archives, pp. 54-72 cited in Bajanov and Bajanova, *The Most Mysterious War,* 221; APRF, 45/1/329/54-72. 양쿠이숭(楊奎松), "중국군의 정전협상전략," 『6.25전쟁 50주년기념 한국전쟁사의 새로운 연구』 1 (서울: 국방부 군사편찬연구소, 2001), 545에서도 인용되고 있음.

스탈린은 협상 중에는 일단 강경하게 나가야 하며 포로들의 개별의사를 불문하고 전원송환을 관철해야 한다고 천명했다.[138] 그러면서도 "북조선 대신 중국이 남조선을 폭격해야 할 것인가"라는 저우언라이의 질문에 대해서는 "공군은 국가의 소유이며, 중국인민지원군은 국가 소유 공군력을 사용해서는 안 된다"고 대답했다.[139]

베이징과 평양 사이의 이견과 관련해서 저우언라이는 김일성과 펑더화이(彭德懷)를 모스크바로 부를 것을 스탈린에게 제안했다. 결국 1952년 9월 4일 모스크바에서 스탈린, 김일성, 펑더화이 간의 3자 면담이 이루어졌다. 이 면담에서 스탈린은 "미국 측과의 회담을 어떻게 수행해야 할지와 관련하여 조선과 중국 측에 일정한 이견이 있다는 이야기가 들리는데, 이것이 사실인가?"라고 물었다. 이에 대해 김일성은 "내 생각에는 근본적인 이견은 없다. … 하지만 조선인민들이 겪고 있는 힘겨운 상황으로 인해, 우리는 조속한 정전협정 체결에 관심을 가지고 있다. 중국 동지들도 동일한 관심을 가지고 있다"라고 대답했다.[140]

평양의 입장에서 국제연합군의 폭격으로 인한 인명의 손실은 송환되지 않는 포로들의 수보다 많았다. 정전협상이 지지부진하는 동안 미국 극동 공군은 1952년 6월 23일을 기해 미 제5공군, 미 해군 및 해병 함재기 등 약 500대의 항공기를 동원하여 수풍, 부전, 장진, 허천 등의 수력발전소 등을 폭격하는 것을 포함한 항공압박(Air Pressure) 작전을 전개했다.[141] 그 결과 교전선 이북 발전시설의 90% 이상이 파괴되었고, 이북지

---

138 APRF, 45/1/329/54-72. 양쿠이숭(楊奎松), "중국군의 정전협상전략," (2001), 545에서 재인용.

139 The Memorandum of Stalin-Chou conversation on August 20, 1952. written by A. Vyshinsky and N. Fedorenko, Russian State Archives, pp. 54-72 cited in Bajanov and Bajanova, *The Most Mysterious War,* 221.

140 "1952년 9월 4일 스탈린과 김일성, 펑더화이의 대담 기록," 이재훈, "러시아 문서보관소 소장 사료에 비친 휴전협상 시기 공산 측 내부의 갈등," 96에서 재인용.

역은 약 2주 동안 전력공급이 중단되었으며, 만주지역도 전력 공급량이 4분의 1이나 감소되었다.[142]

이와 같은 이유로 김일성이 조속한 정전을 원했던 데 비해 중국 인민지원군 포로들의 대만행을 대만문제의 군사적 해결과 연관시켜 생각하고 있었던 마오쩌둥은 강한 전쟁지속 의지를 표명했다. 당시 중국인민지원군 포로들 중 본국송환을 거부했던 포로들 중에는 과거 국민당군대에 소속되어 국공내전을 치렀던 사람들도 포함되어 있었고, 만주국에서 활동했던 사람들도 포함되어 있었다. 중국인민지원군 포로들 중 약 32%만이 본국으로 송환되고 나머지가 중화민국(대만)으로 가게 되면, 그것은 베이징정부의 정통성에 악영향을 미칠 수 있었다.

1952년 9월 무쵸 대사에 이어서 주한 미국 대사가 된 브릭스(Ellis O. Briggs)는 클라크 사령관과 함께 워싱턴의 훈령에 따라 이승만 대통령을 방문하여 최종수정안을 고지했다.[143] 이 최종수정안에 포함된 중대한 양보사항은 정전협정 발효 즉시 송환불원 조선인민군 포로들에게 [중국인민지원군 포로들과는 달리] 민간인 지위를 부여한다는 종전의 안을 철회하는 것이었다. 뿐만 아니라 설득기간이 끝난 후에도 해결되지 못한 송환불원포로 문제는 정전협정 체결 이후 열리게 될 정치회의에서 처리하는 것에 동의한다는 것이었다.[144]

1952년 9월 합참과 국제연합군 사령부는 포로들 중 전쟁 발발 당시

---

141 대한민국 공군, 『UN공군사』 (하). (서울: 공군본부 작전참모부, 1978), 46. 이북의 주요 수력댐에 대한 폭격이 포함되었다. 모내기철인 5월을 겨냥해서 평양의 북부에 위치한 주요 댐들에 대한 공격이 가해졌다. 앞의 책, 51-62.

142 김태우, 『폭격: 미공군의 공중폭격 기록으로 읽은 한국전쟁』 (서울: 창비, 2013), 359-83.

143 Collins, *War in Peacetime,* 355.

144 Transcript of Proceedings, 142nd Session, 116th Meeting at Pan Mun Jom, Military Armistice Conference, 25 May 1953.

38선 이남에 거주하고 있던 11,000명을 민간인 피억류자 신분으로 재분류하고, 10월 1일을 기해 석방하기로 결정했다. 이에 대한 남일의 항의서한은 무시되었다.[145] 그리고 1952년 9월 28일 판문점에서 국제연합군 정전협상 대표단장 해리슨 2세는 포로문제의 해결을 위해 세 가지 방안을 제시하고, 조-중인민군 대표단이 어느 하나라도 수용하면 정전에 도달할 수 있다는 입장을 밝혔다.

(1) 정전협정 발효 즉시 모든 포로들은 비무장지대 내에 합의된 교환지점에서 석방 및 송환. 포로가 억류당하여 왔던 측으로 돌아갈 의사를 표명하면 즉시 요청을 허용.
(2) 정전협정 발효 즉시 송환을 원하는 포로는 조속히 교환하고, 송환을 거부하는 포로는 비무장지대에서 상호 합의한 국가 혹은 코리아전쟁에 참전하지 않았던 국가의 대표들과 회견한 후 그들이 선택한 쪽으로 갈 자유를 가진다.
(3) 정전협정 발효 즉시 송환을 원하는 포로는 조속히 교환하고, 송환을 원하지 않는 포로들은 회견, 심문, 심사를 받지 않고 비무장지대에서 석방, 그들이 선택한 쪽으로 갈 자유를 가진다.[146]

조-중인민군 대표들은 세 가지 안들 중 어느 안도 수용하지 않았고, 해리슨 수석대표는 1952년 10월 8일 국제연합군 측 안을 택하든지 더 좋은 안을 내놓을 것을 재촉했고, 더 좋은 안이 나올 때까지 무기휴회를 요구하며, 회의장을 떠났다.[147] 이로써 정전협상이 시작된 지 15개월, 국

---

145 Schnabel and Watson(1979), *The History of the Joint Chiefs of Staff,* 國防部戰史編纂委員會, 『美國合同參謀本部史』 (1991), 304.

146 Transcript of Proceedings, 121st Session, 95th Meeting at Pan Mun Jom, Military Armistice Conference, 28 September 1952.

제연합군 측이 1952년 4월 28일 최종적인 일괄타결안을 전달한 지 약 6개월 만에 정전협상은 좌초되고, 연락장교들 간의 접촉만이 유지되는 파국을 맞이했다.148

1952년 10월 14일 개막된 제7차 국제연합총회에서는 코리아에서의 정전문제가 다각도로 논의되었다. 10월 18일 국제연합군 사령부가 작성한 "코리아에서의 국제연합행동에 관한 특별보고서"가 국제연합총회에 제출되었다.149 국제연합주재 인도 대사는 체코슬로바키아, 폴란드, 스웨덴, 스위스대표들로 구성된 포로송환위원회를 구성할 것을 제의했다. 체코슬로바키아와 폴란드를 중립국으로 보기는 어려웠고, 특히 체코슬로바키아의 고트발트는 스탈린의 분신과 같은 존재였다. 그럼에도 불구하고 인도의 제안이 "미국 측 입장을 사실상 되풀이 한 것"이라고 본 소련은 "코리아문제평화조정위원회"를 구성하는 것을 골자로 하는 수정안을 제시했다. 1952년 12월 3일 총회에서 소련의 결의안은 찬성 5, 반대 41, 기권 12로 부결되었고, 대신 인도의 결의안은 찬성 54, 반대 5, 기권 1로 가결되었다. 12월 5일 국제연합총회의장을 맡고 있던 캐나다의 피어슨은 인도의 제안에 입각한 국제연합총회 결의문을 조선민주주의인민공화국과 중화인민공화국에 발송했다. 이 결의문은 다음과 같은 내용을 포함하고 있었다.

---

147 Transcript of Proceedings, 122nd Session, 96th Meeting at Pan Mun Jom, Military Armistice Conference, 8 October 1952.

148 Schnabel and Watson(1979), *The History of the Joint Chiefs of Staff,* 國防部戰史編纂委員會, 『美國合同參謀本部史』 (1991), 313.

149 The Unified Command Under the United States. "Special Report of the Unified Commnad on the United Nations Action in Korea," Letter dated 52/10/18 from the Chairman of the United States Delegation to the General Assembly of the United Nations, Addressed to the Secretary-General. 18/10/1952. A/2228.

적대행위의 조속한 종결과 코리아문제를 평화적으로 해결할 필요성을 깊이 느끼며 [중략] 전쟁포로의 석방과 송환은 국제법상 확립된 원칙과 관행인 1949년 8월 12일자 전쟁포로 처우에 관한 제네바협약과 정전협정 초안의 관계조항에 따라 실시되어야 한다는 것을 확인하며, 전쟁포로의 귀환을 방해하거나 실현함에 있어서 폭력을 사용해서는 안 되며 전쟁포로는 제네바협약에 명시된 조항과 그 협약의 일반적 정신에 따라 항상 인도적으로 대우하여야 한다는 것을 확인하며, 따라서 국제연합총회의장은 중화인민공화국 중앙정부(the Central People's Government of the People's Republic of China)와 코리아 이북 당국(the North Korean authorities)에게 다음과 같은 제안이 즉각적인 정전과 실행시킬 수 있는 협정을 성립시키는 공정하고도 합리적인 기초를 마련하는 것임을 통고하며 그들이 이들 제안을 수락토록 권유하고 현 회기 중에 가급적 빨리 총회에 보고할 것을 요청한다.150

이 결의문에 첨부된 제안(proposals)은 17개항을 포괄하고 있었는데, 앞서 언급한 바와 같은 제네바협약 준수, 폭력사용배제, 그리고 모든 전쟁포로들의 귀향을 촉진시키기 위하여 중립국감독위원회(Neutral Nations Supervisory Commission) 구성에 합의한 체코슬로바키아, 폴란드, 스웨덴, 그리고 스위스로 구성되는 송환위원회(Repatriation Commission)를 구성한다는 내용을 포함하고 있었다. 이 4개국 대신 양측의 합의에 따라 적대행위에 참가하지 않은 다른 국가들을 각각 2개국씩 선정할 수 있다고 하였지만, 안보리 상임이사국 대표는 배제한다고 하였다. 이것은 소련을 중립국에 포함시키려고 했던 공산 측의 주장을 견제하기 위한 조

150 Resolution of 3 December 1952. Korea: reports of the United Nations Commission for the Unification and Rehabilitation of Korea. *United Nations Resolutions adopted by the General Assembly at its 7th Session during the period from 14 October to 21 December 1952. General Assembly Official Records: 7th Session Supplement* no. 20. A/2361. (New York).

치였다.[151]

이러한 국제연합총회 결의에 대해 평양은 박헌영 외무상의 명의로 된 1952년 12월 17일자 러시아어 전문을 국제연합에 발송했다. 이 전문은 국제연합총회 결의문의 접수를 확인하면서, 이 결의문이 법적 기초를 결여(lack the legal basis)하고 있다고 비난했다. 박헌영이 법적 기초가 결여되었다고 주장한 근거는 "이승만괴뢰정부"(puppet regime of Syng-man Rhee) 대표들만 참석하고, 중화인민공화국 정부 대표나 평양 대표가 참석하지 않은 가운데 만들어진 결의문이라는 점에 있었다. 이 전문은 이미 부결된 소련결의안을 "모든 평화애호국가들"(all peace-loving nations)과 함께 지지한다고 천명하면서, 제7차 국제연합총회결의문을 공식적으로 거부했다.[152]

1952년 12월 4일부터 9일까지 세계는 코리아가 아니라 새로운 사건에 경악했다. 런던에서 발생한 스모그(smoke+fog)가 4천 명의 목숨을 앗아갔던 것이다. 코리아에서는 '포로전쟁'이 계속되는 가운데 쌍방의 많은 사람들이 평화를 원했다. 그러나 서로에게 있어서 평화의 의미는 달랐다. 1952년 12월 한국 국방부 정훈국은 전쟁해결에 관한 여론조사를 실시했다. 아래 도표에서 원자탄사용, 국제연합군 증강, 그리고 국군강화 등은 모두 군사적 수단에 의한 해결방식을 의미하는 것이기에 정전협상을 통한 해결을 지지하는 여론은 약 10퍼센트 정도에 불과한 것으로 나타났다.

151 위와 같음.

152 박헌영 외상 명의의 회신은 영어로 번역되었고, 1953년 3월 16일자 미국 국무부 공보에 수록되어 있다. Telegram dated December 17, 1952, addressed to the President of the General Assembly by the Minister for Foreign Affairs of the People's Democratic Republic of Korea, *Department of State Bulletin,* 16 March 1953, 422-23.

도표 6-5 대한민국 국방부 정훈국의 여론조사: 당신이 원하는 해결방법은?

(직종별 100명 선출)

직종 해결 방법	관료	군인	경찰	상이 군인	노동자	은행원	상인	교원	학생	총계
전쟁	25	31	34	24	29	24	15	26	24	232
원자탄 사용	36	20	10	18	20	25	15	28	21	193
휴전 회담	8	9	-	9	18	10	19	14	27	114
국제 연합군 증강	23	17	20	11	25	20	12	26	21	175
국군 강화	8	23	36	38	7	11	23	6	6	158
기타					1	10	16		1	28

자료: 大韓民國國防部政訓局戰史編纂會.『韓國戰亂 二年誌, Korea in War July. 1951-June. 1952』. (1953), D74.

사진 6-1 1952년 1월 광주포로수용소를 시찰하는 한국의 이승만 대통령.
(출처: 연세대 이승만연구원 사진)

사진 6-2 거제도 포로수용소 전경.
(출처: 미 육군사진)

사진 6-3 스탈린사진을 들고 시위를 벌이는 친공포로들. 거제도 포로수용소.
(출처: 미 육군사진)

사진 6-4 프랜시스 도드 (Francis T. Dodd, 1899-1973) 준장. 1952년 5월 7일 거제도 포로수용소장으로서 포로들을 면담하던 중 포로들의 포로가 되었다. 군법회의에서 대령으로 강등되었던 그는 1977년 사후 4년 만에 준장계급을 되찾았다. 유능한 군인(soldier)이었지만, 유능한 간수(jailer)는 아니었다는 평을 받았다.
(출처: Wikimedia Commons)

사진 6-5 1952년 5월 21일 거제도에서 제네바협정문을 들고 있는 포로수용소장 보트너 준장.
(출처: Wikimedia Commons)

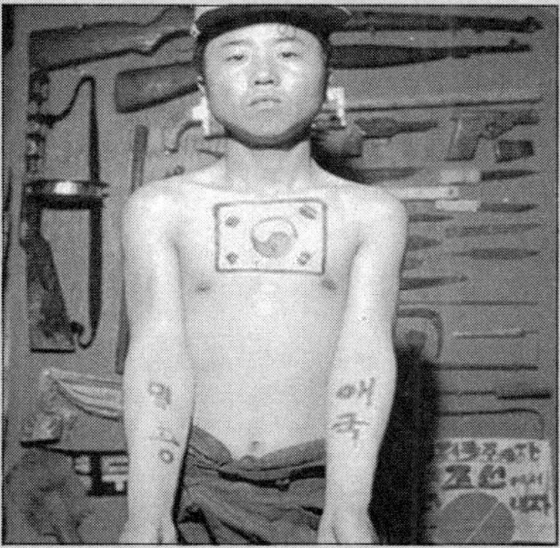

사진 6-6 북으로 송환될 수 없도록 문신(文身)을 새긴 포로. 뒤에 보이는 무기들과 깃발은 포로수용소 내에서 친공포로들이 사용하다가 압수된 것들이다.
(출처: NARA사진)

사진 6-7 김일성종합대학 부총장 시절의 김승화. 거제도 포로수용소에서 활동했던 박사현의 후견인이었던 김승화는 1956년 '8월 종파사건' 당시 김일성의 숙청을 피해 소련으로 망명했다.
(출처: 연세대 이승만연구원 사진)

제7장

전쟁 중의 정치

제7장
전쟁 중의 정치

1. 부산과 워싱턴의 권력 재편

정전협상장에서의 설전(舌戰)은 전선에서의 혈전(血戰)상황을 반영하고 있었지만, 쌍방 진영 내의 권력투쟁과도 무관하지 않았다. 역사는 권력투쟁에서 승리한 인간에 의해서 큰 변곡점(變曲點)을 통과하기도 한다. 이들은 마치 역사의 주요 시점에서 철도역의 "전철수"(轉轍手, switchman)와 같이 인간행동의 경로 자체를 결정하기도 한다.[1] 역사에서 권력자 개인의 역할보다 구조의 영향에 주목하는 학자들은 아이젠하워의 대통령 당선이나 스탈린의 죽음이 6.25전쟁의 정전에 미친 영향을 과소평가하는 경향이 있다. 그러나 최고 지도자의 역할은 때때로 결정적이었고, 특히 자유진영에서처럼 민주적으로 통제되지 않는 공산진영에서 더욱 그러했다.

1 Max Weber, "The Social Psychology of the World Religions," in H. H. Gerth and C. Wright Mills eds., *From Max Weber: Essays in Sociology* (New York: Oxford University Press, 1958), 280.

전선에서의 혈전과 협상장에서의 설전이 지속되는 동안 평양의 김일성과 부산의 이승만은 치열한 권력투쟁에서 승리를 거뒀다. 권력투쟁의 결과 권력집중이 이루어졌다는 점에서는 유사했지만, 전자는 공산주의적 숙청의 방식으로 후자는 민주주의체제 내의 정치파동을 통해 이루어졌다는 근본적 차이가 있었다. 전선에서는 아직 6.25전쟁의 포성이 울리고 있던 1952년 6월 25일 부산 충무로광장에서 6.25전쟁 발발 2주년 기념식이 거행되던 중 이승만 대통령 저격미수사건이 벌어졌다. 류시태(柳時泰, 1890-1965)라는 62세 노인이 권총의 방아쇠를 당겼으나 장전되어 있던 실탄은 불발되었다. 류시태는 3.1운동에 참여했고, 1921년 항일운동단체인 의열단(義烈團)에 가입해 활동한 경력의 인물로 알려졌다. 류시태에게 양복과 의원 신분증을 빌려주어 기념식장 입장을 가능하게 했던 인물은 한국민주당을 계승했던 민주국민당 소속 제2대 국회의원 김시현(金始顯)이었다. 김시현은 대통령을 살해할 의도까지는 없었기 때문에 총탄을 물수건에 싸가지고 다녔다고 진술하기도 했으나, 두 사람은 모두 사형선고를 받았다.[2] 두 사람은 이듬해 이승만 대통령의 특사로 무기징역으로 감형되어 복역하던 중 1960년 4.19혁명이 일어나자 석방되었다.[3]

이 사건은 가깝게는 1951년 이후 지속되고 있던 부산 정치파동의

2 『동아일보』 1952년 8월 26일; 『동아일보』, 1952년 9월 16일. 당시 저격미수 장면은 뉴저지에 거주하는 김태진 국제지도수집가협회(IMCoS) 한국 대표가 소장한 '대한민국 방첩대(CIC) 사진첩'에서 실려 있다. 『조선일보』, 2015년 4월 22일.

3 『경향신문』, 1965년 9월 22일. 4·19혁명으로 석방된 후 류시태는 "그때 목적을 달성치 못한 것이 지금도 원통하다. 4.26정변을 전혀 몰랐다가 출감된 후에야 알았다. 학생들의 피의 투쟁으로 독재정권을 타도한 것을 살아서 보게 되었으니 당장 죽어도 한이 없다. 진작 이박사가 하야하였더라면 국민의 존경을 받았을 충인데[원문 그대로] 이게 무슨 꼴이냐"라고 말했다. 『동아일보』, 1960년 4월 29일.

일파(一波)였고, 길게는 1948년 대한민국 수립 이후 치열하게 전개되다가 6.25전쟁의 발발 이후 소강상태를 맞이했던 권력투쟁의 일단(一端)이었다.[4] 1951년 7월 10일 이후 정전협상이 시작되는 한편, 이승만 대통령의 임기가 끝나가게 되자 차기 대통령 자리를 놓고 치열한 권력투쟁이 전개되었다. 대통령간선제를 채택하고 있던 당시 헌법에 따르면 대통령에 선출되기 위해서는 국회에서의 세력분포가 중요했다. 1948년 제헌헌법을 만들 당시부터 영국식 의원내각제를 선호했던 김성수(金性洙) 중심의 한국민주당 계열은 제1공화국 출범 직후 이승만과 대립했다. 한국민주당은 1949년 2월 대한국민당의 지청천(池靑天), 한국독립당의 당원으로서 김구와 다른 노선을 견지해온 신익희(申翼熙) 등과 함께 민주국민당을 창당하여 제2대 총선에 임했다.[5] 민주국민당의 명칭은 한국민주당에서 '민주', 대한국민당에서 '국민'을 계승한 것으로 '국민당'이라는 명칭은 쑨원(孫文)과 장개석의 정당인 국민당과도 같았다.

6.25전쟁 발발 직전인 1950년 5월 30일에 실시된 제2대 총선에 따른 국회 의석 분포를 보면 여당 성향의 의석은 대한국민당(24), 국민회(14), 대한청년단(10), 그리고 대한노총(3) 등의 의석들을 합해 총 57

---

4 부산 정치파동과 관련한 선행연구들로는 김일영, "부산정치파동의 정치사적 의미," 『한국과 국제정치』 9권 1호 (1993); 신병식, "부산정치파동과 이승만체제의 확립," 具永祿敎授華甲記念論叢編輯委員會, 『국가와 전쟁을 넘어서』 (서울: 법문사, 1994); Edward C. Keefer, "The Truman Administrmion and the South Korean Political Crisis of 1952: Democracy's Failure?" *Pacific Historical Review.* vol. 60, no. 2 (May 1991); 이철순, "부산정치파동에 대한 미국의 개입: 미국의 국가이익 규정을 둘러싼 국무부와 군부의 논쟁을 중심으로," 『韓國政治硏究』, 10권 1호 (2001); 김일영, "전쟁과 정치," 유영익 외, 『한국과 6.25전쟁』 (서울: 연세대학교출판부, 2002); Ronald Munro and Yea Daeyeol, "An Australian View of the Pusan Political Crisis in Korea, 1952," *International Journal of Korean History,* 제20권 제1호 (2015), 117-52.

5 한국민주당의 민주국민당으로의 변모과정에 관해서는 大韓民國政黨史編纂委員會, 『大韓民國政黨史』 第1輯 (1973), 203-207; 沈之淵, 『韓國民主黨 硏究I』 (서울: 풀빛, 1984), 371-86.

석, 약 27퍼센트에 불과했다. 그런데 한국민주당이 반(反) 이승만 세력을 규합하여 확대 개편한 민주국민당도 24석의 획득에 그쳤다. 이것은 제헌국회 당시 한국민주당이 단독으로 차지했던 의석수(29)보다 적었다. 총의석수 210석 가운데 3분의 2에 가까운 126석을 차지했던 것은 무소속이었다.[6]

1950년 6.25전쟁의 발발로 인해 국회의원들 중 일부는 납북 또는 월북했다. 북상했던 전선이 다시 남하하면서 1951년 1.4후퇴로 부산에 임시수도가 세워진 상황에서 치열한 권력투쟁이 재개되었다. 1951년 3월 4일 170명의 국회의원들이 원내 교섭단체들을 구성했다. 민정동지회와 국민구락부가 합쳐진 신정동지회(대표: 박승하)가 70명, 민주국민당(대표: 지청천, 임흥순) 40명, 무소속구락부가 이름을 바꾼 공화구락부(대표: 김동성)가 40명, 민정동지회와 무소속구락부의 이탈파 의원들로 구성된 민우회가 20명, 그리고 무소속 5명의 분포를 보였다. 이들 간에는 1951년 3월 9일 9개 국회 상임위원회 위원장들을 선출하는 선거 등을 통해 경쟁과 연대가 이루어졌다. 이러한 합종연횡은 1951년 5월 17일 부통령 선거까지 이어졌다. 이시영 부통령의 사퇴로 부통령직이 공석이 되자 민주국민당의 김성수는 공화구락부의 지원을 받아 제2대 부통령에 당선되었다. 김성수가 78 대 75라는 간발의 차이로 물리친 경쟁자는 3.1운동 민족대표 33인들 중 한 사람이었던 이갑성이었다. 국회 내의 세력구도는 급속히 친(親) 이승만 대(對) 반(反) 이승만 구도로 재편되었다.

1951년 아직 전선에서 혈전이 계속되던 상황에서 국민방위군(國民防衛軍事件) 사건과 거창사건이 발생했다. 이 사건들은 이승만정부에 대한

6 大韓民國選擧史編纂委員會, 『大韓民國選擧史』 第1輯 (서울: 中央選擧管理委員會, 1973), 447-61, 607-32, 1067-1109; 大韓民國政黨史編纂委員會, 『大韓民國政黨史』 第1輯 (서울: 中央選擧管理委員會, 1973), 121-207.

국민들의 불신을 증대시켰고, 반(反) 이승만 계 국회의원들의 목소리에 힘을 실어주었다. 1951년 4월 30일 국민방위군 고위간부들이 군수물자를 착복하여 약 9만 명의 국민방위군이 아사(餓死), 동사(凍死)하게 된 진상을 조사하기 위한 국회 진상조사단이 구성되었다. 국회 진상조사단의 활동 결과, 국민방위군 사령관 김윤근(金潤根), 부사령관 윤익헌(尹益憲) 이하 5명에 대한 총살형이 8월 12일에 집행되었다.[7]

거창사건은 1.4후퇴 직후였던 1951년 2월 경상남도 거창군 신원면(神院面)에서 발생한 사건이었다. 후방의 빨치산과 대결하던 11사단 9연대 3대대는 조선인민군과 연계된 빨치산 토벌작전 중이던 2월 10일 내탄(內呑) 부락 골짜기에서 136명, 2월 11일 박산(朴山)계곡에서 527명을 중화기로 학살했다. 유사한 사건들이 인근의 함양, 산청, 문경, 함평 등에서 발생했다. 3월 29일 거창군 출신 국회의원 신중목(愼重穆)에 의해 사건이 폭로되자 4월 24일 국무회의에서 이승만은 김준연 법무, 조병옥 내무, 신성모 국방 등 3부 장관의 사퇴를 요구했다. 김준연, 조병옥은 신성모를 질책하는 말을 남기고 사퇴했지만 신성모는 사직하지 않고 버텼다. 국회 진상조사단 파견에 위기감을 느낀 당시 경남지구 계엄사령부 민사부장 김종원(金宗元) 대령은 국군 1개 소대를 공비로 가장시켜 위협적인 총격을 가하는 등 조사를 방해했다. 결국 국회의 재조사에 따라 내무, 법무, 국방 등 3부 장관이 모두 사임했고, 직접책임자인 9연대장 오익균(吳益均) 대령, 3대대장 한동석 소령에게는 무

7 국민방위군 사건에 관해서는 김세중, "국민방위군사건," 유영익 외, 『한국과 6.25전쟁』 (서울: 연세대학교 출판부, 2002); 남정옥, 『6.25전쟁 시 예비전력과 국민방위군』 (파주: 한국학술정보, 2010); 박환, "국민방위군 연구: 유정수 일기를 중심으로," 『전쟁과 유물』 제6호 (2015). 국민방위병에게 배급이 예정된 식량은 4홉으로 전쟁포로들보다도 적은 양이었다. 진실-화해를 위한 과거사정리위원회, 『진실화해위원회 종합보고서』 IV (서울: 진실-화해를 위한 과거사정리위원회, 2010), 62.

기징역이, 경남지구 계엄사령관 김종원 대령에게는 3년형이 선고되었다.[8]

1950년 5.30선거에 이어 1951년 국민방위군사건과 거창사건 등으로 국회 내 반(反) 이승만 여론은 강화되었고, 이승만이 국회를 통해 대통령에 재선될 수 있는 가능성은 적어졌다. 결국 이승만은 국회에서 대통령을 선출하는 간선제 대신 직선제를 추진했다. 1951년 5월 9일 이시영 부통령은 국정 혼란과 사회부패상에 대한 책임을 통감한다는 요지의 대국민성명서를 발표하고 이승만정부를 떠났다. 그는 1952년 야당인 민주국민당 대통령 후보로 출마했다. 1951년 8월 15일 광복절에 즈음하여 이승만은 어떤 정당에도 속하지 않겠다는 종전의 입장과는 달리 자신을 지지해 줄 정당을 만들고자 하는 의지를 표명했다. 1951년 5월 17일 김성수가 부통령에 선출된 후 이를 견제하기 위한 세력이 규합되었다. 1951년 12월 23일 공화민정회(共和民政會, 대표 이종욱, 신정동지회와 공화구락부 통합) 소속의원들과 원외의 국민회(國民會), 대한청년단(大韓靑年團), 대한노동조합총연맹(大韓勞動組合總聯盟), 농민조합연맹(農民組合聯盟), 그리고 대한부인회(大韓婦人會) 등 5개 사회단체 대표자들은 자유당을 창당했다. 주요 인물들은 이갑성(李甲成), 김동성(金東成), 이재학(李在鶴), 홍익표(洪翼杓), 이석기(李錫基), 이상철(李相喆), 오위영(吳緯泳), 안호상(安浩相) 등이었다.[9]

---

8 한인섭, 『거창 양민 학살 사건 자료집』 (서울: 서울대학교 법학 연구소, 2003); 진실-화해를 위한 과거사정리위원회, 『진실화해위원회 종합보고서』 III (서울: 진실-화해를 위한 과거사정리위원회, 2010), 257-59. 조병옥은 이승만에게 보낸 사임서한에서 “행정은 제도상으로 운영되어야 하며 개인의 의욕으로 움직여서는 안 됩니다” 등의 고언을 했다. 거창사건으로 인한 이승만과 조병옥의 결별과정에 관해서는 趙炳玉, 『나의 回顧錄』 (서울: 民敎社, 檀紀4292[1959]), 333-38.

9 大韓民國政黨史編纂委員會, 『大韓民國政黨史』 第1輯 (1973), 195-202, 208-220. 특히, 자유당 창당

이러한 정국을 반영한 두 개의 개헌안이 추진되었다. 하나는 대통령 간선제를 대통령 직선제로 바꾸려는 친 이승만 세력의 개헌안이었고, 다른 하나는 권력구조를 내각제 형태로 바꾸려는 반(反) 이승만 세력의 개헌안이었다. 이승만정부는 1951년 11월 30일 대통령 직선제 개헌안을 국회에 제출했다. 국회 내의 반(反) 이승만 세력은 1952년 1월 18일 직선제 개헌안을 부결시키는 한편, 권력구조 자체를 의원내각제로 바꾸기 위한 개헌을 추진했다. 이것은 6.25전쟁 발발 이전부터 국회 내 반(反) 이승만 세력에 의해 집요하게 추진되었다. 민국당이 주도한 개헌안은 1950년 1월 28일 표결에 붙여졌으나 재적 179명 중 찬성 79, 반대 33, 기권 66, 무효 1의 결과로 개헌정족수를 넘지 못하고 부결된 바 있었다. 1952년 1월 친 이승만 세력의 직선제 개헌안을 부결시킨 반(反) 이승만 세력은 권력구조 자체를 내각책임제로 바꾸는 것을 골자로 하는 개헌안을 마련했다. 이 개헌안은 123명의 이름으로 1952년 4월 17일 국회에 제출되었다. 이에 맞서 이승만정부는 5월 14일 다시 직선제 개헌안을 제출했다.

전선에서 전쟁이 지속되고, 포로문제로 정전협상이 교착되어 있던 와중에 이승만 대통령의 재출마와 대통령 직선제를 요구하는 군중시위가 임시수도 부산을 휩쓸면서 부산 정치파동이 본격화 되었다. 이승만을 지지하는 시위대는 '민의'(民意)를 내세우며 국회 해산을 주장했다. 5월 25일 부산과 경상남도, 전라남도, 전라북도의 23개 시·군에 계엄령이 선포되었다. 1952년 5월은 거제도에서 도드 포로수용소장이 포로들에게 납치당했다가 간신히 석방된 때였다(5월 10일). 5월 26일 대통령직선제를 강행하면서 내각제를 주장하는 야당 의원 50여 명을 헌병대가 연행하

당시 핵심당직자 명단은 大韓民國政黨史編纂委員會,『大韓民國政黨史』第1輯 (1973), 212; 자유당 창당과정에 관해서는 韓太壽,『韓國政黨史』(서울 : 新太陽社, 檀紀4294[1961], 185-206.

는 사건이 벌어졌다. 특히 정헌주(鄭憲柱), 이석기, 서범석, 임흥순, 곽상훈, 권중돈 등 12명은 국제 공산당과의 연루 혐의로 구속되었다. 반공이 민주주의를 위해서가 아니라 독재를 위해서 오용되는 새로운 계기였다.

부산정치파동이라고 불리게 된 이 사태는 5월 29일 부통령 김성수가 이승만 대통령에 대한 탄핵의사를 밝히고, 사표를 제출함으로써 더욱 고조되었다. 국제적 비난 여론이 쇄도하자 6월 4일 이승만 대통령은 국회해산을 보류했다. 그러나 6월 20일 부산 국제구락부에서 이시영, 김성수, 장면, 조병옥, 김창숙 등 60여 명의 야당과 재야인사들이 반독재 호헌구국 선언을 하는 회의장에 괴한이 습격하는 사건(국제구락부 사건)이 일어났다. 그리고 6월 25일에는 앞서 언급한 이승만 대통령 저격미수사건이 일어났다. 분위기는 격앙되었고, 이승만을 옹호하는 민중자결단은 6월 30일 국회의사당을 포위하고 80여 명의 국회의원을 연금했다.

당시 미국의 트루먼 대통령은 이승만 대통령의 독단이 민주주의를 수호하기 위한 미국의 참전정신을 훼손하고 있다고 보았다. 이 무렵 이시영의 먼 친척이었던 이종찬 육군참모총장은 미국 대사관을 방문해서 거사계획에 대한 미국의 지지 가능성 여부를 문의했다. 이승만과 이범석 등을 연금하고, 민선대통령을 선출한 후, 다시 군으로 복귀하겠다는 계획이었다. 라이트너 대리 대사는 이 계획을 진지하게 받아들였고, 언커크(UNCURK, 국제연합코리아통일부흥위원회)의 오스트레일리아 대표 제임스 플림졸(James Plimsoll) 등과도 협의했다. 그리고 미국무부에 "이제 한국군 참모총장을 통해 한국인들이 한국문제를 해결하는 것을 심각하게 고려해야만 한다"는 전문을 발송했다.[10] 그러나 밴 플리트와 마크 클

10 Lightner to Director of the Office of Northeast Asian Affairs, 5 June 1952, *FRUS, 1952-54,*

라크는 전쟁 중에 위험 부담을 감수하기를 원치 않았고, 특히 밴 플리트는 이승만을 존경했다. 워싱턴도 라이트너의 전문에 긍정적 회신을 보내지 않았다.[11]

결국 국회의원 장택상을 중심으로 한 신라회(新羅會)가 주축이 되어 대통령 직선제를 골자로 하는 정부안과 내각책임제를 골자로 하는 국회안을 발췌, 혼합한 이른바 발췌개헌안(拔萃改憲案)이 만들어졌다. 미국 대사관은 최종적으로 군부와 야당에 대한 지원을 철회했다.[12] 1952년 7월 4일 국회의원들은 기립투표로 출석 의원 166명 중 찬성 163표, 반대 0표, 기권 3표로 발췌개헌안을 통과시켰고, 1952년 7월 7일 개정 헌법이 공포되었다. 이처럼 발췌개헌이 진행되는 과정에서 장택상과 함께 큰 역할을 했던 인물은 청산리전투의 영웅이자 족청계(族靑系: 조선민족청년단 계통) 정치세력을 이끌었던 이범석(李範奭)이었다.[13]

청산리전투의 영웅이었던 이범석은 대중적으로 인기가 높았다. 그러나 미국 대사관에서는 그를 '중국의 군벌'(Chinese warlord) 정도로 보기도 했다.[14] 이범석을 영수로 하는 족청계는 군경 내에서도 넓은

vol. 15, 305-8 cited in Brazinsky, *Nation Building in South Korea,* 29.

11 Ronald Munro, Yea Daeyeol, "An Australian View of the Pusan Political Crisis in Korea, 1952," *International Journal of Korean History* 제20권 제1호 (2015), 117-52; Oral History Interview with E. Allan Lightner, Jr. by Richard D. McKinzie (Washington, D.C., 26 Oct 1973), 14-121. Harry S. Truman Library. https://www.trumanlibrary.org/oralhist/lightner.htm

12 Oral History Interview with E. Allan Lightner, Jr. by Richard D. McKinzie (Washington, D.C., 26 Oct 1973), 14-121. Harry S. Truman Library.https://www.trumanlibrary.org/oralhist/lightner.htm

13 이범석에 관해서는 李範奭, 『우둥불』 (서울: 思想史, 1971). 이 당시 이범석과 족청계의 역할에 관해서는 후지이 다케시, 『파시즘과 제3세계주의 사이에서: 족청계의 형성과 몰락을 통해 본 해방8년사』 (서울: 역사비평사, 2012)의 제2장; 이택선, "조선민족청년단과 한국의 근대민주주의국가건설," 『한국정치연구』, 23집 2호 (2014), 38-40. 羅鐘一, "1952年의 政治波動: 행정부, 의회, 군부, 외국의 상호작용," 『한국정치학회보』, 22권 2호 (1988. 12). 서중석, 『이승만과 제1공화국』 (서울: 역사비평사, 2007), 16장.

인맥을 가지고 있었다. 이범석의 이승만에 대한 충성에도 불구하고 1952년 8월 5일 개정헌법에 따른 정·부통령선거에서 자유당의 공천을 받은 이범석은 부통령이 되지 못했다. 대신 무소속의 함태영(咸台永)이 제3대 부통령에 당선되었다. 이승만은 총투표수의 74.6퍼센트라는 압도적 득표로 조봉암, 이시영, 그리고 배재학당 시절의 친구였던 신흥우 등을 누르고 제2대 대통령이 되었다. 1952년 8월 15일 새로운 4년의 임기를 시작하면서 이승만은 다시 한 번 정전에 대한 반대의견을 피력했고, 통일의 필요성을 역설했다.[15]

1952년 8월 제2대 대통령 선거에서 이승만은 압도적 득표율을 기록함으로써 그의 카리스마적 리더십을 확인했다.[16] 1950년 이후 전쟁이 초래한 지주계급의 몰락은 야당인 민국당(한민당 후신)의 몰락을 부채질했다. 이승만을 도우면서 부통령에 출마했던 이범석의 낙마는 장택상 등 비족청계열의 주도로 이루어졌다. 1953년 5월에 있었던 자유당의 제2차 전당대회 중앙위원회에서 이범석과 그의 추종자들은 '분열분자'들로 몰렸고, 이범석은 자유당 부의장직에서마저 축출되고 말았다. 이승만의 의중이 반영된 결과였다.[17]

1953년 1월 초 전 국무총리 장면이 브릭스 주한 미국 대사를 만나 "이

---

14 Oral History Interview with E. Allan Lightner, Jr. by Richard D. McKinzie (Washington, D.C., 26 Oct 1973), 14-121. Harry S. Truman Library.https://www.trumanlibrary.org/oralhist/lightner.htm

15 NA, RG550, United Nations Command, Armistice Affairs Division, General Subject Files, 1951-59, compiled by Military History Section, "History of the Korean Conflict: Korean Armistice Negotiations, May 1952 - July 1953," Pt. 4, pp. 60-61.

16 1952년 3월 21일에 체결된 한·미 중석협정에 의하여 1952년 4월 2일-954년 3월 31일간에 한국의 중석은 대한중석광업회사를 통하여 일괄적으로 미국에 수출되었는데, 그 대가로 받은 달러화, 이른바 중석불사건(重石弗)이 친 이승만세력의 정치자금으로 활용되었을 것으로 추정된다.

17 김민용, "발췌개헌,"『전환기의 내막』(서울: 동아일보사, 1982), 607-12.

승만 대통령에게 민주주의가 어떻게 작동해야 하는지를 가르쳐 주는 데 미국 대사의 지지를 요청"할 정도로 이승만과 반대세력의 골은 깊었다.[18] 6.25전쟁 중 소련과 미국은 각각 공산주의적 대의와 민주주의적 대의에 입각해서 국내의 권력투쟁에 개입했다. 교전 중이던 쌍방에서 정치권력을 놓고 치열한 투쟁이 벌어졌던 것은 비슷했다. 다만 평양에서의 권력투쟁은 반대파들의 처형으로까지 이어지는 인민민주주의적 원칙에 충실했던 권력투쟁이었고, 부산에서의 권력투쟁은 민주주의적 원칙에 불충실했던 권력투쟁이었다.

1953년 봄 이승만 대통령은 군과 상의하지 않고 수도를 다시 부산에서 서울로 옮겼다.[19] 6.25전쟁 기간 중에 비대해진 군부는 이승만을 뒷받침하는 힘이었던 동시에 이승만을 위협하는 존재였다. 1953년 이승만 대통령의 6.18반공포로석방에 즈음해서 한국군이 독자적 행동을 할 경우에 대비한 상비작전(常備作戰, Operation Everready)계획[20]의 단초는 이때 이미 마련되었다. 클라크 국제연합군 사령관은 밴 플리트 미 8군 사령관과 무쵸 주한 미국 대사와 협의한 비상계획을 미국 합참에 보고했다. 클라크와 밴 플리트는 모두 한국군 참모총장과 한국군이 국제연합군에 충성을 바칠 것이라고 믿고 있었다.[21] 그러나 한국군의 단독행동은 내전과 같

18 "Memorandum of Conversation" (January 12, 1953): 전 국무총리 장면과 브릭스 대사와의 면담. 장면은 이승만에게 민주주의를 가르쳐 주라고 청원. "The object of his call was to apparently complain against President Rhee and to solicit my support in teaching the President how to operate a democracy··· In reply I pointed out that one of the principles of which my Government has long been dedicated is non-intervention in the domestic affairs of other countries." note: an extended version of Mr. Chang Myun's views is contained in Mr. Lightner's memorandum of December 21, 1952. 국사편찬위원회, 『해외사료총서2』, 미국소재 한국사 자료 조사보고.

19 Briggs, *Proud Servant,* 315.

20 Oliver, *Syngman Rhee and American Involvement in Korea,* 413-14.

21 The Commander in Chief, United Nations Command (Clark) to the Joint Chiefs of Statt, Tokyo,

은 형국을 초래할 수 있기 때문에 권고할 만한 것이 못된다고 보았다. 비상계획은 다음과 같은 세부단계로 구성되었다.

a. 이승만 대통령으로 하여금 서울 또는 다른 곳을 방문하도록 하여 부산 밖으로 나가게 함.
b. 적절한 시점에 국제연합군사령관이 부산을 방문하여 이승만 독재체제의 핵심 요인 5-10명을 체포함. 국제연합사와 한국군의 주요 시설들을 확보하고 한국군 참모총장을 통해 계엄통치를 실시함.
c. 이 시점에서 이승만 대통령에게 "기정사실"(fait accompli)로서 그러한 군사행동에 관해 통보함. 이승만 대통령으로 하여금 계엄철폐를 선포하도록 하고 국회에게 행동의 자유를 허락하도록 하고, 언론과 라디오 방송의 자유를 허락하도록 함.
d. 만일 이 대통령이 그러한 선포에 동의하지 않으면 이 대통령에 대해 외부와 단절된 보호연금(protective custody incommunicado) 조치를 실시하고 장택상 총리가 선포하도록 제안함.
e. 총리는 동의할 것이라고 믿어짐. 그러나 만일 그가 그렇게 하지 않으면 국제연합군 사령부가 임시정부를 향한 조치를 한 단계 더 취하는 것이 필요한 것임.
f. [중략] 한국 정부가 행동을 취하고, 국제연합군사령부에 의해 보조(assist) 되는 것이라는 사실이 강조되어야 함.[22]

한국의 군사력은 1950년 6월 전쟁 발발 당시 경찰과 대한청년단을 제외한 육, 해, 공군의 총 병력수가 약 10만 명에 불과했지만, 1953년

5 July 1952, *FRUS 1952-1954,* vol. 15, 377.

22 The Commander in Chief, United Nations Command (Clark) to the Joint Chiefs of Statt, Tokyo, 5 July 1952, *FRUS 1952-1954,* vol. 15, 378.

7월 정전협정이 체결될 당시에는 무려 63만 3,411명으로 증가했다.[23] 군사비 측면에서도 전쟁 중이었던 1950-53년 기간 동안 연평균 62퍼센트, 그리고 전후 1957-60년 기간에는 연평균 40퍼센트라는 높은 증가율을 기록했다.[24]

미국에서도 1952년 말과 1953년 초 권력 재편이 이루어졌다. 미국의 권력체제에서는 대통령이라 하더라도 미국 헌법의 틀 안에서만 권한을 행사할 수 있었고, 대통령의 권한은 헌법이 보장하는 자유를 누릴 수 있는 개인들에 의해 민주적으로 통제되었다. 미국학계에서는 코리아전쟁이 남긴 중요한 교훈들 중 하나를 "아이젠하워가 전쟁에 대해 가졌던 개인적 영향력이 작았던 점"에서 찾고, 그것이 "현대 미국 대통령직의 한계에 대해 말해 주는 교훈"이라는 지적도 있다.[25] 그러나 그러한 한계란 제도적으로 통제된 대통령의 권한을 말하는 것일 뿐, 제2차 세계대전 전쟁영웅이었던 아이젠하워가 핵압박정책 등을 구사하면서 정전협상의 진전에 미친 영향은 과소평가될 수 없다.

아이젠하워는 1952년 대통령 선거전에서 휴(E. J. Hughes)의 연설자문을 받았다. 제2차 세계대전 전쟁영웅이었던 아이젠하워가 "아이들을 집으로 데려오겠다"(bring the boys home), "당선되면 한국에 가겠다"(If elected, I will go to Korea)고 연설한 것은 유권자들에게 큰 호소력이 있었다.[26] 당시 21,000명의 전사자, 91,000명의 부상자, 그리고 13,000명의

23 *FRUS 1952-1954*, vol. 15, 1017.

24 경제기획원, 『예산개요』, 1962, 1964.

25 Allan R. Millett, "Dwight D. Eisenhower and the Korean War: Cautionary Tale and Hopeful Precedent." *Journal of American-East Asian Relations* 10 (January 2001), 155-74.

26 Robert Leckie, *Conflict: The History of the Korean War* (New York: Da Capo Press, 1995 [Putnam, 1962]), 364; Fehrenbach, *This Kind of War,* 437.

실종자라는 수치가 주는 압박감은 강했다.[27] 그럼에도 불구하고 한 여론 조사에서는 "코리아에서 공산주의자들을 격멸해야 한다"(Knock the Communists out of Korea once and for all)라는 응답이 53%에 달해 "협상을 지속해야 한다"(Keep on negotiating) 22%, "코리아로부터의 철수"(Pull out of Korea) 12%, "의견 없음"(No Opinion) 13% 등 보다 압도적으로 비율이 높았다.[28] 공산주의자들을 반드시 격퇴해야 한다는 의지와 동양의 생소한 나라 코리아를 위해 미국의 젊은이들이 죽어갈 필요가 있는가에 대한 의심 사이에서 미국 국민들은 제2차 세계대전의 영웅 '아이크'에게 기대를 걸었다. 아이젠하워도 경쟁자였던 민주당 후보 스티븐슨(Adlai Ewing Stevenson II, 1900-1965)보다 공산주의자들과의 전쟁을 더 잘 다룰 것이라는 유권자들의 막연한 기대를 선거전에 활용했다.

1952년 11월 4일 대통령 선거에서 아이젠하워가 당선되었다. 아이젠하워가 당선자(President-elect) 신분으로 뉴욕에서 만난 맥아더는 아이젠하워 행정부가 핵압박을 통해 정전협상을 타결하는 정책을 수립하는 데 도움을 주었다.[29] 국제연합에서는 11월 17일 인도의 중재안이 국제연합에 제출되었고, 12월 1일 54대 5의 표결로 채택되었다. 인도가 주도한 12월 1일의 결의는 체코슬로바키아, 폴란드, 스웨덴, 스위스 등으로 중립국감독위원회를 구성할 것, 제네바협약에 따라 포로문제를 해결할 것, 포로송환 또는 잔류를 강제하지 말 것, 모든 포로는 중립국송환위원회로 이관, 중립국송환위원회는 국적에 따라 포로를 분류하고 송환의 자유를 고

---

27 Eisenhower, *Mandate for Change,* 219.

28 Elmer Roper's Public Opinion Poll cited in Henry Chung, "How the Korean War Can Be Won," *The Free Press,* 22 Oct 1952, in Henry Chung, *Korea and the United States Through War and Peace,* 481-85.

29 Eisenhower, *Mandate for Change,* 229.

지하고, 의사소통의 자유를 보장하며, 양측의 합의사항을 고지할 것, 그리고 중립국송환위원회는 관련국들과 국제연합의 협조를 요청할 수 있다는 등의 17개 항을 포함하고 있었다.[30]

아이젠하워당선자는 선거공약대로 전선(戰線)을 방문했다. 아이젠하워의 방문 일자는 공산군이 그의 비행기를 요격할지도 모른다는 우려로 인해 극비에 붙여졌다.[31] 1952년 12월 2일 아이젠하워의 한국 도착에 관한 보도는 철저히 통제되었다. 한국 정부가 마련한 일체의 환영행사는 취소된 가운데 아이젠하워 당선자는 공항에서 미8군 사령부 대령 1명의 영접만 받았다.[32] 아이젠하워가 참전 중이던 아들 존 아이젠하워 소령을 만나고, 현장의 한국군 지휘관들을 만날 때까지만 해도 통일을 위한 전쟁지속을 외치던 한국 지도층의 일각에서는 아이젠하워의 전쟁지속 의지에 기대를 걸었다. 그가 전쟁영웅이었고, 보수적 공화당 후보로서 대통령에 당선되었기 때문이었다.[33]

그러나 아이젠하워 당선자는 '통일 없는 정전'에 반대하던 이승만 대통령이 경무대에서 주최한 환영행사에 억지로 참석하다시피 했다. 그는 2박 3일, 71시간 30분간의 체한일정을 마치고 돌아가는 비행기에서 정전

---

30 NA, RG550, United Nations Command, Armistice Affairs Division, General Subject Files, 1951-59, compiled by Military History Section, "History of the Korean Conflict: Korean Armistice Negotiations, May 1952 - July 1953," Pt. 3, vol. 1, 213-15.

31 Oliver, *Syngman Rhee and American Involvement in Korea,* 405. 당시 아이젠하워의 동생인 밀튼 아이젠하워(Milton Eisenhower, 1899-1985)는 펜실베니아주립대학 총장이었고, 이승만의 친구였던 올리버는 펜실베니아 주립대학의 교수였다. 올리버는 밀튼 아이젠하워를 통해 드와이트 아이젠하워의 방한일자를 대략 짐작할 수 있었다.

32 朴實, 『韓國外交祕史』 (서울: 麒麟苑, 1979), 228-29. 아이젠하워는 육군참모총장 때인 1946년 5월 한국을 잠시 방문한 적이 있었다. 朴實, 『韓國外交祕史』, 232.

33 Oliver, *Syngman Rhee and American Involvement in Korea,* 406. 이승만, 올리버, 그리고 한국군 장성들뿐만 아니라 밴 플리트 미 8군 사령관도 그런 기대를 했다. 정일권의 증언. 丁一權, 『6.25祕錄: 전쟁과 휴전』 (서울: 東亞日報社 1986), 328-62.

협상을 가능한 조속히 결말지으려는 트루먼행정부의 정책을 계승할 것이라고 발표했다.[34] 아이젠하워는 1953년 1월 20일 제34대 미국 대통령 임기를 시작하면서 코리아에서의 전쟁이 장기화될 경우 확전도 불사한다는 단호한 결의를 표명함으로써 정전협상의 조속한 타결을 압박했다. 아이젠하워 대통령의 취임식은 TV로 중계되어 큰 주목을 받았다. 그러나 더 큰 주목을 받았던 것은 당시의 인기 드라마 *I Love Lucy*의 여주인공 루실 볼(Lucille Ball)이었다. 그것이 미국 보통사람들의 일상이었다.

아이젠하워는 1953년 2월 2일 상하원합동연설을 통해 코리아전쟁 발발 직후 미국은 대만해협에 제7함대를 파견하여 양안 어느 쪽으로부터의 공격행위도 방지하고자 했으나 더 이상 대륙 쪽을 방어하는 역할은 하지 않겠다는 입장을 천명했다.[35] 이는 트루먼행정부 때와는 달리 국민당 군대의 본토수복작전 가능성을 열어 놓는 것이었다.[36]

아이젠하워는 코리아에서의 조기정전이라는 선거공약을 실현하기 위해 핵무기의 우위에 기초한 핵압박(nuclear coercion)정책을 구사했다.[37] 앞서 트루먼은 코리아에서 핵폭탄을 사용하지 않을 것을 문서화해 달라는 애틀리의 요청을 거절함으로써 핵사용에 대한 전략적 모호성을 남겨 놓은 바 있었다. 트루먼은 "만일 [핵을 사용하지 않겠다는] 말이 아무 소용이 없다면 그것을 문서화하는 것이 나을 것도 없다"고 애틀리에게 응답

---

34 Oliver, *Syngman Rhee and American Involvement in Korea,* 407.

35 Dwight D. Eisenhower, "Annual Message to the Congress on the State of the Union," February 2, 1953. Online by Gerhard Peters and John T. Woolley, The American Presidency Project. http://www.presidency.ucsb.edu/ws/?pid=9829.

36 Peter Lyon, *Eisenhower: Portrait of the Hero* (Boston: Little, Brown and Company, 1974), 907.

37 U.S. Department of State, *FRUS 1952-1954: Korea,* January 3-April 26, 1953: new look at Korea under the Eisenhower administration; 아이젠하워행정부의 핵압박정책에 관해서는 Rosemary J. Foot, "Nuclear Coercion and the Ending of the Korean Conflict," *International Security,* vol. 13 no. 3 (Winter 1988-89), 92-112.

했었다.[38] 트루먼은 퇴임을 앞둔 1953년 1월 7일 미국이 수소폭탄을 개발했음을 공표했다. 트루먼이 핵사용가능성에 대해 전략적 모호성이라는 입장을 취했다면, 아이젠하워는 좀 더 확실하게 핵무기 사용가능성을 언급하면서 평양, 그리고 중국인민지원군을 파병하고 있던 베이징을 압박했다.

도쿄의 클라크 국제연합군사령관이 정전협상으로 인해 성역화된 개성지역에 대한 공격제한을 풀어줄 것을 요청한 건을 다루던 1953년 2월 11일 NSC회의에서 아이젠하워는 "무한정 현재와 같이 갈 수는 없으므로 개성지역에 대한 전술핵사용(tactical atomic weapons)을 고려해야 한다." 고 발언했다. "코리아에서의 뉴룩"(New Look at Korea)정책이었다.[39] 그러나 마크 클라크 국제연합군 사령관에 따르면 아이젠하워 대통령은 실제로 군사작전을 강화할 생각은 없었다.[40] 아이젠하워의 허풍(bluffing)을 통한 압박은 인도 등의 외교채널을 통해 베이징과 모스크바로 전달되었다. 그런데 전쟁을 일으켰던 평양과 모스크바에서도 권력 재편이 이루어지고 있었다.

---

38 원문은 다음과 같다. "if a man's word wasn't any good it wasn't made any better by writing it down." Memorandum for the Record by the Ambassador at Large (Philip C. Jessup), 7 Dec 1950, *FRUS 1950: Korea*. the Truman-Attlee discussions, p. 1462. 애틀리수상의 핵불사용 요청과 트루먼 대통령의 핵불사용 결정의 이면에는 트루먼행정부 당시 제한되어 있던 핵무기를 코리아에서 써버리게 되면 유럽에서 핵전쟁이 발발할 경우, 미국이 소련에 대한 준비부족 상태에 놓일 것을 우려했기 때문이라는 분석도 있다. 이재학. "상황적 억제이론으로 본 한국전쟁기간 트루먼행정부의 핵무기 불사용 결정," 『국제정치논총』, 제54집 3호 (2014), 105-105.

39 Memorandum of Discussion at the 131st Meeting of the National Security Council, 11 Feb 1953, United States Department of State, *FRUS 1952-1954,* New look at Korea under the Eisenhower administration, 721-937.

40 Clark, *From the Danube to the Yalu,* 233.

2. 평양과 모스크바의 권력 재편

공산주의자들의 전통적 전술인 전복보다 전쟁이라는 수단을 선택했다가 실패한 평양지도부 내의 권력투쟁은 전쟁책임 문제와 밀접히 연관되어 있었다. 제1차 세계대전 패전 이후 독일제국, 오스트리아-헝가리제국, 그리고 오스만투르크제국의 해체 사례들에서 극명하게 보여졌듯이 전쟁책임 문제는 권력의 향배를 결정할 수 있는 중대한 문제였다. 남로당에서 활동하다가 월북했던 박갑동은 만일 중국인민지원군이 개입하지 않았다면, "김일성은 6.25패전의 책임을 지고 실권했을" 것이라고 회고하기도 했다.[41]

조선인민군 지도부가 중국인민지원군의 개입으로 위기를 모면한 직후부터 전쟁책임을 전가(轉嫁)하는 권력투쟁이 시작되었다. 김일성은 1950년 12월 4일 만포읍 별오리에서 소집된 조선로동당 중앙위원회 제3차 전원회의에서 "현 정세와 당면한 임무"라는 보고서를 발표했다. 김일성은 "이번 전쟁으로 불순분자, 비겁자, 이단분자 등이 적나라하게 드러났다"고 하면서, "이들을 당의 대열에서 일소해야 한다"고 주장했다. 이 회의에서 "불순분자" 등의 죄명으로 비판, 강등, 투옥 또는 총살된 인물들은 연안파의 무정(제7군단장 · 중장), 김한중(사단장 · 소장), 소련파의 김열(전선사령부 후방 총국장 · 소장), 채규형(최고검찰소 부총장), 남로당파의 허성택(노동상 겸 남조선 빨치산조직 책임자), 빨치산 파의 김일(전선사령부 군사위원 · 중장), 임춘추(강원도 당 위원장) 등이었다.[42]

---

41 朴甲東, 『통곡의 언덕에서』 (서울: 書堂, 1991), 410.

42 강상호, "내가 치른 북한 숙청(7)," 『중앙일보』 1993년 2월 22일. 강상호(姜尙昊, 1909연해주

이들 중 핵심인물은 중국인민지원군의 개입에 따라 새로운 힘을 갖게 되리라고 기대되었던 무정(武亭, 또는 김무정)이었다. 그는 국공내전 중 마오쩌둥이 이끌던 중국공산당의 홍군과 함께 대장정(大長征)에 참가했고, 이후 중국공산당 군대인 팔로군 포병단 단장으로 활동한 경력의 소

-2000.12)는 1993년 『중앙일보』에 회고록을 연재했다. 평안북도가 원적인 강상호는 1909년 러시아 연해주에서 태어났다. 아버지는 적군에 가담했다가 전사했고, 강상호는 한창걸 빨치산부대의 후원으로 소학교에서 공부했다. 1932년경 하바로프스크 원동공산대학에서 공부했고, 1937년 스탈린의 강제이주 당시 우즈베키스탄의 타슈겐트로 이주했다. 1943년 소련군에 초모되어 제25군 정치지도원(소위)으로 복무하다 급성폐렴으로 제대하여 타슈켄트로 귀향했고, 1945년 가을 다시 소련군에 초모되어 제25군 40사단 정치부의 상급지도원으로서 평양에서 발간되던 소련군 기관지 『조선신문』에서 일했다. 1948년 가을 소련군이 철수함에 따라 소련공산당에서 조선로동당으로 전당하여 강원도당위원장이 되어 6.25전쟁을 맞았다. 그는 1950년 6월 25일 오전 5시 내각회의에 참석했다. 이 회의에서 수상 김일성의 허위주장을 목도했다. 6월 24일 남쪽의 국방군이 38선 전역을 통하여 북침하였기에 김일성이 최고사령관으로서 반공격명령을 내렸다는 주장이었다. 김일성의 반공격전 주장이 이 내각회의에서 비준되었다. 강원도당 위원장이었던 강상호는 강원도로 가서 현장을 조사한 결과, "국군의 북침설은 새빨간 거짓말이고 인민군의 남침이라는 것을 확인하게 되었다." 강상호는 1952년 내각간부학교 교장, 1953년 중앙당학교 교장으로 임명되었고, 1954년 내무성 부상 겸 정치국장으로 있으면서 김일성의 명령에 따라 내무상 방학세를 보좌했다. 방학세는 스탈린의 숙청대행자 베리아에 빗대 '김일성의 베리아'라고 불렸다. 강상호는 1958년부터 1959년까지 군사정전위원회 수석대표를 맡았고, 소련파로 불린 고려인(까레이스키)들의 숙청 움직임에 반발해 1959년 소련으로 귀환, 상트 페테르부르그에 머물렀다. 1962년 6월 반정부운동 혐의로 공식 숙청되었으며, 6.25전쟁 참전 공로로 받은 훈장을 "민족상잔을 일으킨 남침전쟁에 참전한 것이 부끄럽다"며 1992년 평양으로 돌려보내기도 했다. 강상호는 "목격자의 수기"라는 개인기록을 작성하여 안드레이 란코프와 같은 학자에게 보여주었고, 『중앙일보』에도 연재했다. 강상호와 마찬가지로 평양정권 수립에 참여했다가 소련으로 망명하여 반(反)김일성운동에 참여했던 사람들로는 유성철 전 조선인민군 작전국장, 강상호 전 내무성 부상, 장학봉 전 조선인민군 군관학교장, 정상진 전 김일성 종합대학 러시아 어문학과 학과장 및 문화성 부상 등이 있었다. 강상호는 2000년 12월 12일 91세를 일기로 상트페테르부르그에서 사망했고, 이들 중 정상진이 2013년 마지막으로 작고했다. 이들의 자필 기록들은 장학봉 외, "Biographies of Soviet Korean Leaders (피와 눈물로써 씨여진 우리들의 력사, И слезами и кровью написанная наша история)," http://www.loc.gov/rr/asian/ SovietKorean.html. 강상호 부음기사는 『매일경제』, 2000년 12월 19일; 『동아일보』, 2000년 12월 18일.

유자였다. 무정은 국제연합군과 한국군의 반격시기에 평양방위사령관으로 임명되었으나 김일성의 평양사수 명령을 거부하고 후퇴한 바 있었다.[43] 무정은 김일성에 의해 다음과 같이 비판되었다.

> 군대 내에서 명령을 집행하지 않고 전투를 옳게 조직하지 않았으므로 우리에게 많은 손실을 가져오게 한 무정은 제2군단장의 직위에서 철직(撤職)당하였습니다. 그는 이와 같은 처벌을 받은 이후에도 우리가 퇴각하는 과정에서 혼란된 상태를 이용하여 아무런 법적 수속도 없이 사람을 마음대로 총살하는 봉건시대 제왕과도 같은 무법천지의 군벌주의적 만행을 감행하였습니다.[44]

특히, 무정이 압록강을 넘어 만주지역으로 도주한 것이 문제가 되었는데, 이에 대해 강상호는 1993년의 증언에서 당시 무정이 패잔병들을 모아 제7군단을 조직하고 있었던 것이라고 옹호했다.[45] 김일성의 비판에 따라 숙청된 무정은 수인(囚人)들로 구성된 건설대대의 대대장이 되어 평양시내 건설공사에 투입되기도 했으나, 중국공산당의 요청에 따라 중화인민공화국으로 갔고, 그곳에서 병사한 것으로 알려지고 있다.[46] 김일성의 입장에서 무정의 숙청은 중국인민지원군의 참전 이후 확대되던 연안파 세력을 견제하는 효과가 있었다.

43 전쟁 이전 김일성과 무정과의 반목에 관해서는 당시 평남인민정치위원회 위원 등을 역임한 한재덕의 증언도 참고할 수 있다. 韓載德, 『金日成을 告發한다』, 222-27.

44 김일성, "현정세와 당면과업" (1950. 12. 21), 김준엽 외 공편, 『북한연구자료집』, 제2집 (서울: 고려대학교 아세아문제연구소, 1974), 88.

45 강상호, "내가 치른 북한 숙청(7)," 『중앙일보』, 1993년 2월 22일. 강상호는 당시 강원도당 부위원장으로서 당원, 민청회원, 여맹회원, 도민 등을 데리고 만주로 후퇴, 상부의 명령에 따라 이들을 무정에게 넘겨주고 북조선의 임시지도부가 있는 강계로 내려가 있다가 이 회의에 참석했다고 증언했다.

46 같은 글.

6.25전쟁 초기 박헌영이 주장했던 바와 같이 약 20만 명의 남로당원들이 대중봉기를 일으켰다면, 평양의 전쟁목표는 쉽게 달성될 수 있었다. 그러나 그러한 대중봉기는 일어나지 않았다. 따라서 김일성에게 있어서 전쟁책임을 전가하여 숙청할 1순위는 남로당의 박헌영(朴憲永), 이승엽(李承燁) 등이었다. 그러나 그에 앞서 제거대상이 된 것은 남로당 계열을 비호하던 소련파 고려인(까레이스키)그룹의 선두주자였던 조선로동당 중앙위원회 제1비서 허가이(許哥而, 1890-1953)였다. 허가이는 1953년에 사망했지만, 1951년에 이미 거세되었다. 허가이는 스탈린에 의해 중앙아시아로 강제이주당했던 고려인(까레이스키) 출신으로 1945년 평양으로 들어와 소련식 정권 수립에 기여했다.[47]

허가이는 학벌에 있어서는 같은 고려인(까레이스키)이었던 남일(南日), 박창옥(朴昌玉), 김승화(金承化), 기석복(奇石福) 등에 미치지 못했다. 그렇지만 스탈린에 의해 강제이주 당한 지역에서 소련공산당 주당(州黨)

47 허가이의 이름에 대해서는 다음과 같은 증언이 있다. "허가이의 소련이름은 '허 알렉세이 게오르기'였다고 알려지고 있다. 그런데 연안계의 거두 김두봉이 평소 '허가이(허씨)'로 불렀다. 하루는 허가이가 '그러지 말고 조선이름을 지어 달라'고 부탁하자 김두봉은 허가이라는 한문 이름을 붙여 주었다." 강상호. "내가 치른 북한 숙청(5): 허가이 암살." 『중앙일보』, 1993년 2월 8일. 그러나 구 소련지역에 살았던 한인들의 이름에는 김가이, 유가이, 강가이 등이 포함된 이름을 많이 볼 수 있다. 이것은 옛 소련 시절, 주민등록을 하는 과정에서 소련거주 한인들이 "성이 뭐냐?"고 물으면 "김가입니다", "유가입니다," "강가입니다," 등으로 대답한 것을 러시아 사람들이 김가이, 유가이, 강가이 등으로 등록했기 때문이다. 예를 들어 광복직후 고려인(까레이스키) 출신으로 김일성대학교 총장을 지낸 유성훈(1906원동변강쑤찬구역-1966 예센뚜끼, 동생은 6.25전쟁 당시 조선인민군 작전국장이었던 유성철)의 아들들의 이름은 유가이 세르게이와 유가이 뾰뜨르(한국명 유일천)였다. 유가이 뾰뜨르는 1991년 조영철 목사가 모스크바에서 "소비엣-미국-한국연합사회감리교회"(Soviet-American- Korean union Society Methodist Church)를 세우는 것을 도왔다. 안드레이 란코프도 1937년 2월 17일 포시에트 구역 제1차 여성고려인대회 대표 위임장에 이미 그의 이름이 허가이라고 기재되어 있는 것을 보았을 때, 김두봉이 허가이라는 이름을 처음 지어준 것은 아니라고 보았다. Lankov, *From Stalin to Kim Il Sung,* 137. 다만 김두봉이 許哥而라는 한자 이름을 만들어 주었을 가능성은 있다.

비서를 지낸 당 경력과 운전사 출신의 기본 성분, 그리고 그의 호담한 성격과 능숙한 조직 수완으로 "당사업교수," 또는 "당박사"(黨博士)라고 불렸다. 허가이는 당비서로서 전시에 파괴된 당조직의 복구책임을 맡았다. 이 과정에서 허가이는 박헌영과 협조적 관계를 맺었다. 허가이는 박헌영과의 관계에서 김일성보다 융화적이었다. 허가이가 스탈린시대 강제이주를 당했던 차별의 경험이 북쪽에서 남로당계열이 당하고 있던 차별에 대해 온정적 태도를 취하게 했는지도 모른다. 그는 온실에서 육성된 북로당원들보다는 지하투쟁을 통해 단련된 남로당원들이 훨씬 더 강한 공산주의자들이라고 보았다. 위급에 처했을 때 북로당원 10명이 남로당원 1명을 당해낼 수 없다는 것이 허가이의 지론이었다. 이와 같은 입장을 지닌 허가이였기 때문에 일찍이 남로당과 북로당이 합당할 당시부터 남로당 출신(월북자)을 입당시키는 데 협조적이었다. 허가이는 6.25전쟁을 겪으면서 박헌영과 더욱 가까워졌다.[48]

김일성과 허가이 사이의 대립이 표면화된 것은 허가이가 담당하고 있던 당조직문제와 관련해서였다. 허가이는 조선로동당을 소련공산당(볼셰비키) 스타일의 엘리트중심적 공산당으로 만들고자 했다. 이것은 인구적 기반이 취약했던 남로당계에 유리한 것이었다. 그러나 김일성은 '조선인민'에 기초한 대중정당을 만들어야 한다고 주장하면서 맞섰다. 결국 김일성이 연안파와 연대해서 허가이를 거세할 수 있었던 것은 6.25전쟁 중 중국인민지원군의 개입으로 중국공산당의 영향력이 커지고 있었던 것과 무관하지 않았다. 김일성은 공개적으로 허가이의 당조직 복구가 잘못된 노선에 입각해서 수행되었다고 비판했다. 김일성은 조선인민군이 패주

---

48 박갑동, "내가 아는 박헌영," 『중앙일보』, 1973년 9월 8일; Lankov, *From Stalin to Kim Il Sung,* 136-153.

하는 과정에서 조선로동당의 파괴가 수반되었는데, 이것은 많은 수의 전사자가 생겼기 때문일 뿐만 아니라 "불순, 비겁, 이색분자들" 때문이라고 주장했다.[49]

1951년 11월 1일 조선로동당 제4차 전원회의에서 김일성은 "소련군대가 조선을 해방시키지 아니하였더라면 조선민주주의인민공화국은 있을 수도 없었으며"라고 전제하면서, "진보적 인류의 위대한 수령이신 레닌과 스탈린은 가르치시기를 당은 반드시 계급과 부단히 연결되어야 하며 당은 대중과의 자기 연계로써 강력하며 이 연계는 역량과 활력의 원천이라고 하였습니다"라고 소련을 찬양했다. 이어서 김일성은 허가이를 비판하기 시작했다. "우리 당 일부 지도 일군들과 당 단체들에서 … 조국발전의 역사적 조건과 환경을 타산하지 않고 우리 당의 현 노선으로부터 이탈하여 엄중한 오류를 범하고 있습니다"라고 포문을 열었다. 허가이가 조선로동당 대중정당화에 반대했던 관문주의(關門主義)를 비판하면서 "적들의 파괴로 인하여 공장노동자의 수효가 감소된 형편을 보지 못하고 전쟁 전의 노동자 성분비율만을 따지면서 … 전선과 후방에서 무한한 애국적 헌신성을 다 하여 투쟁하고 있는 근로 농민들을 광범히 우리 당에 인입시키지 않는 옳지 못한 경향"이라고 공격했다.[50] 김일성은 조선로동당을 대중화함으로써 자신의 지지기반을 확대하고, 허가이가 가지고 있던 당에 대한 통제력을 희석시키고자 하였다.

허가이를 숙청하기 위한 김일성의 돌격대장들로는 당 중앙위 선전부장 박창옥(까레이스키), 간부부장 박영빈(까레이스키), 연락부장 박금철(빨찌산파), 중앙위 부위원장 박정애(국내파) 등 4명이 앞장섰다. 이들이

49 "조선로동당 중앙위원회 제4차 전원회의에서 진술한 김일성 동지의 보고," (1951년 11월 1일), 『조선중앙년감』 1951-52년판, 53-61.

50 위와 같음.

모두 박씨 성을 가지고 있어서 당시 노동당 중앙당에서는 이들을 "4박가"라고 불렀는데, 러시아어로 '사바까'는 '개(犬)'라는 뜻이었다. 이들 '4박가' 중에서도 가장 먼저 돌격대장 역할을 한 사람은 고려인(까레이스키)들로 구성된 소련파 내에서 허가이와 경쟁하던 2인자였던 박창옥이었다.[51] 이 회의를 계기로 허가이는 막강했던 조선로동당 중앙위원회 제1비서직을 상실하고, 실권이 없는 부수상으로만 남게 되었다. 그 후 허가이에게는 순안(順安)저수지 복구사업과 양곡의 강제 수매 등의 책임이 맡겨졌다. 허가이는 결국 정전협정 체결을 목전에 둔 1953년 7월 2일 오전 9시 30분경에 사망했다.[52]

허가이의 죽음에 대해서는 자살설과 암살설이 공존하고 있으나, 그의 딸 허리라와 허마이야 등은 암살당한 것이라고 기록하고 있다.[53] 허가이

---

51 박갑동, "내가 아는 박헌영," 『중앙일보』, 1973년 9월 14일; 강상호, "내가 치른 북한 숙청(4)," 『중앙일보』, 1993년 2월 1일.

52 The diary of S.P. Suzdalev, the chargé d'affaire, Archive of Foreign Policy of the Russian Federation, cited in Lankov, *From Stalin to Kim Il Sung,* 150. 허가이의 삶과 죽음에 관해서는 Lankov, *From Stalin to Kim Il Sung,* 136-153. 란코프는 김일성이 허가이를 제거한 이유들을 다음과 같이 분석했다. 첫째, 김일성은 허가이가 그를 반대하는 운동이나 음모의 지도자가 되는 것을 두려워했을 것이다. 당시 김일성은 그러한 음모에 대한 소련의 직접적 지원을 두려워했다. 영리하고, 영향력 있고, 인기가 있었던 허가이는 좌천 중에도 위험할 수 있었다. 둘째, 이 문제에는 심리적 측면도 존재했다. 해방 직후 전적으로 소련의 통제 하에 있던 김일성은 가장 영향력이 큰 고려인이었던 허가이를 이러한 통제의 도구로 보았다. 셋째, 김일성은 확실히 허가이가 소련으로 돌아가고자 하는 것을 알고 있었는데, 소련으로 돌아간 허가이는 김일성의 통제를 벗어나서 소련 정부에 평양의 실상과 김일성의 행태에 대해 비판함으로써 김일성에게 위해를 가하거나 모스크바에 의해 반(反) 김일성 지도자로 활용될 수 있었다. 그러므로 그를 살려 보내는 것은 김일성에게 있어서 상책이 아니었다. Lankov, *From Stalin to Kim Il Sung,* 152.

53 허리라(허가이의 딸), "아빠는 암살당하였다," 장학봉 외, "Biographies of Soviet Korean Leaders (피와 눈물로써 씨여진 우리들의 력사, И слезами и кровью написанная наша история)." 강상호, "내가 치른 북한 숙청," 『중앙일보』, 1993년 1월 11일, 18일, 25일. 허가이와 함께 소련공산당원증을 소지하고 있었으며 그와 친밀했던 김열도 정전 이후 숙청되었다. 김정원, 『분단한국사』 (서울: 동녘, 1985), 221. 소련 국적을 유지했던 고려인들은 숙청을 당해도 소련

와 함께 같은 고려인 출신의 김찬, 광복이후 평양에서 허가이의 장인이 되었던 최표덕(표트르 최)도 소련으로 쫓겨 갔다.[54] 허가이를 죽음으로 몰아넣는 데 활용되었던 순안저수지 복구문제의 원인이 되었던 국제연합군의 순안저수지 폭격에 관한 평양 외무성의 규탄성명은 1953년 5월 19일 발표되었다. 그리고 허가이가 자살했다는 보고는 1953년 8월 4일 조선로동당 중앙위원회에서 이루어졌다.[55] 1953년 7월 2일 허가이의 죽음은 1953년 3월 스탈린의 죽음, 그리고 1953년 3월경에 체포되어, 1953년 7월 30일 공식기소된 이승엽, 조일명, 임화, 박승원, 이강국, 배철, 윤순달, 이원조, 백형복, 조용복, 맹종호, 설정식 등 12명의 운명과 연관되

으로 돌아갈 수 있었지만, 조선민주주의인민공화국의 국적을 취득한 고려인들 중 48명은 이른바 소련파 숙청 때 처형당했다고 정상진은 증언했다. 정상진(鄭尙進. 러시아 이름은 정유리 다닐로비치, 평양에서의 이름은 정율(鄭律)이었다)은 1918년 러시아 블라디보스토크 신한촌에서 출생했다. 1937년 카자흐스탄으로 강제이주를 당한 후 1940년 크즐오르다 사범대 노문학부를 졸업했다. 1945년 소련 태평양함대 해군 육전대원으로 웅기, 나진, 청진 전투에 참전했다. 이후 원산시 인민위원회 교육부 차장, 함남 인민위원회 교육부 차장, 문예총 부위원장, 김일성종합대 노문학부장, 인민군 병기총국 부국장, 문화선전성 제1부상 등을 역임했다. 裵振榮(배진영), "전 북한 문화선전성 제1副相 鄭尙進: 현대史 증언," 『月刊朝鮮』, 2007년 8월호.

54 최표덕(표트르 최, 1905원동변강 뽀크롭까-1973모스크바)은 1938년 소련군 탱크중대장으로 일본군과 싸운 핫산전투에 참전했으나 1938년 말 일본 간첩의 누명을 쓰고 고문을 당하며, 일본을 위해 간첩행위를 했다는 자백을 강요받았다. 그가 끝내 자백하지 않는 동안, 스탈린의 숙청 대행자 예조프 자신이 숙청을 당했고, 최표덕은 1939년 11월 석방되어 원대복귀되었다. 히틀러의 침공 이후 대독전에 참가하여 중상을 당하였으나 치료 후 적기훈장을 받고 다시 참전하여 1942년부터 1943년초까지 스탈린그라드공방전에 참전하여 공을 세웠다. 사위 허가이가 사망하기 전날 밤 그는 맏사위 황금철과 함께 저녁식사를 했으나 전혀 자살의 기미를 보이지 않았다고 회고했다. 최표덕은 허가이가 사망한 다음 날인 7월 3일부로 해임되었고, 1973년 사망했다. 그는 레닌훈장 1개, 적기훈장 2개, 적성훈장 2개, 조선민주주의인민공화국 국기훈장, 자유독립훈장 2개, 몽고인민공화국 훈장 등을 받았다. 장학봉 외. "Biographies of Soviet Korean Leaders (피와 눈물로써 씌여진 우리들의 력사, И слезами и кровью написанная наша история)."

55 Suh, *Kim Il Sung: The North Korean Leader,* 126.

어 있었다. 남로당계열에 온정적이었고, 소련공산당과 직통할 수 있었던 허가이는 이들에 대한 숙청에 앞서 목숨을 잃었다.

허가이의 몰락과정에서도 보여지듯이 박헌영의 남로당 일파와 김일성 일파 간에는 치열한 권력투쟁이 전개되고 있었다. 고려인(까레이스키) 출신으로 내무상 부상(副相)을 지냈던 강상호는 "무모한 전쟁계획에 의해 비참한 결과를 자초했던 김일성은 전쟁의 책임추궁을 모면하기 위해 책임전가의 최초 조준을 고려인들로 구성된 소련파 리더 허가이에게, 두 번째 조준을 남로당 총수 박헌영에게 각각 맞춘 것"이라고 회고했다.[56] 강상호는 직접 남긴 자필기록에서 김일성이 박헌영을 숙청한 이유를 다음과 같이 회고했다.

> 내무상 박일우, 상업상 장시휘[장시우], 당중앙위원회 농업부장 박훈일 등이 6.25동란을 조직한 책임과 이 동란에서 인민군이 패배한 책임을 김일성에게 추궁해야 한다는 것을 주장하였다. 그래서 김일성은 그 책임을 박헌영에게 전가하기 위하여 박헌영을 숙청해야 하며 또 자기의 강유력한 정적이며 경쟁자이기 때문에 그를 숙청해야 했다. 박헌영은 국제공산당과 국내 공산주의자들이 공인하는 조선공산당의 조직자이고 지도자라는 것과 자기 김일성은 동북빨치산 장군이며 일본 관동군을 격파하고 북조선을 해방했다고 날조한 자로써 앞으로 그것이 폭로될 것을 우려하며 (물론 그 날조를 간부들은 다 알고 있었다) 자기의 정적 박헌영이 집권할 수 있다는 것을 예견하고 그를 숙청하였다.[57]

---

56 강상호, "내가 치른 북한 숙청(6)," 『중앙일보』, 1993년 2월 16일.

57 강상호 자서전, 장학봉 외. "Biographies of Soviet Korean Leaders (피와 눈물로써 씨여진 우리들의 력사."

강상호의 증언에 따르면, 1951년 11월 초 허가이에 대한 비판이 있은 직후인 11월 7일 소련 대사관에서 볼셰비키혁명 44주년 기념만찬이 있었다. 이 만찬에 참석했던 조-소 문화협회 부위원장 박길용(고려인 출신, 후에 동독 대사, 외무성 부상 등을 지내다 소련으로 돌아가 소련과학아카데미 동방학연구소 수석연구원으로 정년퇴직 후 모스크바에 거주)의 목격담은 강상호를 통해 다음과 같이 극화(劇化)되어 전해지고 있다.

(거나하게 취한 김일성이 박헌영에게 느닷없이 강한 어조로 한마디 던졌다).

김일성: 여보, 스탈린 대원수께 패전의 원인을 어떻게 보고하려고 하는가.

박헌영: 아니, 그게 무슨 소리인가. 패전의 원인을 왜 부수상이 보고하는가. 그것은 당연히 최고사령관인 수상동지가 보고해야지.

김일성: (약간 열을 받은 어조로) 여보, 이론가(김일성은 가끔 박헌영을 이렇게 불렀음). 작년 4월 우리가 함께 모스크바에 가서 스탈린 대원수를 만났을 때 당신 입으로 뭐라고 했는가. 우리 인민군이 산보하는 기분으로 서울까지만 밀고 내려가면 남로당 지하당원 수백만 명이 폭동을 일으켜 남한을 삼키는 것은 '식은 죽 먹기'라고 보고하지 않았는가.

박헌영: 그렇지. 내가 그렇게 말한 것은 사실이오.

김일성: 그러면 왜 남로당 지하당원들은 폭동을 일으켜 이승만 정권을 뒤엎지 못했는가.

박헌영: (잠시 안경 속의 두 눈을 지그시 감았다) 차질이 있었던게요. 솔직히 시인하지. 그러나 최고사령관인 수상동지는 패전의 결정적인 요인이 되었던 다음 세 가지 문제에 대해 인민들에게 확실한 답변을 해야 할 거요. 첫째 당신의 전술 가운데 중대한 실수는 서울의 주력부대를 빼내 낙동강까지 보낸 것이었다. 둘째 미군의 상륙작

전에 대한 정찰대의 정보가 늦어 많은 인민과 인민군이 희생됐고 작전에 큰 차질을 가져왔는데 이에 대한 책임은 누가 져야 하는가. 최고사령관인 수상동지의 책임이 아닌가. 셋째 조선로동당 정책 역시 전쟁수행에 맞지 않은 것이 많았다. 이것도 결국 당위원장인 수상동지의 책임이다.

(박헌영의 노골적인 공격을 듣고 있던 김일성은 "이 개자식"이란 외마디 소리를 지르며 옆 책상 위에 있는 유리로 만든 잉크스탠드를 집어 박헌영을 향해 던졌다. 박헌영이 재빨리 피하는 바람에 맞지는 않았지만 잉크스탠드는 벽에 부딪쳐 박살이 났다.)

라주바예프 소련 대사: (이를 지켜보고 있다가) 한 국가의 최고지도자들끼리 이게 무슨 짓인가. 손님들이 남의 잔치를 난장판으로 만들려고 작정하고 왔는가.

(김일성과 박헌영은 이에 아랑곳하지 않고 원색적인 폭언까지 퍼부으며 한참동안 언쟁을 계속)

둔킨 소련공사: (뒷짐만 쥐고 있는 수상·부수상의 부관들에게) 정신 나간 놈들, 빨리 저 '개싸움'을 말리지 않고 뭘 하느냐. (둔킨 공사의 말을 듣고 부관들이 몰려가 언쟁을 말렸다. 이날 밤 파티는 어수선한 분위기 속에 결국 깨지고 말았다.)[58]

전쟁책임은 전쟁을 주도했던 김일성이 져야 한다는 것이 당시 남로당계의 입장이었다. 그러나 김일성파는 정규군인 조선인민군이 투입되어 전쟁을 일으키면 남조선의 인민이 봉기할 것이라고 장담했던 남로당계 인사들에게 전쟁의 책임을 돌리려 했다.[59] 김일성파에 맞서서 당비서 허

58 강상호, "내가 치른 북한 숙청(6)," 『중앙일보』, 1993년 2월 16일.

가이와 부수상 박헌영은 서로 협력하여 조선로동당 내의 세력을 확대했다. 이에 맞서 김일성은 당원을 확대하는 노선을 통해 당의 주도권을 장악했고, 연안파와 연계하여 중국인민지원군 사령원 펑더화이의 후원도 받아냈다.60

1951년 11월 18일 박헌영은 "군사적 행동의 즉각적 중단, 전선으로부터의 군대 철수, 2킬로미터의 군사분계선 설치, 정전을 지연시킨 용의자들을 기소할 것" 등을 국제연합의 총회 및 안전보장이사회에 호소했다. 평양 주재 라주바예프 대사가 이 연설을 막지 못한 것에 대해 소련공산당 정치국은 "동무는 비정상적으로 경솔하게 행동했음. 심지어 이 문제에 관해 조선의 동무들이 중국의 친구들과 협의했는지를 알아보려고도 하지 않았다는 점에서 동무의 죄는 더욱 심각함"이라는 준엄한 비판이 담긴 전문을 보냈다.61

평양의 외교담당 총책임자로서 통상적으로 국제연합에 대해 외교활동을 수행해 왔던 박헌영의 외교활동에 대해 소련공산당이 민감하게 반응했던 것은 박헌영이 국제연합에 기소(起訴)를 주장한 "정전을 지연시킨 용의자들"이 사실은 소련공산당 지도부였기 때문이었을 수 있다. 정전협

---

59 Report on Kim Il Sung's visit to the USSR, March 30-April 25, 1950. Prepared by the International Department of the Central Committee of the All-Union Communist Party (Bolshevik), APRF, cited in Bajanov and Bajanova, *The Most Mysterious War,* 40-42.

60 박갑동, 앞의 글, 『중앙일보』, 1973년 9월 10일. 이후 비교적 오랫동안 협력관계를 유지하고 있었던 '연안파'와 김일성세력이 대립하게 된 사상적 배경은 연안파식 표현을 빌자면 '김일성과 그의 동료들의 관료주의적 사업작풍'이었다. 반대로 김일성의 입장에서는 '당의 영도와 프롤레타리아독재에 대한 수정주의적 오류'에 기인하는 것이었다. 국토통일원, 『김일성 주체사상 형성과정 연구』 (서울: 국토통일원, 1977).

61 "Gromyko to G.M. Malenkov, attaching draft telegram to Razuvaev," 20 Nov 1951, History and Public Policy Program Digital Archive, APRF, Fond 3, Opis 65, Delo 829, Listy 46-48 and AVPRF, Fond 059a, Opis 5a, Delo 4, Papka 11, Listy 27-29. http://digitalarchive.wilsoncenter.org/ document/113631

상이 시작된 이후 사망할 때까지 스탈린은 일관되게 정전보다는 전쟁지속을 원했다. 그는 소련으로까지 확전되지 않은 상태로 중화인민공화국과 미국이 전쟁을 계속해주기를 바라고 있었는데, 박헌영의 국제연합에 대한 호소는 스탈린의 역린을 건드린 것이었다. 당시 김일성도 조속한 정전을 원하는 입장이었는데, 박헌영이 외무상으로서 취한 대외적 활동이 스탈린의 망치를 맞았던 것이다.

1952년 1월 16일 박헌영은 중국인민지원군 사령관 펑더화이를 방문하여 "전 조선 인민은 평화를 바라고 있으며 전쟁이 계속되는 것을 원하고 있지 않다고 강조"했다. 물론 "만일 소련과 중국이 전쟁을 지속하는 것이 유리하다고 판단한다면, 조선로동당 중앙위원회는 여하한 어려움도 극복하고 현재의 노선을 고수할 것"이라는 말을 덧붙이기는 했다. 그리고 "그의 [정전에 관한] 의견은 조선로동당 중앙위원회나 평양 정부의 공식적 입장이 아니고 개인적 견해에 불과하다는 사실을 강조"했다.[62] 박헌영은 마오쩌둥이나 스탈린이 정전을 원하지 않던 시점에서 정전을 희망하는 의사를 내비쳤던 것이다. 이러한 박헌영의 견해는 곧 마오쩌둥에게 전해졌고, 다시 스탈린에게도 전해졌다.

1952년 12월 15일 조선로동당 중앙위원회 제5차 전원회의에서 당의 조직적·사상적 강화와 종파주의 잔재 청산을 강조하는 김일성의 보고가 있은 후, 1953년 1월부터 "제5차 회의 문헌 토의 사업"이라는 문헌학습이 전개되었는데, 이는 하부로부터 시작하여 상부로 올라가는 숙청방법이었다. 이런 방법으로 전체 당원 및 조직을 통해 남로당원 및 남한

---

62 펑더화이가 마오쩌둥에게 보낸 전문, 발신날짜 미상, 1952년 2월 8일 이전, Torkunov, *The War in Korea, 1950-1953,* 174-75; Evgeniy P. Bajanov and Natalia Bajanova. *The Most Mysterious War of the XXth Century: Korean Conflict 1950-1953 based on Soviet Archives.* [S.l.] : [s.n.], 218.

출신을 빠짐없이 검토하여 당조직 및 사상사업에 위배되었다고 느끼면 그것이 아무리 사소한 것이라 할지라도 모두 자백하라는 식이었다.[63]

이 과정에서 남로당계의 2인자 이승엽은 금강학원 출신 무장세력을 이용하여 김일성정권을 전복하려 했다는 혐의를 받았다. 6.25전쟁 초기 서울시 임시인민위원장을 맡기도 했던 이승엽은 금강정치학원(구 강동정치학원)을 통해 빨치산을 양성하고 있었다. 당시 금강정치학원 출신은 약 4천 명이었는데, 그 중 약 2천 명은 남쪽으로 가서 지리산 등에서 빨치산 투쟁을 전개하고 있었다. 1951년 12월 12일 정전협상에서 국제연합군은 정전협정에 "교전선 후방지역의 무장병력을 모두 철수한다"는 조항을 넣기로 합의했기 때문에 남로당 계열의 빨치산들도 이북으로 철수하는 조치가 취해졌어야 했다. 그러나 조선인민군 정전협상 대표 남일은 교전선 이남에서 활동하고 있던 이현상의 남로당계열이 주축을 이룬 게릴라부대를 군사분계선 이북으로 철수시키는 조치에 관해 언급하지 않았고, 이들을 군사분계선 이남지역에 방치했다.

남로당 계열의 또 다른 약 1천 명은 조선인민군에 편입되어 전투를 벌이고 있었다. 평양근교에도 약 1천 명이 있었는데, 교재용 무기만을 가진 이들만으로 군사정변을 일으킨다는 것은 쉽지 않은 일이었다. 설사 그런 계획을 세운다 하더라도 막강한 조선인민군 정규군의 규모를 감안할 때, 성공할 가능성은 거의 없었다. 1952년 말에서 1953년 정전협정이 체결된 이후까지 수천 명의 남로당 출신들에 대한 대숙청이 진행되었다. 정전협정 체결 직후인 1953년 7월 30일 이승엽, 조일명, 임화, 박승원, 이강국 배철, 윤순달, 이원조, 백형복, 조용복, 맹종호, 설정식 등 12명은 공식적으로 기소되어 8월 3일부터 6일까지 심리가 진행되었다. 이들의 숙청에

63 심지연, 『잊혀진 革命家의 肖像: 金科奉 硏究』 (서울: 인간사랑, 1992), 217.

앞장섰던 사람들은 내무상 방학세(方學世, 방 니콜라이 이그나치에비치, 1914연해주-1992)와 한설야였다.[64]

남로당 계 공산주의자들에 대한 기소장에는 (1) 미 제국주의를 위해 감행한 간첩행위, (2) 남반부 민주역량 파괴 · 약화, 음모와 테러 · 학살행위, (3) 공화국 정권 전복을 위한 무장폭동 행위 등 3가지 내용의 죄상이 제시되었다. 이들 중 이원조와 윤순달이 각각 징역 12년에 재산 몰수, 징역 15년에 재산 몰수형을 받아 겨우 목숨을 건졌고, 나머지 10명은 모두 사형과 재산 몰수형을 선고받았다.[65] 이승엽 등이 실제로 군사정변을 도모했는지, 그리고 미군과 정보를 주고받았는지에 관한 확증은 없다. 그렇

64 방학세는 연해주에서 태어나 1937년 쓰웰드롭스크법학부를 졸업했다. 1937년 소련 내 고려인(까레이스키)들이 중앙아시아로 강제이주되자 카자흐스탄으로 가서 검사로 근무했다. 1946년부터 평양에서 보쟈긴대좌가 최고책임자로 있던 정치안전부, 사회안전부의 부책임자로 일했다. 란코프에 따르면, 방학세는 평양의 소련특수기관 책임자였던 발라사노프(G. M. Balasanov) 등을 도와 특수조직을 만들었다. Lankov, *From Stalin to Kim Il Sung,* 128. 방학세는 1948년 소련군이 철수하자 박일우 내무상 아래서 부상(副相)으로 일했다. 6.25전쟁 중이던 1951년 3월부터 1952년까지 약 1년 동안 사회안전상을 지냈고, 1952년 12월 사회안전성을 흡수한 내무성의 내무상이 되었다. 1992년 78세로 사망할 당시 조선로동당 중앙위원 겸 중앙재판소 소장을 역임한 것으로 발표되었다. 당시 평양 측에서 발표한 부음기사에는 방학세가 "다년간 사회안전 부문과 사법검찰 부문의 책임적 위치에서 사업하면서 내외 원수들의 침해로부터 혁명의 전취물을 지키고 인민정권을 강화하며 나라의 법질서를 공고히 하기 위하여 자신의 모든 것을 다 바쳤으며 우리 당의 통일단결을 옹호 고수하는 데 적극 이바지하였다"고 기록되었다. 그러나 "전 세계에 분포되어 살고 있는 전 북한 출신 한인들은 누구나 다 할 것 없이 방학세 선생을 무도한 학살자라고 인정하고 있다. 사실 방학세 선생은 아주 선량하고, 양심이 깨끗한 간부였지만 [후략]"이라는 기록이 미의회도서관에 보존되어 있다. 장학봉 외. "Biographies of Soviet Korean Leaders (피와 눈물로써 씌여진 우리들의 력사, И слезами и кровью написанная наша история)." 한국학중앙연구원, 『한국민족문화대백과』; 강상호, "내가 치른 북한 숙청," 『중앙일보』 1993년 1월 18일. 방학세와 장학봉, 그리고 박병율, 박영빈, 박병섭, 기석복, 허가이, 남일, 박일우, 유성철 등은 모두 1950년 12월 21일부터 1951년 9월 10일까지 소련 국적 고려인에게 소련 정부가 훈장을 수여하는 것에 평양정부가 동의한 명단에 포함되어 있었다. 朴鐘孝, 『러시아 연방 외무성 대한정책 자료』 I, 495-500.

65 "미 제국주의고용간첩 박헌영 이승엽도당의 조선민주주의 인민공화국 정권전복음모와 간첩사건 공판문헌," 김남식, 『남로당연구자료집』2 (서울: 고려대학교 아세아문제연구소, 2010).

지만 조선로동당 3호청사 자료실에 근무한 것으로 알려진 박병엽은 다음과 같은 증언을 남겼다.

> 이승엽 등은 미군의 1952년 추기공세, 혹은 1953년 춘기공세 때 북측이 미군을 끌어들여 반격하기 위해 안주, 청천강 선까지는 전략적으로 내줄 수 있다고 판단했다. 이렇게 되면 극도의 혼란이 조성될 것이며 바로 이때 전쟁 패배의 책임을 제기하여 국가와 당을 전복하고 지휘권을 장악한다는 계획이었다. 이들은 심지어 무장폭동으로 정권을 장악했을 때를 예상해 미군과 이승만정부에 보낼 대표단까지 선정해 놓고 있었다. 정식으로 구성되지는 않았으나 교섭대표단장으로 설정식, 조일명, 이원조가 거론됐던 것으로 확인되었다. 모의 장소로는 대남연락부의 초대소 외에도 임화의 문예총 사무실과 관계자들의 집들이 이용되었다. 폭동음모는 상당히 구체적이었다. '음모'의 실질적인 주모자는 이승엽이었다. 그래서 이북에서는 이 사건을 '박헌영사건'이라고 하지 않는다. 반드시 '박헌영-이승엽사건'이라고 불렀다. 그 이유는 박헌영이 책임자로 추대됐지만, 이승엽이 실질적인 조직자였기 때문이다. 박헌영은 '물 위에 뜬 기름' 같은 존재였고, 실제 지도는 이승엽이 담당한 것이다. 그렇다고 박헌영이 빠져 나갈 수 있는 상황은 아니었다.[66]

이러한 증언에 기초해서 보면 이승엽은 정권전복의 기회를 잡기 위해 정전보다는 전쟁지속을 원하고 있었다. 박병엽은 이승엽이 1953년 2월부터 한 달 동안 전선시찰 명목으로 개성에 가 있었는데, 이때 개성에 있던 제1지구당 위원장 김점권과 여주군당 위원장 이 아무개를 포섭해 미군에게 밀서를 보내는 등 미군 첩보부대장 도날드 니콜스(Donald Nicholls, 1927-1992) 등과 내통했다고 주장하며, 다음과 같은 증언도 남

---

66 박병엽, 『박병엽증언록2』, 342.

겨 놓았다.

정전협상 과정에서 이북의 결정사항이 미군 측에 넘겨졌다는 사실도 드러났다. 조선로동당 정치위원회는 정전위원회를 진행할 때 사전에 토의한 결정사항을 협상대표인 남일에게 전달하였다. 그런데 남일이 회담에 참가하고 돌아와 정치위원회의 토의사항을 미군이 알고 있는 것 같다고 보고했다.67

박병엽의 증언을 전적으로 신뢰하기는 어렵지만, 전선이 교착되고 정전협상이 진행되면서 점차 김일성세력에 의해 궁지에 몰렸던 이승엽 등이 모종의 행동을 도모했을 가능성은 배제할 수 없다.68 김일성 중심의 정치권력 재편은 무정, 허가이, 그리고 이승엽이 이끌던 남로당계를 거세함으로써 일단락되었다. 남쪽을 정치적 기반으로 삼고 있던 남로당계열은 정전협정 체결의 걸림돌로 비쳐질 수 있었던 반면, 김일성은 '미제의 침략'을 막아내고 전쟁을 끝낸 위대한 지도자처럼 미화되었다. 당시 김일성을 추종했던 박병엽은 나중에 서울에 와서 다음과 같은 증언을 남겼다.

---

67 박병엽, 『박병엽증언록2』, 346.

68 서대숙도 당시 남로당계열의 정권전복음모가 있었다고 보았다. 서대숙, 『북한의 정치지도자 : 김일성』, 119. 서대숙의 분석대로 남로당계열의 정권전복음모가 있었다고 하더라도 그것은 '최후의 저항'적 성격이 컸다고 보여진다. 박헌영은 1955년 12월에 공식 기소되었는데, 그의 재판을 위해 최고인민회의 상임위원회 특별재판소가 설치되어 최용건이 재판장을 맡았다. 박헌영에 대한 기소내용은 (1) 미제국주의자들을 위한 간첩행위, (2) 남반부 민주역량 파괴·약화행위, (3) 공화국 정권 전복음모 행위 등이었다. 12월 15일 열린 공판에서 박헌영은 사형과 재산 몰수를 선고받았다. "미 제국주의고용간첩 박헌영 이승엽도당의 조선민주주의 인민공화국 정권전복음모와 간첩사건 공판문헌," 김남식, 『남로당연구자료집』 2 (서울: 고려대학교 아세아문제연구소, 2010). 강상호에 따르면 박헌영에 대한 처형은 1956년에 이루어졌다. Lankov, *From Stalin to Kim Il Sung,* 101.

1953년 3.1절 기념행사를 끝내고 박승원의 집에 모여 이승엽 등이 한잔 마시고 하는 말이 심상치 않았다. 이날 임화가 "정전을 파탄시키기 위해서는 사람을 이남으로 보내야 한다. 우리가 만반의 준비를 하고 있으니 정전하지 말고 밀고 들어오라고 미국에 우리의 의사를 전달해야 한다"고 목소리를 높였던 것으로 밝혀졌다.[69]

박병엽의 증언에 등장하는 임화의 주장은 이승엽 등이 정전보다는 전쟁지속을 원했던 이유를 설명해 준다. 국제연합군의 항공압박(Air Pressure) 개념에 입각한 후방폭격에 시달리고 있던 평양의 주민들에게 김일성은 정전, 이승엽은 속전의 상징처럼 각인될 수 있었다. 이들을 제거하고 정전협정에 서명한 김일성은 전쟁을 끝낸 '영웅'과 같은 이미지를 연출했다. 6.25전쟁은 김일성이 아니라 "미제국주의자들의 사주를 받은 이승만도당이 일으킨 전쟁"으로 효과적으로 선전되고, 교육되고 있었기 때문에 김일성의 정전협정 서명은 이러한 전쟁을 막아낸 승리의 장면처럼 묘사될 수 있었던 것이다. 김일성은 박헌영과 함께 전쟁을 주도했지만, 적어도 이 시점에서는 스탈린, 마오쩌둥, 박헌영, 그리고 이승만을 통틀어서 가장 아이젠하워의 조기정전 요구에 부합하는 입장을 가진 것처럼 보여지기도 했다.[70]

전쟁책임을 회피하거나 전가하려는 김일성의 노력은 전쟁책임문제를 제기했던 친중파 박일우(朴一禹, 1903-1955)의 숙청으로도 이어졌다. 박일우는 함경북도 회령 출생으로 간도에서 국민학교 교사를 지내다 항일

69 박병엽, 『박병엽증언록2』, 340.

70 그런데 조선인민군 정전협상 차석대표였던 이상조의 회고에 따르면 1953년 봄 정전협정이 체결되기 직전 김일성은 최후의 일전을 주장했다. 김일성, 펑더화이, 라주바예프(당시 소련대사 겸 수석군사고문)의 3자 회담이 열렸는데, 이 회담에서 김일성은 정전은 하되 서울을 재점령한 뒤에 하자고 제안했다는 것이다. 이상조, 『증언』, 84-87.

투쟁에 나서서 중국공산당과 연계하여 활동했던 조선독립동맹의 일원이었다.[71] 평양정권 수립과정에서 핵심적 역할을 담당했고, 정치보위상과 내무상 등을 지냈다. 조선독립동맹 계열의 조선의용군 총사령은 무정(武亭)이었는데, 그 아래서 부사령을 지냈던 박일우로서는 김일성에 의해 무정이 실각되는 것에 민감할 수밖에 없었다. 박일우는 체신상으로 있던 1955년 숙청되었는데, 6.25전쟁 기간 중에 그의 중국공산당 인맥에 기대어 친중국공산당 정치세력을 확대하려 했다는 비판을 받았다.[72]

평양에서의 권력 재편도 정전협상에 영향을 미쳤지만 보다 결정적인 영향을 미친 것은 모스크바에서의 권력 재편이었다. 그것은 1953년 3월 스탈린의 죽음으로 시작되었다. 스탈린은 미국과 함께 히틀러로 대표되는 우익전체주의를 궤멸시키고, 미국의 원폭 투하 이후 비틀거리던 일본에 최후의 일격을 가한 제2차 세계대전의 '영웅'으로 추앙받으면서, 일본 지배 하에서 광복을 꿈꾸던 많은 이들에게 각인되었던 '문제적 인간'이었다. 1930년대 말 소련 거주 까레이스키 공산주의자들의 처형, 까레이스키 강제이주, '조선민주주의인민공화국' 수립과 소련군 대위 출신 김일성의 옹립, 6.25전쟁 개전, 그리고 정전협상 중에 스탈린의 영향력은 절대적이었다.[73]

---

71 한국학중앙연구원, 『한국민족문화대백과』.

72 "박일우의 반당적 종파행위에 대하여," (12월 전원회의 결정서, 1955년 12월 2-3일), 『결정집』(1955년도 전원회의, 정치, 조직 상무위원회), 52-56. 이종석, 『북한-중국관계 1945-2000』 (서울: 중심, 2000), 199에서 재인용.

73 김영호는 6.25전쟁의 개전을 "스탈린이 중국공산혁명 이후 새롭게 재편되는 아시아의 전략적 상황과 북한 지도부의 무력통일론을 이용하여 미국과의 냉전 대결에서 결정적인 승기를 잡기 위하여 한국을 미국의 세력권으로부터 제거하려는 롤백전략(rollback strategy)를 추구"했던 결과로 보았다. 김영호(金暎浩), 『한국전쟁의 기원과 전개과정: 스탈린과 미국의 롤백』 (서울: 두레, 1998), 15. 기광서도 스탈린이 6.25전쟁 내내 "북한과 중국에 대해 '총지휘자'의 역할을 수행했다"고 보았다. 기광서, "한국전쟁 속의 스탈린," 한국역사연구회 현대사 분과 편, 『역사

조-중인민군 측 정전협상 부대표를 지낸 이상조는 1989년 서울을 방문했을 때, 스탈린의 세계관과 그것이 평양 공산주의자들의 6.25전쟁 결정에 미친 영향에 대해 다음과 같이 증언했다.

> 스탈린은 다음과 같은 논리를 가지고 있었다. 즉 그에 의하면, 전쟁은 정의의 전쟁과 비정의의 전쟁이 있는데, 바로 정의의 전쟁은, 계급적 투쟁에 있어서 무산계급이 자산계급의 정권을 이양받기 위한 전쟁이며, 제국주의국가가 침범했을 때 그에 대항해서 싸우는 전쟁도 또한 정의의 전쟁이라는 것이다. 후르시쵸프가 생각하기에도 [중략] 한국을 침공하는 데 있어서 같은 공산주의자로서 김일성에게 동의하지 않을 수 없다는 것이었다. [중략] 내가 이것을 궂이[굳이] 강조하고자 하는 이유는, 당시에 북조선에 있는 모든 공산당원들이 이러한 사고방식을 가지고 있었음을 한국의 여러분이 이해해 주기를 바라는 뜻에서이다 [원문 그대로].[74]

1953년 3월 5일 스탈린의 사망시각은 의사들에 의해 오후 9시 50분으로 기록되었다.[75] 이 시각은 프랑수와 퓌레의 표현을 빌리면 "우주적 질서에 관한 것"이었고, "끝의 시작(le commencement de la fin)"이었다.[76] 3월 1일 베리아, 말렌코프, 불가닌, 그리고 흐루쇼프 등과의 철야만찬 이후 쓰러진 스탈린은 끝내 일어나지 못했다. 치료를 담당한 의사들

학의 시선으로 읽는 한국전쟁』 (서울: 휴머니스트, 2010), 131.

74 이상조의 증언(1991), 라종일 편, 185.

75 Dmitri Volkogonov, *Autopsy for an Empire: The Seven Leaders Who Built the Soviet Regime*, ed. and tr. by Harold Shukman (New York: The Free Press, 1998), 177. 스탈린의 사망시각을 볼코고노프는 그의 스탈린 전기에서 오전 9시 50분으로 잘못 표기했었다. Volkogonov, *Stalin*, 574. 한국어판에도 오전 9시 50분으로 표기되어 있다. 볼코고노프, 『스탈린』, 438.

76 François Furet, *Le Passé d'une illusion: Essai sur l'idée du communisme au XXe siècle* (Paris: Robert Laffont/Calmann-lévy, 1995), ch. 12.

은 과거 스탈린이 겪었던 뇌졸중으로 인해 생겨난 낭종들에 주목하지 못했다. 정신의학자들은 그러한 낭종이 스탈린의 전제적 독재자로서의 성향에 영향을 미쳤을 수도 있다고 보지만, 볼코고노프는 그의 병을 정신병이라기보다는 사회적 병으로 보았다. 그것은 황제정(Caesarism)과 폭군정(Tyranny)이라는 병이었다. 볼코고노프는 그 병에 걸려 있었던 것은 스탈린 개인뿐만 아니라 사회 전체였다고 보았다.[77] 볼코고노프의 지적처럼 한 개인뿐만 아니라 전체 소련 사회가 병적인 상태에 있었다면, 그 병은 1917년 2월 혁명(볼셰비키의 10월 정변이 아니라)이 무너뜨린 짜르체제로부터 이어지는 유전자를 갖고 있었다.

3월 6일 거제도 포로수용소에서 스탈린의 사망소식을 접한 친공포로 조직의 중국인민지원군 포로는 당시의 상황을 다음과 같이 증언했다.

> 모두들 고통스럽게 머리를 숙였고, 훌쩍이며 우는 소리도 들렸다. [중략] 아침 8시에 모두 대열을 지어 광장을 마주보고 철조망 뒤편에 서서, 조선어로 '스탈린대원수' 노래를 불렀다. "인류의 태양, 천년을 밝게 비추네. 스탈린 대원수" [하략].[78]

스탈린 사망 5일 후인 3월 10일 평양의 『로동신문』은 스탈린의 죽음을 다음과 같이 애도했다.

> 쓰딸린은 서거하시었다. 진보적 인류의 위대한 수령의 열렬한 심장은 고동을 멈추었다. 이 비보는 번개처럼 조선의 전 지역에 퍼지었으며 우뢰와 같은

77 Volkogonov, *Stalin,* 573-74.

78 張澤石,『我的朝鲜战争: 一个志愿军战俘的自述』(時事出版社, 2000),『중국군 포로의 6·25전쟁 참전기』, 손준식 역 (서울: 국방부 군사편찬연구소, 2009), 312.

타격을 수백만의 인민의 심장에 주었다. 인민군 전사들도, 자기 기계 앞에서 작업하고 있는 노동자들도, 전원 작업에 나선 농민들도, 기관 사무원들도, 대학생 및 학생들도, 남북 조선의 주민들도 그와 똑같은 심심한 애도의 뜻으로 이 비보에 접하였다. 미국 공중비적들의 폭격에 자식을 잃고 울고 울어 눈물조차 다 마른 어머니들도 흐느껴 울었다.[79]

스탈린의 죽음과 함께 스탈린적 표준에 따라 세계를 해석하던 시대는 종언을 고했다. 스탈린은 비록 정적 트로츠키의 세계공산주의론에 맞서 소련의 공산주의체제를 안정화시키는 것을 우선했던 일국공산주의자였지만, 세계공산화에 대한 그의 '이상'을 버리지는 않았다. 트로츠키가 급진적 세계공산화론자였다면, 스탈린은 지정학적 치밀함에 기초한 점진적 세계공산화론자라는 차이가 있었을 뿐이다.

1953년 3월 5일 스탈린의 갑작스런 사망소식은 평양의 권력구조에 복잡하고 지대한 영향을 미쳤다. 6.25전쟁을 주도했던 '스탈린-마오쩌둥-김일성'의 삼각축 중에서 가장 중요한 축이 사라진 것이다. 뿐만 아니라 포로협상을 끝내고자 했던 김일성과 포로협상에서 강경한 입장을 보이고 있던 마오쩌둥의 의견 대립이 지속되던 가운데 마오쩌둥과 함께 전쟁지속을 주창하던 꼭지점이 사라졌음을 의미하는 것이었다. 스탈린의 죽음은 평양에 새로운 권력변동을 가져올 수도 있었다. 그러나 마오쩌둥과 김일성의 유대는 돈독했고, 두 사람은 모두 스탈린의 죽음이 평양과 베이징의 권력변동에 미치는 영향을 최소화시키고자 했다.

소련 주재 인도 대사 메논(Krishna P. S. Menon)은 스탈린이 사망하기 약 3주 전인 1953년 2월 17일 저녁 크레믈린에서 스탈린을 만났다. 메논

79 『로동신문』, 1953년 3월 10일.

은 스탈린이 "인도의 코리아에 관한 결의 또는 코리아문제 전반에 관한 토의에 끌려들어가고 싶어 하지 않았다"고 회고했다. 스탈린은 늑대에게 도덕을 가르치는 것을 거부하는 농부에 비유하면서 "악인에게 도덕을 설파하는 것의 덧없음"에 관해 두 번씩이나 언급했다.[80] 스탈린의 관념체계 속에서 스탈린 자신은 러시아의 순박한 농부였고, 미국을 비롯한 자본주의진영은 공산주의진영을 노리는 늑대였다.

마오쩌둥과 김일성은 때때로 정전을 원하기도 하고, 속전을 원하기도 했다. 그러나 스탈린은 국제연합 반격기에 코리아를 포기할 생각을 했던 적은 있었어도, 정전협상 중에 적극적으로 정전을 추진한 적은 없었다.[81] 코리아에서 계속 전쟁이 벌어지고 있는 상황은 유럽의 공산화에 유리하다는 것이 스탈린의 생각이었다. 1978년 카플란은 스탈린이 서유럽에 대한 공격전쟁까지 계획한 바가 있었다고 주장했다.[82] 이러한 카플란의 주장과 관련해서 1951년 1월 9일부터 12일까지 모스크바의 크레믈린에서 개최된 소련과 동유럽 공산권 지도자들 사이의 극비회담에서 스탈린이 발언한 내용을 메모한 보드나라스(Emil Bodnăraş, 1904-1976)의 메모가 있다. 이 극비회담에서 스탈린은 미국이 향후 2년 내지 3년 동안 아시아

---

80 Geoffrey Roberts, *Stalin's Wars: From World War to Cold War, 1939-1953* (New Haven: Yale University Press, 2006), 371.

81 스탈린이 정전론으로 기울었었다는 和田春樹, 『朝鮮戰爭全史』 (東京: 岩波書店, 2002), 388의 추론에는 근거가 없다는 결론에 관해서는 시모토마이 노부오(下斗米 伸夫), 이종국 역, 『모스크바와 김일성』 (서울: 논형, 2012), 139-140. 스탈린이 국제연합 반격기에 코리아를 포기할 생각도 했었다는 흐루쇼프의 증언은 "So what? If Kim Il Sung fails, we are not going to participate with our troops. Let it be. Let the Americans now be our neighbors in the Far East." Nikita Khruschev, *Khrushchev Remembers: The Glasnost Tapes* (New York: Little Brown, 1990), 147.

82 Karel Kaplan, *Dans les Archives du comité central: Trente ans de secrets du bloc soviétique* (Paris: Michel, 1978), 165-66.

지역에 묶여 있게 될 것이기 때문에 이 기회를 잘 활용하여 동유럽 공산국가들이 군사력을 증강시켜야 한다고 발언했다.[83]

스탈린이 유럽에서 계획했던 것은 자유진영에 대한 공격전이었다기보다 자유진영으로부터의 방어전이었을 가능성도 있다. 그러나 6.25전쟁의 경우에서 보여지는 바와 같이 수사학적으로는 방어전이었지만, 실제로는 공격전이었을 가능성도 있다. 어떤 경우든 스탈린은 코리아에서의 전쟁이 오래 지속되기를 원했다. 마오쩌둥과 저우언라이도 중국인민지원군 포로들 중 상당수가 중화인민공화국으로의 송환을 거부하는 것을 받아들일 수 없다는 이유로 스탈린의 속전의지에 호응했다. 스탈린은 마지막 유언이 되고 만 1952년 10월의 성명에서도 자본주의 진영 내의 전쟁 불가피론을 주장했다.[84]

공산진영의 중심적 존재였던 스탈린의 죽음으로 세계냉전사는 새로운 고비를 넘었다. 일본에서는 스탈린의 사망 뉴스를 접하면서 주가(株價)가 크게 폭락(暴落)한 이른바 '스탈린 폭락'이 발생했다.[85] 요시다 시게루 총리가 '신의 선물'이라고 불렀던 6.25전쟁 발발 이후의 군수(軍需) 호황이 한반도에서 정전이 가까웠다는 시장(市場)의 예감에 의해 가라앉아 버린 것이다. 결국 6.25전쟁은 스탈린이 사망한 해인 1953년에 정지되었는데, 그것은 마치 임진왜란이 토요토미 히데요시가 죽은 해인 1598년에 끝난 것과도 같았다.

모스크바에서 권력개편이 진행됨에 따라 러시아어로 '진실'이라는

83 Cristescu, C. "Ianuarie 1951: Stalin decide înarmarea Romanei." *Magazin Istoric*, 1995, no. 10, pp. 15-23; translated by Vladimir Socor. http://www2.gwu.edu/~nsarchiv/NSAEBB/NSAEBB14/

84 J. Stalin, *Economic Problems of Socialism in the USSR* (Moscow: Foreign Languages Publishing House, 1952), 37-39 cited in William Stueck, *Rethinking the Korean War: A New Diplomatic and Strategic History* (Princeton: Princeton University Press, 2013[2002]), 230-31.

85 후지와라 아키라(藤原彰), 『日本軍事史: 戰後篇』, 서영식 역 (서울: 제이앤씨, 1987[2013]), 81.

뜻을 가진 『프라우다(Прáвда)』지에는 스탈린, 마오쩌둥, 그리고 말렌코프가 1950년 2월 14일 중-소 상호우호원조조약 체결 시 찍은 사진이 게재되었다. 그 사진은 진실이 아니었다. 그들은 함께 사진을 찍은 적이 없었다. 그러나 스탈린과 마오쩌둥이 말렌코프의 말을 경청하고 있는 듯이 조작된 사진이 말해주는 하나의 '진실'이 있었다. 그것은 크렘린의 권력이 말렌코프로 이동했다는 것이었다.[86] 스탈린 사망 이후 말렌코프는 "관련국들 간의 상호합의에 기초해서 평화적으로 해결될 수 없는 문제는 없다"면서 평화공존(peaceful coexistence)의 가능성을 시사했다.[87]

제2차 세계대전 당시 뛰어난 소련군 지도자들 중 한 사람으로 1947년부터 1953년까지 극동군부대 사령관으로 복무했던 니콜라이 크릴로프(Николáй Крылóв, 1903-1972) 원수는 다음과 같이 말했다. "까레아에서 벌어지고 있는 사건이 중요한 사건이라고 많은 이들이 생각하고 있었는데 그 사건은 한 부분에 불과했다. 실제로 중요한 사건은 전 세계적인 차원에서 벌어지고 있었으며 우리는 가장 무시무시한 사건을 아직 맛보지도 못했다. 실제로 소련이 미국핵무기 수준을 따라잡자마자 핵무기가 발사될 수도 있는 것이다."[88] 스탈린의 죽음, 그리고 말렌코프의 평화공존론으로 그러한 묵시록적 상황의 종언이 시작되는 듯 했다.

스탈린과 마오쩌둥의 뜻을 따라 정전협상을 총괄하던 저우언라이는 1953년 3월 8일 모스크바에 도착해서, 스탈린의 장례식에 참석한 후, 소련지도자들과 회담을 가졌다. 그런데 저우언라이는 급거 동유럽의 프라

---

86 코르트코프, 『스탈린과 김일성』, II: 203.

87 Foot, *A Substitute for Victory,* 182.

88 코르트코프, 『스탈린과 김일성』, II: 220.

하로 가야 했다. 스탈린의 장례식에 참석했던 스탈린의 분신 고트발트(Klement Gottwald) 체코슬로바키아 대통령이 귀국 후 급사하여 프라하에서 장례식이 열렸기 때문이었다. 저우언라이가 고트발트의 장례식에 참석하고 있을 때, 정전협상의 새로운 돌파구를 제시한 것은 소련의 새로운 지도부였다. 소련의 새로운 지도자들은 "조선 정전 문제에 대한 새로운 방침과 이 방침을 관철시키기 위한 구체적인 방법을 확정했으며, 부장회의는 중국과 조선에 전쟁포로의 송환문제에 관한 지시를 보내기로 결정했다."[89] 따라서 저우언라이가 교착되어 있던 정전협상의 돌파구를 연 것처럼 서술하는 것은 잘못된 것이다. 저우언라이가 소련의 새로운 구상에 긍정적인 답변을 내놓았던 것은 마오쩌둥과 중국공산당 중앙위원회에 보고하여 토의를 거친 이후였다.[90]

스탈린 사망 이후 등장한 말렌코프의 평화공존론은 마오쩌둥의 속전의지를 무력화시켰다. 중국인민지원군 포로들 중 3분의 2 이상이 중화민국(대만) 행을 원하는 상황을 수용하지 않고 속전을 결정했던 마오쩌둥은 소련의 군사적 지원을 기대하기 어려웠다. 더구나 코리아문제의 "조속하고 명예로운" 해결을 공약하고 집권한 아이젠하워행정부는 공약의 실현을 위해 제한적 핵공격까지도 불사한다는 핵압박(nuclear coercion)을 가하고 있었다. 소련의 지원은 물론 핵우산까지 기대할 수 없게 됨으로써 "항미원조전쟁"을 계속 수행할 수 없다는 것을 마오쩌둥도 인식하게 되었다.

마오쩌둥은 1950년 10월 한반도는 물론 티벳에도 군대를 파견하는 양

89 沈志华(선즈화), 『毛泽东, 斯大林与朝鲜战争』 (广东: 人民出版社, 2007[2003]), 최만원 역, 『마오쩌뚱, 스탈린과 조선전쟁』 (서울: 선인, 2010), 472-73.

90 熊華源, "關于1953年朝鮮停戰談判恢復的情況," 『朝鮮半島的分裂與統一』, 학술토론회, 2000, 10, 丹東). 양쿠이숭(楊奎松), "중국군의 정전협상전략," (2001), 549에서 재인용.

동작전을 구사했었는데, 신장과 티벳에 대한 지배권을 확보하기 위해서는 소련의 후원과 묵인이 필요했다.[91] 1951년 5월 23일 베이징은 티벳과 "평화해방" 17개조를 체결했는데, 나중에 티벳은 이것이 강박 하에서(under duress) 체결된 것이므로 무효라고 주장했다. 베이징은 소련으로부터 려순과 대련(大連)을 돌려받았고 1952년 12월 31일 장춘철도에 대한 소련지분까지 무상으로 돌려받았다.[92] 마오쩌둥이 장춘철도, 려순, 그리고 대련을 돌려받기 위해 스탈린과 벌였던 협상은 "호랑이의 입에서 고기를 빼내는 것"과도 같았다.[93]

러일전쟁 이후 대한제국에 이어 지정학적 쟁탈전의 대상(big steak)이 된 만주에서의 이권을 모스크바가 베이징에게 순순히 양보했던 것은 국제공산주의적 연대가 없이는 불가능한 것이었다. 데이빗 쑤이에 따르면 마오쩌둥이 스탈린에게 진 역사적 빚의 규모는 1920년대까지 거슬러 올라간다. 1921년에서 1949년 사이 중국공산당은 스탈린으로부터 막대한 경제적, 군사적 지원을 받았다. 데이빗 쑤이에 따르면 "이것이야 말로 중국공산당이 결국 정권을 잡는 결정적인 요인"이었다.[94] 이러한 국제공산주의 연대의 연장선상에서 6.25전쟁의 개전과 속전을 배후에서 독려하고, 지휘했던 스탈린의 갑작스런 죽음은 마오쩌둥의 입장에서는 채권증서를 남겨 놓지 않은 채권자의 죽음과도 같았다. 장융과 핼리데이가 표현한 바와 같이 "스탈린에게 있어서 죽음의 순간은 마오에게 있어서

---

91 티벳과 마오쩌둥, 그리고 6.25전쟁의 상관성에 관해서는 Michael M. Sheng, "Mao, Tibet, and the Korean War," *Journal of Cold War Studies,* vol. 8, no. 3 (Summer 2006), 15-33.

92 Sören Urbansky, "A Very Orderly Friendship: The Sino-Soviet Border under the Alliance Regime, 1950-1960," *Eurasia Border Review* (Spring 2012), 38.

93 Zhihua Shen, *Mao, Stalin and the Korean War: Trilateral Communist Relations in the 1950s* (Milton Park, Abingdon: Routledge, 2012), 176.

94 데이빗 쑤이(徐澤榮), 『中國의 6.25戰爭 參戰』, 31-34.

해방의 순간"이었다.[95]

스탈린 사망 이후 모스크바에서는 베리아, 말렌코프, 그리고 흐루쇼프 간의 치열한 권력투쟁이 전개되었다. 비밀경찰 NKVD의 총수였던 베리아는 6.25전쟁 발발 3주년 다음 날인 1953년 6월 26일 흐루쇼프의 비판 발언 이후 말렌코프의 신호에 따라 진입한 제2차 세계대전 전쟁영웅 주코프에 의해 전격 체포되었다. 이후 베리아의 처형에 관해서는 체포 직후 집행된 후 유령재판이 이루어졌다는 설과 재판 후인 1953년 12월에 처형되었다는 두 가지 설이 존재한다.[96] 만일 스탈린의 충복이었던 베리아가 권력투쟁에서 승리했다면, 6.25전쟁은 더 비극적으로 길어졌을 수도 있다. 소련공산당의 권력은 말렌코프와 흐루쇼프로 이동하고 있었다. 스탈린 사망 이후 체코슬로바키아, 동독, 헝가리, 그리고 폴란드 등지에서도 크고 작은 변동의 조짐들이 나타나고 있었다.[97] 스탈린과 베리아가 사라진 소련으로서는 이러한 동유럽의 동요를 억누르면서까지 동아시아에서 국제연합군과의 전쟁을 지속하기 어려웠다.

95 Chang and Halliday, *Mao,* 375.

96 Martin McCauley, *The Rise and Fall of the Soviet Union* (Oxon: Routledge, 2013), 318-19.

97 William Stueck, *Rethinking the Korean War: A New Diplomatic and Strategic History* (Princeton: Princeton University Press, 2013[2002]), 227.

사진 7-1 부산정치파동 이후 1952년 8월 15일 서울 중앙청에서 열린 제2대 대통령 취임식 및 광복절 기념식.
(출처: 연세대 이승만연구원 사진)

사진 7-2 방한한 미대통령 당선자 아이젠하워 장군과 그의 수행원들 (앞줄 왼쪽부터 국방부 장관으로 지명된 찰스 윌슨(Charles E. Wilson), 아이젠하워 당선자, 마크 클라크 국제연합군 사령관, 미 법무장관 내정자 허버트 브라우넬(Herbert Brownell), 아써 래드포드(Arthur W. Radford) 제독. 뒷줄 왼쪽부터 제임스 밴 플리트 미8군 사령관, 존 아이젠하워 소장(아이젠하워 당선자 아들), 오마르 브래들리 장군.
(출처: 연세대 이승만연구원 사진)

사진 7-3 아이젠하워 미 대통령 당선자 방한 환영아치가 설치된 서울역 앞.
(출처: 연세대 이승만연구원 사진)

사진 7-4 1953년 3월 6일 장례식에 안치된 스탈린의 주검. 그의 죽음은 끝의 시작이었다.
(출처: 미의회도서관 사진)

제8장

정전협상의 종결과 정전체제의 탄생

제8장
정전협상의 종결과 정전체제의 탄생

1. 스탈린 사망 이후의 대전환

1953년 3월 19일 신임 소련 내각회의 의장 게오르기 말렌코프(Гео́ргий Маленко́в, 1902-1988)는 다음과 같은 내각회의 결정문을 발표했다. 이 결정문은 우선 1951년 6월 소련의 주도로 정전협상이 시작되었음을 강조했다. 그리고 "소련 정부는 … 이제까지 취해 온 노선을 … 계속 지지하는 것은 합당하지 못하다는 결론에 도달한 바, 이는 세계평화 구축에 큰 관심을 갖고 코리아전쟁의 조속한 종식 방안을 강구해 온 소련, 중국, 조선인민의 중대한 이해를 고려한 결론"이라고 발표했다. 이어서 다음과 같은 조치들의 즉각적 시행을 촉구했다.

(1) 클라크 장군이 환자 및 병상포로 교환을 제안한 데 대해 김일성과 펑더화이가 긍정적으로 회신할 필요가 있음.

(2) 김일성과 펑더화이의 회신 이후, 베이징에서 중국정부의 지도자 중 1인(저우언라이 동지가 가장 좋을 것)이 병상포로 교환 제의에 대한

긍정적 입장을 강조하고, 포로 교환 전반에 관한 문제, 조선전쟁의 중단 및 정전협정 체결문제를 긍정적으로 해결할 시기가 도래했음을 언급하는 성명을 발표함.

(3) 동시에 김일성이 중국 측 성명의 정당성을 전적으로 지지하는 성명 발표함.

(4) 소련 외상이 모스크바에서 지지성명을 발표함.

(5) 뉴욕 국제연합총회에서 소련대표단은 이를 지원하는 데 최선을 다해야 함.[1]

여기서 말하는 클라크의 제안이란 본격적인 포로 교환에 앞서 병들고 부상당한 병상포로(病傷捕虜, sick and injured prisoners of war)들을 우선적으로 교환하자는 제안을 의미했다.

1952년 말 포로문제로 인한 정전협상의 교착상태에서 클라크 사령관은 우연히 1952년 12월 13일 국제적십자사 집행위원회가 제네바에서 가진 회의에서 쌍방이 전쟁을 종결할 것과 양측이 성의의 표시로 병상포로에 대한 즉각적인 송환 조치를 취할 것을 15:2로 가결했다는 뉴스를 접했다.[2] 클라크 사령관은 볼테 장군을 승계한 에들맨(Clyde Davis

1 소련 내각회의 결정서, 소련 정부가 중화인민공화국 중앙인민정부 주석과 조선민주주의인민공화국 내각 수상에게 보내는 서한, 조선에서의 평화적인 협상에 대한 정책의 변경과 조선문제에 대해 국제연합 주재 소련대표단에게 하달하는 훈령. 1953년 3월 19일. 바르타노프 편, 『자료집: 소련 국방부 중앙문서보관소비밀해제 자료 및 대통령궁 문서보관소 비밀해제 자료 (1997)』, 대한민국 국사편찬위원회 역, 『해외사료총서11』, 제9장; 楊奎松, "중국의 조선 출병 시말," 142; 朴鍾孝 편역, 『러시아 연방 외무성 대한정책 자료』 I, 630-36. 또한 The Council of Ministers of the USSR, 19 March 1953, N 858-372 cc cited in Bajanov and Bajanova, *The Most Mysterious War,* 236. 1953년 봄 소련 권력핵심부의 동향에 관해서는 "Letter from Lavrentii Beria to Georgii Malenkov Reflecting on the Events of Spring 1953, 1 July 1953," http://www2.gwu.edu/~nsarchiv/NSAEBB/NSAEBB50/doc23.pdf

2 소련대표와 중공대표는 이 결의안에 반대표를 던졌다. 國防軍史研究所, 『韓國戰爭의 捕虜』 (서

Eddleman, 1902-1992) 장군에게 이 결의문에 대한 주의를 환기시켰다. 그러면서 국제연합군 사령부가 공산주의자들에 대한 압력의 수단으로 이 결의문을 지지할 것을 제안했다. 에들맨, 존슨, 그리고 설리번(Charles A. Sullivan) 등으로 구성된 국무부-국방부 합동위원회가 이 제안을 검토했고, 임기 말이었던 트루먼 대통령은 이를 재가했다.[3]

1953년 2월 22일 클라크 사령관은 김일성과 펑더화이에게 제네바 협약 109조에 의거하여 병상포로들을 우선적으로 교환하자는 제안이 담긴 다음과 같은 서한을 발송했었다.

> 1952년 12월 13일 제네바에서 채택된 결의안의 해당 조항에 의거하여 적십자 집행위원회는 코리아분쟁의 양측 당사자에게 우선 포로들 가운데 중부상자와 중환자들을 송환시킴으로써 제네바협정에 명기된 인도적 조치를 실현하자고 제안했다. 판문점협상 과정에서 귀측에 이미 전달한 바와 같이 국제연합군 측은 애초부터 제네바협정에 명시된 포로에 관한 인도적 대우 의무를 성실히 준수했으며, 부상자와 병자 포로의 송환에 관한 제네바협정의 조항이 실현될 수 있도록 지속적으로 준비해 왔다. 국제연합군 측은 제네바협정 제109조에 의거하여 기동이 불가능한 중부상자나 중환자 포로들의 송환을 계속 준비하고 있다. 귀측이 귀측 수용소에 억류되어 있는 중부상자와 중환자 포로들의 즉각적인 송환을 준비하고 있는지 알고 싶다. 국제연합군 대표단의 연락장교들은 귀측 연락장교들과 제네바협정 제109조에 의거하여 중부상자와 중환자의 상태를 감정하고 상호 교환하기 위한 필수조치를 채택하기 위한 협상을 진행할 준비가 되어 있다.
>
> 국제연합군 사령관 미군 중장 마크 클라크[4]

울: 國防軍史研究所, 1996), 180.

3 Collins, *War in Peacetime,* 351.

이미 1951년 12월 22일 제4의제 분과위원회에서 국제연합군 측 리비 대표는 포로수용소 시찰 및 중병상포로 교환(exchange of seriously sick and seriously wounded POW)을 제안한 바 있었다.[5]

스탈린이 사망하자 소련내각은 뒤늦게 이 제안을 받아들였다. 아울러 소련 내각회의는 국제연합주재 소련대표부에 다음과 같은 훈령을 발송했다.

> (비신스키 동지에게) 조선문제에 관한 폴란드 대표단의 제안을 토의하고, 중화인민공화국과 조선민주주의인민공화국의 최근 제안들과 설명들에 대해 확실한 지지를 표명토록 위임한다. 전쟁포로 교환문제에 관해 모든 전쟁포로의 본국 송환을 규정한 1949년 제네바협정 규약과 일반적으로 인정되는 국제법상 원칙들에 전적으로 동의하는 입장을 밝힌 후 소련 대표는 소련이 조선전쟁의 양측 당사자들에게 육해공군의 전투행위를 즉각 중지할 것을 여러 차례 제기해 왔으며 또 현재도 제기하고 있음을 지적해야 할 것이다.
>
> 1951년 6월 소련의 주도에 의해 조선전쟁 양측 당사자 간에 정화와 정전에 관한 협상이 개성에서 시작되었다. 이 협상에서 전쟁포로 송환문제를 제외한 모든 문제들에 관해 양측의 합의가 이루어진 바 있다. 소련은 중화인민공화국과 조선민주주의인민공화국이 이 문제에 대해 취하는 입장이 정당하며 국제법과 국제적인 관행의 원칙 및 1949년의 제네바협정 규정에 완전히 부합한다

4 조선민주주의인민공화국 주재 소련 대사가 소련 내각회의 부의장에게 보낸 전문, 국제연합군 소속 포로 중 부상자와 병자들을 송환시켜 달라고 주한 국제연합군 사령관이 조선인민군 총사령관과 중국인민지원군 사령에게 보낸 서한 내용, 1953년 3월 14일, 러시아연방대통령문서보관소 문서군 3, 목록 65, 문서철 830, 58-59쪽, 원본, 바르타노프 편, 『자료집: 소련 국방부 중앙문서보관소비밀해제 자료 및 대통령궁 문서보관소 비밀해제 자료 (1997)』, 대한민국 국사편찬위원회 역, 『해외사료총서11』, 제9장.

5 Transcript of Proceedings, Ninth Session, Meeting at Pan Mun Jom, Sub-Delegations on Agenda Item 4, Military Armistice Conference. 22 Dec 1951.

고 생각하고 있다. 소련은 이러한 입장을 전적으로 지지한다.

전쟁포로 교환문제는 조선전쟁의 양 당사자들 간에 해결되지 않는 유일한 문제이다. 중화인민공화국과 조선민주주의인민공화국 정부는 조선 내에서 정화와 정전을 체결하는 데 마지막 방해 요소를 제거하기 위해 이 문제의 해결을 위해 필요한 조치를 취할 준비가 되어 있다는 발표를 한 바 있다. 소련은 이 문제에 대한 중화인민공화국과 조선민주주의인민공화국의 고결한 제의를 환영한다. 소련은 병상포로 교환과 전쟁포로 전반에 관한 해결 및 나아가 정화와 정전협정 체결문제에 관한 해결을 위해 조선 내에서 협상을 재개하자는 제안을 강력하게 지지한다.[6]

스탈린 사망에 이은 소련 내각회의의 이러한 결정에 따라 중국공산당도 다음과 같은 새로운 정전협상안을 마련했다.

소련 측이 제의한 중심사상은 전쟁포로문제에 대한 타협을 이룰 준비를 해야만 평화의 주도권을 쥐게 된다는 것이다. 해결 방안은 클라크의 문건을 이용하여 김일성과 펑더화이가 앞에 나서 제네바협약 제109조에 근거하여 쌍방이 부상당한 전쟁포로를 우선적으로 송환한다는 것에 동의하면서 송환을 원하지 않는 포로들의 경우에는 일단 중립국으로 넘겨 판문점 회담을 재개하여 구체적인 문제를 논의하도록 하는 것이다. 그런 뒤에 중국과 조선 쌍방은 각기 성명을 발표하여 전쟁포로를 분류 방식에 따라 송환할 것을 주장하고 송환할 대상은 즉각 송환하고 그 나머지는 지정된 중립국(인도 및

6 소련 내각회의 결정서, 소련 정부가 중화인민공화국 중앙인민정부 주석과 조선민주주의인민공화국 내각 수상에게 보내는 서한, 조선에서의 평화적인 협상에 대한 정책의 변경과 조선문제에 대해 UN 주재 소련대표단에게 하달하는 훈령, 1953년 3월 19일, 러시아연방대통령문서보관소 문서군 3, 목록 65, 문서철 830, 60-71쪽, 원본, 바르타노프 편, 『자료집: 소련 국방부 중앙문서보관소비밀해제 자료 및 대통령궁 문서보관소 비밀해제 자료 (1997)』, 대한민국 국사편찬위원회 역, 『해외사료총서11』, 제9장.

기타 국가, 사정을 보아 다시 정함)으로 넘겨 공정한 해결이 되도록 보장하며 소련 외상은 이에 찬성 성명을 발표한 뒤에 국제연합에서도 같은 활동을 하도록 한다.[7]

소련 내각회의에서 결정한 바대로 스탈린 사망 후 3주가 지난 3월 28일 김일성과 펑더화이는 클라크 국제연합군 사령관이 1953년 2월 22일에 보냈던 서한에 대한 답신을 보내 클라크가 제안했던 중상병 포로교환에 동의했다. 국제연합군 측 공간사는 다음과 같은 내용이 담겨 있던 1953년 3월 28일자 클라크 사령관에게 보낸 조-중인민군 측의 회신을 '큰 전환점'(the big break)이라고 기록했다.[8]

쌍방의 중상자와 중환자 포로를 우선 송환하는 문제에 관해서 쌍방 회담 대표는 이미 인도주의 원칙에 근거해 정전협정 초안 제53조항의 협의를 이루었다. 단지 정전협상이 중단되어 이 항의 협의가 실현되지 않아 쌍방의 중상자와 중환자 포로가 아직까지 송환되지 않고 있다. 현재 당신 측이 서로 수용하고 있는 중상자와 중환자 포로에 대해서 제네바공약의 규정을 따를 준비가 되어 있다고 표시했는데 우리 측 역시 같은 관점에서 당신 측이 제안한 전쟁 기간 중에 먼저 쌍방의 부상 포로를 교환하자는 제안에 완전히 동의한다. 이 제안은 제네바공약 제109조의 규정에 따라 처리해야 한다.[9]

1953년 3월 25일 몰로토프 외무장관(스탈린 사후 비신스키는 해임되

---

7 『周恩來致毛澤東電』, 1953년 3월 21일, 『毛澤東與抗美援朝』, 118-119, 양쿠이숭(楊奎松), "중국군의 정전협상전략," (2001), 549에서 재인용.

8 Hermes, *Truce Tent and Fighting Front,* 412,

9 中國 軍事科學院 軍史歷史研究部, 『抗美援朝戰爭史』, 한국 국방부 군사편찬연구소 역(2005), 577; *Department of States Bulletin*, 6 Apr., 1953, 494-95.

고, 몰로토프가 다시 외무장관으로 복귀)은 평양 주재 라주바예프 대사에게 김일성을 방문하여 억류 중인 소르쥬 페르슈를 비롯한 14명의 프랑스인 석방을 요구하는 프랑스 정부의 요청에 대해 긍정적으로 회답할 것을 요청하고, 그 반응을 보고하라고 지시했다.[10] 이어서 1953년 3월 29일 오전 소련 특사 쿠즈네초프(Kuznetzov)와 페도렌코(Fedorenko)는 김일성에게 전쟁에서 평화로 변경하라는 소련의 결정을 전달했다. 이들의 말을 들은 김일성은 "크게 동요되었다. 그는 좋은 뉴스를 듣게 되어 기쁘다고 말했다."[11]

그런데 조선인민군 정전협상 차석대표였던 이상조의 회고에 따르면 1953년 봄 정전협정이 체결되기 직전 김일성은 최후의 일전을 역설했다. 김일성, 펑더화이, 라주바예프(당시 소련 대사 겸 수석군사고문)의 3자 회담이 열렸는데, 이 회담에서 김일성은 정전은 하되 서울을 재점령한 뒤에 하자고 제안했다는 것이다.[12] 라주바예프는 기본적으로 김일성의 의견에 동의하는 태도였으나 모스크바에 물어보겠다고 말했다. 펑더화이는 반대했다. 펑더화이가 제시한 서울재점령 반대론의 근거들은 다음과 같았다.

첫째, 현 군사정세로 보아 서울을 다시 점령하려면 약 6만 명의 새로운 인명 손실을 각오하지 않으면 안 된다. 나는 더 이상 인명으로 도박할 수 없다. 둘째, 전선을 서울까지 밀고 나가려면 많은 포탄과 무기 등 군사물자를 충분히 보급하지 않으면 안 된다. 미 공군의 공습이 끊임없는 상황에서 후방의 정상적인 연결을 보장한다는 것은 극히 곤란하다. 셋째,

---

10 朴鍾孝 편역, 『러시아 연방 외무성 대한정책 자료』 I, 636.

11 A cable N 8265, 29 March 1953, from Pyongyang to Moscow, cited in Bajanov and Bajanova, *The Most Mysterious War,* 237.

12 이상조, 『증언』, 84-87.

상대방은 서울을 우리에게 넘겨 준 채 정전협정을 체결하려 하지 않을 것이다. 넷째, 중국 공산당과 정부는 현 시점에서 서울 점령 작전을 감행할 필요성을 느끼지 않는다. 그러나 조선인민군이 단독 자력으로 서울을 점령하겠다면 우리는 반대하지 않겠다. 그럴 경우 우리는 후방의 책임을 맡을 수 있다. 이와 같은 토의가 있은 며칠 후 라주바예프는 스탈린이 없는 모스크바로부터 "펑더화이는 뛰어난 전략가임. 간섭하지 말라"는 전문지시를 받고, 이러한 입장을 김일성에게 전달했다는 것이다.[13]

스탈린 사망 이후 정전협정 체결로 가는 대세는 막을 수 없었다. 국제연합에서는 1953년 4월 10일부터 노르웨이 출신이었던 리(Trygve Lie)를 대신해서 스웨덴의 함마셸트(Dag Hjalmar Agne Carl Hammarskjöld)가 사무총장을 맡았다. 1953년 4월 16일 국제연합 정치위원회에서는 "병상포로 교환이 신속히 이루어질 것과 판문점에서의 협상이 조속히 국제연합의 원리와 목표에 따른 정전으로 귀결될 것을 희망하고, 일단 총회를 휴회하되 국제연합사령관으로부터 정전협정 체결에 관한 통보가 있거나 새로운 전개과정에 따라 다수의 회원국들이 동의할 경우 총회를 재소집한다"는 내용을 담은 브라질대표의 제안이 60대 0의 만장일치로 채택되었다. 국제연합 정치위원회에서의 표결이 만장일치로 이루어진 것은 6.25 전쟁 개전 이후 처음이었다. 이러한 만장일치는 소련대표 비신스키가 국제연합에서 코리아의 정전협상 문제를 다루자는 폴란드 대표의 제안을 철회토록 종용했기 때문이었다. 결국 이 제안은 1953년 4월 18일 국제연합총회의 제427차 전체회의에서 채택되었다.[14]

---

13 이상조, 『증언』, 84-87.

14 鄭成觀, 『板門店의 秘史』 (서울: 平文社, 檀紀4286[1953]), 123-24; United Nations General Assembly Resolutions, The Korean Question [1953] UNGARsn 8; A/RES/705 (VII) (18 April 1953).

세균전에 관한 선전전(宣傳戰)의 정전

6.25전쟁의 전쟁터에서는 다양한 특수작전들이 전개되었다.[15] 전단살포작전도 그러한 특수작전들 중 하나였다. 미 극동군은 1953년 2월 적 후방 지역만 목표로 하던 전단살포작전을 근본적으로 개편, 3월부터는 적 후방의 동서해안 지역을 주요 목표로 대량살포에 돌입했다. 3월 4~5일 이틀 사이에 항공기가 동서해안 150여 개 목표 지점에 살포한 전단지 수만도 6백만 장에 달했다. 1953년 3월 초 미 육군부는 러시아인들을 상대로 한 러시아어 전단 살포도 검토했다. 이에 대해 미 극동군은 이미 '이반 작전'(Plan Ivan)으로 러시아어 전단지를 살포하고 있다는 회신을 보냄으로써 별도의 러시아어 전단살포작전은 실행되지 않았다. 이 작전은 2월 1일부터 5월 31일까지 펼쳐졌다. 미 극동군은 이밖에도 공산군 귀순 조종사에게 100,000달러의 상금을 지급한다는 내용의 심리전 전단지를 후방 지역에 살포하는 '물라'(Moolah) 작전도 전개했다. 6.25전쟁 중 미국이 살포한 대북전단은 2,392,829,200매에 달했다.[16]

전단은 주로 B-29, B-26 같은 폭격기에 의해 살포되었다. 미 5공군이나 미 해군도 전단살포작전에 참여했다. 한국군이 전단지를 받아다가 적진에 인편으로 살포하기도 했다. 1953년 2월까지만 해도 전단살포 지역은 주로 전선에 전진 배치된 적군의 바로 뒤 후방 지역이었다. 2월 중순

---

15 Ed Evanhoe, *Darkmoon: Eighth Army Special Operations in the Korean War* (Annapolis, MD: Naval Institute Press, 1995); Frank Holober, *Raiders of the China Coast: CIA Covert Operations during the Korean War* (Annapolis, MD; Naval Institute Press, 1999); William B. Breuer, *Shadow Warriors: The Covert War in Korea* (New York: John Wiley & Sons, 1996); Ben S. Malcom, with Ron Martz, *White Tigers: My Secret War in North Korea* (Washington: Brassey's, 1996). 소련의 세균무기에 대한 관심에 관해서는 코르트코프, 『스탈린과 김일성』, II: 151.

16 미 태평양군 문서군, 국립중앙도서관, 『NARA기록으로 보는 6.25』 (서울: 국립중앙도서관, 2010).

에 기존의 살포작전이 전면적이고 획기적으로 개편되었다. 전단살포 지역을 적 후방 해안 지역으로 변경시킨 것이다. 3월에 들어서 교전선 이북 동해안을 따라 96개 목표 지점에 비행기가 총 47회 출격해 살포했다. 서해안 지역에는 36회 출격했다. 항공모함에서 발진한 해군이나 해병대 항공기가 임무를 맡았다. 이 전단살포 항공기들은 의도적으로 저공비행을 함으로써 적진의 병사나 민간인들이 미군 항공기를 식별할 수 있도록 했다.[17]

한편 1953년 4월 23일에 개최된 국제연합 총회 제428회 전체회의에서는 베이징과 평양이 제기한 세균전문제에 대한 공정한 조사를 위한 결의가 채택되었다.[18] 이로써 1952년 이후 포로문제와 함께 정전협상의 발목을 잡았던 세균전 논란도 일단락되었다. 정전협상이 송환불원포로의 송환여부가 쟁점이 되면서 교착상태에 빠져있던 1952년 2월 20일 저우언라이는 방송을 통해 미국이 세균무기를 사용하고 있다고 규탄했다. 2월 22일 평양 방송에서도 외무상 박헌영이 유사한 규탄성명을 발표했다.[19] 1952년 3월 29일 박헌영은 국제연합에 "미국 간섭자들이 세균무기

17 미 태평양군 문서군, 국립중앙도서관, 『NARA기록으로 보는 6.25』 (서울: 국립중앙도서관, 2010).

18 United Nations General Assembly Resolutions, Question of Impartial Investigation of Charges of Use by United Nations Forces of Bacteriological Warfare [1953] UNGARsn 10; A/RES/706 (VII) (23 April 1953).

19 세균전에 대한 평양의 주장은 2015년에도 계속된다. 2015년 2월 18일 평양의 조선평화옹호전국민족위원회는 "미국은 지난 조국해방 전쟁 시기 국제법과 전쟁규범을 난폭하게 위반하고 우리 민족에게 세균무기와 화학무기까지 거리낌 없이 사용하며 몸서리치는 학살만행을 감행한 극악한 살인마이자 불구대천의 원수"라는 비난을 계속했다. 이 위원회는 "미제 침략자들은 1952년에 들어서면서 전면적인 세균전으로 넘어가 공화국북반부 전 지역에 대대적으로 세균탄을 투하했다"고 주장했다. 또 "미국은 정전 협정이 조인된 이후에도 생화학전 책동에 계속 매달려왔다"며 "남조선을 세균무기의 시험장, 인체실험기지로 만든 미국의 죄악은 우리 민족은 물론 세인을 몸서리치게 하고 있다"고 강조했다. 위원회는 이어 "미국은 남조선에 화학무기

를 사용한 … 범행은 국제법률가협회 특별 꼬미샤에 의해서도 조사 판명되었다"는 내용의 서한을 발송했다.[20]

저우언라이와 박헌영의 이러한 문제 제기는 정전협상의 교착상태와 맞물렸다. 미군의 세균무기 사용에 대한 박헌영의 주장은 정전협상이 시작되기 전인 1951년 5월 8일에 이미 제기된 바 있었다.[21] 미국은 1925년 제네바에서 체결된 독가스 및 생물학적 방법 사용 금지 의정서(Protocol for the Prohibition of the Use in War of Asphyxiating, Poisonous or Other Gases, and of Bacteriological Methods of Warfare)의 체결국이 아니었다. 미군이 제2차 세계대전 종전 이전 세균전에 대비한 프로그램을 운용하고 있었다. 2010년 알자지라 방송은 세균무기 사용을 지시하는 내용이 담긴 미국의 합참문서를 찾아냈다고 방송했다.[22] 미군은 물론 소련군의 세균무기 개발팀들에게 있어서 6.25전쟁과 같은 치열한 실전장은 최적의 실험장소였을 것이다. 그러나 고엽제가 사용된 것과 같은 차원에서 정말로 세균무기가 사용되었다면 전황 자체가 크게 달라졌을 것이다. 남일 총참모장의 수석고문관이었던 소지노프(Valentin Sozinov)와 수석의료자

를 반입・저축하는 한편 그것을 우리 측 지역과 남조선인민들을 대상으로 실지 사용하는 범죄행위를 감행했다"며 "우리 군대와 인민은 인간의 탈을 쓴 미국의 야수들과 그 하수인인 남조선괴뢰패당의 천인공노할 죄악들을 반드시 결산하고야말 것"이라고 위협했다. 평양이 2015년의 시점에서 다시 6.25전쟁 당시 세균전 선전을 재개한 것은 평양의 대남기구인 조국평화통일위원회가 선전매체 '우리민족끼리'를 통해 같은 날에 발표한 다음과 같은 성명과 맥을 같이 하고 있다. "내외에 선포한 반미 총결사전에서 미국상전과 함께 순장되는 가련한 노예신세가 되지 않으려거든 대미추종 관점과 태도를 하루 빨리 버리고 동족끼리 힘을 합쳐 북남관계를 근본적으로 해결하는 데로 돌아서는 단호한 결단을 내려야 한다." 『조선일보』, 2015년 2월 18일.

20 『조선중앙년감, 1953』.

21 『조선중앙년감, 1951-1952』, 111-12.

22 "People & Power: Dirty little secrets," 4 Apr., 2010, http://www.aljazeera.com/programmes/peopleandpower/2010/03/201031761541794128.html

문관이었던 셀리바노프(Igor Selivanov)는 어떤 세균전의 증거도 갖고 있지 않았다고 증언했다.[23]

당시 공산진영은 국제적십자협회와 세계보건기구(WHO)의 조사 제안을 거부하고, 공산진영이 통제 가능한 국제단체들만을 불러들였다. 영국의 저명한 과학자 조셉 니담(Joseph Needham)을 위원장으로 하는 국제조사단은 1952년 베이징에서 발간된 약 669쪽에 달하는 방대한 보고서를 통해 베이징과 평양의 주장을 뒷받침했다. 중국과학사에 대한 중후한 업적을 남기기도 한 니담은 1942년부터 1946년 사이에 중국국민당 군대의 의료자문위원으로 일하면서 일본군의 세균전에 관해 연구하기도 했었다. 1952년의 니담보고서는 세균무기가 미군에 의해 사용되었을 뿐만 아니라, 일본군이 2차 대전 중에 사용했던 세균무기와 유사하다고 결론내렸다.[24] 이러한 주장은 제2차 세계대전 당시 일본의 세균전을 담당했던 이시이 시로의 731부대가 전후 전범재판을 피하는 대가로 모든 연구결과를 미군에 넘겨주었다는 연구결과가 제시되면서 더욱 신빙성을 획득하는 듯 했다.[25] 1998년 엔디콧(Stephen Endicott)과 해거만 등도 니담보고서의 손을 들어주는 단행본을 출간했다.[26]

---

23 Chang and Halliday, *Mao,* 376.

24 International Scientific Commission for the Investigation of the Facts Concerning Bacterial Warfare in Korea and China. *Report of the International Scientific Commission for the Investigation of the Facts Concerning Bacterial Warfare in Korea and China* (Peking: [s.n.], 1952), 60. 일본군이 축적한 세균전 정보들을 일본이 항복한 후 미군이 인수한 것은 사실이었고, 그러한 사실 자체가 중국과 한국의 민족적 감정을 크게 자극할 수 있는 것이었다. 일본군 731부대가 자행한 세균전에 관해서는 서이종, "일본제국군의 세균전 과정에서 731부대의 농안・신징 지역 대규모 현장세균실험의 역사적 의의," 『사회와 역사』 (2014. 9).

25 Sheldon H. Harris, *Factories of Death: Japanese Biological Warfare, 1932-45, and the American Cover-Up* (London: Routledge, 1994).

26 Stephen Endicott and Edward Hagerman, *The United States and Biological Warfare : Secrets from the Early Cold War and Korea* (Bloomington: Indiana University Press, 1998).

그러나 1971년 스톡홀름의 국제평화연구소를 통해 이 문제에 관한 논문을 발표한 바 있던 라이텐버그는 새로운 러시아사료들에 대한 분석을 포함한 연구논문을 통해 이제 남은 문제는 이 조작극을 주도한 배경과 과정에 관한 것일 뿐이라고 결론 내렸다.[27] 웨더스비도 같은 사료를 활용하여 공산진영의 세균전 과대선전의 진실을 규명했다.[28] 이에 앞서 존 엘리스 반 커트랜드 문(John Ellis van Courtland Moon)은 비밀 해제된 미국 측 사료에 대한 광범위한 검토를 통해 6.25전쟁 당시 미군이 세균전을 전개하지 않았음을 밝혔다.[29] 2013년 중국인민해방군 외과(外科) 총책임자였던 우지리(吴之理)는 베이징의 세균전 주장이 허위경보(虚惊)였고, 그것을 뒷받침하기 위한 허위증거를 만들어내도록 강요받았다고 증언했다.[30]

1952년 포로문제와 함께 정전협상의 발목을 잡았던 세균전 진위공방 또한 스탈린 사망 이후 정지되었다. 1953년 4월 18일 평양 주재 소련 대사 겸 소련군사고문단 단장이었던 라주바예프는 스탈린의 심복이었던 베리아에게 세균전 진위공방 관련 전문을 보냈다. 라주바예프는 그동안의 세균전 관련 선전전에 관해 일괄하면서 1952년 국제조사단의 방문에 즈음해서 전염병 지대를 허위로 만들어 냈었다고 보고했다. 또한 최근

27 Milton Leitenberg, "New Russian Evidence on the Korean War Biological Warfare Allegations: Background and Analysis," *Cold War International History Project Bulletin*, no. 11 (1998 Winter), 185-199. 1998년 1월 8일자 일본 『産經新聞』은 6.25전쟁 당시 미군이 세균무기를 사용했다는 주장은 베이징과 평양의 조작임을 밝혀주는 러시아문서를 입수했다고 발표했다.

28 Kathryn Weathersby, "Deceiving the Deceivers: Moscow, Beijing, Pyongyang, and the Allegations of Bacteriological Weapons Use in Korea," *Cold War International History Project Bulletin*, no. 11 (1998).

29 John Ellis van Courtland Moon, "A Biological Warfare Allegations: The Korean War Case," *Annals of the New York Academy of Sciences* 666 (1992), 53-83.

30 吴之理(Wu Zhili), "52年的细菌战是一场虚惊," 『炎黄春秋』 第11期, 2013年 10月 1日.

미군이 독가스를 사용했다는 보고 사례를 조사한 결과, 일반적인 폭탄이 투하된 지하갱도에서 환기시설의 부족으로 인해 갱도 안의 병사들이 사망한 것이었다고 보고했다.[31]

국제연합군이 세균전을 전개하고 있다는 선전전은 일반대중을 공포상태로 몰아넣었다. 그러한 대중적 공포 속에 실시된 방역선전대(防疫宣傳隊)의 대규모 활동은 만주와 조선주민들을 각각 베이징과 평양 중심의 국가체계 안으로 결속시키는 데 큰 효과가 있었다. 유럽에서의 근대국가 형성기에 전쟁뿐만 아니라 방역체계가 큰 영향을 미쳤듯이 1949년에 수립된 중화인민공화국의 만주지역에 대한 장악력은 세균전에 대한 대중의 공포 속에 강화되었다.

병상포로 교환과 송환불원포로문제에 대한 합의

1953년 4월 6일 쌍방 연락장교단은 판문점에서 병상포로 교환에 관한 회의를 개최함으로써 약 6개월간 중단되었던 정전협상을 재개하기 위한 물꼬를 텄다. 4월 11일 양측은 10일 이내에 판문점에서 병상포로 송환을 시작한다는 것을 골자로 하는 교환협정에 합의하고 서명했다.[32] 이에 따라 병상포로 교환이 1953년 4월 20일부터 5월 3일까지 판문점에서 이루어졌다. 국제연합군 측은 조선인민군 5,640명과 중국인민지원군 1,030명을 포함한 총 6,670명의 병상포로를 송환했다. 그 중 357명은 들것에 실린 채(litter-borne) 송환되었다. 이에 비해 조-중인민군

31 "Explanatory Note from Lt. Gen. V.N. Razuvaev to L.P. Beria," 18 April 1953, History and Public Policy Program Digital Archive, Archive of the President of the Russian Federation. Translated for NKIDP by Kathryn Weathersby. http://digitalarchive.wilsoncenter.org/document/112026

32 國防軍史研究所, 『韓國戰爭의 捕虜』, 185.

측은 한국군 포로 471명, 미군 149명, 영국군 32명, 터키군 15명, 콜롬비아군 6명, 오스트레일리아군 5명, 캐나다군 2명, 필리핀군, 남아연방군, 그리스군, 네덜란드군 각 1명 등 모두 684명을 송환했다. 그 중 94명은 들것에 실려 있었다.[33]

병상포로 교환이 이루어진 후, 1953년 4월 26일 판문점에서 제123차 정전협상 본회의가 개최되었다. 1952년 10월 8일 제122차 본회의가 개최된 지 6개월 18일 이상이 지난 후에 재개된 정전협상의 핵심쟁점은 송환희망포로들의 송환방식과 송환불원포로들에 관한 문제였다. 특히, 송환불원포로들이 계속 쟁점이 되었다. 조-중인민군 측은 저우언라이의 1952년 구상의 연장선상에서 송환불원포로들을 중립국으로 보내 6개월간 숙려기간을 갖게 하는 방안을 제의했다. 당시 포로들은 군사력 또는 노동력의 차원에서도 고려되고 있었다. 이에 대해 국제연합군 측은 6개월 대신 90일 정도가 합리적이라는 것, 중립국으로는 스위스와 같은 전통적 중립국이 적당하다는 것, 포로들을 중립국으로 보내는 대신 코리아의 적당한 장소에서 중립국이 관리하는 것이 바람직하다는 의견을 제시했다. 이에 대해 조-중인민군 측은 스위스가 이미 중립국감독위원회에 참여하고 있으므로 적당하지 않다고 반박했다.[34]

1953년 4월 21일 한국 국회는 통일을 가로막는 정전안을 미국이 받아들이지 말 것을 촉구하는 결의문을 채택했다. 1953년 4월 24일, 판문점에서 본회의가 재개되기 이틀 전, 이승만은 비장의 카드를 꺼내들었다. 워싱턴 주재 한국 대사는 미 국무부를 통해 아이젠하워 대통령에게 이승

33 "Repatriation of Sick and Wounded Enemy POWs April 20-May 3, 1953," 15/338, 군사편찬연구소 HD 1461. 조성훈, 『한국전쟁과 포로』, 373-74; Collins, *War in Peacetime,* 352.

34 Transcript of Proceedings, 123rd Session, 97th Meeting at Pan Mun Jom, Military Armistice Conference, 26 April 1953.

만 대통령의 의사를 전달했다. 만일 압록강 이남에 중국 공산당 군대가 남아 있는 상태에서 정전협정이 체결된다면, 한국군을 국제연합군 사령부의 관할로부터 철수시킬 것이라는 내용이었다.[35]

4월 27일 도쿄의 클라크 사령관은 서울로 날아와 이승만 대통령으로부터 사전협의 없이 한국군을 클라크 사령관의 관할 밖으로 빼내는 일은 없을 것이라는 약속을 받아냈다.[36] 이즈음 모스크바 주재 미국대사 찰스 볼렌은 몰로토프와 만나 정전협정의 체결을 재촉했고, 정전협정 체결이 늦어질 경우 미국이 신중하게 회피하고 있는 사태(핵무기 사용)가 실현될 수도 있다고 경고했다. 6월 3일 몰로토프는 다시 볼렌을 만나 정전이 잘 될 것이라고 말했다.[37]

1953년 5월 7일 조-중인민군 정전협상 대표단은 약 5개월 전 그들이 거절했던 안과 유사한 8개 항목으로 된 안을 제시했다. 공산진영은 송환불원포로들을 중립국으로 보내 심사를 받게 하자는 안을 철회했다. 송환불원포로들을 중립국으로 보내는 대신 코리아의 적당한 장소에서 중립국들이 관리하도록 하자는 국제연합 측 안이 받아들여졌다. 이 안에는 폴란드, 체코, 스위스, 스웨덴, 인도 등의 5개국이 같은 수의 무장인원을 파견하여 송환불원포로를 관리할 중립국송환위원회(Neutral Nations Repatriation Commission)를 구성하고, 이 위원회의 관리 하에 송환불원포로들을 4개월 동안 양측에서 설득할 수 있도록 하고, 그래도 송환을 원하지 않는 포로들은 정전 후에 열릴 정치회의에서 해결하자는 수정제안이 포함되었다.[38]

---

35 Collins, *War in Peacetime,* 355.

36 Collins, *War in Peacetime,* 355.

37 Bohlen, *Witness to History,* 349-50.

38 Transcript of Proceedings, 133rd Session, 107th Meeting at Pan Mun Jom, Military Armistice

이러한 수정안에 대해 국제연합군 수석대표 해리슨 중장은 5월 13일 다시 수정안을 냈다. (1) 포로를 관리하기 위하여 스위스, 스웨덴, 폴란드, 체코, 인도의 5개국으로 중립국관리위원회를 구성한다. (2) 포로를 관리하기 위해 필요한 무장병력은 인도만이 제공하되 그 장비는 경무기 정도로 하고 병종은 MP(헌병)로 한다. (3) 인도는 중립국관리위원회의 의장과 집행관을 겸한다. (4) 포로를 설득하는데 1000명당 1명의 비율로 60일 동안만 한다. (5) 회의의 절차 이외에는 만장일치로 결정하여 실행한다. (6) 단, 정전협정 발효 즉시 송환불원의사를 밝힌 조선인민군 포로들에게는 [중국인민지원군 포로들과는 달리] 민간인 지위를 부여한다.[39] 해리슨 중장의 제안을 대체로 흡족하게 듣고 있던 조-중인민군 측 수석대표 남일은 송환불원의사를 밝힌 조선인민군 포로들은 중국인민지원군 포로들과는 달리 정전협정 발효 즉시 민간인 지위를 부여한다는 해리슨의 언급에 강하게 반발했다. 협상은 다시 결렬되었다.[40]

한국군 대표의 불참선언과 6.18반공포로석방

조선인민군 송환불원포로들을 중국인민지원군 포로들과는 달리 정전협정 체결 직후 석방하는 문제로 다시 정전협상이 교착되자 해리슨 중장은 이 문제에 대한 양보를 포함한 워싱턴의 최종 제안을 가지고 5월 25일 회의에 참석했다. 조선인민군 대표 장춘산이 해군 제독 김원무로 교체된 이 날 회의에서 국제연합군 측은 양보안을 제시했다. 이 양보안에

Conference, 7 May 1953.

39 Transcript of Proceedings, 138th Session, 112th Meeting at Pan Mun Jom, Military Armistice Conference, 13 May 1953.

40 崔德新, 『第二의 板門店은 어디로』, 49.

반발한 한국군 대표 최덕신은 정전협상 참석을 보이콧했다. 최덕신은 이승만 대통령과 신태영 국방장관의 만류에도 불구하고 정전협상 불참의지를 철회하지 않았다.[41] 경무대로 호출된 최덕신은 대통령의 명령을 거역한 것에 대해서는 "군법회의라도 받을 마음의 준비"가 되어 있다고 말했으나, 이승만은 불문에 붙였다.[42]

이후 최덕신은 정전협상에 참석하지 않았으나, 이수영 연락장교가 대신 참석했다.[43] 당시 통역 및 번역을 맡았던 언더우드에 따르면 미국은 "최덕신 소장을 감시하기 위해서 도청장치를 여기저기 설치"했다.[44] 최덕신 대표는 유엔군 정전협상대표단의 일원으로서 정전협상에 관한 기밀을 한국 정부에 누설할 수 없는 상황이었다. 최덕신 대표가 거부한 5월 25일의 제안을 설명하기 위해 클라크 사령관이 다시 도쿄에서 날아와 이승만 대통령을 면담했다.

도쿄사령부에서 날아온 클라크 국제연합군 사령관을 만난 이승만 대통령은 조선인민군 송환불원포로들을 중립국 관리 하에 둔다는 양보안에 대한 반대 입장을 분명히 했다. 그리고 만일 중립국으로 선정된 인도의 군대가 한국에 들어온다면 "국제연합사령부와 상관없이" 송환불원포로들을 석방할 것이라고 경고했다. 클라크 사령관은 이승만 대통령이 안보동맹과 경제원조 증대를 위해 흥정을 하고 있다고 합참에 보고했다.[45] 특히, "이승만이 은밀히 혹은 공개적으로 포로들을 석방시킬지도 모른다"는 우려를 전달했다.[46] 콜린스 육군참모총장도 "노회한 애

41 崔德新, 『第二의 板門店은 어디로』, 54-57.

42 鄭成觀, 『板門店의 秘史』, 131-32.

43 崔德新, 『第二의 板門店은 어디로』, 54-57.

44 언더우드, *Korea in War, Revolution and Peace*, 주장돈 역, 211.

45 Collins, *War in Peacetime,* 355.

국자"(wily old patriot)인 이승만이 정치적 "도박"(gamble)을 하고 있다고 보았다.[47]

조선인민군 송환불원포로들의 처리문제로 최덕신 한국군 대표가 정전협상을 보이콧하고 있던 1953년 6월 6일 이승만 대통령은 중대성명을 발표했다. "유엔군과 중공군이 일시에 한국에서 철퇴하되 이를 실시하기 전에 한·미 양국 간에 공동방위조약을 체결할 것"을 요구한 것이다.[48] 이승만은 과거 중공군만 철수하면 된다는 입장이었다. 아이젠하워 대통령은 1953년 6월 7일 이승만 대통령에게 보낸 서한에서 공산주의자들은 그들의 침략 의도를 달성하지 못했고, 오히려 대한민국의 영토가 약간이나마 증대되었다고 지적했다. 그러면서 (1) 한국의 통일을 위한 평화적 노력, (2) 필리핀, 오스트레일리아, 뉴질랜드 등과 맺었던 상호방위조약 협상 개시, (3) 의회의 승인을 통한 경제원조 등을 약속했다.[49]

1953년 6월 8일 14시 판문점에서는 국제연합군이 제시한 최종안에 따라 양측의 정전협상 수석대표들 간의 '중립국송환위원회 직권의 범위'(Terms of Reference for Neutral Nations Repatriation Commission)에 관한 합의문이 탄생했다. 송환불원포로들의 자유의지를 존중하되 중립국송환위원회를 통해 양측이 일정 기간 동안 설득할 수 있게 하는 것을

46 Collins, *War in Peacetime,* 356.

47 Collins, *War in Peacetime,* 354-55.

48 "Statement by President Syngman Rhee," 6 June 1953, History and Public Policy Program Digital Archive, B-379-014, Papers Related to the Korean American Mutual Defense Treaty, Papers Related to Treaty-Making and International Conferences, Syngman Rhee Institute, Yonsei University http://digitalarchive.wilsoncenter.org/document/119372

49 Dwight D. Eisenhower, Letter to President Syngman Rhee of Korea, Concerning Acceptance of the Panmunjom Armistice. dated 6 June 1953 [released 7 June 1953]. Online by Gerhard Peters and John T. Woolley, The American Presidency Project. http://www.presidency.ucsb.edu/ws/?pid=9869.

골자로 한 것이었다. 이 합의문은 영문, 한국문 및 중국문으로 작성되었고, 하단의 좌우로 나란히 "조선인민군 및 중국인민지원군 대표단 수석대표 조선인민군 대장 남일"의 서명과 "국제련합군 대표단 수석대표 미국 륙군 중장 윌리암 케이. 해리슨"의 서명이 들어갔다.[50] 교전쌍방의 이견은 물론 마오쩌둥과 김일성 간의 이견이 표출되었던 송환불원포로문제에 관한 합의문이 탄생함에 따라 정전협정 체결로 가는 길은 활짝 열리는 듯 했다.

그러나 6월 11일 『서울신문』에 게재된 "정전협정 체결의 의미 설명"이라는 제하의 다음과 같은 글은 당시 한국여론의 또 다른 일면을 잘 대변해 주고 있었다.

> 통일 없는 휴전은 '죽음의 선고'라는 데서 그간 한국 정부는 결사 이에 반대하였고 이는 제2차 대전 직전의 뮌헨 협상의 재판이라는 단정 하에서 그의 무효를 선언하는 한국민의 분노는 마침내 요원의 불꽃과도 같이 폭발 만연하였던 것이다. (중략)
>
> (1) 적측 정치요원 약 500명이 아무런 행동의 제약을 받지 않고 우리나라 각 주요 도시에 설치된 각 포로수용소에 들어가서 인도병의 철통같은 보호 아래 송환을 거부하는 애국포로들에 대하여 온갖 세뇌공작, 적화공작을 전개할 것인 바 이로 말미암아 우리들이 상상조차 할 수 없는 각종의 협박, 공갈, 고문을 자행할 뿐만 아니라 감언이설로써 그들을 현혹케 하여 결국은 모든 애국포로를 강제로 데려가게 된다.
>
> (2) 친공적인 인도 무장병의 관리로 말미암아 포로수용소 내 반공포로들의 자유의사를 억압하여 강제송환의 실현을 보게 된다.

50 Transcript of Proceedings, 146th Session, 120th Meeting at Pan Mun Jom, Military Armistice Conference, 8 June 1953.

(3) 이에 반하여 현재 남한 각처에 이미 잠복하고 있는 적 제5열과 빨치산 등은 물론 북한에서 다수의 각기 공작대원이 침투하여 국내에서 온갖 음모를 진행하게 된다.

(4) 정전으로 말미암아 국제연합과 미국이 세계에 공약한 민주주의 수호와 침략해 온 공산군을 응징하고 한국을 통일시킨다고 한 것을 일조에 배반함으로써 공산군은 언제 어디서나 자유국가를 침공하였다가 불리하면 정전만 하면 그만이라는 전례가 생겨서 또다시 이러한 침략을 마음대로 시키는 것이 된다.

(5) 자유국가들은 같은 민주우방을 도와서 싸우다가 중도에 마음이 변해서 그만둘 생각이 나면 언제나 우방을 희생시키고 정전하게 되므로 우리와 같은 처지에 있는 민주우방들에게 실망을 주는데 이런 틈을 타서 공산주의자들의 공작이 더욱 격화되어서 모든 것을 혼란케 만들려고 하게 된다.[51]

당시 한국 정부는 한국영토 내에서 인도군이 송환불원포로들을 관리하는 것에 반대했다. 특히, 송환불원포로 문제를 정전협정 체결 뒤에 개최하기로 한 정치회의까지 끌고 가는 것에 국제연합군이 동의하는 것은 공산주의자들의 협상술에 말려드는 것이라고 보았다. 당시 송환불원포로들은 거제도 포로수용소에서 육지로 이송되어 부산, 대구, 영천, 마산, 광주, 논산, 부평 등지에 분산, 수용되어 있었다. 포로교환에 관한 가협정이 조인되던 6월 8일, 한국 정부는 비상국무회의와 군수뇌부 회의를 열어 대책을 논의했다. 한국군 정전협상 대표 최덕신은 진헌식(陳憲植) 내무장관, 갈홍기(葛弘基) 공보처장, 그리고 원용덕(元容德) 헌병사령관 등과 함께 한국 정부 단독으로 송환불원포로들을 석방하는 문제를 협의하

51 "정전협정 체결의 의미 설명," 『서울신문』, 1953년 6월 11일.

여 대통령에게 건의했다. 이승만 대통령은 육, 해, 공 3군 헌병의 지휘권을 헌병사령관으로 일원화하는 한편 6월 17일 헌병사령관 원용덕 중장에게 송환불원포로들에게 자유를 줄 것을 명령했다.[52]

같은 날인 1953년 6월 17일 유럽의 동베를린에서는 공산주의 국가 내에서 발생한 최초의 노동자봉기가 소련탱크사단에 의해 진압되는 과정에서 100명 이상이 사망하는 사건이 발생하고 있었다.[53] 한국의 이승만은 한 미국의 진보적 지식인이 명명했듯이 미국과 소련이 겨루는 거대한 체스판 위의 졸에 불과했지만, "차(車)같은 졸"이었다.[54] 이승만 대통령의 명(命)을 받은 헌병사령관 원용덕 중장은 6월 18일 새벽 6시 다음과 같은 담화문을 발표했다.

> 본직(本職)은 단기 4286년 6월 18일 0시를 기해 관하(管下) 지휘관에게 한인(韓人) 애국포로수용소 접수를 명하였다. [중략] 이는 국제공법인 제네바 협정 총칙 제12조에 의거하는 것이다. [중략] 몽매에도 잊지 못하는 북진통일을 전취(戰取)하려는 한민족의 자유권의 엄숙한 발동임을 내외에 선언하는 바이다. [중략] 이제 애국동포에게 고하노니 포로수용소 인근에 소재하는 부대, 경찰관 애국청년단 및 일반주민들은 본직이 지휘하는 헌병의 본임무 수행에 절대적인 협조가 있기를 요망하며 민족존망지추(民族存亡之秋)의 간두(竿頭)에 서게 된 한민족의 철석같은 의사를 끝까지 한사결행(限死決行)하여 자유수호와 반공평화확립의 세계사에 이 업적이 길이 빛나도록 일사불란 분골정신의 결의를 더욱 굳게 해주기를 바라는 바이다.[55]

---

52 崔德新, 『第二의 板門店은 어디로』, 67-73. 원용덕 헌병사령관은 목사의 아들로 태어나 세브란스에서 의학을 공부한 이색적 경력을 가진 인물이었다.

53 슈테판 하임, 『6월의 5일간』, 김충남 역 (서울: 지만지, 2015).

54 Barton J. Bernstein, "Syngman Rhee: The Pawn as Rook: The Struggle to End the Korean War," *Bulletin of Concerned Asian Scholars* 10 (Jan-Mar 1978), 38-47.

원용덕 헌병사령관의 담화문이 발표되기 앞서 한국 헌병들은 미군이 경비 중이던 수용소들의 전원을 끊고 철조망을 제거했다. 포로들은 전격적으로 수용소를 탈출했다. 수용소 부근의 주민들은 자유대한의 품으로 달려 나오는 조선인민군 포로들을 맞아들여 옷을 갈아입히고 침식을 제공했다. 탈출한 포로들을 다시 잡아들이기 위한 미군의 노력은 성공할 수 없었다. 부평과 영천에서는 사전 연락이 불충분했던 데다가 한국군 헌병 병력이 부족했다. 결국 하루 늦은 19일 새벽에 가서야 행동이 개시되었다. 그 결과 다른 도시에서보다 탈출과정에서 더 많은 사상자가 발생했다. 부평시 주민들은 "통일이 아니면 죽음을 달라!"고 외치며 대대적인 동조시위를 벌였다. 탈출한 조선인민군 포로들은 태극기와 플래카드로 뒤덮인 시위 군중 속으로 뛰어들어 몸을 숨겼다. 이들의 행렬은 인천 쪽을 향해 이동했다. 인천 시민들이 마중을 나와 시위를 계속하면서 조선인민군 포로들을 보호했다. 사방이 산과 바다로 둘러싸인 마산에서는 탈출한 조선인민군 포로들 가운데 7백여 명이 미군에게 붙잡혀 수용소에 재수감되었다.[56]

6.18반공포로석방은 포로억류국의 대통령이 포로들의 탈출을 명령한 희대의 사건이었다. 1953년 7월 2일의 최종집계에 따르면 1953년 6월 18일 0시를 기해 부산(392명 석방), 가야 제9수용소(3,930명), 광주(10,432명), 논산(8,024명), 마산(2,936명), 영천(904명), 부평(538명), 대구(233명) 등지의 포로수용소에 분산, 수용되어 있던 송환불원포로 35,698명 가운데 27,389명이 탈출에 성공했다.[57] 미군 경비대의 공격 등으로 61명의 사

55 백응태, 『거제도에서 판문점까지』, 491.

56 백응태, 『거제도에서 판문점까지』, 490.

57 적지 않은 연구들에서 거제도 포로수용소에서 반공포로들이 석방된 것처럼 잘못 기술되어 있다. "이승만은 갑자기 거제도에 수용 중이던 2만 5천 명이 넘는 한국인 포로들을 석방했다."

망자와 81명의 부상자가 발생한 것으로 집계되었다.[58] 당시 부산으로 이송되어 있던 중국인민지원군 포로 107명도 함께 탈출했으나 일부는 다시 미군에 체포되었다. 63명의 중국인민지원군 포로들은 부산 화교들의 집에 은신했다. 주한 중화민국 대사를 지낸 왕동위안에 따르면, 이들은 10월 18일 대만으로 갔다. 정전협정이 체결되고 인도보호군 관리 하의 포로 설득기간이 끝난 후, 14,000여 명의 중국인민지원군 송환불원포로들이 그들의 뒤를 이었다.[59]

반공포로석방 작전이 종료된 후, 이승만 대통령은 6월 19일 다음과 같은 담화문을 발표했다.

> 나는 나 자신의 책임 하에 1953년 6월 18일 한국인 반공포로 석방을 명령하

윌리엄 스툭, 『한국전쟁과 미국 외교정책』 (서울: 나남출판, 2005), 246; "이승만 대통령이 거제도에 수용 중인 약 25,000명에 달하는 반공포로를 석방시키는 결정" 양승함, 박명림, 장훈각 편, 『한국대통령 통치사료집III』 (서울: 연세대 국가관리연구원, 2010), 20. 전국 각지에서 석방된 송환불원포로의 수를 정확히 집계하기는 어려웠다. 포로들의 탈출은 며칠간 계속되었고, 사망자도 발생했으며, 검문검색을 통해 체포되어 재수용되기도 했다. 27,389명이라는 수치는 다음 자료에 의거한 것이다. 宋孝淳, 『大釋放: 實錄 反共捕虜釋放』 (서울: 新現實社, 1973), 275. 당시 원용덕 사령관의 명령에 따라 석방업무를 담당했던 송효순은 陸軍本部, 『(六·二五事變後方)戰史: 人事 篇』 (서울: 陸軍本部, 1956), 137쪽의 통계를 참고하여 통계표를 만들었다고 밝히고 있다. 그런데 陸軍本部(1956: 137)에 나오는 통계에는 이 숫자가 27,388명으로 되어 있다. 이러한 차이는 대구시 중동(中洞)에 위치하고 있었던 대구 제4포로수용소에서의 탈출인원 집계의 차이에서 발생했다. 陸軍本部(1956: 137)의 통계는 232명으로 집계하고 있는 데 비해, 宋孝淳(1975: 275)는 233명으로 집계하고 있다. 어떤 자료가 더 신뢰성이 있는가를 판단하기 위해서 대구 제4포로수용소에 잔류한 인원통계를 보면 陸軍本部(1956: 137)의 통계는 피체 180, 미탈출 60, 계 242로 잘못 집계하고 있는데 비해 宋孝淳(1973: 275)는 피체 180, 미탈출 61, 계 241로 보다 정확성을 보여주고 있다.

58 백응태, 『거제도에서 판문점까지』, 490-91.

59 박영실, "반공포로 63인의 타이완행과 교육 및 선전 활동," 『정신문화연구』 (2014 여름호), 제37권 제2호 (통권 135호, 2014.6); 王東原, 『반공포로 쟁탈전 기록』 (서울: KBS 6·25 40주년 특별제작반, 1990), 10.

였다. 내가 유엔군사령부 관계당국과 충분한 협의를 하지 않고 이렇게 한 이유는 너무도 분명하여 설명을 요하지 않는다. 각도의 지사나 경찰관서에 최선을 다하여 이 석방포로들을 돌보도록 지시하였다. 우리는 우리 국민과 친구들이 이 조치에 협력할 것이며, 어디에서나 불필요한 오해가 없을 것이라고 믿는다. [중략] 제네바협약과 인권정신에 의하여 반공 한인포로는 벌써 다 석방되었어야 할 것인데 [중략] 국제관계로 해서 불공평하게 그 사람들을 너무 오래 구속했었다.[60]

한국 대통령 이승만의 담화문 속에서 '조선인민군 포로'들은 이미 '한국인'으로 표현되고 있었다. 송환을 원하지 않는 조선인민군 출신 반공포로들에 대한 전격적인 석방 조치에 공산진영은 물론 자유진영도 경악했다. 6.18반공포로석방이 있기 하루 전인 6월 17일 주한 미국 대사 브릭스는 아이젠하워 대통령에게 보낸 전문에서 이승만 대통령이 6월 12일 마크 클라크 사령관에게 한국군의 행동에 앞서 자문을 구할 것이라고 말했다는 점, 그리고 한국이 단독으로 북진을 할 것 같지는 않다는 점 등에 관해 보고했다.[61]

브릭스 대사는 이승만의 단독행동이 북진이 아니라 포로석방으로 나타날 것이라고는 예상하지 못했다. 도쿄에서 발행되는 오스트레일리아 계통의 『재팬 뉴스』지는 포로석방이 한국 정부의 단독행동이라고는 하나 결과적으로 마크 클라크 국제연합군 총사령관이 부주의했던 책임을 면할 수 없다고 논평했다. 이에 대해 당시 도쿄의 국제연합군 총사령부 한국군연락장교단에 속해 있던 이수영도 이 기사가 "정말 사리에 맞는

---

60 大韓民國 公報室 編, 『大統領 李承晩 博士 談話集』 第1輯 (서울: 公報室, 1953[4286]), 300.

61 CIA, "Briggs Says Rhee Preparing to Modify Truce Position," 17 June 1953. http://www.foia.cia.gov/sites/default/files/document_conversions/44/1953-06-17a.pdf

것"이라고 평가했다.[62] 한국 정부의 단독행동은 어느 정도 예상되고 있었다. 그러나 증대된 한국 정부의 발언권이 제도적으로 반영되는 구조는 마련되지 못한 상태였다. 일제강점기 이승만과 함께 미국에서 독립운동을 했던 정한경은 미국 언론을 통해 전선(戰線)의 70퍼센트를 한국군이 담당하는 상황에서 한국이 그에 걸맞는 발언권을 가져야 한다고 역설했다.[63]

피어슨 국제연합총회 의장과 클라크 국제연합군 총사령관은 이승만 대통령에게 강경한 항의서한을 발송했다.[64] 당시 도쿄에 있던 이수영은 마크 클라크의 서한 내용을 "정말 이해하기 힘든 말"이라고 보았다.[65] 원래 공산권으로의 송환을 원하지 않는 포로들을 석방시키자는 안은 1952년 2월 미 국무성 극동차관보 존슨(Alexis Johnson)과 육군 부참모총장 헐(John E. Hull)에 의해 이미 제기된 바 있었다. 당시 조-중인민군 협상 대표들이 시인했듯이 이들은 한국군 포로들을 자원입대 형식으로 대거 조선인민군에 편입시켜 이른바 '해방전사'로 만들거나 조선인민군 군복을 입혀서 노역자로 동원했었다. 이러한 조-중인민군 측의 포로정책에 맞서 국제연합군과 한국군도 포로를 석방하자는 것이었다. 그러나 정전협상 대표였던 조이 수석대표와 리지웨이 국제연합군사령관은 이러한 안에 대해 반대했다. 조이 수석대표는 만일 일방적으로 포로를 석방하면 조-중인민군이 억류하고 있는 국제연합군 포로들의 안전을 보장할 수가 없다고 주장하면서 존슨-헐(Johnson-Hull) 안에 극력 반대했다. 그런데

62 李壽榮, "나의 外交官生活 秘話,"『新東亞』(1964년 10월), 209.

63 Henry Chung, *The New Leader, 7 July 1953* in Henry Chung, *Korea and the United States Through War and Peace, 1943-1960* (Seoul: Yonsei University Press, 2000), 486-87.

64 Clark, *From the Danube to the Yalu*, 281.

65 李壽榮, "나의 外交官生活 秘話,"『新東亞』(1964년 10월), 209.

조이 수석대표의 뒤를 이은 해리슨 수석대표는 1952년 6월 29일과 1952년 8월 10일 두 차례에 걸쳐서 송환불원포로들에 대한 석방조치를 클라크 국제연합군 사령관에게 건의한 바 있었다.[66]

이처럼 송환불원포로들을 석방시키자는 존슨-헐 안은 해리슨 수석대표의 두 차례에 걸친 건의를 통해서도 실현되지 못하다가 1953년 6월 18일 대한민국 대통령 이승만에 의해 실현되었던 것이다. "이승만이 그의 나라가 계속 분단되는 것을 막기 위해 고안해낸 가장 극단적인 행동"[67]은 혈전과 설전의 와중에서 풀리지 않고 있던 매듭(Gordian Knot)을 잘랐다고도 볼 수 있다.[68] 이승만 대통령은 조선인민군 포로들이 인도보호군의 감시 하에 본국에서 파견된 설득요원들의 설득을 받도록 방치하는 것을 원치 않았다. 27,389명에 달하는 석방 포로들이 중립국 관리 하에 개별적 설득과정을 거치지 않아도 되게 되었다는 점에서 정전협정 체결 이후 중립국송환위원회의 포로 설득기간은 단축될 수 있었다.

송환불원포로들의 처리문제는 스탈린 사후 재개된 정전협상의 최대 난제였으며, 조선인민군 송환불원포로들도 중국인민지원군 송환불원포로들과 같이 처리한다는 국제연합군 측의 양보에 반발하여 1953년 5월 25일 최덕신 한국군 대표가 정전협상장에서 철수를 강행했던 문제였다.[69] 국제연합군의 입장에서 보더라도 이승만 대통령의 반공포로 석방

66 NA, RG550, United Nations Command, Armistice Affairs Division, General Subject Files, 1951-59, compiled by Military History Section, "History of the Korean Conflict: Korean Armistice Negotiations, May 1952 - July 1953," Pt. 3, vol. 1, 269.

67 Oliver, *Syngman Rhee and American Involvement in Korea,* 409.

68 1951년 7월 정전협상 예비회의에서부터 1954년 5월 제네바정치회의 때까지 관여했고, 당시에는 도쿄의 국제연합군 총사령부 한국군연락장교단에 속해 있던 이수영도 비슷한 견해를 밝혔다. 李壽榮, "나의 外交官生活 秘話," 『新東亞』 (1964년 10월), 210.

69 崔德新, 『第二의 板門店은 어디로』, 49.

은 쟁점이 되고 있던 송환불원포로들의 숫자를 경감시켜 준 측면이 있었고, 조-중인민군 측으로서도 석방된 포로들이 이승만정부에 의해 "납치되었다"고 주장함으로써 그 많은 포로들이 송환을 원하지 않는 선전전에서의 패배를 시인하지 않아도 되는 체면치례용 알리바이(face-saving alibi)를 제공해 주었다.[70]

무엇보다 이 조치는 한국군의 단독행동 가능성을 보여줌으로써 정전을 보장할 한미상호방위조약을 체결하기 위한 협상테이블로 미국 정부를 끌어들이는 효과가 있었다. 공산주의를 "콜레라"로 간주하고 있던 이승만은 결코 정전협정 문서만으로 조-중인민군의 재침을 막을 수 있다고 보지 않았다. 송환불원포로들을 석방하기 하루 전인 6월 17일 이승만은 아이젠하워 미국 대통령에게 다음과 같은 서한을 보냈다. 이 서한에서 이승만은 공산주의자들과의 어설픈 타협은 "코리안네이션(Korean nation)의 확실한 죽음(sure death)"을 가져올 것이며, 미국을 포함한 나머지 자유세계를 위험에 빠트릴 것이고, 철의 장막 뒤에서 사슬에 묶여 신음하고 있는 사람들의 희망을 저버리는 일이 될 것이라고 역설했다. 특히, 정전협정에 묶여 있는 동안 조-중인민군이 군비를 증강하여 자신들이 원하는 시점에 삽시간에 대한민국을 덮칠 수 있다고 경고했다. 그렇게 된다면 "극동의 나머지는 어떻게 될 것인가, 아시아의 나머지는 어떻게 될 것인가? 자유세계의 나머지는 어떻게 될 것인가?"라고 질문했다.[71]

이러한 이승만의 압박적 서한에 대해 CIA는 이승만이 한국군의 행동자유를 포함해서 보다 유리한 조건에서 상호방위조약 체결, 정전협정체결을 강요하는 미국에 대한 문책, 그리고 한국에게 불리한 방향으

70 Collins, *War in Peacetime,* 357.

71 "이승만이 아이젠하워에게 보내는 서한," 1953년 6월 17일.

로 사태가 전개될 경우 미국에게 책임을 지우려는 등의 의도가 있다고 분석했다.[72]

조선인민군 송환불원포로들에 대한 전격석방이 이루어진 다음 날인 6월 19일 조선인민군최고사령관 김일성과 중국인민의용군사령관 펑더화이는 마크 클라크 국제연합군 사령관에게 다음과 같이 항의하며, 해명을 요구했다.

6.18반공포로석방 이틀 후인 1953년 6월 20일 판문점에서 개최된 제150차 본회의에서 조-중인민군 대표들은 김일성과 펑더화이(彭德懷)의 명의로 된 6월 19일자 서한을 전달했다. 이 서한은 다음과 같은 내용을 담고 있었다.

> 1953년 6월 18일부 아측 남일장군에 대한 귀측 해리슨 장군의 서한을 접수하였다. [중략] 불과 10일 전에 쌍방은 포로송환문제에 관한 협정에 서명하였다. 그러나 귀측이 통솔하고 있는 한국 정부 및 군대는 직접 송환되지 않은 포로전원의 과반수를 차지하는 25,000명의 포로로 하여금 소위 "석방"이란 명령 하에 [중략] 포로를 한국군에 강모(强募)할 용의가 있다고 공공연히 발표하여 포로수용소를 탈출하도록 강요함으로써 불법적으로 공공연히 이 협정을 위반했다.
>
> 그뿐만 아니라 이 정세는 더욱 확대되어 6월 19일에는 다른 1,813명의 포로가 강제로 포로수용소로부터 석방되었다. [중략] UN군 측은 한국 정부 및 군대를 통어(通御)할 수 있는가? 만약에 그것이 불가능하다면 한국 정전은 이승만 정부를 포함할 것인가? (Is the United Nations Command able to control the South Korean government and army: If not, does the armistice in Korea

72 CIA, "Rhee rejects Eisenhower's 6 June Proposals," 17 Jun 1953. http://www.foia.cia.gov/sites/default/files/document_conversions/44/1953-06-17b.pdf

include the Syngman Rhee clique?) 만약에 한국이 포함되지 않는다면 한국측이 정전협정을 이행하는 데 어떠한 보증을 할 수 있을 것인가 만약에 한국정부가 이에 포함된다면 귀측은 석방되어 강제 억류되어 있으며 한국군에 강제로 편입될 25,952명의 전 포로를 즉시 재수용하는 책임을 져야 하며 장래에 이와 같은 사고가 결코 재발되지 않는다는 보증을 하여야 할 것이다. 우리는 귀측의 회답을 기다린다.[73]

이러한 질문에 대해 마크 클라크 국제연합군 사령관은 1953년 6월 29일 판문점에서 열린 연락장교회의(Liaison officer's Meeting)를 통해 전달한 서한을 통해 대한민국 군대가 대한민국의 약속에 따라 국제연합군 사령부의 통제 하에 있다는 점을 다음과 같이 명확히 했다.

우리 쌍방이 추구하는 정전은 쌍방의 군사령관 사이의 정전이라는 점을 당신들이 알고 있으리라고 나는 믿는다. 국제연합군 사령부는, 당신들의 6월 19일자 서한에서 시사(示唆)한 의견과는 달리, 대한민국에 대해 권한을 행사할 수 없다. 대한민국은 수백만의 사람들이 스스로 결정한 결과이다. 대한민국 군대는 대한민국에 대한 무장공격을 보다 효과적으로 격퇴하기 위해 국제연합군 사령부의 통제 하에 두어졌다. 국제연합군 사령부가 대한민국의 약속에 따라서 대한민국 군대를 지휘하고 있다는 점이 당신들에게 명확하리라고 나는 믿는다.[74]

---

73 大韓民國國防部政訓局, 『韓國戰亂 三年誌, Korea in War July. 1952-July. 1953』, C52; Letter dated June 19, 1953 from Marshal Kim Il Sung, and General Peng Teh-huai to General Clark, Transcript of Proceedings, 150th Session, 124th Meeting at Pan Mun Jom, Military Armistice Conference, 20 June 1953.

74 Letter, dated 29 June 1953, to Marshall Kim Il Sung, Commander of the Korean People's Army, General Peng Teh-Huai, Commander of the Chinese People's Volunteers from Mark W. Clark, General, United States Army, Commander in Chief, United Nations Command, Liaison officer's

이러한 마크 클라크의 서한은 국제연합군 사령관의 정전협정 체결이 당연히 그 휘하에 있는 한국군을 포함하는 것임을 확인한 것이었다. 클라크의 회신에 대해 저우언라이는 7월 초 "정전협상현황 및 클라크의 서한에 관한 대책"을 마련했다. 이에 기초해서 조-중인민군 대표단은 7월 8일 판문점에서 김일성과 펑더화이가 클라크에게 보내는 다음과 같은 7월 7일자 서한을 국제연합군 대표단에게 전달했다.

> 이 사건의 해석과 처리문제에 대해서는 만족할 수 없다. [중략] 우리는 당신들이 이에 대해서 반드시 절대적인 책임을 지고 이런 사건의 재발 방지를 보증해야 한다고 생각한다. 당신들은 한국 정부와 군대가 정전협정과 그와 관련된 모든 협의를 준수하는 것에 대해 효과적인 대책을 마련해야 하며, 그래야만 한반도의 정전이 보장될 수 있다. [중략] 비록 우리 측이 당신들의 답변에 대해 완전히 만족할 수는 없지만, 당신들이 조기 정전 실현을 위해 노력하겠다고 표시한 열망과 보증에 대해서 우리는 쌍방 대표단 정기 회의에서 관련된 정전협정의 실시 문제와 정전협정 서명 전의 각종 준비 작업을 진행하는 것에 동의한다.[75]

결국 1953년 6월 18일의 반공포로 석방조치는 정전협상을 중단시킨 것이 아니라 1953년 7월 27일의 정전협정 체결 및 1953년 8월 8일 한미상호방위조약 가조인으로 이어졌다.

Meeting, Held at PanMunJom, 29 june 1953).

75 Letter, dated 29 June 1953, to Marshall Kim Il Sung, Commander of the Korean People's Army, General Peng Teh-Huai, Commander of the Chinese People's Volunteers from Mark W. Clark, General, United States Army, Commander in Chief, United Nations Command, Liaison officer's Meeting, Held at PanMunJom, 29 june 1953.

2. 송환된 포로와 남겨진 '실향사민'

포로들의 귀환

1953년 7월 8일 마오쩌둥은 돌연 정전협상대표단에게 전문을 발송했다. 이 전문에서 마오쩌둥은 "회담 재개 후 잠시 상대방에게 군사분계선 수정 문제를 제기하지 말고 18일 정도로 미루어 군사적인 변화를 살핀 다음 다시 결정하도록 하라. 가능한 한 상대방이 정전협정 실시의 구체적인 문제에 대해 긍정적인 답변을 하도록 하라. 정전 서명일은 7월 20일 이후로 연기하라"고 지시했다.[76] 그리고 1953년 7월 13일 '항미원조지원군 최후작전'이라고 불린 금성전투(金城戰鬪)를 개시했다. 베이징의 공식전사는 이 전투의 결과, "한국군 4개 사단이 방어하는 정면 25km, 종심 10여 km의 견고한 진지를 일거에 공격 점령하고 멀게는 남쪽으로 18km나 밀고 내려올 수 있었고, 1951년 가을 미군과 한국군에게 빼앗긴 진지를 모두 탈환할 수 있었다"고 기록했다.[77]

정전협정 체결을 앞둔 시점에서 벌어진 금성전투에서 5천 명 이상의 한국군이 포로가 되었다. 마오쩌둥은 "순전히 군사적 관점에서 보자면 한강을 따라 보다 유리한 경계선을 차지하기 위해 1년을 더 미국인들과 투쟁한다면 나쁘지 않을 것"이라고 주장했다. 동시에 마오쩌둥은 "더 이상의 남쪽 진격은 전선을 조선의 서해 및 동해로 산개시킬 위험과 결부될 것"이고, "이 경우에 중국 · 조선군대의 후방으로 적 해병대 상륙의

76 中國 軍事科學院 軍史歷史硏究部, 『抗美援朝戰爭史』, 한국 국방부 군사편찬연구소 역(2005), 687.

77 中國 軍事科學院 軍史歷史硏究部, 『抗美援朝戰爭史』, 한국 국방부 군사편찬연구소 역(2005), 681.

위험성이 상당히 커지게 되었을 것"이라고 보았다.[78]

마오쩌둥은 1957년 11월 영국공산당 지도자 골란(John Gollan)과의 담화에서 다음과 같이 회고했다. "만약 8개월 정도 계속 싸웠다면 우리는 그들의 전 진지를 무력화할 수 있었을 것이다. 그 이후에 정전협상을 진행했다면 우리 측은 더욱 유리한 조건을 취할 수 있었다. 그러나 이 시기에 스탈린이 사망함으로써 소련 측이 계속해서 싸우는 것을 원하지 않았으니 이는 그들 내부의 문제를 해결하기 위한 것이었고, 김일성 또한 계속해서 싸우는 것을 원하지 않았다."[79] 1950년 마오쩌둥은 티벳에도 파병했었는데, 인도나 서방의 일반적 예측과 달리 그는 신생 중화인민공화국이 양면전쟁을 모두 승리로 이끌 수 있다고 보고 있었다.

7월 19일 판문점에서 조-중인민군 측 수석대표 남일은 "조선정전협정 실시문제에 관한 미국의 보증에 관한 성명"을 발표했다. 이 성명에서 남일은 해리슨 국제연합군 수석대표에게 확인받았다고 주장하는 내용들을 정리했다. 첫 번째로 언급된 사항은 한국군의 정전협정에 대한 당사자성과 관련된 확인이었다.

> 한반도 정전에 대해 한국 정부와 군대를 포함시킬 것인가 하는 문제에 대해서 [중략] 7월 16일 해리슨 장군은 다시 '우리는 7월 12일 이미 당신들에

---

78 『毛澤東軍事文選』 제6권, 354; "쿠즈네초프가 외교부에 보낸 전보," 1953년 7월 29일, APRF, 3/65/830 187-89. 양쿠이숭(楊奎松), "중국군의 정전협상전략," (2001), 554; 중화인민공화국 주재 소련 대사(쿠즈네초프)가 소련 내각회의 의장에게 보낸 전문, 조선에서의 전쟁의 종결과 협상의 성공적인 종료에 즈음하여 중화인민공화국 중앙인민정부 주석과의 회담에 대하여, 1953년 7월 29일, 러시아연방대통령문서보관소 문서군 3, 목록 65, 문서철 830, 187-89쪽, 원본, 바르타노프 편, 『자료집: 소련 국방부 중앙문서보관소비밀해제 자료 및 대통령궁 문서보관소 비밀해제 자료 (1997)』, 대한민국 국사편찬위원회 역, 『해외사료총서11』, 제9장.

79 "毛澤東與英共執行委員會主席波立特和總書記高蘭的談話記錄," 1957년 11월 8일. 양쿠이숭(楊奎松), "중국군의 정전협상전략," (2001), 555.

게 대한민국을 포함한 국제연합군은 정전협정 조항을 실시할 것을 보증한다고 했다. [중략] 우리는 다시 한 번 당신들에게 보증한다. 우리는 이미 대한민국정부로부터 필요한 약속을 받았다. 즉 대한민국 정부는 어떤 방법으로건 정전협정 초안 조항의 실시를 가로막지 않겠다고 했다.[80]

마지막까지 남은 전쟁포로의 처리문제는 정전협정 "제3조 전쟁포로에 관한 조치"의 제51항을 통해 다음과 같이 합의되었다.

51. 본 정전협정이 효력이 발생하는 당시에 각방이 수용하고 있는 전체 전쟁포로의 석방과 송환은 본 정전협정 조인 전에 쌍방이 합의한 하기 규정에 따라 집행한다.

ㄱ) 본 정전협정이 효력을 발생한 후 륙십(60)일 이내에 각방은 그 수용하에 있는 송환을 견지하는 전체 전쟁포로를 포로된 당시에 그들이 속한 일방에 집단적으로 나누어 직접 송환 인도하며 어떠한 저애도 가하지 못한다. 송환은 본 조의 각항 관계 규정에 의하여 완수한다. 이러한 인원의 송환수속을 촉진시키기 위하여 각방은 정전협정 조인전에 직접 송환될 인원의 국적별로 분류한 총수를 교환한다. 상대방에 인도되는 전쟁포로의 각 집단은 국적별로 작성한 명부를 휴대하되 이에는 성명, 계급(계급이 있으면) 및 수용번호 또는 군번호를 포함한다.

ㄴ) 각방은 직접 송환하지 않은 나머지 전쟁포로를 그 군사통제와 수용하로부터 석방하여 모두 중립국송환위원회에 넘겨 본 정전협

80 中國 軍事科學院 軍史歷史研究部, 『抗美援朝戰爭史』, 한국 국방부 군사편찬연구소 역(2005), 689.

정 부록 "중립국송환위원회 직권의 범위"의 각조의 규정에 의하여 처리케 한다. [후략]

이어지는 정전협정 제52항은 "정전협정의 효력 발생에 의하여 석방되며 송환되는 어떠한 전쟁포로든지 … 전쟁행동에 사용하지 않을 것을 보장한다"고 했다. 그러나 공산진영에서는 이미 한국군 포로들 중 상당수를 '해방전사'라는 명목으로 전쟁에 재투입한 바 있었다. 정전협상 중 조-중인민군 측 대표단의 일원이었던 이상조는 한국군 포로 57,800명에 대해 교양을 실시해서 현지에서 석방했다고 발언했었다. 이미 스탈린 사망 직후인 1953년 4월 일부 병상포로들에 대한 교환이 이루어졌었지만, 나머지 병상포로들을 우선적으로 교환하기로 하는 합의가 다음과 같은 제53항에 담겼다.

송환을 견지하는 전체 병상전쟁포로는 우선적으로 송환한다. 가능한 범위 내에서 포함된 의무인원을 병상전쟁포로와 동시에 송환하여 도중에서 의료와 간호를 제공하도록 한다.

송환의사를 확실하게 밝힌 포로의 송환은 정전협정이 발효된 지 60일 내에 하기로 합의하고, 그 기간 중 포로송환을 책임질 포로송환위원회(Committee for Repatriation of Prisoners of War)를 다음과 같이 구성하기로 합의했다.

54. 본 정전협정 제51항 ㄱ목에 규정한 전체 전쟁포로의 송환은 본 정전협정이 효력을 발생한 후 륙십(60) 일의 기한 내에 완료한다. 이 기한 내에 각방은 책임지고 그가 수용하고 있는 상기 전쟁포로의 송환을 실제 가능한 한 속히 완료한다.

55. 판문점을 쌍방의 전쟁포로 인도 인수 지점으로 정한다. 필요할 때에는 전쟁포로송환위원회는 기타의 전쟁포로 인도 인수지점(들)을 비무장 지대 내에 증설할 수 있다.

56. ㄱ) 전쟁포로송환위원회를 설립한다. 동 위원회는 령급 장교 륙(6)명으로 구성하되 그 중 삼(3)명은 국제련합군 총사령관이 이를 임명하며 그 중 삼(3)명은 조선인민군 최고사령관과 중국인민지원군 사령원이 공동으로 이를 임명한다. 동 위원회는 군사정전위원회의 전반적 감독과 지도하에서 책임지고 쌍방의 전쟁포로 송환에 관계되는 구체적 계획을 조절하며 쌍방이 본 정전협정 중의 전쟁포로 송환에 관계되는 일체 규정을 실시하는 것을 감독한다. 동 위원회의 임무는 전쟁포로들이 쌍방 전쟁포로 수용소로부터 전쟁포로인도 인수 지점(들)에 도달하는 시간을 조절하며 필요할 때에는 병상전쟁포로의 수송 및 복리에 요구되는 특별한 조치를 취하며 본 정전협정 제57항에서 설립된 공동적십자소조의 전쟁포로 송환 협조사업을 조절하며 본 정전협정 제53항과 제54항에 규정한 전쟁포로 실제 송환 조치의 실시를 감독하며 필요할 때에는 추가적 전쟁포로 인도 인수 지점(들)을 선정하며 전쟁포로의 인도 인수 지점(들)의 안전 조치를 취하며 전쟁포로 송환에 필요한 기타 관계 임무를 집행하는 것이다.

ㄴ) 전쟁포로송환위원회는 그 임무에 관계되는 어떠한 사항에 대하여 합의에 도달하지 못할 때에는 이러한 사항을 즉시로 군사정전위원회에 제기하여 결정하도록 한다. 전쟁포로송환위원회는 군사정전위원회 본부 부근에 그 본부를 설치한다.

ㄷ) 전쟁포로송환위원회가 전쟁포로 송환 계획을 완수한 때에는 군사정전위원회가 즉시로 이를 해산시킨다.

정전협정에 따라 구성된 포로송환위원회는 정전협정 체결 3일 후인 1953년 7월 30일에 첫 회합을 가졌다. 이후 8월 5일부터 9일까지 양측은 포로들을 판문점으로 수송했다. 국제연합군은 병상포로 교환을 위한 '리틀 스위치'(Little Switch) 작전 때보다 훨씬 큰 규모의 '빅 스위치'(Big Switch) 작전을 통해 제주도와 거제도에 수용된 포로들 중 송환을 원하는 포로들을 배, 기차, 자동차로 판문점까지 수송했다. 한편, 조-중인민군 측은 화풍, 광산, 초산, 회령, 아오지, 만포진, 그리고 평양의 강동포로수용소 등에 산재해 있던 국제연합군 및 한국군 포로들을 트럭과 기차로 개성으로 이동시켰다.[81]

1953년 8월 15일에서 9월 6일 사이에 본격적인 포로 교환이 이루어졌다. 국제연합군 측이 북측으로 송환한 포로들은 75,823명(민간인 피억류자 포함 조선인 70,183명, 중국인 5,640명)이었다.[82] 이때까지 송환된 중국인민지원군 포로는 병상포로 교환 당시 송환된 1,030명을 포함해서 6,670명에 불과했다. 중화인민공화국으로서는 자국 포로의 약 3분의 1정도만이 송환되었고, 14,594명의 포로가 송환불원포로로 분류되어 중립국송환위원회의 설득과정을 거치게 되었다.[83] 조-중인민군 측이 남으로 송환한 포로들은 12,773명(한국군 포로 7,862명, 미군 3,597명, 기타 1,314

81 국방부 군사편찬연구소(2013), 『6.25전쟁사11』, 728-29.

82 민간인 피억류자 8,899명, 여자 포로 473명, 아동 23명 포함. 송환된 중국인민군포로들은 잔푸(戰俘) 귀래 관리소에서 교육을 받고 귀향했다. 중국어로는 1899년과 1907년 헤이그협약에 나오는 전쟁포로라는 명칭을 번역할 때 잔푸(戰俘)라는 번역어를 사용했었다. 송환된 중국인민지원군 포로들 중 유일한 여성은 180사(師) 위생대(卫生队) 소속으로 1951년 5월 중국인민지원군 제5차 전역 당시 포로가 되었던 양옥화(楊玉華)였다. 厉振羽, "史海:朝鲜战争中志愿军唯一的女战俘杨玉华," 2008年 12月 31日. 人民网. http://culture.people.com.cn/GB/40479/40480/8609574.html (검색일: 2015년 2월 18일).

83 양쿠이숭(楊奎松), "중국군의 정전협상전략," (2001), 555.

명)이었다. 서울에서는 송환된 포로들을 '귀환용사'(歸還勇士)라고 불렀고, 그 명단이 일간신문에 연재되었다. 평양에서는 송환된 포로들을 '귀환병'이라고 불렀다.

도표 8-1 6.25전쟁 포로 처리 결과

	송환포로			송환불원(1차) 포로					총계
	상병 포로 교환	정전 후 포로 교환	소계	공산측 복귀 / 잔류	UN측 복귀 / 잔류	중립국 선택	도피 / 행불 / 사망	소계	
조선 인민군	5,640	70,183	75,823	188	7,604	75	34	7,900	83,723
중국 인민지원군	1,030	5,640	6,670	440	14,235	11	17	14,704	21,374
소계	6,670	75,823	82,493	628	21,839	86	51	22,604	105,097
한국군	471	7,862	8,321	325	8	2		335	8,656
미군	149	3,597	3,746	21	2			23	3,769
영국군	32	945	977	1				1	978
기타	32	369	400						400
소계	684	12,773	13,444	347	10	2		359	13,803

* 출처: Hermes, *Truce Tent and Fighting Front*, 514-515.

중립국송환위원회로 넘어간 송환불원포로들

정전협정의 부록에 포함된 '중립국송환위원회 직권의 범위'(Terms of Reference for Neutral Nations Repatriation Commission)에 관한 합의 제2조 전쟁포로의 관리와 관련된 제4항은 "정전협정 발효일 이후 피송환권을 행사하지 않은 전체 전쟁포로는 정전협정 발효일 이후 가능한 한 속히 최대한 륙십(60)일 이내에 억류 측의 군사통제와 수용하로부터 석방되어 억류 측이 지정하는 한국 내의 지구에서 중립국송환위원회에 넘어간다"고 규정하고 있었다. "송환권을 행사하지 않은 전쟁포로"란 사실상

송환불원의사를 표시했던 포로들이었다. 송환희망포로들에 대해서는 정전협정 체결 직후 60일 이내에 송환토록 하고, 송환불원포로들에 대해서는 60일 내에 석방하는 대신 쌍방에게 설득시간을 갖도록 한 것이었다.

따라서 포로송환위원회의 포로송환임무가 종료되자 정전협정 부록 '중립국송환위원회 직권의 범위'에 관한 합의 제1조 총칙의 제1항에 따라 인도, 스웨덴(서전), 스위스(서서), 폴란드, 체코슬로바키아의 대표 1인들로 구성된 중립국송환위원회(Neutral Nations Repatriation Commission)의 다음과 같은 역할이 시작되었다.

> 전체 전쟁포로로 하여금 정전후 피송환권 행사의 기회를 가지도록 보장하기 위하여 쌍방은 서전[스웨덴], 서서[스위스], 파란[폴란드], 체코슬로바키야 및 인도에 각각 일(1)명씩 의 위원을 임명하도록 요청하여 중립국송환위원회를 설립하고 동 위원회는 억류 측의 관리 하에 있는 동안 피송환권을 행사하지 않은 전쟁포로를 한국에서 수용한다. 중립국송환위원회는 그 본부를 비무장지대 내의 판문점 부근에 두며 중립국송환위원회와 동일한 구성을 가진 종속기관을 동 위원회가 전쟁포로를 책임지고 관리하는 각 지점에 주재시킨다. 중립국송환위원회와 그의 종속기관의 사업을 참관하는 것을 쌍방 대표들에게 허락한다. 이에는 해설과 면회를 포함한다.

또한 "중립국송환위원회의 직무와 책임의 수행을 협조하는 데 필요한 충분한 무장력량과 기타 일체 공작인원은 인도가 전적으로 제공하며 제네바협약 제132조의 규정에 의하여 인도대표는 공정인이 되며 동 대표는 중립국송환위원회의 의장과 집행자로 된다"고 규정한 제2항이 이행되었다. 파병된 인도보호군 대표는 제2차 세계대전 당시 영연방군의 여단장을 지냈고, 나중에 인도보호군(CFI: Custodial Forces of India) 육군 참모총장이 되는 티마야(K. S. Thimayya) 중장이었다. 중립국 송환위원회 의장이 된 티마야 중장은 쌍방으로의 송환을 원하지 않는 포로들을 일단 인도보호군의 관리 하에 두었다.[84]

한국 대통령 이승만은 정전과정 내내 인도가 취했던 중립주의적 외교노선에 대해 비판적 입장을 견지했다. 송환불원의사를 밝힌 포로들을 인도보호군에게 맡기는 것을 비인도(人道)적인 것이라고 보았다. 이승만정부는 인도보호군들이 한국 영토에 상륙하는 것조차 허가하지 않았다. 결국 일본을 경유하여 9월 28일 인천항에 도착한 인도보호군은 한국영토에 상륙하지 못하고 국제연합군 헬리콥터로 비무장지대로 수송되었다. 헬리콥터 1대당 5명밖에 탑승할 수 없었고, 편도 수송에 35분이 걸렸다. 이렇게 약 6천 명의 인도군인들이 인천항에서 비무장지대까지 수송되었다.[85] 비무장지대에 설치된 인도군들의 병영은 '힌드 나가르'(Hind Nagar)라고 불렸다.[86] 인도군에 대한 한국 국민의 반감은 1953년 10월 초 비무장지대의 인도보호군 관리 하에 들어간 송환불원포로들이 인도군 병사의 총격으로 1명이 사망하고, 5명이 부상당한 사건으로 더욱 고조되었다.[87]

---

84 후일 인도육군참모총장을 역임한 티마야장군의 회고록은 한국에서 번역, 출간되었다. Kodendera Subayya Thimayya, *Experiment in Neutrality* (New Delhi : Vision Books, 1981). K. S. 티마야, 『판문점 일기』, 라윤도 옮김 (서울: 소나무, 1993). 당시 인도보호군의 활동에 관한 또 다른 자료로는 Sri Nandan Prasad, *History of the Custodian Force (India) in Korea, 1953-55* ([New Delhi] : Historical Section, Ministry of Defence, Govt. of India, 1976).

85 티마야, 『판문점 일기』, 48-49.

86 Gurvinder Pal Singh, "History of the role of Indian peace keeping forces under the aegis of United Nations Organisation since 1947," Ph. D. Dissertation, (Department of History, Hemwati Nandan Bahuguna Garhwal University, 2009), 142.

87 『경향신문』, 1953년 10월 3일. 당시 비무장지대 안의 포로수용소 운영 실태에 관한 체험자들의

상호합의에 따라 국제연합군 억류 하에 있던 송환불원포로 22,604명, 조-중인민군 억류 하에 있던 송환불원포로 359명이 쌍방이 합의한 중립지대에서의 설득 절차를 거쳐 최종선택을 인정받아야 했다. 송환불원의사를 확인한 쌍방의 포로들은 약 6천 명의 인도보호군이 관리하는 중립지대로 보내졌다. 비무장지대 안에는 약 2만 명이 넘는 송환불원포로들을 관리하기 위한 새로운 포로수용소들이 건설되었다. 국제연합군 측이 억류하고 있던 포로들을 중립지대로 이송하는 수송작전은 1953년 9월 10일부터 23일까지 약 2주간에 걸쳐 이루어졌고, 조-중인민군 측의 수송작전은 한국군 및 국제연합군 송환불원포로들의 숫자가 적었기 때문에 9월 24일 하루에 이루어졌다.[88]

송환불원포로들은 쌍방에서 파견된 설득팀에 의해 송환을 설득당하는 과정을 거쳐야 했고, 동석한 중립국송환위원회 소속 인원들이 포로의 의사를 최종 확인했다.[89] 송환불원포로들의 의사를 확인하는 작업이 진행 중이던 1953년 9월 21일 조선인민군 노금석(盧今錫) 상위가 미그-15기를 몰고 군사분계선 이남으로 '자유의 비행'을 단행하는 상징적 사건이 일어나기도 했다.[90]

중립국송환위원회는 인도보호군의 관리를 받게 된 포로들에 대해 정전협정 부록 중립국송환위원회 직권의 범위 제8항에 따라 다음과 같은 조치

증언에 관해서는 "중립지대 안의 수용소(1-4)," 『중앙일보』, 1973년 6월 27일-7월 4일; 인도보호군의 포로관리실태에 관한 체험자들의 증언에 관해서는 "인도군의 포로관리: 설득설전(1-6)," 『중앙일보』, 1973년 7월 6일-7월 18일.

88 양흥모, "흘러간 '포로설득'의 회고," 『板門店 13年』 (서울: 大韓公論社, 1966), 184.

89 티마야, 『판문점 일기』, 48.

90 No Kum-Sok with J. Roger Osterholm, *A MiG-15 to Freedom: Memoir of the Wartime North Korean Defector Who First Delivered the Secret Fighter Jet to the Americans in 1953* (Jefferson, NC: McFarland, 2007). 노금석은 귀순 이후 도미하여 미국시민이 되었고, 미국명은 케네스 로(Kenneth Rowe)이다.

를 시행했다.

> 8. 중립국송환위원회는 피송환권을 행사하지 않은 전체 전쟁포로를 접수 관리하게 된 후 즉시로 조치를 취하여 전쟁포로의 소속국가들로 하여금 자유와 편리를 가지고 중립국송환위원회가 접수 관리하게 된 날부터 구십(90)일 이내에 하기 규정에 따라 이러한 전쟁포로의 관리 지구에 대표를 파견하여 동 소속국에 의탁하는 전체 전쟁포로에게 그들의 권리를 해설하며 그들이 고향에 돌아가는데 관련되는 모든 사항, 특히 그들이 집에 도라가[돌아가] 평화적 생활을 할 수 있는 완전한 자유를 가지고 있다는 것을 알리게 한다.

정전협정 부록의 이 조항에 따라 본국으로의 송환불원의사를 밝혔던 포로들은 중립국송환위원회가 관리하는 3개월 동안 쌍방에서 파견된 대표들로부터 송환을 설득 받는 시간을 갖게 되었다. 명칭은 '설득'이었지만, 실제로는 송환을 거부하고 남쪽에 남을 경우, 북에 있는 친지와 친구들에게 일어날 일을 언급하며 '협박'이 이루어지기도 했다.[91] 설득이 시작되기도 전에 변심하여 송환불원의사를 번복한 포로들도 480여 명 있었고, 설득을 통해 마음을 바꾸는 포로들도 있었다. 각자의 선택에 따라 고향으로 돌아가지 않겠다는 뜻을 이미 밝힌 송환불원포로들에게 있어서 이 설득과정은 지루하고, 가혹한 것이었다. 송환불원포로들 중에는 과거 자신들이 속해 있던 군대에서 파견된 설득요원들과 충돌하는 경우도 있었다.[92] 국제연합군 관할의 조-중인민군 송환불원포로 22,604명이 모

---

91 Oliver, *Syngman Rhee and American Involvement in Korea,* 408.

92 어떤 반공포로는 워커 구두창 속에 든 금속을 빼내 이를 갈아서 예리한 조각을 만들어 다시 구두창 속에 넣고 인도보호군의 감시를 피해 설득장으로 들어갔다. 그리고 설득장에서 반공포

두 설득과정을 거친 것은 아니었다. 중립지대에 설치된 수용소 철조망 밖에 대형 천막을 몇 개 쳐놓고 북쪽, 남쪽, 중립국(인도)에 갈 사람은 어느 천막으로 들어가라는 식으로 처리되기도 했다.[93]

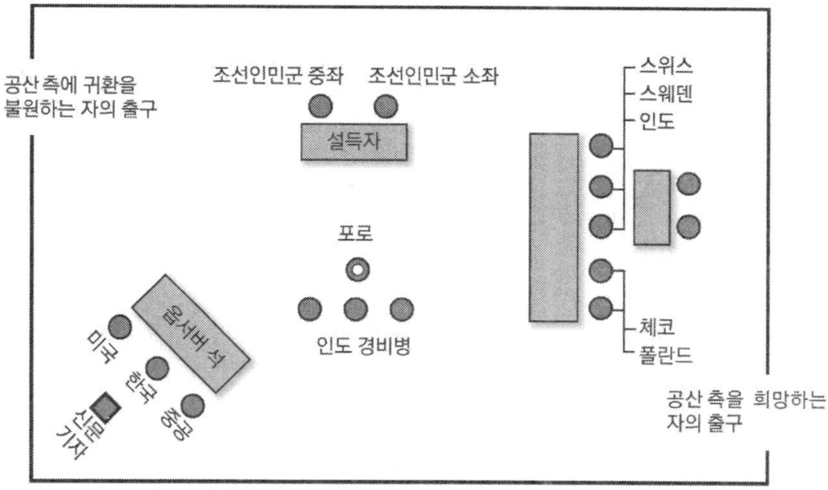

도표 8-2 송환불원포로들의 의사를 최종확인했던 장소
티마야, 『판문점일기』를 참고

설득기간 중 송환불원의사를 밝힌 조선인민군 및 중국인민지원군 포로들은 설득기간종료일인 1954년 1월 23일(만 120일)에 앞서 "송환불원포로들은 종전의 관리국에 이양하겠다"는 중립국송환위원회 의장 티마야 중장의 19일 성명에 따라 1월 20일부터 국제연합군에게 인도되기 시

로들을 설득하던 조선인민군 측 요원에게 송환불원의사를 철회하고 북으로 갈터이니 막사 뒤에서 조용히 이야기하자고 말하면서 그를 데리고 나가 구두창 속에 넣어두었던 금속조각으로 조선인민군 측 설득요원을 난자하기도 했다. 宋孝淳, 『大釋放』, 337-39. 설득장에서는 설득관을 향해 의자를 집어 던지거나 가래침을 뱉기도 했다. Leckie, *Conflict*, 392-93.

93 인도행 포로 현동화 인터뷰, 『조선일보』, 2015년 6월 22일.

작했다. 1월 20일 오전 송환불원포로 제1진 25명은 태극기를 휘날리며 마중나온 백두진 국무총리, 손원일 국방장관, 백선엽 육군참모총장, 최덕신 정전협상 대표, 최석 포로인수본부장, 박영준 정훈감, 그리고 헐(James E. Hull) 국제연합군 총사령관, 테일러 미8군 사령관 등의 환영을 받았다. 1954년 1월 22일부로 민간인이 된 송환불원포로들은 사회적응 교육을 받은 후 1954년 1월 23일 석방되었다. 이들이 석방된 1월 23일은 1958년 아시아반공연맹총회에서 '자유의 날'로 선포되었다. 중화민국 정부도 1.23자유일(一二三自由日)을 정했고, 반공의사촌(反共義士村)을 만들어 이들을 정착시켰다.94

결국 정전협정 체결 직후 중립지대로 이송된 22,604명의 포로들 중 21,839명(중국인민지원군 포로 14,235명, 조선인민군 포로 7,604명)이 끝까지 송환불원의사를 고수하고 자유진영을 선택했다. 평양정부는 "귀환하지 않은 반공포로들을 반동분자로 낙인찍고, 그 가족들에게는 전쟁터에서 죽었다는 '사망 통지서'를 부모들에게 통보했다."95 송환불원의사

---

94 조성훈, 『한국전쟁과 포로』, 409.

95 제3국을 택한 포로에 관해서는 다음과 같은 문헌들을 참고할 수 있다. 주영복, 『76인의 포로들 1: 중립국 인도』 (서울: 대광출판사, 1993); 김경학, "인도 정착 한국전쟁 중립국 선택 포로의 이야기," 『인도연구』 9권 1호 (2004); 김학선, "제3국행 한국전쟁 포로의 정체성과 귀속문제 연구," 한국외국어대학교 석사학위논문 (2013), 7-8. 한국의 MBC방송은 1993년 6월 21일부터 22일까지 6.25특집 다큐멘터리 2부작으로 중립국행 포로들의 삶을 추적한 "76인의 포로들"이라는 다큐를 방송했다. 이들 중 브라질에 정착했던 김남수는 자신을 '조센징'이라고 차별한다는 이유로 일본인을 살해해 27년형을 선고받고 복역 중 상파울루 한인교회의 구명운동으로 1975년 형 집행정지로 풀려났다. 그러나 그는 다시 총기살인으로 영어의 몸이 되었다. 이후 브라질 한인사회와 한국의 구명운동으로 1994년 석방되었다. 이후 중립국행을 택한 지 41년 만에 대한민국에 정착해 살다가 2015년 2월 충북 음성 꽃동네에서 83세의 생을 마쳤다. 중국 국민혁명군 제8로군 출신으로 6.25전쟁에서 포로가 된 오일국(1925-1970)은 조선인민군 출신 임관택과 브라질로 갔다가 아마존 밀림으로 들어갔다. 일본계 여인과의 사이에서 태어난 그의 아들 오용문의 가족은 2011년 아마존 밀림에 거주하고 있는 사진이 임관택의 증언과 함께 소개되었다. 『조선일보』, 2011년 11월 22일;

를 철회한 포로들은 중국인민지원군 출신 440명, 조선인민군 출신 188명을 합해 628명에 불과했다. 나머지 137명 중 중립지대에서 인도보호군의 관리를 받던 중 탈출 및 행방불명 13명, 인도보호군의 관리를 받던 중 사망 38명이 있었다. 나머지 86명은 일단 중립국행을 선택하여 인도행 선박에 올랐다. 여기에 한국군 포로들로서 제3국으로의 송환을 선택한 포로 2명이 합류하여 총 88명이 인도로 갔다. 88명 중 조선인민군 출신 74명, 한국군 출신 2명, 중국인민지원군 출신 12명(이 중 1명은 만주 거주 조선인)이었다. 이들은 1954년 2월 6일 영국군 수송업무를 맡았던 아스투리아스(Asturias)호를 타고 인천을 떠나 16일 만에 인도 마드라스항(현재 첸나이 항)에 도착했다.96

장교출신 포로였던 현동화 등은 미국 접경국인 멕시코로 갔다가 미국으로 가고자 했지만 멕시코가 당초 약속과는 달리 입국을 허용하지 않았다. 1957년 시점에서 만주 출신 포함 77명의 코리안 포로들 중 인도 체류 9명, 브라질 이주 50명, 아르헨티나 이주 12명, 평양으로 이주 6명 등의 분포를 보였다. 1958년 브라질에서 서울로 온 경우가 생겨났고, 나중에 2명이 미국으로, 1명이 캐나다로 이주했다.97

중립국을 선택한 6.25전쟁포로의 이야기는 1960년 최인훈의 소설 『광장』의 가공인물 이명준을 통해 극화되었다. 그런데 당시 인도로 갔던 현

강신욱, "음성꽃동네 21년 거주하다 선종한 반공포로," 『뉴시스』, 2015년 2월 3일. Hermes, *Truce Tent and Fighting Front,* 515; 인도행 포로 현동화 인터뷰, 『조선일보』, 2015년 6월 22일; 김태일, 『거제도 포로수용소 秘史』, 46.

96 이 배는 1957년 난파되었는데, 난파에 앞서 타이타닉호 침몰사건을 다룬 'A Night to Remember'라는 영화에 활용되어 그 모습을 남겼다.
http://www.family-ough.co.nz/Voyages_on_HMTs_Asturias.html;
http://www.ssasturias.net/troop_service_3.html (검색일: 2015년 6월 29일)

97 이선우, "'국민'과 '인민'의 경계에서: 한국전쟁 이후 중립국 선택 포로의 정착과정과 이중적 정체성," 제7차 한국학세계대회(the 7th World Congress of Korean Studies), 2014년 9월 30일.

동화는 "그 작품은 중립국으로 간 반공포로들을 잘못 인식시켰어요. 우리는 사상적 갈등 때문이 아니라 절망적인 현실에서 자신의 장래를 위해 떠났던 겁니다"라고 증언했다. "실제로는 대부분이 반공 성향으로 남한에 가족이 없어 해외로 나갔을 뿐, 현지에서 선교, 사업을 하면서 한국 교민들의 정착을 도왔다"는 것이다.[98] 일제강점기와 6.25전쟁을 거치면서 이들의 제3국행은 외국이주를 위한 선택의 의미도 컸던 것이 사실이다. 전쟁과 빈곤을 피해 일단 중남미로 갔다가 미국으로 입국하려는 계획을 가진 경우가 많았다.

조-중인민군에 의해 억류되었다가 송환불원의사를 밝혔던 국제연합군 및 한국군 포로 359명 중 미군포로 2명과 한국군 포로 6명은 인도보호군 관리 하의 수용소에서 탈출하거나 포로설득과정에서 송환을 선택했다. 이에 반해 송환불원의사를 견지한 국제연합군 및 한국군 포로들은 국제연합군 및 한국군에서 파견된 설득요원 등을 상대로 미군이 세균전을 펼침으로써 포로들이 몰살당했다는 식의 정치선전공세를 펼치기도 했다.[99] 미군포로 21명, 영국군포로 1명, 한국군 포로 325명이 끝내 송환불원의사를 번복하지 않았고, 이들 중 2명은 제3국행을 선택한 공산군포로 86명에 합류했다.[100]

미군 포로들 중 약 33%가 부역을 했다는 통계는 과장되었다고 보여진다. 미 육군이 제시한 숫자에 의하면 미군 포로의 15%가 공산주의에 동조했으며, 5%가 적극적으로 저항했다. 나머지 80%는 평화호소문에 서명

98 인도행 포로 현동화 인터뷰, 『조선일보』, 2013년 6월 17일; 『조선일보』, 2015년 6월 22일. 1932년 함경북도 청진 출신의 현동화 자신도 1954년 인도에 도착한 후, 1962년에 한국 국적을 얻었고, 1976년부터 2005년까지 인도 한인회장을 맡았다.

99 1953년 11월 16일에는 부부포로가 두 자식과 함께 탈출했다. 宋孝淳, 『大釋放』, 345-47.

100 Hermes, *Truce Tent and Fighting Front*, 496, 515; 김경학, "인도 정착 한국전쟁 중립국 선택 포로의 이야기," 『인도연구』, 9권 1호 (2004).

했는데, 이는 가족에게 생존소식을 알리기 위한 선택이었다. 공산진영은 그들이 가입하지도 않은 제네바협약을 내세워 강제송환을 주장했지만, 정작 제네바협약에 따른 포로명단의 교환에는 응하지 않았다. 전쟁이 끝나고 1955년 8월 17일 미군은 일부 미군포로들이 억류생활 중에 부역했던 경험을 교훈삼아 포로행동수칙을 포함한 군인행동수칙을 새롭게 제정했다.[101]

1954년 2월 24일 새벽 4시경 국제연합군 포로들 중에서 끝까지 송환불원의사를 번복하지 않은 포로들이 판문점 근처에서 북쪽으로 향하는 열차를 타고 압록강을 건너 중화인민공화국으로 들어갔다. 다른 체제와 문화 속에서의 삶을 선택한 것이다. 중화인민공화국 적십자사는 이들에게 다음과 같은 4가지 선택권을 주었다. (1) 대학교에 들어가서 공부하는 것, (2) 농촌에 가서 일하는 것, (3) 공장에 가서 일하는 것, (4) 아무 것도 하지 않거나 원하는 직업을 선택하는 것. 몇 년 뒤에 그들 중 17명은 다시 미국으로 돌아갔다. 나머지 4명 중 1명은 체코 국적의 여성과 함께 체코슬로바키아로 갔고, 1명은 벨기에에 갔으며, 2명은 중화인민공화국에 묻혔다.[102]

송환불원의사를 고수했던 포로들 중 3명은 흑인이었다.[103] 그들 중 한 명이었던 C. 아담스(Clarence Adams, Cpl., Memphis, Tennessee)는 미국사회의 인종차별이 송환을 거부하는 이유라고 밝혔다. 베트남전쟁 당시 C. 아담스는 하노이 라디오방송을 통해 미국 흑인병사들을 향해 선무방

101 Leckie, *Conflict,* 389-91.

102 王勇 "从战俘到和平 使者一定居中国的温纳瑞斯), 『党史纵览』(당사종람), 第11輯, 2004년 11월 28일.

103 Lewis H. Carlson, *Remembered Prisoners of a Forgotten War: An Oral History of Korean War POWs* (New York: St. Martin's Press, 2008), 207.

송을 했다. 그러나 그는 1966년 미국으로 귀환했다. 그는 반역죄로 기소되었으나 기각되었다. 그는 고향인 멤피스에서 중국식당을 열었고, 1999년 사망했다.104

H. 아담스(Howard Adams, Sgt., Corsicana, Texas)는 중국의 제지공장에서 일했고, 언론과의 접촉을 사절했다. 벨롬(Albert Constant Belhomme, Sgt.)은 벨기에 출신으로 10대에 미국으로 이민했다가 참전했다. 그는 벨기에의 앤트워프로 가서 정착하기 전까지 중국의 제지공장에서 일했다. 벨(Otho Grayson Bell, Cpl., Olympia, Washington)은 미국에 부인과 어린 딸이 있음에도 불구하고 송환을 거부한 경우였다. 그는 함께 송환을 거부한 코워트(William Cowart, Cpl.), 그릭스(Lewis Griggs) 등과 중국의 협동농장에서 일했다. 이들은 1955년 7월 함께 미국으로 귀환하여 체포되었으나 방면되었다. 벨(Bell)은 2003년에 사망했다. 이들 3인은 밀린 봉급을 지급하라는 소송을 냈고, 미국 대법원은 그들이 포로가 되었을 시점에서부터 불명예전역시점까지의 봉급을 받을 자격이 있다고 판결했다.

코든(Richard Corden, Sgt., Chicago)은 1958년 미국으로 귀환했고, 귀국 후에도 친공적 성향을 보인 것으로 알려졌다. 그는 1988년 미국에서 사망했다. 더글러스(Rufus Douglas, Sgt.)는 1954년 중국에서 사망했다. 던(John Roedel Dunn)은 중국에 있는 동안 체코슬로바키아 여성과 결혼했고, 1959년 체코슬로바키아로 가서 정착했다가, 냉전이 끝나고 체코와

---

104 이하 21인의 송환불원포로들에 관해서는 Clarence Adams, ed. by Della Adams and Lewis H. Carlson, *American Dream: The Life of an African American Soldier and POW Who Spent Twelve Years in Communist China* (2007); Virginia Pasley, *21 Stayed: The Story of American GI's Who Chose Communist China- Who They Were and Why They Stayed* (New York: Farrar, Strauss and Cudahay, 1955); Lewis H. Carlson, *Remembered Prisoners of a Forgotten War: An Oral History of Korean War POWs* (New York: St. Martin's Press, 2008), 195-212.

슬로바키아가 분리된 이후인 1996년 슬로바키아에서 사망했다. 포르투나(Andrew Fortuna, Sgt., Greenup, Kentucky)는 포로가 되기 전 두 개의 동성무공훈장을 받았었다. 1957년 7월 미국으로 귀환했고, 1984년 사망했다. 그릭스(Lewis Wayne Griggs)는 1955년 벨(Bell)과 코워트(Cowart) 등과 함께 미국으로 귀환했고, 1959년 스티픈 오스틴 대학(Stephen F. Austin State University)의 사회학과를 졸업한 후, 1984년 사망했다.

호킨스(Samuel David Hawkins, Pfc. Oklahoma City)는 중화인민공화국에서 러시아여성과 결혼했고, 1957년 미국으로 귀환했으며, 곧 그의 부인도 미국 입국이 허용되었다. 그는 청원을 통해 "불명예전역"을 "명예 이외의 전역"(other than honorable)으로 바꾸는 데 성공했다. 패이트(Arlie Pate, Cpl.)는 1956년 윌슨(Aaron Wilson)과 함께 귀환하기 전 종이공장에서 일했고, 1999년 사망했다. 러쉬(Scott Rush, Sgt.)는 중국에서 결혼해서 10년 정도 살았고, 부인과 함께 귀환하여 중서부지역에 정착했다. 스키너(Lowell Skinner, Cpl.)는 어머니가 라디오로 귀환을 호소했으나 끝내 송환을 거부했다. 중국에서 결혼했으나, 1963년 부인을 두고 미국에 귀환했다. 알콜문제가 있었고 6개월 간 정신병 치료를 받기도 했으며, 1995년 사망했다. 설리번(LaRance Sullivan)은 1958년 귀환하여 2001년 사망했다. 테네슨(Richard Tenneson, Pfc.)은 1955년 귀환했고, 유타에 정착해 살다가 2001년 사망했다.

베네리스(James Veneris, Pvt. Vandergrift, Pennsylvania)는 중화인민공화국에 머물면서 헌신적 공산주의자가 되었다. 그는 중국식 이름인 '라오웬(老温)'으로 널리 알려졌다. 대약진운동에도 참여했고, 세 번 결혼하여 자녀를 두었다. 1976년 미국으로 귀환했으나 다시 중화인민공화국으로 돌아가서 그 곳에 묻혔다. 웹(Harold Webb, Sgt. Jacksonville, Florida)은 중화인민공화국에서 폴란드 여성과 결혼했고, 1960년 폴란드로 가서 카토위치(Katowice)에 정착한 것으로 알려지고 있다. 그는 1988년 미국 귀환신청을 내서 허가를 받았다. 화이트(William C. White, Cpl.)는 17세에 입대한 흑인병사로 중화인민공화국에 있는 동안 결혼했고, 1965년 미국으로 귀환했다.

윌스(Morris Wills, Cpl. Fort Ann, New York)는 베이징대학 농구대표로 활약했고, 그곳에서 결혼했다. 1965년 미국으로 귀환하여 하버드대학의 아시아연구부에서 일했다. 모스킨(J. Robert Moskin)과 함께 자신들의 경험담을 책으로 출간했다.[105] 윌슨(Aaron Wilson, Cpl. Urania, Louisiana)은 송환불원포로들 중 8학년 이상까지 학교를 다니지 못한 5명 중 한 명이었다. 1950년 중국인민지원군의 초기 공세 당시 포로가 되었다. 그의 짧은 학력과 3년간의 긴 포로생활 중에 받았던 세뇌교육이 그가 송환을 원하지 않은 이유로 분석되기도 했다. 1956년 미국으로 귀환하여 미국 여성과 결혼했다. 그는 마당에 18인치 깃대를 세워 성조기를 게양하고 살았다. 2002년 코리아전쟁 참전자협회와의 인터뷰에서 "이 나라는 위대한 나라이다. 내가 17세 때는 몰랐을 수도 있다. 그러나 지금은 안다"라고 말했다.[106]

미송환 국제연합군/한국군 포로들

자유진영에 억류되어 있던 조선인민군 및 중국인민지원군 포로들에

105 Morris Wills and J. Robert Moskin, *Turncoat: An American's 12 Years in Communist China* (Upper Saddle River, N.J.: Prentice-Hall, 1968).

106 영국군 포로로서 유일하게 송환을 거부했던 코드론(Andrew Condron, 해병, 스코틀랜드)은 1960년 영국으로 귀환했고, 아무런 징계를 받지 않았다. 정전협정 체결 이후 군사분계선 이북으로 간 미군은 6명으로 알려지고 있다. Larry Allen Abshier (1962년), James Joseph Dresnok (1962년), Jerry Wayne Parrish (1963년), Charles Robert Jenkins (1965년), Roy Chung (1979년), Joseph T. White (1982년).

관해서는 많은 자료들이 공개되었지만, 반대로 억류되었던 국제연합군 및 한국군 포로들에 대해서는 아직까지도 미공개된 부분이 많다. 6.25전쟁 중 26명의 미공군 및 1명의 캐나다인이 포로가 되어 센양(瀋陽, 만주어로는 무크덴)의 수용소에 감금되었다. 중화인민공화국은 이들이 영공을 침범했다고 주장했다. 정전협정이 체결되자 11명의 미국인은 송환되었지만, 나머지 15명의 미국인과 1명의 캐나다인은 '조선'에서의 전쟁포로가 아니라 중화인민공화국 영공을 침범한 전쟁포로라는 이유로 석방되지 못했다. 이들은 1954-55년까지 억류되어 있다가 홍콩을 통해 가까스로 석방되었다.[107]

국제연합군 및 한국군은 1953년 4월 병상포로 교환(Operation Little Switch) 당시 6,670명의 병상포로를 송환한 것에 더해서 정전협정 체결 이후 75,823명(민간인 피억류자 포함 조선인 70,183명, 중국인 5,640명)을 송환하여 총 82,493명을 조-중인민군 측에 송환했다. 이에 비해 조-중인민군 측에서 국제연합군 측으로 송환한 포로의 숫자는 먼저 송환되었던 병상포로 포함 13,444명(한국군 8,321명, 미군 3,746명, 기타 국제연합군 1,377명)에 불과했다.[108]

13,444명이라는 수치는 공산군 측의 선전자료 등에 입각해서 국제연합군 측이 추산한 한국군 포로 88,000명과 국제연합군 포로 11,500명 등 약 10만여 명 보다 훨씬 작은 수치였다. 이 수치는 1990년 중화인민공화국에서 발간된 『중국인민지원군 항미원조전사』가 밝히고 있는 46,088명의 포로숫자에 비해서도 훨씬 작은 것이었다. 더욱이 『중국인민지원군 항미원조전사』가 밝히고 있는 46,088명의 포로숫자는 중국 측이 항미원

107 Defense POW/Missing Personnel Office.

108 Hermes, *Truce Tent and Fighting Front,* 514.

조전쟁 기간으로 설정한 1950년 10월 25일부터 1953년 7월 27일까지의 전과통계로서 1950년 6월 25일 이후 1950년 10월 24일까지 발생한 한국군 및 국제연합군의 포로 숫자는 포함되지 않은 것이었다.[109] 장융과 핼리데이는 인터뷰 자료 등을 통해 조-중인민군이 억류하고 있던 약 6만여 명의 한국군포로가 마오쩌둥의 개입으로 계속 억류되었다고 주장한 바 있다.[110]

평양 측은 약 13,904명의 한국군 포로를 억류했으며, 그중 6,430명은 조선인민군에 복역시키고, 남은 사람들은 내무부와 철도부에 배속시켜 서로 다른 업무에 종사하게 했다. 그 외에도 한국의 민간인들 중에서 강제로 동원되어 조선인민군에 배속된 인원은 42,262명이었다. 정전협정 체결 이후 김일성은 베이징을 방문하여 남겨진 전쟁포로를 어떻게 처리할 것인지에 대해 마오쩌둥과 회담했는데, 마오쩌둥은 현재 전쟁포로를 넘겨주기에는 시기적으로 너무 늦었고, 중화인민공화국과 조선 측이 정전협정을 위반했다는 증거를 미국에게 제공하는 꼴이 될 것이라고 말했다. 김일성도 마오쩌둥의 이런 견해에 동의했다. 평양주재 소련 대사 수즈다레프(S. P. Suzdalev)를 방문한 김일성은 평양당국이 필요한 조치를 통해 미석방포로들을 압록강과 두만강 인근 북부지역에 분산 배치해서, 그들이 도망하거나 정전협정을 감독하는 중립국감독위원회와 연락을 취하는 것을 방지하겠다고 했다.[111]

1953년 7월 23일 국제연합군 측은 일단 포로교환을 진행하면서도 미

---

109 軍事科學院 軍事歷史研究所 編著, 『中國人民志願軍 抗美援朝戰史』 (軍事科學出版社, 1988. 7), 한국전략문제연구소 역, 『중공군의 한국전쟁사: 항미원조전사』 (서울: 세경사, 1991), 392.

110 Jang and Halliday, *Mao,* 377.

111 沈志华(션즈화), 『毛泽东, 斯大林与朝鲜战争』 (广东: 人民出版社, 2007[2003]), 최만원 역, 『마오쩌뚱, 스탈린과 조선전쟁』 (서울: 선인, 2010), 459-60.

송환포로문제를 군사정전위원회를 통해 다시 검토하고 논의할 권리가 있다고 보았다.[112] 1955년 9월 한국 정부는 납북인사와 국군포로 송환 문제를 국제연합을 통해서도 추진해보려고 했으나 결국 군사정전위원회에서 2천 명 수준의 국군포로에 대한 해명을 요구하는 수준에 그치고 말았다.[113] 평양당국은 강제억류 중인 국군포로는 한 명도 없다는 입장을 고수해오고 있다. 그러나 미송환 국군포로들은 강원도 세포, 황해도 곡산, 평남 강동, 승호리, 평북 영변, 자강도(1949년 평북에서 분할, 신설) 강계, 함북 회령 등지의 포로수용소들에 수용되어 있었다. 또한 황해도의 홀동광산, 평북의 천마광산, 함남의 신창탄광 및 단천광산과 검덕광산, 함북의 은덕탄광과 오봉탄광 등지에 배치되어 강제노역에 종사했다.[114]

1994년 10월 국군포로 조창호 소위 탈북생환사건을 통해 미송환 국군포로의 존재가 실증되었다. 이어서 1997년 국군포로 양순용이 탈북했고, 1998년 장무환 등 4명, 1999년 허판영 등 2명, 2000년 유영복 등 9명, 2001년 박종문 등 6명, 2002년 최완종 6명, 2003년 김경렬 등 5명, 2004년 하인수 등 14명, 2005년 노창원 등 11명, 2006년 양회갑 등 7명, 2007년 심수택 등 4명, 2008년 김진수 등 6명, 2009년 3명, 2010년 김 모 씨라고만 보도된 1명의 국군포로가 탈북하여 한국으로 귀환했다. 2011년과 2012년에는 생환자가 없었다.[115]

한국 국방부는 1997년 10월 미귀환 국군포로들 중 일부가 포함된

---

112 "유엔군사령부에서 육군부로," 1953년 7월 23일, 8/218. 조성훈, 『6.25전쟁과 국군포로』, 180에서 재인용.

113 조성훈, 『6.25전쟁과 국군포로』, 264.

114 오경섭, 윤여상, 허선행, 『국군포로 문제의 종합적 이해』 (서울: 북한인권정보센터, 2008), 67, 76-77.

115 오경섭, 윤여상, 허선행, 『국군포로 문제의 종합적 이해』, 41-42; 『국민일보』, 2013년 7월 27일.

19,409명의 『6·25참전 행불자(실종자) 명부』를 공개했고, 1998년 4월 생존해 있는 것으로 추정되는 481명을 제외한 실종자들을 전사자로 처리했다(사망시점은 1953년 정전협정 이전의 실종시점). 이러한 전사자 처리는 유가족들에게 「국가유공자 등 예우 및 지원에 관한 법률」 제4조에 의해 '전몰군경' 유족의 국가유공자 지위를 받게 해주었다. 이것은 전쟁 초기 이른바 '해방전사'로 분류된 투항자 또는 '전향포로'인지 여부를 따지지 않고, 모두를 전사자로 처리하여 대우하는 정책이었다. 이 정책은 미귀환 국군포로 문제를 덮어두는 결과도 초래했다.

한국 국가정보원은 2006년 6월 탈북자신문 등을 통해 신원을 확인한 국군포로들 중 548명의 생존자와 301명의 행방불명자가 있다고 밝혔다. 2005년 설립된 6.25참전 국군포로 가족모임은 2008년 6.25국군포로가족회(Family Union of Korean POWs Detained in North Korea)로 발전하면서 미송환국군포로에 대한 송환노력을 전개했다.[116] 이러한 노력의 결과, "국군포로의 실태파악 및 송환과 국군포로 및 그 가족에 대하여 필요한 대우와 지원에 관한 사항"을 규정한 「국군포로의 송환 및 대우 등에 관한 법률」(2006년 국회통과, 일부개정 2008.12.31 법률 제9289호)이 제정되었다.

그런데 전사자로 처리되었음에도 불구하고 억류지에서 남아있었던 국군포로가 결혼하여 생성된 가족이 탈북하여 국내에 입국함에 따라 새로운 문제가 발생하게 되었다. 이미 전사자로 처리된 이후에 그 전사자로부터 출생한 사람을 유가족으로 인정하여 「국가유공자 등 예우 및 지원에 관한 법률」 제4조에 의해 '전몰군경' 유족의 국가유공자 지위를 받게

116 2013년 시민단체 물망초는 탄광지역에 생존해있다고 알려진 국군포로 113명의 명단을 공개했다.

해줄 수 없었기 때문이다. 2013년에 개정된 「국군포로의 송환 및 대우 등에 관한 법률」은 억류지 출신 포로 가족을 주거지원 대상에 포함하고, 억류지 출신 포로가족에게는 3등급 등록 포로에게 지급되는 보수액의 70%에 상당하는 금액을 보상금으로 지급할 수 있도록 했다.[117] 그러나 국군 포로가 귀환하지 못한 채 사망했거나 살아 있어도 귀환하지 못하고 그의 가족만 귀환한 경우 그 가족은 연금이나 보상금 혜택을 받을 수 없다. 2015년 2월 24일 이러한 점에 불만을 품은 국군포로가족이 항의의 유서를 남기고 자살하는 사건이 발생하기도 했다.[118]

소련 해체 직후 미국 정부는 러시아 정부와 함께 6.25전쟁 정전협정 체결 이후 미송환 미군포로들에 대한 조사활동을 벌였다. 1993년 러시아 측 볼코고노프 등의 협조로 소련으로 넘어간 미군포로에 대한 조사보고서가 만들어졌다. 이 보고서는 미군 포로들이 소련 측으로 넘어갔고, 송환되지 않았을 가능성을 강력히 시사했다. 이들이 소련으로 넘겨진 이유들은 첫째, 미국 공군기에 대한 정보 수집, 둘째, 전반적 정보 수집, 셋째, 스탈린이 미공군포로들을 잠재적 가치가 높은 인질로 간주했을 가능성 등으로 분석되었다. 굴라그에서 미군포로들을 보았다는 증언은 광범위했고, 무시할 수 없었다고 이 보고서는 기록했다. 조-중인민군을 지원했던 소련 64전투항공단(the Soviet 64th Fighter Aviation Corps)이 하바로프스크에서 미공군포로들을 심문하는 데 연루되었고, 이 점은 당시 참여했던 코로트코프에 의해 확인되었다. 미공군포로들과 함께 수천 명의 한

117 「국군포로의 송환 및 대우 등에 관한 법률」(시행 2013.6.23. 법률 제11652호).

118 국내 정착한 국군포로 2세 탈북자는 2015년 현재 97명이다. 항의자살을 한 주락철은 1962년 아오지 탄광이 있는 함경북도 은덕군에서 태어나 2005년 몽골과 태국을 거쳐 부산에 들어왔다. 『조선일보』, 2015년 2월 28일, 3월 2일. 2015년 3월 27일 이 법률은 국군포로의 유해송환과 거짓 신고자에 대한 처리에 관한 내용만이 보완되어 개정되었다. 「국군포로의 송환 및 대우 등에 관한 법률」 (시행 2015.9.28. 법률 제13237호).

국군 포로들도 소련으로 이송되었다는 가능성이 제기되고 있다.[119]

잊혀진 '실향사민'

전쟁이 정지되면 송환되어야 할 쌍방의 인간들 중에는 전쟁포로 말고도 쌍방의 민간인(피랍자/피난민)들이 있었다. 전쟁포로의 송환문제를 둘러싼 관념의 차이는 군사분계선의 설정을 둘러싼 관념의 차이보다 더 오랫동안 정전협상을 지연시켰다. 이 와중에 피랍자 문제는 '실향사민'(displaced civilians)이라는 개념으로 포로문제 속에 묻혀버렸다.[120]

정전협상 개시 전부터 조-중인민군 측도 피랍자 문제는 전쟁포로문제와 함께 당연히 의제에 포함될 것이라고 예상하고 있었다.[121] 그러나 이

---

119 United States Department of Defense's Office of POW/MIA Affairs. The U.S.-Russian Joint Commission on POWs/MIAs. *The Transfer of U.S. Korean War POWs To the Soviet Union* (Washington, D.C. 1993). 코로트코프에 따르면, 미군포로들을 심문하는 과정에서 소련의 심문전문가들이 투입되었다. 심문에 참가한 소련의 군사기관들 중 하나는 전술적, 기술적 조사를 행한 GRU소속이고, 다른 하나는 정치적 조사를 행한 정치총국 소속이었다. 미군포로들 중 일부는 포시에트 소련 해군기지로 옮겨졌고, 다시 하바로프스크로 이송되었다. 코로트코프, 『스탈린과 김일성』, II: 184. Robert S Miller, *America's Abandoned Sons* (Bloomington: Xlibris, 2012), 289-90. 약 1천 명에서 2천 명에 달하는 미군포로들이 소련군에 의해 강도 높은 심문을 받은 후, 소련의 수용소(굴라그)로 보내졌다는 주장에 관해서는 Arthur F. Dorie, *This Savage War: MacArthur's Korea* (Bloomington: Author House, 2012), 242-43. 또한 Philip D. Chinnery, *Korean Atrocity!: Forgotten War Crimes 1950-1953* (Annapolis, MD: Naval Institute Press, 2000), 249-58.

120 Transcript of Proceedings, Twentieth Session, Meeting at Pan Mun Jom, Sub-Delegations on Agenda Item 4, Military Armistice Conference.

121 조선인민군 총군사고문(라주바예프)이 소련군 총참모장에게 보낸 전문, 조선민주주의인민공화국 대표단의 구성과 조선에서 휴전 협상에서 논의될 가능성이 있는 문제들에 대하여, 1951년 7월 1일, 러시아연방대통령문서보관소 문서군 45, 목록 1, 문서철 340, 3-4쪽, 원본, 바르타노프 편, 『자료집: 소련 국방부 중앙문서보관소비밀해제 자료 및 대통령궁 문서보관소 비밀해제 자료 (1997)』, 대한민국 국사편찬위원회 역, 『해외사료총서11』, 제9장.

문제는 독립의제가 아니었기 때문에 전쟁포로에 관한 의제에 묻혀서 제대로 다루어지지 못했다. 처음에는 평양에서도 실향사민의 교환에 대비하여 내각의 각 부처에서 1-2명씩이 선발되어 대책모임이 만들어지기도 했었다.[122] 그러나 전쟁포로 교환문제가 포로들의 개별의사를 불문한 전원교환방식과 자유의사에 따른 송환(voluntary repatriation)방식을 둘러싸고 지루하게 공전하면서 '실향사민' 문제는 정전협정 제3조의 제59항에 다음과 같이 실향사민귀향협조위원회 구성 등에 관한 합의가 명기되었음에도 실행되지 못했다.

59. ㄱ) 본 정전협정이 효력을 발생하는 당시에 국제련합군 총사령관의 군사통제지역에 있는 자로서 1950년 6월 24일에 본 정전협정에 확정된 군사분계선 이북에 거주한 전체 사민에 대하여서는 그들이 귀향하기를 원한다면 국제련합군 총사령관은 그들이 군사분계선 이북 지역에 돌아가는 것을 허용하며 협조한다.

본 정전협정이 효력을 발생하는 당시에 조선인민군 최고사령관과 중국인민지원군 사령원의 군사통제 지역에 있는 자로서 1950년 6월 24일에 본 정전협정에 확정된 군사분계선 이남에 거주한 전체 사민에 대하여서는 그들이 귀향하기를 원한다면 조선인민군 최고사령관과 중국인민지원군사령원은 그들이 군사분계선 이남지역에 돌아가는 것을 허용하며 협조한다.

각방 사령관은 책임지고 본 목 규정의 내용을 그의 군사통제 지역에 광범히 선포하며 또 적당한 민정 당국을 시켜 귀향하기를 원하는 이러한 전체 사민에게 필요한 지도와 협조를 주도록 한다.

ㄴ) 본 정전협정이 효력을 발생하는 당시에 조선인민군 최고사령관과

122 金定基, 『密派』, 214.

중국인민지원군 사령원의 군사통제 지역에 있는 전체 외국적의 사민 중 국제련합군 총사령관의 군사통제 지역으로 가기를 원하는 자에게는 그가 국제련합군 총사령관의 군사통제 지역으로 가는 것을 허용하며 협조한다. 본 정전협정이 효력을 발생하는 당시에 국제련합군 총사령관의 군사통제 지역에 있는 전체 외국적의 사민중 조선인민군 최고사령관과 중국인민지원군 사령원의 군사통제 지역으로 가기를 원하는 자에게는 그가 조선인민군 최고사령관과 중국인민지원군 사령원의 군사통제 지역으로 가는 것을 허용하며 협조한다.

각방 사령관은 책임지고 본 목 규정의 내용을 그의 군사통제 지역에 광범히 선포하며 또 적당한 민정 당국을 시켜 상대방 사령관의 군사통제지역으로 가기를 원하는 이러한 전체 외국적의 사민에게 필요한 지도와 협조를 주도록 한다.

ㄷ) 쌍방이 본 조 제59항 ㄱ목에 규정한 사민의 귀향과 본 조 제59항 ㄴ목에 규정한 사민의 이동을 협조하는 조치는 본 정전협정이 효력을 발생한 후 될 수 있는 한 속히 개시한다.

ㄹ) (1) 실향사민귀향협조위원회를 설립한다.

동 위원회는 령급 장교 사(4)명으로 구성하되 그중 이(2)명은 국제련합군 총사령관이 이를 임명하며 그중 이(2)명은 조선인민군 최고사령관과 중국인민지원군 사령원이 공동으로 이를 임명한다. 동 위원회는 군사정전위원회의 전반적 감독과 지도 밑에 책임지고 상기 사민의 귀향을 협조하는 데 관계되는 쌍방의 구체적 계획을 조절하며 또 상기 사민의 귀향에 관계되는 본 정전협정 중의 일체 규정을 쌍방이 집행하는 것을 감독한다. 동 위원회의 임무는 운수조치를 포함한 필요한 조치를 취함으로써 상기 사민의 이동을 촉진 및 조절하며 상기 사민이 군사분계선을 통과하는 월경지점(들)을 선정하며 월경 지점(들)의 안전조치를 취하며 또 상기 사민

귀향을 완료하기 위하여 필요한 기타 임무를 집행하는 것이다.

(2) 실향사민귀향협조위원회는 그의 임무에 관계되는 어떠한 사항이던지 합의에 도달할 수 없는 때에는 이를 곧 군사정전위원회에 제출하여 결정하게 한다. 실향사민귀향협조위원회는 그의 본부를 군사정전위원회의 본부 부근에 설치한다.

(3) 실향사민귀향협조위원회가 그의 임무를 완수한 때에는 군사정전위원회가 즉시로 이를 해산시킨다.

6.25전쟁을 일으킨 직후부터 조선인민군은 38선 이남의 많은 민간인들을 납북했다. 군인 이외에 "남한에 거주하고 있던 대한민국 국민으로서 6.25 전쟁 중 본인의 의사에 반하여 북한에 의하여 강제로 납북되어 북한에 억류 또는 거주하게 된 자"는 전시납북자로 정의된다. 1952년 공보처 통계국이 정전협상에 사용할 목적으로 기초행정조직을 활용하여 작성한 『6.25사변 피랍치자 명부』에 따르면 1952년 당시에 이미 납북자의 수는 82,959명으로 집계되었다.[123] 이후 다른 명부들과의 대조작업을 통해 납북자 가족단체에서는 그 보다 많은 96,013명으로 납북자의 규모를 추산했다.[124]

전쟁 초기부터 조선인민군은 정치적, 경제적, 군사적 이유에서 계획적이고 조직적으로 민간인들을 납북했다. 따라서 정전협상 중에 이 문제가 당연히 다루어졌어야 했다. 그러나 이 문제는 독립의제로 다루어지지 못했다. 조-중인민군 측이 전쟁포로의 개별의사를 불문한 전원송환을 주장하면서 그 근거로 활용했던 제네바협약에는 "이산가족들이 상호연락을 회복하고 가능한 한 재회하려는 목적으로 행하는 조회에 대하여 편의를

123 대한민국 정부(1952); 월간조선사 (2003).

124 국무총리 소속 6.25전쟁 납북진상규명위원회.
http://www.abductions625.go.kr/report/2012_report01.asp

제공하여야" 한다고 규정하고 있었다. 또한 "충돌당사자는 이산가족의 재결합을 용이하도록 하고, 이러한 업무에 종사하는 인도적 단체의 사업을 장려해야" 한다고 규정하고 있었다. 그러나 제네바협약에 따라 포로들의 개별의사를 불문한 전원송환을 주장했던 조-중인민군 측은 이산가족문제에 관해서는 제네바협약의 관련 규정을 무시했다.

한국군과 국제연합군 측도 이 문제에 관해 소극적으로 대처함으로써 납북자문제 및 이산가족문제는 정전협상에서 제대로 다루어지지 못하고 말았다. 정전협정문에 포함된 '실향'이라는 개념은 '납북'이라는 개념을 덮어버렸다. 그나마 정전협정에 규정된 '실향사민귀향협조위원회'마저도 구성되지 못했다. 1954년 2월 26일 이른바 '실향사민'의 명단이 교환되고 3월 1일 실제 실향민으로서 교환된 자 가운데 조-중인민군 측으로부터 국제연합군 측에 인도된 자는 이전 서울에 거주하고 있던 터키인 11명, 백계 러시아인 8명뿐이었으며 6.25전쟁 발발 당시 38선 이남 거주자는 한 명도 포함되지 않았다. 한편 국제연합군은 전쟁 발발 당시 38선 이북 거주자 37명을 실향민으로 조-중인민군 측에 인도했다.[125]

평양 측이 6.25전쟁 중에 실제로 남에서 북으로 연행해 간 저명인사들 중에는 김규식, 안재홍, 조소앙, 조완구, 윤기섭, 엄항섭, 박건웅, 이광수, 정인보, 현상윤, 강병순 등이 있었다. 평양 측은 이들을 '모시기 작전'에 의해 모셔간 것이라고 주장했지만, 실상은 이들의 자유를 구속하고 감금했다. 공민권조차 주지 않은 경우들도 있었다. 이승엽이 안재홍을 새로 평양 측에 편입된 개성지구 행정책임자로 임명하려 했으나 김일성은 이를 반대했고, 이승엽은 나중에 미국의 스파이로 몰려 목숨을 잃었다.[126]

125 박갑동, 『한국전쟁과 김일성』 (서울: 바람과물결, 1990), 170.

126 위와 같음.

1954년 3월 9일 서울의 변영태 외무장관은 다음과 같은 성명을 발표했다. "공산침략자들이 1950년 후퇴 시에 기술자, 대학교수, 목사, 의사 및 기타 유력한 지도자들 [포함]해서 수만 명의 민간인을 납치해 갔다. … 공산주의자들이 남쪽으로 놓아서 내려 보낸 사람 전부가 19인의 외인납치자뿐이다. … 시들어가고 있는 수만의 납치인사 중에서는 한 사람도 놓아 보낸 일이 아직까지는 없다."[127] 한국에서는 2010년 3월 26일 자국민보호를 위한 국가의 책임을 인정하고, '6.25전쟁 납북피해 진상규명 및 납북피해자 명예회복에 관한 법률'을 제정, 공포했다. 그리고 같은 해 12월 12일 '6.25전쟁납북피해진상규명 및 납북피해자명예회복위원회'가 출범되어 정전협정에서 '실향사민'으로 언급된 납북자 문제가 다루어지게 되었다.

3. 정전협정과 한미상호방위조약의 쌍생(雙生)

1953년 7월 27일에 체결된 정전협정은 전장(戰場)의 군사령관들 간에 체결된 "순전히 군사적 성질에 속하는" 협정이었다. "교전쌍방에만 적용한다"는 문구가 포함된 것은 코리아에서의 정전문제를 대만(중화민국) 공산화와 인도차이나 공산화라는 목표와 연결시키고자 했던 조-중인민군 측의 국제적 의도를 차단하고자 했던 국제연합군 정전협상대표단의 의지가 반영된 결과였다.

정전협정 체결에 즈음해서 평양은 축제의 분위기였던 데 비해 서울의

127 卞榮泰, 『나의 祖國』, 255-56.

분위기는 침통했다. 정전협상이 진행되는 동안 교전선 이남에서는 '통일 없는 정전', 공산주의자들의 남침위협이 계속되는 가운데 이루어지는 정전에 반대하는 목소리가 높았다. 당시 서울에는 6.25전쟁의 막대한 희생을 치르고도 통일을 이룩하지 못하는 것에 대한 불만이 팽배해 있었다. 이러한 불만은 공산주의자들이 정전 이후 힘을 키워 다시 전쟁을 일으킬 것이라는 공포와도 결합했다. 참혹한 전쟁을 경험한 현실주의자들은 정전협정문이 마법의 주문처럼 전쟁재발을 막아줄 것이라고 믿지 않았다.

대통령부터가 그랬다. 이승만은 "콜레라같은" 공산주의자들을 믿고 정전협정을 체결하는 것 자체에 반대했다. 이승만은 청년시절부터 한국의 안보를 위해서는 연미(聯美)가 중요하다는 인식을 갖고 있었다. 이승만은 대한제국시기 광무(고종)황제의 전제군주권력에 맞섰다는 이유로 사형에 처해질 뻔 했었다. 무기수(無期囚)로 감형된 이승만은 러일전쟁 발발 이후 석방되어 미국으로 갔다. 1905년 8월 4일 이승만은 윤병구와 함께 시어도어 루즈벨트 대통령과 면담했다. 루즈벨트 대통령은 정식 외교경로를 통해 접수하라고 답변했다.

당시 광무(고종)황제는 러일전쟁과 더불어 시작된 일본의 주권침탈에 맞서 1882년 체결된 조미수호통상조약(朝美修好通商條約)의 제1관이 규정하고 있던 필수상조(必須相助) 조항에 의거 미국에 거중조정을 요청하고자 했었다. 1882년 5월 22일 조인되고, 1883년 5월 19일 비준서 교환을 통해 발효된 조미수호통상조약의 제1관은 양국 간의 "영원한 화평과 우호"(永遠和平友好)를 약속하는 한편 "만일 타국에 의해 불공경모한 일(若他國有何不公輕藐之事)이 발생할 경우, 그 사건에 대해 인지하게 되는 대로(一經照知) 필수상조(必須相助)하여 원만한 타결을 가져오도록 주선함으로써 그 우의를 표하여야 한다"(If other Powers deal unjustly or oppressively with either Government, the other will exert their good offices, on being informed of the case, to bring about an amicable arrangement, thus showing their friendly feelings)고 되어 있었다.[128] 그러나 미국은 루즈벨트와 이승만의 면담이 있기 전인 1905년 7월 27일 미국 육군 장관 윌리엄 하워드 태프트와 일본제국 내각총리대신 가쓰라 다로는 필리핀을 미국의 영향권으로, 한국을 일본의 영향권으로 상호인정하는 것에 관해 의견을 교환한 바 있었다(가쓰라-태프트 메모랜덤). 이 각서는 1924년 타일러 데넷(Tyler Dennett)에 의해 발굴, 보고되었다.[129]

1948년 8월 15일 대한민국 대통령에 취임한 이후에도 이승만은 미국에게 한국의 안보를 위한 세 가지 방안을 제시한 바 있었다. 첫째, 대서양동맹(Atlantic Pact)과 유사한 태평양동맹(Pacific Pact)의 체결, 둘째, 미국과 한국 상호 간 또는 다른 국가들까지 포함한 상호방위조약 체결, 셋째, 공산주의 침략에 대해 미국 정부가 한국을 방어한다는 것을 공식적으로 선언하는 것 등이었다.[130] 특히, 이승만은 장개석과 함께 태평양동맹을 추진했지만 미국 측의 거부로 좌절된 바 있다.

1950년 6.25전쟁 발발 이후 이승만은 1949년 미군철수와 1950년 1월 애치슨라인 선포로 대표되는 미국의 한반도에 대한 미온적 태도로 인해 공산진영의 전쟁도발을 막지 못했다는 생각을 갖고 있었다. 1951년 7월 10일 개성에서 정전협상이 시작되자 이승만 대통령은 전시 내각이 연명

---

128 이승만은 1919년 파리평화회의에 참석한 김규식의 활동을 지원하기 위해 파리에 체류 중이던 우드로우 윌슨 미국 대통령에게 보낸 서한에서도 이 조항을 인용한다. Syngman Rhee to Woodrow Wilson (16 June 1919), 연세대학교 이승만연구원 소장문서.

129 Tyler Dennett, "President Roosevelt's Secret Pact with Japan," *The Current History Magazine* (Oct 1924).

130 The Ambassador in Korea (Muccio) to the Secretary of State, 16 May 1949, *FRUS 1949*, vol. VII, The Far East and Australia, Part 2, 1023-4. 이승만은 1882년 조미수호통상조약을 언급하기도 했다. The Ambassador in Korea (Muccio) to the Secretary of State, 17 May 1949, *FRUS 1949*, vol. VII, The Far East and Australia, Part 2, 1029.

한 서한을 변영태 외무장관을 통해 리지웨이 국제연합군 사령관에게 전달했다. 이 서한에서 이승만은 "분단된 한국은 망가진 한국(A divided Korea is a ruined Korea)이며, 경제, 정치, 군사적으로 불안정하다"고 주장했다. 그리고 "민주주의로 통일되거나 공산주의로 통일될 수밖에 없다"(all Democratic or all Communistic)고 역설했다. 그리고 "분쟁 중인 세계에서 전쟁을 각오한 쪽과 그렇지 않은 쪽이 겨룰 때는 전쟁을 각오한 쪽의 힘이 압도하게 된다"고 하면서, 민주적 수단에 의해서건 공산주의적 침략에 의해서건 한국은 통일될 수밖에 없다고 했다. 이 서한을 읽은 주한 미 대사 무쵸(John Muccio)가 방문하자 이승만 대통령은 1949년 봄에 자신이 주창했던 미국과 한국 간의 태평양동맹을 상기시켰다.[131]

1951년 9월 8일 미국은 일본과 샌프란시스코평화조약을 체결함과 동시에 안보조약을 체결한 바 있었는데, 이승만 대통령은 미국이 적국이었던 일본과 안보조약을 체결하면서 한국과는 상호방위조약을 체결할 수 없다는 주장에 반발했다. 특히, 이승만은 미국이 필리핀이나 ANZUS와 체결한 것과 같은 안보동맹(security pact)을 한국과 체결해 줄 것을 지속적으로 요청했다.[132] 1951년 11월 중순 미국 중앙정보국(CIA)도 미국이

---

131 "The Amb in Korea (Muccio) to the Secretary of State," Pusan, 20 July 1951 2 p.m., *FRUS 1951. Korea and China,* 707-709. 이승만과 미국의 관계는 긴장의 연속이었다. 미군정 당시 하지의 특별보좌관을 지낸 죠지 윌리엄스(George Zur Williams, 1907-1994)는 광복 직후 무국적 망명객 신분이었던 이승만이 미국에서 서울로 돌아오기 위해서는 미국무부의 허가가 필요했는데, 이것을 지연시킨 인물로 딘 애치슨을 지목했다. 미군정의 의뢰로 여론조사를 했던 윌리엄스에 따르면 당시 한국인들은 이승만을 "우리 대통령"이라 부르며 그의 귀국을 바라고 있었고, 이를 여러 차례 하지 사령관에게 보고했다. 그러나 딘 애치슨은 이승만이 미소우호관계에 저해되는 인물이라고 보고 이승만의 귀국을 지연시켰다. 『중앙일보』 2011년 8월 15일자에 실린 이정식(펜실베니아대학 명예교수)의 '윌리엄스 면담록' 관련 기사. 죠지 윌리엄스의 아버지 프랭크 윌리엄스(Frank E. C. Williams, 1883-1962)는 감리교 선교사로 1906년 충청도 공주 영명(永明)학교를 세웠다.

132 The Commander in Chief, United Nations Command (Clark) to the Joint Chiefs of Staff, 26

한국과 상호방위조약을 체결하지 않는 데에 대한 한국인의 비난 여론과 한국이 태평양지역 반공국가의 방위동맹에서 경시되거나 홀로 내버려질 것을 두려워하는 한국의 분위기를 포착하고 있었다.[133] 덜레스는 한국이 오래 전부터 미국과의 안보동맹을 희구했으나 미국이 아시아대륙문제에 휘말려들기를 꺼려했기 때문에 그러한 열망에 응하지 않았다고 설명한 바 있다.[134]

1952년 3월 21일 트루먼 대통령에게 보낸 서한에서 이승만 대통령은 "양국 간의 상호방위조약은 필수적이며, 미국의 의도가 공산주의자의 침략으로부터 한국을 방어하는 것이므로 한국인에게 위험한 정전기간 중 절실히 요구되는 지원을 확신하는 협약체결을 반대할 이유가 없다"고 주장했다. 대통령 이승만은 상호방위조약으로 자신을 밀어주면, 한국인으로 하여금 정전을 받아들이도록 설득할 것이라고 했다.[135] 1953년 4월 브릭스 주한 대사는 이승만의 일탈을 막기 위해서는 한미상호방위조약의 체결이 필수적일 것 같다고 보고했다.[136]

1952년 5월 2일 애치슨국무장관과 쇼트(Joseph H. Short, 1904-18 Sept 1952) 백악관 공보보좌관(press secretary) 간의 전화통화비망록에는 안보조약의 가능성에 대해 문의한 이승만 대통령의 3월 21일자 서한에 대해 답신을 보내야 할 것인가, 답신을 보낸다면 어떠한 답신을 보낼 것인가를 놓고 난감해 하는 워싱턴 핵심부의 모습이 적나라하게 드러나 있다.

May 1953, *FRUS 1952-54: Korea*, Part 1, 1107.

133 조성훈, 『한미군사관계의 형성과 발전』 (서울: 국방부 군사편찬연구소, 2008), 204.

134 Special Korean Briefing Meeting, 1 Aug 1953. U.S. Department of State, *FRUS 1952-1954: Korea,* VIII. July 27, 1953-February 18, 1954: postarmistice issues. 1462.

135 Syngman Rhee to Truman, 21 March 1952, *FRUS 1952-54*, 114-16.

136 *FRUS 1952-54,* 15: 910-14, 917-19, 938-40, 947-50 cited in Stueck, *Rethinking the Korean War,* 190.

애치슨 국무장관이 이 서한에 대해 답신을 보내지 말 것을 메모해 둔 것 때문에 쇼트는 전화를 걸어 트루먼 대통령은 답신을 보내야 하고, 그것도 조속히 보내야 한다는 의견을 갖고 있음을 언급하면서 구속력 없는 답신(a non-committal reply)을 보내면 어떻겠느냐고 제안했다. 이 전화통화에서 두 사람은 이승만의 3월 21일자 서한에 대한 트루먼 대통령의 호의를 무쵸 대사를 통해 전달하는 방식에 합의했다.[137]

1952년 10월 17일 변영태는 양유찬, 임병직 등과 함께 애치슨 국무장관을 만난 자리에서 한미상호방위조약의 체결을 재촉했다. 이때 변영태는 "방위조약이 없는 것을 日人이 다시 한국을 병합해도 좋다는 신호로 알기 쉽다"고 말하기도 했다. 이때 애치슨은 "선거 후에는 내가 지금 있는 자리에 있지 않게 될지도 모르지요. 무슨 일이 생길지를 누가 알아요. 좌우간 당장 방위조약에 서명은 할 수 없지 않소"라는 모호한 입장을 보였다.[138]

1953년 초에 출범한 아이젠하워행정부가 군사적 압박을 통한 조기정전정책을 시행했다. 당시 이승만정부는 1951년 이후 내걸고 있던 다음과 같은 5개 전제조건을 고수하고 있었다: "(1) 중공군 철수, (2) 북한 괴뢰군의 무장해제, (3) 자유국가는 이들 공산주의자들에게 원조를 하지 말 것, (4) 코리아문제 토의에는 대한민국 대표를 참석시킬 것, (5) 대한민국의 주권과 영토 보전을 침해하는 결정을 하지 않을 것."[139]

1953년 4월 14일 부산에서 이루어진 이승만 대통령, 변영태 외무장관,

---

137 Memorandum of Telephone Conversation between Mr. Short and Mr. Acheson by Barbara Evans of the Office of the Secretary of State, Washington, 2 May 1952.

138 卞榮泰, 『外交餘錄』 (서울: 한국일보사, 단기4292[1959]), 23.

139 "국방부장관, 한국의 휴전 5개 원칙 재강조 (1951년 8월 1일)," 『민주신보』 1951년 8월 3일. 국사편찬위원회, 『자료 대한민국사』 제22권. Richmond to Oliver, 6 Apr 1953, 『대한민국사자료집: 이승만관계서한자료집 5(1953)』.

그리고 주한 미국 대사 브릭스 간의 3자 회담에서 새로운 접점이 모색되었다. 아이젠하워는 이승만에게 보낸 4월 23일 서한에서 브릭스 대사와의 지속적 협의를 당부했다.[140] 4월 28일에는 이승만 대통령과 클라크 국제연합군 사령관 간의 면담이 이루어졌다. 이 자리에서 중국인민지원군과 국제연합군의 동시철병문제가 거론되자 이승만은 한국에 대한 확실한 안정보장책을 요구했다. 4월 30일 이승만은 자신의 생각을 정리한 서한을 클라크에게 보냈는데, 여기에는 다음과 같은 8개항의 요구사항들이 포함되어 있었다.

(1) 미군철수에 앞서 한미상호방위조약이 체결되어야 한다.
(2) 코리아의 경계 반대편에 버퍼지대를 설치하여 극동에서의 영구평화가 이룩될 때까지 국제연합에 의해 감시되어야 한다.
(3) 한국군이 그 경계를 넘어서도 안 되지만, 중공군이나 다른 외국 군대가 코리아를 침략해서도 안 된다.
(4) 미국과 소련 사이에 상대편의 군사준비를 방해하거나 제한하는 협약이 체결되어서는 안 된다.
(5) 소련의 육, 해, 공군이 코리아를 침범하고자 할 경우, 미군은 코리아의 방어를 위해 국제협상이나 국제회의를 거치지 않고 즉각적으로 귀환해야 한다.
(6) 어떤 경우에도 일본군이 한국의 전장에서 싸우는 일은 없어야 한다.
(7) 코리아 연안의 해양봉쇄(naval blockade)와 공중방어는 극동에서의 평화가 확고하게 이루어질 때까지 계속되어야 한다.
(8) 미국은 극동의 평화와 안보를 보장하기 위해 한국의 육, 해, 공군을

140 Eisenhower to Syngman Rhee, 23 Apr 1953, 『대한민국사자료집: 이승만관계서한자료집 5(1953)』.

증원하고 강화해야 한다.[141]

정전협상 당시 이승만 대통령은 자유통일을 이루기 위해 단독으로라도 북진통일을 감행하겠다고 호언했었다. 한국군은 1950년 6월 25일 기습공격을 받고 패퇴했지만, 전쟁기간을 통해 꾸준히 정비되고, 증강되었다. 1952년 10월부로 한국군 상한선이 카투사를 제외하고도 415,120명으로 상향되었고, 1953년 5월 한국군 사단은 20개까지 증설될 수 있게 되었다.[142] 한국군은 자신의 조국을 위해 싸우고 있었지만, 동시에 미국의 대소련 봉쇄선의 최전선에 있었다. 한국 대통령 이승만의 발언권도 그만큼 강해졌다. 실제로 이승만은 한국 육군의 참모들에게 한국군 단독북진계획의 수립을 명령하기도 했다. 그런데 다음과 같은 증언은 이러한 단독북진 주장이 어떤 맥락에서 나온 것인지를 보여준다.

> 육군본부 참모들이 경무대로 호출되었다. 그가 기르던 애견을 데리고 응접실에 들어와 자리를 잡은 이 대통령은 육군본부 참모부장들에게 "한국군 단독북진계획을 세우라"는 지시를 내렸다. 성실하고 순수한 한 참모가 "한국군은 1주일분 정도의 탄약밖에 보유하고 있지 않기 때문에 단독으로 북진공격을 한다는 것은 불가능합니다"라고 답변했다. 답변을 들은 이 대통령의 얼굴은

---

141 Rhee to Mark W. Clark (Command-in-Chief, UNC), 30 Apr 1953, 『대한민국사자료집: 이승만관계서한자료집 5(1953)』.

142 손경호, "6.25전쟁 정전 60년 유산과 교훈: 대군사회(大軍社會)의 형성과 발달을 중심으로," 한국국방안보포럼 주최 학술회의, 『6.25전쟁과 정전체제: 교훈과 나아갈 길』 (2012), 29; 박정이, 『6.25전쟁과 한국의 국가건설』, 273-85. 6.25전쟁이 한창이었던 1952년 12월24일 김일성의 "인민군대를 강화하자"라는 연설이 있은 이후, 조선인민군도 꾸준히 강화되었다. 김일성, "인민군대를 강화하자(1952. 12. 24)," 『김일성 선집 4』 (평양: 조선로동당출판사, 1954), 346. 이러한 조선인민군의 강화는 '조선인민'의 새로운 탄생과 밀접한 관련을 맺고 있었다. 6.25전쟁이 '조선인민'의 새로운 탄생에 미친 영향에 관해서는 한성훈, 『전쟁과 인민: 북한 사회주의 체제의 성립과 인민의 탄생』 (서울: 돌베개, 2012).

일그러져 있었다. 이런 시점에 눈치 빠른 한 참모가 "명령대로 하겠습니다"라고 힘주어 말했다. "암, 군인은 그래야지!"라고 말하면서 이 대통령은 "이것은 미군 고문단에게도 절대 비밀로 하라"고 지시했다. 그리고 그는 개를 데리고 응접실을 나가려다 말고 뒤돌아서면서, 미군 고문단과 적절히 상의해서 북진 계획을 작성하라는 '엉뚱한' 지시를 또 내렸다.[143]

이승만은 단독북진이 불가능하다는 사실을 알고 있었지만, 국내적으로는 통일에 대한 열망에 부응하면서, 미국에 대해서는 전쟁을 도발했던 공산주의자들을 상대로 한 정전협정을 실질적으로 뒷받침할 한미상호방위조약을 만들어내는 협상전략을 구사했던 것이다.[144]

1953년 5월 3일 주한 미국 대사 브릭스는 이승만의 4월 30일자 서한에 대한 자신의 생각을 정리한 전문을 국무부로 발송했다. 브릭스는 이승만의 세부적 요구사항들은 받아들이기 어려운 것이지만, 한미상호방위조약에 대해서는 1950년 그것이 없이 한국에 미군이 파병되었던 사실, 그리고 3년 후인 1953년 시점에서 미군이 더 개입하고 있는 현실을 감안할 때, 반대할 여지가 없다는 입장을 피력했다.[145] 이로써 아직 6.25전쟁이 진행 중이고, 판문점에서 정전협상이 계속되고 있던 상황에서 서울과 워싱턴 간에는 한미상호방위조약 체결 여부가 정전을 위한 주요한 의제로 떠오르게 되었다.

---

143 당시 육군본부 참모부장이었던 김점곤의 증언. 온창일, "전쟁지도자로서의 이승만 대통령," 유영익 편, 『이승만 대통령재평가』 (서울: 연세대학교 출판부, 2006), 236.

144 이승만에 대해 비판적인 입장에서도 한미상호방위조약 체결의 배후에 이승만의 '협상전략'이 있었음은 인정하고 있다. 이영희, "1953년 한미상호방위조약-북진통일과 예속의 이중주," 『역사비평』, 통권 19호 (1992 여름), 33-46.

145 The Amb in Korea(Briggs) to the Department of State, Pusan, 3 May 1953, *FRUS 1952-1954,* vol. 15, 964-65.

1953년 5월 19일 브래들리 합참의장은 미국 국방부장관에게 한국에서 미국이 선택할 수 있는 6개 행동방침에 관한 다음과 같은 비망록을 제출해놓고 있었다.

A. 주한 미군의 제한적 철수를 염두에 두고 한국군을 증강시키는 한편, 적군에 대해서는 현 수준의 군사적 압력을 지속한다.
B. 미국이 수용 가능한 정전협정 제안에 적군이 동의하도록 적군에 더 큰 타격을 가하며, 이를 위해 해공군의 공세적인 작전을 지속하는 한편 지상군 작전을 확대함으로써 적에 대한 군사적 압력을 가중시킨다.
C. 현 전선에서 지상군 협동 작전을 전개하는 한편 해공군 작전을 더욱 공세적으로 전개한다.
D. 만주 지역과 중국공산당 군대에 대한 직접 공습과 해상 봉쇄를 포함, 군사적 압력을 확대 강화시킨다.
E. 만주 지역과 중국공산당 군대에 대한 직접 공습과 해상 봉쇄를 포함, 한반도 허리 지역에 대한 협동 공격을 실시한다.
F. 만주 지역과 중국공산당 군대에 대한 직접 공습과 해상 봉쇄를 포함, 한반도에서 대규모 협동 공격을 실시한다.[146]

이 6개 행동방침은 서로 중첩되거나 추가될 수 있는 것이었다. 미국 합참이 6.25전쟁의 정전을 위해 선택한 기본적 정책방침은 A방침이었다.

1953년 5월 중순 백선엽 육군참모총장은 콜린스 육군참모총장의 초청으로 워싱턴을 방문했다. 당시 백선엽은 아이젠하워 대통령과의 서브 로자(sub rosa, 비밀)회담이 고려될 정도로 워싱턴에서 중시되었다.[147] 백선

146 오마르 브래들리, "한국에서의 행동 방향," 미 태평양군 문서군, 국립중앙도서관, 『NARA기록으로 보는 6.25』 (서울: 국립중앙도서관, 2010).

엽은 일찍이 정전협상 대표를 지내고 당시에는 해군본부에서 전략기획 국장을 맡고 있던 버크제독을 만났다. 버크 제독은 정전협정이 체결 이후 한국의 운명을 걱정하면서 백선엽으로 하여금 의전상의 관행을 어겨서라도 아이젠하워 대통령을 직접 만나 정전협정 체결 후의 군사, 경제적 보장을 요청하라고 권고했다.148

백선엽에 따르면 알레이 버크는 "한국이 아무리 밤낮 시위로 반대해도 정전협정은 체결되게 되어 있습니다. 이것은 아이크의 선거공약입니다. 그러니 이제는 정전 이후를 대비해서 미국과 '상호방위조약'을 대통령으로부터 약속 받아내야 합니다"라고 말했다. 알레이 버크의 권고에 따라 백선엽은 콜린스 육군참모총장을 설득하여 아이젠하워 대통령을 만났다. 아이젠하워 대통령의 첫 반응은 차가왔다. "원칙적으로는 동의하지만 그런 조약은 서구 국가들과만 체결해 왔다"는 것이었다. 그러면서도 아이젠하워 대통령은 "스미스(Walter Smith) 국무차관에게 말해 놓을 터이니 그와 협의하라"는 언질을 주었다. 다음날 백선엽은 알레이 버크 제독과 함께 스미스 국무차관을 만나 한국의 방위문제와 경제건설 문제를 협의했다.149

1953년 5월 26일 주한 미국 대사 양유찬도 국무차관 베델 스미스(Bedell Smith)를 방문하여 국제연합군 회담대표들이 공산주의자들에게

---

147 John Kotch, "The Origins of the American Security Commitment to Korea," in Bruce Cumings, ed. *Child of Conflict: The Korean-American Relationship, 1943-1953* (Seattle and London: University of Washington Press, 1983), 245.

148 엄영보, "해사에 Burke 제독 동상 건립을 제안한다," 『옥포』 제87호 (2011년 7월), 44-48. 백선엽 참모총장이 정전협정 체결에 앞서 미국에 있는 동안 아이젠하워 대통령과 스미스 국무차관을 만나 한미상호방위조약 체결을 위해 노력했다는 내용은 유재흥의 회고록에도 나온다. 劉載興, 『激動의 歲月』, 323.

149 엄영보, "해사에 Burke 제독 동상 건립을 제안한다," 44-48; 劉載興, 『激動의 歲月』, 323.

너무 많은 것들을 양보하고 있다고 비판했다. 그리고 "오스트레일리아, 뉴질랜드, 일본과 체결한 것과 같은 방위동맹을 만드는 것에 대한 진지한 관심과 기대"를 원하는 이승만 대통령의 입장을 다시 전달했다.[150] 이에 대해 베델 스미스는 방위동맹문제를 심각히 고려했으나, 코리아문제가 국제연합 관할의 문제인데 방위동맹을 체결하면 미국 단독의 문제가 되고, 이것은 오히려 한국에도 불리하다는 점, 그리고 그러한 방위동맹은 미국상원의 비준을 받아야 한다는 점 등을 들어 불가하다는 의사를 밝혔다.[151]

그러나 한국 대통령 이승만이 한미동맹 없는 정전협정 불가 입장을 고수하는 상황에서 1953년 5월 29일 미국 국무부-합참(State-JCS) 합동회의에서는 클라크 국제연합사령관이 제출한 비상조치계획인 상비(Everready) 작전계획이 토의되었고, 6월 1일 아이젠하워 대통령이 참고할 수 있는 비망록으로 작성되었다.[152] 6월 1일 비망록에 따르면 미국 국무장관과 미국 국방장관은 사태의 심각성을 5월 30일 미국 대통령에게 보고했고, "한국 정부로부터 비롯되는 위급상황에 대한 초보적 조치들"(preliminary measures to meet any threatened emergency resulting from difficulties with the ROK government)을 취할 수 있는 권한을 클라크 사령관에게 부여했다.[153]

150 Diplomatic Letter from You Chan Yang to Syngman Rhee, 1953년 5월 27일 [영문서한]. 『대한민국사자료집: 이승만관계서한자료집5(1953』. 국사편찬위원회.

151 위와 같음.

152 "Paper Submitted by the Commanding General of the United States Eighth Army(Taylor)," 4 May 1953, Subject: Outline Plan Everready, U.S. Department of State, *FRUS 1952-1954: Korea,* vol. 15, 965-68; Memorandum for the Record, Prepared by the Assistant Chief of Staff, G-3, Department of the Army(Eddleman), Washington, 1 June 1953, *FRUS 1952-1954,* 1126.

153 Memorandum for the Record, Prepared by the Assistant Chief of Staff, G-3, Department of the Army(Eddleman), Washington, 1 June 1953, *FRUS 1952-1954,* 1127.

아울러 사태가 위중한 정도에 따라 필요하다고 간주되는 조치를 다음과 같이 취할 수 있도록 했다. (1) 한국군이 국제연합군사령관의 작전명령에 따르지 않을 때: 국제연합군사령관 산하의 미군은 요충지 주변의 중요 지점과 장비를 확보하면서 철수를 시작. 미 해, 공군은 경계를 계속, 전방 지역에 대한 보급 감축, 한국 정부와 군에 대한 정보 수집 증대. (2) 한국군이 독자적인 작전을 전개할 때: 보호해야 할 장비는 철수시키고 중요치 않은 장비들은 은폐. 한국군 보안부대들을 무장해제 및 해체, 중요시설과 통신소에 대한 강력한 보안 유지. 시민의 이동 억제. (3) 한국군과 군중들이 공공연히 적대행위를 할 때: 국제연합군과 국제연합군에 협조하는 한국군은 방어지대로 철수.[154]

그리고 한국 정부와 쌍무안보동맹(mutual security pact)을 협의할 것이라는 사실을 국무장관이 이승만 대통령에게 알려 줄 수 있도록 했다. 다만 이승만 대통령에게 그러한 사실을 알려 줌으로써 위험하고 도발적인 상황을 피할 수 있을 때 알려주어야 한다고 했다. 그리고 동맹에 관한 협의가 이승만으로 하여금 정전을 받아들이게 할 수 있을 지에 관한 클라크 사령관의 판단을 구했고, 이에 대해 클라크 사령관은 미국이 쌍무안보조약을 긍정적으로 검토하는 것을 이승만 대통령에게 알리는 것의 장점, 그리고 송환불원포로에 대해 공산주의자들이 설득할 수 있는 기회를 갖게 되는 것에 대해 이승만과 그의 정부가 가진 반감을 전달했다.[155]

아이젠하워행정부가 들어서면서 국무장관이 된 덜레스는 트루먼행정부 시절 국무부 고문자격으로 방한한 바 있었다. 그는 6.25전쟁 발발 직

154 黃源卓(황원탁), "韓半島 安保環境의 變化와 停戰協定體制의 變化에 관한 硏究," (서울: 延世大學校, 1993), 17.

155 Memorandum for the Record, Prepared by the Assistant Chief of Staff, G-3, Department of the Army(Eddleman), Washington, 1 June 1953, *FRUS 1952-1954,* 1127.

전인 1950년 6월 19일에 개최된 대한민국 제2대 국회 개원식에 참석하여 한국에 대한 안전보장을 약속했었다.[156] 아이젠하워행정부는 대량보복의 약속을 통한 한국수호선언 정도를 선호했지만, 한국 대통령 이승만과 외무장관 변영태는 보다 큰 구속력을 가진 조약의 체결을 통해 전쟁재발의 가능성을 봉쇄하고자 했다.[157]

1953년 4월부터 8월까지 정전협상의 배후에서 진행된 일련의 협상들은 정전협상은 물론 정전 후의 한미동맹, 그리고 동북아안보구조의 기본틀에 결정적 영향을 미쳤다. 정전 이후 한국의 지위(the postarmistice status of ROK)를 위한 조치의 필요성이 클라크 사령관에 의해 제기되었다.[158] 그러나 워싱턴의 전반적 분위기는 이 문제를 일단 정전협정을 못 박은(nailed down) 이후로 미루고자 했다.[159] 미국으로서는 정전협정이 체결되지 않은 상태에서 한미동맹이 체결될 경우, 이승만의 북진통일작전에 미군이 말려들 수도 있다는 점을 우려했다. 반대로 이승만정부는 공산주의자들의 남침이 재발될 수도 있는 상황에서 아무런 안전보장 없이 정전협정을 체결할 수 없었다. 결국 브릭스 주한 미국 대사가 나서서 이승만정부의 변영태 외무장관에게 새로운 협상의 가능성을 시사했다. 1953년 4월 8일 덜레스 신임 국무장관은 양유찬 주미 한국 대사에게 쌍무동맹을 고려하겠다는 언질을 주었다. 그러나 그것은 여전히 "정치회의가 평화장치를

156 『동아일보』, 1950년 6월 20일.

157 U.S. Department of State, *FRUS 1952-1954: Korea,* vol. 6. April 26-June 8, 1953: progress at Panmunjom and the offer to negotiate a mutual security pact with the Republic of Korea, 938-1151.

158 CINCFE (Tokyo) to Department of the Army (Washington) for JCS, 4 Apr 1953 cited in John Kotch, "The Origins of the American Security Commitment to Korea," in Bruce Cumings, ed. *Child of Conflict: The Korean-American Relationship, 1943-1953* (Seattle and London: University of Washington Press, 1983), 243.

159 Kotch, "The Origins of the American Security Commitment to Korea," 243.

만들어낸 이후"(after the political conference had worked out a peaceful settlement)를 의미했다.[160]

1953년 5월 30일 오전 11시 미국 국무장관실에서 국무장관, 국방장관, 합참을 대표한 육군참모총장, 국무부 부장관, 국방부 국제안보 담당 차관보, 국무부 극동담당차관보, 합참참모, 국무부의 존슨(Alexis Johnson), 그리고 국방장관보(OSD) 설리번(C. A. Sullivan) 등이 참석하여 한미 간 쌍무안보동맹을 체결하는 문제에 관한 진지한 검토가 이루어졌다. 이 회의에서 일단 이승만정부 대신 국제연합군이 군정을 실시하는 것에 대한 클라크의 의견에는 동의할 수 없다는 결정이 이루어졌다. 그리고 아이젠하워 대통령에게 다음과 같은 안을 추천하기로 결정했다. 즉, 한국 정부에 대해 미국이 필리핀이나 오세아니아국가들과 체결한 것과 같은 수준에서 상호방위조약을 체결할 수 있다. 단, 그 전제조건으로 한국 정부가 최근 국제연합사령부가 제안한 선상에서 정전협정을 받아들이고, 그 실시에 협조하며, 미국과 한국 쌍방이 더 이상 그러한 조치가 필요 없다고 합의할 때까지 한국군을 국제연합군사령관(CINCUNC, Commander in Chief, United Nations Command)의 작전통제 아래에 두도록 한다는 것이었다.[161]

1953년 6월 1일 이승만 대통령은 한국군 정전협상 대표단을 보강하는 조치를 취했다. 최덕신 대표 아래로 육군 대표 이호 준장, 해군 대표 김일병 준장, 공군대표 김창규 준장 등이 임명되었다. 정전협상의 한국 측

160 Kenneth Young memo, 18 Apr 1953, U.S. Department of State, Division of Historical Policy Research, *Relations between the United States and the Republic of Korea: A Chronology of Major Developments,* 1 April 1953 – 22 June 1953, Research Project no. 337, July 1953, 1.

161 Memorandum for the Record, Prepared by the Assistant Chief of Staff, G-3, Department of the Army(Eddleman), Washington, 1 June 1953, *FRUS 1952-1954,* 1127.

산 증인이었던 이수영 대령은 계속해서 연락장교를 맡았다.[162] 이 시점에서 이승만 대통령이 한국군 정전협상 대표단을 보강한 것은 한미동맹을 전제로 정전협정 체결을 받아들이려는 준비로 해석될 수 있었다.

덜레스는 워싱턴으로 이승만 대통령을 초청했지만, 이승만 대통령은 전선을 두고 워싱턴에 가는 대신 덜레스가 한국에 올 것을 요구했다. 덜레스는 로버트슨(Walter S. Robertson) 차관보를 대신 보내겠다는 입장을 1953년 6월 17일 서울에 전달했다.[163] 이승만 대통령은 1953년 6월 17일 브릭스(Ellis O. Briggs) 주한 미국 대사와 만나 정전협정과 한미상호방위조약의 연계성을 강조했다. 그리고 다음 날인 6월 18일 송환을 원하지 않는 포로들 중 27,389명을 전격적으로 석방했다. 포로수용소를 관리하고 있던 국제연합군의 입장에서 볼 때, 그것은 '대석방'이 아니라 '대탈출'이었다. 이러한 조치는 당연히 조-중인민군 측의 반발을 불러왔지만, 조-중인민군 측은 정전협상을 파기하지 않았다.

이승만으로서는 공산주의에 반대하는 전쟁포로들을 공산진영으로 되돌려 보낼 수 없다는 인도적 원칙을 견지함과 더불어 한미상호방위조약과 연결되지 않은 정전협상에 대해서는 한국이 독자적 행동을 취할 수도 있다는 점을 보여줌으로써 정전협정 체결 이전에 한미상호방위조약을 체결하는 것에 부정적이었던 미국을 압박했다. 한국 정부의 이러한 일방적 조치에 대해 아이젠하워 미국 대통령은 미국의 적이 과연 남쪽인가, 북쪽인가를 확인하는 질문에 답해야 할 정도였다. 그는 7월 1일 기자회견에서 "적은 아직 코리아의 북쪽에 있다"고 대답했다.[164]

---

162 국방부 군사편찬연구소, 『6.25전쟁사11』, 107.

163 Sec of State (John Foster Dulles) to the Pdt of the ROK (Rhee), *FRUS, 1952-54,* vol. 15, 1188.

164 Eisenhower, *Mandate for Change*, 237.

아이젠하워행정부는 예정대로 국무부 극동담당 차관보 로버트슨을 한국에 파견했다.[165] 로버트슨의 방한은 몇몇 연구들이 서술하고 있는 것처럼 6.18반공포로석방에 따른 조치가 아니라 이미 예정되어 있던 것이었다. 반공포로석방에 앞서 덜레스와 이승만은 상호방위조약체결문제를 놓고 서로 방미와 방한을 요청하다가 덜레스가 자신을 대신하여 로버트슨을 파견하겠다는 전문을 이승만에게 보냈었다.[166]

따라서 로버트슨의 방한이 이승만의 반공포로석방에 따른 것이 아니라 거꾸로 이승만의 반공포로석방이 이 전문의 영향을 받았을 가능성이 있다. 즉, 덜레스 대신 로버트슨이 방한하기 앞서 반공포로석방이라는 조치를 단행한 것이다. 로버트슨은 덜레스 국무장관의 측근인 맥카들(Carl McCardle), 그리고 콜린스 육군참모총장과 함께 서울을 방문했다.[167] 6월 24일 서울에 도착한 로버트슨 특사는 6.25전쟁 발발 3주년 행사에 참석한 후 7월 12일까지 18일 동안이나 한국에 체류하면서 거의 매일 한국 대통령 이승만을 만나 설득했다. 주한 미국 대사 브릭스도 배석하지 않은 단독회담도 이루어졌다.[168] 이때 이승만 대통령은 로버트슨에게 한미관계사를 다음과 같이 설명했다.

> 미국에 대한 우리[한국]의 확고부동한 신뢰에도 불구하고, 우리는 1910년 일본의 한국병합과 1945년 한반도의 양분(bisection)에서 볼 수 있듯이, 과거

165 Leckie, *Conflict*, 382.

166 Sec of State (John Foster Dulles) to the Pdt of the ROK (Rhee), *FRUS, 1952-54,* vol. 15, 1188.

167 Briggs, *Proud Servant,* 317. 콜린스는 이때의 경험을 배경으로 1954년 미국 특사로 덜레스 국무장관을 대신해서 베트남을 방문했고, 당시까지 극동문제를 맡고 있던 월터 로버트슨과 협력하여 고딘디엠 정권의 난제를 풀어보려고 했다. Collins, *War in Peacetime,* 357.

168 Briggs, *Proud Servant,* 317.

두 번씩이나 [미국에 의하여] 배신당했다. 지금의 사태진전은 또 다른 배신(sellout)이라고 부를 수 있는 그 어떤 것을 시사하고 있다.[169]

공산주의자들에 의한 전쟁재개에 대한 아무런 방지책이 없는 정전협정문이란 '한국에 대한 사형집행영장'(the death warrant of Korea)에 불과하다고 규정한 이승만은 이런 상태로 한국이 정전협정을 수락하는 것은 마치 '아무런 항의도 없이 사형선고'(a death sentence without protest)를 받아들이는 것과 같다고 말했다.[170] 이승만은 조선인민군과 중국인민지원군 출신 송환불원포로들을 미군이 비무장지대의 중립국 관리하에 두는 것에 동의할 수 있지만, 조-중인민군의 남침재발을 막기 위해서는 한국군의 증강과 함께 정전협정 체결에 앞서 한미상호방위조약이 체결되어야 한다는 입장을 표명했다.[171]

1953년 7월 1일 CIA는 이승만이 다음과 같은 일련의 행동들을 취할 가능성을 우려하고 있었다. 그것은 정전을 반대하는 대중시위, 국제연합사에 복무하고 있는 약 9만 한국 인력의 파업이나 태업, 중국인민지원군 출신 반공포로들에 대한 추가적 석방조치, 정전에 반대하기 위해 장개석 군대와 보다 긴밀하게 협력, 국제연합사의 연료와 무기 장악, 중립국송환

169 Conversation between the President[Rhee] and Mr. Robertson, 3 July 1953, The Syngman Rhee Presidential Papers. 이승만이 정전협정 체결을 한미상호방위조약 체결과 연계시키려 했던 외교적 노력에 대한 선행연구로는 차상철, "외교가로서의 이승만 대통령," 유영익 편, 『이승만 대통령재평가』 (서울: 연세대학교 출판부, 2006), 155-88.

170 Notes on Conversation between the President [Rhee] and Mr. Walter S. Robertson, Assistant Secretary of State, Seoul, 29 June 1953, The Syngman Rhee Presidential Papers; Rhee to Eisenhower, 30 May 1953, U. S. Department of State, *FRUS 1952-1954: Korea*, vol. 15, 1124.

171 Hermes, *Truce Tent and Fighting Front,* 454-57; The Assistant Secretary of State for Far Eastern Affairs (Robertson) to the Department of State, 26 June 1953, *FRUS 1952-54: Korea,* vol. 15, 1276-77.

위원회에 대한 공격, 조-중인민군에 대한 공격, 그리고 한국군을 전선에서 철수시키는 것 등이었다.[172]

로버트슨은 한국 정부가 정전협정을 지지하고 국제연합군사령관의 작전지휘권 아래 계속해서 한국군을 두는 것에 동의한다면, 미국 정부는 상호방위조약을 체결할 준비가 되어 있다는 입장을 피력했다.[173] 이에 대해 이승만은 미국 상원에서 상호방위조약 체결에 대한 비준이 이루어지지 않는 경우가 있음을 지적하면서 비준을 받을 수 있다는 미국 상원의 보장을 미국 정부가 받아준다면 정전협정을 지지하겠다는 의사를 밝혔다.[174] 로버트슨은 미국 대통령이 상원의 지지를 받을 수 없다면, 애초에 조약 체결에 동의하지 않았을 것이라고 밝혔고, 상원에서 상호방위조약 체결에 대한 공식 동의를 얻어냈다는 국무부의 확인까지 받아 주었다.[175] 그러자 비로소 이승만은 "비록 정전협정 체결이 어떤 장기적인 후유증을 가져올지에 대해서 우려를 가지고 있지만, 정전협정 조항의 이행과정을 절대 방해하지 않겠다"고 보증했다.[176]

이승만과 로버트슨은 약 2주간에 걸쳐서 '작은 정전협상'(mini Truce Talks)이라고도 불린 지난한 협상을 마치고 1953년 7월 12일 다음과 같은 합의사항이 담긴 공동성명을 발표했다(미국 시각 7월 11일).

---

172 CIA, "SM 367: Syngman Rhee and the Korean Armistice," 1 July 1953, http://www.foia.cia.gov/sites/default/files/document_conversions/44/1953-07-01b.pdf

173 The Assistant Secretary of State for Far Eastern Affairs (Robertson) to the Department of State, 26 June 1953, *FRUS 1952-54: Korea,* vol. 15, 1278-79.

174 The Assistant Secretary of State for Far Eastern Affairs (Robertson) to the Department of State, 26 June 1953, *FRUS 1952-54: Korea,* vol. 15, 1336.

175 The Assistant Secretary of State for Far Eastern Affairs (Robertson) to the Department of State, 26 June 1953, *FRUS 1952-54: Korea,* vol. 15, 1338.

176 中國 軍事科學院 軍史歷史研究部, 『抗美援朝戰爭史』, 한국 국방부 군사편찬연구소 역(2005), 689.

(1) 정전협정 체결 이전이 아니라 이후(after, not before) 한미방위조약(US-ROK Mutual Security Pact) 체결

(2) 장기 경제원조 보장 및 제1차분 2억 달러 원조 제공. 그리고 정전협정 체결 즉시 약 950만 불에 해당하는 식량 지원

(3) 정전협정 체결 이후 개최되는 정치회의에서 90일이 경과해도 실질적인 성과가 없을 경우, 한미양국은 정치회의에서 철수하고, 나라의 통일을 위한 미래의 행동에 관해 논의

(4) 한국군 육군 병력을 20개 사단으로 증강시키며, 해군과 공군도 적정한 수준으로 증대

(5) 정치회의 개최에 앞서 한미 양국의 공동목표에 관한 제반사항을 다룰 고위급회의 개최177

클라크 국제연합군사령관은 그의 자서전에서 미국 대통령 특사 로버트슨과 또 다른 협상을 벌였던 이승만에 대해 다음과 같이 평가했다.

아시아에서 그[이승만 대통령]의 위상은 미국의 대통령특사가 6월 26일부터 7월 12일까지 매일 찾아와 협조를 구했다는 단순한 사실만으로도 크게 증대되었다. 그렇게 해서 그는 자신을 자유세계와 공산세계가 그의 나라에서 계속 전쟁을 할 것인지, 혹은 정전협정에 서명할 수 있을 것인지에 관한 문제에 큰 영향력을 가진 인물로 끌어 올렸다. 그는 이러한 권력위상(position of power)을 즐겼다. [중략] 어느 통신사는 이승만-로버트슨 회담을 작은 정전협상(little truce talks)이라고 보도했다. [중략] 1953년 7월 12일 도쿄로 출발할 때, 로버트슨은 아이젠하워에게 보내는 이 대통령의 친서를 지참했다. 서한의 내용은 아이젠하워대통령이 요청하였기에 그는 정전을 실현하는 것에 반대

177 Clark, *From the Danube to the Yalu*, 286-87; Collins, *War in Peacetime*, 359.

하지 않겠다는 것이었다.[178]

1953년 7월 27일 정전협정이 체결되고, 이승만이 애초에 요청한 대로 덜레스의 방한이 성사되었다. 1953년 8월 3일 한국에 도착한 덜레스는 자신의 방한에 관해 "강대국의 정책을 약소국의 정책에 합치시키기 위해 강대국의 국무장관이 약소국의 대통령을 만나 대화하기 위해 세계를 가로질러 오는 것은 역사상 처음 있는 일"이라고 의미를 부여했다.[179] 덜레스의 전임자였던 애치슨은 국무차관 및 장관으로 냉전정책의 주요 골격을 다듬던 시절, 8번씩이나 유럽을 방문했던 것에 비해 한 번도 피점령국 일본을 포함한 아시아지역을 방문한 적이 없었다. 이승만의 염원대로 1953년 7월 27일 정전협정의 체결은 한미상호방위조약 가조인과 연계되었다. 1953년 8월 8일 경무대에서 이승만이 지켜보는 가운데 덜레스 미국 국무장관과 변영태 한국 외무장관은 한미상호방위조약에 가조인했다.[180] 덜레스는 가(假)조인을 마치고, 이승만 대통령을 끌어안으며, "이것은 당신과 당신의 나라에 대한 마땅한 존경의 표시이다. 이 조약은 여기서 죽은 우리 청년들의 피로 봉인되었다"(This is a mark of respect to you and your country for what it has stood for. It is sealed in the blood of our boys who have died here)라는 명언을 남겼다.[181]

이승만은 물론 덜레스 미 국무장관도 한미상호방위조약, 특히 제2조와 3조가 "소련은 물론 일본에 맞서 대한민국을 보호해 주는 이익"(the advantage of protecting the ROK against Japan as well as the Soviet Union)

---

178 Clark, *From the Danube to the Yalu*, 281.

179 Oliver, *Syngman Rhee and American Involvement in Korea*, 426.

180 Oliver, *The Man behind the Myth,* 314-17.

181 *The Sunday Herald* [Sydney], 9 Aug 1953 (Sunday).

이 있다고 보았다. 한국은 조약문 안에 한국이 침략을 받을 경우, '자동적이고 즉각적으로'(automatically and immediately) 미군이 개입한다는 구절이 포함되어야 한다고 주장했다. 그러나 미국은 의회의 동의 없이 참전할 수 없다는 이유를 들어서 자동개입 조항의 삽입에 반대했다. 결국 한미상호방위조약은 자동개입조항 없이 체결되었다. 제6조에서 정한 조약의 기한은 "무기한"이었다. 그렇지만 "어느 당사국이든지 타 당사국에 통고한 일 년 후에 본 조약을 종지시킬 수 있다"는 단서조항이 붙었다. 이승만은 무기한을 원했지만, 미국은 미국-필리핀상호방위조약에도 유효기간을 정한 규정이 있음을 들어 이 구절을 삽입했다.[182]

자동개입조항이 빠진 대신 제4조에 "상호합의에 의하여 결정된 바에 따라 미합중국의 육군, 해군과 공군을 대한민국의 영토 내와 그 주변에 배치하는 권리를 대한민국은 이를 허락하고 미합중국은 이를 수락한다."라는 조항이 삽입되었다. 이로써 1949년 한국에서 철수했던 미군이 한국에 재주둔하는 국제법적 근거가 마련되었다. "헌법 절차에 따라 한국을 군사적으로 지원한다"는 단서가 붙어서 유럽 혹은 북미의 어느 한 나라에 대한 공격은 곧 북대서양조약기구 전체국가들에 대한 공격으로 간주되는 북대서양조약과는 달리 미국의 자율성을 보장해주었다. 한국이 공격을 받을 경우, 미국의 참전결정이 이루어지기 위해서는 미국의 헌법절차에 따른 의회의 비준이 필요하도록 했다. 그렇지만 미군이 공격을 받을 경우에는 의회의 비준 없이도 즉각적인 참전이 가능하기 때문에 한국에 주둔하고 있는 미군은 미국의 자동적 참전을

182 한표욱, 『이승만과 한미외교』 (서울: 중앙일보사, 1996), 175; 유영익, "한미동맹 성립의 역사적 의의," 『한국사 시민강좌』 36호 (서울: 일조각, 2005); 차상철, "외교가로서의 이승만 대통령," 269-70; 이완범, "이승만 대통령의 한미상호방위조약 추진배경과 협상과정," 김영호 외, 『이승만과 6.25전쟁』, 23-97.

보장하는 인계철선(trip wire)이라고 불리면서 정전체제의 일부가 되었다.[183] 소련과 중화인민공화국, 그리고 '조선민주주의인민공화국'으로 이루어진 공산블록에 맞서서 한미일 삼각연대가 대결하던 냉전시기에 있어서 1953년 7.27정전협정 체결 직후인 8월 8일 가조인된 정전체제의 일부로서 한미상호방위조약은 "동양에 항구적인 평화를 건설하는 데 있어서 기본적인 토대가 되었다."[184]

1953년 8월 9일 대국민 담화에서 이승만 대통령은 한미상호방위조약은 조선-대한제국이 추구하던 연대정책의 실현이라면서 "우리의 후손이 앞으로 누대에 걸쳐 이 조약으로 말미암은 많은 혜택을 누릴 것이다. 이 분야에 있어서 한미 양국의 공동노력은 외부 침략자들로부터 우리를 보호하여 우리의 안보를 오랫동안 보장할 것"이라고 예견했다.[185] 이승만 정부가 정전협정에 참여하면서 만들어낸 한미상호방위조약(韓美相互防衛條約, the ROK-U.S. Mutual Defense Agreement)은 1953년 8월 8일에 가조인되어 같은 해 10월 1일 워싱턴에서 정식으로 체결되었고, 미국의회 비준을 거쳐 1954년 11월 17일 비준서가 교환되어 11월 18일 정식 발효되었다.[186] 한국 정부는 정전을 실질적으로 뒷받침하는 한미상호방위조약을 만들어내는 과정에서 정전협정에 대한 준수를 약속했고, 조-중

183 정전협정, 상호방위조약, 합의의사록, 그리고 주한미군을 인계철선과 같이 전방배치시킨 것을 한미동맹의 '삼위일체+1 구조'라고 보는 견해에 관해서는 김일영, "이승만정부의 북진-반일정책과 한미동맹의 형성," 하영선, 김영호, 김명섭 공편, 『한국외교사와 국제정치학』 (서울: 성신여자대학교출판부, 2005), 209-18.

184 방위조약 체결 직후 갈홍기 공보처장의 언급. 갈홍기, "한미상호방위조약 비준에 대하여," 공보처, 『주보』 91, 1954년 2월 3일, p. 4, 국방부 군사편찬연구소, 『한미동맹 60년사』 (서울: 국방부 군사편찬연구소, 2013), 63에서 재인용.

185 大韓民國 公報處, 『大統領李承晩博士談話集』 (1956), 314-15.

186 대한민국과 미합중국간의 상호방위조약(Mutual Defense Treaty between the Republic of Korea and the United States of America). [조약 제34호 1954.11.18.].

인민군 측도 마크 클라크 국제연합군 사령관의 서한을 통해 대한민국 군대에 대한 대표권을 확인한 후 정전협정을 체결했다. 난산의 정전협정과 함께 세계사적으로 유례가 드문 '고래와 새우' 간의 동맹조약이 탄생했던 것이다.

한미상호방위조약은 1954년 7월 또 한 번의 한미정상회담을 거쳐 1954년 11월 18일 발효되었다. 1953년 정전협정 체결 직후 가조인되었다가 1953년 10월에 체결되었던 한미상호방위조약이 1954년 11월 18일에 가서야 발효된 것은 바로 전날 한미합의의사록이 체결되었기 때문에 가능했다. 1954년 11월 17일 서울에서 변영태 외무장관과 브릭스 주한 미국 대사가 서명한 '한국에 대한 군사 및 경제원조에 관한 대한민국과 미 합중국 간의 합의의사록'(Agreed Minutes relating to continued cooperation in economic and military matters)이 탄생했다. 이 합의의사록의 제2항은 "국제연합사령부가 대한민국의 방위를 위한 책임을 하는 동안 대한민국을 국제연합사령부의 작전지휘권 하에 둔다. 그러나 양국의 상호적 및 개별적 이익이 변경에 의하여 가장 잘 성취될 것이라고 협의 후 합의되는 경우에는 이를 변경할 수 있다"라고 규정했다.[187]

또한 "1955년 회계연도에 총액 7억 불에 달하는 계획적인 경제원조 및 직접적 군사원조로써 대한민국이 정치적, 경제적 및 군사적으로 강화되도록 원조하는 미국의 계획을 계속한다"고 규정했다. 장기적으로는 "예비군제도"를 포함한 증강된 대한민국의 군비를 지원하기로 했다.[188] 한국은 육군 661,000명, 해군 15,000명, 해병대 27,500명, 공군 16,500명 등 총 72만 명에 달하는 군대를 육성할 수 있는 군사원조를 미국으로부

187 한미합의의사록 전문, 한국 국방부 군사편찬연구소, 『한미동맹 60년사』 (서울: 국방부 군사편찬연구소, 2013), 411.

188 한미합의의사록 전문, 위의 책, 411.

터 제공받게 되었다. 그 결과 1960년대까지 미국이 한국에 제공한 군사원조는 적어도 연간 3억 달러에 달했다. 미국 군사원조가 당해 국방예산의 87퍼센트를 차지하는 해도 있었다.[189]

4. 한국군의 정전협정 당사자성

한국은 주된 교전자, 주인국가 그리고 유일한 합법정부라는 측면에서 정전협정의 당연한 당사자라는 주장이 있다.[190] 그러나 "대한민국 정부는 '정전협정'의 체결에 반대했으므로 대한민국은 '정전협정'의 당사자로 볼 수 없다"는 주장도 있다.[191] 과거 한국 육군사관학교의 교재에서는 "5월 25일 이래 휴전회담을 거부함으로써 참석하지 않았던 최덕신 장군은 국군의 대표로서 동석은 하고 있었으나 끝내 서명은 하지 않았다"라고 설명하고 있다. 그러나 미국 이외의 다른 국제연합참전국 사령관들이 별도로 서명하지 않았던 것과 마찬가지로 이미 작전지휘권을 국제연합군 사령관에게 이양했던 한국군 대표가 국제연합군 사령관과 별도로 서명할 필요는 없었다.[192]

---

189 Brazinsky, *Nation Building in South Korea*, 30; Agreed Minute between the Government of US and ROK, with appendix A and B," 19 Nov 1954, NSC 170/1, Eisenhower Library.

190 유병화, "한국은 휴전협정의 당사자인가?: 그 당위성과 법적논거," 『柳炳華 국제법칼럼』 (서울: 학영사, 2005), 12-15.

191 金明基, 『한반도 평화조약의 체결: 휴전협정의 평화조약으로의 대체를 위하여』 (서울: 국제법출판사, 1994), 56.

192 金陽明, 『韓國戰爭史』 (서울: 日新社, 1978), 481.

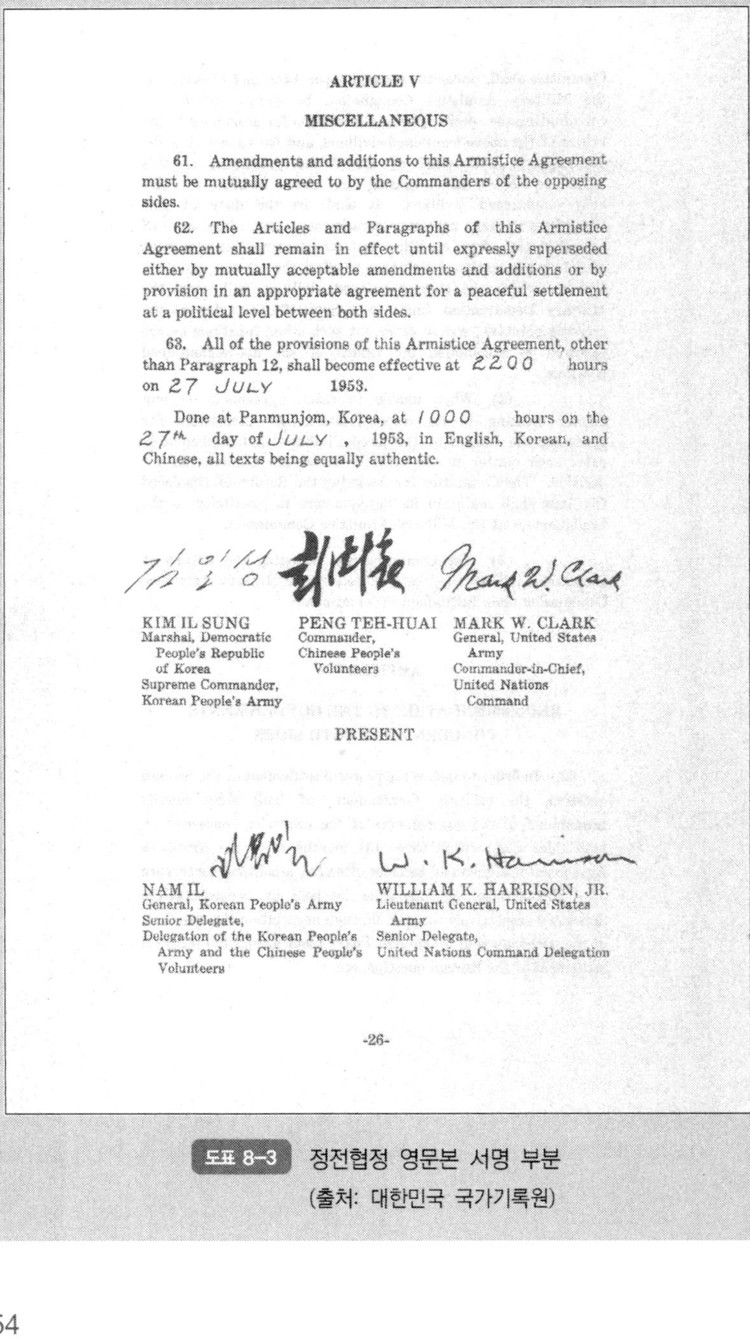

ARTICLE V

MISCELLANEOUS

61. Amendments and additions to this Armistice Agreement must be mutually agreed to by the Commanders of the opposing sides.

62. The Articles and Paragraphs of this Armistice Agreement shall remain in effect until expressly superseded either by mutually acceptable amendments and additions or by provision in an appropriate agreement for a peaceful settlement at a political level between both sides.

63. All of the provisions of this Armistice Agreement, other than Paragraph 12, shall become effective at 2200 hours on 27 JULY 1953.

Done at Panmunjom, Korea, at 1000 hours on the 27th day of JULY, 1953, in English, Korean, and Chinese, all texts being equally authentic.

KIM IL SUNG
Marshal, Democratic People's Republic of Korea
Supreme Commander, Korean People's Army

PENG TEH-HUAI
Commander, Chinese People's Volunteers

MARK W. CLARK
General, United States Army
Commander-in-Chief, United Nations Command

PRESENT

NAM IL
General, Korean People's Army
Senior Delegate, Delegation of the Korean People's Army and the Chinese People's Volunteers

WILLIAM K. HARRISON, JR.
Lieutenant General, United States Army
Senior Delegate, United Nations Command Delegation

-26-

도표 8-3 정전협정 영문본 서명 부분
(출처: 대한민국 국가기록원)

정전협정문의 서명란에 김일성의 이름은 있고, 이승만의 이름은 없다는 단순대비를 통해 한국(군)의 비자주성과 정전협정 비당사자성이 주장되어지기도 한다. 정전협정은 탄생 직후부터 한국 정부에서 환영받지 못했던 것이 사실이다. 정전협정 체결 당시 제3대 외무장관이었던 변영태는 1959년의 회고에서 "정전협정은 자유세계가 공산세계에 써바친 항참서(降參書)다. 가장 수치스러운 문서다. … 태워버려서 없앨 수 있다면 당장 태우기라도 할 것이요, 그렇게 할 수 없다면 우리 자신이 땅속으로 숨더라도 안보기만 하면 좋겠다싶은 생각이 날만한 수치(羞恥)적 문서"라고 폄하했다.[193] 1919년 미국에서 광복운동을 벌일 때부터 이승만의 충실한 대변인으로 활동했던 정한경은 정전협정을 영국의 챔벌린과 히틀러가 체결했던 뮌헨평화협정에 비유하여 "극동의 뮌헨"(the Far Eastern Munich)이었다고 기록했다.[194] 정전협정이 체결된 이후 이승만 대통령도 수시로 북진통일의 의지를 표명했던 것이 사실이다. 그러나 정전협정에 대한 호오여부와 한국군의 정전협정에 대한 기속성(羈束性) 여부는 구별하여 고찰될 필요가 있다. 자기가 낳은 자식을 수치스럽게 생각했다는 이유만으로 법적 기속성이 없어지는 것은 아니다.

6.25전쟁 정전협정은 근대 국제법을 탄생시키고 발전시켜 온 서구문명권과 비서구문명권 사이에 체결되었다. 이 점에서 제1차 세계대전 당시 연합군과 비서구문명권의 오스만-투르크제국 군대 사이에 체결된 무드로스정전협정(the Armistice of Moudros)과 비교해 볼 수 있다. 무드로스 정전협정은 1918년 10월 30일 라우프 베이 오스만투르크 제국 해군장관과 서머셋 캘쏘프(Somerset Calthorpe) 영국 제독이 그리스 림노스

193 卞榮泰, 『外交餘錄』, 59.

194 Henry Chung, *Korea and the United States Through War and Peace, 1943-1960* (Seoul: Yonsei University Press, 2000), 254.

섬의 무드로스 항구에 정박한 영국함선 아가멤논 호 선상에서 서명함으로써 체결되었다.[195]

무드로스정전협정에서 서머셋 캘쏘프 영국 제독의 서명은 연합군 전체를 대표했다. 무드로스정전협정 이후 이스탄불이 점령되고, 오스만-투르크제국은 분리되었다. 그런데 1920년 8월 10일에 가서 연합국 대표들과 오스만-투르크제국 대표들 간의 세브르평화조약이 프랑스 파리 근교의 세브르에서 체결되었을 때, 평화조약 서명자들의 명단은 무드로스정전협정 체결 당시의 서명자들과는 달랐다.[196] 이처럼 정전협정이란 전쟁 관련 당사국들의 정부대표들에 의해 이루어지는 평화협정이나 평화조약과는 달리 교전 중인 쌍방 군대의 수장들이 가까운 미래의 일정시점(時點)을 정하여 전투 혹은 전쟁을 중지할 것을 약속하는 문서이다.

1918년 11월 3일 이탈리아군 사령관과 오스트리아-헝가리군 사령관 사이에서도 정전협정이 서명되었는데, 양측의 서명자는 각각 연합군 전체와 동맹군 전체를 대표했다.[197] 1918년 11월 11일 오전 5시 프랑스 북부 우와즈(Oise)강 연안의 콩피에뉴(Compiègne)에서 체결되고 11시부터 발효된 제1차 세계대전 정전협정문에는 독일 측에서는 정부대표 에르츠베르거(Matthias Erzberger),[198] 외무부 대표 오베른도르프(Count Aldred

195 무드로스정전협정을 통해 오스만-투르크제국은 헤자즈, 예멘, 시리아, 메소포타미아, 트리폴리타니아, 키레나이카를 양도했고 연합국은 다르다넬스 해협, 보스포로스 해협, 바툼(지금의 조지아 남서부에 있음), 그리고 토로스 터널을 차지했다. 연합국은 아나톨리아에 있는 6개의 아르메니아인 지역이 '혼란할 때' 이 지역을 점령할 수 있는 권리와 연합국의 안보를 위협하는 경우 '전략적 지점은 어느 곳이나' 차지할 수 있는 권리도 얻었다. 오스만-투르크제국 군대는 해산되었고 항구·철도·천연자원은 연합국에 넘어갔다.

196 세브르평화조약은 케말 파샤가 이끌었던 터키혁명전쟁에 의해 오스만투르크제국이 터키공화국으로 전환됨에 따라 이행되지 못했고, 로잔평화조약에 의해 대체되었다.

197 유병화, "한국은 휴전협정의 당사자인가?: 그 당위성과 법적논거," 17.

198 그는 정전협정 서명자였다는 이유로 1921년 독일우익단체에 의해 암살당했다.

von Oberndorff), 군부대표 빈터벨트(Major General Detlev von Winterfeldt), 그리고 해군의 반슬로우(Captain Ernst Vanselow) 등 4인이 서명했다. 그런데 연합군 측에서는 총사령관 페르디낭 포쉬(Ferdinand Foch, 프랑스) 원수와 그를 보좌했던 웨미스(Rosslyn E. Wemyss, 영국) 제독이 서명했다. 당시 참전했던 미군사령관 퍼싱(John Pershing)은 독일군의 무조건항복을 받아내야 한다고 하면서 정전협정 체결에 반대했고, 서명하지 않았다. 퍼싱의 서명이 없다고 해서 미군이 정전협정의 당사자가 아니었다는 주장은 제기된 바가 없고, 미군은 미군사령관이 서명하지 않은 정전협정에 기속(羈束)되었다. 우드로 윌슨 미국 대통령은 정전당사국의 정부대표로서 1919년 1월 18일부터 개시된 베르사유평화협상에 참가했다.[199]

제2차 세계대전 중이던 1943년 9월 3일에도 이탈리아 시칠리아 페어필드 기지(Fairfield Camp)에서 연합군 총사령관 아이젠하워 대장이 항복조건을 제시하고, 이를 이탈리아정부를 대표하는 바도글리오 원수(Marshal Pietro Badoglio)가 수락하는 형식으로 정전협정이 체결된 바 있다.[200] 이때 아이젠하워 총사령관은 연합군 전체를 대표했다.[201]

6.25전쟁 정전협정의 경우 '조선인민군 최고사령관'이라는 직함명 아래 김일성의 서명, '중국인민지원군 사령원'이라는 직함명 아래 펑더화이의 서명, 그리고 '국제련합군 총사령관'이라는 직함명 아래 마크 클라

---

199 김승배, 김명섭, "베르사유평화체제의 '보편적 표준'과 한국과 일본의 이몽(異夢): 민족자결원칙과 국제연맹규약을 중심으로," 『국제정치논총』 제52집 2호 (2012년 6월), 37-68; Kim, Soongbae and Kim, Myongsob. "The 'Universal Nomos' of the Versailles Peace System and the Different Dreams of Korea and Japan: National Self-Determination and Racial Equality." *Korean Social Sciences Review* 4 (1) (Aug 2014).

200 이 협정은 서명 당일 발효되었다.

201 유병화, "한국은 휴전협정의 당사자인가?: 그 당위성과 법적논거," 17.

크의 서명 등은 모두 이들이 군사령관의 자격으로(ex officio) 서명했음을 보여준다. 군사령관들이 서명하는 정전협정문에 중화인민공화국 중앙인민정부 주석 마오쩌둥이나 미국 대통령 아이젠하워가 서명하지 않았듯이 대한민국 대통령 이승만이 서명할 필요는 없었다.

간혹 김일성이 '조선인민군 최고사령관'이라는 직함과 더불어 '조선민주주의인민공화국 원수'라는 직함을 병기했음에 주목하여 김일성은 최고사령관인 동시에 국가원수로서 서명했다고 오해하는 경우도 있다. 그러나 여기서 '원수'란 [도표 8-3] 영문본의 서명에서 보이는 바와 같이 군사적 계급으로서의 원수(元帥, Marshal)를 의미하는 것이지 국가수반으로서의 원수(元首, head of state)를 의미하는 것이 아니다. 이것은 마크 클라크가 한국문 위에 '미국 륙군 대장'이라는 직함을 병기하고 서명한 것과 같다. 펑더화이의 경우는 계급 없이 '중국인민지원군 사령원'이라는 직함만을 명기했다. 원래 국제연합 측은 전쟁을 일으킨 조선인민군 최고사령관 김일성이 판문점에서의 서명식에 참석하기를 희망했다. 그러나 이것은 1953년 7월 24일 소련공산당 중앙위원회의 다음과 같은 결정에 의해 이루어지지 않았다.

> 김일성과 기타 조선의 동무들에게 다음 사항을 알려줄 것. 소련공산당 중앙위원회는 조선민주주의인민공화국 부수상 1명과 펑더화이가 정전협정에 서명하는 것을 지지함. 수상으로서 김일성이 직접 서명할 필요는 없음. 조선과 중국 측에서 누가 협정에 서명할 것인가 하는 문제는 전적으로 중국 및 조선정부의 권한사항이며 미국 등의 압력에 좌우되어서는 안 됨.**202**

202 Presidium of the CC of the CPSU decision N P 19/9, 24 July 1953, cited in Bajanov and Bajanova, *The Most Mysterious War,* 243.

한국 대통령 이승만이 아니라 한국군 총사령관이라도 서명했어야 하는데, 그렇지 않았기 때문에 한국군은 당사자가 아니라는 반론이 제기되기도 한다. 그러나 협정의 서명자들만이 당사자가 되는 것은 아니다. 정전협정문의 국제연합군사령관 서명은 당시 국제연합군사령관의 통솔 하에 있던 16개국 참전군사령관들을 대표하는 것이었다. 한국도 1950년 7월 14일 이승만 대통령이 국제연합군사령관 맥아더장군에게 보낸 서한(맥아더 수신일자 7월 15일)을 통해 "현재의 적대행위가 계속되는 동안"(during the period of the continuation of the present state of hostilities) 군사작전의 효율성을 높이기 위한 잠정적 조치로서 한국군의 작전지휘권(operational command authority)을 국제연합군 사령관에게 이양한 바 있었다.[203]

1953년 4월초부터 한국 정부는 클라크 국제연합군 사령관에게 한국군에 대한 작전지휘권을 환수하겠다는 위협을 가하면서 "통일 없는 휴전"에 반대했지만, 끝내 작전권을 환수하지는 않았다. 따라서 정전협정문에 국제연합군 사령관과 별도로 다른 국가들의 참전군 사령관들이 서명하지 않은 것과 마찬가지로 한국군대표가 별도로 서명할 필요는 없었다. 정전협정 체결 직전 조-중인민군 대표들은 해리슨 대표에게 만일 한국군이 정전협정을 위반할 경우 어떻게 할 것이냐고 물었다. 클라크는 로버트슨으로부터 "한국 정부는 우리의 공동목표를 위해 국제연합사령부와 긴밀히 협조할 것이고, 국제연합사령부는 한국군을 포함해서 정전협정을 준수할 준비가 되어 있다"고 조-중인민군 대표에게 고지할 권한을

203 Msg DTG 140545 Z(S), Amembassy Pusan to CINCFE and DA, 14 July 1950, in NA, RG550, United Nations Command, Armistice Affairs Division, General Subject Files, 1951-59, compiled by Military History Section, "History of the Korean Conflict: Korean Armistice Negotiations, May 1952 - July 1953," Pt. 4, 3.

부여받았고, 해리슨 대표가 153차 본회의에서 이 내용을 전달했다.[204]

1953년 7월 28일 김일성도 정전협정 체결에 즈음한 연설에서, "조선인민군과 중국인민지원군 대표들을 일방으로 하고 미 제국주의자들을 위수로 한 무력침범군 대표들을 타방으로 하여 정전협정이 체결되었습니다"라고 하여 최소한 미군 대표 이외에 다른 군 대표들이 정전협정의 체결 당사자였음을 인정한 바 있다.[205]

1953년 7월 27일 오전 10시 판문점에 한국군 대표 최덕신 육군소장은 참석하지 않았다. 1953년 4월부터 정전협상 한국측 대표를 맡았던 최덕신은 1953년 5월 25일 이후 포로문제에 대한 이견으로 정전협상 참석을 거부하고 있었다. 그런데 당시 조-중인민군 대표 남일도 한국군 대표의 참석(參席)을 강력히 거부했으며, 한국이나 중화민국(대만) 기자단이 참석하는 것도 거부했다.[206] 결국 1953년 7월 27일 오전 10시 판문점에서 개최된 수석대표 해리슨과 남일의 서명식에 한국군 대표는 참석하지 않았다.[207]

그러나 정전협정문에 대한 서명은 두 단계로 이루어졌다. 1953년 7월 27일 오전 10시 제159차 본회의장인 판문점에서 국제연합군 대표단 수석대표였던 윌리엄 K. 해리슨 2세(William Kelly Harrison, Jr.) 미국 육군중장과 조선인민군 및 중국인민지원군 대표단 수석대표였던 남일 조선

---

204 "UNC states it has received assurances from ROK Government that it will, during post hostility period, work in close collaboration toward our common objectives. Assures NK that UNC, which includes ROK Forces, is prepared to carry out terms of Armistice." Transcript of Proceedings, 153rd Session, 127th Meeting at Pan Mun Jom, Military Armistice Conference, 12 July 1953; Collins, *War in Peacetime,* 359.

205 "정전협정체결에 제하여 전체 조선인민에게 보내는 김일성원수의 방송연설," 1953년 7월 28일. 『조선중앙년감, 1953』, 82-87.

206 Collins, *War in Peacetime,* 362.

207 『경향신문』, 1953년 7월 22일.

인민군 대장이 국제연합을 상징하는 청색표지로 된 9부, 공산진영을 상징하는 적색표지로 된 9부 도합 18부에 서명했다.[208] 해리슨은 서명을 마치고 기자들에게 자신이 사용한 펜은 그가 8년 동안 가지고 다니던 펜이었고, 가격은 5달러에 불과하다고 말했지만 그 펜으로 이루어진 서명의 가치는 계산하기 어려우리만치 큰 것이었다.[209]

이어서 3시간 후인 오후 1시 경기도 문산의 국제연합군 기지 내 극장에 마련된 서명식장에서 도쿄에서 날아온 국제연합군 총사령관 마크 W. 클라크(Mark Wayne Clark) 국제연합군 사령관이 최덕신 한국군 대표가 임석한 가운데 다섯 개의 만년필을 사용하여 9부의 정전협정문에 서명했다. 나머지 9부는 펑더화이와 김일성이 먼저 서명했다. 7월 29일 클라크는 부인과 함께 미국 뉴올리언스에서 거행된 아들 윌리엄 클라크의 결혼식에 참석했고, 8월 6일 워싱턴의 백악관을 방문하여 아이젠하워 대통령에게 정전협정과 부록, 그리고 그가 문산에서 서명할 때 사용했던 다섯 개의 만년필들 중 하나를 헌정했다.[210]

7월 27일 남일은 정전협정 원본을 들고 평양으로 갔고, 오후 10시 김일성 관저에서 전쟁지휘관의 자격으로 정정협정문에 서명했다. 이에 앞서 7월 27일 오후 펑더화이(彭德懷)가 최용건과 함께 개성에 도착해서 만찬을 나누고 내봉장에 투숙했다. 다음 날인 7월 28일 오전 9시 30분 중국

---

208 서명장면에 관해서는 Robert Leckie, *Conflict: The History of the Korean War* (New York: Da Capo Press, 1995 [Putnam, 1962]), 386; NA, RG550, United Nations Command, Armistice Affairs Division, General Subject Files, 1951-59, compiled by Military History Section, "History of the Korean Conflict: Korean Armistice Negotiations, May 1952 - July 1953," 666-69.

209 Collins, *War in Peacetime,* 363-64.

210 문산에서 이루어진 마크 클라크의 정전협정 조인에 관해서는 NA, RG550, United Nations Command, Armistice Affairs Division, General Subject Files, 1951-59, compiled by Military History Section, "History of the Korean Conflict: Korean Armistice Negotiations, May 1952 - July 1953," 670-72.

인민지원군이 신축한 개성의 회의실에서 서명했다.[211] 펑더화이는 서명 당시의 심경을 그의 회고록에서 다음과 같이 피력했다.

> 클라크와 그 막료들은 "미국의 대장이 승리하지 못한 정전협정에 서명한 것은 미국역사상 처음이다"라고 말했다. 서명할 때, 선례가 이미 생겼으니 이후에도 얼마든지 (또 그러한 일이 생길) 기회가 있으며, 이 또한 인민에게 있어서는 매우 기쁜 일이라고 생각했다. 그렇지만 당시 우리의 전장 조직은 막 만들어진 것으로, 그것을 보다 더 충분히 이용하여 적에게 보다 더 큰 타격을 주지 못했는데 그것이 조금은 애석한 일이다.[212]

최덕신 한국군대표는 판문점에는 임석하지 않았지만, 오후 1시 문산의 국제연합군 기지에서 클라크 국제연합군사령관이 서명하는 현장에 16개국 참전군 대표들을 비롯한 400여 명의 장교들과 함께 참석했다.[213] 한국군대표의 참석은 7월 27일 오전 경무대로 최덕신 대표를 호출한 이승만 대통령의 지시에 따른 것이었다.[214]

이승만은 1953년 5월 25일 최덕신이 항의의 표시로 정전협상 불참선언을 할 당시부터 최덕신의 참석을 종용한 바 있었다. 6월 1일에는 최덕신을 수석대표로 하는 한국군 정전협상 대표단에 이호 육군준장, 김일병

---

211 Chai, "The Korean Truce Negotiations," 232; 中國 軍事科學院 軍史歷史研究部,『抗美援朝戰爭史』, 한국 국방부 군사편찬연구소 역(2005), 696.

212 彭德懷,『彭德懷自述』(北京: 人民出版社), 257-64. 대한민국 행정자치부 정부기록보존소 편,『韓國戰爭과 中國』(2002), 194.

213 NA, RG550, United Nations Command, Armistice Affairs Division, General Subject Files, 1951-59, compiled by Military History Section, "History of the Korean Conflict: Korean Armistice Negotiations, May 1952 - July 1953," 670-72.

214 崔德新,『내가 겪은 板門店』, 123.

해군준장, 김창규 공군준장 등 각 군 대표들을 파견하여 보강하고, 연락장교 이수영과 함께 문산 국제연합군기지에 복귀토록 했다. 다만 최덕신 수석대표의 불참의지에 따라 이수영 연락장교만이 정전협상에 참석했었다. 정전협정이 마침내 체결되는 시점에서 아이젠하워 미국 대통령은 클라크 국제연합군 사령관으로 하여금 도쿄가 아니라 한국으로 가서 정전협정문에 서명하기를 바랬고, 문산 국제연합군기지에 도착한 클라크 사령관은 한국군 대표 최덕신 소장이 문산에서 거행된 조인식에 참석한다는 사전통보를 받았다.[215]

비록 최덕신 대표가 보이콧을 철회하고 문산에서 열린 클라크사령관의 정전협정 조인식에 참석하기는 했지만, 그것은 이승만 대통령의 지시에 따른 것이었을 뿐, 흔쾌한 것은 아니었다. 일찍이 최덕신은 해리슨 수석대표에게 다음과 같이 말한 바 있었다.

> 당신네들은 우리에 대하여 잘못된 생각을 가지고 있는 것 같습니다. 당신네는 우리가 덮어 놓고 정전을 반대하는 것처럼 생각하고 있는 모양인데 그것은 우리를 잘못 본 것입니다. 우리는 '명예로운' 정전을 통해서 얻는 '평화'를 원하고 있는 것입니다. 그러면 무엇이 '명예로운' 평화인가. 그것은 우리가 '남북통일'을 할 수 있는 길이 열려 있는 '굴복'이 아닌 평화를 말하고, UN의 '위신'을 높이고 UN군의 '목적'을 달성할 수 있는 정전을 말하는 것입니다. 이러한 정전이라면 왜 반대하겠습니까? 우리는 이런 정전은 쌍수를 들어서 '환영'하겠습니다.[216]

비록 정전협정 조인식장에 참석하기는 했지만, 한국군 정전대표 최덕

215 Clark, *From the Danube to the Yalu*, 294.

216 崔德新, 『第二의 板門店은 어디로』, 45-46.

신에게 있어서 1953년 7월 27일의 정전은 환영할 만한 것이 아니었다. 정전협정 체결 당시 한국 외무장관이었던 변영태는 1959년 회고록에서 "정전협정은 자유세계가 공산세계에 써 바친 항참서(降參書)"라고 회고하기도 했다.[217]

7월 27일 이후까지 정전에 반대하는 발언을 했던 이승만 대통령에게 있어서도 정전협정은 환영받을 만한 것이 되지 못했다. 로버트슨과의 회담을 통해 한미상호방위조약 체결은 확약 받았지만, '통일 없는 정전'은 이승만이 바라던 바는 아니었다. 하지만 이승만은 미국과의 약속대로 7월 27일 성명을 통해 다음과 같이 정전협정을 추인했다.

> 나는 정전이라는 것이 결코 싸움을 적게 하는 것이 아니라 더 많게 하며 곤란과 파괴를 더하고 전쟁과 파괴적 행동으로 공산측이 더욱 전진하여 오게 되는 서곡에 지나지 않을 것이라고 확신하였기 때문에 정전의 조인을 반대하여 왔던 것이다.
>
> 그러나 이제 정전이 조인되었음에 나는 정전의 결과에 대한 나의 그동안 판단이 옳지 않았던 것이 되기를 바란다. 한국의 해방과 통일문제를 평화리에 해결하고 있는 동안 우리는 휴전을 방해하지 않을 것이다. 우리와 미국 사이에 도달된 합의는 양국의 공동이익이 관련되어 있는 지역의 안전을 유지하기 위하여 양국은 효과적으로 협조한다는 것을 보장하고 있다. 남한의 부흥은 즉시 그리고 효과적으로 진전될 것이다. 공산 측은 북한을 위하여 이만한 일을 할 것인가. 차후도 당분간 공산압제 하에서 계속 고생하지 않으면 안 되게 되는 우리들의 동포들에게 우리는 다음과 같이 외친다. "동포여 희망을 잃지 마시오. 우리들은 여러분을 잊지 않을 것이며 모른 체 하지도 않을 것입니다. 한국민족의 기본목표 즉 북쪽에 있는 우리 강토와 동포들을 다시 찾고

217 卞榮泰,『外交餘錄』, 59.

구해내자는 목표는 계속 남아 있으며 결국 성취되고야 말 것입니다. UN은 목표를 위하여 협조하겠다는 확약을 할 것입니다." 왜 우리들이 이와 같이 정책을 변경하여 정전을 방해하지 않기로 하였는가, 거기에 대한 설명은 차후 발표할 것이다.[218] (밑줄 첨가).

이승만 대통령이 왜 "정책을 변경하여 정전을 방해하지 않기로 하였는가"에 대한 설명은 바로 다음날 다음과 같이 발표되었다.

미국과 방위조약을 성립해서 어떤 나라이나 우리를 침략하게 될 때에는 미국이 전적으로 나서서 싸움이라도 피하지 않고 보호한다는 조약이 내년 미국 국회에 통과된다는 것을 아이젠하워 대통령과 덜레스 국무경이 미국회의 모모 지휘자와 협의에서 완전한 담보가 되어 있으니 지금부터는 공산군의 침략만이 아니라 소련이나 일본이나 중국이나 어떤 강국의 침략을 우리가 외로이 방지할 우려가 다 없게 된 것이다.[219]

판문점에서 해리슨과 남일의 서명이 시작된 지 한 시간 후, 미국시각으로 1953년 7월 26일 오후 10시 아이젠하워 대통령은 백악관에서 다음과 같은 성명을 발표했다.

우리는 약 1시간 전 코리아에서 정전협정 서명이 이루어졌다는 공식뉴스를 감사의 기도와 함께 환영하는 바입니다. 이제 곧 미국과 공산군 사이의 전투는 멈추게 됩니다. [중략] 우리는 특별한 슬픔과 엄숙한 감사의 심정으로 부름을 받고 머나 먼 땅에서 목숨을 바침으로써 오직 용기와 희생만이 지구상의

218 『민주신보』, 1953년 7월 29일.

219 『민주신보』, 1953년 7월 30일.

자유를 지킬 수 있다는 것을 보여준 이들을 생각합니다.[220]

아이젠하워 대통령은 이들과 이들의 유가족, 그리고 후방에 감금되어 아직 돌아오지 못한 포로들에 대해 미국이 영원히 관심을 가질 것임을 천명했다. 아울러 미국과 함께 싸운 나라들의 장병들, 특히 한국의 용감한 군대를 생각한다고 말했다. 이승만 대통령으로부터 영감을 받은 그들은 용기와 애국심의 전범이었고, 동서(東西)의 인간들이 정당하고 숭고한 대의를 위해 함께 싸우고 생활할 수 있음을 다시 보여주었다고 칭송했다.[221] 아이젠하워 대통령은 조속한 시일 내에 완료되기를 희망하는 포로의 분류와 교환기간을 통해, 그리고 아마도 더 긴(possibly longer) 시간이 소요될 것으로 예상되는 코리아의 통일을 목표로 하는 정치회의가 뜻밖의(untoward) 방향으로 가지 않도록 경계해야 한다고 말하면서 약 90년 전 링컨(Abraham Lincoln) 대통령의 두 번째 취임사에서 했던 다음과 같은 구절을 인용했다.

누구에게도 악의를 갖지 말고, 모든 이에게 우의를 가지고, 신이 우리에게 보여준 정의의 길을 견지하면서 [중략] 우리의 일을 완수하고 [중략] 모든 국가와 함께 정의롭고 영원한 평화를 이룩하기 위해 최선을 다 합시다.[222]

---

220 Radio and Television Address to the American People Announcing the Signing of the Korean Armistice. 26 July 1953 [Broadcast from the White House at 10 p.m.]. http://www.foia.cia.gov/sites/default/files/document_conversions/44/1953-07-26.pdf

221 Radio and Television Address to the American People Announcing the Signing of the Korean Armistice. 26 July 1953 [Broadcast from the White House at 10 p.m.]. http://www.foia.cia.gov/sites/default/files/document_conversions/44/1953-07-26.pdf

222 원문은 다음과 같다. "With malice toward none; with charity for all; with firmness in the right as God gives us to see the right, let us strive on to finish the work we are in . . . to do all which may achieve and cherish a just and a lasting peace, among ourselves, and

1945년에 경험했던 승전의 분위기와 달리 정전을 맞이하는 미국의 분위기는 차분했다. 『뉴욕 타임즈』의 레스턴(James Reston)은 "인류전쟁사에 있어서 그토록 나쁜 신뢰 위에 정전이 이루어진 적은 없었다"고 묘사했다.[223] 작전지휘권을 양도했던 한국군과 국제연합참전국 사령관들을 대표하여 서명했던 국제연합군 사령관 클라크의 성명에는 다음과 같은 구절이 들어 있었다.

> 지금은 기뻐할 때라기보다는 기도할 때입니다. 이 정전협정이 온 인류의 이익이 되게 하는 우리의 어려운 노력이 성공할 수 있도록.[224]

정전협정의 체결을 더 기뻐했던 쪽은 공산진영이었다. 7월 31일 평양에서는 최고인민회의 상무위원회가 주최하는 정전협정 축하행사가 열렸다. 이 자리에서 펑더화이 중국인민지원군 사령관을 비롯한 군 고위자들에게 훈장이 수여되었고, 연회가 이어졌다. 김일성은 연거푸 술잔을 기울이고 채우며 연회장을 돌아다녔고 평소에 술을 마시지 않던 홍쉐즈(洪學智) 중국인민지원군 부사령관도 취할 정도로 술을 마셨다.[225] 축하연이 있기 전 김일성은 7월 28일 평양방송을 통해 다음과 같이 연설했다.

---

with all nations." Radio and Television Address to the American People Announcing the Signing of the Korean Armistice. 26 July 1953 [Broadcast from the White House at 10 p.m.]. http://www.foia.cia.gov/sites/default/files/document_conversions/44/1953-07-26.pdf

223 "Seldom in the long story of human conflict, has an armistice rested on such bad faith as the one signed in this neutral zone." *New York Times*, 27 July 1953.

224 Clark, *From the Danube to the Yalu*, 296. 원문은 "I cannot find it in me to exult in this hour. Rather it is a time for prayer, that we may succeed in our difficult endeaver to turn this armistice to the advantage of mankind."

225 홍학지(洪學智), 『중공군 부사령관 홍학지의 전쟁 회고록』, 372.

> 조선에서 정전의 달성은 외래 제국주의 연합세력을 대치하여 미제 주구 이승만 매국도당을 반대하여 자유와 독립을 수호하는 우리 조선 인민의 3년간에 걸친 영웅적 투쟁의 결과이며 우리나라와 우리 인민이 쟁취한 위대한 역사적 승리입니다. [중략] 조국 – 이것은 우리 인민에게 있어서 가장 고귀한 것입니다. 우리 조선 인민은 자기의 영웅적 투쟁으로써 가장 고귀한 우리의 조국 조선민주주의 인민공화국을 제국주의 무력침범자들의 침해로부터 수호하였습니다. [중략] 三[3]년 전 자기들이 무력침범을 개시하던 三八[38]선 판문점에 주저 않[앉]아서 정전협정에 조인하지 않을 수 없게 된 사실은 제국주의자들이 지금에 와서는 이전처럼 타국의 영토를 마음대로 침공하는 데 성공하지 못할 것임을 가장 명백히 증명하여 주었습니다. [중략] 전후시기에 있어서 반간첩투쟁이 특별한 의의를 가진다는 것을 깊이 인식하고 광범한 인민대중 속에서 혁명적 경각성을 제고시키며 적들이 전시의 혼란한 시기를 이용하여 우리 진영 내부에 침입시켰으며 또는 전후 평화건설 시기에 있어서 계속 침입시킬 수 있는 간첩 파괴 암해분자들을 계속 적발 폭로하는 전 인민적 운동을 광범히 전개하여 한 놈의 간첩 한 놈의 파괴 암해분자도 우리의 배후에서 활동하지 못하게 하여야 하겠습니다. [중략] 필승 불패의 레닌-스탈린적 국제주의 친선 단결 만세![226]

이 연설에서 김일성은 "조선인민군과 중국인민지원군 대표들을 일방으로 하고 미 제국주의자들을 위수로 한 무력침범군 대표들을 타방으로 하여 정전협정이 체결되었습니다. (밑줄 첨가)"라고 하여 최소한 미군 대표 이외에 복수의 군 대표들이 정전협정의 체결 당사자였음을 인정했다.[227] 김일성을 도와 실질적으로 미국과의 전쟁을 지휘했던 펑더화이는

---

226 "정전협정체결에 제하여 전체 조선인민에게 보내는 김일성원수의 방송연설," 1953년 7월 28일. 『조선중앙년감』 (1953), 82-87.

227 위와 같음.

1953년 9월 13일자 『인민일보』에 게재된 "중국인민지원군 항미원조공작에 관한 보고"에서 다음과 같이 주장했다.

> 1950년 6월 25일 미국반동통치집단과 이승만정부는 조선민주주의인민공화국을 함께 공격했습니다. [중략] 3년간의 격전 이후 자본주의세계 최대공업국의 일류 군대는 그들이 원래 침략을 시작했던 지점으로 제한되었다. 거기서 한걸음도 넘지 못했을 뿐 아니라 갈수록 곤경에 빠져들었다. 여기에는 중대한 국제적 의의를 지닌 교훈이 있다. 수백 년 동안 서방침략자가 동방의 해안에 대포를 들이대면 그 나라를 무력으로 점령할 수 있던 시대는 이제 더 이상 반복되지 않는다는 것을 웅변으로 증명한 것이다.[228]

펑더화이는 1950년 6월 25일 전쟁이 미국과 대한민국에 의해 시작되었다는 잘못된 관념에 사로잡혀 있거나, 그런 관념적 전제 위에서 중국인민지원군의 활동을 보고하고 있음을 볼 수 있다. 아울러 1839년 아편전쟁 이후 서방제국주의국가들의 침략과 1950년 6.25전쟁을 같은 선상에 두고 있음을 볼 수 있다. 1839년 아편전쟁과 1950년 6.25전쟁은 같은 성격의 전쟁이 아니다. 뿐만 아니라 1839년 아편전쟁 이후 만주족이 지배하던 청제국의 멸망은 공히 멸만흥한(滅滿興漢)이라는 구호를 내걸었던 태평천국과 신해혁명에 의해 내부적으로 주도되었던 것이다.

한국군 정전협상 대표 최덕신도 클라크 국제연합군 사령관이 주재하는

---

228 "一九五零年六月二十五日，美国反动统治集团唆使南朝鲜李承晚政府发动了对朝鲜民主主义人民共和国的进攻 [중략] 在三年激战之后，资本主义世界最大工业强国的第一流军队被限制在他们原来发动侵略的地方，不仅不能越雷池一步，而且陷入日益不利的困境。这是一个具有重大国际意义的教训。它雄辩地证明：西方侵略者几百年来只要在东方一个海岸上架起几尊大炮就可霸占一个国家的时代是一去不复返了，今天的任何帝国主义的侵略都是可以依靠人民的力量击败的." 中国人民志愿军司令员彭德怀, "关于中国人民志愿军抗美援朝工作的报告(一九五三年九月十二日)," 『人民日报』, 1953년 9월 13일.

정전협정 조인식장에 참석했다. 비록 조인식장에 참석하기는 했지만, 한국군 정전협상 대표에게 있어서 1953년 7월 27일의 정전은 쌍수를 들어 환영할 만한 것은 아니었다. 이승만 대통령이 로버트슨과의 회담을 통해 한미상호방위조약 체결을 확약받았지만, 여전히 그것은 '통일 없는 정전'이었다. 코리아전쟁의 조기종전과 미국 병사들의 귀환("bring the boys home")이라는 선거공약을 완수했다고도 볼 수 있는 아이젠하워 대통령조차 특별한 성명을 발표하지 않았다. 클라크 국제연합군 사령관은 자신의 모습을 "깃털장식이 없는 모자"에 비유하면서, 미 육군역사상 "승리 없는 정전"(armistice without victory)에 서명한 최초의 사령관이 되었다고 말했다.[229]

송환불원포로로서 6월 18일 반공포로석방 당시 미처 탈출하지 못했던 채현봉은 7월 27일 일기에서 정전협정일은 민족고난의 재출발이라고 적었다. 그리고 국제연합에서 승인하지 않는 괴뢰공산정권을 인정하는 셈이 되었으니 실질적인 국제연합의 패전이라고 평가했다.[230] 1953년 8월 11일자 『동아일보』 석간에 실린 "휴전비관자살"(休戰悲觀自殺)이라는 제하의 기사에서는 이북에 가족을 두고 국제연합군을 따라 월남하여 약장사를 하던 사람이 수면제를 다량으로 복용하고 자살했다는 기사가 게재되어 정전협정 체결 당시 여론의 일면을 전해 주고 있다.[231]

정전협상 과정에서 통역 및 번역을 맡아 세계적 기록유산을 남겨놓은 H. G. 언더우드는 그의 회고록에서 "나는 유엔군이 한반도의 또 하나의

---

229 NA, RG550, United Nations Command, Armistice Affairs Division, General Subject Files, 1951-59, compiled by Military History Section, "History of the Korean Conflict: Korean Armistice Negotiations, May 1952 - July 1953," 681.

230 조성훈, "송환거부 반공포로의 판문점 중립지대 180일 간의 일기," 『전쟁과 유물』 제6호 (2015.2), 127.

231 『동아일보』 1953년 8월 11일.

허리 부분인 평양-원산선까지 밀고 올라갔어야 했다고 '한국 사람답게' 생각"했었고, "우리 측이 그렇게 했으면 좋았을 것이라고 생각한다"고 회고한 바 있다. 그렇지만 국제연합군 사령부는 그런 공세를 취할 계획이 전혀 없었고, 언더우드가 덧붙여서 회고한 바와 같이 "정전협정은 우리가 할 수 있는 최선의 방법이었다."[232]

1954년 정전협정의 규정에 따라 제네바정치회의가 개최되었을 때, 한국은 미국을 포함한 국제연합 참전국들과 함께 참가하여 공산진영과 협상전을 벌였다. 이때 한국 대표 변영태(Mr. Pyun)는 가장 먼저 발언했고 이어서 평양 대표 남일(Nam Il)이 발언했는데, 공산 측은 한국의 당사자적 성격에 관해 아무런 이의도 제기하지 않았다.[233] 또한 정전협정에 따라 군사정전위원회가 개최되었을 때, 한국군에서도 임선하 육군소장(임기: 1954년 3월 3일-1954년 11월 1일), 김창규 공군소장 (임기: 1954년 11월 2일-1955년 10월 10일) 등의 순으로 군사정전위원회에 참석하였는 바,[234] 베이징과 평양 대표들은 이들의 참석에 이의를 제기하지 않았다. 한국(군)의 정전협정 당사자성과 관련해서 또 한 가지 명백한 것은 1953년 7월 27일 오후 22시를 기해 한국군도 전투행위를 중지했고, 이러한 한국군의 정전협정 준수는 현재까지 지속되고 있다는 점이다.

클라크 국제연합군 사령관이 국제연합참전국 군대와 한국군을 대표해서 서명할 당시 국제연합군 사령부는 일본 도쿄에 있었다. 국제연합군 사령부는 1957년 7월 1일 미 국방부의 주도로 도쿄에서 서울로 이전했

---

232 언더우드, *Korea in War, Revolution and Peace*, 주장돈 역, 214.

233 Ministry of Foreign Affairs, Rep. of Korea. *Documents relating to the discussion of Korea and Indo-China at the Geneva Conference, April 27-June 15, 1954*, pt. 1, *Korea*. Seoul: Ministry of Foreign Affairs, [1954], 1: 1-12, 12-15. 남일 대표 다음으로 콜롬비아 대표가 발언했고, 그 다음에 덜레스 미국대표가 발언했다.

234 이문항, 『JSA-판문점』, 382-84.

다.[235] 국제연합군 사령관이 서명한 정전협정문에는 어떤 한국군이나 한국 민간인의 서명도 없다. 이러한 사실에 근거해서 평양 측은 한국이 6.25전쟁 정전협정의 실질적 당사자(real parties)가 아니라는 주장을 지속했다. 1954년 제네바정치회의 당시 한국대표의 참석에 아무런 이의를 제기하지 않았던 평양 측이 이러한 주장을 국제적으로 표명하기 시작한 것은 1975년 제30차 국제연합(United Nations)총회가 중요한 분수령이 되었다.

당시 국제연합은 1971년 10월 25일 총회의 표결로 공산중국(중화인민공화국)이 국제연합에 가입했을 뿐만 아니라 자유중국(중화민국)을 방출하지 말고 소련이 1국가 3대표(러시아, 벨라루스, 우크라이나)로 인정받고 있던 것처럼 공산중국과 자유중국을 1국가 2대표로 인정하자는 미국의 제안도 실현되지 못한 상황이었다.

1951년 10월 25일 이미 압록강을 건너 잠복해 있던 중국인민지원군이 국제연합군에 대해 전면공격을 개시한 날로부터 20주년이 되던 1971년 10월 25일 밤 국제연합총회에서는 찬성 76, 반대 35로 중화인민공화국의 국제연합가입이 결정되었다. 죠지 부시(George H. W. Bush) 당시 국제연합 주재 미국 대사는 자유중국의 방출을 막기 위해 노력했으나 실패했다. 중소공산진영의 균열을 꾀했던 미국은 이듬해 2월 공산중국과의 적대관계를 청산한다는 “상하이공동성명”을 발표했다. 6.25전쟁 당시 38선을 넘어 남하한 것을 계기로 국제연합으로부터 침략자규정을 받았던 공산중국은 안전보장이사회의 5개 상임이사국들 중 하나가 되었다.

1973년 베트남평화협정이 1975년 4월 30일 베트남공산화로 이어진

---

235 국방부 군사편찬연구소, 『한미동맹 60년사』 (서울: 국방부 군사편찬연구소, 2013), 63.

이후 국제연합에서 반서구적이고, 친공산주의적인 여론도 확산되고 있었다. 이러한 분위기 속에서 1975년 11월 18일에 개최된 제30차 국제연합 총회는 정전협정의 서명당사자였던 국제연합군 사령부(UNC: United Nations Command)에 관해 상이한 두 개의 결의를 채택했다. 국제연합총회에서 투표권을 가진 총 143개국들 중 A/RES/3390(XXX)[A]에 대해서는 찬성: 59, 반대: 51, 기권: 29, 투표불참(Non-Voting): 4의 표결이 이루어졌다. A/RES/3390(XXX)[B]에 대해서는 찬성: 54, 반대: 43, 기권: 42, 투표불참(Non-Voting): 4의 표결이 이루어졌다.

첫째, A/RES/3390(XXX)[A] 결의로서, 이 결의는 "1976년 1월 1일까지 국제연합 사령부를 종료할 준비가 되어 있다는 미국 측의 1975년 6월 27일자 서한에 유의"하면서도, 국제연합군 사령부의 해체가 정전협정을 유지하기 위한 장치들을 마련하는 것과 보조를 맞추어서 이루어질 수 있기 위한(so that the United Nations Command may be dissolved concurrently with arrangements for maintaining the Armistice Agreement) 대화에 나설 것을 촉구함으로써 국제연합군 사령부의 해체가 정전협정의 유지를 위한 장치가 마련되는 시점까지 존속될 수 있는 여지를 남겨 놓았다.

둘째, 같은 날 채택된 A/RES/3390(XXX)[B] 결의는 "코리아의 영구적 평화를 보장하고 코리아의 평화통일과 독립을 촉진시키기 위하여, 코리아의 내정에 대한 외국의 간섭을 종식시키기 위한 새로운 결정적 조치가 취해지는 것이 긴급히 요구된다는 점을 참작하여 (Considering that, […] it is urgently necessary to take new decisive measures for terminating foreign interference in its internal affairs)" "국제연합사령부의 해체와 국제연합 깃발 아래 코리아 남쪽에 주둔하고 있는 모든 외국군의 철수가 이루어진 상황에서 코리아의 평화를 유지하고, 공고히 하며 긴장을 완화시킬 조치로서 정전협정(armistice agreement)의 실질적 당사자들(real parties)이 정전협정을 평화협정으로 대체할 것"을 요구했다. 그런데 결의안 A/RES/3390(XXX)[A] 또한 국제연합군 사령부의 해체가 불가피함을 시사하고 있었다. 국제연합군사령부의 해체위기와 보다 많은 작전통제권을 확보하려는 박정희정부의 의지가 맞물리면서 1978년 한미연합사가 창설되었다. 이로써 국제연합군사령부에는 군사정전위원회만 남게 되었고, 한국군에 대한 실질적인 작전통제권은 한미 간의 쌍무 군사기구인 한미연합사로 이관되었다.

결의안 A/RES/3390(XXX)[A]에는 미국이 찬성하고, 소련이 반대했으며, 결의안 A/RES/3390(XXX)[B]에는 소련이 찬성하고, 미국이 반대했던 것에서도 알 수 있듯이 후자는 공산진영의 입장이 반영된 결의문이었다. 평양 측은 이 결의문에서 언급하고 있는 '실질적 당사자들'(real parties)에 한국이 포함되지 않는다고 주장하면서 1954년 제네바정치회의 때와는 달리 한국을 배제한 채, 정전협정 당사자인 조선민주주의인민공화국과 미국이 직접 대화에 나서서 평화협정을 체결하자는 다음과 같은 주장을 개진했다.

> 조선정전협정의 체약당사자는 실제로 우리와 미국이다. 조선정전담판은 조선민주주의인민공화국과 미국과의 국제적 담판이었다. 남조선괴뢰들로 말하면 조선정전협정체결 당시 그것을 한사코 반대하였고 정전협정의 체약당사자도 아니며 실제상 남조선에서 군사적 통수권도 가지고 있지 못한 조건에서 평화협상에 참여할 아무런 권능이나 자격도 없다.[236]

---

236 박동진, "조선반도에서 새로운 평화보장체계를 수립하는 것은 미룰 수 없는 절박한 문제," 김일성종합대학출판사, 『김일성종합대학학보: 력사법학』 제42권 제4호 (1996), 이규창 엮음, 『북한의 국제법관』 (파주: 한국학술정보, 2008), 13-17.

평양의 이러한 주장은 6.25전쟁 정전협정을 "미제가 패전을 자인한 데로부터 우리 공화국에 정전을 제의해오고 우리 측이 요구한 정전조건에 굴복한 데 기초하여 체결된 것"[237]이라는 인식과 궤를 같이 하고 있다. 평양은 또한 1975년 결의에 의해 "유엔헌장에 규제된 결정채택절차와 유엔군의 조직과 파견에 관한 헌장의 규범에 완전히 배치되게 조직되었을 뿐 아니라 유엔 '결의' 그 자체도 외곡하여[원문 그대로] 설치된 국제법상 아무러한 효력도 가질 수 없는 불법무효한 미국의 조선침략 '기구'"인 국제연합군사령부가 국제법적 근거를 상실했다[238]는 주장을 개진해오고 있다.

---

237 장경철, "정전 및 전쟁종결과 관련한 국제전쟁법제도," 과학백과사전출판사, 『정치법률연구』 제4호(누계 제24호) (2008), 이규창 엮음, 『북한의 국제법관II』 (파주: 한국학술정보, 2012), 48-49.

238 림동춘, "'유엔군사령부'는 국제법에 어긋나는 강도적인 침략'기구'," 김일성종합대학출판사, 『김일성종합대학학보: 력사법학』 제52권 제2호 (2006), 이규창 엮음, 『북한의 국제법관』 (파주: 한국학술정보, 2008), 55-59.

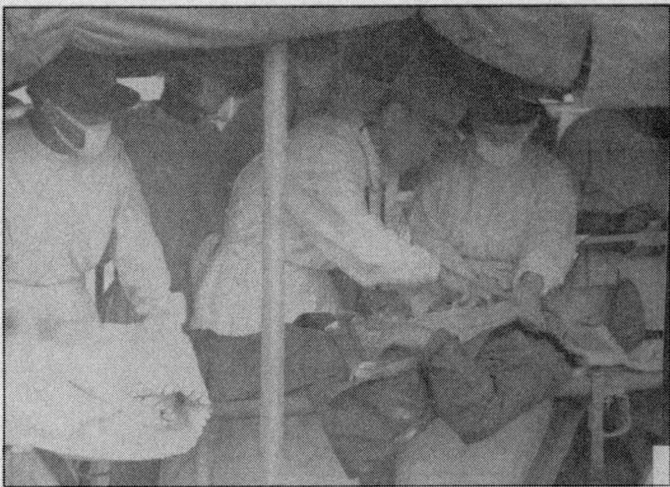

사진 8-1 1953년 3월 스탈린사망 직후 이루어진 병상포로교환은 교착상태에 빠져 있던 정전협상에 새로운 물꼬를 텄다.
(출처: 연세대 이승만연구원 사진)

사진 8-2 1953년 6월 한국에서는 '통일 없는 정전'에 반대하는 대중시위가 이어지고 있었다. 6.18반공포로석방 직전의 대한화보집.
(출처: 대한민국 공보처)

사진 8-3 반공포로 석방 직후에 있었던 이승만-로버트슨 협상은 또 하나의 '정전협상'이었다. 한국을 방문한 로버트슨 미 국무부 차관보의 육군 제203병기단 시찰. 1953년 7월 12일.
(출처: 연세대 이승만연구원 사진)

사진 8-4 정전협정 서명식을 개최하기 위해 판문점 천막 대신 급조된 목조건물.
(출처: 연세대 이승만연구원 사진)

사진 8-5 양측 최고사령관들의 서명에 앞서 협상대표로서 서명하고 있는 해리슨 (William K. Harrison, Jr)과 남일. 1953년 7월 27일 판문점.
(출처: NARA 사진)

사진 8-6 해리슨과 남일이 서명했던 건물은 "조선민주주의인민공화국 평화박물관"으로 개조되어 관광객들에게 개방되고 있다. 왼쪽에 보이는 "정전협정 조인장" 표지석에는 "1950년 6월 25일 조선에서 침략전쟁을 도발한 미제국주의자들은 영웅적 조선인민 앞에 무릎을 꿇고 이곳에서 1953년 7월 27일 정전협정에 조인하였다"는 허위선전문구가 새겨져 있다.
(출처: Wikimedia Commons)

사진 8-7 도쿄에서 날아와 문산에서 정전협정문에 서명하고 있는 마크 클라크 국제연합군 사령관.
(출처: 미군 공공사진)

사진 8-8 문산에서 개최된 정전협정 조인식 현장에 국제연합참전국들의 대표들과 함께 참석한 최덕신 한국군 대표. 제1열 중앙.
(출처: 대한민국 국가기록원)

사진 8-9 평양에서 정전협정문에 서명하는 김일성. 원래 남일 뒤편으로 박정애와 함께 촬영되었던 김두봉의 사진은 그의 숙청 후에 삭제되었다 (우측 사진).

(출처: Wikimedia Commons)

사진 8-10 1953년 7월 28일 오전 9시 30분경 개성에서 서명하는 펑더화이. 펑더화이의 좌측에 앉아있던 리커눙의 모습(작은 사진)은 이 사진에서는 보이지 않는다. 리커눙은 정전협상 현장에서 조-중인민군 협상대표단을 막후에서 총지휘했지만, 국제연합군 대표단은 물론 서방기자들도 그의 위상을 알아채지 못했다. 그는 1929년부터 저우언라이의 지령에 따라 장개석(蔣介石)의 신임을 얻었고, 장개석의 비밀정보를 공산당에 제공하여 저우언라이의 생명을 구한 중국공산당 "특공지왕"(特功之王)이었다.

(출처: Wikimedia Commons)

사진 8-11 서명이 완료된 정전협정문. *People's Daily.*
(출처: Wikimedia Commons)

사진 8-12 1953년 8월 8일 경무대에서 한미상호방위조약 가조인을 축하하는 이승만과 덜레스. 뒤로 임병직과 로버트슨 등의 모습도 보인다.
(출처: 연세대 이승만연구원 사진)

사진 8-13 6.25전쟁 당시 국제연합군 측 최고위급 포로였던 딘 소장(사복 차림)의 귀환.
(출처: 연세대 이승만연구원 사진)

사진 8-14 송환불원포로들의 관리를 맡았던 인도보호군 사령관 티마야(K. S. Thimayya)와 인도보호군.
(출처: 연세대 이승만연구원 사진)

사진 8-15 송환을 설득하는 공산측 설득요원과 설전을 벌이는 송환불원포로. 가슴에 '적구타도'(赤狗打倒)라고 쓴 글씨가 보인다.

(출처: 연세대 이승만연구원 사진)

사진 8-16 송환불원의사를 확인받고 석방되어 남쪽으로 향하는 조선인민군 포로들. 무표정한 인도보호군 장교의 옆모습이 보인다.

(출처: 연세대 이승만연구원 사진)

사진 8-17 인도보호군 관리 하에 송환불원의사를 재확인한 포로들이 컴백작전 (Operation Comeback, 1954년 종료)에 의해 인천으로 수송되고 있다. (출처: 미 공군사진)

사진 8-18 대만(중화민국)을 선택한 중국인민지원군 포로들이 타이페이로 가기 위해 미공군기에 탑승하고 있다.
(출처: 미 공군사진)

사진 8-19 미공군 포로들의 귀환. 모든 포로들이 정전협정 체결 직후 송환된 것은 아니었다. 1953년 격추된 B-29에 타고 있던 11명의 승무원들은 중화인민공화국 영토를 침범했다는 이유로 억류되어 있다가 1955년 말에 가서야 송환되었다. 이들의 송환은 미국에 억류 중이던 첸쉐썬(錢學森, Hsue-Shen Tsien, 1911-2009) 박사와의 교환을 통해 이루어졌다고 알려지고 있다. 첸쉐썬은 마오쩌둥의 전폭적 지원을 받았고, '양탄일성'(兩彈一星·미사일과 원자탄, 인공위성)의 아버지라 불리기도 한다.

(출처: 미 공군사진)

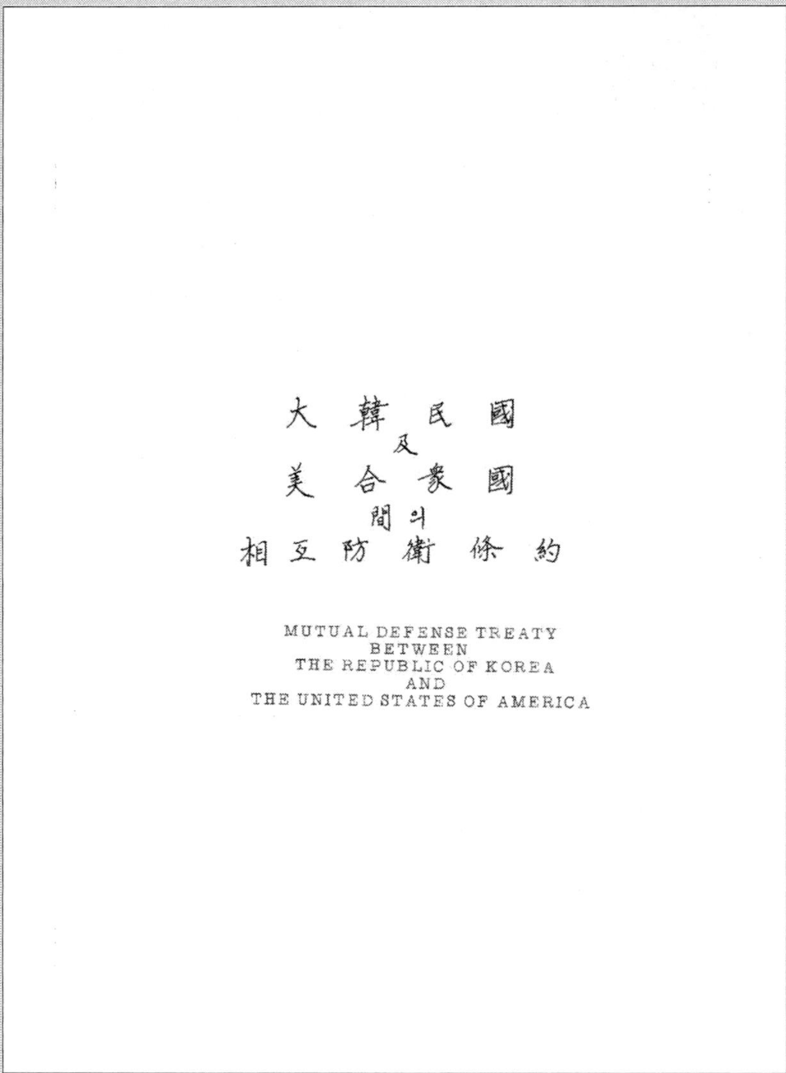

大韓民國
及
美合衆國
間의
相互防衛條約

MUTUAL DEFENSE TREATY
BETWEEN
THE REPUBLIC OF KOREA
AND
THE UNITED STATES OF AMERICA

사진 8-20 대한민국과 미합중국 간의 상호방위조약
(출처: 대한민국 국가기록원)

本條約의當事國은모든國民과모든政府와平和的으로生活하고저하는希望을再確認하며또한太平洋地域에있어서의平和機構를鞏固히할것을希望하고當事國中어느一國이太平洋地域에있어서孤立하여있다는幻覺을어떠한潛在的侵略者도가지지않도록外部로부터의武力攻擊에對하여自身을防衛하고저하는共通의決意를公々然히또한正式으로宣言할것을希望하고또한太平洋地域에있어서더욱包括的이고効果的인地域的安全保障組織이發達될때까지平和와安全을維持하고저集團的防衛를爲한努力을鞏固히할것을希望하여다음과같이同意한다.

第 一 條

當事國은關聯될지도모르는어떠한國際的紛爭이라도國際的平和와安全과正義를危殆롭게하지않는方法으로平和的手

The Parties to this Treaty,

Reaffirming their desire to live in peace with all peoples and all governments, and desiring to strengthen the fabric of peace in the Pacific area,

Desiring to declare publicly and formally their common determination to defend themselves against external armed attack so that no potential aggressor could be under the illusion that either of them stands alone in the Pacific area,

Desiring further to strengthen their efforts for collective defense for the preservation of peace and security pending the development of a more comprehensive and effective system of regional security in the Pacific area,

Have agreed as follows:

ARTICLE I

The Parties undertake to settle any international disputes in which they may be involved by peaceful means in such a manner that international peace

段에依하여解決하고또한國際關係에있어서國際聯合의目的이나當事國이國際聯合에對하여負擔한義務에背馳되지않는方法으로武力의威脅이나武力의行使를삼갈것을約束한다.

第 二 條

當事國中어느一國의政治的獨立또는安全이外部로부터의武力攻擊에依하여威脅을받고있다고어느當事國이든지認定할때에는언제든지當事國은서로協議한다. 當事國은單獨的으로나共同으로나自助와相互援助에依하여武力攻擊을阻止하기爲한適切한手段을持續하며強化시킬것이며本條約을實行하고그目的을推進할適切한措置를協議와合意下에取할것이다.

第 三 條

各當事國은他當事國의行政支配下에있는領土와各當事國이他當事國의行政支配下에合法的으로들어갔다고認定하는今後의

and security and justice are not endangered and to refrain in their international relations from the threat or use of force in any manner inconsistent with the Purposes of the United Nations, or obligations assumed by any Party toward the United Nations.

ARTICLE II

The Parties will consult together whenever, in the opinion of either of them, the political independence or security of either of the Parties is threatened by external armed attack. Separately and jointly, by self help and mutual aid, the Parties will maintain and develop appropriate means to deter armed attack and will take suitable measures in consultation and agreement to implement this Treaty and to further its purposes.

ARTICLE III

Each Party recognizes that an armed attack in the Pacific area on either of the Parties in territories now under their respective administrative

領土에있어서他當事國에對한
太平洋地域에있어서의武力攻
擊을自國의平和와安全을危
殆롭게하는것이라고認定하고
共通한危險에對處하기爲하
여各者의憲法上의手續에따라
行動할것을宣言한다.

第四條

相互的合意에依하여美合衆國
의陸軍.海軍과空軍을大韓民國
의領土內와그附近에配備하는權
利를大韓民國은이를許與하고
美合衆國은이를受諾한다.

第五條

本條約은大韓民國과美合衆國
에依하여各者의憲法上의手續에
따라批准되어야하며그批准
書가兩國에依하여「와싱톤」에
서交換되었을때에效力을發生
한다.

control, or hereafter recognized by one of the Parties as lawfully brought under the administrative control of the other, would be dangerous to its own peace and safety and declares that it would act to meet the common danger in accordance with its constitutional processes.

ARTICLE IV

The Republic of Korea grants, and the United States of America accepts, the right to dispose United States land, air and sea forces in and about the territory of the Republic of Korea as determined by mutual agreement.

ARTICLE V

This Treaty shall be ratified by the Republic of Korea and the United States of America in accordance with their respective constitutional processes and will come into force when instruments of ratification thereof have been exchanged by them at Washington.

第 六 條

本條約은無期限으로有効하다.
어느當事國이든지他當事國에
通告한後一年後에本條約을
終止시킬수있다.

以上의證據로서下記全權委員
은本條約에署名한다.

本條約은一九五三年十月一日에
'와싱톤'에서韓國文및英文으로
두벌로作成됨.

ARTICLE VI

This Treaty shall remain in force indefinitely. Either Party may terminate it one year after notice has been given to the other Party.

IN WITNESS WHEREOF the undersigned Plenipotentiaries have signed this Treaty.

DONE in duplicate at Washington, in the Korean and English languages, this first day of October 1953.

大韓民國을為해서
FOR THE REPUBLIC OF KOREA:

Y. T. Pyun

美合衆國을為해서
FOR THE UNITED STATES OF AMERICA:

John Foster Dulles

제9장

정전과 냉전

제9장
정전과 냉전

1. 제네바정치회의와 이룰 수 없는 평화

1953년 7월 27일에 체결된 정전협정은 쌍방의 정화(cease-fire)를 통한 정전과 정전상태의 지속을 위한 군사적 성격의 협정이었다. 한 급 높은 정치회의에 의한 코리아 문제의 평화적 해결은 뒤로 미뤄졌다. 1953년 7월 27일에 체결된 정전협정 제4조는 제5의제인 "쌍방 관계정부들에의 건의"(Recommendations to the Governments of the Countries Concerned on Both Sides)와 관련하여 "정전협정이 조인되고 효력을 발생한 후 삼(3)개월 내에 각기 대표를 파견하여 쌍방의 한 급 높은 정치회의를 소집" 하여 모든 외국 군대의 철거 및 코리아문제의 평화적 해결에 관해 협의할 것을 규정했다.

그런데 제2차 세계대전 이후 일본과는 샌프란시스코평화조약이 체결되었지만, 독일과는 평화조약이 체결되지 못한 채, 전쟁도 아니고 평화도 아닌 냉전상태가 지속되고 있던 것이 당시의 세계적 상황이었다. 코리아에서의 정전상태와 세계적 냉전상태는 유사하기도 했고, 서로 맞물려 있기도 했다. 세계는 정전과 냉전을 넘어 영구평화를 향해 가야 했다. 그러나 칸트가 묘사했듯이 영구평화(*Pax Perpetua*)란 교회공동묘지에 묻혀 있는 죽은 자들에게 어울리는 현판(懸板)일 뿐, 법과 협정을 무시한 전쟁이 계속되고 있는 것이 산 자들의 세계였다.[1]

군사적 성격의 정전협상보다 한 급 높은 정치회의를 통한 코리아 문제의 평화적 해결은 1953년 8월 28일 제5차 국제연합총회에서 다시 한 번 촉구되었다. 정전협정 제60항의 실행(Implementation of paragraph 60 of the Korean Armistice Agreement)에 관한 국제연합총회결의 711(VII)A는 정화가 이루어진 사실과 함께 이 지역의 국제적 평화와 안보를 완전하게 회복하기 위한 주요한 조치(major step)가 취해졌음에 주목했다. 그리고 국제연합의 목표가 평화적 수단을 통해(by peaceful means) 대의적 정부 아래서 통일독립민주코리아(a unified, independent and democratic Korea under a representative form of government)를 이룩하고, 이 지역의 완전한 국제적 평화와 안보를 회복하는 것임을 재확인했다.[2]

국제연합총회결의 711(VII)A는 정전협정 제60항이 규정한 정치회의와 관련해서 다음과 같이 권고했다. (a) 한국(Republic of Korea)과 함께 국제연합군 사령부에 군대를 파견했던 참전국들이 대표를 파견할 것, (b) 미국은 (a)에서 언급된 나라들과 협의하여 가능한 빨리 늦어도 10월 28일 이전에 정치회의를 개최할 수 있도록 채비를 갖출 것, (c) 국제연합사무총장은 쌍방의 동의를 얻어 정치회의 개최를 위한 역량을 지원할 것 등이었

1 Immanuel Kant, *Perpetual Peace: A Philosophical Essay*. Tr. with introduction and notes by M. Campbell Smith (London: George Allen & Unwin LTD., 1903), 106.

2 A/RES/711(VII) A, Implementation of paragraph 60 of the Korean Armistice Agreement, Resolutions adopted by the General Assembly at its 7th session, 28 Aug 1953.

다.[3] 그리고 국제연합총회결의 711(VII)B는 상대편이 바란다면 소련이 참석하는 것을 권고했다. 또한 국제연합총회결의 711(VII)C는 국제연합사무총장에게 중화인민공화국과 조선민주주의인민공화국(the People's Democratic Republic of Korea) 정부와 소통하고 그 결과를 보고할 것을 요청했다.[4]

1953년 10월 26일부터 판문점에서 정치회의 개최를 위한 예비협상이 개최되었다. 미국 정부는 국제연합총회결의 711(VII)A의 권고사항 (b)에 따라 딘(Arthur H. Dean, 1899–1987) 수석대표를 판문점에 파견하여 공산 측 대표 기석복과 황화 등을 상대로 협상에 나섰다. 딘 대표는 설리번 & 크롬웰(Sullivan & Cromwell) 법무법인에서 존 포스터 덜레스가 국무장관이 되기 전 함께 일했던 경험이 있었다. 이 예비협상에서 공산 측은 소련의 정치회의 참석을 요구했으나 한국은 이에 반대했다. 미국은 인도를 옵서버로 참가시키고자 했으나 당시 인도가 표방하는 중립노선을 친공노선으로 보았던 한국 정부는 인도의 참가에 대해서도 반대했다. 딘 특사는 12월 18일 예비협상 결렬을 선언하고 이한했다.[5] 이후 영(Kenneth T. Young) 차석대표가 남아 협상을 벌였으나 합의에 이르지 못한 채 귀국했다.[6]

정전협정에서 규정한 정치회의 개최를 위한 새로운 돌파구는 유럽에서 마련되었다. 1954년 1월 25일 독일문제 처리를 위해 베를린에서 개최

3 위와 같음.

4 A/RES/711(VII) B, The Korean question, Resolutions adopted by the General Assembly at its 7th session, 28 Aug. 1953; A/RES/711(VII) C, The Korean question, Resolutions adopted by the General Assembly at its 7th session, 28 Aug 1953.

5 林炳稷, 『林炳稷 回顧錄: 近代 韓國外交의 裏面史』 (서울: 女苑社, 1964), 442-43.

6 United States. Department of State. *The Korean Problem at the Geneva Conference, April 26-June 15, 1954* (Washington, D.C.: U. S. Government Printing Office, 1954), 4.

된 미국, 영국, 프랑스, 소련 4개국 외무장관 회의에서 인도차이나문제와 코리아문제를 다루기 위한 정치회의 개최를 촉구하는 성명을 발표했다. 스스로를 중립국이라고 강변하던 소련은 2월 18일에 가서야 종전의 태도를 바꾸었고, 4개국 외무장관들은 1954년 4월 26일부터 제네바에서 정치회의를 개최하여 코리아문제와 인도차이나문제를 다루기로 합의했다.[7]

한국 정부는 제네바정치회의 직전까지 참가 자체를 보이콧하는 입장이었다. 외무장관 변영태는 정전협정 60항이 "한 급 높은 정치회의"를 "운위(云謂)한 것은 색책[塞責: 책임을 면하기 위하여 겉으로만 둘러대어 꾸밈]으로 한 소리"라는 인식을 가지고 있었다.[8] 기존 문헌에서는 1954년 2월 워싱턴에서 개최된 국제연합참전국 회의에서 한국이 제네바정치회의 참석으로 선회한 것으로 보았다. 이 회의에서 국제연합참전국들이 만장일치로 정치회의 개최를 촉구한 베를린성명을 지지하자 동석했던 주미 대사 양유찬(梁裕燦)도 마지못해 참가에 동의했다는 것이다.[9] 그러나 1953년 7월 29일 미국 CIA는 이미 이승만 대통령이 코리아문제가 다루어지는 국제회의에는 반드시 참석할 것이라고 내다보고 있었다.[10]

1954년 4월 26일부터 6월 15일까지 스위스 제네바의 만국궁전(Palais des Nations, 이전의 국제연맹 본부)에서 개최된 정치회의에 한국은 당사국의 일원으로 참석했고, 국제연합군 대표들 중에서는 남아프리카연방공화국을 제외한 15개국 대표들이 참석했다. 제네바정치회의의 사회는

7 *FRUS 1952-1954,* vol. 16, 140; André Fontaine, *Histoire de la guerre froide,* II. *De la guerre de Corée á la crise des alliances, 1950-1963* (Paris: Fayard, 1983), 88-90, 103-4.

8 卞榮泰, 『外交餘錄』, 58.

9 林炳稷, 『林炳稷 回顧錄』, 443.

10 CIA document, "Issues of the Korean Post-Armistice Political Conference," 29 July 1953.

영국의 이든(Anthony Eden) 총리, 소련의 몰로토프 외무장관, 그리고 타이(태국)의 프린스 완공 등이 돌아가며 맡았는데, 제1회의 의장은 미국의 아이젠하워 대통령이 맡았다.[11] 미, 영, 프, 소련의 4대국에서 온 제네바 정치회의 참석자들의 수는 약 1천 2백 명에 달하는 것으로 추계되었다.[12]

제네바정치회의에서 한국어는 미국의 지원을 받아 영어, 프랑스어, 러시아어, 중국어 등과 함께 공용어로 사용되었다. 그러나 동시통역원을 구하거나 제공할 수 없었던 관계로 한국어로 발언하고, 동시통역이 가능한 언어들 중 하나인 영어로 통, 번역되었다. 한국어에 대한 별도의 통번역이 제공되지 않았기에 한국대표단의 통번역은 양유찬 주미 대사가 맡았다. 평양대표들의 발언은 동시통역이 가능한 언어들 중 하나였던 러시아어로 통, 번역되었다.[13]

한국대표단은 변영태 외무장관을 수석대표로 하고, 임병직 국제연합 대사(전 외무장관)와 양유찬 주미 대사를 대표로 구성되었다. 미국에서 출발한 임병직 주 국제연합 대사와 양유찬 주미 대사가 먼저 도착했다. 서울에서 출발한 한국 대표단이 제네바에 도착한 것은 현지 시각으로 4월 23일 금요일 오후 2시로 변영태 수석대표를 홍진기(洪璡基) 법무부차관, 최정우(崔挺宇) 교수, 이수영 외무부 정보국장, 한유동(韓有東) 외무부장관 비서실장, 손병식(孫秉植) 외무부 의전과장, 류호룡(柳浩龍) 속기사, 이주범(李柱範) 한글타자원 등 8명이 수행했다. 오랫동안 이승만 대통령의 자문을 맡았던 로버트 올리버는 대표단의 고문으로 동행했다. 제네바까지 동행하지는 않았지만 조정환(曺正煥) 외무차관은 제네바정치회의

11 卞榮泰, 『外交餘錄』, 57-62; Eisenhower, *Mandate for Change,* 614.

12 Eisenhower, *Mandate for Change,* 612.

13 卞榮泰, 『外交餘錄』, 63-64.

국내대책반을 맡아 활동했고, 주한 미국 대사 브릭스(Ellis O. Briggs)도 서울에서 지원활동을 했다.[14]

미국은 아이젠하워 대통령과 수석대표인 덜레스국무장관, 차석대표인 스미스(Walter Bedell "Beetle" Smith) 국무차관(1953년 2월 9일-1954년 10월 1일) 등이 대표단을 이끌었다.[15] 그 밖에 미국 측에서는 앤더슨(Dillon Anderson) 국가안전보장 특별보좌관, 볼렌 소련 주재 대사, 보위(Robert R. Bowie) 국무부 정책기획국장, 해거티(James C. Hagerty) 백악관 공보담당 보좌관, 맥아더(Douglas MacArthur II, 맥아더 원수의 조카) 국무부 특별자문관, 머천트(Livingston T. Merchant) 유럽 담당 차관보, 플레이거(Herman Phleger) 국무부 법률고문, 톰슨(Llewellyn E. Thompson) 오스트리아 주재 대사, 왓스워드(James Wadsworth) 국제연합 차석대표, 이승만 대통령과 '작은 정전협상'을 벌였던 로버트슨(Walter Robertson) 국무부 차관보, 그리고 판문점에서 정치회의 개최를 위한 예비회담을 맡았던 아서 딘 등이 참석했다. 그리고 굿패스터(Andrew J. Goodpaster) 대령과 대통령의 아들 아이젠하워(John S. D. Eisenhower) 소령은 대통령의 개인 보좌역으로 동행했다. 인도차이나문제 관련 협상 실무대표는 본잘(Philip W. Bonsal)이 맡았고, 코리아문제 협상실무대표는 영(Kenneth T. Young)이 맡았다.[16]

---

14 林炳稷, 『林炳稷 回顧錄』, 442-49. 한국대표단은 미국에서 출발한 임병직과 양유찬 등이 예약해 놓은 역 부근의 패마유 호텔 등 두 곳에 분산 투숙했다. 朴實, 『韓國外交祕史』 (서울: 麒麟苑, 1979), 263.

15 Oliver, *Syngman Rhee and American Involvement in Korea,* 438.

16 林炳稷, 『林炳稷 回顧錄』, 444; Eisenhower, *Mandate for Change,* 609-10; *FRUS 1952-54,* vol. 16.

프랑스 파리에서는 군축담당 특보를 맡게 될 스타센(Harold Stassen), 록펠러(Nelson A. Rockefeller) 냉전전략 담당 특보, 래드포드 (Arthur W. Radford) 합참의장, 그룬터 (Alfred M. Gruenther) 북대서양조약기구(NATO) 최고사령관, 앤더슨 (Robert B. Anderson) 국방차관 등이 언제라도 자문에 응하기 위해 대기하고 있었다.[17] 알렌 덜레스(Allen Dulles) CIA국장(임기 1953-1961)은 친형인 존 포스터 덜레스 국무장관을 도왔다. 제네바정치회의에서 존 포스터 덜레스는 월터 베델 스미스 당시 미국 국무차관(1953년 2월 9일-1954년 10월 1일)에게 업무를 위임했다. 스미스는 국무차관에 임명되기 앞서 CIA 4대 국장(1950년 10월 7일-1953년 2월 9일)을 역임한 바 있었다.

국제연합에서는 아프리카계 미국인으로서 1928년부터 1950년까지 하워드대학 정치학과장을 지냈고, 이스라엘분쟁을 중재한 공로로 1950년 노벨평화상을 받았던 번치(Ralph Bunche, 1904-1971) 국제연합 사무차장이 참석했다.[18] 영국에서는 이든(Robert Anthony Eden, 1897-1977) 총리와 맥밀란(Harold Macmillan, 1894-1986) 외무장관이 참석했고, 커크패트릭(Ivone Kirkpatrick)과 브룩(Norman Brook)도 자문역을 맡았다. 프랑스에서는 포르(Edgar Faure) 총리가 수석대표를 맡았고, 피네(Antoine Pinay) 외무장관이 동행했다. 그리고 베르나르(Armand Bernard) 외교보좌관과 마게리(R. de Margerie) 정치경제총국장도 동행했다.[19]

소련의 수석대표는 소련 각료회의 의장인 불가닌(Nikolai Bulganin,

17 Eisenhower, *Mandate for Change,* 610.

18 林炳稷, 『林炳稷 回顧錄』, 444.

19 Eisenhower, *Mandate for Change,* 609.

1895-1975)이었다. 그리고 아이젠하워와 함께 제2차 세계대전에서 베를린을 점령했던 주코프(Georgy Zhukov) 국방장관, 몰로토프 외무장관, 소련 최고회의 의원이자 최고실력자로 떠오르고 있던 흐루쇼프, 그리고 그로미코 외무차관 등이 동행했다. 소련 대표단은 제네바 중심부에 있던 호텔 한 채 전체를 빌려 협상본부를 차렸다.[20] 소련각료회의 의장이기도 했던 불가닌은 소련이 북대서양조약기구(NATO)에 가입할 의사가 있으며, 북대서양조약기구가 평화의 대의(the cause of peace)를 위해 헌신한다면 소련을 회원국으로 받아들이지 못할 이유가 없다는 논리로 공세적 외교전을 펼치기도 했다.[21]

중화인민공화국에서는 저우언라이를 수석대표로 왕자샹(王稼祥), 왕빙난(王炳南), 장원톈(張聞天), 리커눙(李克農) 등을 포함한 185명과 기자 29명으로 구성된 대규모 대표단을 파견했다. 대변인은 황화(黃華, 1971년 초대 국제연합대사, 1913-2010)가 맡았는데, 황화와 함께 정전협상장에서 리커눙과 함께 중요한 역할을 수행했던 차오관화의 아내 궁펑도 대변인으로 일했다. 제네바정치회의에서까지 중화인민공화국 대표단은 포로송환문제를 언급하며 이 문제에 대한 집착을 보였다.[22]

1954년 제네바정치회의와 1955년 반둥회의를 통해 중화인민공화국은 국제적으로 큰 발언권을 획득했고, 그 상징적 인물은 저우언라이였다. 그러나 저우언라이의 주장에 대한 아이젠하워 미국 대통령의 관점은 냉소

20 Eisenhower, *Mandate for Change,* 609; Ministry of Foreign Affairs, Rep. of Korea. *Documents relating to the discussion of Korea and Indo-China at the Geneva Conference, April 27-June 15, 1954*, pt. 1, *Korea.* Seoul: Ministry of Foreign Affairs, [1954].

21 Gromyko, *Memoirs,* 166.

22 林炳稷, 『林炳稷 回顧錄』, 451.

적이었다. 1957년 임병직과의 백악관 오찬 석상에서 아이젠하워는 '츄언 라이'의 말을 듣고 있자면, Chew and Lie가 연상된다는 농담으로 임병직의 폭소를 자아내기도 했다.[23]

이러한 워싱턴의 의혹과 냉소 속에 베이징은 제네바정치회의를 통해 신생 중화인민공화국의 외교적 위상을 높이기 위한 노력을 전개하고 있었고, 적지 않은 성공을 거두었다. 베이징은 인도를 참석시키고자 했던 원래 의도는 관철시키지 못했지만 코리아와 인도차이나를 묶어서 아시아의 문제를 다루고자 했고, 신생국들의 리더로서 발돋움했다.[24] 베이징의 외교적 노력은 이듬해인 1955년 4월 인도는 물론 인도네시아까지 끌어들인 아시아-아프리카 반둥회의로 이어졌다.

평양정부를 대표해서는 수석에 남일, 차석에 백남운(白南雲), 그리고 정전협상 당시 장춘산(張春山)이라는 가명을 썼던 김창만(金昌滿) 등이 참석했다. 이들은 제네바정치회의 석상에서 외국군 철수를 골자로 하는 '남북평화통일 5개항'을 제의했다.[25] 개성, 판문점, 그리고 제네바에서까지 공산진영이 줄기차게 주장한 것은 외국군 철수가 이루어져야 평화가 달성될 수 있다는 것이었다. 그러나 1950년 6.25전쟁은 소련군과 미군이 철수한 후에 조선인민군에 의해 시작되었다는 역사적 진실은 외면했다.

남일을 포함한 평양대표단은 제네바 교외 강변의 호화별장을 빌려, 5

23 林炳稷, 『林炳稷 回顧錄』, 460.

24 "The Geneva Conference of 1954 New Evidence from the Archives of the Ministry of Foreign Affairs of the People's Republic of China," Introduction by Chen Jian and Shen Zhihua, *Cold War International History Project Bulletin*, no. 16 (Fall 2007/Winter 2008).

25 Ministry of Foreign Affairs, Rep. of Korea. *Documents relating to the discussion of Korea and Indo-China at the Geneva Conference, April 27-June 15, 1954*, pt. 1, *Korea.* Seoul: Ministry of Foreign Affairs, [1954], 1-12, 12-15.

명의 여성 수행원들과 함께 매일 밤 외교만찬을 베풀면서 선전공세를 펼쳤다.[26] 남로당원이었던 박갑동의 증언에 따르면, 교육상이자 제네바정치회의 차석대표였던 백남운은 한국 대표단장 변영태와 조우하여 회의장 밖에서 만나자고 제의했다. 평양의 공작을 우려한 변영태는 역으로 "공산국가에서는 사람이 좀처럼 빠져나오기가 어려운 모양인데 요행으로 나왔으니 안 돌아갈 도리를 좀 차려 보지 않겠느냐고, 그런다면 내 힘껏은 도와 줄 생각"이라고 답변했다. 변영태는 백남운이 "그 후로는 내 눈에 다시는 어른거리지 않았다"고 회고했다.[27]

6.25전쟁 초기부터 3인 정화위원회의 일원으로 활동했던 피어슨은 1953년 7월 정전협정이 체결될 당시 국제연합 총회 의장으로서 다음과 같이 말한 바 있었다: "정전협정의 체결은 유혈과 갈등의 챕터가 종료되는 것을 의미하지만 평화만들기(the making of the peace)라는 새롭고 힘든 챕터가 시작되는 것을 의미하기도 한다."[28] 제네바에는 국제연합의 깃발 아래 참전했던 국가들도 모두 대표단을 파견했고, 정기적 모임을 가졌는데, 이들은 1951년 피어슨이 제안했던 방안을 진지하게 고려하고 있었다. 즉, 대한민국을 해체(dissolve)시키고, 통일코리아 정부를 구성하기 위해 국제연합 감시 하의 전국선거를 실시하는 것이었다. 이들은 정기적 모임을 가졌지만, 대한민국 대표의 참석은 배제되었다(excluded).[29]

제네바정치회의는 이러한 동서냉전의 분위기 속에서 진행되었다. 코

---

26 林炳稷, 『林炳稷 回顧錄』, 445; 卞榮泰, 『外交餘錄』, 60.

27 박갑동, 『한국전쟁과 김일성』, 173-74; 卞榮泰, 『外交餘錄』, 65-66.

28 Vatcher, *Panmunjom,* 203.

29 Oliver, *Syngman Rhee and American Involvement in Korea,* 438.

리아문제와 함께 인도차이나문제도 논의되었는데, 이를 다루기 위한 회의에는 캄보디아, 북베트남(Democratic Republic of Viet Nam), 프랑스, 라오스, 중화인민공화국(PRC), 남베트남(State of Viet Nam), 소련, 영국(United Kingdom of Great Britain and Northern Ireland), 그리고 미국 등이 참가했다.30

제네바정치회의의 분위기는 당시 프랑스를 상대로 전개되고 있던 제1차 인도차이나전쟁의 영향을 받았다. 제네바정치회의 참석자들은 1954년 3월 13일부터 시작된 디엔비엔푸(Dien-Bien-Phu) 전투에서 프랑스군이 5월 7일 항복한 전황(戰況)으로부터 영향을 받았다. 프랑스는 인도차이나반도로부터의 철수를 결정할 수밖에 없었고, 이러한 사태의 추이는 세계문제를 제국주의 대 식민지민족해방문제라는 구도에서 바라보고 있던 공산진영 대표들의 사기를 고양시켰다. 4월 7일 아이젠하워는 기자회견을 통해 한 나라가 공산화되면 인접한 다른 나라가 공산화될 수 있다는 도미노이론(domino theory)을 언급했다.

이러한 분위기 속에서 코리아의 통일을 위한 선거 및 국제적 감독의 문제, 외국군 철수 문제 등이 논의되었다. 4월 27일 전체회의에서 한국대표단은 군사분계선 이북 지역에서만 자유선거를 실시할 것, 그리고 이에 앞서 중국공산당 군대가 철수를 완료할 것 등을 주장했다. 1951년 베이징정부는 국제연합으로부터 침략자(aggressor)로 규정되어 있던 상황이었다. 역으로 평양과 베이징은 국제연합을 침략의 도구로 규정하고 있었다. 남일 대표는 국제연합을 포함한 모든 외국간섭을 배제하고 양측 국회의 대의원으로 조직된 코리아위원회로 하여금 선거를 담당하도록 하

30 Rep. of Korea. Ministry of Foreign Affairs, *Documents relating to the discussion of Korea and Indo-China at the Geneva Conference, April 27-June 15, 1954*, pt. 2, *Indo-China.* Seoul: Ministry of Foreign Affairs, [1954].

자는 제안으로 맞섰다. 결국 정치적 합의는 도출되지 못했다.[31]

1954년 6월 15일 미국을 포함한 국제연합참전 16개국이 공동성명을 통해 "통일독립민주 코리아"(a unifed, independent and democratic Korea)를 수립하기 위해 국제연합감시 하에 자유선거(free elections)를 실시할 것을 골자로 하는 국제연합에 보내는 제네바정치회의 보고서를 채택했다.[32] 1954년 6월 16일부터 제네바를 포함한 스위스의 6개 도시에서는 1950년 브라질에서 개최되었던 제4회 월드컵에 이은 제5회 월드컵 경기가 개최되고 있었다. 대한민국 선수단은 아시아에서 유일하게 스위스월드컵경기에 참가하고 있었다. 제네바회의는 7월 20일 폐막되었다. 국제연합의 감시 하에 코리아의 남북을 아우르는 자유선거는 실시되지 못했고, 코리아의 정전체제는 그렇게 봉인되었다.

정전협정은 제대로 지켜지지 않았다. 1957년 6월 21일 군사정전위원회에서 국제연합군 측 대표 리젠버그(H. Litzenberg)는 조-중인민군 측이 지속적으로 정전협정을 위반하고 있음을 지적하면서, "한국 경외로부터 증원하는 작전비행기, 장갑차량, 무기 및 탄약을 드려오는 것을 정지한다"는 등의 내용이 담긴 정전협정 제13항 (ㄹ)목은 정전협정 준수 의지가 확인될 때까지 효력을 정지한다고 선언했다.[33] 이로써 정전상태의 감시를 위한 군축규정은 사실상 무력화되었다.

미국은 이미 대량보복전략에 따른 군사분계선 이남의 전술핵무기 배치를 시사했었다.[34] 미국은 소련의 지원을 받는 조-중인민군의 재

31 卞榮泰, 『外交餘錄』, 64.

32 "Declaration by the Sixteen," Geneva, 15 June 1954, Henry Chung, *Korea and the United States Through War and Peace, 1943-1960,* 488-90.

33 Editorial Note, *FRUS 1955-1957,* 460-61; 『조선일보』 1957년 6월 22일; 박태균, "미국의 정전협정 일부 조항 무효선언과 그 의미," 한국역사연구회 현대사 분과 편, 『역사학의 시선으로 읽는 한국전쟁』 (서울: 휴머니스트, 2010), 210.

침은 핵무기로 억지하되 한국군의 군사력은 조선인민군에 비해 우위에 놓지 않고 한 단계 정도 열위에 두었다. 중국인민지원군은 1954년 9월과 10월 7개 사단이 1차로 철수하고, 1955년 3-4월 6개 사단이 2차로 철수, 1955년 10월 6개 사단이 3차로 철수, 그리고 1958년 완전히 철수했다.[35] 1950년 18만 2천 명이었던 조선인민군 총 병력수는 정전협정 체결 시 339,000명으로 증가되었다가 중국인민지원군이 철수한 1958년에는 38만 3천 명으로 증가되었다.[36]

세계냉전은 6.25전쟁의 발발, 전개, 그리고 정전에 영향을 미쳤지만, 역으로 6.25전쟁으로부터 영향을 받았다. 미국인들에게 코리아전쟁은 패배한 전쟁은 아니었지만, 승리하지도 못한 최초의 전쟁이었다. 유라시아대륙을 석권하고 있던 공산주의자들에게 있어서도 코리아전쟁은 커다란 좌절이었다. 공산주의자들은 1917년 10월 같은 해 2월에 폭압적 짜르체제를 전복하고 수립된 진보적 혁명정부를 다시 전복하여 소련을 수립했고, 나치와의 전쟁에서 승리했으며, 1949년

34 1951년 초에 핵폭탄기술자 샘 코헨은 당시 진행 중인 전쟁에서 핵무기를 사용할 수 있는 가능성을 타진하기 위해 한국을 비밀리에 방문한 바 있었다고 증언한 바 있다. 전쟁은 전술핵공격을 연구하기 위한 '훌륭한 기회'로 여겨졌으며 1951년 9-10월 몇 차례의 모의 핵폭격이 '허드슨만 훈련'이라는 이름으로 실시되었다. 정전협정에 의해 신무기의 도입이 금지되었지만, 1958년 1월 28일 국제연합군 사령부는 핵 대포와 어니스트 존 미사일의 한국 반입을 확인했다. 당시의 핵 배치는 세계적 규모에서 미 육군의 편제를 펜토믹사단(핵무기를 갖춘 5개 사단)으로 재편하는 작업의 일환이었다. 피터 헤이즈 외, 『핵무기는 가라』 (서울: 기독교사회문제연구원, 1988).

35 『로동신문』 1955년 10월 1일, 25일, 27일; 1958년 4월 26일; 1958년 8월 15일; 1958년 10월 28일. 이종석, 『북한-중국관계 1945-2000』 (서울: 중심, 2000), 205에서 재인용; 박종철, "중국인민지원군의 철군과 북중관계," 한국정치외교사학회(이재석, 조성훈) 편, 『한반도 분쟁과 중국의 개입』 (서울: 선인, 2012), 191-94.

36 Roy E. Appliman, *South to the Naktong, North to the Yalu, June-November 1950,* vol. Ⅰ in the series, *The United States Army in the Korean War* (Washington, D.C.: Government Printing Office, 1960), 7-18; 李基鐸, 『韓半島 政治와 軍事: 理論과 實際』 (서울: 일신사, 1988), 416-19.

중국공산화를 이룩했었다. 이것은 1975년 인도차이나반도공산화까지 지속된 흐름이었다. 6.25전쟁의 결과 탄생한 한반도 정전체제는 이러한 공산주의의 파도를 막은 방파제였다. 6.25전쟁을 통해 미국의 국방비는 3배 이상에 달하는 5백억 달러로 늘어났고, 제2차 세계대전 이후 감소 추세에 있던 미군의 숫자 역시 2배에 달하는 3백만 명으로 늘어났다. 미국의 국민들과 의회의 일각에서는 병영국가(garrison state)의 도래를 우려했지만, 코리아로부터 전해지는 전쟁소식은 이러한 목소리를 덮어버렸다.[37] 결국 정치적 해결 없이 정전협정에 의해 정지된 6.25전쟁은 냉전의 가장 큰 특징이라고 할 수 있는 군비경쟁으로 이어지면서 냉전을 격화시켰다.

미국의 재무장을 골자로 하는 정책문서 NSC-68에 기안된 내용이 실행되는데 코리아에서의 전쟁은 결정적 영향을 미쳤다.[38] 1949년 북대서양조약 체결 시점에 즈음하여 워싱턴에서는 경제적 측면과 이념적 측면을 중시하는 케난(George Kennan)의 봉쇄론을 대신하여 군사적 봉쇄 내지는 적극적 롤백(roll-back) 이론이 대두되었다. 케난은 서유럽, 일본, 그리고 중동 세 지역에서의 봉쇄를 주장했던 데 비해 롤백을

37 Paul G. Pierpaoli, *Truman and Korea: The Political Culture of the Early Cold War* (Columbia: Univ. of Missouri Press, 1999); Martin Walker, *The Cold War: A History* (New York: H. Holt, 1994), 77.

38 Robert Jervis, "The Impact of the Korean War on the Cold War," *Journal of Conflict Resolution* 24 (December 1980), 563-92; John Lewis Gaddis and Paul Nitze, "NSC 68 and the Soviet Threat Reconsidered," *International Security* 4 (1980), 164-76; NSC68문서의 전문과 이에 관한 여러 학자들의 분석을 모은 책으로는 Ernest R. May, ed., *American Cold War Strategy: Interpreting NSC-68* (Boston: St. Martin's Press, 1993). NSC68과 군사적 케인즈주의에 관해서는 Bruce Cumings, *The Origins of the Korean War 2: The Roaring of the Cataract, 1947-1950* (Princeton: Princeton University Press, 1990), 179. 미국의 군수산업은 6.25전쟁을 전후하여 실행에 옮겨진 NSC68에 의해 1차적 팽창을 기록했다는 주장은 Matthew Evangelista, *Innovation and the Arms Race* (Cornell: Cornell University Press, 1988), 99.

주장한 닛츠(Paul Nitze)는 어떤 지역에서든 소련과 공산주의의 승리가 주는 심리적 파급효과를 고려하지 않을 수 없다고 보았다. 케난은 경제적, 문화적 측면에 기초한 연성(soft)봉쇄를 주장했던 반면 닛츠는 군사적 측면에 기초한 강성(hard)봉쇄를 주장했다고 볼 수 있다. 닛츠의 논리에 따라 군비증대를 계획했던 정책문서가 NSC-68이었다. 이 문서는 코리아에서 전쟁이 발발하기 전에 작성되었으나 코리아에서의 포성과 함께 새로운 주목을 받았고, 1950년 9월 30일 트루먼 대통령에 의해 발효되어 이후 미국 냉전전략의 근간을 형성했다.[39]

냉전시대 군비 증대의 기폭제가 되었던 6.25전쟁의 영향은 비단 미국에 국한된 것만은 아니었다. 1951년 10월 24일 트루먼 대통령은 독일과의 전쟁종식을 공식화했다. 6.25전쟁은 미국의 여러 동맹국들에게 재무장의 계기가 되었다. 특히, 서유럽국가들 중 서독의 재무장에 미친 6.25전쟁의 영향은 일찍부터 서방학자들의 연구대상이었다.[40] 디포티(A. W. DePorte)는 코리아에서 전쟁이 없었다면 서독의 재무장이 "그처럼 빨리 오지 않았을 뿐만 아니라 아예 이루어지지 않았을지도 모른다"고 보았다.[41]

유럽인들은 미군이 38선 이남의 오산에서 낙동강까지 후퇴해야 했던 전쟁의 초기국면을 지켜보면서, 미국이 효과적으로 국제적 의무를 수행할 수 있을지 우려했다.[42] 미국은 유럽의 군사적 불안을 해소

39 피어파올리는 제너럴 모터스(GM)가 개척했던 분권적 다부문구조(decentralized multi-divisional)에 입각한 동원기지(mobilization base)가 미국 전역에 들어서는 계기를 6.25전쟁이 제공했다고 주장한다. Paul G. Pierpaoli, *Truman and Korea: The Political Culture of the Early Cold War* (Columbia: Univ. of Missouri Press, 1999).

40 Jervis, "The Impact of the Korean War on the Cold War," 563-92.

41 A. W. DePorte, *Europe between the Superpowers: The Enduring Balance* (New Haven: Yale University Press, 1979), 112.

하기 위해서 서독의 재무장을 가속화할 수밖에 없었다. 미국은 1950년 9월 12일 북대서양조약기구 내에서 서독을 재무장할 것을 공식적으로 제안했다. 이미 상당수의 군사력을 한반도 전선에 배치하고 있던 상황에서 트루먼행정부는 유럽청년들 대신 "미국 청년들"(American Boys)이 과도하게 유럽에 배치됨에 따라 고조될 국내의 고립주의적 경향을 우려할 수밖에 없었다.

서독재무장의 최대 걸림돌은 프랑스였다. 인천상륙작전에 즈음하여 애치슨은 뉴욕의 왈도르프-아스토리아 호텔에서 영국과 프랑스의 외무장관에게 북대서양조약기구(NATO) 내에서의 서독재무장과 미군 4개 사단의 유럽 주둔을 통보했다. 영국과 프랑스, 특히 1870년 이후 세 번씩이나 독일과 전쟁을 치렀던 프랑스는 이 통보에 경악했으나 거부할 수 없었다. 영국과 프랑스는 냉전 때문에 서독의 경제부흥을 용인했으나, 6.25전쟁으로 소련공산주의의 팽창에 대한 위협감이 고조되면서 불과 몇 년 전까지 전쟁을 벌였던 서독의 재무장까지 받아들이지 않을 수 없게 되었다. 프랑스는 미국의 서독재무장정책에 대한 최후의 마지노선으로서 유럽 내의 서독병력이 유럽 주둔 프랑스병력(인도차이나와 알제리 등지에 파견되어 있는 프랑스병력을 제외한)보다 많아서는 안 된다는 표준을 제시했다.[43]

코리아에서 공산주의자들이 벌인 전쟁은 서독의 재무장뿐만 아니라 일본, 영국, 프랑스, 캐나다 등의 재무장에도 큰 영향을 미쳤다. 6.25전쟁은 일본 군수산업 발전을 촉진시켰다.[44] 도산 위기에 처했던 일본회사

42 1043/EMCFA/2/E/S, "Les Forces Armees des Etats-Unis et la Défense de l'Europe," 2 mars 51, 10H 610, SHAT.

43 Laurent Césari, "La France, les Etats-Unis et l'Indochine, 1945-1957," Thèse pour le doctorat nouveau régime (Paris: Université de Paris IV, octobre 1991).

도요타는 6.25전쟁 직후 펜타곤이 월 1천 5백대의 트럭을 주문하기 시작하면서 세계적 기업으로 발전했다.[45] 제2차 세계대전 이후 미국은 전쟁 재발을 막기 위해 일본의 선박제조업을 무력화시키고자 했다. 6.25전쟁은 정반대로 일본을 대표적 선박 제조 및 수출국가로 발전시켰다. 1956년을 전후해서 일본은 가장 현대적인 조선기술을 가지고 세계 선박생산의 26%를 차지하는 조선대국으로 발전했다.[46] 6.25전쟁이 지속되는 동안 실시된 전시특별구매조치(special procurement)는 일본에 약 350억 달러를 안겨주었다. 미국의 다른 지원 및 투자를 합하면 일본이 미국으로부터 받은 혜택은 유럽의 패전국이었던 서독보다 많은 수준이었다.[47]

6.25전쟁으로 인해 격화된 냉전 속에서 일본의 전범처벌 및 재벌해체 논의도 약화되었다. 이것은 일본의 언론계가 다시 우경화된 것과도 무관하지 않았다.[48] 오랫동안 영국 『가디언(*Guardian*)』지의 미국 지국장(U. S. bureau chief)을 지냈던 워커(Martin Walker)는 일본 제국주의에 동조했다가 전후 해직되었던 언론계 인사들이 6.25전쟁의 영향 속에 복귀했던 반면, 좌파 언론인들은 퇴진했다고 지적했다. 6.25전쟁이 발발하자마자 70명의 공산주의자와 공산주의에 호의적인 기자들이 『아카하타(赤旗)』에서 해직되었고, 곧 이어 이 신문은 폐간되었다. 그 밖의 신문

---

44 6.25전쟁 당시에 이미 미국에서는 6.25전쟁이 일본의 재무장으로 이어지고 있는 것에 대한 우려가 제기되고 있었다. Richard L-G Deverall, "Are We Rebuilding Tojo's 'Red Army'?" *The New Leader*, 15 Jan 51, 2-5. Harry S. Truman Library.

45 Walker, *The Cold War*, 78-79.

46 George Cyril Allen, *Japan's Economic Recovery* (London: Oxford University Press, 1958), 98-99, Walker, *The Cold War*, 79에서 재인용.

47 Yukata Kosai, *The Era of High-Speed Growth* (Tokyo, 1986), 72, Walker, *The Cold War*, 78-79에서 재인용.

48 Martin Walker, *Powers of the Press: Twelve of the World's Influential Newspapers* (New York: Pilgrim Press, 1983), 198.

들에서도 약 700명의 친공산주의 기자들이 해직되었다. 반면에 과거 제국주의에 동조했다가 해직되었던 351명의 전직 기자들은 1951년에 즈음해서 복직했다. 6.25전쟁 기간을 통해 일본은 미국과 유리한 조건의 평화조약을 체결하는 한편 주일미군을 통한 안보정책을 확립했다.[49] 이처럼 구축된 미국과 일본 간의 평화는 소련과의 냉전을 악화시키는 것이기도 했다.

6.25전쟁은 영국의 재무장도 촉진시켰다. 영국의 재무장계획은 1950년 7월에 처음 수립되었다가 세 번의 수정과정을 거쳐 1950년 12월 애틀리-트루먼 회담 직후에 최종 결정되었다. 이 재무장계획은 6.25전쟁 직전 약 23억 파운드였던 국방비를 47억 파운드로 늘리는 것을 골자로 하는 것이었다.[50] 영국의 재무장은 당시의 영국 경제로 하여금 방위산업, 수출

---

49 6.25전쟁 원조의 대가로 유리한 조건의 평화조약을 주장한 일본수상 요시다 시게루(吉田茂)의 주장에 관해서는 *Foreign Affairs* 29, no. 2 (1951), 180을 참고. 이 밖에 일본재무장에 미친 6.25전쟁의 영향에 관해서는 외교정책론적 분석모델을 적용한 김현, "미국의 일본 재무장 결정(1950년 9월)의 외교정책 결정론적 분석," 『한국정치학회보』, 30집 4호 (1996 겨울), 368-70과 "기지국가"라는 개념을 중심으로 일본의 재무장에 미친 6.25전쟁의 영향을 분석한 南基正, "朝鮮戰爭と日本," 東京大學校 博士論文 (2000년 3월)을 참고. 오키나와에 대한 미국의 전략적 판단과 미군기지화에 대해서는 Frederick L. Shiels, *America, Okinawa and Japan: Case Studies for Foreign Policy Theory* (Washington: University Press of America, 1980), 58; John W. Dower, *Empire and Aftermath: Yoshida Shigeru and the Japanese Experience, 1868-1954* (Cambridge: Harvard University Press, 1979); Michael Schaller, *The American Occupation of Japan: The Origins of the Cold War in Asia* (New York: Oxford University Press, 1985); Howard B. Schonberger, *Aftermath of War: Americans and the Remaking of Japan, 1945-1952* (Kent, Ohio: The Kent State University Press, 1989); William S. Borden, *The Pacific Alliance: United States Foreign Economic Policy and Japanese Trade Recovery, 1947-55* (Madison: University of Wisconsin Press, 1984).

50 Jihang Park, "Wasted Opportunities? The 1950s Rearmament Programme and the Failure of British Economic Policy," *Journal of Contemporary History* 32, no. 3 (1997), 358, 360. 6.25전쟁이 캐나다의 재무장에 미친 영향을 다룬 논문으로는 C. G. Rennie, "Mobilisation for War: Canadian Army Recruiting and the Korean War," *Canadian Defense Quarterly/La Revue canadienne de defense* (Summer 1984). 프랑스에 미친 경제적 영향에 관해서는 Frances M. B. Lynch, "The

산업, 내수산업들 중 방위산업을 중심으로 하는 발전방향을 선택하게 만들었다.[51]

군비 증대라는 결과와 더불어 '이룰 수 없는 평화'로서의 냉전에 미친 6.25전쟁의 영향은 두 진영을 대표하는 군사동맹과 관련된 것이다. 우선 6.25전쟁은 '영미특수관계'(Anglo-American special relationship)가 확인되는 계기였다. 제2차 세계대전 이후 6.25전쟁이 발발하기 이전까지 영미특수관계는 제대로 작동하지 않았다. 영국은 미국의 극동정책이 러시아에게 주는 선물이라고 생각했으며, 미국은 1950년 1월 영국이 공산중국을 승인한 것에 동의하지 않았다. 붕괴직전에 이르렀던 영미특수관계는 제3차 세계대전으로 확대될 수도 있었던 코리아에서의 위기에 대처하는 과정에서 노정된 의견차이로 인해 악화되기도 했지만 더욱 공고해졌다. 비록 워싱턴과 런던 사이에는 많은 갈등도 있었지만 맥아더의 해임은 영국도 바라던 바였고, 이후 정전과정에서 영국의 목소리는 많이 반영되었다. 이러한 관계 회복은 워싱턴 주재 영국 대사였던 올리버 프랭크(Oliver Franks)와 애치슨 사이의 개인적 관계(personal relationship)에도 크게 의존했다.[52] 영미관계가 6.25전쟁의 방향을 결정짓는 중심축이었다고 보는 영국인들의 인식은 다음과 같은 마가렛 쌔처(Margaret

Economic effects of the Korean War in France, 1950-1952," (Florence: European University Institute, 1986).

51 이러한 방향 선택으로 말미암아 영국은 제2차 세계대전 이후 경제회복을 위한 중요한 기회를 상실하고 말았다는 주장이 여러 편의 연구들을 통해 제기되었다. Peter Hennessy, *Never Again: Britain, 1945-1951* (London: Penguin Books, 2006); Sidney Pollard, *Wasting of the British Economy* (London: Croom Helm 1986). 박지향은 6.25전쟁으로 인한 재무장계획 자체보다 그것을 둘러싼 관료들의 논쟁이 비생산적인 방향으로 흐른 것이 기회의 상실(Wasted Opportunities)을 초래했다고 본다. Jihang Park, "Wasted Opportunities?" 379.

52 M. L. Dockrill, "The Foreign Office, Anglo-American relations and the Korean war, June 1950-June 1951," *International Affairs* 62 no. 3 (Summer 1986), 459, 475-76.

Thatcher)의 언급에 잘 함축되어 있다. “두 차례의 세계대전과 코리아전쟁, 그리고 걸프전쟁에서의 승리, 파시즘과 공산주의의 패배와 자유의 승리, 이 모든 것들은 20세기를 통한 영미동맹의 열매들이다.”[53]

6.25전쟁이 낳은 충격은 이전까지 종이동맹(paper alliance) 수준을 크게 벗어나지 못했던 북대서양조약(NAT)을 영미특수관계를 축으로 하는 실질적 동맹(real alliance)인 북대서양조약기구(NATO)로 발전시켰다. 1950년 6월 25일, 근동과 중동 보다 더 멀리에 있는 “극동”에서 열전이 발생했을 때, 북대서양조약은 체결된 지 이미 15개월이 지났지만 아직 제도적인 군사적 기구를 갖추지 못하고 있었다. 북대서양조약기구가입국들은 경무장된 14개 사단을 가지고 있었을 뿐이었는데, 그나마도 2개 사단은 미군이었다. 2개 미군사단은 독일 점령의 연장선상에서 주둔하고 있었다. 6.25전쟁 발발 이후 상당수의 북대서양조약국들이 참전하면서, 북대서양조약기구의 발전을 촉진시켰다. 통합군사령부구조를 가지게 되었고, 거대한 군사적 보강이 이루어졌으며, 무엇보다 그 틀 안에서 프랑스의 반대에도 불구하고 서독의 재무장이 이루어졌다. 6.25전쟁 발발 3년 후 유럽인들은 독일에서만 15개 사단 규모의 북대서양조약기구 군대를 보게 되는데, 그리스와 터키가 추가된 북대서양조약기구의 전체 군사력은 약 7백만에 육박했다.[54]

유럽인들은 코리아에서 발발한 전쟁과 유사한 소련의 팽창주의적 기도가 중부유럽에서 되풀이될 것을 우려했다.[55] 특히, 서독의 아데나워 수

53 Ritchie Ovendale, *Anglo-American Relations in the Twentieth Century* (London: MacMillan Press, 1998), 162에서 재인용.

54 Stueck, *The Korean War: An International History*, 349.

55 John Young, *Cold War Europe, 1945-1991: A Political History*. 2nd ed. (London: Arnold, 1996), 19.

상(Konrad Adenauer, 1876-1967)은 스탈린이 "극동"으로 관심을 돌린 후 유럽에서의 도발을 획책할 가능성에 대비하고자 했다. 유럽인들에게는 먼 동쪽에서 일어난 사건의 여파는 같은 해 6월 30일 프랑크푸르트에서 33개국의 대표들에 의해 창설된 사회주의 인터내셔널의 열기마저 덮어버렸다. 당시 사회주의 인터내셔널은 반공적 성향을 보이고 있었다. 미국 정부가 코리아에서의 전쟁 발발과 관련한 소련의 역할을 과대평가했던 것처럼 유럽정부들도 코리아에서의 전쟁이 철저하게 소련에 의해 주도되었다고 보았다. 영국의 참전은 오스트레일리아, 뉴질랜드, 캐나다, 그리고 남아프리카공화국 등 과거 대영제국과 긴밀한 관계를 맺고 있던 나라들의 참전에 깊은 영향을 미쳤다. 영국의 참전을 적극적으로 주도했던 주미 영국 대사 올리버 프랭크(Oliver Franks, 1905-1992)는 영국이 코리아에 파병함으로써 대서양동맹을 지지하는 미국의 여론을 강화시킬 수 있을 것이라고 주장했다.[56] 결국 많은 영연방국가들은 물론 프랑스, 벨기에, 네덜란드, 룩셈부르크, 그리스, 심지어 이슬람문명권의 터키를 포함한 16개 국가들이 한국을 위해 전투 병력을 파견했다.

인천상륙작전이 펼쳐졌던 1950년 9월 15일부터 같은 달 26일까지 개최된 북대서양조약이사회에서 유럽통합군사조직의 창설이 승인되었다. 중국인민지원군 개입 이후인 1950년 12월 18일 브뤼셀에서 열린 북대서양조약이사회와 방위위원회는 북대서양조약기구 내 60개 사단의 창설, 서독의 주권회복과 북대서양조약기구가입 등을 결정했다. 북대서양조약기구(NATO)군 최고사령관에는 당시 컬럼비아대학 총장으로 재직하고 있던 아이젠하워가 임명되었다. 반공적 입장에서 자유진영에 가담했던

56 Franks to Foreign Office, 23 July 1950, FO 371/84091, Public Record Office.

다. 터키는 북대서양조약 제10조에 의거하여 1952년 2월 그리스와 더불어 북대서양조약기구에 가입했다. 이로써 제정(帝政) 러시아 이래로 영러 '그레이트 게임'(Great Game)의 쟁점들 중 하나였던 "근동"(Near East) 이슬람문명권이 자유진영의 편에 서서 공산주의의 팽창에 맞서게 되었다.[57] 터키가 북대서양조약기구가입을 위해 코리아로 상당수의 쿠르드족을 포함한 파병을 서둘렀던 것은 오스트레일리아가 앤저스조약을 염두에 두고 참전을 서둘렀던 것과 유사했다.[58] 1951년 9월 20일 북대서양조약기구(NATO)는 그리스와 터키의 가입을 승인했다.

"이룰 수 없는 평화"로서의 냉전에 미친 6.25전쟁의 영향은 "영향력 진공 주변부지역"(influence-vaccumed periphery)이 두 진영 중 한 곳으로 급속히 흡수되는 결과로 이어졌다. 스칸디나비아반도도 6.25전쟁을 전후해서 급속히 자유진영에 가담했다. 스칸디나비아 출신의 냉전학자 룬드스

57 쿠니홀름(Bruce R. Kuniholm)은 이란, 터키, 그리고 그리스 등 이른바 '근동지역'에 대한 트루먼 미국 대통령의 강경노선은 옳았다고 보았다. 그러나 그러한 강경노선을 소련의 이해관계가 보다 첨예하게 걸려있던 서유럽과 동아시아지역에 단순하게 확대시켰던 점을 비판했다. 쿠니홀름은 스탈린이 이란, 터키, 그리고 그리스 등에서 합리적(reasonable) 수준의 안보필수조건(security requirement) 이상의 세력권을 추구했던 데서 냉전이 시작되었다고 보았다. Bruce Robellet Kuniholm, *The Origins of the Cold War in the Near East: Great Power Conflict and Diplomacy in Iran, Turkey, and Greece* (Princeton: Prinçeton Univ. Press, 1980).

58 William Stueck, "The Korean War as International History," *Diplomatic History* 10, no. 4 (Fall 1986), 298. 6.25전쟁이 터키의 북대서양조약기구가입에 미친 영향에 관해서는 이견도 존재한다. 서재만은 앙카라대학에서 터키의 북대서양조약기구가입과 6.25전쟁의 상관성에 관한 연구로 박사학위를 받았는데, 터키의 북대서양조약기구가입과 6.25전쟁과의 상관성은 미미했다고 주장했다. Seo Jae-Man, "Kore Savasinin Turk Dis Politikasnia. Ankara: These des sciences politiques," (1973). 徐在萬, "韓國戰爭勃發 이 中東地域 에 미친 影響," 『國際問題』 106 (1979. 6), 12-21. 그러나 최근의 연구들을 통해 터키의 참전이 북대서양조약기구가입을 염두에 두고 이루어졌음이 당시 회의록 등을 통해 입증되었다. John M. Vander Lippe, "Forgotten brigade of the forgotten war: Turkey's participation in the Korean War." *Middle Eastern Studies* vol. 36 no. 1 (Jan 2000), 93.

타는 소련은 강압에 의한 제국이었던 데 비해 미국은 이들 지역에서 "초대받은 제국"(empire by invitation)이었다고 보았다.[59]

6.25전쟁의 영향으로 북대서양조약기구(대서양동맹)가 안착하게 된 것과 관련해서 "창세(創世)에 임재(臨在)했다"(Present at the Creation)고 자부했던 애치슨은 "코리아가 우리를 구했다"(Korea saved us)고 회고했다.[60] 애치슨은 북대서양조약을 주도했던 확고한 대서양주의자였다. 그는 루즈벨트행정부로부터 트루먼행정부에 이르기까지 국무부의 핵심적 역할을 수행하는 동안 여덟 번이나 유럽을 방문했지만, 한 번도 동아시아지역을 방문하지 않았다. 북대서양조약기구의 강화는 바르샤바조약기구의 설립과 그 구성국들의 군사력 강화를 초래함으로써 냉전체제의 골격을 완성시켰다.[61] 이후 냉전이 끝날

---

59 Geir Lundestad, *The American "Empire": And Other Studies of US Foreign Policy in A Comparative Perspective* (Oslo/ Oxford: Norwegian University Press/ Oxford University Press, 1990); Geir Lundestad, *America, Scandinavia, and the Cold War, 1945-1949* (New York: Columbia University Press, 1980).

60 Dean Acheson's address, at a Princeton seminar on 8 July 1953, Walter Isaacson and Evan Thomas, *The Wisemen: Six Friends and the World They Made: Acheson, Bohlen, Harriman, Kennan, Lovett, McCloy* (New York: Simon & Schuster, 1986), 504에서 재인용. 북대서양조약을 주도했던 사람은 확고한 대서양주의자였던 딘 애치슨이었다. 애치슨은 루즈벨트행정부로부터 트루먼행정부에 이르기까지 국무부의 핵심적 정책결정자로서 마샬 플랜과 북대서양조약을 구현했다. 냉전체제 형성기 애치슨의 핵심적 역할에 관해서는 Douglas Brinkley, *Dean Acheson: The Cold War Years, 1953-1971* (New Haven: Yale University Press, 1992); Ronald L. McGlothlen, *Controlling the Waves: Dean Acheson and U. S. Foreign Policy in Asia* (New York: Norton, 1993); James Chace, *Acheson: The Secretary of State who Created the American World* (Cambridge: Harvard University Press, 1998).

61 Vojtech Mastny, "The New History of Cold War Alliances," *Journal of Cold War Studies* 4 no. 2 (Spring 2002), 62. 북대서양조약기구에 관한 냉전사는 매스트니(Vojtech Mastny)의 지휘하에 구 공산권국가들을 포함한 여러 국가들이 참여하는 공동프로젝트(PHP; the Parallel History Project on NATO and the Warsaw Pact)의 형식으로 진행된 바 있다. Vojtech Mastny, *Annual Report 2001* (28 January 2002) 보다 자세한 내용은 www.isn.ethz.ch/php을 참고.

때까지 한국은 북대서양조약기구 가입국들과의 관계를 발전시켰고, 평양당국은 바르샤바조약기구들과의 관계를 발전시켰다.[62]

6.25전쟁의 영향은 동남아지역으로도 파급되었다. 6.25전쟁이 발발하기 이전 이승만과 장개석은 태평양동맹(Pacific Pact)을 추진하면서 동남아국가들까지 포함시켰으나, 대서양동맹과 유사한 태평양동맹 구상은 미국 정책결정자의 반대로 유산되고 말았다.[63] 퀴리노와 이승만이 주도한 태평양동맹구상을 '따라하기 정책'(me-too policy)이라고 비하했던 미국의 외교정책결정자들은 6.25전쟁을 거치면서 이 지역에서 북대서양조약기구(NATO)의 복사판이라고 할 수 있는 동남아시아조약기구(SEATO)의 창설을 뒷받침하게 되었다(1954년 9월 조인, 1955년 2월 발족).[64] 중화인민공화국의 6.25전쟁 개입은 1954년 8월 20일 NSC문서를

62 그동안 이에 관한 증언이 소개된 바 있었는데, 2013년 헝가리문서를 활용한 초머 모세의 연구결과도 발표되었다. https://libcom.org/library/hungarian-revolution-1956(검색일 2015년 5월 9일); Mozes Csoma(University Budapest), "North Korean Students in Hungary in the 1950s, and their role in the Hungarian revolution in 1956," lecture in 13 november 2013, Stockholms universitet; Honggari Budapheszuthuro! 1956njon Honggari hjokmjonggva pukhan juhakszengdul. (Magyarországra, Budapestre! Az 1956-os forradalom és az észak-koreai vendégdiákok.-koreai nyelven) (Szöul, 2013).

63 6.25전쟁 직전 태평양동맹구상의 배태와 유산과정에 관해서는 Myongsob Kim, "Prologue of the Asia-Pacific Community: Betrayed and Declined Asian Initiatives for Regional Cooperation", *Korea Observer*, vol. XXVII no. 4 (winter 1996); Myongsob Kim, "Declined Invitation by Empire: The Aborted Pacific Pact and the Unsolved Issue of Regional Governance."Dong-Sung Kim, Ki-Jung Kim, Hahnkyu Park ed., *Fifty Years After the Korean War: From Cold-War Confrontation to Peaceful Co-existence.* (Seoul: KAIS, 2000), 127-54; 최영호, "이승만정부의 태평양동맹 구상과 아시아민족반공연맹 결성," 『국제정치논총』 제39집 2호 (1999).

64 9월 6일-8일 미국, 영국, 프랑스, 오스트레일리아, 뉴질랜드, 파키스탄, 타이, 필리핀 등 8개국이 마닐라에 모여 조인식을 가졌다. Bui Xuan Quang et Martial Dasse, *L'Asie en Guerre, 1945-1990* (Paris: Institut français de Polémologie, 1990), 83-84. 이밖에 동남아시아지역을 중심으로 한 미-소의 대립과 냉전체제의 성립과정을 분석한 선구적 연구로는 로버트 블럼(Robert Blum)의 연구를 참고할 수 있다. Robert M. Blum, *Drawing the Line: The Origins of the American*

통해 미국의 정책결정자들로 하여금 자유진영의 결속력을 강화하기 위한 심리적 효과와 더불어 공산주의의 팽창을 억제하기 위한 "합법적 기지"(legal base)로서의 동아시아 지역협력에 주목하게 만들었다. 동남아지역기구(SEATO)의 창설에 있어서도 북대서양조약기구(NATO) 창설 당시와 마찬가지로 영국의 역할이 컸다. 1954년 6월 21일 아이젠하워에게 보내는 서신에서 처칠은 북대서양조약기구(NATO)에 상응하는 동남아지역기구(SEATO)의 필요성을 적극 지지했다.[65]

6.25전쟁의 세계적 영향들 중에서 빼놓을 수 없는 것은 미국이 인도차이나반도에서 프랑스에 대한 지원을 강화하게 된 것이었다. 이것은 1960년대 한국군의 베트남 파병과 조선인민군의 베트남 파병 등으로 이어지면서 한국군과 조선인민군이 인도차이나반도에서 다시 조우하는 상황을 초래했다.[66] 프랑스제국 운영자들의 눈에 비친 코리아반도와 인도차이나반도의 상황은 긴밀하게 연결되어 있었다. 프랑스의 파병 결정에는 다음과 같은 인도차이나 식민지에 대한 고려가 존재했다.

> 코리아전쟁은 아시아대륙으로부터 서방열강들을 몰아내기 위해 러시아가 이끌고 있는 전투의 틀 안에 자리매김된다. 한국, 홍콩, 버마, 말레이지아,

---

Containment Policy in East Asia (New York: Norton, 1982).

65 矢野暢, 『冷戰と東南アジア』 (東京: 中央公論社, 1986), 178-80, 최영호, "이승만정부의 태평양동맹 구상과 아시아민족반공연맹 결성," 180쪽에서 재인용.

66 6.25전쟁이 베트남전쟁에 미친 영향에 관해서는 Steven Hugh Lee, *Outposts of Empire: Korea, Vietnam, and the Origins of the Cold War in Asia, 1949-1954* (Montreal and Kingston: McGill-Queen's University Press, 1995), 116-18; George Kahin. *U. S. Policy in Intervention: How America Became Involved in Vietnam* (Garden City, N. Y.: Anchor Books, 1987); Callum A. MacDonald, *Korea: The War before Vietnam* (London: Macmillan, 1986). Edward Ric-Maximin, "The United States, France, and Vietnam, 1945-1950: The view from the State department," *Contemporary French Civilization* 7 (Autumne 1982), 20-40.

인도 등은 이와 같은 전투의 다양한 적용양상을 보여주고 있는 지점들이다. 이러한 이유에서 코리아문제는, 향후 극동에서 공산주의에 대항하는 외로운 열강의 입장에서 벗어나게 된 프랑스의 관심을 끄는 것이다.[67]

프랑스는 국가재건을 위해 미국 원조에 의존하지 않을 수 없는 형편이었다. 코리아에서의 전쟁이 프랑스가 겪고 있던 제1차 인도차이나전쟁(1946-1954)과 같은 맥락에 있다는 점을 부각시키고자 했다. 그렇게 함으로써 프랑스의 인도차이나식민지에 대한 미국의 배려를 기대했다. 그러나 프랑스정부는 영국의 애틀리정부와 마찬가지로 미국의 정책적 우선순위(priority)가 대서양에서 태평양으로 이동하거나 미국이 코리아에서 지나치게 역량을 소모함으로써 인도차이나에서 프랑스를 지원할 여력을 상실하는 것을 우려하고 있었다.[68]

한편, 1949년에 수립된 중화인민공화국이 중국인민지원군을 파병함으로써 1950년 2월 14일 마오쩌둥과 스탈린이 모스크바에서 체결한 중소우호동맹호조조약(中苏友好同盟互助条约)은 피로써 봉인되었다.[69] 이 조

67 Commandant supérieur des troupes au Maroc à Diplomatie Paris, Tel no. 3328/AS Mission française au Japon à Diplomatie Paris (Tokyo, 1 Jul 50), 10H 291, SHAT.

68 Tel no. 3760/CAS Diplomatie Paris à Haussaire Saigon sur le tel. de Washington n° 02695 à 2705 à Diplomatie, Paris, 20 juillet 50, 10 H 686, SHAT. 공산진영도 6.25전쟁의 경험을 베트남에서 활용했다. 1970년대 이전 소련외무부는 *On the Korean War, 1950-1953, and the Armistice Negotiations*라는 제목의 자료집을 발간하기도 했는데, 이 자료집은 베트콩에 대한 소련의 지원문제를 중국, 북베트남 측 담당관들과 협의하던 소련관계관들에게 제공되었다. 이완범, "미국과의 대결을 주저했던 소련과 중국: 중국의 한국전 참전," 연세대학교 현대한국학연구소 편, 『해외한국학평론』2 (서울: 일조각, 2001), 81.

69 이 조약의 유효기간은 30년으로 일방이 기한 만료 1년 전까지 조약연장을 원하지 않는다는 의사를 표명하지 않는 한 자동연장되도록 되어 있었다. 1979년 4월 3일 중화인민공화국 전국인민대표대회 상무위원회에서는 조약을 연장시키지 않고, 1980년에 조약의 효력이 소멸될 것이라는 결정을 내렸으며, 이를 공식 발표했다. 그리고 소련 측에 이를 통보하면서, "양국 사이의 미해결문제들을 해결하고, 양국관계의 증진을 도모하기 위한 대화를

약은 1945년 8월 14일 중화민국과 소련 사이에 체결된 중소우호동맹조약(中苏友好同盟条约)을 대체한 것이었다.[70] 1945년 중화민국과 소련과의 조약에서 장개석과 스탈린은 몽골인민공화국의 독립을 승인하는 대신 소련의 국공내전 불개입을 약속했다. 중국공산당은 1945년 장개석과 손잡은 스탈린이 중국공산당을 배신했다고 보았었다. 1950년 김일성의 전쟁계획에 대한 마오쩌둥의 후원과 중국인민지원군 파병 결정은 베이징과 모스크바 간의 관계를 크게 발전시켰다. 소련의 베이징에 대한 경제원조와 더불어 중국인민해방군의 현대화가 촉진되었고, 만주와 티벳 등지에 대한 베이징의 통제력이 강화될 수 있었다. 조선민주주의인민공화국이 궤멸되기 직전 중국인민지원군은 미군을 다시 서울 이남으로까지 밀어냈다. 제2차 세계대전 이후 최강대국으로 떠올랐던 미국을 상대로 한 전쟁에서 거둔 성과는 중국의 국제적 위상을 격상시켰고, 신정권에 대한 국내적 결집을 촉진시켰다.[71] 일본을 상대로 함께 싸웠던 중국공산당과 미국은 서로를 침략자로 규정했고, 양자 간의 관계정상화는 1970년대까지 늦춰졌다.

실시하자"고 제안했다. 미해결문제들이란 아프가니스탄, 외몽골, 중소국경분쟁지역 등지에서의 소련군 철수, 그리고 친중적 캄보디아를 침공하는 베트남에 대한 소련의 지원 중단 등과 같은 것들이었다. Yu M. 갈레노비치, 『국경: 20세기 러시아와 중국』, 이재훈 역 (국방부: 군사편찬연구소, 2012), 281-82.

70 갈레노비치, 『국경: 20세기 러시아와 중국』, 25.

71 楊奎松(양쿠이숭), "중국의 조선 출병 시말," (2000), 142-43.

2. 일어날 것 같지 않은 전쟁

6.25전쟁 당시 국제연합 주재 미국 대사 오스틴(Warren Austin)은 다음과 같이 말했다.

> 코리아에서 침략(aggression)을 정지시키기 위한 투쟁은 세계의 다른 곳에서 그것을 막기 위한 투쟁이다. 그 목적은 정치적 쟁점들을 무력으로 해결하기 위한 것이 아니고, 침략자들이 무력을 통한 해결을 강요하는 것을 막는 것이다. 그 목적은 무제한 전쟁(conflict without limit)이 아니고, 걸화(乞和)없는 평화(peace without appeasement)다. 그것이 우리가 추구하는 승리다.[72]

1950년부터 1953년까지 6.25전쟁이 벌어지던 당시의 세계는 걸화(乞和)의 상징이 되어 버린 히틀러와 챔벌린 간 뮌헨평화협정의 악몽이 아직 생생할 때였다. 그리고 제2차 세계대전이라는 열전의 종결에도 불구하고 독일과의 평화조약이 체결되지 않은 냉전의 시대였다. 냉전은 "국제체제를 자신에게 유리한 방향으로 재구성(restructure)하려는 소련과 미국의 경쟁"이기도 했다.[73]

인류역사상 최초로 인류 전체를 절멸시킬 수 있을 만큼의 핵무기를 보유했던 두 개의 초강대국을 정점으로 전 세계가 두 진영으로 갈라지고 있었다. 마치 미국과 소련을 머리로 하는 거대한 두 마리 용이 결투(duel)를 벌이는 형상이었다. 그러한 냉전체제는 19세기 말에서 20세기 초까지

72 Vatcher, *Panmunjom,* 20에서 재인용.

73 John Lewis Gaddis, "Containment: It's Past and Future," in Charles W. Kegley, Jr. and Eugene R. Wittkopf eds., *Perspectives in American Foreign Policy: Selected Readings* (New York: St. Martin's, 1983), 20.

국제사회가 인정했던 대한제국의 공간에서 1948년 대한민국과 '조선민주주의인민공화국'이 분립(分立)되고, 1953년 봉인되는 데 지대한 영향을 미쳤다.

냉전체제라는 큰 톱니바퀴가 '조선'과 한국의 분립이라는 작은 톱니바퀴에 지대한 영향을 미쳤던 것이다.[74] 그런데 역으로 빠르게 회전하는 작은 톱니바퀴가 큰 톱니바퀴의 회전에 영향을 미치기도 했다. 6.25전쟁 이후 정전체제의 탄생은 세계사적으로 다음과 같은 두 가지 대조적 의미를 지닌 것이었다.[75] 첫째, 한반도 정전체제의 탄생은 세계적으로 냉전체제의 봉인으로 이어졌다. 둘째, 한반도 정전체제의 탄생은 냉전(cold war)이 열전(hot war)으로 변모(transformation)되는 것을 막는 국제적 표준을 형성시켰다. 김일성의 전쟁결정을 후원했던 마오쩌둥은 스탈린에게 '조선전쟁'으로 인해 세계대전이 연기되었으며, 5년, 10년, 15년 안에는 발생하지 않을 것이라고 말했고, 스탈린도 동의했다.[76]

인류사의 많은 전쟁들이 평화를 위해 새로운 국제적 표준을 만들어냈듯이 6.25전쟁을 통해 세계는 두 진영 내의 구심력과 원심력의 길항관계

---

74 냉전 당시 서울과 평양의 관계를 구성적 관점에서 다룬 연구로는 Chae-sung Chun, "The Cold War and Its Transition for Koreans: Their Meanings from a Constructive Viewpoint," Chung-in Moon, Odd Arne Westad, Gyoo-hyoung Kahng ed., *Ending the Cold War in Korea: Theoretical and Historical Perspectives* (Seoul: Yonsei University Press, 2001), 115-46.

75 유사한 문제의식은 다음과 같은 연구들에서도 찾아볼 수 있다. Myongsob Kim, "Reexamining Cold War History and the Korean Question," *Korea Journal.* vol. 41 no. 2 (Summer 2001); Alessandro Brogi, *A Question of Self-esteem: The United States and the Cold War Choices in France and Italy, 1944-1958* (Westport, Conn.: Praeger, 2002); Yong Suk Lee, "Master and Servants: U.S.-East Asian Relations and the Tyranny of the Weak," Ohio University Master Thesis (1995).

76 師哲, "朝鮮戰爭期間的 中蘇關係," 『在歷史巨人身邊: 師哲回憶錄(修訂本)』, 北京: 中央文獻出版社, 1995, 492-515. 대한민국 행정자치부 정부기록보존소 편, 『韓國戰爭과 中國』 (2002), II: 273.

속에서 냉전이 열전으로 전화되는 것을 제어하는 장치를 만들어냈다. 그것은 온화(溫和)의 체제는 아니었지만, 최소한 열전을 막는 체제였다. 6.25전쟁이라는 열전을 정지시키는 과정에서 세계는 냉전을 차갑게 유지하는 국제적 표준을 갖게 되었다. 코리아에서 정전체제의 탄생은 '이룰 수 없는 평화'(la paix impossible)인 동시에 '일어날 것 같지 않은 전쟁'(la guerre improbable)으로서의 냉전체제를 봉인했다.77

코리아위기(Korean crisis)를 다루면서 소련과 미국은 공히 둘 사이의 분쟁을 관리(manage)하는 표준을 갖게 되었다. 그것은 서울과 평양 어느 한쪽에 의한 주도적 행위(Korean initiative)를 억제하는 것까지를 포함하는 것이었다. 두 진영 사이의 국지전에서 승리하는 것보다 그 분쟁이 전면전으로 확산되는 것을 막는 것이 더 중요함을 상호인지했다. 코리아전쟁을 경험하면서 냉전체제에는 국제적 통제라는 하나의 제도(institution)가 정착되었다.78 이러한 제도화는 개디스나 그래브너가 말하는 '긴 평화'(long peace)를 가능하게 했다.79

국지적 분쟁의 확대를 막기 위한 미국과 소련 간의 묵시적 합의 하에 소련은 자국공군기를 중국인민지원군 전투기로 위장했다. 소련조종사들은 중국인민해방군 신분증을 가지고 중국인민해방군 기지에서 출격했다. 소련공군조종사가 불시착하는 상황에 대비하여 작전범위도 엄격히 제한

77 Raymond Aron, "Stupide résignation," *Le Figaro,* 21/22 Septembre 1947.

78 Walker, *The Cold War*, 82.

79 6.25전쟁을 통한 위기관리(crisis management)의 제도화에 관해서는 John Lewis Gaddis, *The United States and the End of the Cold War: Implications, Reconsiderations, Provocations* (New York: Oxford University Press, 1992), 33-34, 141. 또한 John Lewis Gaddis, *The Long Peace: Inquiries into the History of the Cold War* (New York: Oxford University Press, 1987); Norman A. Graebner, *The Age of Global Power: The United States since 1939* (New York, 1979); Jerald A. Combs, "Norman Graebner and the Realist View of American Diplomatic History," *Diplomatic History* 11 (Summer 1987), 251-64.

되었다. 소련공군의 참전으로 역사상 최초로 제트엔진을 장착한 전투기들 간의 공중전이 벌어져서 1950년 11월 8일 미국제 F-80 전투기가 소련제 MIG-15 전투기 두 대를 격추시켰다. 6.25전쟁 시기 미-소 공중전은 현대적 의미의 공중전 전술과 장비가 고안되고 시험받은 최초의 무대였다. 그러나 소련은 이 사실을 공개하지 않았다. 미국도 소련공군의 참전을 알면서 묵인함으로써 냉전시대의 위기를 관리하기 위한 하나의 묵시적 표준이 만들어졌다.[80]

조선인민군이 대한민국을 소멸하기 위해 시작한 전쟁을 치루면서 냉전의 두 진영은 각각 어느 정도까지 하나의 목소리를 낼 수 있는가에 대한 성찰의 기회를 가졌다. 자유세계에서는 어느 정도까지 미국의 지도를 추종할 것인가에 대한 반성이 이루어졌고, 공산세계에서도 소련의 지도력에 대한 의혹이 싹텄다. 이러한 반성의 기회는 이후 냉전을 관리하는데 소중한 경험이 되었다. 진영 내의 목소리가 어느 한계를 넘으면 일치되지 않을 수 있다는 것에 대한 경험은 냉전이 열전으로 변모(transformation)되는 것을 견제하는 내부적 표준으로 작동했다. 서방진영의 경우, 핵심적 추축(axis)이었던 영미특수관계가 확인되는 동시에 그 한계도 분명하게 노정되었다. 오랜 세월 제국을 경영했던 영국의 눈에 비친 미국은 힘은 세지만 외교적으로 미숙한 청년과 같았다. 영국은 비록 해가 지고 있는 제국이기는 했지만, 영연방(British Commonwealth)이라는 세계적 네트워크를 가지고 있던 국가였다. 또한 과거 북미 일부를 식민지로 거느렸던 제국으로서 영국으로부터 독립한 미국은 물론 많은 영연방국가들과 영어라는 자국어를 공유하고 있던 국가였다. 영국인들은 대서양헌장에 따

---

80 전현수, "소련 공군의 한국전 참전," 『6.25전쟁사의 새로운 연구1』 (서울: 국방부 군사편찬연구소, 2001), 640, 672; Walker, *The Cold War,* 76.

라 제2차 세계대전 이후 식민지들을 포기하더라도 영연방을 통한 세계적 영향력을 유지하고 싶어 했다. 그리고 아직 영국이 지배하고 있던 홍콩 및 말레이시아를 놓고 중국공산당과 타협하고자 했다. 영국은 외교적으로 미숙한 미국인들이 코리아에서 과도한 역량을 소모함으로써 영국의 이해관계에 부정적 영향을 미치는 것을 우려했다.[81] 다른 한편으로 영국의 처칠은 1952년 2월 26일 영국이 원폭실험에 성공했다고 발표했다. 영미 간의 갈등 양상은 1953년 친영적 색채가 짙었던 애치슨 대신 덜레스가 국무장관에 취임하면서 다시 증폭되는 듯 했다.[82]

코리아전쟁이 야기한 유럽인들의 공포, 즉 제3차 세계대전의 발발 가능성에 대한 두려움은 코리아 또는 만주에서의 원폭 사용 가능성을 둘러싼 논란으로 극에 달했다.[83] 미국의 전쟁억지력에 대한 유럽인들의 의혹이 심화됨과 동시에, 미국의 유럽에 대한 불만도 가중되었다. 유럽인들은 미국이 냉전적 상황을 이용해서 과거 자신들이 누리고 있던 대서양세계에서의 중심적 위치를 점차 대신하고 있다고 보았다. 반면에 미국은 유럽국가들이 코리아전쟁과 관련해서 충분한 연대를 하지 않고 있다고 의심했다.[84]

공산진영의 경우도 흡사했다. 우선 6.25전쟁은 전쟁 발발 직전에 있었던 베이징의 티벳에 대한 군사작전의 결과를 기정사실화하는 시간을 제

---

81 이 문제에 관해서는 Ra Jong-yil, "Special Relationship at War: The Anglo-American Relationship During the Korean War," *The Journal of Strategic Studies* vol. 7, no. 3 (September 1984); 1950년 한반도에서 일어난 전쟁을 둘러 싼 영국과 미국의 갈등양상에 관해서는 김계동, 『한반도의 분단과 전쟁: 민족분열과 국제개입-갈등』 (서울: 서울대학교 출판부, 2000), 217-67.

82 Coral Bell, *The Debatable Alliance: An Essay in Anglo-American Relations* (London: Oxford University Press, 1964), 3.

83 Dépêche no. 458/SC, "Jean Daridan à Robert Schuman sur Fédéralisme atlantique," (Washington, 26 Jan 51), B Amérique 1944-1952, Etats-Unis, 116, mf 4711, Quai d'Orsay.

84 위와 같음.

공해주었을 뿐만 아니라 중화인민공화국의 국제적 발언권을 강화시킴으로써 소련에 대한 독립적 지위를 강화시켜 주었다.[85] 중화인민공화국과 소련은 6.25전쟁을 통해 서로의 지정학적 관심이 다르다는 것을 확인했다. 6.25전쟁 기간 중에 김일성이 위기에 빠지자 스탈린은 공식적 개입을 회피하면서 마오쩌둥의 파병 결정을 종용하는 태도를 취했다.[86]

스탈린은 다음과 같이 주장했다. "소련은 제국주의 세력과의 궁극적 전투를 위해 스스로를 아껴 두어야 한다. 대신 제국주의의 지역적 공세를 막아내는 것은 아시아혁명의 지도자이며 소련의 주요한 아시아동맹국인 중국이 맡아야 한다."[87] 심지어 인천상륙작전 이후 김일성이 퇴각할 당시 스탈린은 후르쇼프에게 다음과 같이 말했다: "김일성이 패배한다 해도, 우리 군대를 참전시키지는 않을 것이오. 내버려 두시오. 이제 미국이 극동에서 우리의 이웃이 되게 합시다."[88]

공산진영 역시 6.25전쟁을 통해 강력한 결속력을 과시했지만 동맹의 한계도 명확하게 드러났다. 1960년대에 들어서 본격화되는 중소분쟁의 씨앗은 이미 6.25전쟁을 통해 뿌려지고 있었다. 1956년 평양과 동유럽공산국가들 간의 국제공산주의연대는 6.25전쟁 정전 후 3년 만에 발생한

---

85 Randall B. Woods, "Feature Review: The Substitute War," *Diplomatic History,* vol. 21, no. 4 (Fall 1997), 637-38.

86 "스탈린과 주은래의 소치에서의 밀담 (1950년 10월 9일-10일)." 이 문서의 원본은 크레믈린 문서보관소에 있다. Alexander Mansurov, "The Korean War could have ended in Mid-October 1950: New Evidence from the Russian archives," in *Cold War International History Bulletin*, no. 6 (Fall 1995).

87 Vladislav Zubok and Constantine Pleshakov, *Inside the Kremlin's Cold War: From Stalin to Khrushchev* (Cambridge: Harvard University Press, 1996), 67-68.

88 "So what? If Kim Il Sung fails, we are not going to participate with our troops. Let it be. Let the Americans now be our neighbors in the Far East." Nikita Khruschev, *Khrushchev Remembers: The Glasnost Tapes* (New York: Little Brown, 1990), 147.

헝가리반소의거로 위기를 맞이했다. 전후협력의 차원에서 헝가리에서 유학하고 있던 조선민주주의인민공화국 유학생들은 평양으로서는 곤혹스럽게도 전쟁에서 지원을 받았던 것에 대한 보답으로 헝가리반소의거에 동참했다. 이들은 불과 수년 전 6.25전쟁 중에 습득한 소련제 무기 사용법을 헝가리 주둔 소련군의 무기를 빼앗은 헝가리인들에게 알려 주었다. 헝가리봉기 이후 이들 유학생들 중 일부는 서방으로 망명했지만, 대부분 본국으로 송환되었다.

6.25전쟁과 정전체제의 탄생을 통해 생성된 또 하나의 국제적 합의구조는 국제연합과 관련된 것이다. 제2차 세계대전 이후에 만들어진 국제연합(United Nations)은 제1차 세계대전 이후에 만들어졌던 국제연맹(League of Nations)과는 확실히 다르다는 것을 스스로 입증했다. 애치슨은 6.25전쟁 기간 중에 소련의 비토권을 무력화시키기 위해 '평화를 위한 연대'(Uniting for Peace)라는 조항을 신설했다. 이로써 안보이사회 상임이사국 중 한 나라가 국제연합의 무력 사용을 거부한다 해도 무력 사용이 가능할 수 있는 집단안보권이라는 장치를 국제연합총회에 만들어 놓았다. 이러한 장치는 미국의 영향력이 총회의 과반수를 장악하고 있던 당시에는 미국에 유리한 것이었다. 그러나 과반수를 장악할 수 있는 미국의 리더십이 약해지면서 오히려 미국에게 불리하게 작동하기 시작했다.[89] 국제연합은 미국의 통제를 벗어났고, 거꾸로 미국의 행동까지도 제어할 수 있게 되었다. 6.25전쟁을 처리하는 과정에서 나온 애치슨의 국제연합 구조개편안은 결과적으로 국제연합총회에서 작은 나라들의 권한이 강화되는 결과를 낳았다.[90]

---

89 Walter LaFeber, *The American Age: U.S. Foreign Policy at Home and Abroad* (New York: Norton, 1994), 515-6, 531.

90 H. W. Brands, *The Devil We Knew: America and the Cold War* (Oxford: Oxford University

6.25전쟁을 통해 인도의 네루 수상 등이 표방한 적극적 중립주의(positive neutralism)도 발전했다. 인도는 자국의 문명관에 기초한 적극적 중립노선을 표방했다. 이에 비해 반공전선에서 존망의 위기에 처해 있던 대한민국은 중립주의를 이적행위라고 간주했다. 제2대 외무부 장관을 역임했던 임병직은 미국 방문 중이던 1953년 12월 15일 다음과 같이 연설했다: "중립주의의 새로운 발전은 공산주의자들의 냉전전략에 있어 그들의 다른 한 개의 큰 승리로서 냉정히 그리고 객관적으로 평가되지 않으면 안 된다."[91]

이러한 임병직의 비판에도 불구하고 적극적 중립주의는 세계적으로 적지 않은 호응을 얻었다. 미소 양대 진영이 대립하던 냉전체제에서 강대국이 아닌 국가들이 적극적 중립주의를 통해 강대국들의 정책 결정에 영향을 미칠 수 있었던 것은 국제적 지지를 받기 위한 제국들 간의 경쟁이라는 냉전체제의 특징을 반영한 것이기도 했다. 국제적 지지를 획득하기 위한 미국과 소련 간의 경쟁은 제1차 세계대전 당시 식민지문제에 관한 윌슨(Woodrow Wilson)과 레닌(V. I. Lenin)의 경쟁으로까지 거슬러 올라가는 것이었다.[92] 6.25전쟁은 세계를 양극화시킴으로써 "이룰 수 없는 평화"로서의 냉전체제를 봉인했지만, 동시에 두 제국들 간의 경쟁 하에서 적극적 중립주의를 낳았다.

6.25전쟁 이후 적극적 중립주의의 대두는 앞서 언급한 것과 같이 국제

Press, 1993), 30. 훗날 애치슨도 이러한 역설적 상황을 인정하는 한편, "당시의 필요성이 미래의 위험성을 능가했기에 이 일을 추진했다"고 해명했다. Dean Acheson, *Present at the Creation: My Years in the State Department* (New York: Norton, 1969), 450.

91 林炳稷, 『林炳稷大使 外交演說選集』, 韓徹永[한철영] 編 (서울: 文化春秋社, 단기4291[1958]), 106.

92 Peter W. Rodman, *More Precious than Peace, the Cold War and the Struggle for the Third World* (New York: Scribers, 1994).

연합총회에서 작은 나라들의 발언권이 강화된 것과도 깊은 연관을 지닌 것이다. 6.25전쟁의 정전과정, 특히 전쟁포로문제의 해결과정에서 인도를 비롯한 중립국가들의 역할은 증대되었다.[93] 1960년대 비동맹운동을 이끌게 되는 유고슬라비아는 6.25전쟁의 파장 속에서 비동맹중립국가로서의 기반을 다질 수 있는 시간을 벌었다. 소련은 6.25전쟁 직전까지 동구공산국가들을 동원하여 계속적으로 불복노선을 견지하고 있던 티토(Josip Broz Tito, 1892-1980)의 유고슬라비아를 침공할 계획을 세워 놓고 있었다. 티토의 유고슬라비아가 당시 내전과 국제전이 결합된 발칸의 전쟁터가 되지 않았던 데는 6.25전쟁의 영향이 컸다.[94]

6.25전쟁이라는 위기를 통해 생성된 국제적 표준들 중 간과할 수 없는 것은 핵에 관한 것이다. 핵전쟁의 공포가 코리아에서의 열전을 국지화(localized)시키기도 했지만, 정전과정을 통해 지구종말적 핵전쟁(nuclear Armageddon)을 회피하는 인류의 지혜도 축적되었다. 트루먼은 코리아와 만주에서의 핵무기 사용을 진지하게 고려한 적이 없었다. 다만 핵무기 사용가능성에 대한 전략적 모호성은 남겨두었다.[95] 아이젠하워는 좀 더 적극적으로 핵무기 사용을 위협하는 것이 조기정전에 도움이 된다고 보았다.[96] 코리아에서의 경험에 기초해서 미국에서는 핵억지력(nuclear deterrent power)과 장거리작전까지 지휘할 수 있는 전략공

---

93 Stueck, "The Korean War as International History," 307.

94 Beatrice Heuser, *Western "Containment" Policies in the Cold War: The Yugoslave Case, 1948-53* (London: Routledge, 1989), ch. 4, 5.

95 McGeorge Bundy, *Danger and Survival: Choices about the Bomb in the First Fifty Years* (New York: Random House, 1988), 231.

96 Bundy, *Danger and Survival*, 238-42.; Marc Trachtenberg, *History and Strategy* (Princeton: Princeton University Press, 1991), 129-30; Melvyn P. Leffler, *A Preponderance of Power: National Security, the Truman Administration, and the Cold War* (Stanford: Stanford University Press, 1992), 486-87.

군사령부(Strategic Air Command)가 강조되는 "뉴 룩"(New Look)정책이 수립되었다.[97]

6.25전쟁의 영향을 받은 이러한 정책적 변화의 근저에는 다음과 같은 경제적 이유도 있었다. 대통령직 퇴임연설[98]에서 아이젠하워는 군산복합체의 위협을 경고할 정도로 군사비 지출을 억제할 필요성을 느끼고 있었다. 이것은 핵을 통한 전쟁억지정책과도 맥을 같이 하는 것이었다. 6.25전쟁에서 핵을 통한 전쟁억지는 이후 쿠바미사일위기 때나 베트남전쟁 때 "냉전의 용사"(Cold War Warrior)들이 반추해 보게 되는 역사적 선례가 되었다. 그러나 베트남전쟁 기간 중 북베트남은 코리아의 전례에 비추어 미국의 핵위협을 허풍(bluffing)으로 간주하기도 했다.[99] 결국 미국과 소련 등이 핵을 보유하고 있는 상황에서도 베트남전쟁은 발발했고, 미국은 6.25전쟁 당시의 한국과는 달리 남베트남의 공산화를 막지 못했다.

1951년 7월 정전협상 예비회의부터 1954년 제네바정치회의까지 참석했던 이수영은 정전협상을 통해 "패배에 직면한 전쟁을 정치의 형태로 바꿈으로써 가장 크게 利(이)를 본 사람은 바로 마오쩌둥(毛澤東) 자신"이라고 회고한 바 있다.[100] 이수영은 "1905년 일본이 아라사(러시아)를 패배시킨 이래 동양인이 서양인을 상대로 전쟁을 통한 영향력을 행사해본 것은 이것이 처음이요 따라서 아시아에서의 중공의 지

97 Bundy, *Danger and Survival,* 246. 이와 유사한 분석으로는 John Lewis Gaddis, *Russia, the Soviet Union, and the United States: An Interpretive History* (New York; McGraw Hill, 1990), 213-19.

98 President Dwight D. Eisenhower, "Farewell Address." (17 January 1961). http://www.historychannel.com/speeches/index.html (검색일 2002년 12월 15일).

99 Bundy, *Danger and Survival*, 536-40.

100 李壽榮, "나의 外交官生活 秘話," 『新東亞』 (1964년 10월), 209.

위는 이로 인하여 일약 상승하였다"고 보았다. 1954년 제네바정치회의에서 저우언라이의 참석을 목도했던 이수영은 "정치적으로도 중공은 서방의 아시아문제에 관한 근본적 정책을 에워싼 미-영 간의 이견을 확대노출시키는 데 성공했을 뿐더러 아시아문제에 관한 한 서방강국과 대등한 위치에서 흥정할 수 있게 되었다"고 보았다. 이수영은 외교 면에서도 "중공은 큰 재미를 본 셈인 것"이 중립적 조정자를 자부하던 인도가 중공의 위세에 눌려 중공을 옹호하는 입장을 가질 정도가 되었다고 보았다.[101]

코리아 정전체제의 탄생은 제2차 세계대전 이후 초강대국이 되었던 미국의 힘의 한계(limit of power)를 반영했다.[102] 제2차 세계대전 직후 미국은 전 세계 총생산의 거의 2분의 1을 차지할 정도의 초강대국이었으나, 세계의 모든 문제에 관심을 가져야 했다. 소련이 세계적 수준에서 미국을 상대하는 동안, 신생 중화인민공화국은 '조선반도'를 비롯한 동아시아문제에 집중하고 있었다. 6.25전쟁 개전 직전에 있었던 주한미군의 철수나 애치슨의 극동방어선 관련 언급 등은 스탈린이나 마오쩌둥의 치밀한 전략, 전술에 비해서는 허술한 것이었다. 정전협상 중에 국제연합 수석대표인 조이 제독이 교체되고, 다른 협상대표들 역시 수시로 교체된 것은 알엔알(R&R: Replacement and Rotation, Rest and Recuperation)이라는 미군의 인사시스템을 반영한 것이었지만, 협상력을 떨어뜨리는 것이었다.

6.25전쟁 중이던 1952년 10월 20일 덴마크 주재 미국 대사 앤더슨(Eugenie Anderson)은 대서양문명사의 관점에서 흥미로운 분석을 했다.

---

101 李壽榮, 같은 글, 208-209.

102 Joyce Kolko and Gabriel Kolko, *The Limits of Power: The World and United States Foreign Policy, 1945-1954* (New York: Harper and Row, 1972).

그의 분석에 따르면 미국은 제1차 세계대전과 제2차 세계대전이 낳은 '우연한 제국'(empire by accident)이었다. 대영제국을 비롯한 유럽의 제국들은 파산했고, 유럽제국들의 본토는 폐허가 되었다. 아시아의 대부분은 '혁명적 혼돈'(revolutionary chaos) 속에 있었다. 미국은 절대적으로나 상대적으로나 그 어떤 나라보다 부유하고 강력했다. 이것은 결코 미국이 추구했거나 기대했던 지위가 아니었다(wholly unsought and unexpected position). 하지만 그러한 지위는 장중한 책임(grave and heavy responsibility)을 수반했다.[103] 1953년 7월 27일 체결된 정전협정과 1953년 8월 8일 가조인된 한미상호방위조약에 의해 구성된 한반도 정전체제는 '초대받은 제국'[104]으로서의 미국에 의해 뒷받침되었다.

6.25전쟁 발발 직후, 프랑스 사상가 아롱(Raymond Aron)은 "꼬레의 수수께끼"(l'enigme coréenne)라는 칼럼을 썼다. 이 글에서 아롱은 "세계적 상황에 대한 모든 분석은 이제 코리아반도의 전쟁을 어떻게 해석할 것인가로부터 시작해야 한다. 외교무대에 미치고 있는 코리아전쟁의 영향은 1936년과 1938년 사이의 에스파냐전쟁 이상"이라고 해석했다.[105] 이후 냉전이 끝나갈 무렵 미국의 정치학자 뮬러는 코리아전쟁이 "제2차 세계대전 이후 아마도(quite possibly) 가장 중대한 사건일 것"이라고 회고했다.[106] 미국의 역사학자 스툭은 이러한 견해에 동의하면서 코리아전

103 Eugenie Anderson(Ambassador to Denmark), "A Basic Decision for the U. S.: Trade or Aid," The Department of State, *Bulletin*, (October 20, 1952), 615.

104 Geir Lundestad, "Empire by invitation: The United States and Western Europe, 1945-1952," *Journal of Peace Research* 23 (1986), 263-77.

105 *Le Figaro*, 1 Oct. 51; Raymond Aron, *Les Articles du Figaro,* vol. 1: *La Guerre froide, 1947-1955* (Paris: Ed. de Fallois, 1991), 735.

106 John Muller, *Retreat from Doomsday: The Obsolescence of Modern War* (New York: Basic Books, 1989), 118.

쟁의 의미는 비단 코리아에 국한된 것이 아니라 "제3차 세계대전을 대체한 것"(a substitute for World War III)이라고 결론 내렸다.[107] 6.25전쟁은 약 5천만 명 이상이 죽은 제2차 세계대전의 끝이었던 동시에 정전체제의 탄생을 통해 제3차 세계대전을 봉인한 냉전의 머리가 되는 '끄트머리전쟁'이었다.

---

107 Stueck, *The Korean War: An International History,* 348-53; Stueck, *Rethinking the Korean War,* 1.

사진 9-1 정전협정에 따라 개최된 제네바정치회의에 참석하기 위해 출국하는 한국 대표단과 그들이 탑승한 항공기. 1954년 4월 19일. 대한민국 경기도 김포공항.

(출처: 연세대 이승만연구원 사진)

사진 9-2 유럽인들의 주목을 받으며 제네바 만국궁전 앞을 활보하는 저우언라이. 아직 국제연합에 가입하지 못했던 베이징정부는 코리아문제와 인도차이나문제를 다룬 1954년 제네바정치회의를 통해 국제적 입지를 공고히 했다.
(출처: Wikimedia Commons)

사진 9-3 만국궁전에서 열리고 있는 제네바정치회의 장면.
(출처: 미군 공공사진)

사진 9-4 1954년 제네바정치회의가 열린 만국궁전은 그곳에 한국대표단을 파견했던 이승만에게 낯설지 않은 곳이었다. 1933년 5월 2일 국제연맹이 있던 만국궁전 앞에 선 이승만. 그는 당시 제네바에 머물면서 대한민국 임시정부가 국제연맹의 승인을 받기 위한 외교활동을 전개했었다.
(출처: 연세대 이승만연구원 사진)

제10장

결론

제10장
결론

"북(北)은 북이고 남(南)은 남이다. 둘은 결코 결합할 수 없을 것"이라는 카산드라적 예언을 한 사람은 리차드 D. 로빈슨(1921-2009)이었다. 그는 제2차 세계대전 직후 20대 청년으로 서울의 미군정에서 일했고, 한국현대사 연구들에서 많이 인용되는 『주한미군사(*History of US Army Forces in Korea* [*HUSAFIK*으로 약칭됨]』의 집필에도 참여했다. 말년에는 모국의 MIT대학 국제경영학 교수로 은퇴한 후 작고했다.[1] "동(東)은 동이고, 서(西)는 서다. 둘은 결코 만날 수 없을 것"[2]이라고 영국과 인도의 관계를 설명했던 키플링(Rudyard Kipling)의 말을 1945

1 대민정보 수집 분야에서도 일했던 로빈슨은 다음과 같은 기록물을 남겼다. Richard D. Robinson, "Betrayal of a Nation" (unpublished manuscript based on the author's personal experience and observation). 1960[1947]. 이 기록물은 1988년 서울에서 『미국의 배반: 미군정과 남조선』이라는 제목으로 번역, 출간되었다. "Betrayal of a Nation"이라는 제목이 "미국의 배반"이라고 번역된 것은 역설적으로 한국사회에 존재했던 미국에 대한 기대를 반영한다. 당시나 지금이나 미국의 1차적 관심은 미국의 국가이익이다. 리차드 D. 로빈슨의 평안했던 말년은 잠깐이나마 비슷한 시공간을 살다가 박헌영을 따라 평양으로 갔던 또 다른 청년 현 앨리스의 최후와 대비된다. 정병준, 『현앨리스와 그의 시대』 (서울: 돌베개, 2015).

2 "East is East, and West is West, and never the twain shall meet definition."

년 획정된 38선의 이남과 이북의 코리아에 대해 원용했던 그의 카산드라적 예언은 1948년 서울과 평양에서 사실상 두 개의 국가가 양립(兩立)됨으로써 실현되고 말았다.

1948년 분립된 대한민국과 '조선민주주의인민공화국' 간의 대치상황은 6.25전쟁에 의해 더욱 확고해졌다. 1950년 전쟁이 발발하자 대한민국 임시정부 요인으로서 좌파인사로 분류되기도 했던 조동호(趙東祜: 1892-1954)는 "김일성은 나이가 어려 철이 안 난 아해이다. 백성을 다 죽이고 어쩌자는 건가. 남북(南北)이 이제 원수가 됐으니 우리가 합(合)치려면 앞으로 100년은 족히 걸릴 것"이라고 예언했다.[3] 조동호의 탄식처럼 '조선민주주의인민공화국'과 대한민국의 양립 상태는 이대로 100년을 갈 것인가?

현재 서울과 평양을 나누고 있는 이른바 '분단체제'는 단순히 1945년 체제나 1948년 체제가 아니라 그 두 체제 위에 1953년 정전체제가 중첩된 것이다. 우익전체주의자들이 일으킨 전쟁의 결과 수립된 것이 1945년 체제였다면 1953년 체제는 좌익전체주의자들이 일으킨 전쟁의 결과였다. 그것은 1917년 레닌의 전복노선보다 1939년 폴란드와 핀란드를 침공했던 스탈린의 전쟁노선에 맞서는 과정에서 탄생한 체제이다. 6.25전쟁은 스탈린, 마오, 그리고 김일성과 박헌영의 공산주의 관념연대 위에서 일어난 공산주의전쟁(the Communist War)이었다.

6.25전쟁 개전 직후부터 국제사회에서는 정전노력이 전개되었다. 혈전의 쌍방은 1945년까지 공동의 적과 맞서 싸웠던 동지들이었다. 국제사회의 정전노력에도 불구하고 정전협정을 체결하기 위한 정전

3 유정 조동호 선생 기념사업회 http://donghocho.com/bizcodi/quick07.htm (검색일: 2015년 6월 7일).

협상 본회의는 6.25전쟁 발발 1년이 지난 1951년 7월 10일에야 시작될 수 있었다. 정전협상이 개막된 시각은 평양시각으로는 오전 10시, 서머타임이 시행 중이던 서울시각으로는 오전 11시였다. 개성이라는 장소뿐만 아니라 시간 선정도 조-중인민군 측이 주도했다. 정전협상의 장소와 시간을 정하는 것을 한국 전래의 씨름이 시작되기 전의 샅바싸움에 비유해 보면, 조-중인민군 측이 유리하게 샅바를 잡았다. 이것은 1953년 7월 27일까지 2년 18일 동안 이어질 정전협상이 얼마나 지난한 설전(舌戰)이 될 것인가를 암시하는 것이었다.

6.25전쟁 개전 당시부터 작동하고 있었던 인간과 시공간에 대한 인민민주주의적 인식은 정전협상 중에도 그대로 발현되었다. 스탈린 — 마오쩌둥 — 저우언라이 — [김일성, 펑더화이] — 리커눙 — 덩화, 셰팡, 남일 등으로 이어지는 조-중인민군 측의 정전협상 전략은 1953년 3월 5일 정점에 있던 스탈린이 사망할 때까지 지속되었다. 조-중인민군 측에 비해 국제연합군 및 한국군은 개전 당시나 정전협상 당시 상대방의 내부사정에 어두웠다. 이에 비해 민주주의 국가의 사정은 훤히 노출되었다. 정전협상에서 통역 및 번역을 담당했던 언더우드는 "포커게임을 하는데 남이 어깨너머로 카드를 들여다보면 게임을 할 수 없다는 사실을 미국인들은 명심해야 한다"고 기록했다.[4] 이것은 언론의 자유를 가진 민주주의국가와 일당독재에 의해 통제되는 전체주의 국가 간의 대결구도에서 빚어지는 민주주의의 딜레마를 잘 함축하고 있다.

1950년 6월 25일 이후 여러 번에 걸쳐서 아코디언처럼 요동치던 전선(戰線)은 1951년 중국인민지원군의 춘계공세 이후 교착상태로 들어갔다. 서울 재점령을 목표로 한 중국인민지원군의 공세는 국제연합군의 반격

4 언더우드, *Korea in War, Revolution and Peace*, 주장돈 역, 216.

작전에 의해 봉쇄되었고, 국제연합군은 6월 중순 38선을 세 번째로 확보하여 임진강구 — 연천 — 철원 — 김화 — 화천 — 간성을 잇는 방어선을 구축했다. 1950년 6.25전쟁 발발 직후부터 정전을 위한 노력이 있었지만, 전선이 교착된 후인 1951년 7월 10일부터 교전쌍방은 본격적인 정전협상을 개시했다. 쌍방은 전방뿐만 아니라 후방에서까지 군사적 수단을 동원하여 상대방을 압박했다.

조-중인민군이 우세할 당시 저우언라이는 선정화 후협상(先停火 後協商)은 국제연합군에게 숨쉴 수 있는 공간(breathing space)를 제공할 뿐이라며 반대했었다. 역으로 침략전쟁을 당했던 입장에서는 정전기간 동안 상대방이 다음과 같은 숨겨진 목표들을 추구할 것이라고 의심했다. (1) 병사들의 휴식과 병참 보완, (2) 조-중인민군의 공군과 해군의 열세 극복, (3) 외국군 철수. 조선인민군의 입장에서 보면 국제연합군과 함께 중국인민지원군이 철수하더라도 6.25전쟁 초기와 같은 우세를 기대할 수 있었다.

외국군 철수에 관한 사항은 국제연합군 측의 반대로 정전협상의 의제로 다루어지지 않고, 정전협정 체결 이후 제네바정치회의로 넘겨졌다. 제네바정치회의에서 국제연합군과 중국인민지원군을 함께 철수시키려는 공산진영의 노력은 집요하게 계속되었다. 공산진영은 외국군 철수가 평화의 전제조건이라고 주장하면서 국제적 동의를 얻어내려 했다. 그러나 6.25전쟁은 외국군이 철수하지 않았기 때문에 일어난 전쟁이 아니라 외국군의 철수가 이루어진 직후 일어난 전쟁이었다.

정전협상 초기부터 조-중인민군 대표단은 외국군 철수문제를 의제에 포함시키고자 했다. 그러나 국제연합군 대표단의 반대로 정전협상의 의제들은 군사분계선 획정, 정화 및 정전을 실현하기 위한 구체적 조치, 포로에 관한 조치, 그리고 쌍방의 관계 정부들에 대한 건의 등으로 제한되었다. 이 중 쌍방의 관계 정부들에 대한 건의는 "정전 협정이 조인되고 효력을 발생한 후 삼(3)개월 내에 각기 대표를 파견하여 쌍방의 한 급 높은 정치회의를 소집"하는 것으로 쉽게 합의되었다.

나머지 세 개의 의제들을 놓고 쌍방은 설전을 벌였다. 정전협상 회의록 작성에 참여했던 언더우드(H. G. Underwood)는 나머지 세 가지 의제들을 놓고 벌인 지난했던 정전협상의 결과를 1무 1패 1승이라고 총평했다.[5] 세 가지 주요 의제들 중 첫 번째 의제인 군사분계선의 획정과 관련해서는 무승부, 두 번째 의제인 정전상태의 실현과 관련해서는 국제연합군 측의 협상패배, 세 번째 의제인 포로문제와 관련해서는 국제연합군 측의 협상승리였다는 것이다. 언더우드는 정전협상의 현장에 있었던 생생한 증언자이지만, 정전협상이 1무 1패 1승이라는 그의 총평은 이 책에서 다음과 같이 재검토되었다.

(1) 공간을 재획정하는 문제

첫 번째 의제였던 군사분계선 획정문제의 경우, 육상분계선만으로 한정해서 보면 무승부였다고도 볼 수 있지만, 해상분계선에 있어서는 조-중인민군 대표단의 승리였다. 따라서 전체적으로 보면 조-중인민군 측의 우세승이었다. 원래 국제연합군 사령관 리지웨이는 1951년 당시 국제연합군이 장악하고 있던 원산 앞바다 위의 덴마크병원선 유트란디아 호에서 정전협상을 개최할 것을 제안했었다. 이에 대해 마오쩌둥과 스탈린은 개성을 역제안했다. 개성이 정전협상 장소로 확정되면서, 개성에 대한 군사작전은 제한될 수밖에 없었다. 결국 개성은 조-중인민군의 공간으로 고착되고 말았다.

---

5 언더우드, *Korea in War, Revolution and Peace*, 주장돈 역, 214-15.

조-중인민군 대표단은 38선을 군사분계선으로 할 것을 주장했다. 만일 이 제안을 받아들였다면 전쟁은 좀 더 일찍 끝날 수 있었고, 북방한계선(NLL)과 같은 문제가 남지도 않았을 것이다. 그러나 군사분계선 획정문제는 개전책임문제를 포함해서 정전기간을 통해 힘을 비축한 조-중인민군의 재남침을 방어하는 문제와 직결되는 사안이었다. 해군 장성 터너 조이를 수석대표로 한 국제연합군 대표단은 조-중인민군의 침략전쟁에 대한 반격을 통해 확보한 해양과 도서에서의 우위를 정전협상에 반영하는 한편, 전쟁을 통해 형성된 육상의 주요 진지들을 연결하는 진지선(陣地線)을 계속 확보하고자 했다.

정전협상 당시 동해와 서해의 해면(海面)과 도서들은 국제연합군 및 한국군에 의해 압도적으로 장악되어 있었다. 북방한계선은 전쟁 초기 만주와 소련 영토에 접근하지 말라는 워싱턴의 지시에 따라 설정되었던 선, 즉 서해안의 경우 대동강 하구 인근의 북위 39도 30분 선, 동해안의 경우 청진항 인근의 북위 41도 선에서 큰 변화가 없었다. 이 선 이남의 해양과 도서에는 곧 38선 이북지역을 탈환할 수 있으리라 기대했던 군인들은 물론 전쟁 발발 전에 38선 이북에 거주했었던 주민들이 다수 이주해 있었다. 미소가 합의했던 38선을 넘어 전쟁을 일으켰던 조-중인민군측은 38선을 다시 군사분계선으로 할 것을 주장함으로써 손쉽게 38선 이북의 해양과 도서를 되찾고자 했다. 반면에 국제연합군 정전협상을 주도하고 있던 미국은 '통일 없는 정전'을 반대하고 있던 대한민국 정부와 국민의 여론을 무마하기 위해서라도 최대한 38선 이북의 공간을 확보해야 할 필요성이 있었다.

결국 국제연합군 대표단은 전쟁을 통해 형성되었던 진지선(陣地線)을 따라 군사분계선을 획정하는 데 조-중인민군 대표단이 동의하는 대신 38선 이북의 해양과 도서에 대한 우위를 양보했다. 조-중인민군 대표단은 압도적으로 열세에 있던 해군력과 공군력에도 불구하고, 지상의 군사분계선에 연해서 해면과 도서, 그리고 상공을 분할할 수 있었다. 조-중인민군 대표단의 일원이었던 차이청원(柴成文)은 이러한 협상의 결과와 관련하여 "정전협정 규정에 따라 정전 후 적이 철수해야 할 우리 측 후방도서 중 주요한 것은 서해안의 숙도, 석도, 월내도, 기린도(騏麟島), 창린도(昌麟島) 등이고 동해안의 여도, 신도, 웅도 등"이었다고 만족스럽게 회고한 바 있다. 당시 국제연합군은 차이청원이 언급한 이러한 도서들과 더불어 해면과 상공을 포함해서 훨씬 많은 공간을 내주었으면서도 해상분계선 설정과 관련해서 조선인민군이 나중에 NLL문제를 제기할 수 있는 빌미를 남겨 놓고 말았다.

국제연합군사령관이 정전협정 체결 이후 정전협상에서 논의된 바에 따라 설정한 NLL은 국제적으로 공인된 영토선에 비해 가변성이 있는 경계선이었지만, 국제연합군이 아무런 근거 없이 일방적으로 선포했던 경계선은 아니었다. NLL은 정전협정 체결 당시의 역학관계를 반영하는 교전선(交戰線)에 따른 분할의 원리(*uti possidetis, ita possideatis*)와 함께 조-중인민군 측이 희망했던 전전(戰前) 상태(*status quo ante bellum*) 회복의 원리가 함께 적용된 해상 군사분계선이었다. 정전협상 과정에서 국제연합군과 한국군의 관할 아래 계속해서 남겨 둔다(remain, 중국문본에서는 留置)라고 정전협정에 명기하기로 합의한 서해 5도, 그리고 조-중인민군 측의 관할 아래 있는(be) 것으로 인정해 주고, 전전(戰前) 상태를 회복시켜 주었던 연안도서들 사이의 해면(waters)은 정전협상 과정에서 "최상(最上)의 비무장지대"(the best demilitarized zone)라고 언급되었다. NLL은 정전협상을 통해 '형성'되어 기정사실화 된 해상경계선(sea demarcation line)인 것이다.

(2) 정화 및 정전의 실현과 지속의 문제

정화 및 정전을 실현하고 지속하는 문제와 관련하여 첨예하게 부딪쳤던 두 가지 쟁점들은 사실상 소련공군이 운영하고 있던 만주의 비행장을 압록강 이남에서부터 교전선 이북까지의 공간에 복구, 증설하는 문제와 소련을 정전감시를 위한 중립국감독위원회에 포함시키는 문제였다.

소련을 중립국에 포함시키자는 조-중 인민군 대표단의 주장은 국제연합군 수석대표를 지낸 터너 조이가 지적한 바와 같이 일종의 훈제청어(red herring)전술이었다. 훈제청어 전술이란 상대방의 주의를 다른 데로 돌려서 자기가 원하는 바를 얻어내는 협상전술을 말한다. 사실상의 참전국인 소련을 중립국으로 초청하자는 주장을 내놓은 후, 그러한 주장을 철회하는 척 하면서 비행장 문제와 포로문제 등에서 보다 유리하게 협상을 이끌었고, 중립국으로 보기 어려운 폴란드와 체코슬로바키아를 스위스나 스웨덴같은 중립국들과 동급으로 끌어들였던 것이다. 체코슬로바키아의 고트발트는 스탈린의 분신과 같은 존재였다.

당시 미국은 소련이 배후에서 전쟁을 지원하고, 소련공군이 직접 참전하고 있다는 사실을 알고 있었다. 그럼에도 국제연합군 정전협상 대표단은 소련이 중립국이 될 수 없는 이유로서 소련의 참전 사실을 공식화하는 것이 아니라 소련이 코리아와 접경하고 있기 때문이라는 옹색한 이유를 제기했다. 그렇게 대응하라는 워싱턴의 지시가 있었기 때문이었다. 워싱턴은 소련참전을 기정사실(*a fait accompli*)화 할 경우 초래될 수 있는 제3차 세계대전으로의 비화 가능성을 차단하고 싶어 했다. 결국 국제연합군은 이 의제에 있어서 언더우드가 평가한 바와 같이 패배했다.

(3) 인간(포로와 실향사민)을 송환하는 문제

6.25전쟁 정전협상에서 국제연합군 정전협상대표단이 거둔 가장 크고 의미 있는 승리는 포로들의 '자유'를 지켜주었다는 점이다. 1951년 7월 10일부터 6.25전쟁은 전면전쟁기에서 화전양면기로 접어들었고, 화전양면기의 후반은 어떤 전쟁포로를 어떻게 송환할 것인가에 관한 쌍방의 관념이 충돌하면서 '포로전쟁'(War for POWs)처럼 되었다. 포로송환의사를 조사하는 과정에서 국제연합군 포로수용소장이 포로들에 의해 포로가 되고, 송환희망포로와 송환불원포로들이 포로수용소 내에서 서로를 살육하는 '포로전쟁'(War among POWs)이 전개되기도 했다.

조-중인민군 측은 1949년 제네바협정에 의거하여 전쟁포로 전원을 송환해야 한다고 주장했다. 이에 반해 국제연합군 측은 전쟁포로들의 개별적 자유의사에 따른 송환을 주장했다. 전쟁의 특정 기간은 송환을 원하지 않는 반공포로들의 자유를 위해 지속되었다. 많은 조선인민군 포로들과 중국인민지원군 포로들이 강제로 송환되지 않고 얻을 수 있었던 자유는 그렇게 지속된 전쟁의 결과였다. 그러나 그에 상응하는 만큼의 국군포로들은 자유진영으로 돌아오지 못했다. 특히, '해방전사'라는 이름으로 조선인민군에 징병되었던 국군포로들 중 다시 국제연합군이나 한국군의 포로가 되지 못한 사람들, 포로수용소에서 광산지대 등으로 보내졌던 국군포로들은 잊혀지고 말았다. 1994년 조창호의 귀환은 이들의 존재에 대한 세계적 이목을 집중시켰지만, 미송환 국군포로문제는 미결상태로 남았다. 마찬가지로 "실향사민"이라는 모호한 개념 속에 포함되어 정전협정에 언급된 피랍자들의 귀환은 결국 실현되지 못했다.

포로들의 자유를 위해 전쟁이 지속되던 기간 중에는 특히 마오쩌둥이 정전에 반대했다. 중국인민지원군 포로들 중에 중화인민공화국으로의 송환을 원하지 않는 포로들이 많았고, 이들이 송환되지 않을 경우 대만으로 갈 가능성이 많았기 때문이었다. 1950년 10월 7일 티벳을 군사적으로 점령한 데 이어서 '대만해방'을 다음 목표로 삼고 있었던 마오쩌둥의 지정학적 인식에서 볼 때, 공산주의라는 대의를 위해 싸우던 포로들의 상당수가 대만으로 가는 것은 이념적으로나 군사적으로 용납되지 않는 일이었다. 압록강 이남으로 한정되었던 폭격만으로는 조기정전을 위해 김일성을 압박할 수 있었을지는 몰라도 마오쩌둥까지 압박할 수는 없었다. 1953년 3월 5일 스탈린이 사망하지 않았다면, 마오쩌둥은 전쟁을 더 오랫동안 지속했을 것이 분명하다. 마오쩌둥은 1953년 7월 13일에도 펑더화이로 하여금 대규모 공세를 감행토록 하여 금성전투를 승리로 이끌었으며, 1년 정도만 더 공격한다면 훨씬 유리한 조건을 갖게 될 것이라고 확신하고 있었다. 스탈린 또한 사망하기 직전까지 마오쩌둥과 함께 정전에 반대했다.

정전협상 기간 중 국제연합군 및 한국군에 생포된 조-중인민군 전쟁포로들의 생활상은 자유언론을 통해 노출되었던 데 비해 국제연합군 전쟁포로들에 관한 정보는 통제되었고, 선전자료로 활용되었다. 무엇보다 국제연합군 및 한국군에 억류된 포로들 중 북측으로의 송환을 원하지 않는 포로들의 숫자가 많았던 것이 정전과 전쟁포로 교환의 상관성을 복잡하게 만들었다. 미국은 정전협상을 조속히 끝내려 하면서 실책을 범했지만, 억류되어 있던 포로 한 명, 한 명의 자유의지를 소홀히 하지 않는 것이야말로 국제연합의 깃발 아래 흘린 한국군과 국제연합군 장병들의 피를 헛되이 하지 않는 것이라는 원칙을 고수했다. 그러나 실향사민(displaced civilians) 문제는 제대로 다루어지지도 못한 채, 1953년 7월 27일 정전협정이 체결되고 말았다는 점에서 언더우드의 평가처럼 국제연합군 측의 온전한 승리라고 평가하기는 어렵다.

정전협상에서 국제연합군이 거둔 성과는 언더우드가 평가한 1무 1패

1승보다 열악한 것이었다. 그럼에도 불구하고 1953년 7월 27일 정전협정은 마침내 체결되었다. 1951년 정전협상이 시작될 때와 달리 더 이상 국제연합군 측은 서머타임을 실시하고 있지 않았기 때문에 정전협정의 발효시각 22시는 서로 일치했다. 3년 1개월 2일, 즉 1129일 동안 지속되던 6.25전쟁은 정지되었다.

청일전쟁 이후의 시모노세키평화조약(1895)이 한자와 일본어로 되어 있었고, 러일전쟁 이후의 포츠머스평화조약(1905)이 영어와 프랑스어로 되어 있었던 것에 비해 6.25전쟁 정전협정은 한국문본을 동등한 효력을 가진 정본으로 인정했다는 점에서도 큰 의미가 있었다.

1953년 7월 27일 오전 10시 판문점에서 양측 정전협상 실무대표들, 즉 해리슨과 남일의 예비서명이 시작되었다. 이어서 조선인민군 최고사령관 김일성, 중국인민지원군 사령관 펑더화이(彭德怀), 그리고 국제연합군 사령관 클라크(Mark W. Clark)가 대표로 서명했다. 정전협정은 전장을 지휘하는 군사령관들 간에 체결되는 잠정협정(modus vivendi)이었기 때문에 한국의 이승만 대통령이나 미국의 아이젠하워 대통령, 중화인민공화국의 마오쩌둥(毛澤東) 주석 등이 서명할 필요는 없었다.

그렇다면 한국군 사령관은 왜 서명하지 않았을까? 그것은 당시 국제연합의 깃발 아래 참전했던 다른 국가들의 사령관들이 서명하지 않은 것과 마찬가지로 작전지휘권이 클라크 국제연합군 사령관에게 있었기 때문이었다. 한국군 정전협상 대표 최덕신은 이승만 대통령의 명령을 받고 클라크 사령관이 정전협정문에 조인하는 현장에 참석했었다. 국제연합군사령관의 작전지휘를 받고 있던 한국군은 국제연합군사령관이 대표로 서명한 정전협정의 엄연한 당사자이다. 한국인들 중 한 명이 정전협정에 서명했어야 했다면 그 사람은 이승만 대통령이 아니라 한국군 최고사령관이다. 그런데 당시 한국군은 국제연합군에 작전지휘권을 이양해 놓고 있는 상태였기 때문에 클라크 국제연합군 사령관이 대표로 서명했다. 한국군 대표 최덕신은 문산에서 개최된 조인식 현장에 임석했지만, 같이 임석했던 다른 15개 참전국 대표들이 서명하지 않은 것과 마찬가지로 직접 서명하지 않았다. 이러한 사실은 한국군이 국제연합군으로부터 작전지휘권을 돌려받게 되더라도 정전협정을 준수해야 함을 의미하는 것이기도 하다.

정전협정 체결 당시 한국 외무장관이었던 변영태는 1959년 회고록에서 다음과 같이 썼다. "정전협정은 자유세계가 공산세계에 써바친 항참서(降參書)다. 가장 수치스러운 문서다." 이승만 대통령도 정전협정 체결 이후까지 "북진통일"을 언급했다. 그러나 어떤 협정문에 대한 호오(好惡)가 협정의 당사자성을 부정할 수는 없고, 기속성(羈屬性)의 조각사유(阻却事由)가 될 수도 없다.

클라크 국제연합군 사령관은 미 육군역사상 "승리 없는 정전"(armistice without victory)에 서명한 최초의 사령관이 되었다고 회고했다. 그러나 1939년 소련의 폴란드 및 핀란드 침공을 계승한 공산주의전쟁에 대한 응전과 그러한 응전이 제3차 세계대전으로 비화되지 않는 제한전이 되어야 한다는 미국의 이중목표는 성취되었다.

6.25전쟁 당시 공산주의자들에 의해 소멸의 목표가 되었던 대한민국의 입장에서 볼 때, 정전협정은 불만스러웠다. 변영태가 정전협정을 "항참서"(降參書)라고 비판한 것은 통일의 대의를 완수하지 못했다는 자괴심의 발로였다. 당장은 공산군에 의한 남침재발 가능성에 대한 공포가 존재했다.

한국 대통령 이승만은 한미상호방위조약 체결에서 전쟁 재발 방지의 해답을 구했다. 이승만의 방미와 기대했던 덜레스의 방한을 대신한 로버트슨의 방한을 앞둔 1953년 6월 18일 이승만은 송환불원포로들에게 자유를 주는 반공포로석방 조치를 취했다. 반공포로석방 이후 '미니 정전협상'(mini truce talks)이라고도 불린 이승만-로버트슨 회담이 이어졌다. 이 회담에서 한미상호방위조약 체결문제가 일단락되었고, 1953년 7월 11일 역사적 공동성명이 발표되었다. 1953년 7월 27일 정전협정이 체결되고 채 2주일이 안 된 1953년 8월 8일 덜레스 국무장관과 변영태 외무장관이 경무대에서 이승만 대통령이 지켜보는 가운데 한미상호방위조약을 가조인했다.

1953년 7월 27일 쌍방이 합의한 정전협정의 성격은 전쟁원인의 규명과 재발 방지, 전후처리 등의 정치적 의제들을 포함하는 것은 아니었다. 단지 전선에서의 정화(停火, cease-fire)를 일차적 목적으로 하는 군사적 성격의 협정이었다. 정전협정의 제60항은 "3개월 내에 각기 대표를 파견하여 쌍방의 한 급 높은 정치회의를 소집"하기로 규정하고 있었다. 이 규정에 따라 판문점에서 정치회의 예비회의가 소집되었으나 결렬되었고, 한 급 높은 정치회의는 1954년 4월 26일부터 7월 21일까지 스위스 제네바에서 개최되었다.

아시아문제들을 다루기 위해 유럽의 제네바에서 개최된 정치회의는 인도차이나문제에 관해서는 일정한 합의를 이룩했지만 코리아문제와 관련해서는 쌍방의 이견만을 확인한 채, 정전협정에 기초한 정전체제를 봉인하는 것으로 막을 내렸다. 인도차이나는 1975년 공산화되었다.

코리아에서의 혈전과 정전의 경험은 1955년 세계적 냉전체제 수립을 뒷받침했다. 냉전체제는 1989년 베를린장벽 붕괴에 이은 1991년 소련해체로 종언을 고했지만, 코리아의 정전협정은 제61항이 규정하고 있는 "쌍방의 정치적 수준에서의 평화적 해결을 위한 적당한 협정에 의하여 명확히 교체될 때까지" 효력을 지속해 오고 있다.

6.25전쟁은 제2차 세계대전의 연장선 위에 있었던 전쟁이었던 동시에

제2차 세계대전의 패전국이었던 독일, 그리고 일본과의 평화조약이 체결되기도 전에 일어났던 전쟁이었다. 일본과의 평화조약은 1951년 9월 8일 조인되어 1952년 4월 28일 발효되었지만, 독일과의 평화조약은 끝내 조인되지 못했다. 미소를 비롯한 승전국들과 독일과의 평화조약이 무산된 데는 6.25전쟁의 여파가 컸다. 6.25전쟁은 소련을 비롯한 승전국들과 독일과의 평화조약 대신 서독의 재무장을 촉진시켰다. 그런가 하면 6.25전쟁은 국공내전이 아직 종결되지 않은 상황에서 벌어진 전쟁이기도 했다. 1951년 7월 10일 정전협상 본회의가 시작되는 시점에서 세 개의 전쟁, 즉 제2차 세계대전, 국공내전, 그리고 6.25전쟁은 모두 국제법적으로 봉인되지 못한 상태였다.

1953년 7월 27일 코리아에서 획정된 군사분계선은 초강대국 미국의 한계선이었던 동시에 1917년 이후 유라시아대륙과 '제3세계'라고 불린 세계 곳곳으로 확산되고 있던 공산주의의 한계선이었다. 짜르체제를 전복시킨 2월 혁명정부에 대한 승리, 러시아내전에서의 승리, 1939년 소련의 폴란드 침공, 히틀러에 대한 승리, 그리고 1949년 국공내전에서의 승리로 이어지던 공산주의 승리의 흐름이 코리아의 군사분계선에서 가로막힌 것이다. 당시 유럽은 물론 아프리카와 중남미에서도 공산주의는 맹위를 떨쳤다. 특히 아시아의 공산화는 1975년 인도차이나반도 공산화로 이어지면서 제3세계의 지식인들은 물론 일부 유럽 지식인들에까지 일종의 대세처럼 인식되기도 했다.

국제연합군과 한국군의 입장에서는 국제공산주의연대에 의해 추동된 6.25전쟁도발에 맞서 응전했던 것이나 전쟁의 조기 종결 가능성에도 불구하고 전쟁을 지속했던 것은 모두 '자유'라는 가치를 수호하기 위한 것이었다. 이런 의미에서 1953년 7월 27일의 정전협정은 인민민주주의(공산주의)와 결합한 조선민족주의와 민주주의와 결합한 한국민족주의를

관념적으로 봉인하는 것이기도 했다.[6]

평양은 1973년 정전협정 체결일인 7월 27일을 '조국해방전쟁 승리기념일'로 격상시킨 데 이어서 1996년부터는 '전승절'로 격상시켜 기념해오고 있다. 이것은 1993년 정전 40주년을 맞이하여 "올해부터 조국해방전쟁 승리의 날을 민족적 명절로 뜻 깊게 기념하여 그렇게 하는 것을 전통화해야 한다"고 했던 김정일의 뜻이 반영된 것이었다.

평양에 비해 서울에서 7월 27일이 제대로 기념되지 않았던 이유들 중 하나는 6.25전쟁이 막대한 희생을 치렀음에도 불구하고 1950년 6월 25일 조선인민군이 개전하기 이전의 시점과 큰 차이가 없이 '비긴 전쟁'(die for tie)이라는 부정적 인식에 기인한다. 한국 정부가 반대한 것은 '통일 없는 정전'이었고, '믿을 수 없는 정전'이었지만 어쨌든 정전에 반대했기 때문에 정전협정체결일은 제대로 기념되지 못했다. 한국 측의 서명이 없기 때문에 한국(군)은 정전협정의 당사자가 아니라는 잘못된 인식도 영향을 미쳤다.

그러나 대한민국 국민들에게 있어서 1953년 7월 27일은 6.25전쟁으로 인한 더 이상의 죽음을 막았던 생명수호의 날, 좌익전체주의에 맞서서 국민의 자유와 더불어 송환불원포로들의 자유까지 지켜주었던 자유수호의 날, 과거 일본제국이 한국을 조선으로 돌려놓았던 것처럼 한국의 시공간이 유라시아공산진영의 일부가 된 '조선민주주의인민공화국'으로 흡수, 소멸되는 것을 막았던 대한민국 수호의 날 등으로 기념될 수 있다. 앞으로 정전체제를 넘어 평화협정이 체결된다면 그

6 한동안 '조선민족제일주의'를 주창했던 '조선민주주의인민공화국'은 1994년 김일성 사후부터 '김일성민족'이라는 개념을 보급해오고 있다. 1997년에는 한글을 '김일성민족어'라고 명명하기도 했다. '김일성민족'이야말로 봉건적 '조선민족'이 근대적으로 변화된 새로운 민족이라는 주장이다.

체결일은 7월 27일에 맞춰질 수도 있을 것이다.

미국에서는 정전(armistice) 42주년을 맞이했던 1995년 7월 27일 빌 클린턴 대통령이 김영삼 한국 대통령과 함께 워싱턴에서 코리아전쟁기념공원을 헌정한 바 있다. 2013년부터 미국 국방부는 과거 코리아전쟁을 지칭하던 "잊혀진 전쟁"(forgotten war)이라는 용어 대신 "잊혀진 승리"(forgotten victory)라는 용어를 사용하면서 7월 27일을 기념하고 있다.

1917년 2월 혁명을 통해 수립된 케렌스키 정부를 전복시키고 수립된 소련이 1991년 해체됨에 따라 미소냉전은 종언을 고했다. 그렇지만 냉전의 경계이기도 했던 조선/한국의 정전체제는 아직 강고하다. 정전협상 당시 쌍방은 정전기간 중에 상대방이 군사력을 증강시키는 것을 우려했다. 실제로 정전협정이 체결된 이후 쌍방은 부단히 군사력을 증강시켜 왔다. 6.25전쟁을 일으켰던 평양은 현재까지 전쟁을 일으켰던 사실에 대해 인정하거나 사과한 적이 없다. 대신 연이은 핵실험을 통한 핵무기의 정교화를 추진하고 있다. 2013년 2월 12일 평양당국은 제3차 핵실험을 감행한 데 이어서 같은 해 3월 11일을 기해 정전협정을 파기하고, 판문점대표부 활동도 중단한다고 선언했다. 그리고 2013년 6월 국제연합 주재 '조선민주주의인민공화국' 대사를 통해 국제연합군 사령부의 해체를 주장하기도 했다.

군사분계선 이남의 한국인들 사이에서도 정전체제의 의미와 성격에 대해서는 다른 인식이 공존하고 있다. "전쟁과 평화 사이에는 아무 것도 없다"(There is nothing between war and peace)라는 그로티우스(Hugo Grotius, 1583-1645)의 명제에 입각해서 본다면 코리아의 정전체제는 평화인가, 아니면 전쟁인가? 정전은 전쟁에 가깝고, 따라서 평화협정의 체결을 통해 끝내야 할 상태로 보는 주장이 있다. 이러한 인식은 7.27정전협정에 기초한 정전체제가 국제법적(de jure) 전쟁상태라는 인식에 근거하고 있다. 평화협정에 의해 평화가 시작되는 시점(始點)이 곧 전쟁의 종점(終點)이라는 유럽의 근대국제법적 전통에 충실한 생각이다.

그러나 정작 유럽에서는 제2차 세계대전 이후 독일과 평화조약이 체결된 바가 없다. 패전국 독일과 평화조약이 체결되지 않았던 유럽과 1951년 패전국 일본과 샌프란시스코 평화조약이 체결되었던 동아시아 중 어디가 더 평화로웠을까? 또 다른 평화협정의 패러독스는 베트남평화협정이었다. 미국이 서둘렀던 1973년 베트남 평화협정은 1975년 베트남 공산화로 이어졌다. 그리고 베트남의 보트 피플, 캄보디아에서의 킬링필드, 그리고 1979년 공산주의국가들끼리의 제3차 인도차이나전쟁으로 이어졌다.

정전체제를 평화협정으로 끝내야 하는 전시(戰時)체제로만 해석하면 같은 시기 한국에서 발생한 공안 사건들에 대한 사법적 판결 또한 준전시(準戰時)체제 아래서 이루어졌다는 말이 된다. 과거사에 대한 재심(再審)들도 사건 발생 당시가 준전시였다는 시제성(時際性)의 구속을 받아야 한다는 논리가 성립될 수 있다.

그러나 전쟁과 평화협정에 관한 근대 국제법적 전통을 만들어낸 유럽에서는 지난 60여 년 이상 지속되어 온 코리아의 정전체제를 '사실상의 평화'였을 뿐 아니라 법적으로도 '평화'였다고 보는 해석이 존재한다. 정전협정과 한미상호방위조약에 기초한 정전체제는 그 이전의 '긴 전쟁' 시간과 대비되는 '긴 평화' 시간을 만들어오고 있다. 그 이전의 시간은 청일전쟁, 러일전쟁, 제1차 세계대전, 만주사변, 그리고 약 5천만 명 이상의 목숨을 앗아간 제2차 세계대전의 시간이었다.

20세기 세계사에서 냉전의 반대는 평화가 아니라 열전(熱戰)일 수 있었듯이, 코리아에서 정전의 반대말은 평화가 아니라 속전(續戰)일 수 있다. 따라서 정전체제를 '냉전의 잔재'로만 보는 것은 일면적이다. 역사적으로 전쟁은 '평화를 덜 사랑하는 것이 아니라 자신들의 평화를 더 사랑하는 사람들'이 주도한 경우가 많았다. 평화와 통일을 향한 열망은 소중

하지만, 화해라는 목적을 내세워 서둘러 6.25전쟁의 진실을 덮고 평화협정이라는 문서에 합의한다고 해서 평화가 만들어질 것이라는 믿음은 정치학적으로 보면 미신(迷信)에 가깝다.

평화체제는 정전체제를 통해서, 그리고 정전체제를 넘어서 이루어져야 하는 이중성이 있다. 정전협정에 기초한 정전상태를 보다 영구적이고 완전한 평화상태로 대신하고자 하는 이상이 자칫 정전 대신 속전을 불러오지 않도록 경계하면서, 한미상호방위조약과 연계될 수밖에 없었던 정전체제의 불완전했던 '긴 평화'를 보다 완전하고 영구적인 평화로 만들어가야 할 것이다.

정전협정을 평화협정으로 대체할 때, 회피할 수 없는 것은 전쟁에 대한 반성과 전쟁재발 방지책이다. 화해와 용서를 위해서도 진실을 감추어서는 안 된다. 임진왜란의 전쟁책임이 조선통신사에 의해 얼버무려졌다는 해석도 있지만, 당시에도 후대를 위해 전쟁책임은 분명히 해두고자 했다. 토쿠가와 이에야스는 토요토미 히데요시를 계승하지 않았을 뿐만 아니라 그의 유언을 이행하지 않고 전쟁을 벌였기 때문에 토요토미 히데요시의 전쟁책임에 대한 사과를 대신하려 들지 않았다. 그렇지만 조선은 결국 일본으로부터 '개전대비'(改前代非)라는 글을 받아두어 후대의 전쟁책임논란과 전쟁 재발을 방지하고자 했다(비록 그 국서가 일본 내에서 위조된 것이었다 하더라도).

정전협상 기간 중에 국제연합군 정전협상 대표들은 유럽중심적으로 발전해 온 국제법적 표준에 따라 움직였고, 조-중인민군 대표들은 전쟁과 평화에 대한 공산주의적 관념에 입각해 있었다. 1953년 정전협정 체결과 1954년 제네바정치회의의 실패로 이전의 38선 대신 고착된 군사분계선은 대한민국과 '조선민주주의인민공화국'을 나누는 새로운 경계선이 되었다. 그것은 냉전시기 공산진영 대 자유진영이 대치했던 유라시아

대륙 동쪽의 경계선이기도 했다. 또한 중화문명과 대서양문명이 충돌하는 문명충돌의 단층선(fault line)으로서의 성격도 지닌 것이었다.

따라서 대한민국 헌법이 정하고 있는 "자유민주적 기본질서"에 입각한 "평화통일"은 정전체제를 통해서, 그리고 정전체제를 넘어서 이룩되어야 할 문명융합적 프로젝트이기도 하다. 설사 국민적 합의에 기초해서 헌법을 수정하고, 서울과 평양 간의 평화협정이 체결된다 하더라도 그것은 정전체제를 평화체제로 발전시키기 위한 필요조건은 될 수 있어도 충분조건은 아닐 것이다. 정전협정에 남아 있는 펑더화이와 마크 클라크의 서명은 중화인민공화국과 미합중국, 그리고 국제연합이 정전체제에 연루되어 있음을 상징한다.

정전체제의 탄생과정에 내재된 이러한 국제성은 비단 평양의 핵무장 문제가 아니더라도 6자회담과 같은 국제적 제도를 필요로 한다. 1991년 소련 해체에 따라 그리고 중국공산당이 스스로의 노선을 수정함에 따라 이루어진 중화인민공화국의 경제발전과 영향력 확장은 정전체제의 지정학적 의미를 새롭게 변화시키고 있다. 그러한 변화가 코리아 및 동유라시아의 새로운 번영과 지속적 평화에 기여할지, 아니면 새로운 갈등과 전쟁을 촉발할지는 불확실하다.

1953년 7월 27일에 탄생한 정전협정은 난산을 통해 탄생한 미숙아였지만, 쌍생아였던 한미상호방위조약과 함께 정전체제를 구성하여 속전(續戰)을 막아왔다. 1917년 레닌의 전복(subversion)노선보다는 1939년 폴란드와 핀란드를 침공했던 스탈린의 전쟁노선을 계승한 공산주의자들에 의해 시작된 6.25전쟁의 결과 탄생한 정전체제는 1차적으로 공산주의의 팽창을 봉쇄하기 위한 것이었다. 그러나 2차적으로는 미국의 지원을 받아 부활하고 있는 일본의 우익전체주의를 봉쇄하기 위한 한국의 의도가 견지되고 있었다. 그리고 3차적으로는 인민민주주의와 결합한 조선민족주의와의 충돌 속에서 성장한 한국민족주의에 기반한 한국군의 북진통일 시도를 방지하기 위한 미국의 의도도 결합되어 있었다. 이 점에서 6.25전쟁 이후 탄생한 조선/한국 정전체제는 독일재무장과 소련의 위협에 대한 이중봉쇄를 특징으로 했던 유럽의 냉전체제 보다 더 복합적인 삼중봉쇄체제(三重封鎖體制)였다.

세계적 수준에서의 냉전이 온화(溫和)보다는 못했지만 제2차 세계대전 같은 열전보다는 나았듯이 코리아 정전체제도 평화체제보다는 못했지만 인민민주주의자들이 일으켰던 6.25전쟁이나 제국주의자들이 일으켰던 침략전쟁과 같은 열전보다는 나았다. 따라서 코리아와 동유라시아(Eastern Eurasia)의 영구평화를 향한 도정은 조선/한국 정전체제의 맹목적 폐기가 아니라 보전(conserve), 폐기(abandon), 그리고 초월(transcend)이 함께 이루어지는 양기(揚棄, aufheben)의 과정이 되어야 할 것이다.

참고문헌

1차 자료

대한민국

거제도포로수용소 유적 공원, 국가기록원, 국가법령정보센터, 국사편찬위원회(한국사데이터베이스), 대한민국역사박물관, 국방부 군사편찬연구소 소장 자료.

『경향신문』. 『동아일보』. 『문화일보』. 『민주신보』. 『세계일보』. 『제주의 소리』. 『조선일보』. 『중앙일보』. 『한겨레』. 『한국일보』. 『자유신문』.

연세대학교 이승만연구원 소장 이승만문서 및 이승만 관련 문서.

公報處 編. 『大統領 李承晩 博士 談話集: 政治編』. 서울: 公報處, 檀紀4285[1952].

_____. 『大統領 李承晩 博士 談話集』. 서울: 公報處, 檀紀4287- .[1953-].

국립중앙도서관. 『NARA기록으로 보는 6.25』. 서울: 국립중앙도서관, 2010.

국무총리 소속 6.25전쟁 납북진상규명위원회 사이트.

國防部 戰史編纂委員會. 『國防條約集, 1945-1980』. 第一輯 (1981).

國防部 政訓局 서울分室. 『開城停戰會談: 公報輯錄』. 第一輯. 檀紀4284[1951].

國防部政訓局戰史編纂會. 『韓國戰亂 一年誌, Korea in War 1950-1951』. 檀紀4284[1951]. 1954년 재판.

_____. 『韓國戰亂 二年誌, Korea in War July. 1951-June. 1952』. 檀紀4286(1953).

國防部政訓局. 『韓國戰亂 三年誌, Korea in War July. 1952-July. 1953』. 檀紀4287[1954].

國史編纂委員會. 『資料 大韓民國史』. 과천: 國史編纂委員會, 2006.

_____. 『한미행정협정문서I, 1954-1961』. 과천: 국사편찬위원회, 2008.

內務部統計局 編. 『大韓民國統計年鑑. 1953』. 서울: 內務部 統計局, 檀紀4288[1955].

대한민국 정부. "6.25事變 被拉致者 名簿." 월간조선사. 『6.25납북자 82959명』. 서울: 月刊朝鮮社, 1952.

大韓民國選擧史編纂委員會. 『大韓民國選擧史』 第1輯. 서울: 中央選擧管理委員會, 1973

_____. 『大韓民國政黨史』 第1輯. 서울: 中央選擧管理委員會, 1973.

문화방송. 『76인의 포로』. 1993년 6월 21-22일. 6.25특집 다큐멘터리 2부작.
연세대학교 국가관리연구원. 『한국대통령 통치사료집』.
李壽榮, "나의 外交官生活 秘話." 『新東亞』 (1964년 9월).
林炳稷[임병직]. 『林炳稷大使 外交演說選集』. 韓徹永[한철영] 編. 서울: 文化春秋社, 檀紀 4291[1958].
정진석 편. 『6.25전쟁기간 4대신문: 조선일보, 경향신문, 동아일보, 서울신문』. LG상남언론재단. 2009.
최덕신. 『인면항일전기(印緬抗日戰記)』. 서울: 평화도서, 檀紀4280[1947].
_____. "실화구성 한국휴전 이렇게 조인되었다: 휴전회담과 한 한국대표의 우울." 『북한』19. 북한연구소, 1973.
崔德新[최덕신]. 『내가 겪은 板門店』. 서울: 泰成印刷社, 檀紀4288[1955].
崔德新[최덕신]. 『第二의 板門店은 어디로』. [서울]: 淸雲文化社, 1968.
한국학중앙연구원. 『한국민족문화대백과사전』. http://encykorea.aks.ac.kr
해군본부. 『해군작전경과보고서』. 제13권. (2002).
白善燁[백선엽]. 『軍과 나』. 서울: 대륙연구소 출판부, 1989.
卞榮泰[변영태]. 『나의 祖國』. 서울: 自由出版社, 檀紀4289[1956].
_____. 『外交餘錄』. 서울: 한국일보사, 檀紀4292[1959].
宋孝淳[송효순]. 『大釋放: 實錄 反共捕虜釋放』. 서울: 新現實社, 1973.
이상조, 유상철. 『證言 金日成을 말한다: 俞成哲 李相朝가 밝힌 北韓政權의 實體』. 한국일보 編. 서울: 한국일보社出版局, 1991.
이상조. "한국전쟁의 원인과 책임." 라종일 편. 『증언으로 본 한국전쟁』. 서울: 예진, 1991.
_____. 『증언: 전 북한 인민군 부총참모장 이상조』. 이기봉 편. 서울: 원일정보 1989.
李壽榮[이수영]. "나의 外交官生活 秘話." 『新東亞』 1964년 9월호-12월호(11월호는 결간).
조창호. 『돌아온 死者 : 조창호의 북한 생활 사십삼년』. 서울: 지호, 1995.
주영복. 『76인의 포로들1: 중립국 인도』. 서울: 대광출판사, 1993.
Rep. of Korea. Ministry of Foreign Affairs, *Documents relating to the discussion of Korea and Indo-China at the Geneva Conference, April 27-June 15, 1954*, pt. 1, *Korea.* Seoul: Ministry of Foreign Affairs, [1954].
_____. *Documents relating to the discussion of Korea and Indo-China at the Geneva Conference, April 27-June 15, 1954*, pt. 2, *Indo-China.* Seoul: Ministry of Foreign Affairs, [1954].

유정 조동호 선생 기념사업회 http://donghocho.com/bizcodi/quick07.htm

고당 조만식 선생 기념사업회 http://godang.kr/

해위윤보선대통령기념사업회 http://www.yunposun.or.kr/index.html

국제연합 및 자유진영

New York Times, Life.

CIA Documents. http://www.foia.cia.gov/historical-collections

League of Nations Records of the Conference for the Reduction and Limitation of Armaments.

National Archives, RG333, Records of International Military Agencies, United Nations Command, Korean Armistice Negotiations, 1951-1953, Transcript of Proceedings.

National Archives, RG550, United Nations Command, Armistice Affairs Division, General Subject Files, 1951-59, compiled by Military History Section, "History of the Korean Conflict: Korean Armistice Negotiations, May 1952 - July 1953."

The National Security Archive. George Washington University's Gelman Library. http://www2.gwu.edu/~nsarchiv

The Public Papers of the Presidents of the United States. http://quod.lib.umich.edu/p/ppotpus/

The United States Army Heritage and Education Center. http://www.carlisle.army.mil/

U. N. Documents. http://www.un.org/en/documents/

U.S. Department of State, Division of Historical Policy Research, *Relations between the United States and the Republic of Korea: A Chronology of Major Developments,* 1 April 1953 – 22 June 1953, Research Project no. 337. July 1953.

United States Department of Defense's Office of POW/MIA Affairs. The U.S.-Russian Joint Commission on POWs/MIAs. *The Transfer of U.S. Korean War POWs To the Soviet Union.* Washington, D.C. 1993.

United States. Department of Defense POW/Missing Personnel Office. http://www.dtic.mil/dpmo/ [폐쇄됨].

United States. Department of State. *Foreign Relations of the United States.* Washington, D.C.: U. S. Government Printing Office.

United States. Department of State. Historical Office. *The Record On Korean Unification, 1943-1960: Narrative Summary with Principal Documents.* Washington, D.C.: U. S. Government Printing Office, 1960.

United States. Department of State. *The Korean Problem at the Geneva Conference, April*

26-June 15, 1954. Washington, D.C.: U. S. Government Printing Office, 1954.
Woodrow Wilson Center. Digital Archive International History Declassified. Korean War Armistice. http://digitalarchive.wilsoncenter.org

"People & Power: Dirty little secrets," 4 Apr 2010, http://www.aljazeera.com/programmes/peopleandpower/2010/03/201031761541794128.html

평양

『로동신문』. 『조선중앙년감』. 『조선전사』.
김남식 편. 『남로당연구자료집』 1, 2. 서울: 고려대학교 아세아문제연구소, 2010.
김일성. 『세기와 더불어』. 8권. 평양: 조선로동당출판사, 1992-1998.
_____. 『김일성선집』. 제1판. 전4권. 평양: 조선로동당출판사, 1953.
_____. 『김일성저작선집』 10권. 평양: 1967-1994.
_____. 『김일성저작집』. 50권. 평양: 조선로동당출판사, 1979-1998.
_____. 『김일성전집』. 전100권. 평양: 조선로동당출판사, 1992-2012 .
김준엽 외 공편. 『北韓研究資料集』. 서울: 고려대학교 아세아문제연구소, 1969- .
서대숙 편. 『북한문헌연구: 문헌과 해제』. 1-5권. 서울: 경남대 극동문제연구소, 2004.
조선민주주의인민공화국 사회과학원 철학연구소. 『철학사전』. 평양: 사회과학출판사, 1970.
이정박헌영전집편집위원회. 『이정박헌영전집』. 서울: 역사비평사, 2004.
朴甲東. 『통곡의 언덕에서』. 서울: 書堂, 1991.
박병엽. 『박병엽증언록1: 조선민주주의인민공화국의 탄생』. 유영구, 정창현 엮음. 서울: 선인, 2010.
_____. 『박병엽증언록2: 김일성과 박헌영, 그리고 여운형』. 유영구, 정창현 엮음. 서울: 선인, 2010.

중화인민공화국

中國 軍事科學院 編著. 『中國人民志願軍 抗美援朝戰史』 (軍事科學出版社, 1988). 한국전략문제연구소 역. 『중공군의 한국전쟁사: 항미원조전사』. 서울: 세경사, 1991.
中國 軍事科學院 軍史歷史研究部. 『抗美援朝戰爭史1』. 한국 국방부 군사편찬연구소 역. 『중국군의 한국전쟁사』. 서울: 국방부 군사편찬연구소, 2002.
_____. 『抗美援朝戰爭史2, 3』. 한국 국방부 군사편찬연구소 역. 『중국군의 한국전쟁사』. 서울:

국방부 군사편찬연구소, 2005.
中共中央文献编辑委员会.『周恩来选集』. 北京: 中央文献研究室, 1980, 1984.
http://cpc.people.com.cn/GB/64184/64185/66625/index.html.
中共中央文獻研究室 編.『周恩来军事文选』 全四卷. 北京: 人民出版社, 1997.
_____.『建国以来周恩来文稿』. 北京: 中央文献出版社, 2008.
_____.『周恩来年谱 (1898-1949)』. 北京: 中央文献出版社. 1998.
金冲及主编.『周恩来传(1—4卷)』. 北京: 中央文献出版社, 1998.
中共中央文獻研究室 編.『建國以來毛澤東文稿』. 中央文獻出版社(1988).
中共中央文献编辑委员会 http://cpc.people.com.cn/GB/64184/64185/66625/index.html
Woodrow Wilson Center. “Zhou Enlai and China's Response to the Korean War” NKIDP e-Dossier no. 9, (2012).
『중국조선족사료전집中国朝鲜族史料全集』. 연변인민출판사, 2009. 12- .
『20세기 중국조선족력사자료집』. 연변인민출판사, 2007.
“The Geneva Conference of 1954 New Evidence from the Archives of the Ministry of Foreign Affairs of the People's Republic of China,” Introduction by Chen Jian and Shen Zhihua, *Cold War International History Project Bulletin*, no. 16 (Fall 2007/Winter 2008).
대한민국 행정자치부 정부기록보존소 편.『韓國戰爭과 中國』 I, II. (2002).

소련/러시아

Bajanov, Evgeniy P. and Natalia Bajanova. *The Most Mysterious War of the XXth Century: Korean Conflict 1950-1953 based on Soviet Archives.* [S.l.] : [s.n.] [198-?]. 예프게니 바자노프/ 나딸리아 바자노바. 김광린 역.『소련의 자료로 본 한국 전쟁의 전말』. 서울: 열림, 1998.
Torkunov, Anatoly. *The War in Korea, 1950-1953: Its Origin, Bloodshed and Conclusion.* Tokyo: ICF Publishers, 2000. 구종서 옮김.『한국전쟁의 진실과 수수께끼: 김일성, 스탈린, 모택동 기밀문서』. 서울: 에디터, 2003.
라주바예프, 블라지미르 니꼴라예비치.『6.25전쟁 보고서』. 서울: 국방부 군사편찬연구소, 2001.
바르타노프, V. N. 편.『자료집: 소련 국방부 중앙문서보관소비밀해제 자료 및 대통령궁 문서보관소 비밀해제 자료 (1997)』. 대한민국 국사편찬위원회 역.『해외사료총서11: 한국전쟁, 문서와 자료, 1950-53년』. 과천: 국사편찬위원회, 2006.
흐루시초프, 니키타 세르게예비치. 박상철 역.『개인숭배와 그 결과들에 대하여』. 서울: 책세상, 2006.
국토통일원 조사연구실 편역. 『조선의 해방』. 서울: 국토통일원, 1987.
朴鍾孝[박종효] 편역. 『러시아 연방 외무성 대한정책 자료』 I, II. 서울: 선인, 2010.
박종효. 『러시아 국립 사진 영상물 보관소/음성물 보관소 자료집: 한국 북한 편』. 서울: 선인, 2015.
장학봉 외. "Biographies of Soviet Korean Leaders (피와 눈물로써 씨여진 우리들의 력사, И слезами и кровью написанная наша история)." http://www.loc.gov/rr/asian/SovietKorean.html (15 Nov 2010).
갈레노비치, Yu M. 『국경: 20세기 러시아와 중국』. 이재훈 역. 국방부: 군사편찬연구소, 2012.
"Russian Documents on the 1954 Geneva Conference." Introduction by Paul Wingrove, *Cold War International History Project Bulletin*, no. 16 (Fall 2007/Winter 2008).

중립진영

티마야, K.S. 『판문점일기』. 라윤도 역. 서울: 소나무, 1993.

2차 자료

한국어 출간물

강경표 외. 『6.25 전쟁사』. 서울: 진영사, 2012.
강성학 편. 『유엔과 한국전쟁』. 서울: 리북, 2004.
강성학. 『시베리아 횡단열차와 사무라이』. 서울: 고려대학교 출판부, 1999.
강인철. "한국전쟁과 종교생활." 『아시아문화』 16호 (2000).
강정인. 『한국현대정치사상과 박정희』. 서울: 아카넷, 2014.
경현덕 외. 『나와 6.25』. 서울: 기파랑, 2010.
具永祿[구영록]. 『人間과 戰爭: 國際政治理論의 體系』 서울: 法文社, 1977.
구해우, 송홍근. 『정추: 反김일성 투쟁에 앞장선 차이코프스키의 4대 제자』. 서울: 시대정신, 2012.
국방군사연구소. 『UN군 지원사』. 서울: 국방군사연구소, 1998.
國防軍史研究所. 『韓國戰爭의 捕虜』. 서울: 國防軍史研究所, 1996.
국방대학교. 『북한의 NLL 침범사례 분석과 대응방안』. 서울: 국방대학교, 2004.
국방부 군사편찬연구소. 『6.25전쟁사1-8』. 서울: 국방부 군사편찬연구소, 2004-2011.

_____. 『6.25전쟁사9: 휴전회담 개막과 고지쟁탈전』. 서울: 국방부 군사편찬연구소, 2012.
_____. 『6.25전쟁사10: 휴전회담 고착과 고지쟁탈전 격화』. 서울: 국방부 군사편찬연구소, 2012.
_____. 『6.25전쟁사11: 고지쟁탈전과 정전협정 체결』. 서울: 국방부 군사편찬연구소, 2013.
_____. 『建軍史』. 서울: 국방부 군사편찬연구소, 2002.
_____. 『韓美 軍事 關係史, 1871-2002』. 서울: 국방부 군사편찬연구소, 2002.
_____. 『유격전사』. 서울: 국방부 군사편찬연구소, 2003.
_____. 『한강선방어와 초기 지연작전』. 서울: 국방부 군사편찬연구소, 2006.
_____. 『한미동맹 60년사』. 서울: 국방부 군사편찬연구소, 2013.
_____. 박동찬 편. 『통계로 본 6.25전쟁』. 서울: 국방부 군사편찬연구소, 2014.
國防部 戰史編纂委員會. 『休戰史』. 서울: 國防部 戰史編纂委員會, 1989.
국방부 합참정보본부, 『軍事停戰委員會便覽』. 서울: 국방부, 1986.
권주혁, 신종태. 『대화도의 영웅』. 서울: 퓨어웨이 픽쳐스, 2012.
금연 정일형 박사 기념사업회 엮음. 『자유민주주의의 노병: 금연 정일형 박사 추모 강연집』. [서울]: 둥지, 1992.
金俊燁, 金昌順[김준엽, 김창순]. 『한국공산주의운동사』 서울: 청계연구소, 1986.
_____. "1940년대 전반 소련군 88독립보병여단 내 김일성 그룹의 동향." 『역사와 현실』 28 (1998).
기광서. "한국전쟁 속의 스탈린." 한국역사연구회 현대사 분과 편. 『역사학의 시선으로 읽는 한국전쟁』. 서울: 휴머니스트, 2010.
김경수. 『인도와 한국전쟁』. 서울: 한국학술정보, 2006.
김경일. 『중국의 한국전쟁 참전 기원: 한중관계의 역사적 · 지정학적 배경을 중심으로』. 홍면기 역. 서울: 논형, 2005.
김경학. "인도 정착 한국전쟁 중립국 선택 포로의 이야기." 『인도연구』 9권 1호 (2004).
김계동. 『한반도 분단, 누구의 책임인가?』. 서울: 명인문화사, 2012.
_____. 『한반도의 분단과 전쟁』. 서울: 서울대학교출판부, 2000.
김광운. 『북한정치사 연구: 건당, 건국, 건군의 역사』. 서울: 선인, 2003.
김국후. 『비록 평양의 소련군정: 기록과 증언으로 본 북한정권 탄생비화』. 서울: 한울 아카데미, 2008.
김기정. 『미국의 동아시아 개입의 역사적 원형과 20세기 초 한미관계연구』. 서울: 문학과지성사, 2003.
金基兆[김기조]. 『38線 分割의 歷史』. 서울: 東山出版社, 1994.

김기진. 『끝나지 않은 전쟁 국민보도연맹』. 서울: 역사비평사, 2002.

김년수. "남북한 관계에 나타난 협상의 이론과 실제: 휴전회담을 중심으로." 『사회과학연구』 9 (충남대학교 사회과학연구소 1998.12).

김달중. "휴전당사국 회담 협정 전략." 『통일정책』. 2권 3호 (1976년 10월).

김동길. "한국전쟁 초기 중국군 조기파병을 둘러싼 스탈린, 마오쩌둥, 김일성의 동상이몽." 『한국과 국제정치』 제30권 제2호 (2014 여름), 45-77.

김동춘. "한국전쟁을 어떻게 기억해야 하는가?" 『살림』. 6월호 (2001).

_____. 『전쟁과 사회: 우리에게 한국전쟁은 무엇이었나』. 서울: 돌베개, 2006.

金明基[김명기]. 韓國軍事停戰協定 第60項에 관한 研究." 『大韓國際法學會論叢』 제25권, 제1・2호 (1980년 12월).

_____. 『한반도 평화조약의 체결: 휴전협정의 평화조약으로의 대체를 위하여』. 서울: 국제법출판사, 1994.

김명섭, 김석원. "관념충돌로서의 전쟁: 임진왜란과 6.25전쟁의 관념적 기원을 중심으로." 『국제정치논총』. 제53집 3호 (2013).

_____. "독립의 지정학: 대한제국(1897-1910) 시기 이승만의 지정학적 인식과 개신교." 『한국정치학회보』. 제42집 4호 (2008).

_____. "김구와 이승만의 지정인식: 일제강점기를 중심으로." 『한국정치학회보』. 제43집 3호 (2009).

김명섭, 김주희. "20세기 초 동북아 반일(反日) 민족지도자의 반공: 이승만과 장개석의 사례를 중심으로." 『한국정치외교사논총』. 제34집 2호 (2013).

김명섭, 양준석. "1967년 '동백림사건' 이후 한독관계의 긴장과 회복: 비밀해제된 한국외교문서를 중심으로." 『한국정치외교사논총』. 제35집 제1호 (2013).

김명섭, 최정호. "1979년 중국-베트남 전쟁의 원인에 관한 재고찰." 『세계지역연구논총』. 제26집 1호 (2008).

김명섭. "분단의 구조화과정과 한국전쟁." 최장집 외. 『解放前後史의 認識』 IV. 서울: 한길사, 1989.

_____. "남북한 관계에 대한 문명론적 조망." 『신인문』. 제1호 (1997).

_____. "냉전연구의 현황과 전망." 『국가전략』, 제 3권 2호 (1997).

_____. "서평: 김계동, 『한반도의 분단과 전쟁: 민족분열과 국제개입-갈등』." 『국제정치논총』. 제40집 3호 (2000).

_____. "토론문: 김영호, "6.25전쟁의 세계사적 의의와 춘천대첩의 재평가." 강원대, 육군쌍용부대 공동주최. 『6.25춘천대첩 50주년 기념 학술세미나 자료집』. 강원대학교

어학교육원 대강당, 2000년 6월 16일.
_____. "한국전쟁 직전의 '애치슨 선언'에 대한 재해석." 『軍史』. 제41호 (2000).
_____. "한국전쟁연구를 위한 다국사료교차분석법과 그 국내적 기반." 『정신문화연구』. 제 23 권 제 2호 (2000).
_____. 『대서양문명사: 팽창, 침탈, 헤게모니』. 서울: 한길사, 2001.
_____. "탈냉전기 국제정치학의 문명패러다임." 『한국정치학회보』. 제37집 3호 (2003).
_____. "탈냉전기 세계 질서와 국가 주권." 『세계정치』. 제25집 1호 (2004).
_____. "6.25전쟁의 냉전사적 의미." 하영선, 김영호, 김명섭 공편. 『한국외교사와 국제정치학』. 서울: 성신여자대학교 출판부, 2005.
_____. "서유럽의 통합과 동아시아의 분절: 냉전초기 미국의 지정전략을 중심으로." 『국제정치논총』 제45집 2호 (2005).
_____. "아시아-태평양전쟁." 문정인, 김명섭[한국평화학회] 편. 『동아시아의 전쟁과 평화』. 서울: 연세대학교 출판부, 2006.
_____. "샌프란시스코평화체제의 변동과 6자회담." 『국방연구』 50권 2호 (2007).
_____. "지정학." 한국정치학회 편. 『정치학이해의 길잡이5: 국제정치와 안보』. 서울: 법문사, 2008.
_____. "냉전초기 봉쇄전략의 탄생: 죠지 F. 케난이 유일한 설계자였나?" 『국제정치논총』 제49집 1호 (2009).
_____. "전쟁 명명의 정치학: '아시아 · 태평양 전쟁'과 '6.25 전쟁'." 『한국정치외교사논총』. 제30집 2호 (2009).
_____. "코리아, 러시아, 유라시아: 거대변동과 장기지속의 지정학." 『한국과 국제정치』. 제26권 1호 (2010).
_____. "대한제국의 역사적 종점에 관한 재고찰." 『한국정치외교사논총』. 제32집 2호 (2011).
_____. "한반도 영구평화론: 정전체제를 통해서, 정전체제를 넘어서." 6.25전쟁 60주년사업 위원회 학술회의. 『6.25전쟁과 정전체제: 교훈과 나아갈 길』. 2012년 7월 23일. 한국 프레스센터.
_____. "6.25전쟁 정전협정과 서해휴전선, 그리고 평화체제." 한국국제정치학회, 대한국제 법학회 공동학술회의. 『정전협정과 휴전체제: 정치적, 법적 의미』. 한국프레스센터. 2013년 7월 25일.
_____. "한국군은 6.25전쟁 정전협정의 당사자인가?" 『국방연구』. 제56권 제3호 (2013).
_____. "한반도 서해 NLL의 기원과 정치적 성격." 『21세기 정치학회보』. 제23집 2호 (2013).

_____. "한국에서의 정전과 냉전." 『한국의 냉전연구: 관점과 전망』. 서울대학교 아시아연구소. 2015년 2월 13-14일.

김명호(강릉대). "6·25전쟁 납북자 실태분석과 정책적 대응방안 모색." 한국사회과학회. 『사회과학연구』 4권 1호 (2004).

_____. "거제도 포로수용소의 포로에 대한 실증적 분석." 『통일연구』. 제18권 제2호 (2014).

김명호. "上將 계급장 단 '붉은 간첩' 리커농." 『중앙선데이』. 2008년 7월 29일.

김민용. "발췌개헌." 『전환기의 내막』. 서울: 동아일보사, 1982.

김병열. "1949년 제네바 제Ⅲ조약 제118조에 관한 일고찰." 『서울국제법연구』. 제7권 제1호 (2000).

김보영. "1954년 제네바정치회담과 외국군 철수 의제." 『軍史』. 제95호 (2015년 6월).

_____. "유엔군의 포로정책: '석방'과 '송환'을 중심으로." 정병준 외. 『한국전쟁기 남-북한의 점령정책과 전쟁의 유산』. 서울: 선인, 2014.

_____. "한국전쟁 휴전회담 연구." 한양대학교 대학원 박사학위논문, 2008.

_____. "한국전쟁 휴전회담시 해상군사분계선 협상과 서해북방한계선(NLL)." 『사학연구』. 제106권 (2012).

김삼웅. "대한제국 육군무관학교와 신흥무관학교." 『신흥무관학교와 항일 무장독립운동』. 서울: 신흥무관학교 100주년 기념사업회, 2011.

金相浹[김상협]. 『毛澤東思想』. 서울: 知文閣, 1964.

김선숙. "6.25 휴전협상과정에 있어 이승만의 협상전술: 포로교환문제를 중심으로." 『국제정치연구』. 7권 1호 (2004년 6월).

_____. "한국전쟁의 휴전협상 과정에 관한 연구." 박사학위논문. 부산: 동아대학교 대학원, 2002년 2월.

김선호. "국민보도연맹, 과연 전향자단체인가." 한국역사연구회 현대사 분과 편. 『역사학의 시선으로 읽는 한국전쟁』. 서울: 휴머니스트, 2010.

金善煥[김선환]. "韓國戰爭의 停戰協商 過程과 軍事停戰委員會 活動에 관한 研究." 檀國大學校 행정학과 석사학위논문, 1983.

김숭배, 김명섭. "베르사유평화체제의 '보편적 표준'과 한국과 일본의 이몽(異夢): 민족자결원칙과 국제연맹규약을 중심으로." 『국제정치논총』. 제52집 2호 (2012년 6월).

김승태. "6·25전란기 유엔군측의 포로정책과 기독교계의 포로선교." 『한국기독교와 역사』. 21호 (2004).

김신복. 『6.25전쟁과 채병덕 장군』. 서울: 국방부 군사편찬연구소, 2008.

金陽明[김양명]. 『韓國戰爭史』. 서울: 日新社, 1978.

김영구. 『獨島, NLL문제의 實證的 政策分析(2007년도 려해연구소 연구활동 보고)』. 부산: 다솜출판사, 2008.

金泳邱[김영구]. "休戰協商을 위한 美國의 政策決定 硏究." 서울大學校 행정대학원 정책학 석사학위논문, 1989.

김영명. 『대한민국 정치사』. 서울: 일조각, 2013.

김영식. "제네바 회의와 냉전체제." 한국정치외교사학회 편. 『한국전쟁과 휴전체제』. 서울: 집문당, 1998.

김영호[金暎浩] 외. 『6.25전쟁의 재인식』. 서울: 기파랑, 2010.

_____. "6.25전쟁의 세계사적 의의와 춘천대첩의 재평가." 강원대, 육군 쌍용부대 공동주최. 『6.25춘천대첩 50주년 기념 학술세미나 자료집』. 강원대학교 어학교육원 대강당, 2000년 6월 16일.

_____. "케난의 생애와 전략." 『전략연구』. (1998).

_____. 『한국전쟁의 기원과 전개과정: 스탈린과 미국의 롤백』. 서울: 두레, 1998.

김영호[金泳昊] 외. 『이승만과 6.25전쟁』. 서울: 연세대학교 출판문화원, 2012.

김옥준. "한국전쟁 휴전의 모색과 중국의 전략: 서방측 휴전제의에서 휴전회담 개막전까지를 중심으로." 『大韓政治學會報』. 제22집 제2호 (2014년 5월).

金容九[김용구]. 『러시아 國際法學의 傳統』. 서울: 集文堂, 1996.

김용섭. 『東아시아 역사 속의 한국문명의 전환: 충격, 대응, 통합의 문명으로』. 서울: 지식산업사, 2008.

김용직. "한국전쟁 중 UN군 철수 위기(1950.11-1951.1)에 관한 연구: 군사적 위기와 외교적 갈등의 해소를 중심으로." 『한국정치외교사논총』. 제36집 2호 (2015.2). 5-36.

김용직. 『한국근-현대정치론』. 서울: 풀빛, 1999.

김운태. 『한국정치행정사전집』 전5권. 서울: 박영사, 2002.

김윤식. "6.25문학과 균형감각." 『한겨레』. 2004년 6월 18일.

김일영. "부산정치파동의 정치사적 의미." 『한국과 국제정치』. 9권 1호 (1993).

김일영. "전쟁과 정치." 유영익 외. 『한국과 6.25전쟁』. 서울: 연세대학교출판부, 2002.

김재한 편. 『DMZ-평화』. 서울: 소화, 2004.

金正均[김정균]. "南北韓間의 休戰形態에 관한 硏究." 『大韓國際法學會論叢』 제30권 (1985).

金定基[김정기]. 『密派』. 서울: 大英社, 1967.

김정원. 『분단한국사』. 서울: 동녘, 1985.

김정현. "저우언라이와 한반도." 『동북아역사재단뉴스』. 2015년 2월.

김중생. 『조선의용군의 밀입북과 6.25전쟁』. 서울: 명지출판사, 2000.

김철민.『한국전쟁과 동유럽: 유고슬라비아는 왜 남침설을 지지했는가?』. 서울: 아카넷, 2008.
김철범.『한국전쟁과 미국』. 서울: 평민사, 1995.
김충렬, 공기두.『毛澤東思想論』. 서울: 일월서각, 1985.
김충열. "毛澤東의「實踐論」과「矛盾論」批判: 中國哲學의 立場에서 評補를 兼하여."『아세아연구』 통권 62호 (1979).
김태우.『폭격: 미공군의 공중폭격 기록으로 읽는 한국전쟁』. 서울: 창비, 2013.
김태일.『거제도 포로수용소 秘史』. 서울: 북산책, 2011.
김학선. "제3국행 한국전쟁 포로의 정체성과 귀속문제 연구." 한국외국어대학교 석사학위논문. 2013.
김학재.『판문점체제의 기원』. 서울: 후마니타스, 2015.
김학준.『북한의 역사』 1, 2. 서울: 서울대학교 출판부, 2008.
_____.『한국전쟁: 원인, 과정, 휴전, 영향』. 서울: 박영사, 2010[1989].
김행복.『6.25전쟁사』. 국방부 군사편찬연구소, 2005.
金幸福[김행복]. "한국전쟁시 捕虜 掌握을 위한 共産軍 및 親共捕虜의 조직과 연결체제."『軍史』 34호 (1997).
김혜수. "해방후 통일국가수립운동과 국가상징의 제정과정 國號・國旗・國歌・國慶日 제정을 중심으로."『國史館論叢』 第75輯. 1997.
金弘壹[김홍일].『大陸의 憤怒: 老兵의 回想記』. 서울: 文潮社, 1972.
金洪喆[김홍철].『戰爭과 平和의 硏究: 現代戰爭類型의 理論과 實際』. 서울: 博英社, 1987[1977].
김희교. "한국의 비판적 중국담론, 그 실종의 역사."『역사비평』 통권 57호 (2001).
나창주. "毛澤東思想과 中共現實과의 아이덴티티: 中共의 政治構造."『政經硏究』. 통권 105호 (1973).
_____.『毛澤東의 生涯와 思想』. 서울: 太陽文化社, 1978.
_____.『中共政治論』. 서울: 一潮閣, 1975.
남승현. "6.25전쟁 시기 사망한 '중국군 유해송환' 추진경과 및 성과."『국방일보』. 2014년 7월 22일.
남정옥.『6.25전쟁 시 예비전력과 국민방위군』. 파주: 한국학술정보, 2010.
_____.『미국은 왜 한국전쟁에서 휴전할 수밖에 없었을까』. 파주: 한국학술정보, 2010.
_____.『이승만 대통령과 6.25전쟁』. 서울: 한국학술정보, 2010.
대한국제법학회, 한국국제정치학회.『정전체제 60년 국제법과 국제정치학』. 대한국제법학회, 한국국제정치학회 공동연구 시리즈(1). 서울: 대한국제법학회, 2013.
대한민국 공군.『UN공군사』. 서울: 공군본부 작전참모부, 1978.

大韓民國 國會圖書館. 『北韓人物錄』. 서울: 大韓民國 國會圖書館, 1979.
대한민국재향군인회. 『6.25자유수호전쟁』. 서울: 기문당, 1994.
대한적십자사 인도법연구소. 『무력충돌 희생자 보호에 관한 제네바협약과 추가의정서』. 서울: 디자인아이엠, 2010.
羅鐘一[나종일]. “1952年의 政治波動: 행정부, 의회, 군부, 외국의 상호작용.” 『한국정치학회보』. 22권 2호 (1988. 12).
梁鎭三(Zhen-Shan Liang). “전쟁기 중국지도부와 북한지도부 사이의 모순과 갈등.” 국방부 군사편찬연구소. 『한국전쟁사의 새로운 연구』 2. 서울: 국방부 군사편찬연구소, 2002.
李東馥[이동복]. “平和體制로의 轉換을 위한 협상전략: 과거 對北會談을 기초로.” 『군사』. 31호 (1995).
리영희. “‘북방한계선’은 합법적 군사분계선인가?-1999년 6월 15일의 서해상 남북 해군 충돌 배경의 종합적 연구”. 『통일시론』. 통권 제 3호 (1999년 7월).
_____. “모택동의 교육사상.” 『리영희저작집2: 우상과 이성』. 파주: 한길사, 2006.
_____. 『8억인과의 대화: 현지에서 본 중국대륙』. 서울: 창작과비평사, 1977.
_____. 『전환시대의 논리』. 파주: 한길사, 2006.
리영희, 김동민. “미국, 국가, 냉전 이데올로기와 맞선 거인.” 『문학과 경계』. 통권 12호 (2004).
리영희, 임헌영. 『대화』. 파주: 한길사, 2005.
리, 프란체스카 도너(Francesca Donner Rhee). 『6.25와 이승만: 프란체스카의 난중일기』. 조혜자 역. 서울: 기파랑, 2010.
李亨根. “분노로 실룩거렸던 대통령의 얼굴.” 『祕錄 한국의 大統領』. 서울: 朝鮮日報社, 1993.
림동춘. “‘유엔군사령부’는 국제법에 어긋나는 강도적인 침략‘기구’.” 김일성종합대학출판사. 『김일성종합대학학보: 력사법학』 제52권, 제2호. (2006). 이규창 엮음. 『북한의 국제법관』. 파주: 한국학술정보, 2008.
마스이 야스이치. 『중국-대만 친일파재판사: 1946-1948 한간재판기록』. 정운현 역. 서울: 한울, 1995.
맥도널드, 도널드 스턴. 『한미관계 20년사, 1945-1965』. 한국역사연구회 1950년대반 옮김. 서울: 한울아카데미, 2001.
메릴, 존. 『새롭게 밝혀 낸 한국전쟁의 기원과 진실』. 이종찬, 김충남 공역. 서울: 두산동아, 2004.
문정인, 김명섭[한국평화학회] 편. 『동아시아의 전쟁과 평화』. 서울: 연세대학교 출판부, 2006.

문정인, 김세중 편. 『1950년대 한국사의 재조명』. 서울: 선인, 2004.

민두기. 『中國 近代史論: 傳統과 그 展開』. 서울: 知識產業社, 1976.

박동진. "조선반도에서 새로운 평화보장체계를 수립하는 것은 미룰 수 없는 절박한 문제." 김일성종합대학출판사. 『김일성종합대학학보: 력사법학』 제42권, 제4호, (1996). 이규창 엮음. 『북한의 국제법관』. 파주: 한국학술정보, 2008.

박두복. "중국의 한국전쟁 개입원인." 한국전쟁연구회 편. 『한국전쟁과 중국』. 서울: 백산서당, 2001.

박명림. "종전과 '1953년 체제': 냉전, 남북관계, 국내정치의 관계와 동학." 문정인, 김세중 편. 『1950년대 한국사의 재조명』. 서울: 선인, 2004.

_____. "한국전쟁/6.25를 기억하는 방식." 역사비평 편집위원회 편. 『역사용어 바로쓰기』. 서울: 역사비평사, 2006.

_____. 『역사와 지식과 사회: 한국전쟁 이해와 한국사회』. 서울: 나남, 2011.

_____. 『한국 1950 전쟁과 평화』. 서울: 나남, 2004.

_____. 『한국전쟁의 발발과 기원』 I, II. 서울: 나남, 1996.

朴實[박실]. 『韓國外交秘史』. 서울: 麒麟苑, 1980[1979].

박영실. "반공포로 63인의 타이완행과 교육 및 선전 활동." 『정신문화연구』. (2014 여름호), 제37권 제2호 (통권 135호, 2014.6).

_____. 『중국인민지원군과 북·중관계』. 서울: 선인, 2012.

박정이. 『6.25전쟁과 한국의 국가건설』. 서울: 선인, 2013.

朴鍾聲[박종성]. 『韓國의 領海』. 서울: 法文社, 1985.

박종철. "중국인민지원군의 철군과 북중관계." 한국정치외교사학회(이재석, 조성훈) 편. 『한반도분쟁과 중국의 개입』. 서울: 선인, 2012.

박찬식. "제주4.3사건 관련 행형자료와 형무소 재소자: 서대문, 마포, 광주형무소를 중심으로." 『탐라문화』. 40호 (2012).

박창희. 『현대 중국전략의 기원』. 서울: 플래닛미디어, 2011.

박태균. "미국의 정전협정 일부 조항 무효선언과 그 의미." 한국역사연구회 현대사 분과 편. 『역사학의 시선으로 읽는 한국전쟁』. 서울: 휴머니스트, 2010.

박환. "국민방위군 연구: 유정수 일기를 중심으로." 『전쟁과 유물』. 제6호 (2015).

박홍순. "한국전쟁과 UN의 개입(1950): 과정과 배경." 강성학 편. 『유엔과 한국전쟁』. 서울: 리북, 2004.

방선주. "노획 북한필사문서해제." 『아시아문화』. 1 (1986).

裵振榮(배진영). "전 북한 문화선전성 제1副相 鄭尙進: 현대史 증언." 『月刊朝鮮』. 2007년

8월호.
백승주·고성윤. 『베트남 平和協定과 越南共産化 過程의 連繫性 分析』. 서울: 국방연구원, 1994.
백응태. 『거제도에서 판문점까지』. 서울: 대원출판사, 1987.
백학순. 『북한 권력의 역사: 사상 정체성 구조』. 파주: 한울, 2010.
볼코고노프, 드미트리. 『스탈린』. 한국전략문제연구소 역. 서울: 세경사, 1993.
서대숙. 『현대북한의 지도자: 김일성과 김정일』. 서울: 을유문화사, 2000.
서동구. 『한반도 긴장과 미국: 미 국무성 외교문서가 벗긴 6.25비록』. 서울: 대한공론사, 1977.
서상문. "'中朝聯合司令部' 再論: 설립배경과 과정." 『軍史』. 제95호. (2015년 6월).
_____. 『毛澤東과 6.25전쟁: 파병 결정과정과 개입동기』. 서울: 국방부 군사편찬연구소, 2006.
_____. 『혁명러시아와 중국공산당: 1917-1923』. 서울: 백산서당, 2008.
徐鏞瑄[서용선]. 『韓半島 休戰體制 硏究』. 서울: 國防軍史硏究所, 1999.
서이종. "일본제국군의 세균전 과정에서 731부대의 농안·신징 지역 대규모 현장세균실험의 역사적 의의." 『사회와 역사』. 103 (2014. 9).
徐在萬[서재만]. "韓國戰爭勃發이 中東地域에 미친 影響." 『國際問題』. 106 (1979년 6월).
서주석. "미국의 대북한 포로 및 유해 송환 정책." 『군사』. 제35호 (1997).
_____. 『한국의 국가체제 형성 과정』. 파주: 한국학술정보, 2008.
서중석. 『이승만과 제1공화국』. 서울: 역사비평사, 2007.
_____. 『이승만의 정치이데올로기』. 서울: 역사비평사, 2005.
鮮于宗源[선우종원]. 『思想檢事』. 서울: 啓明社, 1992.
薛義植. 『國號論議』. 서울: [발행처불명], [발행년불명, 1948년 7월 이후].
설희관 엮음. 『설정식 문학전집』. 서울: 산처럼, 2012.
성강현. "6.25전쟁 시기 포로수용소 내에서의 천도교 활동." 『전쟁과 유물』. 제6호 (2015).
손경호. "6.25전쟁 정전 60년 유산과 교훈: 대군사회(大軍社會)의 형성과 발달을 중심으로." 한국국방안보포럼 주최 학술회의. 『6.25전쟁과 정전체제: 교훈과 나아갈 길』. (2012).
_____. "최근 한국전쟁 연구동향." 『한국근현대사연구』. 제56집 (2011).
손세일. 『이승만과 김구』. 전7권. 서울: 조선뉴스프레스, 2015.
孫熙斗[손희두]. "韓國休戰協定에 관한 硏究: 當事者 問題를 中心으로." 韓國精神文化硏究院 석사학위논문, 1985.
쉬밤베르크, 알렉스. "체코슬로바키아와 1950년대 중립국감독위원단." 『체코슬로바키아 중립국감독위원단이 본 정전 후 남과 북』. 서울: 서울역사박물관, 2013.
스칼라피노, 로버트, 이정식. 『한국공산주의운동사』. 한홍구 옮김. 합본개정판. 서울: 돌베개, 2015.

신기철, 신용철 편저. 『새 우리말 큰 사전』. 서울: 삼성출판사, 1990.

신병식. "부산정치파동과 이승만체제의 확립." 구영록 교수 화갑기념논문집 편집위원회. 『국가와 전쟁을 넘어서』. 서울: 법문사, 1994.

신복룡. "한국사에서 서해5도의 정치지리학: 1945-1953." 『외교안보연구』. 제7권 제2호 (2011년 12월).

_____. 『한국분단사연구, 1943-1953』. 서울: 한울아카데미, 2001.

신봉수. "마오의 사회주의 중국과 대안적 근대성." 『중소연구』. 제32권 4호 (2009).

_____. 『마오쩌둥: 나는 중국의 유토피아를 꿈꾼다』. 파주: 한길사, 2010.

신성대. "중국에 중국군 유해 돌려주다니··· 소국근성 버려라." 『데일리안』. 2014년 4월 6일.

신욱희. 『순응과 저항을 넘어서: 이승만과 박정희의 대미정책』. 서울: 서울대학교 출판문화원, 2010.

신주백. 『만주지역 한인의 민족운동사 1920-1945』. 서울: 아시아문화사, 1999.

신진, 김년수. "남북한 관계에 나타난 협상의 이론과 실제: 휴전회담을 중심으로." 『사회과학연구』. 9 (충남대학교 사회과학연구소, 1998.12).

심지연. 『잊혀진 革命家의 肖像: 金科奉 硏究』. 서울: 인간사랑, 1992.

심헌용 편역. 『한러군사관계 사료집II: 러시아와 일본의 전쟁 그리고 한반도』. 서울: 국방부 군사편찬연구소, 2012.

쑤이, 데이빗[徐澤榮]. 『中國의 6.25戰爭 參戰』. 한국전략문제연구소 역. 서울: 한국전략문제연구소, 2011.

安龍鉉[안용현]. 『血戰과 休戰: 韓國戰爭秘史4』. 서울: 景仁文化社, 1992.

楊奎松(양쿠이숭). "중국의 조선 출병 시말." 『현대북한연구』 3권 1호 (2000).

梁寧祚[양영조]. "朝鮮戰爭における米軍基地內日本人勞務員の從軍活動." (2013). 미간행원고.

양영조. 『남북한 군사정책과 한국전쟁, 1945-1950』. 파주: 한국학술정보, 2007.

_____. 『6.25전쟁』. 서울: 대한민국역사박물관, 2014.

_____. "북한의 남한점령기 민간인 학살." 『梨花史學硏究』. 제46집 (2013년 6월).

양대현. "한국휴전회담과 미국의 대한정책: 협상전략을 중심으로." 『국제정치논총』. 23권 (1983).

梁大鉉[양대현]. "韓國休戰協定과 韓美關係: 協商外交戰略을 中心으로." 『한국정치학회보』. 제22집 (1988.10).

양대현. "한국전쟁과 한미동맹관계-동맹이론을 중심으로." 『한국정치학회보』. 제26집 1호 (1992).

梁大鉉[양대현]. 『歷史의 證言: 休戰會談秘史』. 서울: 螢雪出版社, 1993.

양승태. 『대한민국이란 무엇인가』. 서울: 이화여자대학교출판부, 2010.
양쿠이숭(楊奎松). "중국군의 정전협상전략." 『6.25전쟁 50주년기념 한국전쟁사의 새로운 연구』 1. 서울: 국방부 군사편찬연구소, 2001.
양흥모. "흘러간 '포로설득'의 회고." 『板門店 13年』. 서울: 大韓公論社, 1966.
어우양산(歐陽善). 『중국의 대북조선 기밀파일』. 박종철, 정은이 역. 서울: 한울, 2008.
언더우드, H. G. *Korea in War, Revolution and Peace*. Michael J. Devine 편. 주장돈 역. 서울: 연세대학교 출판부, 2002[2001].
엄영보. "해사에 Burke 제독 동상 건립을 제안한다." 『옥포』. 제87호 (2011년 7월).
余季彦(Yu Chi Yen). "6.25전쟁 시기 중국군 포로 연구: 대만 선택 배경을 중심으로." 한국학중앙연구원 박사학위논문. 2014년 2월.
오경섭, 윤여상, 허선행. 『국군포로 문제의 종합적 이해』. 서울: 북한인권정보센터, 2008.
오규열. "중국자료 공개 현황." 한국역사연구회 현대사 분과 편. 『역사학의 시선으로 읽는 한국전쟁』. 서울: 휴머니스트, 2010.
吳淇坪, 李相禹[오기평, 이상우]. 『休戰協定當事國會談戰略硏究』 (서울: 서강대학교, 1978).
오동룡. "한미동맹 50년의 증언: 한미상호방위조약을 발상하여 아이젠하워에게 제의했던 백선엽 장군." 『월간조선』. 2003년 5월호.
오병헌. 『毛澤東 思想』. 서울: 白松文化社, 1975.
오상택. "중국의 6.25쟁 개입과 영향 연구: 중국의 진보적 시각을 중심으로." 『군사연구』. 133집. (2012).
오세희. 『65포로수용소』. 서울: 만인사, 2000.
오영달. "유엔의 한국전 개입이 유엔체제에 미친 영향." 강성학 편. 『유엔과 한국전쟁』. 서울: 리북, 2004.
오제도. 『추적자의 증언』. 서울: 한국안보교육협회, 1981.
온창일. "전쟁지도자로서의 이승만 대통령." 유영익 편. 『이승만 대통령재평가』. 서울: 연세대학교 출판부, 2006.
_____. 『한민족전쟁사』. 서울: 집문당, 2001.
온창일, 김광수 외. 『6.25 전쟁 60대전투』. 서울: 황금알, 2010.
와다 하루끼. 『김일성과 만주항일전쟁』. 이종석 역. 서울: 창작과비평사, 1992.
王東原. 『반공포로 쟁탈전 기록』. 서울: KBS 6·25 40주년 특별제작반, 1990.
왕후이. "세계화 속의 중국, 자기 변혁의 추구: 근대 위기와 근대 비판을 위하여." 『당대비평』. 통권 10호 (2000).
욘손, 가브리엘. "군사정전위원회와 중립국감독위원회의 설치, 그리고 정전 직후 격동의 시기.” 『체코슬로바키아 중립국감독위원단이 본 정전 후 남과 북』. 서울: 서울역사박물관, 2013.

우수췐(伍修權). “伍修權의 회고록(II), 1950.1-1958.10.” 『중소연구』. 8권 2호 (1984).

元泰載[원태재]. “6.25전쟁과 영국의 역할.” 『軍史』. 제59호 (2006년 6월).

웨더스비, 캐스린, 강규형. “북-중-소 삼각관계가 6.25전쟁 과정과 전후 북한외교 행태에 미친 영향: 기밀해제문서를 중심으로.” 『정신문화연구』. 33권 3호 (2010년 9월).

遊擊白馬部隊戰史編纂委員會[유격백마부대전사편찬위원회]. 『北緯四十度線』. 서울: 동일인쇄사, 1968.

유나영. “월츠의 세 가지 이미지로 본 냉전의 기원에 관한 연구: 한반도 분단, 동북아 냉전, 6.25전쟁의 분석을 중심으로.” 성신여자대학교 대학원 박사학위논문. 2013년 8월.

유병화. “한국은 휴전협정의 당사자인가?: 그 당위성과 법적논거.” 『柳炳華 국제법칼럼』. 서울: 학영사, 2005.

유세희. “『中蘇研究』와 한국의 중국 · 러시아 연구 회고.” 『중소연구』. 통권 100호 (2004).

_____. “中共의 이데올로기적 변화: 毛澤東의 毛思想과 鄧小平의 毛思想.” 『중소연구』. 제8권 4호 (1984).

유숙현. “거제도 포로수용소에서 포로의 체험과 송환선택.” 연세대 대학원 석사학위논문. 2008.

유영구. 『남북을 오고간 사람들』. 서울: 도서출판 글, 1993.

유영익. “한미동맹 성립의 역사적 의의.” 『한국사 시민강좌』 36호. 서울: 일조각, 2005.

_____. 『건국대통령 이승만: 생애, 사상, 업적의 새로운 조명』. 서울: 일조각, 2013.

劉載興[유재흥]. 『激動의 歲月』. 서울: 乙酉文化社, 1994.

俞鎭午[유진오]. 『憲法基礎回顧錄』. 서울: 一潮閣, 1980.

육군본부. 『유엔군 전사, 낙동강에서 압록강까지』 제1집. 서울: 육군본부, 1963.

_____. 『創軍前史』. 서울: 육군본부, 1980.

_____. 『한국전쟁과 반공포로』. 서울: 육군인쇄, 2002.

_____. 『한국전쟁과 유격전』. 서울: 육군인쇄, 1988.

陸軍本部[육군본부] 編. 『(六 · 二五事變後方)戰史: 人事 篇』. 서울: 陸軍本部, 1956.

陸軍本部史監室[육군본부사감실]. 『(六 · 二五 事變)後方戰史: 軍需 篇』. 서울: 陸軍本部, 1955.

윤대원. 『데라우치 마사다케통감의 강제병합공작과 ‘한국병합’의 불법성』. 서울: 소명출판, 2011.

윤병석. 『대한과 조선의 위상: 격동과 시련의 조선말, 대한제국, 대한민국시대』. 서울: 선인, 2011.

윤상원. “1920년대 전반기 김홍일의 무장투쟁.” 『한국독립운동사연구』. 제47집 (2014).
윤응렬. 『6.25참전에세이: 상처투성이의 영광』. 서울: 황금알, 2010.
이규태. “한국과 ‘대만’의 정치적 관계-과거, 현재, 미래.” 『동아연구』. 제27집 (1994).
이근욱. 『냉전: 20세기 후반의 국제정치』. 서울: 서강대학교 출판부, 2012.
이기동. 『悲劇의 軍人들』. 서울: 일조각, 1982,
李基鐸[이기택]. 『韓半島 政治와 軍事: 理論과 實際』. 서울: 일신사, 1988.
_____. 『現代國際政治理論』. 서울: 博英社, 1997.
이덕일. “연해주의 소련 극동적군 88여단의 결성배경과 성격.” 『한국근현대사연구』. 6 (1997).
이도형. “2천 7백만 시체 위에 구축된 모택동의 권력: 미화된 장정신화의 추하고 잔인한 진면목.” 『한국논단』 통권 198권 (2006).
이동식. “6.25전쟁사 연구에서 잊혀진 1시간: ‘노근리사건조사’를 중심으로.” 『군사연구』. 제134집 (2012).
이동원. “김홍일과 6.25전쟁 초기 한강선 방어전투.” 한국정치외교사학회 학술회의. 『6.25전쟁시 한강방어선 전투 재조명』. 용산 전쟁기념관. 2015년 6월 23일.
이문항. 『JSA-판문점』. 서울: 소화, 2001.
이미일, 김미영 외. 『한국전쟁납북사건자료집』 1, 2. 서울: 한국전쟁납북사건자료원, 2006, 2009.
李炳柱[이병주]. “共産軍側과 韓國戰爭 停戰會談: 스탈린, 모택동의 協商指導와 戰略的 目標의 차이점.” 『戰史』. 제5호 (2003. 6).
이삼성. 『제국』. 서울: 소화, 2014.
李相冕[이상면]. “한국전쟁과 휴전의 당사자 문제.” 『國際法學會論叢』. 제52권, 제2호 (2007).
이상철. 『NLL북방한계선: 기원, 위기, 사수』. 서울: 선인, 2012.
이상호. 『맥아더와 한국전쟁』. 서울: 푸른역사, 2012.
이서항. “유엔과 한국전쟁의 휴전과정.” 강성학 편. 『유엔과 한국전쟁』. 서울: 리북, 2004.
이선민. 『‘대한민국’ 국호의 탄생』. 서울: 대한민국역사박물관, 2013.
이선우. ““국민’과 ‘인민’의 경계에서: 한국전쟁 이후 중립국 선택 포로의 정착과정과 이중적 정체성.” 제7차 한국학세계대회(the 7th World Congress of Korean Studies). 2014년 9월 30일.
_____. “한국전쟁기 중립국 선택 포로의 발생과 그 성격.” 정병준 외. 『한국전쟁기 남-북한의 점령정책과 전쟁의 유산』. 서울: 선인, 2014.
이세기. 『6.25전쟁과 중국』. 서울: 나남, 2015.
이시우. 『한강하구』. 서울: 통일뉴스, 2008.

이신용. “6·25전쟁 시기 북한의 남한민간인 납치동기와 특징에 관한 연구.” 『사회과학담론과 정책』. 6권 2호 (2013).

이영훈. 『대한민국 역사』. 서울: 기파랑, 2013.

이영희. “1953년 한미상호방위조약-북진통일과 예속의 이중주.” 『역사비평』. 통권 19호 (1992 여름).

이완범. “미국과의 대결을 주저했던 소련과 중국.” 연세대학교 현대한국학연구소 편. 『해외한국학평론』 2. 서울: 일조각, 2001.

_____. “이승만 대통령의 한미상호방위조약 추진배경과 협상과정.” 김영호 외. 『이승만과 6.25전쟁』. 서울: 연세대학교 출판문화원, 2012.

_____. 『삼팔선 획정의 진실: 1944-1945』. 서울: 지식산업사, 2001.

_____. 『한반도 분할의 역사』. 성남: 한국학중앙연구원, 2013.

李庸中[이용중]. “서해북방한계선(NLL)에 대한 남북한 주장의 국제법적 비교 분석.” 『법학논고』(경북대학교 법학연구원). 제32집 (2010).

李用熙[이용희]. 『一般國際政治學』 (上). 서울: 博英社, 1962.

이장희. “북방한계선의 국제법적 분석과 재해석.” 『통일경제』. 통권 제56호 (1999.8).

_____. 『한국 정전협정종결과 동북아시아 새 평화체제 구축』. 서울: 아시아사회과학연구원, 2007.

이재학. “상황적 억제이론으로 본 한국전쟁기간 트루먼행정부의 핵무기 불사용 결정.” 『국제정치논총』. 제54집 3호 (2014).

이재훈. “러시아 문서보관소 소장 사료에 비친 휴전협상 시기 공산 측 내부의 갈등.” 『동북아연구』. 제28권 2호 (2013).

이정식. 『이승만의 구한말 개혁운동』. 대전: 배재대학교출판지원실, 2005.

이종석. 『북한-중국관계 1945-2000』. 서울: 중심, 2000.

李鍾運[이종운]. “韓國休戰協商過程과 韓美關係.” 연세대학교 대학원 정치학과 석사학위논문 (1982).

이종판 편. 『6.25전쟁 참전자 증언록 1: 북한의 남침과 서전기』. 서울: 국방부 군사편찬연구소, 2003.

이주노. “인물기행: Book Review 『모택동의 사생활』.” 『한국논단』. 통권 68권 (1995).

이주영 외. 『이승만 연구의 흐름과 쟁점』. 서울: 연세대학교 대학출판문화원, 2012.

이중근. 『6.25전쟁 1129일』. 서울: 우정문고, 2013.

이지수. “인물로 다시 보는 6.25: 김일성, 박헌영.” 『조선일보』. 2010년 6월 24일.

이창건. 『KLO의 한국전 비사』. 서울: 지성사, 2005.

이철순 편. 『남북한 정부수립과정 비교, 1945-1948』. 서울: 인간사랑, 2010.

이철순. "부산정치파동에 대한 미국의 개입: 미국의 국가이익 규정을 둘러싼 국무부와 군부의 논쟁을 중심으로." 『韓國政治研究』. 10권 1호 (2001).

_____. "이승만의 대미외교를 통한 국가생존 전략(1895-1953)." 『한국정치연구』. 제21집 3호 (2012).

이철승. "중국마르크스주의 철학에 나타난 진리관 문제: 모택동과 등소평의 '실사구시'론 비교를 중심으로." 『시대와 철학』. 제12권 1호 (2001).

_____. 『마오쩌둥: 현대중국의 초석과 철학사상』. 파주: 태학사, 2007.

이청하. "國共和平과 葉劍英將軍." 『民聲』. 서울: 고려문화사, 1949.

이태호 외. 『판문점과 비무장지대』. 서울: 눈빛, 2013.

이택선. "조선민족청년단과 한국의 근대민주주의국가건설." 『한국정치연구』. 23집 2호 (2014).

李漢基[이한기]. "韓國休戰協定의 諸問題." 『大韓國際法學會論叢』. 제3권 제1호 (1958).

이한림. 『세기의 격랑: 이한림 회상록』. 서울: 팔복원, 2005.

이현표. "휴전징비록1-10." 『국방일보』. 2013년 7월 15일-25일.

이형근. 『軍番 1번의 외길 人生: 李亨根回顧錄』. 서울: 中央日報社, 1993.

이희옥. "한국에서 중국학을 어떻게 할 것인가." 『역사비평』. 통권 61호 (2002).

임대식. "일제시기 · 해방후 나라이름에 반영된 좌우갈등: 右'대한' · 左'조선'과 南'대한' · 北'조선'의 대립과 통일." 『역사비평』. (1993년 여름).

임덕순. "한국 휴전선에 대한 정치지리학적 연구." 『지리학』. 7호 (1972).

林炳稷[임병직]. 『林炳稷 回顧錄: 近代 韓國外交의 裏面史』. 서울: 女苑社, 1964.

임혁백. 『비동시성의 동시성 한국 근대정치의 다중적 시간』. 서울: 고려대학교출판부, 2014.

장경철. "정전 및 전쟁종결과 관련한 국제전쟁법제도." 과학백과사전출판사. 『정치법률연구』 제4호(누계 제24호) (2008). 이규창 엮음. 『북한의 국제법관II』. 파주: 한국학술정보, 2012.

장성규. 『6.25전쟁기 미국의 항공전략: 현대 항공전략의 기원』. 서울: 좋은 땅, 2013.

장세훈. "'부산 속의 아시아', 부산 초량동 중화가의 사회생태학적 연구." 『경제와 사회』. 통권 제81호 (2009).

張澤石[장쩌스]. 『我的朝鲜战争: 一个志愿军战俘的自述』. (時事出版社, 2000). 『중국군 포로의 6·25전쟁 참전기』. 손준식 역. 서울: 국방부 군사편찬연구소, 2009.

전국교직원 노동조합. 『미래지향적인 통일교육의 모색: 분단의 상처를 어떻게 6.15정신에 맞게 교육할 것인가』. 6.15남북공동선언 2주년 기념 통일교육자료집. 2002. 6. 21.

전동진. “북방한계선(NLL) 논의의 전개와 향후 대응.” 『통일전략』. 제8권 3호 (2008).
전상인. 『고개 숙인 수정주의: 한국 현대사의 역사사회학』. 서울: 전통과 현대, 2001.
전쟁기념관. “정전 60년, 과거-현재-미래.” 2013년 전쟁기념관 정전 60주년 기념학술대회 자료집. 6월 27일 전쟁기념관, 2013.
전현수. “미 육군군사연구소 소장 한국전쟁 관련 자료.” 『복현사림』. 28집 (2010).
_____. “소련 공군의 한국전 참전.” 『한국전쟁사의 새로운 연구1』. 서울: 국방부 군사편찬연구소, 2001.
_____. “한국전쟁과 소련의 역할: 1949년 3월 조소 양국 정부의 협상을 중심으로.” 『대구사학』. 100권 (2010).
_____. “한국현대사와 소련의 역할(1945-1948), 『쉬띄꼬프일기』 연구.” 『경북사학』. (2004).
정명복. 『6.25 전쟁사』. 서울: 집문당, 2011.
정명환 외. 『프랑스 지식인들과 한국전쟁』. 서울: 민음사, 2004.
정문상. “문화대혁명을 보는 한국사회의 한 시선: 리영희 사례.” 『역사비평』. 77호 (2006).
정병일. 『북조선 체제성립과 연안파 역할』. 서울: 선인, 2012.
정병준 외. 『한국전쟁기 남-북한의 점령정책과 전쟁의 유산』. 서울: 선인, 2014.
정병준. 『한국독립운동의 역사56: 광복 직전 독립운동세력의 동향』. 천안: 독립운동사편찬위원회, 2009.
_____. 『한국전쟁: 38선 충돌과 전쟁의 형성』. 파주: 돌베개, 2006.
_____. 『현앨리스와 그의 시대』. 서울: 돌베개, 2015.
정상구. 『毛澤東의 外交戰略論: 東南亞細亞를 中心으로』. 서울: 亞人閣, 1974.
鄭成觀[정성관]. 『板門店의 秘史』. 서울: 平文社, 檀紀4286[1953].
정익우. 『‘조국해방전쟁론’ 비판: 조선노동당 약사를 중심으로』. 서울: 통일일보사, 1991.
鄭印燮[정인섭]. “한국전쟁이 국제법 발전에 미친 영향: 포로송환문제를 중심으로.” 『서울대학교 法學』. 제40권 6호 (2000).
丁一權[정일권]. 『6.25秘錄: 전쟁과 휴전』. 서울: 東亞日報社 1986.
鄭一亨[정일형]. 『오직 한 길로: 鄭一亨 博士 自敍傳』. 서울: 新進文化社, 1970.
정일화. 『휴전회담과 이승만: 이승만은 협정에 서명하지 않았다』. 서울: 선한약속, 2014.
정주영. “6.25전란 속을 동생과 함께.” 『시련은 있어도 실패는 없다』. 서울: 제삼기획, 2000[1991].
정진석. “용재와 언론.” 연세대 국학연구원 엮음. 『백낙준 박사의 학문과 사상』. 서울: 연세대 국학연구원, 1995.
정추(鄭樞). “음악도, 하루아침에 인민군 중좌가 되다.” 『月刊 朝鮮』. 6월호 (2010).

정태욱. “서해 북방한계선(NLL) 재론: 연평도 포격사건을 계기로.” 『민주법학』. 제45호 (2011).
제성호. “남북정상회담과 국군포로 · 납북자문제.” 『전략연구』. 제15권 1호 (2008).
_____. 『한반도 안보와 국제법』. 서울: 한국국방연구원, 2010.
趙甲濟[조갑제]. 『트루먼과 스탈린의 한반도 게임 秘史』. 서울: 조갑제닷컴, 2013.
趙炳玉[조병옥]. 『나의 回顧錄』. 서울: 民敎社, 檀紀4292[1959].
_____. 『특사 유-엔紀行』. 서울: 서울신문社出版局, 檀紀4282[1949].
조성환. “국군포로 문제의 해결 방안 모색: 인도적 · 인권적 관점.” 『통일문제연구』. 제23권 제2호 (2011).
조성훈. “송환거부 반공포로의 판문점 중립지대 180일 간의 일기.” 『전쟁과 유물』. 제6호 (2015).
_____. 『6.25전쟁과 국군포로』. 서울: 국방부 군사편찬연구소, 2014.
_____. 『군사분계선과 남북한갈등』. 서울: 국방부 군사편찬연구소, 2011.
_____. 『한국전쟁과 포로』. 서울: 선인, 2010.
_____. 『한미군사관계의 형성과 발전』. 서울: 국방부 군사편찬연구소, 2008.
조세현. “해방 후 부산의 청관(淸館)거리와 화교들.” 『동북아문제연구』. 제34집 (2013).
주경문. 『共産政權下의 中國』 (上, 下). 서울: 思想界社出版部, 1963.
진실-화해를 위한 과거사정리위원회. 『진실화해위원회 종합보고서』 I-IV. 서울: 진실-화해를 위한 과거사정리위원회, 2010.
차상철. “외교가로서의 이승만 대통령.” 유영익 편. 『이승만 대통령재평가』. 서울: 연세대학교 출판부, 2006.
_____. “이승만과 1950년대의 한미동맹.” 『해방 전후사의 재인식』 1-2. 서울: 책세상, 2006.
차하순 외. 『한국현대사』. 서울: 세종연구원, 2013.
차하순. 『역사의 본질과 인식』. 재판. 서울: 학연사, 2008.
채용기. “한국전쟁의 종전에 관한 연구.” 서울대학교 정치학과 석사학위논문. 1985.
첸지안. “중국의 한국전 개입과 공산블럭의 협력.” 『6.25전쟁과 한반도 평화』. 서울: 국방대 안보문제연구소, 2000.
최북진. “중국의 6.25 전쟁 종결전략 연구.” 대전대학교 군사학과 박사학위논문. 2013년 8월.
최영섭. 『6.25 바다의 전우들』. 서울: 세창미디어, 2013.
최영호. “이승만정부의 태평양동맹 구상과 아시아민족반공연맹 결성.” 『국제정치논총』. 제39집 2호 (1999).
최용호, 최용성. 『6.25전쟁의 이해』. 서울: 양서각, 2008.

최은진. “중국모델(中國模式)론을 통해 본 중국사상계의 지식지형.” 『중국근현대사연구』. 제 50집 (2011).
최은철. “모택동(毛澤東), 주은래(周恩來)와 문화대혁명.” 『중소연구』. 제6권 4호 (1982).
최형식. "한국전쟁이 서독 재무장의 원칙적인 결정에 있어서 서방 강대국들에게 미친 영향." 『한국정치학회보』. 30집 4호 (1996).
秋憲樹[추헌수]. 『한민족의 독립운동과 임시정부의 위상』. 서울: 연세대학교 출판부, 1995.
코로트코프, 가브릴(Korotkov, Gavril). 어건주 역. 『스탈린과 김일성』 1,2. 서울: 東亞日報社, 1992, 1993.
태윤기. 『회상의 황하』. 서울: 갑인출판사, 1975.
평화-통일연구소. 『전쟁과 분단을 끝내는 한반도평화협정』. 서울: 한울 아카데미, 2010.
하도형. “한국전쟁과 중국: 중국의 최근 연구동향에 대한 분석을 중심으로.” 강성학 편. 『유엔과 한국전쟁』. 서울: 리북, 2004.
하영선 편. 『한국전쟁의 새로운 접근: 전통주의와 수정주의를 넘어서』. 서울: 나남, 1990.
하영선, 김영호, 김명섭 편저. 『한국외교사와 국제정치학』. 서울: 성신여자대학교 출판부, 2005.
하영선. 『한반도의 전쟁과 평화: 군사적 긴장의 구조』. 서울: 청계연구소, 1989.
하임, 슈테판. 『6월의 5일간』. 김충남 역. 서울: 지만지, 2015.
하재평. “정전협정 체제와 유엔사의 역할.” 『戰史』. 제5호 (2003).
한국역사연구회 현대사분과 편. 『역사학의 시선으로 읽는 한국전쟁』. 서울: 휴머니스트, 2010.
한국전쟁연구회 편. 『탈냉전시대 한국전쟁의 재조명』. 서울: 백산서당, 2000.
______. 『한국전쟁과 중국』. 서울: 백산서당, 2001.
한국정치외교사학회 편. 『한국전쟁과 휴전체제』. 서울: 집문당, 1998.
______. 『한반도 분쟁과 중국의 개입』. 서울: 선인, 2012.
한모니까. “남북한 자료의 발굴, 정리, 활용 현황.” 한국역사연구회 현대사 분과 편. 『역사학의 시선으로 읽는 한국전쟁』. 서울: 휴머니스트, 2010.
한배호. 『자유를 향한 20세기 한국 정치사』. 서울: 일조각, 2008.
한성훈. 『전쟁과 인민: 북한 사회주의 체제의 성립과 인민의 탄생』. 서울: 돌베개, 2012.
한용섭. 『한반도 평화와 군비통제』. 서울: 博英社, 2004.
한용원. 『대한민국 국군 100년사: 1895-1945 그리고 1945-1995』. 서울: 오름, 2014.
______. 『남북한의 창군: 미-소의 역할을 중심으로』. 서울: 오름, 2008.
한인섭. 『거창 양민 학살 사건 자료집』. 서울: 서울대학교 법학 연구소, 2003.
韓載德. 『金日成을 告發한다: 朝鮮勞動黨 治下의 北韓 回顧錄』. 서울: 內外文化社, 1965.

韓太壽. 『韓國政黨史』. 서울: 新太陽社, 檀紀4294[1961].
한표욱. 『이승만과 한미외교』 서울: 중앙일보사, 1996.
한흥수. 『근대한국민족주의연구』. 서울: 연세대학교 출판부, 1976.
해군대학 해양전략연구부. 『한국해전사』. 대전: 해군대학, 2007.
해군본부. 『6.25전쟁과 한국 해군작전』. 계룡시: 해군역사기록관리단, 2012.
허동현. "대한민국의 건국외교와 유엔(UN)." 『숭실사학회』. 제30집 (2013).
허만호. "6.25전쟁 휴전회담 분석: 불가역적 적대자 관계에서의 군사분계선 설정." 『국제정치논총』. 제53집 4호 (2013).
_____. "6·25전쟁 민간인 납북자 문제와 휴전회담: 납북자 명부와 휴전회의록 분석." 『동서연구』. 제25권 3호 (2013).
_____. 『휴전체제의 전환과 전시(戰時) 민간인 납북자』. 서울: 한국전쟁납북사건자료원, 2010.
현동화. 정동현. 『격랑의 세월 인도에 닻을 내리고』. 서울: 나무와숲, 2003.
현동화. "북한군 중위가 겪은 6.25." 『월간조선』. 2015년 7월.
헤이즈, 피터 외. 『핵무기는 가라』. 서울: 기독교사회문제연구원, 1988.
화이트, 윌리엄 L. 『한국전쟁 포로』. 조영철 역. 국방부: 전사편찬위원회, 1986.
황동하. "스탈린과 한국전쟁의 발발." 『서양사론』. 제79호 . 2003.
黃源卓(황원탁). "韓半島 安保環境의 變化와 停戰協定體制의 變化에 관한 硏究." 서울: 延世大學校, 1993.
황장엽. 『황장엽 회고록』. 서울: 시대정신, 2010.
황지환. "한반도 분단과 한국전쟁의 국제정치이론적 의미." 『국제정치논총』. 제52집 3호 (2012).
후지이 다케시. 『파시즘과 제3세계주의 사이에서: 족청계의 형성과 몰락을 통해 본 해방8년사』. 서울: 역사비평사, 2012.

외국어 출간물

Acheson, Dean. *Present at the Creation: My Years in the State Department.* New York: Norton, 1969.
_____. *The Korean War.* New York: Norton, 1971.
Adams, Clarence. *An American Dream: The Life of an African American Soldier and POW Who Spent Twelve Years in Communist China.* Massachusetts: University of Massachusetts Press, 2007.

Ahn, Byung-joon. *Chinese Politics and the Cultural Revolution: Dynamics of Policy Processes.* Seattle: University of Washington Press, 1976.

Alliluyeva, Svetlana. *Twenty Letters to a Friend.* Tr. by Priscilla Johnson McMillan New York: Harper & Row. 스베틀라나 알리루예바. 김혜영 역. 『나는 스탈린의 딸』. 서울: 시사영어사, 1967.

Appleman, Roy E. *Ridgway Duels For Korea.* College Station: Texas A&M University Press, 1990.

______. *South to the Naktong, North to the Yalu, June-November 1950.* Washington D.C.: Center of Military History United States Army, 1992[1961]. 육군본부 역. 『유엔군전사 제1집: 낙동강에서 압록강까지』. 서울: 육군본부, 1963.

Aron, Raymond. *L'Opium des intellectuels.* Paris: Calman-Lévy, 1955.

______. *Les Articles du Figaro,* vol. 1: *La Guerre froide, 1947-1955.* Paris: Ed. de Fallois, 1991.

Bao, Ruo-Wang and Rudolph Chelminski. *Prisoner of Mao.* 이석우 역. 『人間改造術: 中共 노동수용소 체험 手記』. 서울: 普文閣, 1974.

Barnes, Robert. "Branding an Aggressor: The Commonwealth, the United Nations, and Chinese Intervention in the Korean War, November 1950–January 1951." *Journal of Strategic Studies,* vol. 33, no. 2 (April 2010).

Benton, Gregor and Chun Lin. *Was Mao Really a Monster?: the Academic Response to Chang and Halliday's Mao: the Unknown Story.* New York: Routledge, 2009.

Bergot, Erwan. *Bataillon de Corée: Les Volontaires français, 1950-53.* Paris: Press de la Cité, 1983. 金丙一, 李解放 共譯. 『6.25전란의 프랑스대대』. 서울: 東亞日報社, 1983.

Bernstein, Barton J. "Syngman Rhee: The Pawn as Rook: The Struggle to End the Korean War." *Bulletin of Concerned Asian Scholars* 10 (Jan-Mar 1978).

______. "The Struggle over the Korean Armistice: Prisoners of Repatriation?" in Bruce Cumings, ed. *Child of Conflict: The Korean-American Relationship, 1943-1953.* Seattle and London: University of Washington Press, 1983.

Bertsch, Leonard M. "Korean Partition Prevents Economic Recovery." *Foreign Policy Bulletin* (28 Jan 1949).

______. "UN Victory in Korea Poses Question of Rhee's Future." *Foreign Policy Bulletin* (20 Oct 1950).

Blainey, Geoffrey. *The Causes of War.* New York: The Free Press, 1988.

Blair, Clay. *The Forgotten War: America in Korea 1950-1953.* New York: Doubleday, 1987.

Blum, Robert M. *Drawing the Line: The Origins of the American Containment Policy in East Asia.* New York: Norton, 1982.

Bohlen, Charles E. *Witness to History, 1929-1969.* New York: Norton, 1973.

Borden, William S. *The Pacific Alliance: United States Foreign Economic Policy and Japanese Trade Recovery, 1947-55.* Madison, Wis.: University of Wisconsin Press, 1984.

Bowett, D. W. *United Nations Forces.* New York: Fredrick A. Prager, 1963.

Bradbury, William C. dir. ed. by Samuel M. Meyers and Albert D. Biderman. *Mass Behavior in Battle and Captivity: The Communist Soldier in the Korean War.* Chicago: The University of Chicago Press, 1968.

Bradley, Omar N. and Clay Blair. *A General's Life.* New York, 1983.

Braim, Paul F. *The Will to Win: The Life of General James A. Van Fleet.* Annapolis, MD: Naval Institute Press, 2001. 대한민국 육군교육사령부 자료지원처 번역실. 『승리의 신념』. 서울: 봉명, 2002.

Brands, H. W. *The Devil We Knew: America and the Cold War.* Oxford: Oxford University Press, 1993.

Brands, Henry W., Jr. "The Dwight D. Eisenhower Administration, Syngman Rhee, and the 'other' Geneva Conference of 1954." *Pacific Historical Review* (February 1987).

Brazinsky, Gregg. *Nation Building in South Korea: Koreans, Americans, and the Making of a Democracy.* Chapel Hill: The University of North Carolina Press, 2009. 나종남 역. 『대한민국 만들기, 1945-1987』. 파주: 나남, 2012.

Breuer, William B. *Shadow Warriors: The Covert War in Korea.* New York: John Wiley & Sons, 1996.

Briggs, Ellis O. *Proud Servant: The Memoirs of a Career Ambassador.* Kent, Ohio: The Kent State University Press, 1998.

Brodie, Bernard. *War and Politics.* New York: Macmillan, 1973.

Brzezinski, Zbigniew. *The Grand Chessboard: American Primacy and Its Geostrategic Imperatives.* New York: Basic Books, 1997. 김명섭 역. 『거대한 체스판』. 서울: 삼인, 2000.

Bundy, McGeorge. *Danger and Survival: Choices about the Bomb in the First Fifty Years.* New York: Random House, 1988.

Carlson, Lewis H. *Remembered Prisoners of a Forgotten War: An Oral History of Korean War*

POWs. New York: St. Martin's Press, 2008.

Carr, E. H. *What is History?* Seoul: Basic Books, 2009.

Césari, Laurent. "La France, les Etats-Unis et l'Indochine, 1945-1957." THESE. Paris: Université de Paris IV, oct 1991.

Chai, Chengwen. "The Korean Truce Negotiations." Xiaobing Li, Allan R. Millett, and Bin Yu, *Mao's Generals Remember Korea*. Lawrence: University Press of Kansas, 2001.

Chang, Jung[张戎] and Jon Halliday. *Mao: the Unknown Story*. London: Cambridge University Press, 2005.

Chase, James. *Acheson: The Secretary of State Who Created the American World*. Cambridge: Harvard University Press, 1998.

Chauprade, Aymeric. *Géopolitique: Constantes et Changements dans l'histoire*. 3e ed. Paris: Ellipses, 2007.

Chen, Jian. *China's Road to the Korean War: The Making of the Sino-American Confrontation*. New York: Columbia University Press, 1994.

______. *Mao's China and the Cold War*. Chapel Hill: University of North Carolina Press, 2001.

Chinnery, Philip D. *Korean Atrocity!: Forgotten War Crimes 1950-1953*. Annapolis, MD: Naval Institute Press, 2000.

Christensen, Thomas J. *Useful Adversaries: Grand Strategy, Domestic Mobilization, and Sino-American Conflict, 1947-58*. Princeton: Princeton University Press, 1996.

Chung, Henry. *Korea and the United States Through War and Peace, 1943-1960*. Seoul: Yonsei University Press, 2000.

Chung, In Seop. *Korean Questions in the United Nations*. Seoul: Seoul National University Press, 2002.

Chung, Chin O. *P'yongyang Between Peking and Moscow: North Korea's Involvement in the Sino-Soviet Dispute, 1958-1975*. University, Ala.: University of Alabama Press, 1978.

Clark, Mark W. *From the Danube to the Yalu*. New York: Harper & Brothers, 1954.

Clifford, Clark with Richard Holbrooke. *Counsel to the President: A Memoir*. New York: Random House, 1991.

Clifford, Clark. "American Relations with the Soviet Union." report to the president, September 1946, printed in Arthur Krock, *Memoirs*. New York: Funk and Wagnalls, 1968.

______. "Serving the President: The Truman Years I." *The New Yorker* (March 25, 1991).

Clifford, Clark. "Serving the President: The Truman Years II." *The New Yorker* (April 1, 1991).

Cohen, Stephen. *Bukharin and the Bolshevik Revolution.* New York: Vintage, 1979.

Collins, J. Lawton. *War in Peacetime: The History and Lessons of Korea.* Boston: Houghton Mifflin, 1969.

______. *Lightning Joe: An Autobiography.* Baton Rouge: Louisiana State University Press, 1979.

Condit, Doris M. *History of the Office of the Secretary of the Defense.* vol. II: *The Test of War 1950-1953.* Washington, D. C.: USGPO, 1988.

Courtland Moon, John Ellis van. "A Biological Warfare Allegations: The Korean War Case." *Annals of the New York Academy of Sciences* 666 (1992).

Cowdrey, Albert E. *The Medics' War.* Washington, D.C.: Center of Military History, 1987.

Cristescu, C. "Ianuarie 1951: Stalin decide înarmarea Romanei." *Magazin Istoric*, 1995, no. 10, 15-23; tr. by Vladimir Socor. http://www2.gwu.edu/~nsarchiv/NSAEBB/NSAEBB14/

Cumings, Bruce. *Korea's Place in the Sun: A Modern History*. New York: Norton, 1997.

______. *The Origins of the Korean War*, 1-2. Princeton: Princeton University Press, 1990.

Cumings, Bruce, ed. *Child of Conflict: The Korean-American Relationship, 1943-1953.* Seattle and London: University of Washington Press, 1983.

Daniloff, Nicholas. *Of Spies and Spokesmen: My Life as a Cold War Correspondent.* Columbia, MI: The University of Missouri Press, 2008.

Dean, William F. *General Dean's Story.* New York: The Viking Press, 1954.

Defense Personnel Security Research Center. *Espionage Cases, 1975-2004: Summaries and Sources.* (Monterey, California, Dec 2004).

Dennett, Tyler. "President Roosevelt's Secret Pact with Japan." *The Current History Magazine* (Oct 1924).

DePorte, A. W., *Europe between the Superpowers: The Enduring Balance.* New Haven: Yale University Press, 1979.

Deutscher, Isaac. *Stalin: A Political Biography.* Oxford: Oxford University Press, 1967. 鄭洪鎭-兪完植 共譯, 『스탈린』. 서울: 翰林出版社[世界의 大人物全集, 2], 1972.

Dimitrov, Martin K. ed. *Why Communism Did Not Collapse: Understanding Authoritarian Regime Resilience in Asia and Europe.* New York: Cambridge University Press, 2013.

Dorie, Arthur F. *This Savage War: MacArthur's Korea.* Bloomington: Author House, 2012.

Dower, John W. *Empire and Aftermath: Yoshida Shigeru and the Japanese Experience, 1868-1954.* Cambridge: Harvard University Press, 1979.

Dulles, John Foster. *War or Peace.* New York: Macmillan, 1957.

Edwards, Paul M. *General Matthew B. Ridgway: An Annotated Bibliography.* Westport, CT: Greenwood Press, 1993.

_____. *Historical Dictionary of the Korean War*. Lanham, MD: Scarecrow Press, 2010.

_____. *To Acknowledge a War: The Korean War in American Memory.* Westport, CT: Greenwood, 2000.

Eisenhower, Dwight D. *Mandate for Change: The White House Years, 1953-1956.* New York: Doubleday, 1963.

Eisenhower, Dwight D. *The Eisenhower Diaries.* ed. by Robert H. Ferrell. New York: Norton, 1981.

Endicott, Stephen and Edward Hagerman. *The United States and Biological Warfare: Secrets from the Early Cold War and Korea.* Bloomington: Indiana University Press, 1998.

Evanhoe, Ed. *Darkmoon: Eighth Army Special Operations in the Korean War.* Annapolis, MD: Naval Institute Press, 1995.

Farrar-Hockley, Anthony. *The Edge of the Sword.* Barnsley, South Yorkshire: Pen and Sword Military, 2007[London: Frederick Muller, 1954]. 김영일 역. 『한국인만 몰랐던 파란 아리랑』. 2003.

Fehrenbach, T.R. *This Kind of War.* Washington, D.C.: Brassey's, 2000[1963].

Flint, Colin. *Introduction to Geopolitics.* London and New York: Routledge, 2006. 한국지정학연구회 옮김, 『지정학이란 무엇인가』. 서울: 길, 2007.

Fontaine, André. *Histoire de la guerre froide,* II. *De la guerre de Corée á la crise des alliances, 1950-1963.* Paris: Fayard, 1983.

Foot, Rosemary J. "Nuclear Coercion and the Ending of the Korean Conflict." *International Security* vol. 13 no. 3 (Winter 1988-89).

Foot, Rosemary. *A Substitute for Victory: The Politics of Peace Making at the Korean Armistice Talks.* Ithaca and London: Cornell University Press, 1990.

_____. *The Wrong War: American Policy and the Dimensions of the Korean Conflict, 1950-1953.* Ithaca and London: Cornell University Press, 1985.

Forbis, Michael D. "General of the Army Omar Nelson Bradley in the Korean War and the Meaning of the Chairmanship." School of Advanced Military Studies United States Army Command and General Staff College Fort Leavenworth, Kansas (2011-01).

Frank, Richard B. *MacArthur: A Biography.* New York: Palgrave Macmillan, 2009. 김홍래 역. 플래닛미디어, 2015.

Furet, François. *Le Passé d'une illusion: Essai sur l'idée du communisme au XXe siècle.* Paris: Robert Laffont/Calmann-lévy, 1995.

Futrell, Robert Frank. *The United States Air Force in Korea, 1950-1953.* rev. ed. Washington, D.C.: United States Government Printing, 1983.

Gaddis, John Lewis and Paul Nitze. "NSC 68 and the Soviet Threat Reconsidered." *International Security* 4 (1980).

Gaddis, John Lewis. "Containment: It's Past and Future." in Charles W. Kegley, Jr. and Eugene R. Wittkopf (eds.), *Perspectives in American Foreign Policy: Selected Readings.* New York: St. Martin's, 1983.

_____. *George F. Kennan: An American Life.* New York: The Penguin Press, 2011.

_____. *Russia, the Soviet Union, and the United States: An Interpretive History.* New York; McGraw Hill, 1990.

_____. *The Long Peace: Inquiries into the History of the Cold War.* New York: Oxford University Press, 1987.

_____. *The United States and the End of the Cold War: Implications, Reconsiderations, Provocations.* New York: Oxford University Press, 1992.

Gerson, Louis I. *The American Secretaries of State and Their Diplomacy.* vol. XVII: *John Foster Dulles.* New York: Cooper Square, 1967.

Gilbert, Bill. *Ship of Miracles: 14,000 Lives and One Miraculous Voyage.* Chicago: Triumph Books, 2000. 안재철 역. 『기적의 배: 흥남철수 당시 14,000명의 북한피난민을 구출한 메러디스 빅토리 호와 생명/자유/사랑의 이야기』. 서울: 자운각, 2004.

Goldhamer, Herbert. *The 1951 Korean Armistice Conference: A Personal Memoir.* Santa Monica: Rand Corporation, 1994.

Goncharov, Sergei N., John W. Lewis and Xue Litai. *Uncertain Partners: Stalin, Mao, and the Korean War.* Stanford: Stanford University Press, 1993.

Goodrich, Leland M. *Korea: A Study of U.S. Policy in the United Nations.* New York: Council on Foreign Relations, 1956.

Gromyko, Andrei. *Memoirs.* New York: Doubleday, 1989. 박형규 역. 『그로미코회고록』. 서울: 文學思想社, 1990.

Gupta, K. "How did the Korean War Begin?" *China Quarterly* (Oct/Dec 1972).

Gurman, Hannah. "'Learn to Write Well': The China Hands and the Communistification of Diplomatic Reporting." *Journal of Contemporary History* 45 (2010).

Halberstam, David. *The Coldest Winter: America and the Korean War.* New York: Hyperion, 2007.

Hall, Basil. *Account of a Voyage of Discovery to the West Coast of Corea and the Great Loo-Choo Island in the Japan Sea* (1818); 신복룡·정성자 역주. 『조선서해탐사기』. 서울: 집문당, 1999.

Halliday, Jon and Bruce Cumings. *Korea: The Unknown War.* New York: Pantheon Books, 1988.

Halliday, Jon. "Air Operations in Korea." William J. Williams, ed., *A Revolutionary War.* Chicago: Imprint Publications, 1993.

_____. "Anti-Communism and the Korean War(1950-1953)." F. Milliband et al. ed. *The Socialist Register 1984.* London: The Merlin Press, 1984.

_____. "Observations on the Presentation and Perception in the West of the Korean People's Struggles." in *Korea, North and South: The Deepening Crisis*, rev. and expanded version of *Crisis in Korea*, ed. by Gavan Mccormack and Mark Selden. New York: Monthly Review Press, 1978,

Hamby, Alanzo. *Man of the People: A Life of Harry S. Truman.* Oxford: Oxford University Press, 1995.

Harriman, W. Averell with Elie E. Abel. *Special Envoy to Churchill and Stalin, 1941-1946.* New York: Simon and Schuster, 1959/ New York: Random House, 1975.

Harriman, W. Averell. *America and Russia in a Changing World: A Half Century of Personal Observation.* Garden City, N.Y.: Doubleday, 1971.

Harris, Sheldon H. *Factories of Death: Japanese Biological Warfare, 1932-45, and the American Cover-Up.* London: Routledge, 1994.

Haruki, Wada. *The Korean War: An International History.* Lanham, MD: Rowman & Littlefield, 2013.

Hasegawa, Tsuyoshi. *Racing the Enemy: Stalin, Truman, and the Surrender of Japan.* Cambridge: The Belknap Press of Harvard University Press, 2005.

Haynes, Richard. *The Awesome Power: Harry S. Truman as Commander in Chief.* Baton Rouge: Louisiana State University, 1973.

Heo, Man-ho. "Abduction of Civilians during the Korean War: Analysis of Abductee Lists and Armistice Talks." *The Korean Journal of Defense Analysis* vol. 22 no. 4. (2010).

Hermes, Walter G. *Truce Tent and Fighting Front.* Washington, D.C.: Center of Military

History, United States Army, 1992[1966]. 육군본부 역. 『유엔군전사 제2집: 휴전천막과 싸우는 전선』. 서울: 육군본부, 1968.

Heuser, Beatrice, *Western "Containment" Policies in the Cold War: The Yugoslave Case, 1948-53.* London: Routledge, 1989.

Hickey, Michael. *The Korean War: The West Confronts Communism.* Woodstock, NY: Overlook Press, 2000.

Higgins, Rosalyn. *United Nations Peacekeeping, 1946-1967: Documents and Commentary II: Asia.* London: Oxford University Press, 1970.

Higgins, Trumbull. *Korea and the Fall of MacArthur: A Precis in Limited War.* New York: Oxford University Press, 1987.

Holober, Frank. *Raiders of the China Coast: CIA Covert Operations during the Korean War.* Annapolis, MD: Naval Institute Press, 1999.

Hwang, Ha-Yong. ed. by Hwang Sung. *My Father's War.* Indianapolis: Dog Ear Publishing, 2010.

Iklé, Fred Charles. *How Nations Negotiate.* Millwood, NY: Harper & Row, 1964.

Immerman, Richard H. ed. *John Foster Dulles and the Diplomacy of the Cold War.* Princeton, N. J.: Princeton University Press, 1991.

Inboden, William. *Religion and American Foreign Policy, 1945-1960: The Soul of Containment.* Cambridge: Cambridge University Press, 2008.

International Scientific Commission for the Investigation of the Facts Concerning Bacterial Warfare in Korea and China. *Report of the International Scientific Commission for the Investigation of the Facts Concerning Bacterial Warfare in Korea and China.* Peking: [s.n.], 1952.

Jager, Sheila Miyoshi. *Brothers at War: The Unending Conflict in Korea.* New York: Norton, 2013.

James, Clayton D. *The Years of MacArthur,* vol. 1: *1880-1941* vol. 2: *1941-1945*, vol. 3: *Triumph and Disaster, 1945-1964.* Boston: Houghton Mifflin, 1970, 1975, 1985.

Jervis, Robert. "The Impact of the Korean War on the Cold War." *Journal of Conflict Resolution* 24 (Dec 1980).

Jones, Ken and Hubert Kelley, Jr. *Admiral Arleigh (31Knots) Burke.* Annapolis: Naval Institute Press, 1962. 김주식 역. 『알레이 버크 제독: 현대 미국 해군의 아버지』 (서울: 한국해양전략연구소, 2012).

Joy, C. Turner. *How Communists Negotiate.* New York: The Macmillan Company, 1955.

_____. *Negotiating while Fighting: the Diary of Admiral C. Turner Joy at the Korean Armistice Conference.* Stanford.: Hoover Institution Press, 1978.

Kahin, George. *U. S. Policy in Intervention: How America Became Involved in Vietnam.* Garden City, NY: Anchor Books, 1987.

Kant, Immanuel. *Perpetual Peace: A Philosophical Essay.* Tr. with introduction and notes by M. Campbell Smith. London: George Allen & Unwin LTD., 1903.

Kaplan, Karel. *Dans les Archives du comité central: Trente ans de secrets du bloc soviétique.* Paris: Michel, 1978.

Karsh, Efraim. *Empires of the Sand: The Struggle for Mastery in the Middle East.* Cambridge: Harvard University Press, 2001.

Keefer, Edward C. "The Truman Administrmion and the South Korean Political Crisis of 1952: Democracy's Failure?" *Pacific Historical Review.* vol. 60, no. 2 (May 1991)

Kennan, George and John Lukacs. *George F. Kennan and the Origins of Containment, 1944-1946.* Columbia: University of Missouri Press, 1997.

Kennan, George F. Frank Costigliola, ed., *The Kennan Diaries.* New York: Norton, 2014.

_____. *Memoirs.* t. 1: *1925-1950* t. 2: *1950-1967.* Boston: Little, Brown and Company, 1967 and 1972.

Kennedy, Andrew Bingham. *The International Ambitions of Mao and Nehru: National Efficacy Beliefs and the Making of Foreign Policy.* Cambridge: Cambridge University Press, 2011.

Khruschev, Nikita. *Khrushchev Remembers: The Glasnost Tapes.* New York: Little Brown, 1990.

Kim, Hyung-Kook, Myongsob Kim, Amitav Acharya, ed. *Northeast Asia and the Two Koreas: Metastability, Security, and Community.* Seoul: Yonsei University Press, 2008.

Kim, Myong Whai. "Prisoners of War as a Major Problem of the Korean Armistice, 1953." Ph. D. Dissertation. New York University, 1960.

Kim, Myongsob and Horace Jeffery Hodges. "Korea as a Clashpoint of Civilizations." *Korea Observer.* vol.37 no.3 (2006).

_____. "On Huntington's Civilizational Paradigm: A Reappraisal." *Issues & Studies,* vol.41, no.2 (June 2005).

Kim, Myongsob. "Declined Invitation by Empire: The Aborted Pacific Pact and the Unsolved Issue of Regional Governance." Dong-Sung Kim, Ki-Jung Kim, Hahnkyu Park ed. *Fifty*

Years After the Korean War: From Cold-War Confrontation to Peaceful Co-existence (Seoul: KAIS, 2000): 127-54.

_____. "Prologue of the Asia-Pacific Community: Betrayed and Declined Asian Initiatives for Regional Cooperation." *Korea Observer*, vol. XXVII no. 4 (Winter 1996).

_____. "Reexamining Cold War History and the Korean Question." *Korea Journal.* vol. 41 no. 2 (Summer 2001).

_____. "The Politics of Troop-Dispatch: Why Did the Europeans Send Their Boys to Korea?" *The Korean Journal of Defense Analysis*. vol. 16 no. 2 (2004).

_____. "Why No Westphalian Peace Order after the Toyotomi Hideyoshi War in Korea (1592-98)?", *Korea Observer* vol. 45, no. 1 (Spring 2014).

_____."Intégrer pour régner: La stratégie globale de l'administration Truman et l'origine de la régionalisation tripolaire. Université de Paris I-Panthéon Sorbonne, June 1996.

Kinney, Andrew J. "Secrets From the Truce Tent." in *This Week, New York Herald-Tribune,* 31 August 1952; *The Milwaukee Journal,* 31 Aug 1952.

Kinzer, Stephen. *The Brothers: John Foster Dulles, Allen Dulles, and Their Secret World War.* New York: Times Books, 2014.

Klein, Jean. *Sécurité et désarmement en Europe*. Paris: IFRI/Economica, 1987.

Knightley, Phillip. *Philby: KGB Masterspy.* London: Andre Deutsch, 1988.

Kolko, Joyce and Gabriel Kolko. *The Limits of Power: The World and United States Foreign Policy, 1945-1954.* New York: Harper and Row, 1972.

Kotch, John. "The Origins of the American Security Commitment to Korea." in Bruce Cumings, ed. *Child of Conflict: The Korean-American Relationship, 1943-1953.* Seattle and London: University of Washington Press, 1983.

Kotkin, Stephen. *Magnetic Mountain: Stalinism as a Civilization.* Berkeley: University of California Press, 1997.

Kotkin, Stephen. *Stalin: Paradoxes of Power, 1878-1928*. New York: Penguin Press, 2014.

Krivošeev, Grigorij F. *Soviet Casualties and Combat Losses in the Twentieth Century.* London: Greenhill, 1997.

Kuniholm, Bruce Robellet. *The Origins of the Cold War in the Near East: Great Power Conflict and Diplomacy in Iran, Turkey, and Greece.* Princeton, NJ: Princeton Univ. Press, 1980.

Labouz, Marie-Françoise. *L'ONU et la Corée.* Paris: PUP, 1980.

Lacina, Bethany and Nils Petter Gleditsch. "Monitoring Trends in Global Combat: A New Dataset of Battle Deaths." *European Journal of Population.* 21 (2005).

Lacoste, Yves. *Géopolitique: La longue histoire d'aujourd'hui.* Paris: Larousse, 2006.

LaFeber, Walter. *The American Age: U.S. Foreign Policy at Home and Abroad.* New York: Norton, 1994.

Lane, Fred. "Operation Strangle, 1951-52: Naval aviation in Korea." Paper presented at the Aviation Historical Society of Australia, Sydney, 7 July 2004. at: http://www.navalofficer.com.au/strangle [검색일 2015년 1월 10일].

Lankov, Andrei. *From Stalin to Kim Il Sung: The Formation of North Korea, 1945-1960.* New Brunswick, New Jersey: Rutgers University Press, 2002.

Lech, Raymond B. *Tortured into Fake Confession: The Dishonoring of Korean War Prisoner Col. Frank H. Schwable.* Jefferson, NC: McFarland, 2011.

Leckie, Robert. *Conflict: The History of the Korean War.* New York: Da Capo Press, 1995 [Putnam, 1962]. 윤억섭 역. 『충돌: 한국전쟁이야기, 1950-1953』. 서울: 삼우사, 2000.

Lee, Steven Hugh, *Outposts of Empire: Korea, Vietnam, and the Origins of the Cold War in Asia, 1949-1954.* Montreal and Kingston: McGill-Queen's University Press, 1995.

Leffler, Melvyn P. *A Preponderance of Power: National Security, the Truman Administration, and the Cold War.* Stanford: Stanford University Press, 1992.

Leitenberg, Milton. "New Russian Evidence on the Korean War Biological Warfare Allegations: Background and Analysis," *Cold War International History Project Bulletin*, no. 11 (Winter 1998).

Levie, Howard S. "The Korean Armistice and Its Aftermath," *Naval Law Review* 41 (1993).

Lew, Young Ick. *The Making of the First Korean President: Syngman Rhee's Quest for Independence.* Honolulu: University of Hawaii Press, 2013.

Li, Xiaobing. *A History of the Modern Chinese Army*. Lexington: University Press of Kentucky, 2007.

Limb, Ben C. "The Pacific Pact: Looking Forward or Backward?" *Foreign Affairs* (July 1951).

Lippe, John M. Vander. "Forgotten brigade of the forgotten war: Turkey's participation in the Korean War." *Middle Eastern Studies.* vol. 36 no. 1 (Jan 2000),

Lockerbie, Bruce. *A Man Under Orders: Lieutenant General William K. Harrison, Jr.,* New York: Harper & Row, 1979.

Lukacs, John. *George Kennan: A Study of Character.* New Haven: Yale University Press, 2007.

Lundestad, Geir. *The American "Empire": And Other Studies of US Foreign Policy in A Comparative Perspective.* Oslo/ Oxford: Norwegian University Press/ Oxford University Press, 1990.

_____. "Empire by invitation: The United States and Western Europe, 1945-1952." *Journal of Peace Research* 23 (1986).

Lüthi, Lorenz. *The Sino-Soviet Split: Cold War in the Communist World.* Princeton, NJ: Princeton University Press, 2008.

Lynch, Frances M. B. "The Economic effects of the Korean War in France, 1950-1952." Florence: European University Institute, 1986.

Lyon, Peter. *Eisenhower: Portrait of the Hero.* Boston: Little, Brown and Company, 1974.

Macarthur, Douglas. *Reminiscences.* New York: McGrow-Hill, 1964.

MacDonald, Callum A. *Korea: The War before Vietnam.* London: Macmillan, 1986.

Mahan, Alfred Thayer. *The Influence of Sea Power upon History, 1660-1783.* Boston: Little, Brown and Company, 1957[1918].

Mai, Gunther. *Der Korea-Krieg und die Deutsche Wiederbewaffung 1950.* Boppard am Rheim: Harold Boldt, 1977.

Malcom, Ben S. with Ron Martz. *White Tigers: My Secret War in North Korea.* Washington: Brassey's, 1996.

Manchester, William. *American Caesar: Douglas MacArthur, 1880-1964.* New York: Laurel, 1983.

Mansurov, Alexander. "The Korean War could have ended in Mid-October 1950: New Evidence from the Russian archives." in *Cold War International History Bulletin*, no. 6 (Fall 1995).

Marks, Susan. *International Law on the Left Re-examining Marxist Legacies.* New York: Cambridge University Press, 2011.

Marolda, Edward J. ed. *The United States Navy in the Korean War* Annapolis, MD: Naval Institute Press, 2007.

Martin, Lawrence. *The Treaties of Peace, 1919-1923.* New York: Carnegie Endowment for International Peace, 1924.

Mastny, Vojtech. "Did NATO Win the Cold War? Looking over the Wall." *Foreign Affairs* 78, no. 3 (May-June 1999).

Mastny, Vojtech. "The New History of Cold War Alliances." *Journal of Cold War Studies.* vol. 4 no. 2. (Spring 2002).

______. *The Cold War and Soviet Insecurity: The Stalin Years.* Oxford: Oxford University Press, 1996.

Matray, James I. and Donald W., Jr. Boose, ed. *The Ashgate Research Companion to the Korean War.* Surrey: Ashgate, 2014.

Matray, James I. ed. *Historical Dictionary of the Korean War.* New York: Greenwood Press, 1991.

May, Ernest R. ed., *American Cold War Strategy: Interpreting NSC-68.* Boston: St. Martin's Press, 1993.

Mayda, Jaro. "The Korean Repatriation Problem and International Law." *The American Journal of International Law* Vol. 47 No. 3 (Jul. 1953).

Mazuzan, George T. *Warren R. Austin at the U.N., 1946-1953.* Kent, OH: Kent State University Press, 1977.

Mccauley, Martin. *Stalin and Stalinism.* Re. 3d ed. Oxon: Routledge, 2008.

______. *The Rise and Fall of the Soviet Union.* Oxon: Routledge, 2013.

McCullough, David. *Truman.* New York: Simon & Schuster, 1992.

McFarland, Keith D. *The Korean War: An Annotated Bibliography.* 2nd ed. New York, NY: Routledge, 2010.

McGlothlen, Ronald L. *Controlling the Waves: Dean Acheson and U. S. Foreign Policy in Asia.* New York: Norton, 1993.

Meisner, Maurice. *Mao's China and after: a History of the People's Republic.* 김수영 역. 『마오의 중국과 그 이후 1, 2』. 서울: 이산, 2004.

Melody, Paul E. *General Omar Bradley and the Korean War: A Study in Modern Strategic Leader Competence.* Carlisle Barracks, PA: United States Army War College, 1998.

Miller, Robert S. *America's Abandoned Sons.* Bloomington: Xlibris, 2012.

Millet, Allan R. *The War for Korea, 1950-1951: They Came from the North.* Lawrence: University Press of Kansas, 2010.

______. "Dwight D. Eisenhower and the Korean War: Cautionary Tale and Hopeful Precedent." *Journal of American-East Asian Relations* 10 (Jan 2001).

______. *The War for Korea, 1950-1951: They Came from the North.* Lawrence: University Press of Kansas, 2010.

Mitchell, George C. *Matthew B. Ridgway: Soldier, Statesman, Scholar, Citizen.* Mechanicsburg, PA: Stackpole Books, 2002.

Modin, Yuri. *My Five Cambridge Friends: Burgess, Maclean, Philby, Blunt, and Cairncross by Their KGB Controller.* New York: Farrar Straus & Giroux, 1995. 『나의 케임브리지 동지들』. 조성우 옮김. 서울: 한울, 2013.

Molotov, Vyacheslav Mikhaylovich and Feliz Chuev. *Molotov Remembers: Inside Kremlin Politics.* Chicago: Ivan R. Dee, 2007.

Monat, Pawel. "Russians in Korea: The Hidden Bosses." *Life* (27 June 1960).

Monclar, Fabienne. *Monclar, le Bayard du XXe siècle.* Versailles: Via Romana, 2014.

Montefiore, Simon Sebag. *Young Stalin.* New York: Knopf, 2007.

Moorhouse, Roger. *The Devils' Alliance: Hitler's Pact with Stalin, 1939-1941.* New York: Basic Books, 2014.

Morris R. Wills and Moskin, J. Robert. *Turncoa: An American's 12 years in Communist China.* Englewood Cliffs, N.J.: Prentice-Hall, 1968.

Mosley, Leonard. *Dulles: A Biography of Eleanor, Allen and John Foster Dulles and Their Family Network.* New York: Dial, 1978.

Mossman, Billy C. *Ebb and Flow, November 1950-July 1951.* Washington, D.C.: Center of Military History, United States Army, 1990.

Muller, John. *Retreat from Doomsday: The Obsolescence of Modern War.* New York: Basic Books, 1989.

Nagai, Yonosuke. "The Korean War: An Interpretative Essay." *The Japanese Journal of American Studies.* no. 1 (1981).

No, Kum-Sok with J. Roger Osterholm. *A MiG-15 to Freedom: Memoir of the Wartime North Korean Defector Who First Delivered the Secret Fighter Jet to the Americans in 1953.* Jefferson, NC: McFarland, 2007.

Noble, Harold Joyce. *Embassy at War.* Seattle: University of Washington Press, 1975. 朴實 역. 『李承晩과 美國大使館』. 서울: 井湖出版社, 1982.

Offner, Arnold A, *Another Such Victory: President Truman and the Cold War, 1945-1953.* Stanford: Stanford University Press, 2002.

Oliver, Robert T. *Syngman Rhee and American Involvement in Korea, 1942-1960: A Personal Narrative.* Seoul: Panmun Book Company LTD, 1978. 박일영 옮김. 『大韓民國建國의 秘話: 李承晩과 韓美關係』. 서울: 啓明社, 1990/ 박일영 옮김. 『大韓民國建國의 內幕』. 서울: 啓明社, 1998/ 박일영 옮김. 『이승만 없었다면 대한민국 없다』. 서울: 동서문화사, 2008/ 한준석 옮김. 『이승만의 대미투쟁(상, 하), 1942-1960』. 서울: 비봉출판사, 2013.

______. *Syngman Rhee: The Man Behind the Myth.* New York: Dodd Mead and Company, 1954. 박 마리아 역. 『리승만박사전』. 서울: 합동도서, 1956.

Ovendale, Ritchie. *Anglo-American Relations in the Twentieth Century.* London: MacMillan Press, 1998.

Paik, Sun Yup. *From Pusan to Panmunjom: Wartime Memoirs of the Republic of Korea's First Four-Star General.* revised ed. Sterling, VA: Potomac Books Inc., 2007.

Park, Choon-ho. *East Asia and the Law of the Sea.* Seoul: Seoul National University Press, 1983.

Park, Jihang. "Wasted Opportunities? The 1950s Rearmament Programme and the Failure of British Economic Policy." *Journal of Contemporary History* 32, no. 3 (1997).

Pasley, Virginia. *21 Stayed: The Story of the American GI's Who Chose Communist China - Who They Were and Why They Stayed.* New York: Farrar, Straus and Cudahy, 1955.

Pearlman, Michael D. *Truman and MacArthur: Policy, Politics, and the Hunger for Honor and Renown.* Bloomington, IN: Indiana University Press, 2008.

Pierpaoli, Paul G. Jr. "Beyond Collective Amnesia: A Korean War Retrospective." *International Social Science Review* 76, no. 3/4 (2001).

______. *Truman and Korea: The Political Culture of the Early Cold War.* Columbia: University of Missouri Press, 1999.

Quang, Bui Xuan et Martial Dasse. *L'Asie en Guerre, 1945-1990.* [Etudes Polémologiques, no. 52-4/90]. Paris: Institut français de Polémologie [Fondation pour les Etudes de Défense nationale), 1990.

Ra, Jong-yil. "Special Relationship at War: The Anglo-American Relationship during the Korean War." *The Journal of Strategic Studies* 7. no. 3 (September 1984).

Radzinsky, Edvard, tr. by H. T. Willets. *Stalin: The First In-depth Biography Based on Explosive New Documents from Russia's Secret Archives.* New York: Anchor Books, 1997.

Rennie, C. G. "Mobilisation for War: Canadian Army Recruiting and the Korean War." *Canadian Defense Quarterly/La Revue canadienne de defense* (Summer 1984).

Ridgway, Matthew B. and Harold H. Martin. *Soldier: The Memoirs of Matthew B. Ridgway.* New York: Harper & Brothers, 1956.

Ridgway, Matthew B. *The Korean War.* New York: Doubleday, 1967.

Roberts, Geoffrey. *Molotov: Stalin's Cold Warrior.* Washington, D.C.: Potomac Books, 2011.

______. *Stalin's Wars: From World War to Cold War, 1939-1953*. New Haven: Yale University Press, 2006.

Robinson, Richard D. "Betrayal of a Nation" (unpublished manuscript based on the author's personal experience and observation). 1960[1947]. 정미옥 역. 『미국의 배반: 미군정과 남조선』. 서울: 과학과 사상, 1988.

Rodman, Peter W. *More Precious than Peace, the Cold War and the Struggle for the Third World.* New York: Scribers, 1994.

Rogovin, Vadim Zakharovich. *Partiia rasstreliannykh* (1997), *Stalin's Terror of 1937-1938: Political Genocide in the USSR.* Oak Park, MI: Mehring Books, 2009.

Salmon, Andrew. *Scorched Earth, Black Snow: Britain and Australia in the Korean War, 1950.* London: Aurum Press, 2011. 이동훈 역. 『그을린 대지와 검은 눈』. 책미래, 2015.

Sandler, Stanley. *The Test of War, 1950-1953*. Lexington: University Press of Kentucky, 1999.

Schaller, Michael. *Douglas MacArthur: The Far Eastern General.* Oxford: Oxford University Press, 1989.

______. *The American Occupation of Japan: The Origins of the Cold War in Asia.* New York: Oxford University Press, 1985.

Schnabel, James and Robert J. Watson. *The History of the Joint Chiefs of Staff: The Joint Chiefs of Staff and National Policy.* vol. III: *The Korean War*, Part I, II Washington, D.C.: Historical Division, Joint Secretariat, Joint Chiefs of Staff, 1978, 1979. 채한국 역. 『미 합동참모본부사: 한국전쟁』. 국방부: 전사편찬위원회, 1990, 1991.

Schnabel, James F. *Policy and Direction, the First Year.* Washington, D.C.: Center of Military History, 1992[1972].

Schoenbaum, Thomas J. *Waging Peace and War: Dean Rusk in the Truman, Kennedy, and Johnson Years.* New York, N.Y.: Simon and Schuster, 1988.

Schonberger, Howard B. *Aftermath of War: Americans and the Remaking of Japan, 1945-1952.* Kent, Ohio/ London, England: The Kent State University Press, 1989.

Schram, Stuart. *Mao Tse-tung.* 김동식 역. 『毛澤東』 서울: 博英社, 1977.

______. *The Thought of Mao Tse-Tung*. Cambridge: Cambridge University Press, 1989.

Service, Robert. *Stalin: A Biography.* Cambridge: Harvard University Belknap Press, 2006. 윤길순 역. 『스탈린, 강철 권력』. 서울: 교양인, 2007.

Seversky, Alexander Procofieff de. *Air Power: Key to Survival.* New York: Simon and Schuster, 1950.

Seversky, Alexander Procofieff de. *Victory Through Air Power.* New York: Simon and Schuster, 1942.

Shavit, David. *The United States in Asia: A Historical Dictionary.* Santa Barbara, CA: Greenwood Publishing Group, 1990.

Shen, Zhihua and Yafeng Xia. "Mao Zedong's Erroneous Decision During the Korean War: China's Rejection of the UN Cease-fire Resolution in Early 1951." *Asian Perspective 35* (2011).

Shen, Zhihua. *Mao, Stalin and the Korean War: Trilateral Communist Relations in the 1950s.* Milton Park, Abingdon: Routledge, 2012.

Sheng, Michael M. "Mao, Tibet, and the Korean War." *Journal of Cold War Studies* vol. 8, no. 3 (Summer 2006).

Shiels, Frederick L. *America, Okinawa and Japan: Case Studies for Foreign Policy Theory.* Washington: University Press of America, 1980.

Simmons, Robert R. *The Strained Alliance: Peking, Pyongyang, Moscow and the Politics of the Korean Civil War.* New York: The Free Press, 1975.

Singh, Gurvinder Pal. "History of the role of Indian peace keeping forces under the aegis of United Nations Organisation since 1947." Ph. D. Dissertation. Department of History. Hemwati Nandan Bahuguna Garhwal University. 2009.

Smith, Gaddis. *Dean Acheson. The American Secretaries of State and Their Diplomacy* vol. 16., ed. Samuel Flagg Bemis and Robert Ferrell. New series. New York: Cooper Square, 1972.

Smith, Robert. *MacArthur in Korea: The Naked Emperor.* New York: Simon and Schuster, 1982.

Snow, Edgar. *Red Star over China.* 신복룡 역. 『毛澤東 自傳』. 서울: 평민사, 1985; 신홍범 역. 『중국의 붉은 별』. 서울: 두레, 1985.

Spalding, Elizabeth Edwards. *The First Cold Warrior: Harry Truman, Containment, and the Remaking of Liberal Internationalism.* Lexington: University Press of Kentucky, 2006.

Spykman, Nicholas J. "Geography and Foreign Policy, I." *The American Political Science Review*, vol. 32, no. 1 (Feb 1938).

Spykman, Nicholas J. "Geography and Foreign Policy, II." *The American Political Science Review*, vol. 32, no. 2 (Apr 1938).

_____. *The Geography of Peace.* Hamden, Conn.: Archon Books, 1970 [Hartcourt, Brace and

World Inc., 1944].

Stratemeyer, George E. William T. Y'Blood, ed. *The Three Wars of Lt. Gen. George E. Stratemeyer: His Korean War Diary*, Damascus, MD: Penny Hill Press, 1999.

Stueck, William. "The Korean War as International History." *Diplomatic History* vol. 10, no. 4 (Fall 1986).

_____. *Rethinking the Korean War: A New Diplomatic and Strategic History.* Princeton: Princeton University Press, 2013[2002].

_____. *The Korean War: An International History.* Princeton: Princeton University Press, 1995.

Suh, Dae-sook. *Kim Il Sung: The North Korean Leader.* New York: Columbia University Press, 1988). 서대숙(徐大肅). 『김일성: 북한의 지도자』. 서주석 역. 서울: 청계연구소, 1989.

Tan, Chester. *Chinese Political Thought in the Twentieth Century.* 민두기 역, 『中國 現代 政治思想史: 康有爲 孫文에서 蔣介石 毛澤東까지』 서울: 知識産業社, 1977.

Thiébaud, Jean-Marie. *La Présence française en Corée de la fin du XVIIIe siècle à nos jours.* Paris: L'Harmattan, 2005.

Thompson, Warren. *Naval Aviation in the Korean War: Aircraft, Ships and Man.* Barnsley, South Yorkshire: Pen and Sword, 2012.

Thornton, Richard C. *Odd Man Out: Truman, Stalin, Mao, and the Origins of the Korean War.* Washington, D.C.: Brassey's, 2000.

Tismaneanu, Vladimir. *The Devil in History: Communism, Fascism, and Some Lessons of the Twentieth.* Berkeley: University of California Press, 2012.

Toland, John. *In Mortal Combat: Korea, 1950-1953.* New York: Morrow, 1991. 김익희 역. 『6.25 전쟁 1, 2』. 서울: 바움, 2010.

Trachtenberg, Marc, *History and Strategy.* Princeton: Princeton University Press, 1991.

Trotsky, Leon. *Stalin: An Appraisal of the Man and His Influence.* ed. and tr. by Charles Malamuth. New York: Harper & Bros. printed in 1941, issued in 1946.

Truman, Harry S. *Memoirs 2: Years of Trial and Hope, 1946-1953.* Bungay, Suffolk: Hodder and Stoughton, 1956.

Tucker, Robert C. *Stalin in Power: The Revolution from Above, 1928-1941.* New York: Norton, 1990.

_____. *Stalinism: Essays in Historical Interpretation.* New York: Norton, 1977. 김광삼 역. 『스탈린이즘: 공산주의 혁명과 철학』. 서울: 문예출판사, 1982.

U.S. Army Command and General Staff College. *Intelligence Failure in Korea: Major General*

Charles A. Willoughby's Role in the United Nations Command's Defeat in November, 1950. CreateSpace, 2014.

U.S. Department of State. *United States Relations With China: with Special Reference to the Period 1944-1949.* 리영희 편역. 『중국백서』. 서울: 전예원, 1982.

U.S. Department of the Army. *United States Army in the Korean War,* 3 vols. Washington, D.C.: U.S. Government Printing Office, 1961-1972.

U.S. Department of the Navy. James. A. Field, Jr. *History of United States Naval Operations, Korea.* Washington, D.C.: U.S. Government Printing Office, 1962. 『미 해군 한국전참전사』. 해군본부, 1985.

U.S. Marines Corps Headquarters. Historical Division. *U.S. Marine Operations in Korea, 1950-1953.* 5 vols. Washington, D.C.: U.S. Government Printing Office, 1972.

United Nations. Department of Public Information. *The Price of Peace: A Symposium.* New York: United Nations, Department of Public Information, 1951.

Urbansky, Sören. "A Very Orderly Friendship: The Sino-Soviet Border under the Alliance Regime, 1950-1960." *Eurasia Border Review* (Spring 2012).

Vanderpool, Guy R. "COMINT and the PRC Intervention in the Korean War." *Cryptologic Quarterly*, declassified and approved for release by NSA and CIA on 19 Aug 2008, http://www2.gwu.edu/~nsarchiv/NSAEBB/NSAEBB278/21.PDF

Vatcher, William H. *Panmunjom: the Story of the Korean Military Armistice Negotiations.* New York: Frederick A. Praeger, 1958.

Veterans of Foreign Wars of the United States. *Pictorial History of the Korean War 1950-1953: Ridgway and Clark Report.* Veterans' Historical Book Services, 1954.

Vetter, Hal. *Mutiny on Koje Island.* Rutland, VT/Tokyo, Japan: Charles E. Tuttle Company, 1965.

Volkogonov, Dmitri. *Autopsy for an Empire: The Seven Leaders Who Built the Soviet Regime*, ed. and tr. by Harold Shukman. New York: The Free Press, 1998.

_____. *Stalin: Triumph and Tragedy.* ed and tr. by Harold Shukman. Rocklin, CA: Forum, 1996.

Walker, Martin. *Powers of the Press: Twelve of the World's Influential Newspapers.* New York: Pilgrim Press, 1983.

_____. *The Cold War: A History.* New York: H. Holt, 1994.

Watson, Derek. *Molotov: A Biography.* New York: Palgrave Macmillan, 2005.

Weathersby, Kathryn. "Soviet Aims in Korea and the Origins of the Korean War, 1945-50: New

Evidence From Russian Archives." *Cold War International History Project Working Paper* no. 8. Woodrow Wilson International Center for Scholars (Washington, D.C.: November 1993).

_____. "To Attack or Not to Attack?: Stalin, Kim Il Sung and the Prelude to War." *Cold War International History Project Bulletin*, Issue 5 (Spring 1995).

_____. "'Should We Fear This?' Stalin and the Danger of War with America." *Cold War International History Project Working Paper*, no. 39. Woodrow Wilson International Center for Scholars (Washington, D.C.: Spring 2002).

_____. "Deceiving the Deceivers: Moscow, Beijing, Pyongyang, and the Allegations of Bacteriological Weapons Use in Korea." *Cold War International History Project Bulletin*, no. 11 (1998).

_____. "The Soviet Role in the Korean War: The State of Historical Knowledge." in William Stueck, ed., *The Korean War in World History*. Lexington: University Press of Kentucky, 2004.

Weber, Max. "The Social Psychology of the World Religions." in H. H. Gerth and C. Wright Mills eds. *From Max Weber: Essays in Sociology*. New York: Oxford University Press, 1958.

Weintraub, Stanley. *MacArthur's War: Korea and the Undoing of an American Hero*. New York: The Free Press, 2000.

Whelan, Richard. *Drawing the Line: The Korean War, 1950-1953*. Boston: Little, Brown, 1990.

White, William Lindsay. *The Captives of Korea: An Unofficial White Paper on the Treatment of War Prisoners; Our Treatment of Theirs, Their Treatment of Ours*. New York: Charles Scribner's Sons, 1957.

Whiting, Allen S. *China Crosses the Yalu: The Decision to Enter the Korean War*. Stanford: Stanford University Press, 1960. 蔡漢國 역. 『中共軍 鴨綠江을 건너다』. 서울: 國防部戰史編纂委員會, 1989.

Whitney, Courtney. *MacArthur: His Rendez-vous with Destiny*. New York: Knopf, 1956.

Willoughby, Charles A. and John Chamberlain. *MacArthur, 1941-1951*. New York: McGraw-Hill, 1954.

Wills, Morris and J. Robert Moskin. *Turncoat: An American's 12 Years in Communist China*. Upper Saddle River, N.J.: Prentice-Hall, 1968.

Wittfogel, Karl. "The Legend of "Maoism." *The China Quarterly* 1 (Jan/Mar 1960).

Wylie, Raymond. “Mao Tse-tung, Ch’en Po-ta and the Sinification of Marxism.” *The China Quarterly* 79 (Sep, 1979).

X [George F. Kennan]. “The Sources of Soviet Conduct.” *Foreign Affairs* 25 (July 1947).

Yi, Chong-gun. *Panmunjom.* Pyongyang: Foreign Languages Pub. House, 1986.

Young, Charles S. *Name, Rank, and Serial Number: Exploiting Korean War POWs at Home and Abroad.* Oxford: Oxford University Press, 2014.

Young, John. *Cold War Europe, 1945-1991: A Political History*. 2nd ed. London: Arnold, 1996.

Zhang, Shu Guang. *Mao's Military Romanticism: China and the Korean War, 1950-1953.* Lawrence: University Press of Kansas, 1995.

Zhang, Shu Guang and Chen Jian. “The Emerging Disputes Between Beijing and Moscow.” *Cold War International History Bulletin,* no. 6-7 (Winter 1995/ 1996).

Zhisui, Li. *The Private Life of Chairman Mao: the Memoirs of Mao's Personal Physician*. New York: Random House, 1994.

Zubok, Vladislav and Constantine Pleshakov, *Inside the Kremlin's Cold War: From Stalin to Khrushchev.* Cambridge: Harvard University Press, 1996.

毛澤東.『毛澤東選集』. 김승일 역.『모택동 선집 1-4』. 파주: 범우사, 2001.

柴成文(차이청원), 趙勇田(자오융톈).『板門店談判』. 尹永茂 역. 한백사, 1991.

吳之理(Wu Zhili). “52年的细菌战是一场虚惊.”『炎黄春秋』第11期, 2013年 10月 1日.

李敏.『我的父親毛澤東』. 김승일 · 양순창 역.『나의 아버지 모택동』. 상, 하. 서울: 범우사, 2001.

周遡源.『毛澤東評古今人物』. 박종귀 편역.『마오쩌둥의 인물평』. 파주: 한국학술정보, 2007.

沈志华(선즈화).『毛泽东, 斯大林与朝鲜战争』. 广东: 人民出版社, 2007[2003]. 최만원 역.『마오쩌뚱, 스탈린과 조선전쟁』. 서울: 선인, 2010.

______.『朝鮮戰爭再探: 中蘇朝的合作與分歧』. 香港: 三聯書店, 2013. 김동길 역.『조선전쟁의 재탐구: 중국, 소련, 조선의 협력과 갈등』. 서울: 선인, 2014.

解放軍文藝出版社 編.『毛澤東自傳』. 남종호 역.『모택동 자서전』. 서울: 다락원, 2002.

洪学智.『抗美援朝战争回忆』. 北京: 解放军文艺出版社, 1990[1991]. 홍인표 역. 파주: 한국학술정보, 2008.

______.『洪学智回忆录』. 北京: 解放军出版社, 2007[2002].

岡義武.『國際政治史』. 東京: 岩波書店, 1958[1955].『국제정치사』. 김혜승 역. 서울: 博英社,

2002.

篠原一(시노하라 하지메). 『ヨーロッパの政治: 歴史政治学試論』. 東京: 東京大学出版会, 1986. 『역사정치학: 혁명, 전쟁, 민주주의를 통해 본 근대유럽의 정치변동』. 서울: 산해, 2004.

藤原彰(후지와라 아키라). 『日本軍事史: 戰後篇』. 서영식 역. 서울: 제이앤씨, 1987[2013].

産經新聞. 『毛澤東秘錄』. 임홍빈 역. 『모택동 비록』 (上, 下). 서울: 문학사상사, 2001.

神谷不二(가미야 후지). 『朝鮮戰争: 米中対決の原形』. 中央公論社, 1966 / 中公文庫, 1990.

信夫清三郎(시노부 세이자부로). 『朝鮮戰争の勃發』. 東京: 福村出版社, 1969.

朱建榮(주지안롱). 『毛沢東の朝鮮戦争: 中国が鴨緑江を渡るまで』. 東京: 岩波書店、1991/岩波現代文庫、2004. 서각수 역. 서울: 역사넷, 2005.

阪田恭代(Sakata Yasuyo). "米国の朝鮮戦争休戦に関する基本方針の形成: 中国参戦と国連軍総退却の中で." 『軍事史学』 140號. 36(1) (2000年 6月), 35-56. 허진녕 · 이진성 역. "美國의 韓國戰爭 休戰에 관한 基本方針의 形成: 中國參戰과 UN軍 總退却을 中心으로." 『軍史』. 제63호 (2007).

下斗米伸夫(시모토마이 노부오). 『モスクワと金日成: 冷戦の中の北朝鮮, 1945-1961年』. 東京: 岩波書店, 2006. 이종국 역. 『모스크바와 김일성』. 서울: 논형, 2012.

和田春樹(와다 하루키). 『朝鮮戰争全史』. 東京: 岩波書店, 2002.

찾아보기 (용어·지명)

ㄱ

ㄴ

ㄷ

ㄹ

ㅁ

ㅂ

ㅅ

ㅇ

ㅊ

찾아보기 (인명)

ㄱ

ㅁ

ㅂ

ㅅ

ㅇ

ㅈ

ㅊ

ㅋ

ㅌ

ㅍ

ㅎ